張松輝 注譯

新譯莊子讀本

三民書局

刊印古籍今注新譯叢書緣起

劉振強

人類歷史發展，每至偏執一端，往而不返的關頭，總有一股新興的反本運動繼起，要求回顧過往的源頭，從中汲取新生的創造力量。孔子所謂的述而不作，溫故知新，以及西方文藝復興所強調的再生精神，都體現了創造源頭這股日新不竭的力量。古典之所以重要，古籍之所以不可不讀，正在這層尋本與啟示的意義上。處於現代世界而倡言讀古書，並不是迷信傳統，更不是故步自封；而是當我們愈懂得聆聽來自根源的聲音，我們就愈懂得如何向歷史追問，也就愈能夠清醒正對當世的苦厄。要擴大心量，冥契古今心靈，會通宇宙精神，不能不由學會讀古書這一層根本的工夫做起。

基於這樣的想法，本局自草創以來，即懷著注譯傳統重要典籍的理想，由第一部的四書做起，希望藉由文字障礙的掃除，幫助有心的讀者，打開禁錮於古老話語中的豐沛寶藏。我們工作的原則是「兼取諸家，直注明解」。一方面熔鑄眾說，擇善而從；一方面也力求明白可喻，達到學術普及化的要求。叢書自陸續出刊以來，頗受各界的喜愛，使我們得到很大的鼓勵，也有信心繼續推廣這項工作。隨著海峽兩岸的交流，我們注譯的成員，也由臺灣各大學的教授，擴及大陸各有專長的學者。陣容的充實，使我們有更多的資源，整理更多樣化的古籍。兼採經、史、子、集四部的要典，重拾對通才器識的重視，將是我們進一步工作的目標。

古籍的注譯，固然是一件繁難的工作，但其實也只是整個工作的開端而已，最後的完成與意義的賦予，全賴讀者的閱讀與自得自證。我們期望這項工作能有助於為世界文化的未來匯流，注入一股源頭活水；也希望各界博雅君子不吝指正，讓我們的步伐能夠更堅穩地走下去。

新譯莊子讀本 目次

雜篇

導讀

《莊子》是一部中國歷史上不可多得的奇書，對其後的中國哲學、宗教、文學等各個方面，都產生過廣泛而深遠的影響。下面我們對有關《莊子》其人其書和思想特色等作一簡單的介紹。

一、莊子的生平和他的著作

關於莊子的生平，留下的史料很少，我們只能根據有限的資料，大概地介紹一下莊子的生平情況。

莊子名周，後人考證說他字子休（《經典釋文・序錄》：「太史公云：字子休。」），但不知這一考證是否準確。莊子為戰國時代宋國蒙城（今河南商丘）人。關於他的確切生卒年月，已不可考，大約為西元前三六九年—前二八六年，與孟子基本同時。

據《史記》記載，莊子早年曾在漆園當過一般官員（一說漆園吏為負責管理漆樹園的官員），時間大概不會太久，他就辭去了這一職務，從此就再也沒有關於莊子入仕的記載。

莊子一生都過著貧困的生活，據《莊子》記載，他為了維持生計曾向監河侯借過糧食，結果還受到監河侯的婉言拒絕。他去見魏王的時候，穿的是打滿補釘的粗布衣，鞋帶也是斷了以後又接上去的。莊子雖然貧窮，但他從來也不願意為了富貴而役使自己的身心，也從來沒有放棄學術研究。據《莊子》記載，他還帶了一批弟子，但數量可能不會很多。

到了後來，研究學術的莊子名聲越來越大，楚威王就派使者帶著重金前去看望他，並請他到楚國去當相國（相當於後來的丞相），但莊子卻笑著對使者說：

> 千金，重利；卿相，尊位也。子獨不見郊祭之犧牛乎？養食之數歲，衣以文繡，以入大廟。當是時，雖欲為孤豚，豈可得乎？子亟去，無污我。我寧游戲污瀆之中自快，無為有國者所羈，終身不仕，以快吾志焉。（《史記·老子韓非列傳》）

莊子拒絕出仕的理由是充分的，態度是鮮明的，楚國的使者只好空手而返。類似的記載，也見於《莊子》書中。

總之，莊子一生以學術研究為職業，也一生過著貧困的生活，但他又十分蔑視名利富貴，表現出一種中國傳統知識分子的典型性格。

莊子現存的著作都保存在《莊子》一書中。《莊子》一共三十三篇，分為〈內篇〉、〈外篇〉、〈雜篇〉三個部分。傳統意見認為，〈內篇〉七篇為莊子本人所著，〈外篇〉十五篇和〈雜篇〉十一篇是莊子的後學所著。這一觀點，為大多數學者所接受，但也有學者認為，〈外篇〉、〈雜篇〉為莊子本人所著，而〈內篇〉為莊子後學所著。我們認為，在沒有確鑿的證據之前，還應以傳統的說法為準。

我們在介紹《莊子》這本書時，把它視為一個整體，為了行文的方便，統稱為「莊子思想」。

二、莊子思想

莊子的哲學思想是同他的政治思想緊密聯繫在一起的，因此，我們先談他的政治觀，再談他的哲學觀。

㈠政治思想

1. 政治理想

在政治觀方面，莊子最顯著的特點就是反對當時的社會政治，嚮往質樸寧靜的遠古時代。他在〈人間世〉中說：

> 天下有道，聖人成焉；天下無道，聖人生焉；方今之時，僅免刑焉！

莊子把人類社會分為三等——有道社會、無道社會和當今社會。在有道的社會裡，聖人可以成就自己的事業；在無道的社會裡，聖人還可以順利地生活下去；而在當今社會裡，聖人生活得戰戰兢兢，一不小心就會受到迫害，更不用說一般的百姓了。由此可見，莊子對當時社會的厭惡程度。

因此，莊子特別嚮往遠古時代的生活，他在書中多次描述過這一理想社會的生活情況：

> 故至德之世，其行填填，其視顛顛。當是時也，山無蹊隧，澤無舟梁，萬物群生，連屬其鄉，禽獸成群，草木遂長。是故禽獸可係羈而遊，烏鵲之巢可攀援而闚。夫至德之世，同與禽獸居，族與萬物並，惡乎知君子小人哉！（〈馬蹄〉）

莊子認為在理想的社會裡，不僅人與人之間是平等和諧的，就連人與禽獸之間也是和平共處的。在這樣的社會裡，沒有等級區別，沒有禮制法度，也沒有人提倡仁義忠孝，一切都是那樣的自然質樸。這實際上是一種經過美化的原始社會生活。

2. 具體的政治措施

莊子不僅有自己的政治理想，而且還提出了具體的政治措施。莊子的具體政治主張主要有以下幾點：

順應自然，無為而治。這可以說是莊子實現自己政治理想的總綱領。〈應帝王〉說：「汝遊心於淡，合氣於漠，順物自然而無容私焉，而天下治矣。」一切順應自然，不要摻進個人的半點主觀成見。而「無為」思想則貫穿了《莊子》全書，《淮南子・原道》對此有一個解釋：「所謂無為者，不先物為也；所謂無不為者，因物之所為。」這就是說，「無為」並不是無所事事，而是順物而為。

反對獨裁。〈應帝王〉中明確反對「君人者以己出經式義度，人孰敢不聽而化諸」的獨裁思想，認為如果一切法度都出自君主個人，而想把國家治理好，就好比「涉海、鑿河而使蚉負山」一樣困難。

正己、用人，君無為而臣有為。〈應帝王〉篇說：「夫聖人之治也，治外乎？正而後行，確乎能其事者而已矣。」莊子認為，統治者要想正人必先正己，還要選拔「能其事者」擔任各級官員，而君主需要做的就是正己和用人兩件事，這就包含了君無為而臣有為的意思。

當然，莊子的具體政治措施還很多，如他提倡君主有功不居（見〈應帝王〉），立乎不測（見〈應帝王〉），甚至還提出與儒家思想接近的忠孝（見〈人間世〉）和「以刑為體，以禮為用，以知為時，以德為循」（〈大宗師〉）等主張。限於篇幅，我們不再一一討論。讀者可詳見〈應帝王〉和〈人間世〉等篇的原文及「研析」。

3. 仁義禮制觀

在這裡，我們還要重點談談莊子的仁義禮制觀。孔孟提倡仁義，而莊子反對仁義，這幾乎是學界定論。但莊子為什麼要反對儒家的仁義呢？莊子反對儒家的仁義，是因為儒家在提倡仁義時帶有一定的功利目的，而當時的一些統治者，更把仁義當作玩弄陰謀的工具。也就是說，統治者打著仁義的幌子，幹著反仁義的事情。這一點，〈胠篋〉、〈天運〉等篇都有詳細的論述。由此可見，莊子反對的不是真正的仁義，而是假仁假義。所以他一邊反對儒家的仁義，一邊又提出了「至仁」、「大義」。那麼他的「大仁」和「大義」的具體內容又是什麼呢？莊子說：

至仁無親。（〈庚桑楚〉）

相愛而不知以為仁。（〈天地〉）

澤及萬世而不為仁。（〈天道〉）

類似的說法在《莊子》中很多。總括起來，莊子所提倡的仁義有以下幾個特點：第一，在施仁的對象上，打破儒家建立在「親親」基礎上的推恩法，主張對一切人、物都一視同仁，也即他說的「至仁無親」。第二，在施仁的目的上，排除一切功利性。第三，在施仁的自覺性方面，要求把行仁從有意識的行為變為無意識的行為，也就是說，自己做了好事，並不認為自己做了好事。

莊子更反對禮，這又是為什麼呢？他在〈庚桑楚〉中說：

蹍市人之足，則辭以放驁，兄則以嫗，大親則已矣。

踩住了陌生人的腳，趕緊賠禮道歉；踩住了兄弟的腳，只需表示一下關心即可；踩住了子女的腳，什麼表示都不需要。莊子認為，兩人關係密切，是用不上什麼「禮」的，而講「禮」正好是人與人關係疏遠的標誌。如果人與人之間的關係都如同父母與子女一樣，哪還用得著講究繁文縟節？

莊子幾乎是全面地否定了戰國時代的政治制度和當時人們所崇尚的倫理道德規範，而恢復美好的遠古社會和人類的淳樸天性也只能是一場很難實現的夢想，這就注定莊子的政治理想無法實現。政治理想的失落直接影響了莊子哲學思想的形成，如萬物一齊、精神自由等，都是為安慰失落心境而服務的。

(二)哲學思想

在哲學方面，莊子同老子一樣，把道當作自己的最高哲學概念，這也是老莊被後人稱為「道家」的原因。「道」究竟是什麼呢？學界的意見有分歧，主要看法有：第一，道是宇宙間的總規律、總原理。第二，道是精神性的、能夠產生萬物的根源。第三，道是細微物質性的、能夠產生萬物的根源。第四，道是產生萬物的根源和宇宙間的總規律。

我們基本同意第一種說法。道的本意是道路，我們如果想從某地到某地，就必須通過某一條道路，否則，我們就不可能到達自己的目的地。同樣的道理，我們要想辦成某一件事情，就必須遵循某一種方法、原則、規律，否則，我們就不能成功。於是在詞彙相對貧乏的古代，道就由道路歧生出另一種含義，那就是規律、原則、原理等等。莊子在〈大宗師〉中對道有一個大致的描寫：

> 夫道有情有信，無為無形，可傳而不可受，可得而不可見；自本自根，未有天地，自古以固存；神鬼神帝，生天生地。

道是確實存在、真實可信的，但又沒有意識，沒有形象。人們可以意識到它的存在，但又無法用眼睛等感官去感知它。這種看不見、摸不著而又真實存在的道，當然只能是一種非物質性的存在。而在其他許多地方，莊子反覆說人可以學道，可以得道，這就進一步證明道不是物質的，而是一種具有可學內容的規律、原則。至於文中說的「生」，不是直接生出的意思，其用法類似我們說的「和氣生財」中的「生」，和氣不能直接生出財富，但和氣卻是生財的必要條件。所以《老子》第五十一章說：「道生之，德畜之，物形之，勢成之。」《莊子．知北遊》也說：「人之生，氣之聚也；聚則為生，散則為死。……通天下一氣耳。」如果道可以直接生出萬物，那麼還要「物」和「氣」幹什麼呢？老莊的意思是說：各種各樣的事物，都是在道的支配下，由物質的東西聚合而成的。如建房，沒有土木等物質的東西固然不行，但僅有土木，不懂建房的原理，房子照樣建不起來。從這個意義上講「道生萬物」，當然也是可以的。關於道的這些特點，我在本書〈大宗師〉的「研析」和《老子譯注》（廣州出版社西元一九九七年版）有更詳細的闡述。

除上述之外，莊子的哲學思想中還有兩條最具特色的理論：

第一，精神自由。莊子認為生活在戰國時代，就好像生活在「羿之彀中」（羿是古代的一位好射手，彀指射程之內）一樣，隨時都有被射殺的危險。再加上自己的政治理想無法實現，莊子的痛苦心情是可想而知的。怎麼解除這些痛苦呢？莊子明白，人的肉體是無法離開這個苦海般的社會的，只能讓精神脫離這個罪惡的人間，具體的做法就是「坐忘」：

> 顏回曰：「回益矣。」仲尼曰：「何謂也？」曰：「回忘仁義矣。」曰：「可矣，猶未也。」……它日復見，曰：「回益矣。」曰：「何謂也？」曰：「回坐忘矣。」仲尼蹴然曰：「何謂坐忘？」顏回曰：

「墮肢體，黜聰明，離形去知，同於大通，此謂坐忘。」（〈大宗師〉）

所謂「坐忘」，即通過修煉，使精神進入一種無思無慮、無知無覺的境界。既然無思無慮，自然也就無憂無愁。除此而外，還有一種辦法就是讓精神離開人間，自由自在地遊蕩於天地之外。精神自由論實際上就是一種精神安慰法，是為政治失敗後減輕自我心理壓力服務的。

第二，萬物一齊。萬物一齊就是取消事物的一切差別。我們介紹其中齊是非和齊生死兩個命題。

莊子認為，是與非並沒有什麼區別，他在〈齊物論〉中論證說：

民溼寢則腰疾偏死，鰌然乎哉？木處則惴慄恂懼，猨猴然乎哉？三者孰知正處？民食芻豢，麋鹿食薦，蝍蛆甘帶，鴟鴉耆鼠，四者孰知正味？

人住在潮溼的地方就會生病，而泥鰍卻整天生活在泥水中；讓人住在樹上，就會膽戰心驚，而猿猴卻喜歡在樹上戲耍。人喜歡吃肉，鹿喜歡吃草，蜈蚣喜歡吃小蛇，貓頭鷹喜歡吃老鼠，他們的選擇誰是正確的？誰是錯誤的？由此可見，是非是沒有一定標準的，因此，是就是非，非就是是，是非是一齊的。

莊子還認為生死也沒有什麼區別，因為當一個事物死亡以後，它就會變作另一種事物，因此，此事物死亡之時，就是另一事物的出生之時，這就是他在〈齊物論〉中講的「方生方死，方死方生」，「生」的同時是「死」，而「死」的同時又是「生」，於是生就是死，死就是生，生死一齊了。

用類似的方法，莊子還論證出大小、長短都一樣等結論，因為只有泯滅了事物之間的差別，一個人才能擺脫生死、禍福、美醜等差別給自己精神上造成的種種羈絆。這就是莊子提倡萬物一齊的最終目的。

除此之外，莊子還提出了諸如人生如夢、得意忘言、無用之用等等其他許多理論，這些理論都受到了後世文人的歡迎，成為中國傳統文化中的重要組成部分。

三、文學成就

《莊子》不僅是一部傑出的哲學著作，同時也是一部優秀的文學著作。它的主要文學特色有：

第一，想像豐富，意境開闊，富於濃郁的浪漫主義特色。

比如〈逍遙遊〉中描寫的大鵬鳥有數千里那麼大，騰空一躍即九萬里那麼高，不飛則已，一飛就飛了整整六個月之久。這種極度的誇張和豐富的想像，使大鵬鳥成為歷代文人謳歌的對象。今天的「鵬程萬里」、「鯤鵬展翅」等詞就是出自《莊子》。另外，我們看他對任公子釣魚的描寫：

任公子為大鉤巨緇，五十犗以為餌，蹲乎會稽，投竿東海，日日而釣。（〈外物〉）

任公子的魚鉤究竟有多大，他沒有描述，但我們通過五十頭公牛做成魚餌這一細節，就可以想像出這次釣魚的氣派之大和莊子想像力之豐富。另外書中髑髏見夢等故事也都體現了這一特色。

第二，善於使用寓言、故事、對話、比喻來說明道理，化不好理解的抽象理論為生動可感的藝術形象。

這一特色在《莊子》書中表現得也很突出。比如他講了一個「邯鄲學步」的故事：燕國壽陵有一個年輕人，他認為趙國都城邯鄲人的走路樣子很好看，於是就到那裡去學習走路的姿勢，結果他不但沒有把邯鄲人走路的優美姿勢學到手，反而把自己原來的走路方法忘掉了，於是他只好爬著回到了自己的家鄉。這個故事告誡人們不可一味地模仿別人，否則，不僅學無所成，反而會失去自己原有的技能。用這個故事去說明道理，不僅生動形象，而且簡明易懂。

第三，語言生動活潑，刻劃準確形象。

莊子是一位了不起的語言大師，他在描寫事物時，不僅生動，而且準確。我們看他對貧困的曾子的描寫：

曾子居於衛，縕袍無表，顏色腫噲，手足胼胝，三日不舉火，十年不製衣，正冠而纓絕，捉衿而肘見，納屨而踵決，曳縰而歌〈商頌〉，聲滿天地，若出金石。（〈讓王〉）

特別是文中的「正冠而纓絕，捉衿而肘見，納屨而踵決」三句，把曾子的貧困形象描寫得細緻入微，與下文的「聲滿天地，若出金石」形成鮮明對照，從而刻劃出了一位物質生活貧乏而精神生活豐富的隱士形象。

類似的例子在《莊子》書中舉不勝舉，他所創造出來的一些詞語，至今還活躍在人們的語言當中，如鯤鵬、朝三暮四、運斤成風、吐故納新、邯鄲學步、貽笑大方、每況愈下、望洋興歎等等。

四、對後世的影響

《莊子》對後世的影響是一個涉及面寬、內容豐富的大問題，我們不可能面面俱到地全面論述，所以只選取玄學（作為哲學的代表）、宗教和文學三個方面簡單地作一介紹。

(一)玄學

在玄學剛剛出現時，曹魏政權相對穩定，魏國在三國之中實力最強，以何晏、王弼為首的玄學家是「老莊」並提，其中又最重老子，主張名教出於自然，其目的是為魏國制定建國方略，希望建立一個無為而治的理想社會。

隨著魏政權的倒臺和何、王二人的去世以及政治局勢的不斷惡化，玄學便進入了以超越現實為目的的重莊時期，由「老莊」並提逐漸變為「莊老」並提，此時的代表人物為阮籍和嵇康。阮籍作〈達莊論〉和〈大人先生傳〉以表明自己對莊子的敬慕之情，嵇康更公開申明：「老子、莊周，吾之師也。」（〈與山巨源絕交書〉）出現這種情況，是由於當時的政治形勢造成的。《老子》基本上屬於討論帝王之術的政治書，而莊子的思想更適合於文人精神世界的生活。對於重視道家的人來說，政治形勢有利，他們便成為無為政治的鼓吹者；一旦政治形勢惡化，也可以順勢撤退到個人精神領域裡，在精神世界尋找自由。何、王屬於前者，而阮、嵇屬於後者。

晉朝建立以後，激烈的政治鬥爭有所緩解，文人們又紛紛走向政壇。此時人們依然重視莊子思想，但重點已由從中尋找精神寄託發展到了大談莊子的「內聖外王」之道，並出現了對當時和其後都產生很大影響的郭象《莊子注》。何、王重老，意在入世；阮、嵇重莊，意在出世；郭象重莊，意在調和入世與出世的矛盾，是對前兩個時期玄學的一個總結，也是一個超越。

從東晉始，玄學真正進入了無多少實在之社會功利目的的學術清談時期，而這一時期，又是參與人數最多的時期，從開國元勳王導到大名士如王羲之等，再到方外之人如支道林等，無不談《莊》。他們以此為樂，廢寢忘食。《世說新語》對當時的談玄盛況多有記載。

從玄學的發展來看，除了第一時期重老外，其他三個時期都是以莊學為主。玄學由於相對脫離現實生活而受到不少人的責難，但玄學緩解了文人的精神壓力，鍛鍊了人們的思辨能力，對於人們的現實生活和學術發展還是有一定貢獻的。

(二)宗教

中國古代宗教以道教和佛教為主，而《莊子》對這兩大宗教都有影響。

《莊子》對道教的影響主要體現在四個方面：第一，道教的許多術語來自《莊子》。如「天師」、「仙」、「道人」、「真人」、「真君」、「全真」、「導引」、「吐故納新」等等道教術語，都是出自《莊子》。第二，莊子重生思想對道教影響很大。道教養生學的主要內容，不外乎形養和神養兩大類，這就是道教所主張的形神（或性命）雙修理論。除道教的外丹學很難在《莊子》中找到源頭外，其他養生術幾乎都可以在《莊子》中找到它們的雛形。第三，莊子最早把修道與長壽成仙聯繫在一起。如黃帝、西王母、南伯子葵等等，都是修道成仙的典型代表。唐代著名道士吳筠在論證人可以成仙時，就曾引《莊子》為證（見《玄綱論》）。第四，莊子的其他許多理論，如對道的重視，對人生短暫的認識，對人的認識局限性的論述等等，都被後來的道教所汲取。正因為《莊子》與道教有著如此密切的關係，所以唐玄宗封莊子為南華真人，《莊子》為《南華真經》，不少道士為《莊子》作注。

佛教雖然在東漢初即傳入中國，但真正的興起是在魏晉時期。而從佛教興起之時起，《莊子》就對佛教的發展發揮著自己的作用。魏晉時較為著名的本無宗、心無宗和即色宗無不受莊子思想影響，其中即色宗的代表人物支道林更是《莊子》研究專家。其後的另一位名僧慧遠「尤善《莊》、《老》」（《高僧傳・釋慧遠傳》），他的「神不滅論」直接來自莊子的精神不死說。《莊子》對後來的禪宗影響尤大，禪宗所提倡的頓悟境界、不道之道、不執著、物我為一的自然境界等等，無不可以在《莊子》中找到它們的思想源頭。因此從某種程度上說，禪宗的精神實質是來自莊子思想。

(三)文學

《莊子》的文學成就在先秦諸子中最為突出，莊子的一些創作手法和一些理論主張為後世文人所普遍接受。

第一，從文學的角度看，《莊子》的浪漫主義是最引人矚目的一大特色。莊子想像奇特瑰麗，文筆優美飄逸，而其最為醉人之處還在於他把奇特的想像與深刻的哲理巧妙地融為一體。這對後世的浪漫主義文學產生了不可估量的影響。

第二，莊子重神輕形與重意輕言的主張為後來的文學理論所接受。從《文心雕龍》開始，就強調文人在創作時要重神韻。而莊子的重意輕言思想在文學中逐漸演化為「文有盡而意有餘」（鍾嶸〈詩品序〉）、「不着一字，盡得風流」（司空圖《二十四詩品》）的文學主張。

第三，重自然。莊子處處反對人為，主張恢復自然本色。在後來的文學創作中，如陸雲、謝靈運、李白等等，無不把「自然文風」作為自己追求的最高目標。

第四，貴真思想。《莊子・漁父》要求人們要敢於表露自己的真情實感，而這是文學創作所應遵循的主要原則之一。從劉勰的《文心雕龍》到李贄的〈童心說〉都接受了這一主張，並得到幾乎所有文人的認可。

莊子對後世文學的影響除了理論方面之外，還有許多具體影響。如大鵬形象、人生如夢、處乎材與不材之間、曠達的生死觀等等，幾乎都成了後世文人作品中的常見意象和常見主題。

莊子的思想及其對後世的影響，絕非一篇短短的「導讀」就能全面概括。要想真正體味莊子思想的精髓，必須認真研讀《莊子》原文。本書以《道藏》和郭慶藩《莊子集釋》為底本，相互參照，除訂正了一些誤字外，盡量保持了原貌。《莊子》一直是學術界關注的主要古代典籍之一，前人對《莊子》的注釋做了大量的工作，本書的注譯廣泛地吸收了前人的研究成果，為了行文簡潔，沒能一一注明出處，在此一併表示感謝。《莊子》的思想博大精深，再加上莊子的思想跳躍性較大，更由於作者本身學識所限，本書的注釋和譯文會有許多不妥之處，真誠地盼望方家指教。

張松輝

西元二〇〇三年十一月

內篇

逍遙遊第一

【題解】逍遙，形容自由自在的樣子。逍遙遊，是指擺脫世間一切名利和個人成見的牽扯，使精神達到一種不受約束、絕對自由的境界。本篇是《莊子》的重要篇章之一。作者借大鵬雄姿比喻自己宏偉的無為而治的政治理想以及無滯無礙的絕對自由的精神境界，同時對自己這種被人譏為「大而無用」的思想觀點進行了辯解。本篇的觀點是莊子整個思想發展過程的一個縮影，對全面理解莊子思想具有重要意義。

北冥❶有魚，其名為鯤❷。鯤之大，不知其幾千里也；化而為鳥，其名為鵬❸。鵬之背，不知其幾千里也。怒❹而飛，其翼若垂天❺之雲。是鳥也，海運❻則將徙❼於南冥。南冥者，天池❽也。《齊諧》❾者，志怪❿者也。《諧》之言曰：「鵬之徙於南冥也，水擊⓫三千里，摶扶搖⓬而上者九萬里，去以⓭六月息⓮者也。」野馬⓯也，塵埃也，生物之以息相吹也。天之蒼蒼⓰，其正色⓱邪？其遠而無所至極邪？其⓲視下也，亦若是⓳則已矣。且夫水之積也不厚，則其負⓴大舟也無力。覆杯水於坳堂㉑之上，則芥㉒為之舟，置杯焉則膠㉓，水淺而舟大也。風之積也不厚，則其負大翼也無力，故九萬里則風斯㉔在下矣。而後乃今㉕培㉖風，背負青天而莫之夭閼㉗者，而後乃今將圖南㉘。蜩㉙與學鳩㉚笑之曰：「我決㉛起而飛，槍㉜榆枋㉝，時則不至，而控㉞於地而已矣，奚㉟以之㊱九萬里而南為？」適㊲莽蒼㊳者，三飡而反㊴，腹猶果然㊵；適百里者，宿舂糧㊶；適千里者，三月聚糧。之二蟲㊷又何知！小知㊸不及大知，小年㊹不及大年。奚以知其然㊺也？朝菌㊻不知晦朔㊼，蟪蛄㊽不知春秋㊾，此小年也。楚之南有冥靈㊿者，以五百歲為春，五百歲為秋；上古有大椿(51)者，以八千歲為春，八千歲為秋，此大年也。而彭祖(52)乃今以久(53)特聞，眾人匹(54)之，不亦悲乎？

【章旨】本章主要描寫大鵬與小鳥之間的巨大差別。這是一個比喻，比喻下文提到的聖人與世俗人之間的差別。

【注釋】❶北冥　北海。冥，一作溟。大海。❷鯤　魚苗。這裡借作大魚名。❸鵬　傳說中的大鳥名。❹怒　奮起。❺垂天　天邊。垂，同「陲」。邊。❻海運　海水動盪。海水動盪則必有風，故大鵬乘風而起。❼徙　遷移。❽天池　天然的大池塘。❾齊諧　書名。一說是人名。❿志怪　記載怪異之事。志，記載。⓫水擊　激起海水。⓬搏扶搖　拍擊著大風。搏，拍擊。扶搖，一種從地面上升的大風。⓭以　憑藉。⓮六月息　六月的大風。息，氣息；大風。⓯野馬　指空中遊氣。遊氣奔騰如野馬，故名。⓰蒼蒼　深青色。⓱正色　本色。⓲其　代指飛上九萬里高空的大鵬。⓳若是　如此。是，此。代指「蒼蒼」。⓴負　載負。㉑坳堂　堂上的凹處。坳，凹陷不平。㉒芥　小草。㉓膠　粘著。㉔斯　就。㉕而後乃今　然後。㉖培　通「憑」。憑藉。㉗莫之夭閼　沒有東西能夠阻礙牠。「莫之夭閼」為賓語前置句式，按今天語序應為「莫夭閼之」。莫，沒有什麼東西。夭閼，阻礙。之，代指大鵬。㉘圖南　圖謀南飛。㉙蜩　蟬。㉚學鳩　一種小鳥的名字。㉛決　快速。㉜槍　飛到；飛上。㉝榆枋　兩種樹名。㉞控　落。㉟奚　為何；為什麼。㊱以之　藉以前往。以，憑藉。之，到。這裡指飛上去。㊲適　到。㊳莽蒼　郊野。莽蒼是形容遠望郊野時迷茫的景色，這裡代指郊野。㊴反　同「返」。㊵果然　肚子飽的樣子。

㊶宿舂糧　需要一天的時間準備糧食。宿，一夜。這裡代指一天。舂糧，舂米。指準備糧食。㊷之二蟲　那兩隻小蟲子。指蜩與學鳩。㊸知　同「智」。㊹年　壽命。㊺然　這樣。㊻朝菌　一種早上出生、傍晚死亡的菌類植物。㊼晦朔　一個月。古人把每月第一天叫作朔，最後一天叫作晦。㊽蟪蛄　寒蟬。或春生夏死，或夏生秋死。㊾春秋　代指一年。㊿冥靈　大海龜。一說是樹名。(51)大椿　樹名。(52)彭祖　人名。傳說中的長壽人物，據說他活了八百歲。(53)久　長壽。(54)匹　相比。

【語譯】北海有一條魚，牠的名字叫鯤。鯤的巨大，不知道牠有幾千里。後來牠變成了鳥，名字叫鵬。鵬的脊背，也不知有幾千里大。牠奮起而飛，翅膀就像天邊的雲彩。這隻鳥，因為北海動盪，將要遷往南海。南海是一個天然的大池塘。《齊諧》這本書，是記載各種怪異事情的書。這本書說：「當鵬往南海遷移的時候，海水被擊起三千里，牠的翅膀拍擊著大風飛向了九萬里高空，牠是憑藉著六月的大風而飛走的。」空中的遊氣好像奔騰的野馬，而且還飄蕩著許多塵埃，這些都是生物的呼吸使它們在空中飄蕩。天空一片深青色，這是它的本色嗎？天空高遠得沒有邊際嗎？大鵬從高空往下看，也是這般景象。再說水如果積得不深，那麼它就沒有力量載負大船。把一杯水倒在屋子裡的小坑中，那麼小草可以當船；如果放上一個杯子就會粘在地上，這是因為水太淺而船太大了。風如果積累得不厚，那麼它就沒有力量載負起巨大的翅膀，所以鵬要向上飛九萬里，那樣風就在牠的下面，然後憑藉著風力，背對著青天，而不會有什麼東西阻礙牠，然後向南飛去。蜩與學鳩嘲笑大鵬說：「我們很快地飛起來，本想飛到榆樹和枋樹上，然而有時還飛不上去，只好落在地上罷了。牠如此大費周章高飛九萬里再向南遷移又為了什麼呢？」到郊外去的人，只需要帶三餐糧食，回來時肚子還飽飽的；到百里遠地方去的人，就需要用一天的時間準備糧食；到千里遠地方去的人，就需要用三個月的時間準備糧食。這兩隻小鳥哪能懂得這些呢！智慧少的比不上智慧多的，壽命短的比不上壽命長的。憑什麼知道牠們是這樣呢？朝菌不知道什麼是一個月，蟪蛄不知道什麼是一年，這些都屬於壽命短的。楚國的南邊有一種大海龜，牠以每過五百年為一個春天，每過五百年為一個秋天；上古時有一種大椿樹，以每過八千年為一個春天，每過八千年為一個秋天，這些都屬於壽命長的。彭祖至今因長壽特別有名，一般人想和他相比，不是很可悲嗎？

湯❶之問棘❷也是❸已：窮髮❹之北，有冥海者，天池也。有魚焉，其廣❺數千里，未有知其脩❻者，其名為鯤。有鳥焉，其名為鵬，背若太山❼，翼若垂天之雲，摶扶搖羊角❽而上者九萬里，絕❾雲氣，負青天，然後圖南，且適南溟也。斥鴳❿笑之曰：「彼且奚適也？我騰躍而上，不過數仞⓫而下，翺翔蓬蒿⓬之間，此亦飛之至⓭也，而彼且奚適也？」此小大之辯⓮也。

【章　旨】本章用歷史故事再次說明大鵬與小鳥的真實存在以及牠們之間的差別。

【注　釋】❶湯　人名。商朝的第一位君主商湯王。❷棘　人名。一作革。商湯王的大臣。商湯王以他為師。❸是　代詞。代指上文提到的大鵬與小鳥之事。❹窮髮　不毛之地。窮，沒有。髮，指草木。古人認為草木為大地之髮。❺廣　寬。❻脩　長。❼太山　即泰山。太，通「泰」。❽羊角　旋風名。因其盤旋如羊角狀，故名。這裡的「羊角」與「扶搖」基本上為同義詞。❾絕　穿過。❿斥鴳　池澤中的一種小雀。斥，小池澤。鴳，小雀。⓫仞　長度單位。一說七尺為仞，一說八尺為仞。⓬蓬蒿　兩種野草名。這裡泛指野草。⓭飛之至　飛翔的最高度。至，最。⓮辯　同「辨」。區別。

【語　譯】商湯王向棘詢問的就是這件事：在不毛之地的北邊，有一片大海，那是個天然的大池塘。那裡有一條魚，牠有幾千里寬，沒有人能夠知道牠有多長，牠的名字叫鯤。那裡有一隻鳥，牠的名字叫鵬，牠的脊背像泰山，翅膀像天邊的雲彩，牠拍擊著旋風一直向上飛了九萬里，穿過雲層，背對著青天，然後向南飛去，牠將要到南海去。斥鴳嘲笑大鵬說：「牠將飛到哪裡去呀？我努力跳起向上飛，不過飛幾丈高就落了下來，在野草叢中迴旋翱翔，這也是飛翔的最高度了，而牠將能飛到哪裡去呢？」這就是大與小的區別呀！

故夫知效一官❶，行比一鄉❷，德合一君，而徵一國❸者，其自視❹也，亦若此❺矣。而宋榮子❻猶然❼笑之。且舉世❽而譽之而不加勸❾，舉世而非❿之而不加沮⓫，定乎內外之分⓬，辯乎榮辱之境⓭，斯已⓮矣。彼其於世未數數然⓯也。雖然，猶有未樹⓰也。夫列子⓱御風⓲而行，泠然⓳善也，旬有五日⓴而後反㉑。彼於致福者，未數數然也。此雖免乎行，猶有所待㉒者也。若夫乘㉓天地之正㉔，而御六氣之辯㉕，以遊無窮㉖者，彼且惡乎待㉗哉！故曰：至人無己㉘，神人無功㉙，聖人無名㉚。

【章　旨】上兩章主要講大鵬與小鳥的差別，是比喻。本章則緊承上章，進入比喻的本體，闡述了聖人與一般人的差別。

【注　釋】❶知效一官　智慧能夠勝任一個官職。知，通「智」。效，勝任。❷行比一鄉　品行能夠團結一鄉。比，親近；團結。❸而徵一國　能力可以取得一國人的信任。而，通「能」。能力。徵，信任。❹自視　自己看待自己。❺若此　像斥鴳看待自己一樣。此，指斥鴳自以為了不起這件事。❻宋榮子　人名。古代思想家。一說即宋鈃，一說指宋國有個叫榮子的人。❼猶然　嘲笑的樣子。❽舉世　整個社會。❾加勸　更加努力。勸，努力。❿非　批評。⓫加沮　更加沮喪。⓬定乎內外之分　知道內心世界與客觀環境的區別。即內心不受外部毀譽的干擾。定，確定；知道。內，內心。外，外界的毀譽。⓭辯乎榮辱之境　明白光榮與恥辱的界限。辯，同「辨」。明白。境，界限。⓮斯已　如此而已。斯，此。⓯數數然　多的樣子。⓰未樹　有一些好品質沒有建樹起來。莊子認為，宋榮子雖然比一般人強，但還沒有達到聖人的境界。⓱列子　人名。古代思想家。名御寇。鄭國人。相傳他能乘風而行。⓲御風　乘風。⓳泠然　輕妙的樣子。⓴旬有五日　十五天。旬，十天。古人往往在整數與零數之間加「有」或「又」。㉑反　同「返」。㉒待　依賴。指列子飛行必需依賴風，還沒達到絕對自由的境界。㉓乘　順應。㉔正　本；本性。㉕六氣之辯　自然的變化。六氣，指陰、陽、風、雨、晦、明。這裡泛指大自然。辯，同「變」。變化。㉖無窮　指無限的空間和時間。㉗惡乎待　即「待乎惡」。還依賴什麼呢。惡乎，什麼。㉘至人無己　至人沒有個人成見。至人，莊子心目中思想境界最高的人。下文中的「神人」、「聖人」與此同義。無己，《莊子》中的「無己」有兩義，一指忘卻自我，一指去掉己見以順應自然。這兩義既有聯繫又稍有差別。這裡用後一義。㉙無功　不求立功。㉚無名　不追求名聲。

【語　譯】所以那些智慧能夠勝任一個官職的人，品行能夠團結一鄉的人，道德能夠符合一位君主心意的人，能力能夠取得全國信任的人，他們自己看待自己，就像斥鴳那樣自以為了不起。而宋榮子卻嘲笑他們。即使整個社會的人都去讚美宋榮子，他也不會因此而更加努力；即使整個社會的人都去批評宋榮子，他也不會因此而更加沮喪。他能夠確定主觀內心與客觀環境的區別，明白光榮與恥辱的界限，但也只是如此而已。他生活在世界上，對名利沒太多的追求。雖然如此，但他還有許多聖人品質沒有建樹起來。列子乘風而行，輕快美妙，一次飛行十五天然後回來。他在追求世間幸福方面，沒有太多的要求。他雖然能夠免於行走的勞苦，可是還要有所依賴。至於那些順應天地本性，駕御自然變化，而遨遊於無窮無盡境界的人，他們還需要依賴什麼呢！所以說：至人排除個人成見，神人不去追求立功，聖人不去追求名聲。

堯❶讓天下於許由❷，曰：「日月❸出矣，而爝火❹不息，其於光❺也，不亦難乎！時雨降矣，而猶浸灌❻，其於澤❼也，不亦勞乎！夫子❽立❾而天下治❿，而我猶尸之⓫，吾自視缺然⓬，請致天下。」許由曰：「子⓭治天下，天下既已治也，而我猶代子，吾將為名乎？名者，實之賓⓮也，吾將為賓乎？鷦鷯⓯巢於深林，不過一枝；偃鼠⓰飲河⓱，不過滿腹。歸休⓲乎君，予無所用天下為！庖人⓳

雖不治庖，尸祝⑳不越樽俎㉑而代之矣。」

【章旨】本章用許由的故事，說明上文的「聖人無名」。

【注釋】❶堯　人名。傳說中的聖明君主。❷許由　人名。傳說中的隱士。字仲武，穎川人。❸日月　比喻許由。❹爝火　小火把。比喻堯自己。❺其於光　它在顯示光亮這件事上。❻浸灌　指人力澆灌。仍為比喻。堯把許由比作及時雨，把自己比作人力澆灌。❼澤　潤澤農作物。❽夫子　對許由的尊稱。❾立　立為天子。❿治　太平；安定。⓫尸之　佔住天子職務。尸，主；主持。之，指天子的位置。⓬缺然　缺乏才能。⓭子　您。⓮實之賓　實際或實物的從屬品。賓，附屬；次要的東西。⓯鷦鷯　小鳥名。此處為許由自比。⓰偃鼠　一種野鼠的名字。此處為許由自比。⓱河　黃河。⓲休　算了吧。⓳庖人　炊事人員。這裡指做祭品的人。⓴尸祝　祭祀時代表神受祭的人叫「尸」，祭祀時向神禱告的人叫「祝」。㉑樽俎　祭祀時用的酒器和肉器。許由以庖人比堯，以尸祝比自己，意思是說，即使堯不治理天下，自己也不會去代替他治理天下的。

【語譯】堯想把天下讓給許由，說：「日月出來了，而火把還不熄滅，它要顯示自己的光亮，不是也很困難嗎！及時雨落下來了，而還在搞人力澆灌，在潤澤莊稼這件事上，不是也太辛苦了嗎！您如果當天子，天下就會安定太平，而我還佔住這個位置，我反省自己，感到自己缺乏當天子的能力，請允許我把天下讓給您吧！」許由回答說：「您治理天下，天下已經太平了，而我還去代替您，我將追求名聲嗎？名聲是實際的從屬品，我將追求從屬品嗎？鷦鷯生活在深林裡，所需不過是一根樹枝；偃鼠在黃河裡喝水，不過只是喝飽。您回去吧，君主！我用不著這麼大的天下！廚師即使不去做廚房的事情，尸祝也不會越過祭器去代替他的。」

肩吾❶問於連叔❷曰：「吾聞言於接輿❸，大而無當❹，往而不反❺。吾驚怖❻其言，猶河漢❼而無極也，大有逕庭❽，不近人情焉。」連叔曰：「其言謂何哉？」

「曰：『藐姑射❾之山，有神人居焉，肌膚若冰雪，綽約❿若處子⓫，不食五穀，吸風飲露；乘雲氣御飛龍，而遊乎四海之外；其神凝⓬，使物不疵癘⓭而年穀⓮熟。』吾以是⓯狂而不信⓰也。」連叔曰：「然。瞽者無以與乎文章之觀⓱，聾者無以與乎鐘鼓之聲。豈唯形骸有聾盲哉？夫知亦有之⓲。是其言也，猶時女⓳也。之人⓴也，之德也，將旁礴㉑萬物以為一，世蘄乎亂㉒，孰弊弊焉㉓以天下為事！之人也，物莫之傷，大浸稽天㉔而不溺，大旱金石流㉕、土山焦而不熱。是其塵垢粃糠，將猶陶鑄㉖堯舜者也。孰肯以物為事！宋人資㉗章甫㉘而適諸越㉙，越人斷髮文身㉚，無所用之。堯治天下之民，平海內之政，往見四子㉛藐姑射之山，汾水之陽㉜，窅然㉝喪㉞其天下焉。」

【章旨】本章主要解釋上文的「神人無功」。在莊子看來，那些思想境界高尚的神人雖然主觀上不求建功，但客觀上卻能德化天下，功被萬民。

【注釋】❶肩吾　人名。莊子假設的人物。❷連叔　人名。莊子假設的人物。❸接輿　人名。春秋末期的楚國隱士。❹大而無當　誇張而不切實際。大，誇大。❺往而不反　話說開就收不回來。意思是講話漫無邊際。❻驚怖　吃驚。❼河漢　天河。❽大有逕庭　（與現實）很不一致。逕，野外的道路。庭，院子。「逕」與「庭」相距很遠，比喻接輿的話與現實相差很遠。❾藐姑射　傳說中的神山名。又叫姑射山。《山海經》說姑射山在寰海之外。一說在今山西省臨汾縣西。《莊子》中的人名、地名多為假託，不必落實。一說「藐」為遙遠義。❿綽約　姿態柔和優美的樣子。⓫處子　處女。⓬神凝　精神專一。

⓭疵癘　毛病。⓮年穀　莊稼。⓯以是　以為這些話。以，以為；認為。是，代指接輿講的話。⓰狂而不信　虛假而不真實。狂，同「誑」。假。信，真實。⓱瞽者無以與乎文章之觀　盲人無法欣賞美好的文采。瞽者，盲人。無以，沒有辦法。與，參與。指參與欣賞。文章，文采。指美麗的顏色和圖案。觀，景象。⓲夫知亦有之　人的智慧也有盲聾現象。人的智慧無法認識一些事物或道理，故稱其為盲聾。知，同「智」。⓳時女　妙齡少女。形容美好。時，用如「時雨」的「時」，正是好時光的意思。一說「時」同「是」，「女」同「汝」，指肩吾。⓴之人　那些人。指藐姑射山上的神人。㉑旁礴　混同。㉒世蘄乎亂　世人祈求天下太平。蘄，求。亂，安定太平。在古漢語中，「亂」兼有混亂和安定正反二義。㉓弊弊焉　辛辛苦苦的樣子。㉔大浸稽天　大水漲上了天空。大浸，大水。稽，至；到。㉕金石流　金石因天熱而熔化。㉖陶鑄　造就。這兩句是說，用神人身上的塵埃糟粕也能造就出像堯舜這樣英明的君主。極言神人的偉大。㉗資　購買。㉘章甫　一種帽子的名字。一說為一種禮帽，一說為商代帽子。㉙適諸越　到越國去販賣。適，到。越，諸侯國名。在今浙江省一帶。㉚斷髮文身　頭髮剪掉，身上刺上花紋。文，通「紋」。㉛四子　四位神人。舊注認為指王倪、齧缺、被衣、許由四人。㉜汾水之陽　汾水的北岸。汾水，河名。陽，河北岸為陽。㉝窅然　精神恍忽、若有所失的樣子。㉞喪　忘掉。

【語　譯】肩吾問連叔說：「我聽到接輿講的話，誇張而不切實際，說開就收不回來，我對他那像天河一樣漫無邊際的言論感到吃驚，他的言論不合現實，不近人情。」連叔問：「他講了些什麼呢？」（肩吾回答：）「他說：『在藐姑射山上，住著一些神人，他們的肌膚像冰雪一樣潔白，容貌像處女一樣柔美；他們不吃五穀，只吸清風，飲露水；他們乘著雲氣，駕著飛龍，而遨遊於四海之外；他們的精神凝聚專一，使萬物不出現毛病，而五穀年年豐收。』我認為他講的這些話虛假而不真實。」連叔說：「當然啦！盲人沒有辦法欣賞美好的文采，聾子沒有辦法欣賞鐘鼓的樂聲。難道只是肉體有瞎有聾嗎？有人在智慧上也是有瞎有聾的。接輿講的那些話，就好像少女那樣美妙。那些神人，那些神人的品德，將混同萬物為一體，世人都希望天下安定，可那些神人怎肯辛辛苦苦地去管社會上的事情呢！那些神人，沒有什麼東西能夠傷害他們，洪水滔天不會使他們溺斃，天旱得使金石熔化、土山枯焦，他們也不會感到熱。用他們身上的塵垢秕糠，也能造就出堯、舜來。他們怎肯從事世俗的事情呢！有一位宋國人購買了一批帽子去越國賣，而越國人頭髮剪得光光的，身上刺著花紋，根本不戴帽子。堯治理好天下百姓，安排好國家政事，到汾水北邊的藐姑射山上去拜見四位神人，他不禁茫茫然忘掉了自己的天下。」

惠子❶謂莊子曰：「魏王貽❷我大瓠❸之種，我樹❹之成而實五石❺；以盛水漿，其堅不能自舉❻也；剖之以為瓢，則瓠落❼無所容。非不呺然❽大也，吾為其無用而掊❾之。」莊子曰：「夫子固拙於用大矣！宋人有善為不龜手❿之藥者，世世以洴澼絖⓫為事。客⓬聞之，請買其方百金⓭。聚族而謀曰：『我世世為洴澼絖，不過數金，今一朝而鬻技⓮百金，請與之。』客得之，以說⓯吳王。越有難⓰，吳王使之將，冬與越人水戰，大敗越人，裂地⓱而封之。能不龜手一也，或以封⓲，或不免於洴澼絖，則所用之異也。今子有五石之瓠，何不慮以為大樽⓳，而浮乎江湖？而憂其瓠落無所容，則夫子猶有蓬之心⓴也夫！」

【章旨】本章主要解釋上文的「至人無己」。莊子認為，至人沒有個人成見，能順應自然，隨物推移。

【注釋】❶惠子　人名。姓惠名施。宋國人。是莊子的好友，曾當過魏國的相。❷貽　贈送。❸大瓠　植物名。即大葫蘆。❹樹　種植。❺實五石　大葫蘆可裝五石糧食。實，果實。即結出的葫蘆。石，容量單位。十斗為一石。❻自舉　自勝；承受。❼瓠落　大的樣子。這兩句是說，把大葫蘆剖開為瓢，可瓢太大，缸裡、鍋裡都放不下。一說「瓠落」是形容大而平淺的樣子。因瓢平淺，無法裝東西。❽呺然　大而無用的樣子。❾掊　砸破。❿不龜手　使手不皸裂。龜，同「皸」。皮膚因受凍而裂開。⓫洴澼絖　漂洗絲絮。洴澼，漂洗。絖，絲綿。⓬客　外地人。⓭百金　指一筆數目很多的錢。金，古代貨幣單位。有時一斤黃金為一金，有時一鎰黃金為一金。⑭鬻技　賣技術。鬻，賣。⑮說　遊說。⑯難　發難。這裡指軍事進攻。

⑰裂地　劃出一塊土地。⑱或以封　有人憑藉不龜手之藥獲得封地。或，有人。以，憑藉。⑲樽　本指一種酒器。這裡指形似酒器，可以拴在腰間以助漂浮的游泳工具，類似今天的救生圈，古時稱「腰舟」。⑳蓬之心　茅塞不通的思想。即心裡不開竅。

【語譯】惠子對莊子說：「魏王送我一顆大葫蘆的種子，我種植成功了，結出的大葫蘆可裝五石糧食；用它裝水，它的堅固程度無法承受；把它剖開當瓢，可又太大無處可放。這個葫蘆豈不是白白地長了這麼大嗎！我因為它沒用，就把它砸爛了。」莊子說：「您真是不善於使用大的東西啊！有個宋國人善於製造防治手皸裂的藥物，他家世世代代以漂洗絲絮為職業。有一個外地人聽說了這件事，願意出一百金購買他的藥方。這位宋國人便召集全家人商量說：『我們家世世代代漂洗絲絮，也不過掙了數金，現在賣藥方，一下子就能得到一百金，就賣給他吧！』外地人得到藥方，就去遊說吳王。這時越國進攻吳國，吳王就讓他帶領軍隊，冬天與越國人水戰，大敗越人，吳王就劃出一塊土地封給他。同樣能夠製造防治手皸裂的藥物，有的人因此而得到封地，有的人卻只能用它漂洗絲綿，這是因為他們的用法不同。現在您有五石容量的大葫蘆，何不考慮把它當作腰舟而浮游於江湖之上呢？而您卻發愁它太大無處可放，那麼說明先生您還有一顆不開竅的心啊！」

惠子謂莊子曰：「吾有大樹，人謂之樗❶。其大本❷擁腫❸而不中繩墨❹，其小枝卷曲而不中規矩❺，立之塗，匠者不顧❻。今子之言，大而無用，眾所同去❼也。」莊子曰：「子獨❽不見狸狌❾乎？卑身❿而伏，以候敖者⓫。東西跳梁⓬，不避高下，中於機辟⓭，死於罔罟⓮。今夫斄牛⓯，其大若垂天之雲，此能為大矣，而不能執鼠。今子有大樹，患其無用，何不樹之於無何有之鄉，廣漠⓰之野，彷徨⑰乎無為其側，逍遙乎寢臥其下。不夭斤斧⑱，物無害者。無所可用，安所困苦哉！」

【章　旨】本章以論辯的形式，說明莊子以「無用」為手段的全身遠害思想。

【注　釋】❶樗　樹名。俗稱臭椿樹。❷大本　樹的主幹。❸擁腫　肥短而不端正。擁，同「臃」。❹繩墨　木匠用來畫直線的工具。❺規矩　兩種木工工具。用來畫圓的工具叫「規」，用來畫方的工具叫「矩」。❻匠者不顧　木匠連看也不看。匠者，木匠。顧，看。❼去　拋棄。❽獨　難道；竟然。❾狸狌　兩種動物名。狸，野貓。狌，即鼬鼠。俗稱黃鼠狼。❿卑身　低下身子。卑，低。⓫敖者　走動的小動物。敖，同「遨」。走動。⓬跳梁　跳躍。⓭中於機辟　碰在捕獸工具的機關上。中，碰上。機辟，捕獸器的機關。⓮罔罟　網。這裡指捕獸的網。罔，同「網」。罟，網。⓯斄牛　即犛牛。⓰廣漠　開闊；遼闊。⓱彷徨　徘徊。⓲不夭斤斧　不會被斧頭砍掉。夭，夭折。斤，大斧頭。

【語　譯】惠子對莊子說：「我有一棵大樹，人們叫它臭椿樹，它的主幹臃腫而不合墨線，它的小枝彎曲而不合規矩，長在路邊，木匠連看都不看一眼。現在您的言論，大而無用，大家都不會接受的。」莊子回答說：「您難道沒有看到那些野貓和黃鼠狼嗎？牠們低身伏在地上，等待著出遊的小動物，牠們東西跳躍，不顧高低，一旦碰上捕獸器的機關，就會死在網中。再看那些犛牛，身體大得就像天邊的雲彩，這該算大吧，卻不能捉老鼠。現在您有一棵大樹，發愁它沒有用處，何不把它種在空蕩蕩的地方、開闊的原野裡，在它的旁邊隨意地走一走，或者自由自在地躺在它的下面。這棵樹不會被斧頭砍掉，也沒有什麼東西去傷害它。它沒有什麼作用，又怎麼會有禍害呢！」

【研　析】〈逍遙遊〉是《莊子》的首篇，也是《莊子》中最重要的篇章之一。關於這篇文章，有一個爭論了一千多年的問題，這個問題就是大鵬和小鳥（包括蜩、學鳩等）究竟誰是自由的，誰是不自由的。從古至今，大致有三種意見：

一、大鵬和小鳥都是自由的。這一派的理論證據就是莊子的「萬物一齊」思想（關於這一思想的具體內容，可參見下一篇〈齊物論〉）。既然萬物一齊，那麼大小就是一樣的。既然大小一樣，那麼大鵬和小鳥也就一樣了。雖然大鵬能夠高飛九萬里，而小鳥只能飛翔幾丈高，但牠們都是順應著各自的本性，都是「任性而遊」，因而都是自由的。這一派的代表學者是晉代的郭象（見《莊子集釋》卷一注）。

二、大鵬和小鳥都是不自由的。這一派的證據是大鵬要想飛翔，除了要依靠自己的翅膀外，還必須憑藉大風；小鳥要想飛翔，就要依靠自己的翅膀。在莊子看來，有所依靠的「遊」，就不是一種絕對的自由。因而大鵬和小鳥都是不自由的。提出這一觀點的是晉代僧人支道林。支道林提出這一觀點有其現實目的。當時，文人士大夫都追求一種「任性」的自由生活，認為做到了這一點，就是道家所倡導的「聖人」了。而支道林認為，如果「任性」而行就是聖人的話，那麼殘暴之人順應自己的殘暴之性去禍害百姓，這樣的人是不是也是「聖人」呢？出於這一目的，支道林反對「任性而遊」就是自由的說法（見《世說新語・文學》）。

三、包括現代學者在內的大多數《莊子》研究者都認為：大鵬是自由的，而小鳥是不自由的。這一派的理由就是莊子在本文中明顯是在讚美大鵬，貶低小鳥。至於說大鵬飛翔必須依靠大風，那是因為不要任何憑藉的「遊」在現實生活中根本沒有。

我們的意見與第三種意見接近，但又不完全一樣。我們認為以上意見雖然都能講出一點道理，但也全都似是而非，並不完全符合莊子原意。持這幾種意見的人犯了一個共同的錯誤，那就是把第一段中有關大鵬與小鳥的描寫同下文割裂開來，把它們獨立出來後，再根據自己的理解去解釋這些形象的意義。特別是郭象和支道林，雖然兩人的觀點相反，但同樣都把大鵬等同於小鳥，這顯然不符合莊子的原意。

我們認為，如果聯繫整篇文章，特別是聯繫下文對世俗人與聖人的描寫，我們就可以知道，本文根本就不是在討論大鵬和小鳥誰自由誰不自由的問題。在莊子的筆下，大鵬與小鳥只是一個比喻，他只是想用小鳥無法理解大鵬的事例，去說明世俗人無法理解聖人的道理，用小鳥與大鵬之間的飛翔差距去比喻世俗人與聖人之間思想境界的差距。如果能夠做到這一點，大鵬與小鳥形象在本文中的任務也就完成了。正因為莊子本人不是在討論大鵬與小鳥誰自由誰不自由的問題，所以後人在這個問題上總也爭論不清。

最後順便要提到的是大鵬這一形象對後世的影響。自從莊子描繪大鵬形象以後，這一一舉九萬里的雄姿就成為歷代文人歌詠不衰的對象。特別是李白，寫了大量讚美大鵬的詩文。他少年時寫的〈大鵬遇希有鳥賦〉就以大鵬自況，臨終前感歎的依然是「大鵬飛兮振八裔，中天摧兮力不濟」（〈臨路歌〉）。可以說，大鵬的形象伴隨了李白一生。直到今天，「大鵬展翅」、「鵬程萬里」等詞彙依然活躍在人們的日常用語中，成為人們的美好祝辭之一。

齊物論第二

【題解】〈齊物論〉在思想上緊承〈逍遙遊〉，是莊子的又一重要篇章。它論述了作者最具特色的萬物一齊思想。關於題目，過去有兩種解釋：一是齊物之論。即論述萬物齊同的道理。二是齊同物論。即齊同萬物和各種觀點。其實，古人說的「物」，不僅指物質實體，它還包括了諸如規律、思想等抽象的理論問題。所謂的「齊物」，就是要泯滅世間一切事物的個性，通過誇大它們共性的辦法，從而達到萬物等齊的目的。莊子認為，大道的主要內容就是齊物，也只有道才能齊同萬物。但道與萬物絕非平等關係，道是「真君」，萬物是「臣妾」，道高高在上，君臨一切，萬物齊同，唯道獨尊。而莊子是得道者之一，與道融為一體，因此唯道獨尊也就成了唯我獨尊。很明顯，齊物是齊萬物，而不是齊物道，也不是把莊子本人與眾人齊同起來。通過齊物，莊子可以在精神上凌駕於萬物之上，從而達到逍遙的目的。可以說，「逍遙遊」是目的，「齊物論」是手段，通過齊物途徑達到逍遙境界。但由於齊物思想與現實之間有很大差距，使莊子在建立這一理論時有不少破綻，而且莊子本人也很難實踐這一理論。比如，莊子一邊講齊同是非，一邊又在批評其他學派的思想；一邊主張齊同生死，一邊又在倡導遠害全生。

南郭子綦❶隱几❷而坐，仰天而噓❸，荅焉❹似喪其耦❺。顏成子游❻立侍乎前，曰：「何居❼乎？形固可使如槁木❽，而心固可使如死灰乎？今之隱几者非昔之隱几者也❾。」子綦曰：「偃❿，不亦善乎，而⓫問之也。今者吾喪我⓬，汝知之乎？汝聞人籟⓭，而未聞地籟⓮；汝聞地籟，而未聞天籟⓯夫！」子游曰：「敢⓰

問其方⑰。」子綦曰：「夫大塊⑱噫氣⑲，其名為風。是⑳唯無作，作則萬竅怒呺㉑。而獨不聞之翏翏㉒乎？山林㉓之畏佳㉔，大木百圍之竅穴，似鼻，似口，似耳，似枅㉕，似圈㉖，似臼，似洼㉗者，似污㉘者。激㉙者，謞㉚者，叱者，吸者，叫者，譹者，宎㉛者，咬㉜者。前者唱于㉝，而隨者唱喁㉞，泠風㉟則小和，飄風㊱則大和。厲風濟㊲，則眾竅為虛。而獨不見之調調㊳之刁刁㊴乎？」子游曰：「地籟則眾竅是已㊵，人籟則比竹㊶是已，敢問天籟？」子綦曰：「夫吹萬㊷不同，而使其自己也，咸其自取㊸，怒㊹者其誰邪？」

【章旨】本章提出「吾喪我」的境界。所謂「喪我」，也即〈逍遙遊〉中的「無己」。破除我見（個人成見），揚棄我執，是齊物的前提條件。另外，文中提到的「天籟」，對後世影響也很大。有我如子游，唯知人籟、地籟；子綦喪我，故能聞天籟。

【注釋】❶南郭子綦　人名。本名子綦，因住在南郭（城南），故稱南郭子綦。❷隱几　靠著几案。隱，靠。几，案。❸噓　吐氣。❹荅焉　離形去智、忘掉自身的樣子。❺喪其耦　忘掉了自身。喪，忘掉。耦，對偶。指自己的身體。莊子認為人的肉體和精神是對立統一體，因此肉體是精神之對偶。❻顏成子游　人名。南郭子綦的學生。❼何居　處於何種狀態。居，處。❽槁木　枯樹。❾今之隱几者非昔之隱几者也　今天靠几而坐的您與往日靠几而坐的您大不一樣啊。❿偃　顏成子游名偃，字子游。⓫而　你。⓬吾喪我　我忘掉了我自身。喪，忘。⓭人籟　人吹簫管發出的聲音。⓮地籟　指風吹大地上各種孔竅發出的聲音。⓯天籟　指各種事物順其自然而發出的聲音。⓰敢　表示謙恭的詞。⓱方　具體內容。⓲大塊　大地。⓳噫氣　吐氣。⓴是　代指風。㉑呺　同「號」。㉒翏翏　呼嘯的風聲。㉓山林　山陵。林，同「陵」。㉔畏佳　形容山陵高峻的樣子。

㉕枅　柱上的橫木。㉖圈　柵欄。㉗洼　洼地。㉘污　水塘。㉙激　激流聲。㉚謞　箭飛射的聲音。㉛宎　低沉的聲音。㉜咬　鳥叫聲。㉝于　形容風聲。㉞喁　形容風聲。㉟泠風　小風。㊱飄風　大風。㊲厲風濟　暴風停止。厲風，暴風。濟，停止。㊳調調　形容草木在風中搖擺的樣子。㊴刁刁　一作「刀刀」。形容草木在風中搖動的樣子。㊵已　同「矣」。語氣詞。㊶比竹　排簫。比，排列。排簫用許多竹管排列製成，故稱比竹。㊷萬　指千萬種不同的聲音。㊸咸其自取　都是它們自身造成的。陳壽昌曰：「有是竅即有是聲，是聲本竅之自取也。」郭象曰：「自己而然，則謂之天然。」㊹怒　發動；發聲。

【語譯】南郭子綦靠著几案而坐，他仰起頭來朝著天空緩緩地呼了一口氣，一副忘掉自我的樣子。顏成子游恭敬地站在他的面前，說：「您現在處於一種什麼樣的狀態呀？形體確實可以使它像枯樹一樣，精神難道也可以使它像死灰一般嗎？今天靠著几案的您和往日靠著几案的您大不一樣了。」子綦回答說：「子游啊，你的問題提得很好。現在我忘掉了我自身，你知道嗎？你聽說過人籟，但沒聽說過地籟；你即使聽說過地籟，但也沒有聽說過天籟。」子游說：「請問它們的含義。」子綦說：「大地吐出的氣，名字叫風。風要麼不發作，一旦發作，那千萬個孔竅就會怒號起來。你難道沒有聽到過呼嘯的風聲嗎？高峻的山陵和百圍大樹上的孔竅，有的像鼻孔，有的像嘴巴，有的像耳朵，有的像柱子上插橫木的方孔，有的像圈圍的柵欄，有的像臼窩，有的像洼地，有的像池塘。（這些孔竅發出的聲音）有的像激流聲，有的像飛箭聲，有的像呵叱聲，有的像呼吸聲，有的像叫喊聲，有的像嚎哭聲，有的聲音低沉，有的聲音像鳥叫，前面發出『于于』的聲音，後面跟著發出『喁喁』的聲音，風小就發出小的和聲，風大就發出大的和聲，暴風停止，所有的孔竅也就沉寂下來。你難道沒有看到草木在風中搖搖擺擺的樣子嗎？」子游說：「地籟是指各種孔竅發出的聲音，人籟是指排簫發出的聲音，那麼請問天籟是怎麼回事？」子綦回答說：「天籟是說風吹孔竅發出的聲音雖然有千萬種不同，但使它們成為各自獨特聲音的，都是它們自身自然造成的，發聲的還會是誰呢？」

大知閑閑❶，小知間間❷；大言炎炎❸，小言詹詹❹。其寐也魂交❺，其覺也形開❻。與接為構❼，日以心鬭：縵❽者，窖❾者，密❿者，小恐惴惴⓫，大恐縵縵⓬。其發若機栝⓭，其司⓮是非之謂也；其留如詛盟⓯，其守勝⓰之謂也；其殺⓱如秋冬，以言其日消⓲也；其溺之⓳所為之，不可使復之也；其厭⓴也如緘㉑，以言其老洫㉒也；近死之心，莫使復陽㉓也。喜怒哀樂，慮歎變慹㉔，姚佚啟態㉕，樂出虛，蒸成菌㉖，日夜相代㉗乎前，而莫知其所萌㉘。已乎！已乎！旦暮得此㉙，其所由以生㉚乎！

【章旨】本章描述了人們在日常生活中的各種不同表現，認為一旦掌握了大道，就能夠理解各種不同表現所產生的原因。

【注釋】❶大知閑閑　具有大智的人廣博寬達。知，同「智」。閑閑，廣博寬達的樣子。❷小知間間　具有小智的人斤斤計較。知，同「智」。間間，斤斤計較的樣子。❸炎炎　盛美的樣子。❹詹詹　煩瑣、囉嗦的樣子。❺其寐也魂交　他們睡眠時因心煩意亂而做夢。其，指一般人。寐，睡覺。魂交，因心煩意亂而做夢。❻形開　形體展開活動。指四體不安。❼與接為構　與人、物接觸而周旋。構，交接。引申為應付、周旋。❽縵　緩慢。指有人在勾心鬥角時不慌不忙。❾窖　深沉；深不可測。❿密　密而不露，謹慎小心。⓫惴惴　提心吊膽的樣子。⓬縵縵　失魂落魄的樣子。⓭其發若機栝　他們發言講話像機弩發箭那樣迅猛。發，發話。機，弩上發箭的機關。栝，箭尾扣弦的部位。「機栝」代指射箭。⓮司　主宰。⓯其留如詛盟　他們像發過誓一樣把意見留在心裡而不說出來。詛盟，誓約。⓰守勝　以守取勝。⓱殺　衰敗。⓲日消　一天天地消亡。⓳溺之　沉溺於。⓴厭　閉塞。㉑緘　用繩索綑縛。㉒老洫　衰老。㉓復陽　恢復生氣。古人認為陰主殺，陽主生。㉔慹　恐懼不安。㉕姚佚啟態　輕浮，縱逸，放蕩，作態。㉖樂出虛二句　以上行為就好像音樂從樂器的空虛中產生出來一樣，還好像各種菌類在地氣的蒸騰中生長出來一樣。㉗相代　交替出現。㉘所萌　產生的原因。㉙旦暮得此　一旦掌握了道。旦暮，早晚。這裡指一旦。此，指以上各種事物、情態的產生根源，實際即指道，因為莊子繼承了老子思想，認為萬物皆由道所生。

㉚所由以生　所產生的原因。由，自；從。以，而。

【語　譯】具有大智的人廣博寬達，具有小智的人斤斤計較；符合大道的言論盛美，拘於俗智的言論瑣碎。一般人睡眠時因心煩意亂而做夢，醒來後四體不安。他們與周圍的人、事接觸周旋，整天都在勾心鬥角：有的不慌不忙，有的高深莫測，有的小心謹慎，小的恐懼使他們提心吊膽，大的恐懼使他們失魂落魄。他們有時發話如弓弩發箭那樣快速，那是因為他們想要主宰是非；他們有時像發過誓一樣把意見留在內心而不講出，那是因為他們想要以守取勝；他們衰敗得如同秋冬的草木，可以說正在一天一天地消亡；他們沉溺於自己的所作所為，無法使他們恢復原有的情狀；他們的思想閉塞得如同被繩索綑縛，可以說他們已經衰老了；他們的心靈已接近死亡，沒有人能夠使他們恢復生機。他們欣喜、憤怒、悲哀、快樂，他們憂慮、歎息、反覆、恐懼，他們輕浮、縱逸、放蕩、作態，這一切都好像音樂從樂器的空虛處發出，菌類因地氣蒸發而產生一樣。這種種情態不分日夜地在我們面前交替出現，而沒有人知道它們出現的根源。算了吧！算了吧！一旦掌握了道，就會明白這一切產生的原因。

非彼無我❶，非我無所取❷，是亦近矣，而不知其所為使❸。若有真宰❹，而特❺不得其眹❻。可行已信❼，而不見其形，有情❽而無形。百骸❾、九竅❿、六臟⓫，賅⓬而存焉，吾誰與為親⓭？汝皆悅之乎？其有私⓮焉？如是皆有為臣妾⓯乎？其臣妾不足以相治乎？其遞相⓰為君臣乎？其有真君⓱存焉？如求得其情與不得⓲，無益損⓳乎其真。一受其成形⓴，不亡以待盡㉑。與物相刃相靡㉒，其行盡如馳而莫之能止，不亦悲乎？終身役役㉓而不見其成功，苶然㉔疲役而不知其所歸，可不哀邪？人謂之不死，奚益？其形化㉕，其心與之然㉖，可不謂大哀乎？人之生也，固若是芒㉗乎？其我獨芒，而人亦有不芒者乎？

【章旨】本章強調真君——大道的真實存在，批評世俗人的糊塗生活。

【注釋】❶非彼無我　沒有道就沒有我。彼，指上文「旦暮得此」的「此」，即道。莊子認為，包括人在內的萬物都產生於道。這裡的「我」泛指人。❷非我無所取　沒有我道也無法體現。取，稟受。引申為體現、呈現。道是看不見摸不著的，必須借助於實物才能體現自己。❸所為使　由什麼主使。❹真宰　真正的主宰者。即道。❺特　僅僅；只是。❻眹　形象。❼可行已信　可以遵循道去行事，道的存在也可得到證實。❽情　真實。❾百骸　泛指全身的骨骸。❿九竅　人體的九個孔竅。指雙眼、雙耳、雙鼻孔、口、生殖器、肛門。⓫六臟　心、肝、脾、肺、腎，合稱五臟。因腎有左右兩腎，所以又合稱六臟。⓬賅　齊備。⓭親　親近。⓮私　偏私；偏愛。⓯臣妾　奴隸。這裡指受支配者。⓰遞相　交替；輪流。⓱真君　真正的主宰者。⓲如求得其情與不得　無論是否能夠掌握真君的真實情況。情，真實。⓳益損　增加和減少。⓴一受其成形　人一旦稟受於道而形成自己的形體。㉑不亡以待盡　雖然活著，也不過是等死而已。這是對一般人的批評，認為他們活得糊塗，不過是些活死人而已。㉒相刃相靡　互相鬥爭、互相衝突。靡，同「摩」。摩擦；衝突。㉓役役　勞苦不堪的樣子。㉔苶然　疲倦的樣子。㉕形化　形體變化為其他事物。即死亡的另一種說法。㉖與之然　與形體一樣死亡。㉗芒　糊塗。

【語譯】沒有道就沒有我，沒有我道也無法體現自己，這之間的關係是密切的，但不知這種關係由誰主使。好像有一位真正的主宰者，而只是看不見它的形象而已。可以遵循它去做事，它的存在也已得到證實，但是看不見它的形體，它真實存在卻沒有具體形態。眾多的骨骸，眼鼻口等九個孔竅和心肺肝等六臟，全都存在於我的體內，我與其中的哪一部分更親近一些呢？你都喜歡它們嗎？還是有所偏愛呢？它們都當臣妾嗎？都當臣妾也許就無法相互治理了吧？那麼它們輪流當君臣嗎？還是有一位真正的君主存在呢？無論我們是否能夠掌握這位真君的實際情況，對它的真實存在都無絲毫影響。人們一旦稟受於道而形成自己的形體，雖然活著也不過是等死而已。他們與周圍的人和物相互爭鬥、相互衝突，他們走向死亡如同快馬奔馳，而沒有人能夠阻止，這不是很可悲嗎？他們終身勞苦不堪卻又看不到他們的成功，一輩子疲憊困頓卻又找不到自己的歸宿，這能不悲哀嗎？這樣的人雖說還沒死，可又有什麼用處呢？他們的形體死亡了，他們的精神與形體一起消亡，這能說不是最大的悲哀嗎？人生在世，真的就活得如此糊塗嗎？還是僅僅我一個人糊塗，而還有其他一些不糊塗的人嗎？

夫隨其成心❶而師之，誰獨且無師乎？奚必❷知代❸而心自取❹者有之？愚者與有焉。未成乎心❺而有是非，是今日適越而昔至也❻，是以無有為有。無有為有，雖有神禹❼且不能知，吾獨且柰何哉？夫言非吹❽也，言者有言，其所言者特未定也❾。果有言邪？其未嘗有言邪？其以為異於鷇音❿，亦有辯⓫乎？其無辯乎？道惡乎隱⓬而有真偽？言惡乎隱而有是非？道惡乎往而不存？言惡乎存而不可？道隱於小成⓭，言隱於榮華⓮。故有儒墨之是非，以是其所非而非其所是⓯。欲是其所非而非其所是，則莫若以明⓰。

【章旨】上兩章批判一般人因不懂齊物的道理而在爭鬥、摩擦中過完糊塗的一生，本章則要求人們破除自己的「成心」，因為只有泯滅了「成心」，才能泯滅是非界線，而齊同是非是齊物的一個重要內容。

【注釋】❶成心　逐漸形成的個人成見。❷奚必　何必。❸知代　懂得客觀事物在不斷變化。代，變化。❹心自取　有個人心得。❺成乎心　在心中形成個人成見。乎，於。❻是今日適越而昔至也　這就好像今天動身去越國而昨天就到達一樣。這兩句是說，一個人如果沒有個人成見而有是非觀，那就好像今天動身去越國而昨天就到達了一樣，是不可能的。❼神禹　神明的大禹。❽吹　風吹。❾其所言者特未定也　他所談論的事物內容還沒有穩定下來。莊子認為客觀事物處於不斷變化之中，當你認識一種事物並把它表述出來時，這個事物可能已經發生了變化，因此人們的認識是不準確的，他們講的話是不可信的。❿鷇音　初生小鳥的叫聲。比喻沒有意義的話。⓫辯　同「辨」。區別。⓬隱　蒙蔽。引申為傷害、損害。⓭小成　小的成功。本句意思是，有人取得了一些小的成功，就自以為自己的行為符合大道，而實際上距離大道甚遠。⓮榮華　草木的花。比喻華麗的辭藻。⓯以是其所非而非其所是　把對方認為是錯誤的看作是正確的，而把對方認為是正確的看作是錯誤的。是，用作動詞，把……看作是正確的。其，代指對方。⓰則莫若以明　不如用得道後的明靜之心去觀照人間是非。明，得道後的明靜之心。

【語譯】如果依據個人的成見作為判斷是非的標準，那麼誰會沒有標準呢？何必只有那些懂得客觀事物變化而具有個人主見的人才有呢？即使愚人也會有的。心中沒有個人成見而有是非之分，這就好像說今天動身去越國而昨天就已到達一樣，這種說法就是把不可能有的事情硬說成已有的事情。如果硬把沒有的事說成有，就是神明的大禹也無法理解，我又有什麼辦法呢？說話辯論並非像風吹一樣，但他們說的許多話，其中所涉及到的事實和內容並沒有穩定下來，那麼他們算真的講過什麼呢？還是不曾講過什麼呢？他們認為自己的話不同於幼鳥的叫聲，但二者真的有區別呢？還是沒有區別呢？道受到什麼傷害才有了真與假的分別？語言受到什麼傷害才有了是與非的分別？道在哪裡不存在？語言怎麼講不可以？道被一些小成功傷害了，語言被華麗的辭藻傷害了，所以出現了儒家和墨家的是非之爭，他們肯定對方否定的東西而否定對方所肯定的東西。想要肯定對方所否定的東西而否定對方所肯定的東西，倒不如用得道後的明靜之心去看待一切。

物無非彼，物無非是❶。自彼則不見，自知則知之❷。故曰：彼出於是，是亦因彼❸，彼是方生❹之說也。雖然，方生方死❺，方死方生；方可方不可，方不可方可❻；因是因非，因非因是❼，是以聖人不由❽而照之于天❾，亦因是❿也。是亦彼⓫也，彼亦是也。彼亦一是非，此亦一是非⓬，果且有彼是乎哉？果且無彼是乎哉？彼是莫得其偶⓭，謂之道樞⓮，樞始得其環中，以應無窮⓯。是亦一無窮⓰，非亦一無窮也。故曰：莫若以明。

以指喻指之非指，不若以非指喻指之非指也⓱。以馬喻馬之非馬，不若以非馬喻馬之非馬也。天地一指⓲也，萬物一馬也。

可乎可，不可乎不可⓳。道⓴行之而成，物謂㉑之而然㉒，惡乎然？然於然。惡乎不然？不然於不然。物固有所然㉓，物固有所可，無物不然，無物不可㉔。故為是舉莛與楹㉕，厲㉖與西施㉗，恢恑憰怪㉘，道通為一㉙。

其分也，成也㉚；其成也，毀也。凡物無成與毀，復通為一。唯達者㉛知通為一，為是不用而寓諸庸㉜。庸也者，用㉝也；用也者，通也；通也者，得㉞也。適得而幾矣㉟，因是已㊱。已而不知其然謂之道㊲。勞神明為一㊳而不知其同也，謂之「朝三」。何謂「朝三」？狙公賦芧㊴，曰：「朝三而暮四。」眾狙皆怒。曰：「然則朝四而暮三。」眾狙皆悅。名實未虧而喜怒為用㊵，亦因是㊶也。是以聖人和之以是非而休乎天鈞㊷，是之謂兩行㊸。

【章旨】本章從事物的相對性和萬物都有共同點這兩個角度出發，正面論述了萬物一齊的道理，批評不懂萬物一齊的人們是群愚蠢的猴子。

【注釋】❶物無非彼二句　任何事物無不可以作為彼方存在，也無不可以作為此方存在。是，此。❷自彼則不見二句　從彼方的角度就看不清楚此方的情況，而從此方的角度來觀察此方，就能有所了解。「自知則知之」疑為「自是則知之」，與上句對應。❸彼出於是二句　彼方相對於此方而出現，此方也依賴於彼方而存在。因，依賴。莊子認為，無此也就無彼，無彼也就無此，彼與此相對立而顯現。❹方生　同時產生。方，並；同時。❺方生方死　生的同時又出現了死。比如一個事物既可以是此，又可以是彼，當它作為「此」出現時，而作為「彼」的身分就消失了，反之亦然。❻方可方不可二句　當肯定它是某種事物時，同時也否定了它不是另一種事物；當否定它是某種事物時，同時也肯定了它是另一種事物。比如當你肯定某種東西是圓的，同時也就意味著否定它是方的，反之亦然。可，肯定。❼因是因非二句　正確因錯誤而出現，錯誤因正確而產生。❽不由　不走（是非對立的路子）。❾照之于天　觀照萬物的本來模樣。天，本來模樣。❿因是　也就是順應萬物的本來情況。是，代指事物的本來模樣。⓫是亦彼　此就是彼。莊子認為，既然事物可以以「此」的身分出現，也可以以「彼」的身分出現，那麼「此」與「彼」就沒有什麼區別了。⓬彼亦一是非二句　彼與此的是非是一樣的。一，一樣。⓭偶　對立面。⓮道樞　道的關鍵。莊子認為，道的關鍵就是消除彼與此、是與非的對立，達到萬物一齊的境界。⓯無窮　指萬物的無窮變化。⓰是亦一無窮　有關什麼才算正確的爭論是沒有窮盡的。⓱以指喻指之非指二句　用手指說明手指不是手指，不如用其他事物說明手指不是手指。在莊子看來，如果承認手指是手指，腳指是腳指，天是天，地是地，就等於承認萬物是紛亂不齊的。要想齊物，必須抽去事物的特殊性，只看事物之間的共性。手指、腳指、天、地雖然不同，但它們都屬於「物」，從這個角度講，它們又是一樣的。所以下文得出「天地一指」的結論。後人用公孫龍的「指物論」和「白馬非馬論」解釋這兩句及下兩句，似不確，因為公孫龍的活動年代稍晚於莊子。⓲天地一指　天地和手指是齊同的。⓳可乎可二句　對於事物，肯定它值得肯定的一面，否定它應該否定的一面。任何事物都有兩面性甚至多面性，莊子對此也很清楚，但他有意地強調事物之間相同的一面，而忽視其不同的一面，以此來達到齊物的目的。〈德充符〉中的「自其異者視之，肝膽楚越也；自其同者視之，萬物皆一也」可作為本段思想的參考。⑳道　路。㉑謂　認為。㉒然　正確。㉓所然　正確的地方。㉔無物不然二句　（如果只從正確的一面去看待事物，）那麼任何事物都是正確的，任何事物都是值得肯定的。㉕莛與楹　小草莖與大柱子。㉖厲　同「癘」。惡瘡。這裡泛指醜陋的人。㉗西施　人名。春秋時著名的美女。㉘恢恑憰怪　寬宏、狡猾、欺詐、怪異。莊子用這四個字代表世間千奇百怪的事。恑，同「詭」。狡猾。憰，同「譎」。欺詐。㉙道通為一　從道的角度去看待，萬物都是相同的。㉚其分也二句　某種事物毀滅了，另一種新的事物就產生了。莊子認為，某種事物毀滅了，但並不等於消失，而是以另一種新事物的形態出現。㉛達者　通達事理的人。即得道之人。㉜為是不用而寓諸庸　因此不去理睬萬物的不同而站在道的立場上去看待萬物。為是，為此；因此。不用，指不用理睬萬物的不同。寓，寄託。庸，永恆；永恆之理。即道。㉝用　用處。㉞得　得道。㉟適得而幾矣　達到得道的境界就可以了。適，達到。幾，差不多；可以。㊱因是已　按照齊物原則辦事。因，按照。是，代指上文提到的齊物思想。已，同「矣」。㊲已而不知其然謂之道　事物已經產生而不知其中的原因，這就叫作「道」。已，已經。指事物已經產生。然，代指原因。㊳勞神明為一　勞煩精神智慧去追求萬物的同一。㊴狙公賦芧　養猴的老人分發橡實。狙，猴子。賦，分發。芧，橡子。㊵名實未虧而喜怒為用　名和實都沒有變化，而猴子的喜怒卻因此有所不同。虧，減少；變化。㊶因是　因為不懂齊物道理的原因。是，代指原因。㊷天鈞　天然的均衡、齊同。鈞，同「均」。「天鈞」也可理解為大道。㊸兩行　物我各得其所。萬物齊同，和諧而無衝突；得道之人泯滅了是非矛盾，心靈也得以平靜。所以說是物我各得其所。

【語　譯】任何事物都可以作為彼方存在，也可以作為此方存在。從彼方就不能了解此方，從此方觀察自己就能有所認識。所以說：彼方產生於此方，此方也依賴於彼方而存在，這就是說彼和此是同時出現的。雖然如此，產生的同時又正在消亡，消亡的同時又正在產生；肯定的同時又在否定，否定的同時又在肯定；正確因錯誤而出現，錯誤因正確而產生。因此聖人不走辯論是非的道路而去觀察事物的本來面貌，這就是因為世上的是非觀太混亂的緣故。此就是彼，彼就是此，彼和此的是非是一樣的，那麼果真有彼此之分呢？還是沒有彼此之分呢？彼此都沒有各自的對立面，這就是道的關鍵。掌握了道的關鍵就好比處於環中，可以應付萬物無窮無盡的循環變化。有關什麼才算是正確的爭論是沒有窮盡的，有關什麼才算是錯誤的爭論也是沒有窮盡的，所以說，要以得道後的明靜之心去關照萬物。

用手指去說明手指不是手指，不如用其他事物去說明手指不是手指；用馬去說明馬不是馬，不如用其他事物去說明馬不是馬。天地與手指是一樣的，萬物與馬是一樣的。

肯定一個事物是因為它有值得肯定的一面，否定一個事物是因為它有應該否定的一面。道路是因為人們行走才形成道路，事物是因為人們認為它正確才正確。為什麼認為它正確呢？認為它正確是因為它有正確的一面。為什麼認為它不正確呢？認為它不正確是因為它有不正確的一面。任何事物本來都存在正確的一面，都存在值得肯定的一面，因此沒有事物不是正確的，沒有事物不是可以肯定的。所以說，無論是一枝小草莖還是一根大柱子，無論是醜女還是美女，無論是寬宏、狡猾還是欺詐、怪誕，如果從道的角度去看待它們，它們都是同樣的。

某種舊事物毀滅了，另一種新事物也就形成了；某一種新事物形成了，也就是另一種舊事物的毀滅。因此所有的事物就沒有什麼形成與毀滅之分，都是一樣的。只有掌握了大道的人才懂得形成與毀滅是一樣的，因此他們不去理睬萬物的不同而站在永恆之道的立場上去看待萬物。永恆不變的道，是非常有用的；獲得了這種用處，思想就通達無礙了；做到了思想通達無礙，也就是得道了。達到了得道的境界也就可以了，就能按照齊物的原則辦事。事物產生了而不知道其中的原因，這就是道。勞煩自己的精神智慧去追求萬物一齊的道理而不知道萬物本來就是一樣的，這可以叫作「朝三」。什麼叫作「朝三」呢？有一位養猴的老人給猴子分發橡子，說：「每猴早上給三個，晚上給四個。」眾猴都生氣了。老人改口說：「那麼每猴早上給四個，晚上給三個。」眾猴都高興起來。名與實都沒有改變而猴子的喜怒卻因此發生變化，這就是因為牠們不懂萬物一齊的道理。因此聖人混同是非而齊同萬物，這樣做可以說是物我各得其所。

古之人其知❶有所至❷矣。惡乎至？有以為未始有物❸者，至矣，盡矣，不可以加矣。其次以為有物矣，而未始有封❹也。其次以為有封焉，而未始有是非也。

是非之彰❺也，道之所以虧也。道之所以虧，愛❻之所以成。果且有成與虧乎哉？果且無成與虧乎哉？有成與虧，故昭氏之鼓琴也❼；無成與虧，故昭氏之不鼓琴也。昭文之鼓琴也，師曠❽之枝策❾也，惠子之據梧❿也，三子之知幾乎皆其盛⓫者也，故載之末年⓬。唯其好之也以異於彼⓭，其好之也欲以明之彼⓮。非所明而明之⓯，故以堅白之昧終⓰。而其子又以文之綸⓱終，終身無成。若是而可謂成乎，雖我亦成也；若是而不可謂成乎，物與我無成也。是故滑疑之耀⓲，聖人之所圖⓳也。為是不用而寓諸庸，此之謂以明。

今且⓴有言於此，不知其與是類㉑乎？其與是不類乎？類與不類，相與為類，則與彼無以異矣。雖然，請嘗言之：有始㉒也者，有未始有始㉓也者，有未始有夫未始有始也者㉔；有有㉕也者，有無㉖也者，有未始有無㉗也者，有未始有夫未始有無也者㉘。俄而㉙有無矣，而未知有無之果孰有孰無也。今我則已有謂㉚矣，而未知吾所謂之其果有謂乎？其果無謂乎？

天下莫大於秋毫㉛之末，而太山㉜為小；莫壽乎殤子㉝，而彭祖為夭㉞。天地與我並生，而萬物與我為一。既已為一矣，且得有言乎？既已謂之一矣，且得無言乎？一與言為二，二與一為三。自此以往，巧歷不能得㉟，而況其凡㊱乎！故自無適有[37]，以至於三[38]，而況自有適有乎！無適[39]焉，因是已[40]。

夫道未始有封[41]，言未始有常[42]，為是而有畛也[43]。請言其畛：有左有右，有倫有義[44]，有分有辯[45]，有競有爭，此之謂八德[46]。六合之外[47]，聖人存而不論；六合之內，聖人論而不議[48]，春秋經世[49]，先王[50]之志，聖人議而不辯[51]。故分也者，有不分也[52]；辯也者，有不辯也。曰：何也？聖人懷之[53]，眾人辯之以相示[54]也。故曰：辯也者，有不見也。夫大道不稱[55]，大辯不言，大仁不仁[56]，大廉不嗛[57]，大勇不忮[58]，道昭而不道[59]，言辯而不及，仁常而不成，廉清而不信，勇忮而不成。五者圓而幾向方矣[60]。故知止其所不知[61]，至矣。孰知不言之辯，不道之道[62]？若有能知，此之謂天府[63]。注焉[64]而不滿，酌焉[65]而不竭，而不知其所由來[66]，此之謂葆光[67]。

【章　旨】本章繼續討論萬物一齊的道理，但針對性較強，主要批判語言辯論，也即當時的百家爭鳴。莊子認為，最高真理——大道是無法用語言表達的，所以那些語言辯論都是片面的和不正確的。值得注意的是，莊子對自己的言論也提出了懷疑。這說明莊子已經意識到自己寫書談話與大道無法表達這一思想之間的矛盾。

【注　釋】❶知　同「智」。❷至　最高境界。❸未始有物　不曾有物。莊子認為，有一種古人達到了忘卻萬物的境界，這是最高的思想境界。莊子提倡「坐忘」等，就是為了達到物我兩忘的目的。❹封　界線。❺彰　明白；清楚。❻愛　偏愛；

偏私。❼有成與虧二句　這兩句語序應理解為：「故昭氏之鼓琴也，有成與虧。」昭氏一旦彈琴，在音樂方面就出現了形成與虧損。昭氏，人名。姓昭名文。古代善於彈琴的人。莊子認為，音樂的內容是複雜多樣的，當昭氏彈琴時，不可能把全部的音樂都彈奏出來，他彈奏出一部分音樂，卻也遺失了另一部分音樂。所以說，當昭氏彈琴時，對音樂來說，就出現了有成有虧的情況。這是一個比喻，莊子用這個比喻說明大道是無所不包、一視同仁的，人一旦有了是非觀，也就有了偏私，偏愛重視一部分事物，勢必會拋棄輕視另一部分事物，就不能做到齊同萬物，當然也就不符合道。❽師曠　人名。春秋時期晉國著名樂師。❾枝策　打鼓棒。這裡用作動詞，拿著鼓槌敲鼓。❿據梧　靠在梧桐樹上高談闊論。一說「梧」指梧桐木做成的几案。⓫盛　高超。⓬載之末年　晚年時被載入史冊。⓭唯其好之也以異於彼　正因為他們愛好各自的技藝學問，所以不同於眾人。彼，代指眾人。⓮明之彼　讓別人也明白自己的技藝學問。⓯非所明而明之　不是別人應該明白的事卻要讓人明白。⓰故以堅白之昧終　所以惠子堅持「堅白」的糊塗觀點一直到死。堅白，指堅硬的白色石頭。這是戰國時一個著名的論題。惠子、公孫龍、墨家都參與了爭論。惠子的觀點不詳，公孫龍認為石頭的「堅」和「白」是分離的，而墨家認為二者都是石頭的屬性，是不可分離的。⓱文之綸　文章事業。綸，緒；事業。⓲滑疑之耀　混亂而令人迷惑的炫耀。滑，亂。疑，迷惑。⓳圖　排除；摒棄。⓴今且　表示假設。假如。㉑與是類　與以上言論相同。是，代指以上言論。類，類同；一樣。㉒有始　世界有一個開端。㉓未始有始　不曾有這個開端。㉔有未始有夫未始有始也者　有一個連「不曾有這個開端」也沒有的時候。㉕有　指物質存在。㉖無　虛無。即沒有物質存在。㉗未始有無　不曾有虛無。㉘有未始有夫未始有無也者　有一個連「不曾有虛無」也沒有的時候。㉙俄而　不久。㉚謂　講話；言論。㉛秋毫　秋天剛長出來的獸毛。㉜太山　即泰山。太，通「泰」。㉝殤子　未成年而死的孩子。㉞夭　夭折；短命。以上四句是莊子提倡齊物論的必然結論，既然萬物齊同，那麼毫毛不算小，泰山也不算大；殤子不算短命，彭祖也不算長壽。㉟巧歷不能得　連善於計算的人也推算不出它的結果數字。歷，計算。㊱凡　凡人；一般的人。㊲自無適有　從無發展到有。㊳三　泛指很多。㊴適　發展。㊵因是已　按照齊物的原則辦事吧。因，按照。是，代指齊物思想。已，同「矣」。㊶封　界線。㊷常　固定不變的準則。㊸為是而有畛也　因為不能齊物的原因而產生了界線區別。畛，界線。㊹有倫有義　有次序有等級。倫，次序。義，同「儀」。等級。㊺辯　通「辨」。區別。㊻八德　八種具體表現。㊼六合之外　天地四方之外。六合，指東、南、西、北四方和天、地。㊽論而不議　只客觀地去論述而不進行主觀的評議。㊾春秋經世　史書記載治國之事。春秋，泛指古代史書。經世，治國。㊿先王　指古代聖明的君主。(51)辯　爭辯。(52)故分也者二句　有的人注重分別事物，而有的人不去分別事物。注重分別事物的是下文講的眾人，不去分別事物的是下文講的聖人。53懷之　胸中囊括萬物。54相示　互相顯示、炫耀。55大道不稱　大道深奧玄妙不可言說。稱，說明。56大仁不仁　真正的大仁是不會有所愛的。因為有所愛就一定會有所不愛，而大仁是講究物我同體、一視同仁的。57大廉不嗛　真正廉潔的人是不謙讓的。這裡的「廉」含義較廣，泛指對各種物質、名譽都不貪求。58忮　傷害。59道昭而不道　能講清楚的道就不是真正的大道。昭，清楚。60五者圓而幾向方也　這五個方面都是適得其反。「圓而幾向方」是比喻，本來是追求圓的，結果卻幾乎變成了方形。61故知止其所不知　所以一個人的智慧應停在他所無法知道的地方。第一個「知」同「智」。莊子不主張追求世俗的知識，可參看〈養生主〉第一段。62不道之道　不可言說的道。第一個「道」是言說的意思。63天府　指聖人那種包容天地、渾同萬物的博大胸懷。64注焉　增加它。注，注入；添加。焉，代指聖人的胸懷。65酌焉　從它那裡取出。酌，取出。66所由來　來源。67葆光　含隱光芒而不外露。葆，隱藏。

【語　譯】古時候的人，他們的智慧達到了最高境界。什麼樣的最高境界呢？他們有的認為從來不曾存在過事物，這就是最高思想境界，盡善盡美，無以復加了。其次認為存在著事物，但事物之間不曾有界線。其次認為事物之間雖有界線，但不曾有是非之分。是非搞分明了，這就是道受到虧損的原因。道受到虧損的原因，也就是偏私形成的原因。真的有什麼形成與虧損呢？還是真的沒有什麼形成與虧損呢？昭文一旦彈琴，就產生了形成和虧損；昭文如果不彈琴，也就沒有形成和虧損。昭文在彈琴這一方面，師曠在擊鼓這一方面，惠子在背靠梧桐樹高談闊論這一方面，他們這三位先生的智慧差不多都達到了高妙的地步，所以他們到了晚年還被人們載入史冊。正由於他們愛好各自的技藝學問，因此不同於眾人；也由於他們愛好各自的技藝學問，所以還想讓別人也懂得這些技藝學問。不是別人應該懂得的卻要讓別人懂得，所以惠子堅持「堅白」的糊塗觀點一直到死。而他的兒子也以文章辯論為終身事業，結果一生一無所成。像這樣的事如果可以叫作成功的話，即便是我也成功了；如果這樣的事不能叫作成功，那麼萬物與我都沒有成功。所以那些混亂而使人迷惑的炫耀，是聖人所要排除的。因此不要理睬世間亂紛紛的事情而與道同在，這就叫作明智。

假如現在有一番言論，不知道它與上面的言論是相同的呢？還是與上面的言論不相同？不管相同不相同，都是一樣的，那麼與別人的言論也就沒有什麼不同了。即使如此，請讓我嘗試著談談這一問題：世界有一個開始的時候，有一個不曾有這個開始的時候，還有一個連「不曾有這個開始」也沒有的時候；有物質存在的時候，有空無的時候，有不曾有空無的時候，有連「不曾有空無」也沒有的時候。不久有了存在和空無，但不知道存在和空無誰是真的存在誰是真的空無。現在我已經講了一些話，但不知我所講的話是真的講了呢？還是沒有講呢？

天下沒有什麼東西比秋天獸毛的末端更大，而泰山也可以說是微小的；天下沒有什麼人比夭折的孩子更長壽，而彭祖也可以說是短命的。天地與我同生，而萬物與我為一體。既然已經成為一體，還能講些什麼呢？既然已經說成為一體了，還能夠說沒講什麼言論嗎？物我渾同的一體加上言論就成了「二」，「二」再加上「一」就成了「三」。從此發展下去，連善於計算的人也推算不出它的結果數字，更何況那些凡夫俗子！所以說從無到有，以至於還發展到了無限多的地步，更何況從有到有！不要再發展下去了，按照齊物的原則辦事吧！

大道不曾有什麼界線，言語不曾有什麼定準，但由於各以為是、不能齊物的原因而產生了界線區別。請讓我談談那些界線吧：有左有右，有次序有等級，有區分有差別，有競賽有爭奪，這就是八種具體表現。天地四方之外的事，聖人存而不論；天地四方之間的事，聖人論述而不評議；史書記載治國之事，體現了古代聖王的意志，聖人對此只評議而不爭辯。所以說有人注重分別事物，有人不去分別事物；有人注重爭辯，有人不去爭辯。問：為什麼會這樣呢？聖人胸中囊括萬物，而眾人爭辯萬物以相互炫耀。所以說：那些喜歡爭辯的人，往往對一些問題看不到。大道是無法說明的，雄辯是不用語言的，大仁是不偏愛的，真正的廉潔是不謙讓的，大勇是不傷害別人的。能說得清楚的道就不是真正的道，用語言去辯爭總有表達不到的地方，仁愛固定在某些對象上就不算是大仁，太廉潔太謙讓反而顯得不真實，勇猛傷人也不能成為真正的勇敢。這五種情況都是適得其反。所以一個人的智慧要停在他所不知道的地方，這才算最為明智。誰能理解不用言語的雄辯、不可言說的大道？如果有人能夠理解，這就可以說具有包容天地、渾同萬物的博大胸懷。無論如何添加它也不會滿溢，無論如何酌取它也不會枯竭，然而卻不知道它的來源所在，這就叫作飽含著光明而不外露。

故昔者堯問於舜曰：「我欲伐宗❶、膾❷、胥敖❸，南面❹而不釋然❺，其故何也？」舜曰：「夫三子❻者，猶存乎蓬艾之間❼。若❽不釋然何哉？昔者十日❾並出，萬物皆照，而況德之進乎日者乎❿！」

【章旨】這個故事主要說明聖人應該有包容萬物的胸懷。

【注釋】❶宗　小國名。❷膾　小國名。❸胥敖　小國名。❹南面　臨朝聽政。古代帝王臨朝聽政時總是坐北朝南。❺不釋然　心中不輕鬆的樣子。❻三子　指上述三國國君。❼猶存乎蓬艾之間　就像生存於野草中一樣。形容那三個小國地處荒僻。❽若　你。❾十日　十個太陽。古代神話說，曾有十個太陽同時出現，照耀大地。❿而況德之進乎日者乎　而何況品德超過太陽的人呢。意思是說堯的品德超過了無私的太陽，更應該包容萬物，不可有愛有憎。

【語譯】從前堯問舜說：「我想征伐宗、膾、胥敖三國，每次臨朝聽政時總覺得心緒不寧，這是什麼原因呢？」舜回答說：「那三位國君，就像生存於野草叢中一樣，而您卻為此心緒不寧，又為什麼呢？從前十個太陽一同昇起，無私地普照萬物，而何況品德超過太陽的人呢！」

齧缺❶問乎王倪❷曰：「子知物之所同是❸乎？」曰：「吾惡乎知之！」「子知子之所不知邪？」曰：「吾惡乎知之！」「然則物無知邪？」曰：「吾惡乎知之！雖然，嘗試言之：庸詎❹知吾所謂知之非不知邪？庸詎知吾所謂不知之非知邪？且吾嘗試問乎汝：民❺溼寢❻則腰疾偏死❼，鰌然乎哉❽？木處則惴慄恂懼❾，猨猴然乎哉？三者孰知正處❿？民食芻豢⓫，麋鹿食薦⓬，蝍蛆甘帶⓭，鴟鴉耆鼠⓮，四者孰知正味⓯？猨，猵狙⓰以為雌⓱，麋與鹿交，鰌與魚游，毛嬙⓲、麗姬⓳，人之所美也，魚見之深入，鳥見之高飛，麋鹿見之決驟⓴，四者孰知天下之正色㉑哉？自我觀之，仁義之端㉒，是非之塗㉓，樊然殽亂㉔，吾惡能知其辯㉕！」

齧缺曰：「子不知利害，則至人固不知利害乎？」王倪曰：「至人神矣！大澤焚而不能熱，河漢沍㉖而不能寒，疾雷破山、風振海而不能驚。若然者，乘雲氣，騎日月，而遊乎四海之外，死生無變於己㉗，而況利害之端㉘乎！」

【章旨】本章用不同動物的不同愛好說明是非沒有一定的標準，接著描述了泯滅是非後的至人所達到的處變不驚的思想境界。

【注釋】❶齧缺　人名。一般認為為莊子所虛構的人物。❷王倪　人名。一般認為為莊子所虛構的人物。❸所同是　所公認的正確標準。是，正確。❹庸詎　何以；怎麼。❺民　人。❻溼寢　睡在潮溼的地方。❼偏死　半身不遂。❽鰌然乎哉　泥鰍是這樣嗎。鰌，魚名。即泥鰍。然，這樣。❾木處則惴慄恂懼　人住在樹上就會害怕得發抖。木，樹。惴慄恂懼，四個字都是害怕的意思。❿正處　正確恰當的住所。⓫芻豢　肉食。芻，指吃草的牛羊。豢，指豢養的家畜。⓬麋鹿食薦　麋鹿吃草。麋，一種與鹿相似的動物。薦，美草。⓭蝍蛆甘帶　蜈蚣喜歡吃蛇。蝍蛆，蜈蚣。甘，以……為甘美；愛吃。帶，蛇。⓮鴟鴉耆鼠　貓頭鷹和烏鴉喜歡吃老鼠。鴟，貓頭鷹。鴉，烏鴉。耆，同「嗜」。嗜好；愛吃。⓯正味　甜美的食物。⓰猵狙　一種與猨相似的猴子。⓱雌　雌性的配偶。⓲毛嬙　人名。古代美人。⓳麗姬　人名。春秋時美人。⓴決驟　快速逃跑。

㉑正色　漂亮的容貌。㉒端　頭緒。引申為事情。㉓塗　途徑。引申為標準。㉔樊然殽亂　非常混亂。樊然，形容混亂的樣子。殽，雜亂。㉕辯　同「辨」。區別。指仁義與非仁義、是與非之間的區別。㉖河漢沍　黃河和漢水凍結了。河，黃河。漢，漢水。沍，凍結。㉗無變於己　不能使他們的心情、精神發生變化。㉘端　事。

【語譯】齧缺問王倪：「您知道萬物所公認的正確標準嗎？」王倪回答說：「我怎麼會知道！」「您知道您所不知道的事情嗎？」王倪回答說：「我怎麼會知道！」「那麼萬物都是無知的嗎？」王倪回答說：「我怎麼會知道！雖說如此，我還是嘗試著談談這個問題：你怎麼知道我所說的『知道』不是不知道呢？你又怎麼知道我所說的『不知道』不是知道呢？我還要問問你：人睡在潮溼的地方就會患腰病甚至偏癱，泥鰍是這樣嗎？人住在樹上就會害怕得發抖，猿猴是這樣嗎？人、泥鰍、猿猴三者究竟誰最懂得正確恰當的住處呢？人吃禽獸的肉，麋鹿吃草，蝍蛆愛吃蛇，貓頭鷹和烏鴉愛吃老鼠，人、麋鹿、蝍蛆、貓頭鷹和烏鴉這四類動物究竟誰最懂得真正的美味？猿猴與猵狙互為配偶，麋和鹿交配，泥鰍和魚交尾，毛嬙、麗姬，人人都認為很美，但魚見了她們害怕得深深地潛入水中，鳥見了她們害怕得高高地飛向天空，麋鹿見了她們害怕得飛快地逃走，人、魚、鳥、麋鹿四者究竟誰最懂得天下真正美麗的容貌？以我看來，所謂仁義的事情、是非的標準，混亂不堪，我怎麼能夠知道它們之間的區別呢！」

齧缺問：「您不懂得什麼是利和害，難道至人也真的不懂得什麼是利和害嗎？」王倪回答說：「至人太神妙了！大澤燃起大火也不能使他們感到熱，黃河和漢水凍結了也不能使他們感到冷，迅猛的雷霆劈開山峰、狂風掀起大海也不能使他們感到吃驚。像這樣的人，駕御著雲氣，乘坐著日月，遨遊於人世之外，即使生和死這樣的大事也不能使他們的情緒發生任何變化，更何況利與害這一類的事情！」

瞿鵲子❶問乎長梧子❷曰：「吾聞諸夫子❸：聖人不從事於務❹，不就利❺，不違❻害，不喜求，不緣道❼，無謂有謂，有謂無謂❽，而遊乎塵垢❾之外。夫子以為孟浪⑩之言，而我以為妙道之行⑪也。吾子⑫以為奚若⑬？」

長梧子曰：「是黃帝之所聽熒⑭也，而丘⑮也何足以知之！且汝亦大早計⑯，見卵而求時夜⑰，見彈而求鴞炙⑱。予嘗為汝妄言⑲之，汝以妄聽之。奚旁日月⑳、挾宇宙㉑？為其脗合㉒，置其滑涽㉓，以隸相尊㉔。眾人役役㉕，聖人愚芚㉖，參萬歲而一成純㉗，萬物盡然㉘，而以是相蘊㉙。

予惡乎知悅生㉚之非惑邪？予惡乎知惡死之非弱喪而不知歸者邪㉛？麗之姬㉜，艾封人㉝之子也，晉國之始得之也，涕泣沾襟。及其至於王所㉞，與王同匡牀㉟，食芻豢，而後悔其泣也。予惡乎知夫死者不悔其始之蘄生㊱乎？

夢飲酒者，旦㊲而哭泣；夢哭泣者，旦而田獵。方其夢也，不知其夢也，夢之中又占其夢焉，覺而後知其夢也。且有大覺㊳而後知此其㊴大夢也。而愚者自以為覺，竊竊然㊵知之。君乎牧乎㊶，固㊷哉！丘也與汝皆夢也，予謂汝夢，亦夢也。是其言也，其名為弔詭㊸。萬世之後而一遇大聖知其解㊹者，是旦暮㊺遇之也。

既使我與若㊻辯矣，若勝我，我不若勝㊼，若果是也？我果非也邪？我勝若，若不吾勝，我果是也？而㊽果非也邪？其或㊾是也？其或非也邪？其俱是也？其俱非也邪？我與若不能相知也。則人固受其黮闇㊿，吾誰使(51)正之？使同乎若者正之，既與若同矣，惡能正之？使同乎我者正之，既同乎我矣，惡能正之？使異乎我與若者正之，既異乎我與若矣，惡能正之？使同乎我與若者正之，既同乎我與若矣，惡能正之？然則我與若與人俱不能相知也，而待彼也邪？

何謂和之[52]以天倪[53]？曰：是不是[54]，然不然[55]。是若果是也，則是之異乎不是也亦無辯[56]；然若果然也，則然之異乎不然也亦無辯。化聲之相待[57]，若其不相待。和之以天倪，因之以曼衍[58]，所以窮年[59]也。忘年忘義[60]，振於無竟[61]，故寓諸無竟[62]。」

【章旨】本章繼續論述萬物一齊的觀點，具體討論了兩個問題：一是認為生死一齊，甚至死比生更幸福；二是是非一齊，因此人們去爭論是非是沒有意義的。另外，本章第一次提出了人生如夢的思想，這對後世影響極大。

【注釋】❶瞿鵲子　人名。為杜撰人物。❷長梧子　人名。為杜撰人物。❸夫子　老師。指孔子。❹務　具體世務。❺就利　追求利益。就，追求。❻違　躲避。❼不緣道　不有意地勉強自己去遵循大道。因為聖人已經達到了隨心所欲而不違道的地步。緣，因循。❽無謂有謂二句　沒說等於說了，說了等於沒說。謂，說；言談。❾塵垢　世俗；人間。❿孟浪　荒唐。⓫妙道之行　是神妙大道的體現。⓬吾子　對對方的尊稱。⓭奚若　如何。⓮聽熒　聽後也難理解。熒，迷惑。⓯丘　孔子的名。孔子名丘，字仲尼。⓰大早計　求之過急。⓱見卵而求時夜　看到雞蛋就想要報曉的公雞。卵，雞蛋。時夜，司夜。公雞夜裡報時，所以古人稱公雞為「司夜」、「時夜」。⓲見彈而求鴞炙　看見彈丸就想吃烤鳥肉。彈，打鳥用的彈丸。鴞，鳥名。炙，烤肉。⓳妄言　胡亂地、隨便地談談。莊子認為大道是不可言說的，而說出來的就不是大道了。可不說別人又不明白，所以只得「妄言」了。⑳奚旁日月　何不與日月為伴。奚，為什麼；何不。旁，與……為伴。㉑挾宇宙　胸懷宇宙。㉒為其脗合　為了同日月宇宙成為一體。其，代指日月宇宙。㉓置其滑涽　置各種混亂紛爭於不顧。置，放棄。滑涽，混亂。㉔以隸相尊　把奴僕看得尊貴。即把卑賤與尊貴等同起來。㉕役役　忙忙碌碌的樣子。㉖愚芚　無知渾沌。聖人的「愚」是大智若愚的「愚」，不是一般意義上的愚蠢。㉗參萬歲而一成純　糅合千秋萬歲的一切事物而成為一個渾渾沌沌的完整統一體。這是說聖人胸懷萬物，無所不容。參，糅合。成，完整。純，不雜不亂；渾渾沌沌。㉘盡然　都是這樣混亂不齊。然，代指混亂不齊的樣子。㉙以是相蘊　用渾渾沌沌的最高境界去包容它們。以，用。是，代指渾沌境界。蘊，包容；包含。㉚悅生　貪戀生命。㉛予惡乎知惡死之非弱喪而不知歸者邪　我怎麼知道厭惡死亡不是像幼年流落他鄉而長大後不知歸家呢。莊子認為，人生在世猶如流浪他鄉，死後回歸自然就是回到自己的老家，貪戀生命就好像從小離開老家而不願回去一樣。惡死，討厭死亡。弱，幼年。喪，喪失家庭；離家。㉜麗之姬　人名。即麗姬。麗姬本來是麗戎國人，晉獻公征伐麗戎國時，把麗姬作為俘虜抓回晉國。後來麗姬成為晉獻公的夫人。㉝艾封人　艾地守邊疆的人。艾，地名。封，邊疆。㉞王所　晉獻公的住所。即王宮。晉獻公本屬侯爵，但戰國時，各諸侯國君大多稱王，莊子是戰國人，所以他把春秋時的晉獻公也叫作「王」。㉟匡牀　方正而舒適的大床。㊱蘄生　求生。蘄，求。㊲旦　天亮；第二天。㊳大覺　指領悟大道以後的覺醒。㊴其　代指人生。㊵竊竊然　自以為是的樣子。㊶君乎牧乎　從高貴的君主到卑賤的百姓。牧，放牧人。代指卑賤的人。㊷固　淺薄固陋。㊸弔詭　怪異。㊹解　含義；道理。㊺旦暮　一早一晚。比喻很快。這兩句是說，懂得大道的人太少，即使萬世以後能遇上一位，那已經算是很快了。極言得道聖人的難得、難遇。㊻若　你。㊼我不若勝　即「我不勝若」。㊽而　你。㊾或　有人。指辯論的一方。㊿黮闇　糊塗。(51)誰使　使誰；讓誰。(52)和之　混同萬物。和，混同。之，代指各種事物和論點。(53)天倪　天然的標準。即大道。倪，邊際；標準。(54)是不是　把錯誤看作正確。是，正確。第一個「是」為意動用法。認為……正確。(55)然不然　把否定看作肯定。然，肯定。(56)辯　同「辨」。區別。(57)化聲以相待　變化著不同的內容和聲調來相互爭辯。(58)因之以曼衍　順應萬物的變化。因，順應。之，代指萬物。曼衍，變化。(59)窮年　過完一生。(60)忘年忘義　忘掉年齡生死，忘掉是非差別。年，本指年齡，含有生死義。義，等級差別。(61)振於無竟　立身於無窮無盡的境界之中。振，興起。引申為立身。竟，盡。(62)寓諸無竟　與無窮無盡的境界融為一體。最後這三句是說，只要懂得大道，從精神上超越了生死和是非，追求一種無窮的境界，那麼你就能同這一境界融為一體，自身也變得無窮無盡了。

【語　譯】瞿鵲子問長梧子：「我聽老師孔子說：聖人不從事世務，不追求利益，不躲避災害，不喜歡貪求，也不有意識地去因循大道，沒說等於說了，說了也等於沒說，遨遊於世俗之外。老師認為這都是荒唐的話，而我卻認為這些話體現了神妙的大道。您以為如何？」

長梧子回答說：「這些話連黃帝聽了都不能理解，而孔丘又怎麼能夠懂得它呢！再說你也求之過急，看到雞蛋就想要報曉的公雞，看到彈丸就想吃烤鳥肉。我為你隨便談談這個問題，你也隨便聽聽。人們何不同日月為伴、與宇宙同體呢？為了能夠同日月宇宙融為一體，就應該置混亂不齊的現象於不顧，把卑賤與尊貴等同起來。眾人整天忙忙碌碌，而聖人卻似渾沌無知，糅合千秋萬代的一切事物而成為一個渾渾沌沌的完整統一體。萬物都是那樣的雜亂不齊，而聖人用齊物渾沌的最高境界把它們包容起來。

「我怎麼知道貪戀生命不是一件糊塗事呢？我怎麼知道厭惡死亡不是像幼年流落他鄉而長大後不知道返回故鄉呢？麗姬是艾地守邊人的女兒，晉國部隊剛抓住她的時候，她哭得淚水浸透了衣襟。等她到了王宮，與國君同睡一張床、吃著美味佳餚的時候，她後悔自己當初不該那樣傷心哭泣。我又怎麼知道那些死去的人不會後悔自己當初的汲汲求生呢？

「夢中飲酒作樂的人，第二天可能會痛哭流泣；夢中痛哭流泣的人，第二天可能會打獵作樂。當他正在做夢的時候，並不知道自己在做夢。睡夢之中還在卜問另一個夢的吉凶，醒來以後才知道那是一場夢。當領悟大道真正覺醒以後，才知道人生的一切都不過是一場大夢而已。而那些愚昧的人自以為很清醒，自以為懂得了一切。從高貴的君主到卑賤的百姓，都很淺薄固陋！孔丘和你都在夢中，現在我說你們在做夢，這也是在夢中。這些言論，可以叫作怪異。萬世以後如果能遇上一位懂得這些道理的大聖人，那已經算是很快了。

「假使我和你辯論，你勝了我，我沒有勝你，你真的就對了嗎？我真的就錯了嗎？我勝了你，你沒有勝我，我真的就對了嗎？你真的就錯了嗎？難道有一方正確嗎？有一方錯誤嗎？難道我們都正確嗎？或者都錯了嗎？我和你都無從知道。而世人都很愚昧，我們讓誰來裁決這件事呢？讓觀點與你相同的人來裁決吧，既然觀點已經同你一樣，他怎麼能作出公正的評判呢？讓觀點與我相同的人來裁決吧，既然觀點已經同我一樣，他怎麼能作出公正的評判呢？讓觀點與你我都不相同的人來裁決吧，既然觀點已經不同於你我，他怎麼能作出公正的評判呢？讓觀點與你我都相同的人來裁決吧，既然觀點已經與你我相同，他怎麼能作出公正的評判呢？那麼這就說明了我、你和別人都無法知道什麼是正確的，又何必等其他人來裁決呢？

「什麼叫作用大道混同萬物呢？答案是：把錯誤看作正確，把否定看作肯定。正確即便是真的正確，那麼正確與錯誤之間也沒有什麼差別；肯定即便是真的肯定，那麼肯定與否定之間也沒有什麼差別。辯論時人們變化著不同的內容和聲調來相互對抗，這與不對抗也是一樣的。用大道混同萬物，順應它們的變化，靠這種辦法度過一生吧！忘掉年齡生死，忘掉是非差別，立身於無窮無盡的境界，也就能同這種無窮無盡的境界融為一體了。」

罔兩❶問景❷曰：「曩❸子行，今子止；曩子坐，今子起。何其無特操❹與❺？」

景曰：「吾有待而然❻者邪？吾所待又有待而然者邪❼？吾待蛇蚹❽蜩翼邪？惡識所以然？惡識所以不然？」

【章旨】這個故事說明許多現象無法弄清其起源，進一步闡述社會上的是是非非糾纏不清的道理。

【注釋】❶罔兩　影子之外的微影。❷景　同「影」。影子。❸曩　剛才。❹特操　獨特的操守；主見。❺與　同「歟」。疑問語氣詞。❻有待而然　有所依賴才這樣。指影子必須依賴形體，無形體即無影子。❼吾所待又有待而然者邪　我所依賴的東西大概也有所依賴才會這樣吧。意思是說，影子依賴形體才能存在，而形體也必須依賴別的什麼才能存在。❽蛇蚹　蛇腹部的鱗。

【語譯】微影問影子：「剛才你行走，現在你停下；剛才你坐著，現在你站立。你怎麼這樣無主見呢？」影子回答說：「大概因為我有所依賴才這樣的吧？大概因為我所依賴的東西又有所依賴才這樣的吧？我所依賴的是蛇的腹鱗和蜩的翅膀嗎？我怎麼知道是什麼原因使我如此呢？我又怎麼知道是什麼原因使我不如此呢？」

昔者莊周夢為胡蝶，栩栩然❶胡蝶也。自喻適志❷與，不知周也。俄然❸覺，則蘧蘧然❹周也。不知周之夢為胡蝶與？胡蝶之夢為周與？周與胡蝶則必有分矣。此之謂「物化❺」。

【章旨】本章用莊周夢蝶的故事說明事物可以互相轉化的道理。後世文人大多從人生如夢的角度來理解這個故事。

【注釋】❶栩栩然　活生生的樣子。一說是形容欣然自得的樣子。❷自喻適志　自己感到很愉快很得意。喻，覺得；感到。適志，愉快得意。與，同「歟」。❸俄然　不大一會兒。❹蘧蘧然　疲憊不堪的樣子。一說形容僵臥在床的樣子。❺物化　事物相互變化。莊子認為事物之間可以互相轉化，比如他說人死後身體可能會變成鼠肝，也可能會變成蟲臂。見〈大宗師〉。

【語譯】從前莊周做夢變成了蝴蝶，活生生的一隻蝴蝶呀！自己感到很愉快很得意，完全忘記還有一個莊周。不大一會兒突然醒了，又變成了疲憊不堪的莊周。真不知道是莊周做夢變成了蝴蝶呢？還是蝴蝶做夢變成了莊周呢？莊周與蝴蝶之間必定有所不同。這就叫作「事物相互轉化」。

【研析】人生在世，其煩惱主要來自是非問題和生死問題的糾纏，因此，莊子在論述萬物一齊思想時，重點講的就是是非一齊和生死一齊。如果一個人真的能夠泯滅是與非、生與死之間的差別，超然於是非、生死之上，那麼他自然就是一位獲得了精神自由的人。

莊子用來齊同萬物的方法主要有：一、無限地誇大事物的相同點。世界上的事物千差萬別，但它們也存在著共同點，比如它們都是由物質構成的等等。莊子知道萬物的差別，但他置這些差別於不顧，只看其相同點，於是碩大無比的天地也就等同於他的一根小小手指頭了。二、用人們的不同審美觀和價值觀來否定人類所相對共有的是非標準。三、用萬物都起源於「無」來證明萬物的齊同。莊子認為，在萬物出現以前，是一片空白，是「無」，而天地萬物都是起源於「無」，既然天地萬物同源，那麼它們也就沒有什麼不同。

莊子齊物的目的有兩個，一是前面已經提到的，就是用齊物來消除煩惱。莊子是一位不得意者，是一個與當時社會格格不入的人，不僅他的政治理想無法實現，有時連衣食都無保障。而齊物思想把成功與失敗、尊貴與卑賤、富有與貧窮等等統統看作一樣，既然一樣，也就不必為失敗和貧賤而痛苦。二是通過齊物，達到唯我獨尊的思想境界。萬物是齊同的，道是至高無上的，道主宰萬物。而莊子本人就是得道的聖人、至人，是能夠「旁日月，挾宇宙」、「天地與我并生」的，所以他蔑視從君主到百姓所有一切世人。通過齊物，莊子能夠成為典型的「精神之王」。

值得我們特別指出的是：莊子本人是否做到了齊同萬物？我們認為，莊子僅僅在理論上齊同了萬物，而在實踐中他卻無法做到這一點。

首先談齊是非。莊子反覆講要「齊是非」，但在《莊子》書中，他不停地在批評別人，甚至可以說，莊子認為包括儒家、墨家、名家在內的絕大多數人都錯了，只有他一人對了。這不是在進行是非的論爭嗎？實際上，就在他大談齊是非的時候，就陷入了是非之爭而不能自拔，他以無是非為是，以有是非為非，這本身就是十分鮮明的是非界線。

其次談齊生死。莊子認為生死一齊，甚至死比生好，但莊子卻特別愛護自己的生命。為了保全自己的生命，他想了許多辦法：一是拒絕當官。《史記》、《莊子》對此都有記載，而莊子拒絕當官的原因就是擔心自己會在政治鬥爭中失去生命。二是以無用來保命。莊子認為「桂可食，故伐之；漆可用，故割之」（〈人間世〉），有用就會帶來麻煩，所以「無用」才有利於保全生命。三是既不近名，又不近刑。近刑固然會傷害生命，然而為了保全生命，莊子謹慎得連名都不敢接近了，生命在他心目中所佔的地位是可想而知的。在下一篇的〈養生主〉中，莊子還專門討論了如何養生的問題。

莊子在「齊物」問題上的這種理論與實踐的矛盾，具有深刻的啟發意義。這一矛盾告訴我們，在人類社會中，往往存在著一種「易說不易做」的現象。許多理論說起來很容易，做起來就很難。這種理論與實踐的矛盾，不僅是莊子個人的悲劇，也是整個人類的悲劇。明白了這一點，就能使我們更清楚地看到人類自身的一些弱點。

養生主第三

【題　解】本篇主要講養生的原則。主，原則。一說「生主」二字應該連讀，指精神，因為莊子認為精神為生命之主。其實這兩種解釋是相通的，因為養生的主要原則也就是護養精神，使精神處於一種順應自然、知命不憂、不受傷害的自由狀態。

吾生也有涯❶，而知也無涯。以有涯隨❷無涯，殆已❸！已❹而為知❺者，殆而已矣。為善無近名❻，為惡無近刑，緣督以為經❼，可以保身，可以全生，可以養親❽，可以盡年❾。

【章　旨】本章講了兩個觀點，一是不要在追求知識方面耗費自己的精力；二是告誡人們，為了保全生命，既不可求名，更不可觸犯刑法。

【注　釋】❶涯　邊際；極限。❷隨　追隨；追求。❸殆已　太危險了。殆，危險。已，同「矣」。❹已　已經（知道這個道理）。一說應解釋為「此」，如此。❺為知　追求知識。為，追求。❻為善無近名　做好事不要接近好名聲。莊子認為，一個人好名聲太大，也會召來麻煩。❼緣督以為經　遵循中間路線，以此為生活原則。緣，遵循。督，中；中間路線。指「名」與「刑」之間，既不求名聲，也不去犯法。經，標準；原則。❽親　父母。❾盡年　享盡天年。年，指自然壽命。

【語　譯】我們的生命是有限的，而知識卻是無限的。用有限的生命去追求無限的知識，是很危險的！已經知道了這個道理卻還要去追求知識，那就太危險了！做好事不要接近名聲，幹壞事不要觸犯刑法，遵循中間路線，以此為生活準則，就可以保全自己的身體，可以衛護自己的生命，可以贍養自己的父母，可以享盡自己的天年。

庖丁❶為文惠君❷解牛，手之所觸，肩之所倚❸，足之所履，膝之所踦❹，砉然嚮然❺，奏刀騞然❻，莫不中音❼。合於〈桑林〉之舞❽，乃中〈經首〉之會❾。

文惠君曰：「譆，善哉！技蓋❿至此乎？」庖丁釋刀⓫對曰：「臣之所好者道也，進⓬乎技矣。始臣之解牛之時，所見無非牛者；三年之後，未嘗見全牛⓭也；方今之時，臣以神遇⓮而不以目視，官知止而神欲行⓯。依乎天理⓰，批大郤⓱，導大窾⓲，因其固然⓳。技經肯綮之未嘗⓴，而況大軱㉑乎！良庖歲更㉒刀，割也；族庖㉓月更刀，折㉔也；今臣之刀十九年矣，所解數千牛矣，而刀刃若新發於硎㉕。彼節者有間㉖，而刀刃者無厚㉗，以無厚入有間，恢恢乎㉘其於遊刃㉙必有餘地矣。是以十九年而刀刃若新發於硎。雖然，每至於族㉚，吾見其難為，怵然為戒㉛，視為止㉜，行為遲㉝，動刀甚微㉞，謋然㉟已解，如土委地㊱。提刀而立，為之四顧，為之躊躇滿志㊲，善刀㊳而藏之。」

文惠君曰：「善哉！吾聞庖丁之言，得養生焉。」

【章　旨】本章以庖丁解牛比喻養生處世，提醒人們做事要順應自然之理，要避免是非矛盾的糾纏。

【注　釋】❶庖丁　廚師。一說「庖」指廚師，「丁」是這位廚師的名字。❷文惠君　人名。戰國時魏國君主梁惠王。❸倚靠。❹踦　抵住；頂住。❺砉然嚮然　「砉然」、「嚮然」都是象聲詞。形容宰牛的聲音。嚮，同「響」。❻奏刀騞然　進刀時發出「刷刷」聲。奏刀，進刀。騞然，象聲詞。形容進刀的聲音。❼中音　合乎音樂的節奏。❽桑林之舞　用〈桑林〉樂曲伴奏的舞蹈。〈桑林〉，商湯時的樂曲名。❾經首之會　〈經首〉曲的節奏。〈經首〉，傳說時代帝堯的樂曲名。會，節奏；旋律。❿蓋　同「盍」。何；怎麼。⓫釋刀　放下刀。釋，放下。⓬進　超過。⓭全牛　整體的牛。庖丁有了三年宰牛的經歷之後，對牛體的結構已相當熟習，這時，牛在庖丁眼裡已不是活生生的一個整體，而是一塊塊的肌肉和骨頭。⓮以神遇　用意識去對付宰牛。⓯官知止而神欲行　感覺器官停止活動了，而意識在起作用。這兩句意思是：由於熟能生巧，庖丁不用眼看，僅憑意識就能宰牛。讀者只要回想一下編織技術高超的婦女一邊看電視、聊天，一邊織毛衣的情景，就不難理解這兩句話的含義。官知，感覺器官。神欲，意識。⓰依乎天理　按照牛體的天然結構。依，按照。⓱批大郤　劈砍筋骨間的空隙。批，劈砍。郤，筋骨間的空隙。⓲導大窾　進刀於筋骨間的空隙。導，進刀。窾，筋骨間的空隙。⓳因其固然　順著牛體的本來結構。因，順。其，代指牛體。固然，本來的樣子。⓴技經肯綮之未嘗　不去碰經脈聚結、骨肉相連的部位。技，當作「枝」。枝脈。經，經脈。肯，附在骨頭上的肉。綮，筋骨連結的地方。嘗，嘗試；接觸。㉑大軱　大骨。㉒更　更換。㉓族庖　一般的廚師。族，眾；多。㉔折　砍斷。㉕新發於硎　剛在磨刀石上磨過。發，磨出。硎，磨刀石。㉖彼節者有間　那些骨節之間有空隙。㉗無厚　薄得沒有厚度。㉘恢恢乎　寬寬綽綽的樣子。㉙遊刃　遊動的刀口。㉚族　骨頭與筋腱聚結的地方。㉛怵然為戒　為此小心謹慎地提高警惕。怵然，小心謹慎的樣子。㉜視為止　目光為此而專注在一點。止，定；專注。㉝行為遲　動作為此而緩慢。㉞微　輕。㉟謋然　象聲詞。形容牛體解開的聲音。㊱委地　堆在地上。㊲躊躇滿志　得意洋洋。躊躇，得意的樣子。㊳善刀　把刀收拾好。

【語　譯】庖丁為文惠君宰牛，他的手接觸的地方，肩靠著的地方，腳踩著的地方，膝抵住的地方，都發出「砉砉」的聲音，其進刀時發出的「刷刷」聲，沒有不合於音樂節奏的。既符合〈桑林〉舞曲的節拍，又符合〈經首〉樂曲的旋律。

文惠君說：「嘻，妙呀！你的技術怎麼竟達到如此高超的地步呢？」庖丁放下刀回答說：「我所愛好的是大道，這超過了一般的技術。我剛開始學宰牛的時候，所看到的都是一頭頭完整的牛；三年以後，就不曾再看到整體的牛了；現在，我用意識指揮宰牛而不必用眼睛去觀察，感覺器官停止了活動而意識卻在繼續起著作用。順著牛體的天然結構，劈開筋骨間的隙縫，把刀導向筋骨間的空處，按照牛體的本來結構去宰割。我連經脈聚結、骨肉相接的部位都不去碰，更何況那些大骨頭呢！優秀的廚師每年更換一把刀，那是因為他們亂割；一般的廚師每月更換一把刀，那是因為他們亂砍；如今我的這把刀已使用了十九年，而刀刃卻像剛在磨刀石上磨過一樣。那些骨節之間有空隙，而刀刃卻薄得沒有厚度。把沒有厚度的刀刃插入骨節間的空隙，這些空隙對於遊動的刀刃還寬寬綽綽地剩有餘地。所以我的刀用了十九年而刀刃還像剛在磨刀石上磨過一樣。雖然如此，每當遇到筋骨聚結的地方，我都知道很難下刀，為此格外小心地警惕起來，目光為此專注，動作為此緩慢，輕輕地一動刀，牛體便『嘩』地一聲分解開來，就像一堆土掉在地上。於是我提著刀站在那裡，為此而得意地環顧四周，為此而躊躇滿志，然後把刀好好收拾一下藏起來。」

文惠君說：「妙啊！我聽了庖丁這一番話，領悟到了養生的道理。」

公文軒❶見右師❷而驚曰：「是何人也？惡乎介❸也？天❹與？其人與？」曰：「天也，非人也。天之生是❺使獨也。人之貌有與❻也，以是知其天也，非人也。」

【章旨】這個故事告訴人們要把自己的一切遭遇都歸於上天安排，這樣就能保持心境安靜，有利於養生。

【注釋】❶公文軒　人名。姓公文，名軒。相傳是宋國人。❷右師　官名。這裡指一位擔任右師的人。❸介　獨。指只有一隻腳。❹天　天生的；自然形成的。❺是　代指右師一隻腳的模樣。❻有與　有所賦與。指人的外貌是上天賦與的。

【語譯】公文軒看見右師，吃驚地問：「這是什麼樣的人啊？怎麼只有一隻腳呢？是天生的？還是人造成的？」右師回答說：「是天生的，不是人造成的，天生的就這付模樣讓我只有一隻腳。人的外貌是上天賦與的，因此我知道這是天生的，不是人造成的。」

澤雉❶十步一啄，百步一飲，不蘄❷畜乎樊❸中。神雖王❹，不善也。

【章旨】本章說明莊子不僅追求精神自由，也追求形體自由。

【注釋】❶澤雉　生活在草澤裡的野雞。雉，野雞。❷蘄　求；希望。❸樊　鳥籠子。❹神雖王　精力雖然旺盛。神，精力。王，同「旺」。旺盛。

【語譯】草澤裡的野雞走上十步才能啄到一口食，走上百步才能喝到一口水，然而牠卻不願意被人養在籠子裡。（養在籠子裡）即使精力很旺盛，也不愉快。

老聃❶死，秦失❷弔之，三號❸而出。弟子曰：「非夫子之友邪？」曰：「然。」

「然則弔焉若此可乎？」曰：「然。始也吾以為其人也，而今非也❹。向❺吾入而弔焉，有老者哭之，如哭其子；少者哭之，如哭其母。彼其❻所以會❼之，必有不蘄言而言❽，不蘄哭而哭者。是遁天倍情❾，忘其所受❿，古者謂之遁天之刑⓫。適來⓬，夫子時也；適去，夫子順也。安時而處順，哀樂不能入也，古者謂是帝之縣解⓭。」

【章旨】本章主張在生死問題上，也應順其自然，不必放在心上。

【注釋】❶老聃　人名。姓李名耳，字聃。即著名的道家創始人老子。❷秦失　人名。老聃的朋友。❸三號　號哭三聲。❹始也吾以為其人也二句　開始時我認為老聃是一般人，如今我知道他不是一位一般的人。秦失認為老聃是聖人，而聖人超越了生死，不以生死為意，因而在弔唁他時，不應該再像對待一般人的死那樣痛哭流涕。❺向　剛才。❻彼其　他們。指上述的老者、少者。❼會　感會；感傷。一說指聚會在一起。❽必有不蘄言而言　一定是本不想訴說什麼卻又情不自禁地訴說了。❾遁天倍情　違背了自然和人性。遁，違背。天，自然。倍，違背。情，人性。❿所受　所稟受於自然。莊子認為人本來就是稟受於自然，來自自然，死亡不過是又回歸自然，因此不應該戀生惡死，為死亡而痛哭。⓫遁天之刑　違背自然所受的懲罰。⓬適來　碰巧、偶然來到世上。⓭帝之縣解　天然的解脫。帝，天。縣，同「懸」。懸掛；束縛。

【語譯】老聃去世後，秦失去弔唁他，哭了三聲就出來了。老聃的弟子問他：「您不是我們老師的朋友嗎？」秦失回答說：「是的。」「那麼像這樣弔唁朋友可以嗎？」秦失回答說：「可以。開始我以為他是一般人，如今我感到他不是一般人。剛才我進去弔唁時，見有老人哭他，就好像哭自己的孩子；有少年哭他，就好像哭自己的母親。他們之所以如此感傷，一定是有本不想訴說卻又情不自禁地訴說，本不想痛哭卻又情不自禁地痛哭的原因。他們這種做法違背了自然和人性，忘記了自己本來就是來自自然，古人把這叫作違背自然所受到的懲罰。碰巧來到世上，那是你們的老師應時而生；偶然離開人世，那是你們的老師順應自然。安於接受客觀時機，順應自然變化，喜怒哀樂等情緒都不能進入心中，古人把這叫作天然的解脫。」

指窮於為薪❶，火傳❷也，不知其盡也。

【章　旨】本章說明肉體有盡而精神不朽，強調精神重於形體。

【注　釋】❶指窮於為薪　用脂肪當燭薪是會燃盡的。指，假借為「脂」。古人以脂肪裹薪當蠟燭，被稱為「燭薪」。「指窮於為薪」即「指為薪可窮」，用脂肪做的蠟燭是可以燒完的。這裡用燭薪比喻肉體，用燭薪可以燒盡比喻肉體總有死亡的一天。❷火傳　火種可以從一個燭薪傳到另一個燭薪。這裡用火比喻人的精神。

【語　譯】用脂肪做成的燭薪是會燃盡的，而火卻可以傳續下去，永不熄滅。

【研　析】「庖丁解牛」是中國古代非常著名的故事。不論後人如何理解這一故事，但莊子是用它說明養生之理的。篇名〈養生主〉，文惠君聽了庖丁的一番談話後，也感歎說自己從中領悟到了養生之道，這些都說明這一故事的主旨是講養生的。那麼「庖丁解牛」與養生之道究竟是一種什麼關係呢？

很明顯，這個故事是一個比喻，它用宰牛的刀比喻人，用牛體比喻人的生活環境，用宰牛的技術比喻養生處世的方法。如果一個人精通養生之道或處世之道，那麼他就會像庖丁的刀一樣，用了十九年而刀刃依然鋒利無比。如果一個人對養生之道雖然懂得但不精通，那麼他就會像良庖的刀一樣，能用一年時間。如果一個人一點也不懂得養生之道，那麼他就會像族庖的刀一樣，在社會上混不了幾天就完了。

這一故事所闡述的養生之道的具體內容又是什麼呢？學術界大致有兩種意見：

第一種意見認為莊子的養生之道就是順應自然，也就是文中說的「依乎天理」，「因其固然」，要求人們在生活中不要去違背自然之理。就本文來看，莊子在提倡順應自然時，包含著主動去認識自然的思想。但就莊子的整個思想來看，莊子的順應自然更多地是被動地去依順自然。所以後來的荀子批評他是「蔽於天而不知人」，即只知道自然的力量，而忽視了人的力量。

第二種意見認為莊子的養生之道就是遊戲人生，是要求人們在生活中要圓滑，要善於鑽空子（如文中說的「批大郤，導大窾」），不要去硬碰硬。這種意見與莊子的思想也有一致之處，莊子在〈養生主〉中提出為了保全生命，要「為善無近名，為惡無近刑」，在〈山木〉中提出人應該「處乎材與不材之間」。這些思想都帶有明顯的圓滑處世的痕跡。

以上兩種意見都能言之成理，也都不違背莊子思想。但我們更傾向於贊成第一種意見。因為從整個道家思想來看，他們就是以順應自然、回歸自然為最高人生境界的，因而第一種意見更符合道家的整體思想。另外，從「順應自然」的角度去理解「庖丁解牛」的故事，具有更普遍的、正面的教育意義。

人間世第四

【題解】本篇描述了人際關係，主要是君臣之間關係的糾葛紛爭。莊子站在臣子的角度，提出了一系列的處世方法，同時也提出了以「無用」求保身的思想。本篇深刻地揭示了人世間的險惡，以及身處其中者的種種無奈和煩惱。

顏回❶見仲尼❷，請行。曰：「奚之❸？」曰：「將之衛❹。」曰：「奚為焉？」曰：「回聞衛君，其年壯，其行獨❺，輕用其國而不見其過。輕用民死，死者以國量❻乎，澤若蕉❼，民其無如❽矣！回嘗聞之夫子曰：『治國去之❾，亂國就❿之。醫門多疾⓫。』願以所聞⓬思其則⓭，庶幾⓮其國有瘳⓯乎！」

仲尼曰：「譆，若殆往而刑耳⓰！夫道不欲雜，雜則多，多則擾⓱，擾則憂，憂而不救。古之至人，先存諸己而後存諸人⓲。所存於己者未定⓳，何暇至於⓴暴人之所行！且若亦知夫德之所蕩㉑而知㉒之所為出乎哉？德蕩乎名㉓，知出乎爭。名也者，相軋㉔也；知也者，爭之器㉕也。二者凶器，非所以盡行㉖也。

且德厚信矼㉗，未達人氣㉘；名聞不爭，未達人心。而彊以仁義繩墨㉙之言術㉚

暴人之前者，是以人惡有其美[31]也，命之曰菑人[32]。菑人者，人必反菑之。若殆為人菑！

夫且苟為[33]悅賢而惡不肖[34]，惡用而[35]求有以異[36]？若唯無詔[37]，王公必將乘人而鬥其捷[38]，而[39]目將熒之[40]，而色將平之[41]，口將營[42]之，容將形[43]之，心且成之[44]。是以火救火[45]，以水救水，名之曰益多，順始無窮[46]。若殆以不信厚言[47]，必死於暴人之前矣！

且昔者桀[48]殺關龍逢[49]，紂[50]殺王子比干[51]，是皆修其身以下傴拊人之民[52]，以下拂[53]其上者也，故其君因其修[54]以擠[55]之。是好名者也。昔者堯攻叢枝[56]、胥[57]、敖[58]，禹攻有扈[59]，國為虛厲[60]，身[61]為刑戮。其[62]用兵不止，其求實[63]無已，是皆求名實者也。而獨不聞之乎？名實者，聖人之所不能勝[64]也，而況若[65]乎！雖然，若必有以[66]也，嘗以語我來[67]。」

顏回曰：「端而虛[68]，勉而一[69]，則可乎？」曰：「惡[70]！惡可！夫以陽為充孔揚[71]，采色[72]不定，常人之所不違[73]，因案[74]人之所感，以求容與[75]其心，名之曰日漸之德[76]不成，而況大德乎！將執而不化[77]，外合而內不訾[78]，其庸詎[79]可乎！」

「然則我內直而外曲[80]，成而上比[81]。內直者，與天為徒[82]。與天為徒者，知天子之與己皆天之所子[83]，而獨以己言蘄乎而人善之[84]，蘄乎而人不善之邪？若然者，人謂之童子，是之謂與天為徒。外曲者，與人之為徒也。擎跽曲拳[85]，人臣之禮也。人皆為之，吾敢不為邪？為人之所為者，人亦無疵[86]焉。是之謂與人為徒。成而上比者，與古為徒。其言雖教讁[87]之實也，古之有也，非吾有也。若然者，雖直而不病[88]，是之謂與古為徒。若是則可乎？」仲尼曰：「惡！惡可！大多政[89]，法而不諜[90]，雖固亦無罪[91]。雖然，止是[92]耳矣，夫胡[93]可以及化[94]！猶師心[95]者也。」

顏回曰：「吾無以進[96]矣，敢問其方？」仲尼曰：「齋[97]，吾將語若。有心而為之[98]，其易邪？易之者，皡天不宜[99]。」顏回曰：「回之家貧，唯不飲酒不茹葷[100]者數月矣，若此則可以為齋乎？」曰：「是祭祀之齋，非心齋也。」回曰：「敢問心齋？」仲尼曰：「若一志[101]，無聽之以耳而聽之以心[102]，無聽之以心而聽之以氣[103]。聽止於耳[104]，心止於符[105]，氣者也，虛而待物[106]者也。唯道集虛[107]，虛者，心齋也。」

顏回曰：「回之未始得使[108]，實自回[109]也；得使之也，未始有回[110]也。可謂虛乎？」夫子曰：「盡[111]矣！吾語若：若能入遊其樊[112]而無感其名[113]，入則鳴[114]，不入則止[115]。無門無毒[116]，一宅[117]而寓於不得已，則幾[118]矣。絕迹易，無行地難[119]。為人使易以偽[120]，為天使難以偽。聞以有翼飛者矣，未聞以無翼飛者也；聞以有知[121]知者矣，未聞以無知知者也。瞻彼闋者[122]，虛室生白[123]，吉祥止止[124]。夫且不止，是之謂坐馳[125]。夫徇耳目內通而外於心知[126]，鬼神將來舍[127]，而況人乎！是萬物之化也[128]，禹舜之所紐[129]也，伏羲[130]、几蘧[131]之所行終[132]，而況散焉者[133]乎！」

【章旨】本章通過孔子與顏回的對話，討論了如何與暴君相處的問題，最後的結論是「心齋」，也即遠離名利，虛以待物。

【注釋】❶顏回　人名。魯國人。孔子的弟子。❷仲尼　人名。即孔子。孔子名丘，字仲尼。❸奚之　去哪裡。奚，什麼地方。之，到。❹衛　國名。在今河南省北部和河北省南部一帶。❺行獨　獨斷專行。❻以國量　以國為單位來計量。極言衛國百姓死亡之多，無法計數，只好以國為單位計量，意思即衛國的百姓快死完了。❼澤若蕉　連大澤也變成一片焦土。極言衛國遭受破壞的嚴重。蕉，通「焦」。❽無如　無路可走。如，往。❾治國去之　離開安定的國家。治，安定。去，離開。之，代指「治國」。❿就　接近；到。⓫疾　病人。⓬所聞　所學到的知識。⓭則　原則；治理衛國的辦法。⓮庶幾　也許。⓯瘳　病癒。這裡指把國家治理好。⓰若殆往而刑耳　你去衛國大概會被殺掉。若，你。殆，大概。刑，遭受刑戮。⓱擾　混亂。⓲先存諸己而後存諸人　先保護好自己，然後再去拯救別人。第一個「存」為保護自己生命，第二個「存」為拯救別人。孔子接著批評顏回，認為他不懂大道，到衛國後連自己的生命都保不住，更何況去拯救全國百姓。⓳未定　未確定下來。⓴至於　顧得上。㉑蕩　敗壞。㉒知　同「智」。智慧。㉓德蕩乎名　品德因求名而敗壞。㉔相軋　互相傾軋。㉕器　工具。㉖盡行　使行為盡善盡美。㉗信矼　誠實。㉘未達人氣　未被別人理解。達，理解。人氣，與下文「人心」意思相同。㉙繩

墨　本指木匠畫線用的工具，這裡引申為法度。(30)術　通「述」。論述。(31)惡有其美　討厭你有這些美德。(32)命之曰菑人　把你的這些行為叫作害人。命，稱；叫作。菑，同「災」。(33)苟為　如果是。(34)不肖　壞人。本句的主語是衛君。(35)而　你。(36)有以異　有所改變。(37)若唯無詔　你要麼不講話。若，你。詔，告說；講話。(38)王公必將乘人而鬥其捷　衛君就會乘你講話的機會而憑著他的巧辯與你爭論。王公，指衛君。乘人，乘著你講話的時候。鬥，爭論。捷，巧辯。(39)而　你。(40)熒之　被衛君的巧辯搞得眼花撩亂。熒，眩；迷惑。(41)色將平之　面色會平和下來。指顏回將受到衛君巧辯的迷惑，逐漸消除對他的不滿。(42)營　營救；辯護。(43)形　表現。(44)心且成之　心裡將認為衛君是正確的。成，成功；正確。(45)以火救火　比喻顏回受衛君迷惑後，將會用自己的錯誤幫助衛君繼續犯錯誤。(46)順始無窮　一旦開始順從衛君，就會無頭無了地順從下去。(47)不信厚言　不被信任而反覆諍諫。厚，多；反覆。言，諍諫。(48)桀　人名。夏朝最後一位君主，以殘暴著名。(49)關龍逢　人名。桀時的賢臣，因直諫被殺。(50)紂　人名。商朝最後一位君主，以殘暴著稱。(51)王子比干　人名。紂的叔父，因直諫被殺。因比干是國王的兒子，故稱「王子比干」。(52)是皆修其身以下傴拊人之民　這兩位賢人都注重自身修養，而且以臣下的身分去撫愛君主的百姓。是，代指關龍逢和王子比干。傴拊，愛護安撫。人之民，別人的百姓。這裡的「人」具體指君主。關龍逢和王子比干愛護國君的百姓，有與國君爭奪百姓的嫌疑，所以下句說他們是「以下拂其上者也」。(53)拂　冒犯。(54)修　美德。(55)擠　排斥；打擊。(56)叢枝　國名。(57)胥　國名。(58)敖　國名。(59)有扈　國名。(60)虛厲　廢墟和厲鬼。虛，通「墟」。廢墟。厲，厲鬼。古人認為人死後沒有後代會變作厲鬼。(61)身　自身。指上述四國君主。(62)其　代指堯和禹。(63)實　實際利益。(64)勝　克服；抵制住。(65)若　你。(66)有以　有一套（對付衛君的）辦法。(67)來　句末語氣詞。(68)端而虛　正直而清靜無欲。虛，清靜無欲。(69)勉而一　努力而專一。(70)惡　表驚訝或否定的語詞。(71)夫以陽為充孔揚　陽剛之氣充滿內心就會鋒芒畢露。陽，剛猛品質。努力做事是剛猛品質的一種表現。充，充滿內心。孔，很。揚，顯露於外。(72)采色　面部表情。(73)不違　不能違背你。(74)案　壓抑。(75)容與　舒暢。(76)日漸之德　每天有所長進的品德。指小德，與下文的「大德」相對。(77)執而不化　固執而不能應時變化。(78)外合而內不訾　外表看似合乎大道而內心卻沒有消除自己的成見。訾，毀；消除。(79)庸詎　怎麼。(80)然則我內直而外曲　那麼我就內心保持正直而外貌表現曲從。(81)成而上比　引用成言並比附於古人。成，古人講過的成言。上，古；古人。這是顏回對付衛君的方法之一，就是在進諫衛君時，只引用古人的話，並說明這是古人的看法，不直接表態，以此來遠害全身。(82)與天為徒　給上天當學生。以天為師，效法自然。徒，弟子。(83)子　養育。(84)善之　認為自己的言論是正確的。(85)擎跽曲拳　拿著手板，長跪在地，彎腰鞠躬，抱拳作揖。擎，拿。指大臣上朝拿著手板。跽，長跪。即跪在地上，挺直上身。曲，彎腰。(86)疵　批評。(87)教讁　教育指責。讁，指責。(88)病　毛病；憂患。指不受衛君傷害。(89)大多政　條條框框太多。大，同「太」。政，法規；辦法。指顏回用來對付衛君的辦法太多太雜。(90)法而不諜　雖有一定條理但並不恰當。法，條理。諜，恰當。(91)雖固亦無罪　你雖然固執己見但也不會獲罪。(92)止是　只能達到這一地步。是，代指「固亦無罪」的地步。(93)胡　怎麼。(94)及化　達到感化衛君的地步。(95)師心　效法自己的成見。即固執己見。(96)無以進　沒有更好的辦法。無以，沒有辦法。進，更進一步；更好。(97)齋　齋戒。孔子講的齋指內心虛靜，無絲毫個人成見。(98)有心而為之　帶著成見去感化衛君。心，成心；成見。為之，做事。具體指感化衛君，治理衛國。(99)皞天不宜　上天認為不對。皞天，上天。宜，恰當；正確。(100)茹葷　吃肉。茹，吃。葷，肉食。(101)若一志　你的意念要專一。若，你。(102)聽之以心　要用心去領悟。聽，引申為領悟。(103)氣　古人認為「氣」是天地萬物形成之前的一種物質狀態。當處於「氣」的狀態時，一切都無思無慮、無私無欲。因此，這裡的「氣」指一種毫無個人思想成見的虛寂狀態。(104)聽止於耳　應為「耳止於聽」。耳朵只能聽到聲音。(105)符　符合；感應。(106)虛而待物　以毫無成見的虛寂狀態去應對萬物。(107)唯道集虛　大道就匯集於虛寂無念的心境之中。(108)得使　能夠這樣。指做到齋戒清心。(109)實自回　確實感我顏回自身的存在。即沒能做到「忘我」。(110)未始有回　不再感到有我顏回的存在。即達到了「忘我」的境界。(111)盡　透徹。指顏回的話把齋戒清心的內容概括完了，講得很透徹。(112)樊　樊籬；牢籠。這裡指衛國。(113)無感其名　不要被名利所動。感，動。(114)入則鳴　衛君能接受意見就講。入，採納意見。鳴，講話。(115)止　不講話。(116)無門無毒　不要自立門戶，不要隨便發表治國建議。毒，治理。(117)一宅　完全處於。一，全部。宅，處於。(118)幾　差不多可以了。(119)絕迹易二句　消除足跡容易，但不從地上行走是很難的。比喻一個人要想離開人世生活是不可能的，但在人世生活而不給人留下把柄還可以辦得到。(120)為人使易以偽　受別人驅使時容易作假。(121)知　同「智」。智慧。(122)闋者　虛靜的心境。闋，空虛；虛靜。(123)虛室生白　有了虛靜的心就會產生一種無念無欲的純淨的精神境界。虛室，本指空房，比喻沒有任何成見的心。白，純淨。(124)止止　第一個「止」是集中、到來的意思。第二個「止」是句尾助詞。(125)坐馳　端坐而奔馳。比喻不可能發生的事。(126)夫徇耳目內通而外於心知　把視聽引向內心而排斥智巧。徇，同「循」。順著。外，排除。知，同「智」。(127)舍　居住；歸附。(128)是萬物之化也　這就是順應萬物的變化。(129)紐　關鍵。(130)伏羲　人名。傳說中的古代聖君。(131)几蘧　人名。傳說中的古代聖君。(132)行終　終生的行為準則。(133)散焉者　沒有成就的普通人。意思是連古代聖君都要保持虛靜的心境，一般人更應該如此。散，疏散；一般。

【語　譯】顏回去見孔子，要求出遠門。孔子問：「到哪裡去？」顏回說：「想到衛國去。」孔子問：「幹什麼？」顏回說：「我聽說衛國的君主年紀輕，辦事專斷，輕率地處理國事，而看不到自己的錯誤。輕率地處理百姓的生死問題，衛國死亡的百姓恐怕要以國為單位來計數了，衛國連大澤都變成了一片焦土，百姓已經走投無路了。我曾經聽老師您講過：『要離開安定的國家，到混亂的國家去。醫家門前病人多。』我希望憑著自己學到的知識思考出治理衛國的辦法，也許還能夠把衛國治理好吧！」

孔子說：「嘻，你去衛國大概會被殺害！推行大道時內容不能太雜，太雜了就會多事，事多了就會發生混亂，發生混亂就會出現憂患，出現了憂患就難以挽救。古代的聖人，總是先保護好自己然後再去拯救別人，如果連保護自己的辦法都沒有找到，哪裡還顧得上去糾正暴君的所作所為呢！再說你知道人們道德敗壞和智慧產生的原因嗎？道德敗壞於求名，智慧產生於爭奪。名聲，是用來相互傾軋的手段；智慧，是用來彼此爭奪的工具。這兩種東西都是凶器，不能憑藉它們使自己的品行盡善盡美。

「再說雖然你的品德純厚誠實，但別人還沒有理解你；雖然你不爭名聲，但別人並不知道。如果你此時在暴君面前勉強地去大講仁義、法規一類的言論，別人會因此討厭你具有這些美德，認為你這樣做是想害人。害人的人，別人一定會反過來害他。你大概會被別人所害吧！

「再說如果衛君是喜歡賢人、討厭壞人的話，哪裡還用得上你去做什麼改變呢？你去後要麼不講話，一旦講話衛君就會乘你講話的機會而憑著他的巧辯與你爭論。你的目光將會迷惑繚亂，你的面色將會平和下來，你的嘴巴將會為自己辯護，你的容貌將會表現出你的順從，你的內心將會認為衛君是正確的。這種做法是用火救火，用水救水，可以稱之為錯上加錯，這種順從一旦開始，就會無窮無盡地順從下去。你也許會在未取得信任時反覆諍諫，那麼你一定會被殺死在暴君的面前！

「從前夏桀王殺害關龍逢，商紂王殺害王子比干，這兩位賢人都注意自身修養，而且以臣下的身分去撫愛君主的百姓，他們這樣做就是以臣下的地位冒犯了他們的君主，所以他們的君主因為他們有美德而排擠、殺害他們。這兩位賢臣都是喜好名聲的人。從前堯征伐叢枝、胥、敖三國，禹征伐有扈國，這四個國家變成廢墟，百姓死盡，君主本人也被殺掉。然而堯、禹仍然不停地用兵，不停地追求實利，堯、禹都是既求名聲又求實利的人。你難道沒有聽說過這些事情嗎？名聲和實利，連堯、禹這樣的聖人都抵制不住它們的誘惑，而何況你呢！雖然這樣說，你一定有一些對付衛君的辦法，試著講給我聽聽。」

顏回說：「我正直而虛靜，努力而專一，可以嗎？」孔子說：「不行！這怎麼可以呢！陽剛之氣充滿內心就會鋒芒畢露，表情就會喜怒無常，不許一般人違背你的意願，因而你就壓抑別人的情感，以求自己心情舒暢。這可以說是連小德都無法成就，更何況大德呢！你將固執己見而不能應時變化，你的做法外表看似合於大道，但內心並沒有消除成見，這怎麼可以呢！」

「那麼我內心保持正直而外貌表現順從，引用成言而比附古人。所謂內心保持正直，就是以天為師。以天為師的人，知道天子和我自己都是天所養育的，那麼又何必偏偏希望別人贊成自己的言論或計較別人不贊成自己的言論呢？像這樣的人，別人會認為他是天真的兒童，這就叫作以天為師。所謂外貌表現順從，就是以人為師。拿著手板，長跪在地，彎腰鞠躬，抱拳作揖，這是當臣子的禮節。別人都這麼做，我怎敢不做？做別人做的事，別人就不會批評我，這就叫作以人為師。所謂引用成言而比附古人，就是以古人為師。我講的話雖然有教育指責衛君的內容，但這些話都是引用古人的，不是我自己的話。如此一來，我的言論即使剛正不阿也不會受到迫害，這就叫作以古人為師。像這樣做可以嗎？」孔子說：「不行！這怎麼可以呢！你的條條框框太多，雖有一定條理但仍不恰當，不過你這樣做即使固執己見也不會獲罪的。雖然如此，你也只能達到這種地步而已，怎麼能夠去感化衛君呢！你還在固執己見呀！」

顏回說：「我沒有更好的辦法了。請問對付衛君的辦法？」孔子說：「你要齋戒清心，我將告訴你。你心懷成見去感化衛君，難道容易嗎？如果你認為這容易做到，那麼連上天也會認為你的看法不對。」顏回說：「我家很窮，已經幾個月沒有飲酒吃肉了，這樣做可以叫作齋戒嗎？」孔子說：「這是祭祀前的齋戒，不是我說的齋戒清心。」顏回說：「請問什麼是齋戒清心？」孔子說：「你要排除成見專一意念，不僅要用耳朵去聽，更要用心去領悟；不僅要用心去領悟，更要用毫無個人成見的虛寂心態去應對萬物。耳朵只能用來聆聽，心只能用來感應萬物，『氣』就是以虛寂的心境去應對萬物。大道就匯聚在虛寂的心境之中。虛寂的心境，就是我說的齋戒清心。」

顏回說：「當我不能做到齋戒清心的時候，確實感到有我顏回的存在；當我做到齋戒清心的時候，就不再感覺到有我顏回的存在了。這可以叫作虛寂嗎？」孔子說：「你理解得很透徹！我告訴你：你可以去衛國但不要為名利所動，衛君能採納意見你就談談自己的看法，不能採納你就別講話。不要自立門戶，不要隨便提治國主張，一切言行都出於不得已，那就差不多可以了。清除自己的足跡容易，但要想不在地上行走就很困難。受別人的驅使容易作假，受自己的天性驅使就難以作假。聽說憑藉翅膀才能飛翔，不曾聽說沒有翅膀也能飛翔；聽說有智慧可以了解事物，不曾聽說沒有智慧也可以了解事物。看看那虛寂的心境吧！有了虛寂的心境就會產生一種無念無欲的純淨的精神境界，吉祥的事情就會到來。如果說不會有吉祥的事情到來，那是絕對不可能的。把視聽引向內心而排除智巧，連鬼神都會來歸附，更何況人呢！這種精神境界就是順應萬物的變化，是禹、舜治國成功的關鍵，是伏羲、几蘧終身奉行的準則，（連聖人都遵循這一原則，）更何況一般的人呢！」

葉公子高❶將使於齊，問於仲尼曰：「王使諸梁也甚重❷，齊之待使者蓋將甚敬而不急❸。匹夫猶未可動也❹，而況諸侯乎！吾甚慄之❺。子嘗語諸梁也曰：『凡事若小若大❻，寡不道以歡成❼。事若不成，則必有人道之患❽；事若成，則必有陰陽之患❾。若成若不成而後無患者，唯有德者能之。』吾食也執粗而不臧❿，爨無欲清之人⓫。今吾朝受命而夕飲冰，我其內熱⓬與！吾未至乎事之情⓭而既有陰陽之患矣；事若不成，必有人道之患。是兩⑭也，為人臣者不足以任之⑮。子其有以語我來！」

仲尼曰：「天下有大戒⑯二：其一命也，其一義也。子之愛親，命也，不可解於心；臣之事君，義也，無適而非君也⑰，無所逃於天地之間。是之謂大戒。是以夫事其親者，不擇地而安之⑱，孝之至也；夫事其君者，不擇事而安之，忠之盛也。自事其心者⑲，哀樂不易施乎前⑳，知其不可柰何而安之㉑若命，德之至也。為人臣子者，固有所不得已，行事之情㉒而忘其身，何暇至於悅生而惡死！夫子其行可矣！

丘請復以所聞：凡交近㉓則必相靡以信㉔，遠則必忠之以言㉕。言必或㉖傳之，夫傳兩喜兩怒㉗之言，天下之難者也。夫兩喜必多溢美㉘之言，兩怒必多溢惡之言。凡溢之類妄㉙，妄則其信之也莫㉚，莫則傳言者殃。故《法言》㉛曰：『傳其常情㉜，無傳其溢言，則幾乎全㉝。』

且以巧鬥力㉞者，始乎陽㉟，常卒乎陰㊱，泰至㊲則多奇巧㊳；以禮飲酒者，始乎治㊴，常卒乎亂，泰至則多奇樂。凡事亦然，始乎諒㊵，常卒乎鄙；其作㊶始也簡㊷，其將畢也必巨㊸。

言者，風波也；行者，實喪㊹也。夫風波易以動，實喪易以危。故忿設無由㊺，巧言偏辭㊻。獸死不擇音㊼，氣息茀然㊽，於是並生心厲㊾。剋核㊿太至，則必有不肖之心(51)應之而不知其然也。苟為不知其然也，孰知其所終(52)？故《法言》曰：『無遷令(53)，無勸成(54)。過度益也(55)。』遷令勸成殆事(56)，美成在久(57)，惡成不及改，可不慎與！且夫乘物以遊心(58)，託不得已以養中(59)，至矣！何作為報(60)也？莫若為致命(61)，此其難者？」

【章旨】本章主要說明使臣如何完成自己的使命，以及在出使過程中，如何保持自己良好的心態。

【注釋】❶葉公子高　人名。楚莊王的後代。被封於葉，名諸梁，字子高。為楚國大夫。❷甚重　任務很重。❸不急　不急於辦事。❹匹夫猶未可動也　一個普通百姓的習慣尚且難以改變。匹夫，百姓。動，改變。❺慄之　為此而擔心。慄，害怕；擔心。❻若小若大　或小或大；無論大小。❼寡不道以歡成　很少有不合正道而有好的結果。寡，少。不道，不合正道。歡成，令人高興的成功。❽人道之患　人事方面的災難。指國君的懲罰。❾陰陽之患　因喜怒引起的陰陽不調的災難。即生病。❿吾食也執粗而不臧　我吃飯用粗糧而不求精美的食物。比喻我這次出使齊國只求完成任務而不求建立大功。執，拿；用。臧，善；精美。⓫爨無欲清之人　既然當了廚師就不求當一個貪圖涼爽的人。比喻既然當了使者就不求當一個貪圖安逸的人。爨，燒火做飯。清，涼爽。⓬內熱　內熱病。葉公子高接受任務後，因著急擔憂而感到心急火燎。⓭事之情　事情的實際內容。指出使這件事本身。⓮兩　兩種災難性的結果。即上文講的「人道之患」和「陰陽之患」。⓯任之　承受得了。⓰大戒　大的原則。⓱無適而非君也　無論到哪裡都不可能沒有君主。適，往；到。⓲安之　使父母安適。⓳自事其心者　自己能夠調養自己心境的人。⓴哀樂不易施乎前　不讓悲哀和歡樂的事情改變自己的平靜心境。易施，移動；改變。前，指目前的平靜心境。㉑安之　使心情安靜。㉒行事之情　按事情的實際情況去辦事。㉓交近　與鄰近國家交往。㉔相靡以信　用誠信來保持相互間的親近關係。靡，通「摩」。愛撫親近。㉕忠之以言　用語言表達相互間的忠誠。㉖或　有人。㉗兩喜兩怒　雙方君主都高興或都憤怒。㉘溢美　過分讚美。㉙類妄　類似謊言。㉚莫　同「漠」。淡薄。㉛法言　書名。一說為格言。㉜常情　真實情況。㉝全　保全自己。㉞以巧鬥力　憑藉智巧爭鬥。㉟陽　光明正大。㊱卒乎陰　最終卻使用陰謀。卒，最後。陰，陰謀。㊲泰至　太甚；極點。泰，同「太」。㊳奇巧　異乎尋常的陰謀詭計。㊴治　安定；彬彬有禮。㊵諒　誠實。㊶作　發生。㊷簡　單純細微。㊸巨　紛繁嚴重。㊹實喪　實際上會有所喪失。這兩句是說，一個人一旦做事，他總會有顧及不到的地方，因此會有所喪失。㊺忿設無由　忿怒的發作沒有別的理由。設，發生。㊻偏辭　片面、偏激的話。㊼不擇音　狂吼亂叫。㊽氣息茀然　呼吸急促。茀然，急促的樣子。㊾心厲　心中的惡意。即害人之心。㊿剋核　限制；逼迫。51不肖之心　不好的念頭。52所終　結局。以上數句主要講出使時語言行為都要謹慎，不要偏激，更不要太逼迫、苛求對方，否則會出現意想不到的嚴重後果。53無遷令　不要擅自改變君主的命令。54無勸成　不要勉強促使對方達成協議。勸，努力；敦促。55過度益也　過分就不好了。益，同「溢」。水太多而流了出來，比喻事情辦過頭了不好。56殆事　把事情辦壞。57美成在久　要想辦成好事需花時間。58乘物以遊心　順應萬物變化使精神自由逍遙。乘，順應。遊，逍遙自由。59養中　調養心性。中，心。60何作為報　做些什麼事向君主匯報呢。61致命　如實傳達兩國君主的意見。

【語　譯】葉公子高將出使齊國，問孔子說：「楚王派我出使的任務很重，齊國接待外國使者總是態度很恭敬而辦事毫不著急。普通人的習慣尚且不易改變，更何況諸侯呢！我非常擔心這件事。您曾經對我說：『所有的事情無論大小，很少有不合正道而有好的結果。事情如果不成功，一定會受到人事方面的懲罰；事情如果成功了，也一定會因喜怒不調而生病。無論成功失敗都不會有後患，那只有道德高尚的人才能做到這一點。』我這次出使只求完成任務而不求建立大功，既然當了使者我也不想貪圖清閒。可現在我早上接受出使命令而晚上就想喝冰水，我大概因為焦急而得了內熱病吧！我還沒開始做出使的實際工作就已經得了憂喜不調所導致的疾病；事情如果不成功，我肯定會被國君治罪。成功和不成功所帶來的這兩種災難，當臣下的都難以承受。您大概會有一些好辦法告訴我吧！」

孔子說：「天下有兩個大原則：一個是天命，一個是道義。兒女孝敬父母，這是天命所定，這種感情無法從內心解除；大臣事奉君主，這是道義，任何地方都有君主，生活在天地之間就無法逃避。這些就叫作大的原則。因此那些侍奉父母的人，無論在任何地方都要使父母生活安適，這是最高的孝；那些事奉君主的人，無論做任何事情都要使君主放心，這是最高的忠。自我調養心性的人，不讓悲哀和歡樂的事情改變自己的心境，他們知道有些事情是無可奈何的，因此就視為天命所定而保持情緒的平靜，這是最高的思想境界。做臣下和子女的人確實會有一些不得已的事情，那就按照實際情況去辦事而忘掉自我，哪裡還顧得上貪生怕死呢！先生只管出使去吧！

「請讓我再談談我聽到的一些道理：大凡與鄰近國家交往一定要用誠信來保持兩國的親近關係，與遠方國家交往一定要用語言來表達相互間的忠誠。這些語言一定要有人來傳遞，傳遞兩國君主或喜或怒的言辭，是天下最困難的事情。兩國君主高興時一定會講很多過分讚美的話，兩國君主憤怒時一定會講很多過分憎恨的話。大凡過頭的話都與謊言相似，傳遞這種類似謊言的話，君主就不太相信，君主一旦不相信，那麼傳話的使者就要遭殃。所以《法言》說：『要傳遞真實的情況，不要傳遞過分的言辭，那就基本上可以保全自己。』

「那些憑藉智巧爭鬥的人，開始時還光明正大，往往到了最後就暗中使用計謀，達到極點時就大耍陰謀詭計；按照禮節飲酒的人，開始時文質彬彬，往往到了最後就一片混亂，達到極點時就會荒誕放縱以取樂。其他一切事情都是如此，開始時都還誠實，到了後來就經常欺詐；開始時還單純細微，快結束時就紛繁嚴重了。

「語言，就像風吹水波；行為，往往會有失誤。語言像風吹水波就容易改變，行為有失誤就容易遇上危險。所以有時人們憤怒的發作沒有別的什麼原因，完全是由於機巧的言談和偏激的詞語造成的。野獸快死時狂吼亂叫，呼吸急促，於是就會產生害人之心。限制逼迫太緊，就一定會產生害人念頭而又說不清它產生的原因。如果不知道它產生的原因，又怎麼知道它的結局？所以《法言》說：『不要擅自改變君主的命令，不要催促對方達成協議，事情一做過頭就不好了。』擅自改變君主的命令，催促對方達成協議，這都是要壞事的。成就好事要花一個較長的時間，壞事一旦形成就來不及改正，能不小心謹慎嗎！順應萬物變化使精神自由逍遙，託身於不得已來調養心性，這是最好的辦法。如何向君主匯報呢？最好就是如實地傳達兩國君主的意見，這難道很難嗎？」

顏闔❶將傅❷衛靈公太子❸，而問於蘧伯玉❹曰：「有人於此，其德天殺❺。與之為無方❻則危吾國，與之為有方則危吾身。其知❼適足以知人之過，而不知其所以過。若然者，吾柰之何❽？」

蘧伯玉曰：「善哉問乎！戒之，慎之，正汝身❾哉！形莫若就❿，心莫若和⓫。雖然，之二者有患。就不欲入⓬，和不欲出⓭。形就而入，且為顛為滅⓮，為崩為蹶⓯；心和而出，且為聲為名，為妖為孽⓰。彼且為嬰兒⓱，亦與之為嬰兒；彼且為無町畦⓲，亦與之為無町畦；彼且為無崖⓳，亦與之為無崖。達之入於無疵⓴。

汝不知夫螳蜋乎？怒㉑其臂以當車轍㉒，不知其不勝任也，是㉓其才之美者也。戒之，慎之，積伐而美㉔者以犯之，幾㉕矣！

汝不知夫養虎者乎？不敢以生物㉖與之，為其殺之之怒也；不敢以全物㉗與之，為其決㉘之之怒也。時㉙其飢飽，達㉚其怒心。虎之與人異類，而媚㉛養己者，順㉜也；故其殺者，逆也。

夫愛馬者，以筐盛矢㉝，以蜄盛溺㉞，適㉟有蚉䖟僕緣㊱，而拊之不時㊲，則缺御毀首碎胷㊳。意有所至而愛有所亡㊴，可不慎邪！」

【章旨】本章主要講與殘暴的上級相處時，要先順其心意，取得信任，然後再慢慢把他引向正路。

【注釋】❶顏闔　人名。魯國的賢人。❷傅　當老師。❸衛靈公太子　衛靈公是衛國君主，他的太子叫蒯聵。❹蘧伯玉　人名。衛國的賢大夫。❺天殺　天生殘酷好殺。❻無方　無道。指無道的事、壞事。❼知　同「智」。智慧。❽柰之何　對他怎麼辦。❾正汝身　端正你自身的品行。❿形莫若就　外表上最好與他多接近。形，外表。就，接近。⓫和　堅持個人的正確看法，不隨便附和別人。《論語．子路》說：「君子和而不同，小人同而不和。」處處附和別人叫「同」，贊成別人正確的方面、不贊成別人的錯誤叫「和」。⓬就不欲入　外表接近但不要同流合汙。欲，要。入，陷進去；同流合汙。⓭出　表現出來。⓮為顛為滅　會失敗毀滅。顛，倒；垮臺。⓯蹶　跌倒；失敗。⓰為妖為孽　就會有凶險。妖，凶險。孽，危險。⓱嬰兒　比喻天真無知。⓲無町畦　無檢束；無約束。「町」本指田界，「畦」本指田園中劃分的小區域，這裡都引申為限制、約束。⓳無崖　任意而無約束。崖，山邊或岸邊。引申為邊際、界限。⓴達之入於無疵　把他引導到正確的道路上來。意思是通過以上辦法，消除對方的戒心，然後在不知不覺之中把他引向正路。達，引導。之，指太子。疵，毛病；錯誤。㉑怒　奮力舉起。㉒車轍　本指車輪碾過的痕跡，這裡代指車輪。㉓是　意動用法。認為……正確。有「自恃」的意思。㉔積伐而美　經常誇耀你自己的美德。積，多次；經常。伐，誇耀。而，你。㉕幾　危險。㉖生物　活著的動物。㉗全物　沒有割開的整體動物。㉘決　撕開。㉙時　看準時機。㉚達　通曉；了解。㉛媚　喜歡。㉜順　順從老虎的性格。㉝矢　屎；糞便。㉞以蜄盛溺　用蛤殼接馬尿。蜄，大蛤。這裡指蛤殼。溺，尿。㉟適　剛巧；偶然。㊱僕緣　攀爬。這裡指蚊虻在馬身上叮咬。㊲拊之不時　拍擊的時間不恰當。拊，拍擊。㊳則缺御毀首碎胷　馬就會因受驚而掙斷勒口，撞傷養馬人的頭和胸。意思是養馬人雖然是出於愛心拍擊馬身上的蚊虻，但由於馬未理解這一用意，反而發起怒來，傷害了養馬人。比喻臣下對君主的一些愛護行為，因誤解反而招來君主的懲罰。缺御，掙斷勒口。㊴意有所至而愛有所亡　愛馬的心意備至，但愛馬的行為卻帶來了損失。至，備至；周到。亡，損失。

【語　譯】顏闔將要當衛靈公太子的老師，就向蘧伯玉請教說：「如今有這樣一個人，他的品行天生的殘酷好殺，與他一起做壞事就會危害我們的國家，與他一起做好事就會威脅到我自己的生命安全。他的智慧剛好足以知道別人犯了過錯，而不知道別人為什麼會犯這樣的過錯。像這樣的情況，我該怎麼辦呢？」

蘧伯玉回答說：「問得好啊！要警惕，要小心，要端正你自身的品行！外表最好要對他親近順從，內心最好要有自己的主見。即使如此，這兩種做法仍會帶來災禍。與他親近但不要同流合汙，心有主見但不要流露出來。外表與他親近而且陷入同流合汙的地步，就會導致毀滅，導致失敗；心有主見而且把它流露出來，就會獲取名聲，從而招來災難。他如果表現得像個無知的兒童，那麼你也與他一樣表現得像個無知的兒童；他如果隨心所欲，那麼你也與他一樣隨心所欲；他的行為如果不自我約束，那麼你也與他一樣不自我約束。(等他消除戒心，)然後在不知不覺之中把他引導到正路上來。

「你不知道那些螳螂嗎？牠們奮力舉起臂膀去阻擋滾動的車輪，並不明白牠們自己的力量根本無法勝任，還自以為自己才美力大。警惕呀，小心呀！經常誇耀你自己的美德而去冒犯他，那就很危險了！

「你不知道那些飼養老虎的人嗎？他們不敢用活著的動物拿給老虎吃，擔心老虎因撲殺活動物而發怒；他們也不敢把整體的動物送給老虎吃，擔心老虎在撕裂整體動物時會發怒。養虎人知道老虎飢飽的時間，了解老虎發怒的原因。老虎與人雖然不是同類，然而卻喜歡飼養自己的人，那是因為養虎人順從了牠們；老虎傷害人，那是因為人們觸犯了牠們。

「愛馬的人，用筐子接馬糞，用蛤殼接馬尿。偶然有蚊虻叮咬馬，愛馬人如果在不適當的時候一掌拍去，馬就會因受驚而掙斷勒口，撞傷養馬人的身體。愛馬的心意備至，而愛馬的行為反而招來損失，能不謹慎小心嗎！」

匠石❶之❷齊，至于曲轅❸，見櫟社樹❹。其大蔽數千牛，絜之百圍❺，其高臨山十仞而後有枝❻，其可以為舟者旁❼十數。觀者如市❽，匠伯❾不顧，遂行不輟❿。弟子厭觀⓫之，走及⓬匠石，曰：「自吾執斧斤以隨夫子，未嘗見材如此之美也。先生不肯視，行不輟，何邪？」曰：「已矣⓭，勿言之矣！散木⓮也。以為舟則沉，以為棺槨⓯則速腐，以為器則速毀，以為門戶⓰則液樠⓱，以為柱則蠹⓲，是不材之木也。無所可用，故能若是之壽。」

匠石歸，櫟社見夢⓳曰：「汝將惡乎比予哉？若⓴將比予於文木㉑邪？夫柤㉒梨橘柚果蓏㉓之屬㉔，實熟則剝㉕，剝則辱，大枝折，小枝泄㉖。此以其能苦其生者也㉗，故不終其天年而中道夭，自掊擊㉘於世俗者也。物莫不若是。且予求無所可用久矣，幾㉙死，乃今得之㉚，為予大用。使予也而有用，且得有此大也邪？且也若與予也皆物也，柰何哉其相物也？而㉛幾死之散人㉜，又惡知散木！」

匠石覺而診㉝其夢，弟子曰：「趣㉞取無用，則為社何邪？」曰：「密㉟！若無言！彼亦直寄焉㊱，以為不知己者詬厲也㊲。不為社者，且幾有翦㊳乎！且也彼其所保㊴與眾異，而以義喻之㊵，不亦遠㊶乎！」

【章旨】本章以櫟社樹為例，說明無用才是大用的道理。

【注釋】❶匠石　人名。一位木匠名字叫石。匠，木匠。❷之　去；往。❸曲轅　地名。❹櫟社樹　被當作土神象徵的櫟樹。古人封土為臺以祭祀土神，並在社臺上種植樹木，作為土神的象徵。櫟，樹名。社，土神。❺絜之百圍　量一量，直徑有數十丈那麼粗。絜，用繩子計量物體的粗細。圍，直徑一尺為一圍。❻其高臨山十仞而後有枝　它高出山頂數十丈處才長有樹枝。臨，居高臨下。引申為超出。仞，長度單位。古時以七尺或八尺為一仞。❼旁　同「方」。將。❽市　集市。形容來觀賞櫟社樹的人如同趕集的人一樣多。❾匠伯　即匠石。伯，工匠之長。一說為尊稱。❿輟　停下。⓫厭觀　飽看。⓬走及　跑著趕上。走，跑。⓭已矣　算了吧。⓮散木　沒有用的樹。⓯槨　棺材外面的一層套棺。⓰門戶　門。古代雙扇門叫「門」，單扇門叫「戶」。⓱液樠　像樠樹那樣流出汁液。樠，樹名。據說這種樹常有液汁流出。⓲蠹　蛀蝕。⓳見夢　託夢。⓴若　你。㉑文木　有用的樹木。㉒相　通「楂」。山楂。㉓果蓏　木本植物的果實叫「果」，草本植物的果實叫「蓏」。㉔屬　類。㉕剝　敲擊；打落。㉖泄　通「抴」。用力牽拉。㉗此以其能苦其生者也　這些樹木都是因為它們有用才使自己倍受折磨。以，因為。㉘自掊擊　自討打擊。掊，打。㉙幾　差一點。㉚乃今得之　至今才實現了以無用為大用的願望。乃今，至今。之，代指以無用求保生的願望。㉛而　你。㉜散人　無用的人。㉝診　通「畛」。告訴。㉞趣　通「促」。迫切。㉟密　沉默；別講話。㊱直寄焉　僅僅是託身於社神。指櫟樹作社神的象徵不過是為了託身保命而已，絕不是追求有用。直，僅僅。㊲以為不知己者詬厲也　因此被那些不理解自己的人責罵。以，因此。為，被。詬厲，責備；責罵。㊳翦　砍伐。㊴所保　所追求的。保，保有。引申為追求。一說指用來保全生命的辦法。㊵以義喻之　用常理來分析它。以，用。義，常理。喻，說明；分析。之，代指櫟社樹的用意。㊶遠　指用常理分析的結論與櫟社樹的用意相距太遠。

【語譯】匠石前往齊國，到了曲轅這個地方，看到一棵被當作土神象徵的櫟樹。櫟樹很大，可以遮蔽數千頭牛，用繩子量一下樹幹，有數十丈那麼粗，它高出山頂數丈處才長有樹枝，這棵櫟樹可以做十幾條大船。前來觀賞的人多如趕集，然而匠石連看也不看，繼續不停地向前走去。他的徒弟把這棵樹看足看夠，然後跑著趕上匠石，說：「自從我拿著斧頭跟著師傅學藝以來，從未看過如此美好的樹木。而師傅連看也不肯看一眼，不停地往前走，這是為什麼呢？」匠石說：「算了吧，不要再講這棵樹了！那是一棵沒有用的樹。用它做船就會沉沒，用它做棺材就會很快腐爛，用它做器具就會很快壞掉，用它做門就會經常流出汁液，用它做柱子就會被蛀蝕，這是一棵沒用的樹。正因為沒有用處，所以才能夠如此長壽。」

匠石回家以後，櫟社樹托夢說：「你將拿什麼東西同我相比呢？你將把我同那些有用的樹木相比嗎？那些山楂、梨樹、橘樹、柚樹等能夠結出果實一類的樹，當它們的果子成熟時，就會遭到敲打，遭到敲打就是受到侮辱，大的枝條被折斷，小的枝條被拽彎。這些果樹就是因為有結果實的才能而苦了自己一生，所以不能享盡天年而中道夭折，這是它們自討世人的打擊。各種事物莫不如此。再說我追求無用已經很久很久了，差一點被砍死，到今天才算實現了自己的願望，無用成了我的大用。假如我有用的話，我還能夠長得如此高大嗎？何況你和我都是一種『物』，你怎麼能夠去觀察評價別的『物』呢？你不過是一個快要死的無用之人，又怎能懂得什麼是無用之木呢！」

匠石醒後，把他的夢告訴徒弟，徒弟說：「櫟樹既然迫切追求無用，那麼它為什麼又去當社樹呢？」匠石說：「閉上嘴！你不要再講了！它也不過是託身社神以求保命而已，因此被那些不理解自己的人責罵。如果它不當社樹，恐怕也會被砍伐掉！再說它所追求的東西與一般人不一樣，你用常理去分析它的用心，豈不是相差太遠！」

南伯子綦❶遊乎商之丘❷，見大木焉，有異，結駟千乘❸，隱將芘其所藾❹。子綦曰：「此何木也哉？此必有異材夫！」仰而視其細枝，則拳曲❺而不可以為棟梁；俯而視其大根❻，則軸解❼而不可以為棺槨；咶❽其葉，則口爛而為傷；嗅之，則使人狂酲❾三日而不已❿。子綦曰：「此果不材之木也，以至於此其大也。嗟乎，神人以此不材⓫。」

宋有荊氏⓬者，宜⓭楸、柏、桑。其拱把⓮而上者，求狙⓯猴之杙⓰者斬之；

三圍四圍者，求高名之麗⑰者斬之；七圍八圍，貴人富商之家求樿傍⑱者斬之。故未終其天年而中道夭於斧斤，此材之患也。故解⑲之以牛之白顙⑳者，與豚㉑之亢鼻㉒者，與人有痔病㉓者，不可以適河㉔，此皆巫祝以知之矣，所以為不祥也，此乃神人之所以為大祥也。

【章　旨】本章仍然是以樹木等為例，說明無用可以保命的道理。

【注　釋】❶南伯子綦　人名。❷商之丘　地名。即商丘。❸結駟千乘　集合上千輛四疋馬拉的車。結，集合。駟，一輛由四疋馬拉的車。乘，輛。❹隱將芘其所藾　這棵樹的樹蔭也能把它們遮蓋起來。芘，同「庇」。遮蓋。藾，樹蔭。❺拳曲　彎曲。❻大根　主幹。❼軸解　樹幹從中心即開始向外裂開。軸，本指車輪中心的圓柱，這裡借指木心。解，裂開。❽咶　同「舐」。舔。❾狂酲　發酒瘋。狂，發瘋。酲，醉酒。❿不已　不停；不能痊癒。⓫神人以此不材　那些超凡的聖人就像這棵大樹一樣沒有什麼用處。神人，莊子心目中思想境界最高的人。以，似；像。⓬荊氏　地名。⓭宜　適宜生長。⓮拱把　兩手合握叫「拱」，一手所握叫「把」。⓯狙　動物名。猴子的一種。⓰杙　小木樁。可用來拴猴子。⓱高名之麗　又高又粗的屋棟。名，大。麗，棟梁。⓲樿傍　獨板做成的棺木左右扇。⓳解　禳災。⓴顙　額頭。㉑豚　豬。㉒亢鼻　高鼻子。㉓痔病　痔瘡。㉔適河　沉入黃河以祭祀河神。適，往；去。

【語　譯】南伯子綦在商丘一帶遊玩，看到那裡有一棵大樹，樣子長得非常奇異，即使集結上千輛四疋馬拉的車，這棵大樹的樹蔭也能把它們遮蔽起來。子綦說：「這是一棵什麼樣的樹呢？它一定具有非同一般的材質！」子綦抬起頭看看大樹的枝條，那些枝條都彎彎曲曲的不能做棟梁；低頭看看大樹的主幹，主幹從樹心到表皮都裂著口子，不能做棺材；用舌頭舔一舔樹葉，口舌就會潰爛；用鼻子聞一聞它的氣味，會使人像發酒瘋那樣，三天三夜也醒不過來。子綦說：「這棵樹果真是棵沒什麼用處的樹，因此才能夠長這麼大。唉，那些超凡的聖人也像這棵大樹那樣沒有什麼用處。」

宋國有個地方叫荊氏，那裡很適合楸樹、柏樹、桑樹的生長。這些樹長到一兩把粗以後，那些需要栓猴子木樁的人就把它們砍走了；三、四圍粗的樹，需要高大棟梁的人就把它們砍掉；七、八圍粗的樹，那些需要獨付棺木板的貴人富商就把它們砍走。所以這些樹從未享盡天年而半途被斧頭砍死，這就是有用的才能所帶來的災難。那些祭神禳災的人都認為白額頭的牛、高鼻子的豬和患痔瘡的人是不可以用作祭品沉入黃河祭祀河神的，這些事情巫師們全都知道，認為用他們作祭品不吉祥，然而聖人認為他們身上的這些缺陷是一種最大的吉祥。

支離疏❶者，頤隱於齊❷，肩高於頂❸，會撮指天❹，五管❺在上，兩髀為脅❻。挫鍼❼治繲❽，足以餬口；鼓筴播精❾，足以食❿十人。上⓫徵武士，則支離攘臂⓬而遊於其間；上有大役⓭，則支離以有常疾不受功⓮；上與病者粟，則受三鍾⓯與十束薪。夫支離⓰其形者，猶足以養其身，終其天年，又況支離其德⓱者乎！

【章旨】本章以殘疾人為例，說明無用為大用的道理。

【注釋】❶支離疏　假設的人名。支離，支離破碎、形體不全。疏，泯滅智慧。❷頤隱於齊　下巴陷在肚臍裡。描寫支離疏駝背的模樣。頤，下巴。齊，同「臍」。肚臍。❸頂　頭頂。❹會撮指天　髮髻直指天空。由於支離疏脊背彎曲，所以腦後的髮髻指向天空。❺五管　五臟的腧穴位。❻兩髀為脅　兩條大腿與脇部連在一起。髀，大腿。❼挫鍼　縫衣。挫，拿。❽治繲　從事洗衣工作。治，從事。繲，洗衣。❾鼓筴播精　敲擊竹簡為人占卜。鼓，敲擊。筴，竹簡。敲擊竹簡發出聲響是為了招攬求卜的顧客。播，撒。精，精米。求卜的人送一定數量的精米給占卜人，占卜人把米散置於神位前以祭神求問吉凶。

❿食　養活。⓫上　國君；統治者。⓬攘臂　捋起袖子，伸著胳膊。這個動作表現出支離疏絲毫也不擔心自己被抓去當兵的心情。⓭大役　大的徭役。⓮不受功　不被分派勞役。功，任務；勞役。⓯鍾　古代糧食計量單位。六斛四斗為一鍾。⓰支離　使……支離破碎、殘缺無用。⓱支離其德　使才能殘缺無用。德，主要指才能。

【語　譯】有一個名叫支離疏的人，他的下巴陷進肚臍，兩個肩膀高於頭頂，髮髻指向天空，五臟的腧穴朝上，兩條大腿同兩脇併連在一起。他為人縫補洗衣，足以餬口；敲著竹簡為人占卜，還能夠養活十口人。國家徵兵時，支離疏敢於捋起袖子、伸著臂膀在徵兵人面前走來走去而沒有被徵走的顧慮；國家有大的勞役時，支離疏因為有終身殘疾而不被分派任務；國家給殘疾病人發放救濟糧時，支離疏還能領到三鍾糧食和十綑柴草。那些形體殘缺無用的人，還能夠養活自身，享盡天年，更何況那些才能殘缺無用的人呢！

孔子適楚，楚狂接輿❶遊其門曰：「鳳❷兮鳳兮，何如德之衰也❸！來世不可待，往世不可追也。天下有道，聖人成❹焉；天下無道，聖人生❺焉；方今之時，僅免刑焉❻！福輕乎羽，莫之知載❼；禍重乎地，莫之知避。已乎已乎！臨人以德❽。殆❾乎殆乎！畫地而趨❿。迷陽⓫迷陽，無傷吾行！吾行郤曲⓬，無傷吾足！」

【章　旨】本章借楚狂接輿之口，說明當時社會的險惡，勸告人們要遠離社會政治。

【注　釋】❶楚狂接輿　人名。楚國的隱士。相傳姓陸名通，字接輿，號為「楚狂人」。❷鳳　傳說中的鳥名。用來比喻孔子。❸何如德之衰也　面對世風衰落的局面又能怎麼樣呢。一說是責備孔子品德衰敗。何如，怎麼。❹成　成功。指成就一番事業。❺生　生存。❻僅免刑焉　連聖人也只能免遭刑戮。❼莫之知載　即「莫知載之」。不知道該怎樣獲取它。載，獲取。之，代指比羽毛還輕的幸福。❽臨人以德　(不要)再向人們宣揚美德。本句前面有「已乎已乎」，即要求孔子停止「臨人以德」這種行為。❾殆　危險。❿畫地而趨　在地上畫出路線讓人行走。比喻為人們制定行為規範。以上四句是接輿告誡孔子：你不要再向人宣揚美德，也不要再為別人制定行為規範，這樣做，在這個黑暗的社會裡是很危險的。⓫迷陽　一種多刺的草。泛指荊棘。比喻世道險惡。⓬卻曲　彎彎曲曲。

【語　譯】孔子到了楚國，楚狂接輿走到孔子的門前說：「鳳鳥啊鳳鳥啊，面對世風日下的局面又能如何！未來的美好社會無法等到，過去的美好社會也難以追回。在政治清明的社會裡，聖人可以實現自己的理想；在政治黑暗的社會裡，聖人也能夠生存下去；而在當今這個社會裡，聖人僅僅只能免遭刑戮。比羽毛還輕的幸福，不知道怎麼才能夠獲取；比大地還要深重的災難，不知道怎麼才能夠避開。算了吧，算了吧！不要再向人宣揚美德。危險啊，危險啊！為別人制定行為規範。遍地的荊棘，不要妨礙我的行走吧！我時左時右地擇路而行，不要傷害我的雙腳吧！」

山木，自寇❶也；膏火，自煎也。桂可食❷，故伐之；漆可用，故割之。人皆知有用之用，而莫知無用之用也。

【章　旨】本章總括全篇，慨歎世人只知道有用的好處，不知道無用的好處。

【注　釋】❶自寇　自取砍伐。寇，侵犯；砍伐。❷桂可食　桂樹皮可以做藥物食用。

【語　譯】山上的樹木因為有用而自招砍伐，可點燃的膏脂因為能照明而自取熬煎。桂樹皮可以入藥服用，所以人們去砍伐它；漆樹因為有用，所以人們去割取它。人們都知道有用的用處，卻沒有人懂得無用的用處。

【研　析】本篇主要討論了莊子的處世哲學。根據文義，全篇可以分為兩大部分。第一部分從開始到「意有所至而愛有所亡，可不慎邪」，其他為第二部分。

在第一部分裡，莊子重點說明臣子在吉凶莫測的官場中如何為人處世，特別強調的是如何與君主相處。他提出的主張主要有：

一、「先存諸己而後存諸人」。先要自己站穩腳跟，然後再去與暴君周旋。即先取得暴君的信任，再去推行自己的主張。這無疑是身全功成的兩全之計。

二、切忌「修其身以下傴拊人之民」。如果臣下不看主上意向，一味修身行善，去愛護百姓，其結果必定會被認為是同君爭民、與主爭名，好心會招來惡報。

三、「形莫若就，心莫若和」。外表上要與君主保持親近，但內心要有主見。而且還要注意把握好「度」，保持親近但不要與暴君同流合汙，有主見但也不要輕易表露自己與暴君的不同見解。

四、「與天為徒」、「與人為徒」、「與古為徒」。大意是說，內心不要有太明顯的是非觀，以此來保持內心的平靜。表面行為要和別人一樣，這樣就不會招來人們的非議。在批評君主時，要引用古人的話，不要自己直接去責備君主。

五、「入則鳴，不入則已」。要善於觀察，君主能接受意見就講，否則就閉口不談。

六、出使時，要有耐心，不可急於求成，更不可隨意改變君主的命令，並注意如實傳達兩國君主的真實意思。

七、提倡忠孝。認為忠、孝是天下的兩大原則，主張人們要做到「孝之至」和「忠之盛」。這與儒家思想基本一致。

莊子想出種種辦法，目的是要慢慢取得君主的信任，然後在不知不覺之中把君主引上正路，從而實現自己的政治抱負，建立一個理想的社會。

通過這一部分，不僅可以看出莊子對官場事務的異常關心和深思熟慮，而且還能看出他對當治國大臣的期待和對忠孝的維護。莊子並非一位不關心政治的思想家。

在第二部分裡，莊子一連用了櫟社樹、支離疏等幾個寓言故事說明了「無用之用」的道理，認為「有用」

就會帶來意想不到的麻煩，而「無用」就會無憂，就能保全自己的生命。

前後兩大部分從表面看來似乎關係鬆散，甚至相互間的思想還有一些矛盾，而實際上這兩部分有著內在的聯繫。莊子雖然有救世匡主的大志，希望能夠成為一位解民倒懸的治國大醫，但他也清醒地看到官場險情四伏，稍不小心，就會出現「其君因其修而擠之」的悲劇，自己的政治理想還沒有實現，生命卻被暴君剝奪了。對仕途的畏懼使莊子走向了另一個極端——以無用求保身。本篇比較明確地揭示了莊子既想出仕成就一番功業又怕因此而喪生的矛盾心理。

無論是一般的處世思想，還是具體的為官之道，文中都有不少值得後人借鑑的東西。其中不少思想被後來的《韓非子》所吸收，明代在立德、立功、立言諸方面都可為楷模的王陽明也採納了莊子的「與古為徒」（引用古人的話批評別人）的方法，從而化解了不少人事矛盾。

最後要說明的一點是：莊子往往假借別人的口來闡述自己的思想。比如文中孔子與顏回的對話，這件事本身就是莊子的杜撰，因此他們談話的內容並不是孔、顏的思想，而是莊子的思想。這種情況在《莊子》中比比皆是。在以後的篇章中，遇到類似的情況，我們就不再作說明了。

德充符第五

【題解】德充符，意思是精神完美的表現。德，美德。具體就是指莊子所提倡的掌握大道、超越萬事萬物的精神境界。充，充滿；美滿。符，象徵；表現。在本篇中，莊子盡力刻劃得道聖人形體的殘缺和醜陋，誇張他們精神境界的崇高，使他們的形體與精神之間形成鮮明的反差，以此說明精神作用大於形體作用的道理。莊子認為，一個人是否具有感人的力量，關鍵不在於他的外表、權勢，而在於他是否具有崇高的精神境界。

魯有兀者❶王駘❷，從之遊者❸與仲尼相若❹。常季❺問於仲尼曰：「王駘，兀者也，從之遊者與夫子中分魯❻。立不教，坐不議❼，虛而往❽，實而歸。固有不言之教、無形而心成❾者邪？是何人也？」仲尼曰：「夫子❿，聖人也。丘也直後而未往⓫耳！丘將以為師，而況不若丘者乎！奚假⓬魯國，丘將引天下而與從之。」

常季曰：「彼兀者也，而王⓭先生，其與庸⓮亦遠矣。若然者，其用心⓯也獨⓰若之何？」仲尼曰：「死生亦大矣，而不得與之變⓱；雖天地覆墜⓲，亦將不與之遺⓳；審乎無假⓴而不與物遷㉑，命㉒物之化而守其宗㉓也。」

常季曰：「何謂也？」仲尼曰：「自其異者視之，肝膽楚越㉔也；自其同者視之，萬物皆一也。夫若然者，且不知耳目之所宜㉕，而遊心乎德之和㉖。物視其所一而不見其所喪㉗，視喪其足猶遺土也。」

常季曰：「彼為己，以其知得其心㉘，以其心得其常心㉙，物㉚何為最㉛之哉？」

仲尼曰：「人莫鑑於流水而鑑於止水㉜。唯止能止眾止㉝。受命於地㉞，唯松柏獨也在冬夏青青；受命於天，唯舜獨也正㉟，幸能正生㊱，以正眾生㊲。夫保始之徵㊳，不懼之實㊴，勇士一人，雄入於九軍㊵。將求名而能自要㊶者而猶若是㊷，而況官㊸天地、府㊹萬物、直寓六骸㊺、象耳目㊻、一知之所知㊼而心未嘗死㊽者乎！彼且擇日而登假㊾，人則從是㊿也，彼且何肯以物為事(51)乎！」

【章旨】本章以王駘為例，說明崇高的精神境界具有無比的感人力量。

【注釋】❶兀者　被處以斷足刑罰的人。兀，通「跀」。斷足之刑。❷王駘　假設的人名。❸從之遊者　跟隨他學習的人。❹相若　相等；一樣多。❺常季　人名。孔子的弟子。❻中分魯　平分了魯國的學生。❼立不教二句　無論何時何地從不給人以教誨，也從不發表什麼議論。這兩句中的「立」、「坐」字面意思是「站立」、「坐著」，實際上是指「無論任何時候、任何情況」。❽虛而往　弟子去時沒有任何知識修養。❾無形而心成　沒有具體表現就能使弟子潛移默化。形，指看得見、摸得著的教育活動。心成，指潛移默化。❿夫子　先生。指王駘。⓫直後而未往　我的學識落後於他，只是還沒有前去請教他。直，僅僅；只不過。往，去請教。⓬奚假　何止。⓭王　超過。⓮庸　常人。⓯用心　思想。⓰獨　究竟。⓱與之變　使他發生變化。這裡的變化主要指精神上的變化。⓲天地覆墜　天翻地覆。⓳與之遺　使他有所喪失。這裡的喪失主要指思想上的喪失感。⓴審乎無假　懂得精神自由。審，明白；懂得。無假，無所依賴的精神自由。假，待；依賴。㉑遷　變化。㉒命　掌握；主宰。主要是指精神上的主宰。㉓宗　根本；最高原則。㉔肝膽楚越　即使相連的肝、膽也如同楚國和越國那樣相距遙遠。㉕耳目之所宜　耳目所應有的作用。耳目是用來辨別聲色的，既然萬物一齊，耳目也就沒有什麼用處了。這是莊子堅持齊物論所得出的必然結論。㉖德之和　混同、齊一萬物的最高精神境界。德，精神境界。和，混同；齊一。㉗所喪　所喪失的東西。㉘以其知得其心　用他的智慧獲得思想修養。知，同「智」。㉙常心　不為外物所左右、不為得失而變化的精神境界。㉚物　主要指弟子。㉛最　聚集。㉜人莫鑑於流水而鑑於止水　人們都不到流動的水邊去照自己的身影而到靜止的水邊去照。比喻虛靜無為的王駘就像靜止的水一樣，是人們要聚集在他的身邊，並非王駘自己希望這樣。鑑，照。止水，靜止的水。㉝唯止能止眾止　只有靜止的水才能留住人們停聚在它的身邊。唯，只。本句的三個「止」的意思依次是靜止、留住、停聚。㉞受命於地　指各種植物從大地上生長出來。㉟正　正確的、虛靜無為的本性。㊱幸能正生　幸虧他能保持自己的虛靜本性。生，同「性」。本性。㊲以正眾生　以自己的虛靜本性去端正眾人的本性。生，同「性」。㊳夫保始之徵　那些為了遵守事先的諾言的人。夫，那些。保，保持；遵守。徵，信諾；諾言。㊴實　本質。㊵九軍　千軍萬馬。九，泛指多。㊶自要　自我要求。㊷若是　像這樣。㊸官　主宰。㊹府　包羅。㊺直寓六骸　僅僅以身體為寄託。直，僅僅。寓，寄託。六骸，指頭、身、四肢。即身體。聖人以精神為貴，以肉體為賤，他們注重的是精神，在他們看來，肉體只不過是精神的寓所而已。㊻象耳目　以耳目為虛象。聖人有耳目而不用，耳目在聖人身上只是虛假的裝飾品。㊼一知之所知　把人們的智慧所能知道的事物統統視為同一。一，同一；一樣。本句中的第一個「知」同「智」，第二個「知」是「知道」的意思。㊽心未嘗死　崇高的精神境界永存。㊾登假　遷昇到更高境界。假，通「格」。昇。一說「假」通「遐」，高遠的意思。㊿從是　跟隨他。是，代指王駘。(51)以物為事　把世俗的事情當作自己要做的事。

【語　譯】魯國有一位被砍掉腳的人，名字叫王駘，跟隨他學習的人與孔子的學生一樣多。常季問孔子：「王駘是個被砍掉腳的人，但是在魯國，跟隨他學習的人與老師您的學生一樣多，他無論何時何地從不給人以教誨，也從不發表什麼議論，而跟隨他的人卻能空懷而來，滿載學識而歸。難道真的有不用語言教育、沒有具體教學活動就能使弟子潛移默化的人嗎？這是一種什麼樣的人呢？」孔子說：「王駘先生是位聖人，我的學識落後於他，只是還沒有前去請教他罷了。連我都要拜他為師，何況那些不如我的人呢！何止一個魯國，我將帶領整個天下的人向他學習。」

常季說：「他是一位被砍掉腳的人，學識卻超過了老師您，那麼他與常人相比，超過得更遠。像這樣的人，他的思想修養究竟是什麼樣的呢？」孔子說：「生死是大事，而不能使他的心情發生變化；即使天塌地陷，也不能使他有什麼失落感；他懂得精神自由而不使自己的情緒同外部事物一起發生變化，他主宰著萬物的變遷，堅守著自己的最高原則。」

常季問：「您講的是什麼意思呢？」孔子回答說：「如果從事物千差萬別的角度去看待萬物，那麼即使緊緊相連的肝、膽也會像楚國、越國那樣相差很遠；如果從事物相同的角度去看待萬物，那麼萬物都是同一的。那些懂得萬物齊一的人，將不知道耳目有什麼用處，而讓自己的心思遨遊於混同萬物的最高精神境界之中。他看到萬物都是相同的而看不到自己會有什麼喪失，因而他看待自己失去腳就好像掉了一塊土一樣。」

常季說：「他是為了自己，運用自己的智慧來獲得思想修養，通過思想修養來達到不因生死、得失而產生情緒變化的精神境界。那麼別人為什麼要聚集在他的身邊呢？」孔子說：「人們都不到流動的水邊去照自己的身影，而到靜止的水邊去照。只有靜止的水才能留住眾人停聚在自己身邊。各種樹木都是受命於地而生，但只有松柏才能做到無論冬夏都鬱鬱青青；人們都受命於天而生，但只有舜才能保持虛靜無為的本性，幸虧他能保持這種本性，並用這種虛靜的本性去糾正眾人的本性。那些為了遵守事先諾言的人，就能夠使自己具備無畏的精神，即使一個人，也能像勇士一樣衝入千軍萬馬。那些追求名聲並能自我嚴格要求的人尚且能做到這一點，更何況那些主宰天地、包羅萬物、以身體為寓所、把耳目當虛象、齊同萬事萬物而永遠保持崇高精神境界的人呢！他將有一天登臨更高的精神境界，是人們自己要去追隨他，他怎麼肯把世俗間的事情當作自己要做的事呢！」

申徒嘉❶，兀者也，而與鄭子產❷同師於伯昏無人❸。子產謂申徒嘉曰：「我先出則子止，子先出則我止。」其明日，又與合堂同席而坐。子產謂申徒嘉曰：

「我先出則子止，子先出則我止。今我將出，子可以止乎？其❹未邪？且子見執政❺而不違❻，子齊❼執政乎？」申徒嘉曰：「先生之門，固有執政焉如此哉？子而悅子之執政而後人❽者也。聞之曰：『鑑明則塵垢不止，止則不明也❾。久與賢人處則無過。』今子之所取大者❿，先生⑪也，而猶出言若是，不亦過乎？」

子產曰：「子既若是⑫矣，猶與堯爭善⑬，計⑭子之德不足以自反⑮邪？」申徒嘉曰：「自狀其過以不當亡者眾⑯，不狀其過以不當存者寡。知不可奈何而安之若命，唯有德者能之。遊於羿之彀中⑰，中央者，中地也⑱。然而不中者，命也。人以其全足笑吾不全足者眾矣，我怫然⑲而怒；而適⑳先生之所，則廢然而反㉑。不知先生之洗我以善㉒邪。吾與夫子遊㉓十九年矣，而未嘗知吾兀者也。今子與我遊於形骸之內㉔，而子索㉕我於形骸之外㉖，不亦過乎？」子產蹴然改容㉗更貌曰：「子無乃稱㉘！」

【章　旨】本章通過申徒嘉對子產的批評，提醒人們不要計較人的外表，要注重人的精神美德。

【注　釋】❶申徒嘉　人名。鄭國人。姓申徒，名嘉。❷子產　人名。姓公孫，名僑。鄭國著名的政治家。❸伯昏無人　假設的人名。❹其　還是。❺執政　執政大臣。子產任鄭相，故自稱「執政」。❻違　迴避。❼齊　平等；平起平坐。❽後人　看不起別人。❾鑑明則塵垢不止二句　鏡子明亮是因為灰塵沒有落在上面，灰塵一旦落上，鏡子就不明亮了。比喻聖賢心地純淨，毫無錯誤念頭，一旦有了錯誤念頭，心地就不純淨了。言外之意是批評子產不該產生上述錯誤思想。❿所取大者　所要追求的最重要的東西。⓫先生　指伯昏無人。具體指伯昏無人的道德和學問。⓬若是　像這樣形體殘缺。⓭爭善　比美德。⓮計　想一想。⓯自反　自我反省。⓰自狀其過以不當亡者眾　（受過斷足刑罰的人）為自己的過失進行辯解、認為自己不該被斷足的人很多。狀，陳述；辯解。以，認為。亡，亡足。指被砍掉腳。⓱遊於羿之彀中　遊蕩於神箭手羿的射程之內。比喻人生在世時時刻刻處於危險之中。羿，人名。傳說中的射箭能手。彀中，射程之內。⓲中央者二句　中央地帶是最容易被射中的地方。比喻子產所處的執政地位是最危險的地方。⓳怫然　發怒的樣子。⓴適　到。㉑廢然而反　怒氣消除，恢復平靜。廢然，怒氣消除的樣子。反，同「返」。恢復平靜。㉒洗我以善　即「以善洗我」。用美德感染、教育了我。㉓遊　交往。這裡指學習。㉔形骸之內　指精神、美德。㉕索　要求。㉖形骸之外　體形外表。㉗蹴然改容　恭敬不安地改變了面容。蹴然，恭敬不安的樣子。㉘無乃稱　不要再講了。無乃，不要。稱，說。

【語　譯】申徒嘉是一位被砍掉腳的人，他與鄭國子產一同拜伯昏無人為師。子產對申徒嘉說：「如果我要先出去，您就留下來；如果您要先出去，我就留下來。」第二天，申徒嘉又與子產同處一間房裡，同坐一張席子。子產對申徒嘉說：「我先出去您就留下，您先出去我就留下。現在我要出去了，您能夠留下來呢？還是不能呢？再說您見了我這個執政大臣也不迴避，您難道想同執政大臣平起平坐嗎？」申徒嘉說：「在我們老師的門下，難道真的會有如此傲慢的執政大臣嗎？您為自己的執政大臣地位得意洋洋而太瞧不起別人了。我聽說過這樣的話：『鏡子明亮是因為灰塵沒有落在上面，一旦落上了鏡子就不會明亮。長期與賢人相處就不會有過錯。』現在您想獲取的最重要的東西，是老師的道德和學問，而您卻說出這樣的話，這不也是一個錯誤嗎？」

子產說：「您已經如此形體不全了，還想與聖明的堯比美德，想想您的品行，難道還不足以使您好好反省自己嗎？」申徒嘉說：「為自己的過失進行辯解、認為自己不該被砍掉腳的人很多，不為自己的過失進行辯解、並認為自己應該被砍掉腳的人很少。明白有些事情是無可奈何的，並安心地接受命運的安排，只有精神高尚的人才能做到這一點。人生在世就好像遊蕩於神箭手羿的射程之內，中央地帶是最容易被射中的地方，然而卻沒有被射中，這也是命運的安排。過去，人們因為他們雙腳齊全而嘲笑我腿腳不全的很多，我常常勃然大怒；但到了老師這裡以後，我便怒氣全消，恢復了平靜。我不知道老師是用什麼樣的美德感染、教育了我。我跟隨老師學習已經十九年了，從未感覺到自己是個被砍掉腳的人。現在，您與我所要學習的是美好的精神品德，而您卻計較我的形體外表，這不是一種錯誤嗎？」子產聽後慚愧得改變了面容，恭敬而又不安地說：「您就不要再說下去了。」

魯有兀者叔山無趾❶，踵見❷仲尼。仲尼曰：「子不謹，前既犯患❸若是矣。雖今來，何及矣！」無趾曰：「吾唯不知務❹而輕用吾身，吾是以亡足。今吾來也，猶有尊足者❺存，吾是以務❻全之也。夫天無不覆，地無不載，吾以夫子為天地，安知夫子之猶若是也！」孔子曰：「丘則陋❼矣。夫子胡不入乎，請講以所聞❽。」無趾出，孔子曰：「弟子勉之！夫無趾，兀者也，猶務學以復補前行之惡，而況全德之人❾乎！」

無趾語老聃曰：「孔丘之於至人，其未❿邪！彼何賓賓⓫以學子⓬為？彼且蘄⓭以諔詭幻怪⓮之名聞，不知至人之以是為己桎梏⓯邪？」老聃曰：「胡不直使彼以死生為一條⓰，以可不可為一貫⓱者，解其桎梏，其可乎？」無趾曰：「天刑之⓲，安可解！」

【章旨】本章指出崇高精神境界的具體內容，那就是摒棄名利，做到生死一如、是非一齊。

【注　釋】❶叔山無趾　虛構的人名。因為他被砍去了腳趾，故稱「無趾」。❷踵見　用腳後跟走著去拜見。踵，腳後跟。❸犯患　遭殃。指被砍掉腳趾。❹不知務　不懂世務；不明事理。❺尊足者　尊於足者；比腳更尊貴的東西。指精神。❻務務求；努力做到。❼陋　淺薄。❽所聞　所聽到的。指知識。❾全德之人　沒有犯過錯誤的人。❿未　比不上。⓫賓賓　頻頻；不斷努力。⓬學子　向您學習。⓭蘄　追求。⓮諔詭幻怪　怪誕虛妄。孔子提倡仁義禮樂，這與老莊的清靜無為思想相對立，所以孔子的做法被視為「諔詭幻怪」。諔詭，奇異。⓯桎梏　腳鐐手銬。在腳叫「桎」，在手叫「梏」。⓰一條　一樣。⓱一貫　同一。⓲天刑之　上天懲罰他。指孔子的做法違背了人的自然天性，無法獲得自由。

【語　譯】魯國有一位被砍掉腳趾的人，名叫叔山無趾。他用腳後跟走著去拜見孔子，孔子說：「您行為不謹慎，過去犯法受刑已成了這個樣子。雖然現在您來到我這裡，但怎麼來得及補救呢！」無趾說：「我只因不懂世務而輕率行動，所以被砍去了腳趾。今天我來到您這裡，還保有比雙腳更為可貴的精神，所以我想竭力保全它。蒼天無不覆蓋，大地無不托載，我原把先生您視為天地，哪知先生竟是這樣的人！」孔子說：「我實在太淺薄了。先生何不進來，請把您知道的道理講一講。」無趾走後，孔子對他的弟子們說：「你們要努力呀！那位無趾先生，是一位犯過法被砍掉腳趾的人，他尚且還努力學習以補救從前的過失，何況你們這些從未犯過錯誤的人呢！」

無趾對老子說：「孔丘與至人相比，大概差得很遠吧！他為什麼要不斷勤奮地向您學習呢？他還追求那些怪誕虛妄的名聲，難道他不知道至人們把這些名聲看作是束縛自己的枷鎖嗎？」老子說：「那麼為什麼不讓他明白死和生是一樣，可以與不可以是同一的道理，以此來解開他的枷鎖，這大概可以吧？」無趾說：「上天要懲罰他，他怎麼能獲得解脫呢！」

魯哀公❶問於仲尼曰：「衛有惡人❷焉，曰哀駘它❸。丈夫❹與之處者，思❺而不能去也。婦人見之，請於父母曰『與為人妻，寧為夫子❻妾』者十數而未止❼

也。未嘗有聞其唱❽者也，常和人而已矣。無君人❾之位以濟❿乎人之死，無聚祿⓫以望⓬人之腹，又以惡駭天下⓭，和而不唱，知⓮不出乎四域⓯，且而雌雄⓰合乎前，是必有異乎人者也。寡人召而觀之，果以惡駭天下。與寡人處，不至以月數⓱，而寡人有意⓲乎其為人也；不至乎期年⓳，而寡人信之。國無宰⓴，寡人傳國焉㉑，悶然㉒而後應，氾而若辭㉓，寡人醜㉔乎！卒㉕授之國，無幾何㉖也，去寡人而行。寡人卹焉㉗若有亡㉘也，若無與樂是國㉙也。是何人者也？」

仲尼曰：「丘也嘗㉚使於楚矣，適㉛見豚子㉜食於其死母者。少焉眴若㉝，皆棄之而走。不見己焉爾㉞，不得類㉟焉爾。所愛其母者，非愛其形也，愛使其形者㊱也。戰而死者，其人之葬也不以翣資㊲；刖者之屨㊳，無為愛之。皆無其本㊴矣。為天子之諸御㊵，不爪翦㊶，不穿耳；取妻者止於外㊷不得復使。形全猶足以為爾㊸，而況全德㊹之人乎！今哀駘它未言而信㊺，無功而親，使人授己國，唯恐其不受也。是必才全而德不形㊻者也。」

哀公曰：「何謂才全？」仲尼曰：「死生、存亡、窮達㊼、貧富、賢與不肖、毀譽、飢渴、寒暑，是事之變、命之行也。日夜相代㊽乎前，而知㊾不能規乎其始㊿者也。故不足以滑和(51)，不可入於靈府(52)。使之和豫(53)，通而不失於兌(54)，使日夜無郤(55)而與物為春(56)，是接而生時乎心者也(57)。是之謂才全。」

「何謂德不形？」曰：「平者，水停之盛(58)也，其可以為法(59)也，內保之而外不蕩也(60)。德者，成和之修(61)也。德不形者，物不能離也(62)。」

哀公異日(63)以告閔子(64)曰：「始也吾以南面而君天下(65)，執民之紀(66)而憂其死，吾自以為至通(67)矣。今吾聞至人(68)之言，恐吾無其實(69)，輕用吾身而亡其國。吾與孔丘非君臣也，德友(70)而已矣。」

【章旨】本章以哀駘它為例，說明崇高的精神境界比實際物質利益具有更強的感人力量。

【注釋】❶魯哀公　魯國的君主。❷惡人　相貌醜陋的人。惡，醜陋。❸哀駘它　虛構的人名。❹丈夫　男子。❺思　思慕；愛戀。❻夫子　先生。指哀駘它。❼十數而未止　不止數十人。十數，以十為單位地數。泛指很多。❽唱　倡導。❾君人　統治別人。君，用作動詞。統治。❿濟　拯救。⓫聚祿　財產積蓄和俸祿。⓬望　月滿叫望。引申為讓人吃飽。⓭駭天下　使天下的人都吃驚。⓮知　知識。⓯四域　國家四境。本句是說哀駘它的知識很貧乏，國外的事一概不知。⓰雌雄　男女。⓱以月數　以月為單位地數。「不至以月數」即不到一個月。⓲有意　有好感。⓳期年　一整年。⓴宰　宰相。㉑傳國焉　把國家交給他管理。㉒悶然　沉默；不作聲。㉓氾而若辭　他漫不經心的樣子似乎是拒絕我。氾，漫不經心的樣子。辭，拒絕。㉔醜　羞愧。㉕卒　最終。㉖無幾何　沒過多久。㉗卹焉　悶悶不樂的樣子。㉘若有亡　若有所失。㉙無與樂是國　在這個國家裡，沒有人可與共享歡樂了。是國，指魯國。㉚嘗　曾經。㉛適　剛好。㉜豚子　小豬。㉝少焉眴若　沒過多大一會兒，小豬都驚恐得眼珠亂轉。少焉，一會兒。眴若，眼珠因驚慌而胡亂轉動的樣子。㉞不見己焉爾　不看自己了。小豬吃奶時，發現母親毫無反應，不再看牠們了。焉爾，語末助詞。㉟不得類　得不到母親的愛撫。類，善。引申為愛撫。㊱使其形者　主宰形體的東西。指精神。莊子認為，精神是主動的，形體是被動的，精神支配形體。使，主宰；支配。㊲不以翣

資　不用翣送葬。翣，棺材上的一種裝飾品。資，送。戰死沙場的人，一般沒有辦法用棺材安葬，翣是棺材上的裝飾品，既無棺材，當然也用不上翣，所以下文說「皆無其本矣」。㊳刖者之屨　受過斷足之刑者的鞋子。刖，斷足之刑。屨，鞋。㊴本　根本；本體。棺材是翣的本，足是鞋的本。沒有棺材，它的從屬品翣就沒用了；沒有腳，它的從屬品鞋就沒用了。比喻人以神為本，以形為末，沒有精神靈魂，軀體是沒有用的。㊵諸御　侍女；宮女。㊶不爪翦　不剪指甲。㊷取妻者止於外　那些娶妻的宮中男性侍從可以回到宮外的家中休息。取，同「娶」。外，宮外。指宮外侍從自己的家中。㊸形全猶足以為爾　為了保持形體的健全尚且能夠做到這些。形全，形體的健全。爾，這樣。㊹全德　精神健全。莊子的「全德」是指清靜無為、能齊同萬物的精神境界。反之，則認為是精神不健全。㊺信　被信任。㊻才全而德不形　精神完美而不外露。才全，即「德全」。精神完美。形，外露。㊼窮達　生活不得意為「窮」，反之為「達」。㊽相代　相互交替。㊾知　同「智」。智慧。㊿規乎其始　明白它們產生的原因。規，同「窺」。觀察；明白。始，產生；產生的原因。(51)滑和　擾亂平靜的心境。滑，擾亂。和，平和；平靜。(52)靈府　心靈。(53)和豫　和順逸樂。(54)通而不失於兌　暢快而不失愉悅。通，通暢；暢快。兌，同「悅」。(55)郤　間斷。(56)與物為春　與萬物融為一體而永保春天般的生機。(57)是接而生時乎心者也　這樣就使心靈在與外物接觸時能夠順應四時變化。是，這樣。接，與外物接觸。生，產生。引申為反映、順應。時，四時；四季。(58)水停之盛　水靜止到極點。(59)為法　當法則。即今天講的當水準。(60)內保之而外不蕩也　內部保持平靜而不被外物所動搖。字面是講平靜的水，實際是在比喻平靜的心境。(61)成和之修　促成平和心境的一種美德。修，美；美德。(62)德不形者二句　不把自己的健全精神有意地表露出來，人們自然會受到感染而凝聚在他身邊。物，主要指人。(63)異日　他日。(64)閔子　人名。孔子的學生。(65)君天下　君臨天下；治理天下。(66)紀　綱紀。(67)至通　最通達。(68)至人　聖人。指孔子。(69)實　實際美德。(70)德友　以德相交的朋友。

【語　譯】魯哀公問孔子：「衛國有一位相貌醜陋的人，名叫哀駘它。男子與他相處，留戀他而捨不得離去。女子見了他，向父母請求說：『與其當別人的妻子，還不如當哀駘它先生的妾。』這樣的女子不止數十人。不曾聽說他倡導過什麼，只是常常附和別人而已。他沒有權位去拯救別人的生命，也沒有財物糧食使別人吃飽肚子，再加上他醜陋得驚人，總是附和而不倡導，他知道的東西超不出本國範圍，然而無論男女都親近地聚在他身邊。這樣的人一定有不同於常人的地方。我把他召來看了看，果然醜得驚人。與我相處還不到一個月，而我對他的為人就很有好感；不到一年，我就信任了他。剛好國家缺宰相，我就提出要把國家交給他管理，他沉默了好一會兒，然後才應答一聲，他那漫不經心的樣子似乎是拒絕我，我羞愧極了。最終我還是把國家交給他管理了，但沒有過多久，他竟然離開我走了。此後我悶悶不樂、若有所失，就好像整個魯國再也沒有人能夠同我共享歡樂了一樣。這究竟是一位什麼樣的人呢？」

孔子說：「我曾經出使去楚國，剛好看見一群小豬在吮吸牠們已經死去的母親的乳汁，但沒過多大一會兒，牠們都驚恐得眼珠亂轉，丟棄母親跑了。因為母親沒有顧看牠們，沒有愛撫牠們。小豬之所以愛牠們的母親，不是愛母親的形體，而是愛支配形體的精神。戰死沙場的人，埋葬時因為沒有棺材，所以也就不使用棺材上的裝飾品來送葬；被砍掉腳的人對於他們的鞋子，也沒有必要再去愛惜。這都是因為棺材裝飾品和鞋子失去了它們的根本。當天子的侍女，不剪指甲，不穿耳眼；那些剛娶妻子的宮中男侍從，可以待在宮外家中休息，不再役使他們。為了保持形體的健全尚且能夠做到這些，更何況那些為了保持精神健全的人呢！如今哀駘它不用說話就能取信於人，沒有功勞也能贏得親寵，竟能使人把國政交給他，還唯恐他不接受，這一定是位精神健全而不外露的人。」

魯哀公問：「什麼叫精神健全？」孔子說：「死生、存亡、窮達、貧富、賢能與不賢能、毀謗與讚美、飢渴、冷熱，這些都是事物變化、命運運行所造成的。這些現象不分晝夜地在我們眼前交替出現，而我們的智慧卻不能明白它們產生的原因。所以這些事情不值得擾亂我們的心境，不可以放在心上。使心靈平靜逸樂、暢快而不失愉悅，使心靈時時刻刻與萬物融為一體而永保春天般的生機，這樣就使心靈在同外物接觸時能夠順應四時變化。這就叫精神健全。」

「那麼什麼叫作精神健全而不外露呢？」孔子說：「平，是水靜止到極點的狀態，此時它就可以作為水準了，因為它保持內部平靜而不被外物所動搖。精神健全，是保持心境平靜的一種美德。不把這種健全的精神有意地表露出來，人們自然會受到感染而凝聚在他身邊。」

有一天，魯哀公把這些告訴閔子，說：「從前我認為自己身為君主治理國家，掌握國民綱紀而操心百姓的生計，我自以為是最通達的人。如今我聽了聖人孔子的一番至理名言，我擔心自己沒有什麼實際美德，因此會輕率行動而使國家危亡。我與孔丘不是君臣關係，而是以德相交的朋友。」

闉跂支離無脤❶說衛靈公❷，靈公悅之，而視全人❸，其脰肩肩❹。甕盎大癭❺說齊桓公❻，桓公悅之，而視全人，其脰肩肩。故德有所長而形有所忘❼。人不忘其所忘而忘其所不忘❽，此謂誠忘❾。

故聖人有所遊❿，而知為孽⓫，約為膠⓬，德為接⓭，工為商⓮。聖人不謀，惡用知？不斲⓯，惡用膠？無喪，惡用德？不貨⓰，惡用商？四者，天鬻⓱也。天鬻者，天食⓲也。既受食於天，又惡用人⓳！

有人之形，無人之情⓴。有人之形，故群於人㉑；無人之情，故是非不得於身㉒。眇㉓乎小哉，所以屬於人也；謷㉔乎大哉，獨成其天㉕。

【章旨】本章除了強調精神重於形體的觀點外，還提出了「聖人無情」這一對後來佛、道二教產生重大影響的看法。

【注釋】❶闉跂支離無脤　假設的人名。這一人名是根據此人外貌起的。闉，彎曲；駝背。跂，因腳有毛病而用腳尖走路。泛指跛腳。支離，形體殘缺難看。無脤，沒有嘴唇。脤，同「唇」。❷衛靈公　衛國君主。❸全人　身體健全的人。❹其脰肩肩　他們的脖子又細又長。脰，脖子。肩肩，又細又長的樣子。❺甕盎大癭　假設的人名。這一人名也是根據此人外貌起的。形容此人脖子上的大瘤子大如罈子。甕盎，裝東西的陶器，類似今天的罈子。大癭，脖子上長的大瘤。❻齊桓公　齊國的君主。春秋五霸之一。❼忘　忽略。❽人不忘其所忘而忘其所不忘　一般人不忘記他們所應該忘記的東西（指形體的好壞）

而忘掉了他們所不應該忘掉的東西（指精神的優劣）。⑨誠忘　真正的遺忘。⑩遊　交往。⑪知為孽　把智謀視為禍根。知，同「智」。智謀。孽，禍根。⑫約為膠　把各種禮法、契約看作是一種束縛。約，泛指各種社會行為規範。⑬德為接　把仁義品德當作接人待物的手段。德，指世俗人講的仁義道德。⑭工為商　把工巧看作是商賈行為。在莊子看來，人們使用各種巧妙的語言和手段，目的是為了獲取利益。⑮斵　砍削；破壞。⑯貨　買賣。引申為謀利。⑰天鬻　天然養育。⑱食　養育。⑲人　人為。莊子提倡清靜無為，反對仁義、禮法一類的人為事情。⑳情　指人的主觀情感。如是非觀、仁義觀等等。㉑群於人　與人為群。即生活在社會上。㉒故是非不得於身　所以各種是非在聖人身上得不到反應。㉓眇　微小。㉔謷　偉大。㉕獨成其天　獨自保持他的天然本性。成，促成；保持。

【語　譯】一位駝背跛腳、體形難看、沒有嘴唇的名叫闉跂支離無脤的人去遊說衛靈公，衛靈公非常喜歡他，再看看那些形體正常的人，反而覺得他們的脖子又細又長的不順眼。一位脖上長了一塊甕子大小的瘤子、名叫甕瓮大癭的人去遊說齊桓公，齊桓公非常喜歡他，再看看那些形體正常的人，也感到他們的脖子太細太長了。所以一個人如果精神境界崇高，那麼他形體上的缺陷就會被忽略。然而一般人總是忘記不了他們應該忘記的東西——形體，而忘掉了他們不應該忘掉的東西——精神，這叫作真正的遺忘。

所以聖人身處世間，總是把智謀看作禍根，把各種禮法看作束縛，把仁義品德看作接人待物的手段，把工巧看作商賈行為。聖人從不算計別人，哪裡用得上智謀？從不破壞，哪裡用得上束縛？從未喪失善良的自然天性，哪裡用得上仁義道德？從不謀利，哪裡用得上商賈行為？這四種做法就叫作「天養」。所謂天養，就是得到了天然本性的養育。既然得到了天然本性的養育，又哪裡用得上人為呢！

聖人具有人的形體，但沒有人的主觀情感。具有人的形體，所以要同人們一起生活在社會上；沒有個人主觀情感，所以他們對人世間的是是非非毫無反應。太渺小了，那些屬於人為的東西；真偉大呀，聖人能夠獨自保全自己的天然本性。

惠子❶謂莊子曰：「人故無情乎？」莊子曰：「然。」惠子曰：「人而❷無情，何以謂之人？」莊子曰：「道❸與之貌，天與之形，惡得不謂之人？」惠子曰：「既謂之人，惡得無情？」莊子曰：「是非吾所謂情也。吾所謂無情者，言人之不以好惡內傷其身，常因自然而不益生❹也。」惠子曰：「不益生，何以有其身？」莊子曰：「道與之貌，天與之形，無以好惡內傷其身。今子外乎子之神❺，勞乎子之精❻，倚樹而吟❼，據槁梧而瞑❽，天選❾子之形，子以堅白鳴❿。」

【章　旨】本章進一步解釋什麼是「聖人無情」，同時提出了一些養生理論。

【注　釋】❶惠子　人名。即〈逍遙遊〉提到的莊子的朋友惠施。❷而　如果。❸道　莊子哲學中的最高概念。莊子認為道不僅主宰萬物，而且是萬物產生的根源。詳見〈大宗師〉對道的描述。❹不益生　不要人為地對自己的生命健康增加什麼營養。莊子認為，有益必有損，有增必有虧，在養生方面，也應該順應自然，不要人為地去增加營養。❺外乎子之神　外洩您的心神。❻精　精力。❼吟　吟詠。指宣講自己的思想。❽據槁梧而瞑　靠在枯乾的梧桐樹閉目休息。這是描寫惠施為宣揚自己的學說而搞得疲憊不堪的樣子。槁梧，枯乾的梧桐樹。一說指梧桐木做的几案。瞑，閉目休息。❾天選　天授。❿以堅白鳴　拿堅白論爭論。堅白，即堅白論。這是當時一個著名的哲學命題。詳見〈齊物論〉注釋。鳴，爭鳴；爭論。

【語　譯】惠子對莊子說：「聖人真的沒有情感嗎？」莊子說：「是的。」惠子說：「人如果沒有情感，憑什麼還能稱作人呢？」莊子說：「道賦予人的容貌，天賦予人的形體，怎麼能不稱作人呢？」惠子說：「既然稱作人，怎麼能沒有人的情感呢？」莊子說：「這不是我所說的情感，我所說的沒有情感，是指人不能因為自己的好惡感情傷害了自己的身體，永遠順應自然而不要為自己的健康增添點什麼。」惠子說：「不為健康增添什麼，那麼靠什麼來保有自己的身體呢？」莊子說：「道已經賦予人的容貌，天已經賦予人的形體，人不要因為好惡之情傷害自己的身體。如今您外洩您的心神，耗費您的精力，背靠大樹宣揚您的學說，有時竟疲憊得閉著眼睛無精打采地靠著枯乾的梧桐樹休息。天賦予您這麼一個形體，您卻拿堅白論在那裡爭論不休。」

【研　析】精神與肉體的關係如何？對於二者，我們更應該關照哪一個？這個問題是古今中外的人們都很關心的一個問題。在中國古代，雖然還沒有人做過精確的統計，但基本可以認定，大多數的古人是認為精神大於肉體的。而莊子是最早明確提出這一問題的思想家。

莊子主張精神大於肉體是有其理論根據的：一、認為通過修道，精神可以不死。如本篇講的「心未嘗死」，〈養生主〉講的薪盡火傳等等。二、認為精神為主，形體為次，精神主宰形體。本篇把精神稱作「使其形者」，講的就是這個意思。三、認為精神的力量大於形體的力量。本篇舉了不少形體殘缺之人，但因為他們具有崇高的精神境界，使他們具有更為感人的力量。

莊子所說的崇高精神境界有其獨特的內容，與一般人所理解的崇高精神有很大不同，莊子的崇高精神境界就是泯滅生死、是非的界線，超越現實的一切，成為一個飄然於人間之外的精神貴族。

莊子在闡述精神大於肉體這一理論時，有不少失誤之處，而且對精神的作用也有誇大之處，在現實實踐中，很難實施。比如在重大的災難面前，要想完全保持平靜的心態，就連莊子本人也很難做到。本篇中的申徒嘉在莊子筆下是一位忘卻是非的聖人，並表白說自從得道之後，當別人嘲笑自己被斷足時，自己再也不生氣了，可當子產不願與他在一起時，他卻把子產狠狠地責備一番。這些事實說明，無論莊子如何鼓吹，他的精神自由論仍像一隻半天空的風箏，貌似逍遙自在，但根卻牢牢地繫在現實的土地上。

雖說如此，「精神大於肉體」這一命題還是具有很多合理之處和重要的啟發意義，對後世文人影響也很大。如宋代著名詞人秦觀就寫過一篇〈眇倡傳〉，大意如下：

吳有一歌妓，因失去一眼，無法在當地生活，便準備進京謀生。同伴們認為京城美女如雲，去後必不如意，這位歌妓不以為然。進京後，果有一貴族少年十分喜歡她，為她另築別館，曲意侍奉，惟恐不當。

當這位少年的朋友嘲笑他竟然會愛上一個獨眼女子時，少年憤憤然曰：「自從我與此女相處以來，再看看世上的女子，感到她們都多長了一隻眼！」

這則故事與本篇的「甕㼜大癭說齊桓公，桓公悅之，而視全人，其脰肩肩」可謂有異曲同工之妙。這些故事雖然有點誇張，但它們說明了一個普遍存在的現象：人的內在美往往比外在美更重要，更具有感染力。筆者就曾遇到過一件與此十分相似的事情。一次為研究生講《莊子》，當講到「精神大於肉體」這一命題時，一位女研究生打斷我的話，頗有感慨地說：在她與男朋友談戀愛的幾年中，從未覺得對方在身體上有什麼不足之處，直到結婚數月後兩人一起上街時，她才驚異地發現丈夫還沒有自己高。這說明在談戀愛期間，她的男朋友一定是在精神上征服了她，使她忽略了對方形體上的不足。

本人基本上贊同莊子「精神大於肉體」這一觀點，但這並不是說，我們就可以忽視我們形體的健康和整潔。如果我們既有健美的肉體，又有健美的精神，自然就能成為更接近完美的人。

大宗師第六

【題解】大宗師，意思是偉大的、最值得敬仰的老師。宗，崇敬；敬仰。莊子認為，道產生萬物並主宰萬物，同時也是天地間的最高法則，萬物都應該效法道，所以大宗師就是指道。莊子要求人們去追求道、學習道，那些得道的聖人，就是道的具體體現者，因此這些得道聖人也是大宗師。由此可見，大宗師包含兩個內容，一是道，二是得道之人。本篇也是就這兩個內容展開，一方面描繪了道的至高地位和具體特性，另一方面介紹了得道之人的思想行為。通過本篇，我們可以比較清楚地理解莊子心目中至高無上的道的內容。

知天之所為❶，知人之所為者，至矣！知天之所為者，天而生❷也；知人之所為者，以其知之所知以養其知之所不知❸，終其天年而不中道夭者，是知之盛也。雖然，有患❹。夫知有所待❺而後當，其所待者特未定也❻，庸詎❼知吾所謂天之非人乎？所謂人之非天乎？

且有真人而後有真知。何謂真人？古之真人，不逆寡❽，不雄成❾，不謨士❿。若然者，過而弗悔⓫，當而不自得也⓬。若然者，登高不慄⓭，入水不濡⓮，入火不熱，是知之能登假⓯於道也若此。

古之真人，其寢不夢，其覺無憂，其食不甘⓰，其息⓱深深。真人之息以踵⓲，眾人之息以喉。屈服者⑲，其嗌言若哇⑳，其耆㉑欲深者，其天機㉒淺。

古之真人，不知悅生，不知惡死。其出不訢㉓，其入不距㉔。翛然而往㉕，翛然而來而已矣。不忘其所始㉖，不求其所終㉗。受而喜之，忘而復之㉘，是之謂不以心捐道㉙，不以人助天㉚，是之謂真人。若然者，其心志㉛，其容寂㉜，其顙頯㉝。淒然似秋㉞，煖然似春㉟，喜怒通四時㊱，與物有宜㊲而莫知其極㊳。故聖人之用兵也，亡國而不失人心㊴；利澤施乎萬世不為愛人㊵。故樂通物㊶，非聖人也；有親㊷，非仁也；天時㊸，非賢也；利害不通㊹，非君子也；行名失己㊺，非士也；亡身不真㊻，非役人㊼也。若狐不偕㊽、務光㊾、伯夷、叔齊㊿、箕子(51)、胥餘(52)、紀他(53)、申徒狄(54)，是役人之役(55)，適人之適(56)，而不自適其適(57)者也。

古之真人，其狀義而不朋(58)，若不足而不承(59)，與乎其觚而不堅也(60)，張乎其虛而不華也(61)，邴邴乎(62)其似喜乎，崔乎(63)其不得已乎，滀乎進我色也(64)，與乎止我德也(65)，厲乎其似世乎(66)，謷乎其未可制也(67)，連乎其似好閉也(68)，悗(69)乎忘其言也。以刑為體(70)，以禮為翼(71)，以知為時(72)，以德為循(73)。以刑為體者，綽乎(74)其殺也；以禮為翼者，所以行於世也；以知為時者，不得已於事也；以德為循者，言其與有足者至於丘也(75)，而人真以為勤行(76)者也。故其好之也一(77)，其弗好之也一。其一也一，其不一也一。其一與天為徒⑱，其不一與人為徒，天與人不相勝⑲也。是之謂真人。

【章　旨】本章主要介紹得道的真人，描寫了這些真人的思想、容貌和行為。

【注　釋】❶所為　所作所為。引申為作用。❷天而生　天自然生出萬物。❸以其知之所知以養其知之所不知　用人的智慧所知道的知識去推理獲取人的智慧所無法知道的知識。以，憑藉；用。養，養育。引申為獲取、得到。❹有患　有憂患；有問題。以上所講的是世俗之智，而不是「真知」，所以說「有患」。❺知有所待　知識要有所憑依。指任何知識都是從人所認識的客觀對象中得到的。❻其所待者特未定也　知識所憑依的對象還未穩定下來。莊子認為，一切事物都在不斷變化，處於不穩定的狀態，那麼以它們為根據的知識當然也就靠不住了。❼庸詎　何以；怎麼。❽不逆寡　不欺辱少數人。逆，反對；欺辱。❾不雄成　不因成功而稱王稱霸。❿不謨士　不考慮事情。謨，同「謀」。士，同「事」。⓫過而弗悔　做了錯事也不後悔。過，錯誤。⓬當而不自得也　做了恰當的事也不自得。⓭慄　害怕得發抖。⓮濡　霑溼。「入水不濡，入火不熱」都是從精神上講的，指真人能從精神上超越生死痛苦，無論是水是火，都無法改變他們平靜的心境。⓯登假　上昇；達到。假，同「格」。昇。一說同「遐」。高遠。⓰不甘　不感到甜美。真人忘情於物，故能做到「不夢」、「無憂」、「不甘」。⓱息　呼吸。⓲息以踵　指氣功式的深呼吸。讓氣息達到包括腳根在內的全身。⓳屈服者　在辯論中被擊敗的人。⓴其嗌言若哇　就像喉嚨被卡住了一樣吞吞吐吐地說不出話來。嗌，咽喉被堵塞。哇，嘔吐。㉑耆　同「嗜」。嗜欲。㉒天機　天然的智慧。即莊子讚揚的「真知」。㉓其出不訢　他們不為自己的出生而欣喜。出，出生。訢，喜歡。㉔其入不距　他們也不拒絕死亡。入，死亡。距，同「拒」。抗拒。㉕翛然而往　自由自在地死去。翛然，自由自在的樣子。往，去。指離開人世。㉖所始　產生的本源。㉗終　死亡。㉘忘而復之　忘情於物再復歸自然。復，回歸自然。即死去。㉙以心捐道　以主觀成見損害大道。根據大道，生死一齊，如果人不懂得這一點，貪生惡死，那就背離了大道。心，主觀成見。捐，損害。㉚以人助天　用人為因素去改變自然。助，強加於；改變。㉛志　專一於道。㉜寂　平靜。㉝其顙頯　他們的面孔樸實。顙，額頭。引申為面容。頯，樸實。㉞淒然似秋　像秋天那樣冷肅。㉟煖然似春　像春天那樣溫暖。㊱喜怒通四時　真人的喜怒如同四季交替那樣合乎自然。四時，四季。㊲與物有宜　與外物相處得很和諧。宜，合適；和諧。㊳極　盡頭。這裡指真人的思想深度。㊴亡國而不失人心　滅掉別的國家而不失去這個國家的民心。㊵不為愛人　不自以為是愛護別人。㊶樂通物　以與萬物相同一為快樂。莊子堅持萬物一齊的觀點，但他認為應出於自然，如果有意地去追求齊同萬物，並以此為快樂，則是未忘情於物的表現，所以下文說這樣的人「非聖人也」。㊷親　偏私；偏愛。㊸天時　選擇時機。一說「天時」為「失時」之誤。㊹利害不通　不能把利與害看作同一。通，同。㊺行名失己　為追求名聲而失去自我天性。行，追求。㊻亡身不真　失去生命，行為不符合真理。㊼役人　役使別人的人。即統治者。㊽狐不偕　人名。傳說堯讓天下與他，他不僅不接受，還為此投河而死。㊾務光　人名。傳說商湯王讓天下與他，他表示拒絕，並負石投水自殺。㊿伯夷叔齊　人名。商代孤竹君的兩個兒子。先為相互推讓君主之位逃到周，後因反對周武王滅商，堅決不食周粟而餓死於首陽山。51箕子　人名。商紂王叔父，因反對紂王暴政而受迫害，後裝瘋。52胥餘　人名。生平不詳。舊注認為是箕子的名。53紀他　人名。因擔心商湯王讓天下給自己，故投水而死。54申徒狄　人名。因聽說商湯王要讓位給自己，投河自殺。55役人之役　被役使別人的人所役使。即被別人所役使。56適人之適　為了別人的安適。57自適其適　為了自己的安適。58義而不朋　傑出而不一般。義，同「峨」。高大；傑出。59若不足而不承　真人似乎有許多不足，可又不需添加點什麼。承，承受；添加。60與乎其觚而不堅也　從容不迫是那樣的堅定而柔和。與，容與；從容不迫。觚，稜角；堅強。不堅，柔和。61張乎其虛而不華也　胸懷寬廣而且虛靜樸實。張，廣大；寬廣。不華，不浮華；樸實。62邴邴乎　欣喜的樣子。63崔乎　行動的樣子。64滀乎進我色也　容貌和悅似乎在誘導我們上進。滀乎，本指積水清澈的樣子，形容真人的容貌和悅而有光澤。進我，誘導我們上進。色，容貌；表情。65與乎止我德也　從容不迫地讓我們歸向道德。與，從容不迫。66厲乎其似世也　進入人世似乎處境危險。厲乎，危險的樣子。似世，似乎進入人世。莊子認為生活於世間是件危險的事，但真人只是身在世間，情在世外，所以下文說真人「謷乎其未可制也」。67謷乎其未可制也　放情高遠不受任何約束。謷乎，高遠的樣子。制，制約；約束。68連乎其似好閉也　用心深遠似乎難以理解。連乎，綿邈深遠的樣子。好閉，喜歡自我封閉。即難以被人了解。69悗　心不在焉；無心於物。70體　主體；根本。71翼　輔助。72以知為時　用智慧去了解社會。知，同「智」。為，動詞。了解。73循　依循的標準。74綽乎　廣泛的樣子。75以德為循者二句　把道德作為行為所遵循的標準，就好像有足的人可以登上山丘那樣平常自然。76勤行　苦行。77好之也一　喜歡刑、禮、智、德的人要這樣做。之，代指刑、禮、智、德。一，同一；這樣。78與天為徒　給上天當學生。即以天為師，效法自然。79不相勝　直譯為「不能互相戰勝」。實際含義是說一般人的做法是低劣的，效法自然的做法是高明的，「與人為徒」者比不上「與天為徒」者。

【語　譯】知道天的作用，知道人的作用，這是最高智慧。知道天的作用的人，懂得天自然生出萬物；知道人的作用的人，懂得人用自己智慧所能知道的知識去推理獲取人的智慧所無法知道的知識，享盡天年而不中途夭折，這大概是世俗知識的最高境界了。雖然如此，還是存在憂患。知識必須有所憑依然後才能確當，然而知識所憑依的外界事物還處於不斷變化之中，那麼怎麼能知道我剛才說的天現在不會變成人呢？而我剛才說的人現在不會變成天呢？

再說只有有了真人然後才會有真知。什麼叫做真人呢？古代的真人，不欺辱少數人，不因為自己的成功而稱雄稱霸，不考慮任何事情。像這樣的真人，辦了錯事不知後悔，做了恰當的事也不得意。像這樣的真人，登上高處不害怕，下到水中不濡溼，進入火中不覺熱，只有那些智慧能達到大道境界的人才能做到這一點。

古代的真人，他們睡覺時不做夢，醒來後無憂愁，吃飯不知甘甜，呼吸十分深沉。真人是「踵息」式的深呼吸，而一般人呼吸只是靠喉嚨。一般人在辯論中被擊敗時，就像喉嚨被卡住了一樣吞吞吐吐地說不出話來。那些名利欲望太重的人，他們的真正智慧就會很少。

古代的真人，不知道貪戀生命，也不知道厭惡死亡，出生時不欣喜，死亡時也不拒絕，他們無拘無束地離開人間，自由自在地來到世上。他們沒有忘記自己原本來自自然，也不有意去選擇自己的歸宿。他們愉快地接受生命，忘情於物再回歸自然，這就叫作不以主觀意願去損害大道，不用人為因素去改變自然，這樣的人就叫作真人。像這樣的真人，他們的思想專一，容貌平靜，面孔樸實，他們如秋天般冷肅，如春天般溫暖，他們或喜或怒也如同四季交替那樣合乎自然，與外物相處和諧，而沒有人能夠探測到他們思想的深度。所以聖人使用武力，滅掉了敵國而不會失去那個國家民眾的擁護；他們的恩德施及萬世而他們並不認為自己是在愛人。所以那些以與萬物同一為快樂的人，算不上聖人；有所偏愛，算不上仁人；選擇時機而行動，算不上賢人；不懂得利與害是一樣的，算不上君子；為追求名聲而失去自我天性，算不上士人；失去生命而行為又不符合真理，算不上能夠役使世人的統治者。像狐不偕、務光、伯夷、叔齊、箕子、胥餘、紀他、申徒狄等人，他們都是被別人所役使，是為了別人的安適，而不是為自己安適而生活的人。

古代的真人，他們的相貌是那樣的傑出而不同於常人，似乎有不足之處但又不需添加點什麼；他們從容不迫是那樣的堅定而柔和，他們胸懷寬闊是那樣的虛靜而樸實；他們怡然自得似乎十分愉快，一舉一動又好像出於不得已；他們的容貌和悅似乎在誘導我們上進，從容不迫地讓我們歸向道德；他們進入人世似乎處境危險，卻又那樣放情高遠不受任何約束；他們用心深遠似乎難以理解，好像無心於物忘掉了要講的語言。治理國家要以刑法為根本，以禮儀為輔助，用智慧去了解社會，以道德為言行標準。以刑法為根本，就是要廣泛使用刑殺手段；以禮儀為輔助，就是把禮儀推廣到整個社會；用智慧了解社會，就是因為我們必須做事；以道德作為言行標準，就好像有足的人登上山丘那樣平常自然，而人們還以為他們的做法十分辛苦。所以說那些喜歡刑、禮、智、德的人要這樣做，那些不喜歡刑、禮、智、德的人也要這麼做。認為該這樣做的人這樣做，認為不該這樣做的人也要這樣做。認為該這樣做的就符合自然，認為不該這樣做的就屬碌碌常人，碌碌常人的做法比不上合乎自然的做法，懂得這個道理的就叫作真人。

死生，命也，其有夜旦❶之常❷，天也。人之有所不得與❸，皆物之情也。彼特以天為父❹，而身猶愛之，而況其卓❺乎！人特以有君為愈乎己❻，而身猶死之❼，而況其真❽乎！

泉涸❾，魚相與處於陸，相呴以濕❿，相濡以沫⓫，不如相忘於江湖。與其譽堯而非桀也，不如兩忘而化其道⓬。夫大塊載我以形⓭，勞我以生，佚我以老⓮，息我以死。故善吾生者⑮，乃所以善吾死也。

夫藏舟於壑⑯，藏山於澤，謂之固矣⑰！然而夜半有力者負之⑱而走，昧者⑲不知也。藏小大⑳有宜，猶有所遯㉑。若夫藏天下於天下㉒而不得所遯，是恆物之大情也㉓。特犯人之形㉔而猶喜之，若人之形者，萬化之未始有極也㉕，其為樂可勝計邪？故聖人將遊於物之所不得遯而皆存㉖。善夭㉗善老，善始善終，人猶效之，又況萬物之所係而一化之所待乎㉘！

【章旨】本章主要告誡人們要領悟大道，正確對待生死、是非等問題，在大自然中尋找自己的歸宿。

【注釋】❶旦　白天。❷常　永恆的現象。❸不得與　不能干預。❹彼特以天為父　人們僅僅把上天看作自己的生命之父。彼，泛指人們。特，僅僅。以天為父，古人認為是上天養育了人，所以人以天為父。❺卓　卓越；超越。指比天更尊貴的道。下文說道「生天生地」，所以說道的地位超過了天。❻愈乎己　超過自己。❼死之　為君主獻身。❽真　真正的君主。指真正能主宰一切的道。❾涸　水乾了。❿相呴以濕　用口中溼氣相互塗抹。比喻人們在無道的社會裡生活艱難，相互幫助。⓫相濡以沫　用口水相互溼潤。濡，霑溼。沫，吐沫；口水。⓬不如兩忘而化其道　不如忘掉他們的是非而歸向大道。兩忘，指忘掉堯、桀的是非。化其道，化於道；歸向道。⓭夫大塊載我以形　大自然賦予我形體使我有所寄託。大塊，本指大地，這裡泛指天地自然。載，寄託。⓮佚我以老　賦予我暮年讓我享受安閒。佚，同「逸」。安逸。⓯善吾生者　使我的生存得到妥善安排的自然。⓰壑　深山溝。⓱謂之固矣　認為這樣做很保險了。謂，認為。固，牢固；保險。⓲負之　背起舟和山。⓳昧者　睡覺的人。昧，通「寐」。睡覺。一說為愚昧。⓴小大　指舟和山。㉑遯　丟失。㉒藏天下於天下　把天下萬物藏於天下。意思是說，把整個天下看作收藏萬物的府庫，不把萬物據為己有，那麼萬物也就不會丟失。㉓是恆物之大情也　這是事物永恆的基本道理。大情，基本規律；基本道理。㉔犯人之形　得到人的形體。犯，遇上。㉕萬化之未始有極也　千變萬化而未有終極。這兩句是說，天地間類似人的事物很多，人死後，其肉體可變作其他事物，而且這種變化永無終結。從道的角度看，這些事物與人體是同一的。㉖故聖人將遊於物之所不得遯而皆存　所以聖人將自己的身體看作天地的一部分並把它寄託於天地之間而與天地共存。莊子的意思是，一個人不要把自己的身體視為己有，而應視為天地萬物的一部分，這個身體死了，還會變作其他事物，無論它千變萬化，總還在天地之間，從這個角度講，人是不死的，可與天地共存。物之所不得遯，即萬物逃離不了的天地之間。㉗天　年輕。㉘又況萬物之所係而一化之所待乎　更何況萬事萬物所依靠的、一切變化所依賴的大道呢。係，依靠。一化，所有的變化。待，依賴。

【語譯】有生有死，這是命中注定的，就好像日夜交替這一永恆現象一樣，都是出於自然。有些事情是人無法干預的，這都是事情的真實情況。人們僅僅把上天看作自己的生命之父，因而去愛戴它，更何況超過了上天的道！人們僅僅認為君主勝過自己，因而為他獻身，更何況真正能夠主宰萬物的道！

泉水乾了，魚被困在陸地上相互依偎，牠們用口中溼氣互相溼潤，用口水互相塗抹，如此相親相愛還不如牠們游蕩於江湖之中而相互忘卻。與其讚美唐堯的聖明而批評夏桀的殘暴，還不如忘掉他們的是非而歸向大道。大自然賦予我形體使我有所寄託，賦予我生命讓我勞作，賦予我衰老使我享受清閒，賦予我死亡讓我安息。所以能夠妥善安排我生存的大自然，也能夠妥善安排我的死亡。

把船藏在山溝裡，把山藏在深水中，認為這樣很牢固很保險了。然而半夜裡有位大力士把它們背起跑了，而睡夢中的人一點也不知道。雖然把小船和大山隱藏得很妥當，卻仍然會丟失。如果以整個天下為府庫來收藏天下萬物，那麼就不會有所丟失，這是事物永恆的基本道理。人們僅僅因為得到了人的形體就欣喜萬分，然而類似人類形體的事物很多，千變萬化而未有終極，那麼獲得的歡樂還能數得清嗎？所以聖人將自己的身體看作天地的一部分並把它寄放在天地之間而與天地共存。少年時做得好，老年時也做得好；開始時做得好，結束時也做得好。像這樣的人，人們尚且去效法他，更何況萬事萬物所依靠的、一切變化所依賴的大道呢！

夫道有情有信❶，無為無形❷，可傳而不可受❸，可得而不可見；自本自根❹，未有天地，自古以固存❺；神鬼神帝❻，生天生地；在太極❼之先❽而不為高，在六極❾之下而不為深，先天地生而不為久，長於上古而不為老。狶韋氏❿得之，以挈⓫天地；伏犧氏⓬得之，以襲氣母⓭；維斗⓮得之，終古不忒⓯，日月得之，終古不息；堪坏⓰得之，以襲⓱崑崙；馮夷⓲得之，以遊大川；肩吾⓳得之，以處太山⓴；黃帝得之，以登雲天㉑；顓頊㉒得之，以處玄宮㉓；禺強㉔得之，立乎北極㉕；西王母㉖得之，坐乎少廣㉗，莫知其始，莫知其終；彭祖㉘得之，上及有虞㉙，下及五伯㉚；傅說㉛得之，以相武丁㉜，奄有㉝天下，乘東維㉞，騎箕尾㉟，而比於列星。

【章　旨】本章概括地描述了道的特性以及得道後的神奇效果。

【注　釋】❶夫道有情有信　道是真實存在的。情，實。信，真。❷無形　沒有形體。道是規律、原則，故無形體。❸可傳而不可受　可以傳授與人而人無法用手去拿來。道是無形的，故無法用手接受。受，用作「授受不親」的「受」。用手接東西。❹自本自根　道自身就是根本。道是萬物之源，是最高概念，它不是由其他東西所產生的，所以說道「自本自根」。❺固存　本來就存在著。❻神鬼神帝　使鬼和上帝有神靈。神，動詞。使……變得有神靈。帝，上帝。❼太極　最高的極限。❽先　上。❾六極　即「六合」。指天地、四方。❿狶韋氏　人名。傳說中的遠古帝王。⓫挈　提舉。引申為開闢。⓬伏犧氏　人名。傳說中的遠古帝王。⓭以襲氣母　可以調和元氣。襲，合。引申為調和。氣母，元氣。古人認為，宇宙最初狀態是一片混沌元氣，由元氣產生陰陽二氣，陰陽二氣相調和，再產生萬物。⓮維斗　北斗。⓯忒　差錯。⓰堪坏　神名。相傳為崑崙山之神。⑰襲　入；進入。⑱馮夷　河神名。⑲肩吾　神名。相傳為泰山之神。⑳太山　即泰山。㉑登雲天　昇天成仙。傳說黃帝在首山採銅，在荊山鑄鼎，鼎成後乘龍昇天成仙。㉒顓頊　人名。傳說中的遠古帝王。㉓玄宮　北方的帝王之宮。玄，黑色。古代的黑色代表北方。㉔禺強　北方的水神。㉕北極　最北端。㉖西王母　女神名。㉗少廣　神山名。㉘彭祖　人名。傳說中的長壽者。㉙有虞　人名。即傳說中的帝舜。㉚五伯　即五霸。指春秋時的齊桓公、晉文公、秦穆公、楚莊王、宋襄公五位霸主。這兩句是說，彭祖得道後，從虞舜時代一直活到春秋時期。㉛傳說　人名。商朝賢臣。㉜相武丁　幫助商王武丁。相，幫助。武丁，人名。商朝的帝王高宗。㉝奄有　佔有。㉞乘東維　乘坐東維星。東維，星宿名。傳說傳說死後成為星神，因此能乘坐星星。㉟箕尾　星宿名。

【語　譯】道確實存在，然而它清靜無為沒有形體；可以傳授與人而人卻無法用手去拿來，可以領悟學到但無法看見；道自為根本，在沒有出現天地的遠古時代，道已經存在；它使鬼和上帝變得有神靈，它產生了天和地；說它在太極之上不足以形容它的高，說它在六極之下不足以形容它的深，說它生於天地之前不足以形容它的久遠，說它年長於遠古不足以形容它的長壽。狶韋氏得到了它，可以開天闢地；伏犧氏得到了它，可以調和元氣；北斗星得到了它，永遠不出差錯；日月得到了它，永遠不會停息；堪坏得到了它，可以入主崑崙山；馮夷得到了它，可以巡游大河；肩吾得到了它，可以安居泰山；黃帝得到了它，可以昇天成仙；顓頊得到了它，可以居住玄宮；禺強得到了它，可以立足北極；西王母得到了它，可以穩坐在少廣山，沒有人能知道她的開始，也沒有人能知道她的結束；彭祖得到了它，就能夠從虞舜時代一直活到春秋五霸時期；傳說得到了它，就可以幫助武丁，佔有天下，死後成為能夠乘坐東維星和箕尾星的星神，與其他眾星並列。

南伯子葵❶問乎女偊❷曰：「子之年長矣，而色若孺子❸，何也？」曰：「吾聞道矣。」南伯子葵曰：「道可得學耶？」曰：「惡❹！惡可！子非其人❺也。夫卜梁倚❻有聖人之才❼而無聖人之道❽，我有聖人之道而無聖人之才。吾欲以教之，庶幾❾其果為聖人乎！不然，以聖人之道告聖人之才，亦易矣，吾猶守而告之，參日而後能外天下❿；已外天下矣，吾又守之，七日而後能外物；已外物矣，吾又守之，九日而後能外生；已外生矣，而後能朝徹⓫，朝徹而後能見獨⓬；見獨而後能無古今⓭；無古今而後能入於不死不生⓮。殺生者不死，生生者不生⓯，其為物無不將⓰也，無不迎也，無不毀也，無不成也。其名為攖寧⓱。攖寧也者，攖而後成⓲者也。」

南伯子葵曰：「子獨惡乎聞之？」曰：「聞諸副墨之子⓳，副墨之子聞諸洛誦之孫⓴，洛誦之孫聞之瞻明㉑，瞻明聞之聶許㉒，聶許聞之需役㉓，需役聞之於謳㉔，於謳聞之玄冥㉕，玄冥聞之參寥㉖，參寥聞之疑始㉗。」

【章旨】本章以對話的方式，描述了學道的方法和進程。

【注釋】❶南伯子葵　人名。❷女偊　人名。❸孺子　小孩。❹惡　表示否定的詞。相當於「不」。❺其人　指能學道的人。❻卜梁倚　人名。❼聖人之才　成為聖人的素質。❽聖人之道　指淡泊世事、齊同萬物的精神境界。❾庶幾　也許；大概。❿外天下　把天下置之度外。⓫朝徹　像初昇的太陽那樣清新明徹。比喻得道後空靈寧靜的心境。⓬見獨　看到、得到獨一無二的道。⓭無古今　古今沒有任何區別。⓮不死不生　無死無生。莊子認為，得道後就會明白生死一齊的道理，既然生死一齊，也就無所謂生、無所謂死了。⓯殺生者不死二句　既能毀滅生命又能產生生命的大道本身是不死不生的。⓰將　送走。⓱攖寧　動而長寂。攖，動。寧，靜。這是描寫道的狀態，道主宰萬物的生死運動，這是「動」的表現，但道本身卻又是永恆不變、寂靜不動的，道是以靜制動、動中有靜的。⓲攖而後成　通過「動」來成就萬物。⓳副墨之子　假設人名。

但這一人名含有特殊意思，比喻文字書籍。以下八個人名都與此相似。⑳洛誦之孫　假設人名。指言語傳誦。㉑瞻明　假設人名。指透徹地觀察。㉒聶許　假設人名。指小聲說話。㉓需役　假設人名。指行為。㉔於謳　假設人名。指歌謠。㉕玄冥　假設人名。指無形無影、難以捉摸的深邃狀態。㉖參寥　假設人名。指虛寂狀態。㉗疑始　假設人名。指似有似無的開始狀態。

【語　譯】南伯子葵問女偊：「您的歲數已經很大了，而您的面色卻還像個兒童，這是為什麼呢？」女偊說：「我得道了。」南伯子葵問：「道可以學嗎？」女偊說：「不！不行！您不是學道的人。卜梁倚有聖人的才氣卻沒有聖人的道，我有聖人的道卻沒有聖人的才氣。我想把聖人的道教給他，也許他真的能成為聖人吧！然而卻不是這樣容易，把聖人的道教給具有聖人才氣的人，似乎很容易，然而仍需要我守著教他，三天以後他能忘卻天下；忘卻天下以後，我仍守著教他，七天以後他能忘卻萬物；忘卻萬物以後，我仍守著教他，九天以後他能忘卻生命；忘卻生命以後，就能夠具備空靈寧靜的心境；具備空靈寧靜的心境以後，就能夠領悟大道；領悟大道以後就能夠懂得古今無別；懂得古今無別就能夠進入無生無死的精神境界。既能毀滅生命、又能產生生命的道是不生不死的，它送走萬物，又迎來萬物；毀滅萬物，又成就萬物。這種行為可以叫作『動而長寂』，所謂『動而長寂』，就是通過運動去成就萬物。」

南伯子葵問：「您究竟從哪裡得的道？」女偊說：「我從副墨之子那裡得到的，副墨之子從洛誦之孫那裡得到的，洛誦之孫從瞻明那裡得到的，瞻明從聶許那裡得到的，聶許從需役那裡得到的，需役從於謳那裡得到的，於謳從玄冥那裡得到的，玄冥從參寥那裡得到的，參寥從疑始那裡得到的。」

子祀❶、子輿❷、子犁❸、子來❹四人相與❺語曰：「孰能以無為首，以生為脊，以死為尻❻，孰知死生存亡之一體者，吾與之友矣！」四人相視而笑，莫逆❼

於心，遂相與為友。

俄而❽子輿有病，子祀往問❾之。曰：「偉哉，夫造物者將以予為此拘拘❿也！曲僂發背⓫，上有五管⓬，頤隱於齊⓭，肩高於頂，句贅⓮指天。」陰陽之氣有沴⓯，其心閒⓰而無事，跰䠙⓱而鑑⓲于井，曰：「嗟乎！夫造物者又將以予為此拘拘也。」子祀曰：「汝惡之乎？」曰：「亡⓳，予何惡！浸假而化予之左臂以為雞⓴，予因以求時夜㉑；浸假而化予之右臂以為彈㉒，予因以求鴞炙㉓；浸假而化予之尻以為輪㉔，以神㉕為馬，予因而乘之，豈更駕㉖哉！且夫得者，時也；失者，順也。安時而處順，哀樂不能入也，此古之所謂縣解㉗也，而不能自解者，物有結之㉘。且夫物㉙不勝天久矣，吾又何惡焉！」

俄而子來有病，喘喘然㉚將死。其妻子環㉛而泣之。子犁往問之，曰：「叱㉜！避！無怛化㉝！」倚其戶㉞與之語曰：「偉哉造化！又將奚以汝為㉟？將奚以汝適㊱？以汝為鼠肝乎？以汝為蟲臂乎？」子來曰：「父母於子，東西南北，唯命之從。陰陽㊲於人，不翅㊳於父母。彼近吾死㊴而我不聽，我則悍㊵矣，彼何罪焉？夫大塊載我以形，勞我以生，佚我以老，息我以死。故善吾生者，乃所以善吾死也。今之大冶鑄金㊶，金踊躍㊷曰：『我且必為鏌鋣㊸！』大冶必以為不祥㊹之金。

今一犯人之形而曰：『人㊺耳！人耳！』夫造化者必以為不祥之人。今一㊻以天地為大鑪，以造化為大冶，惡乎往㊼而不可哉！」成然寐㊽，蘧然㊾覺。

【章旨】本章認為生老病死是不得已之事，人應該安時知命，順其自然，不須為此憂愁。

【注釋】❶子祀　假設的人名。❷子輿　假設的人名。❸子犁　假設的人名。❹子來　假設的人名。❺相與　共同；一起。❻尻　臀部。以上三句從無到生、到死，談了人生的整個過程，而無、生、死又集於一體，說明三者為一。❼莫逆　沒有人反對；都同意。❽俄而　不久。❾問　看望。❿拘拘　身體彎曲的樣子。⓫曲僂發背　彎著腰，脊背向上凸出。曲僂，駝背。發背，脊背向上凸起。⓬五管　五臟的腧穴位。⓭頤隱於齊　下巴陷在肚臍裡。頤，下巴。齊，同「臍」。⓮句贅　頸椎。⓯沴　錯亂。這句是說子輿生病，是因為他體內陰陽之氣錯亂引起的。⓰心閒　心中安閒。不以生病為意。⓱跰躚　走路不穩的樣子。⓲鑑　照。⓳亡　通「無」。不。⓴浸假而化予之左臂以為雞　漸漸把我的左臂變化為公雞。浸假，漸漸。本句的主語是造物者，也即道。莊子認為，人死後，人體會變成其他事物，如本章講的，或變成雞，或變成彈，或變成輪。㉑時夜　司夜。指報曉的公雞。㉒彈　彈丸。㉓鴞炙　烤熟的鴞鳥肉。鴞，鳥名。炙，烤肉。㉔輪　車輪。代指車。㉕神　精神。㉖更駕　另找車輛。㉗縣解　解脫。縣，同「懸」。懸掛；束縛。㉘物有結之　有事物束縛他。結，束縛。㉙物　萬物。這裡主要指人。㉚喘喘然　喘氣的樣子。㉛環　圍繞。㉜叱　喝叱聲。㉝無怛化　不要驚擾子來的化去。莊子認為人的死亡過程就是由此物化為彼物的過程。怛，驚擾。化，變化；死去。㉞倚其戶　靠著門。倚，靠。戶，門。㉟奚以汝為　即「以汝為奚」。把你變成什麼。奚，什麼。為，做成；變成。㊱適　往。㊲陰陽　陰陽二氣。代指自然。㊳不翅　何止；不止。㊴近吾死　使我接近死亡。㊵悍　凶悍無理。㊶大冶鑄金　技術高超的鐵匠鑄造鐵器。冶，鐵匠。金，泛指金屬鐵器。㊷踊躍　跳躍。㊸鏌鋣　寶劍名。㊹不祥　不善；壞。㊺人　用作動詞。當人。㊻一　完全。㊼惡乎往　到哪裡去。引申為變成什麼。㊽成然寐　安然入睡。成然，安閒的樣子。㊾蘧然　自得的樣子。

【語譯】子祀、子輿、子犁、子來四人在一起交談：「誰能夠把無看作頭部，把生看作脊背，把死看作臀部，誰能夠明白生死存亡渾為一體的道理，我們就和他交朋友。」四人相視而笑，心裡都贊成這一觀點，於是他們共同結為朋友。

不久子輿生了病，子祀去看望他。子輿說：「真偉大啊，造物的大道把我變成如此彎曲的樣子！我彎著腰，脊背向上凸起，五臟的腧穴朝上，下巴陷進了肚臍，兩肩高於頭頂，頸椎指向天空。」子輿體內陰陽不調，發生了錯亂，但他心中十分安閒，像沒事一樣，他蹣跚著走到井邊照照自己，說：「啊呀！造物的大道把我變成如此彎曲的樣子！」子祀問：「你討厭這副模樣嗎？」子輿說：「不！我怎麼會討厭呢！如果造物的大道慢慢把我的左臂變作公雞，我便用牠來報曉；如果造物的大道慢慢把我的右臂變作彈丸，我就用它打鴞鳥烤肉吃；如果造物的大道慢慢把我的臀部變作車輛，把我的精神變作駿馬，我就乘坐它們，難道還需要另外駕車嗎！再說獲得了生命，那是碰上了時機；失去了生命，那是順應了自然。安於時機，順應自然，悲痛和歡樂都不會進入心中，這就是古人講的『束縛被解脫』，而那些不能自我解脫的人，是因為仍然有些事物在束縛著他。再說人不能勝天的情況已存在很久很久了，我又討厭什麼呢！」

不久子來生了病，氣喘吁吁地快要死了。他的妻子兒女圍著他哭泣。子犁去看望他，說：「嘿！走開！不要驚擾了子來的變化！」子犁靠著門同子來講話：「真是偉大啊，造就萬物的大道！它又將把你變作什麼呢？又將把你送往哪裡呢？它要把你變作老鼠的肝臟嗎？它要把你變作蟲子的臂膀嗎？」子來說：「父母和兒女，無論東西南北，兒女只能聽從父母。自然陰陽對於人來說，豈止是父母，它讓我接近死亡而我如果不服從，那就是我太蠻橫無理了，它有什麼過錯呢？自然賦予我形體使我有所寄託，賦予我生命讓我勞作，賦予我衰老使我安享清閒，賦予我死亡讓我安息，所以能夠妥善安排我生存的自然，也能夠妥善安排我的死亡。如果有一位技術高超的鐵匠在鑄造鐵器時，有塊金屬在那裡跳躍著喊：『我一定要當鏌鎁寶劍！』那麼鐵匠一定認為這是塊不好的金屬。如今一旦有了人的形體，就說：『以後還要當人！還要當人！』那麼造物的大道就一定會認為這是個不好的人。現在我完全把天地看作一座大熔爐，把造物的大道看作技術高超的鐵匠，它把我變成什麼不可以呢！」子來說著睡著了，睡得那樣安閒無憂；醒來後，又是那樣的悠然自得。

子桑戶❶、孟子反❷、子琴張❸三人相與友，曰：「孰能相與於無相與❹、相為❺於無相為？孰能登天遊霧❻、撓挑無極❼、相忘以生、無所終窮❽？」三人相視而笑，莫逆於心，遂相與友。

莫然有閒❾而子桑戶死，未葬，孔子聞之，使子貢❿往待事⓫焉。或編曲，或鼓琴⓬，相和而歌曰：「嗟來⓭桑戶乎！嗟來桑戶乎！而已反其真⓮，而我猶為人猗⓯！」子貢趨⓰而進曰：「敢問臨尸而歌，禮乎？」二人相視而笑，曰：「是惡知禮意！」子貢反⓱，以告孔子，曰：「彼何人者邪？脩行無有⓲，而外其形骸⓳，臨尸而歌，顏色不變⓴，無以命之㉑，彼何人者邪？」孔子曰：「彼遊方之外㉒者也，而丘遊方之內者也。外內不相及，而丘使汝往弔之，丘則陋矣！彼方且與造物者為人㉓，而遊乎天地之一氣㉔。彼以生為附贅㉕縣疣㉖，以死為決疦潰癰㉗。夫若然者，又惡知死生先後之所在！假於異物，託於同體㉘，忘其肝膽㉙，遺其耳目；反覆終始㉚，不知端倪㉛；芒然㉜彷徨乎塵垢㉝之外，逍遙乎無為之業㉞。彼又惡能憒憒然㉟為世俗之禮，以觀㊱眾人之耳目哉！」

子貢曰：「然則夫子何方之依㊲？」孔子曰：「丘，天之戮民㊳也。雖然，吾與汝共之㊴。」子貢曰：「敢問其方㊵？」孔子曰：「魚相造㊶乎水，人相造乎道。相造乎水者，穿池而養給㊷；相造乎道者，無事而生定㊸。故曰：魚相忘乎江湖，人相忘乎道術。」子貢曰：「敢問畸人㊹？」曰：「畸人者，畸於人而侔於天㊺。故曰：天之小人，人之君子㊻；人之君子，天之小人也。」

【章旨】本章進一步討論了生死問題，並對比了道、儒兩家對生死的不同態度。

【注釋】❶子桑戶　假設的人名。❷孟子反　假設的人名。❸子琴張　假設的人名。❹相與於無相與　相交於無所謂相交的關係之中。指相互交往出於自然，並非有意去結交。❺為　幫助。❻登天遊霧　指精神遊蕩於世外。❼撓挑無極　遊蕩於無窮無盡的境界之中。撓挑，循環婉轉。引申為遊蕩。無極，無窮的境界。❽相忘以生無所終窮　大家都忘卻了生存，於是也就無所謂死亡。終窮，盡頭；死亡。❾莫然有間　平安無事地過了一段時間。莫然，同「漠然」。平靜的樣子。❿子貢　人名。孔子的弟子。⓫待事　辦事。即辦理喪事。⓬或編曲二句　孟子反和子琴張一個在編曲，一個在彈琴。或，有人。本句兩個「或」分別指孟子反和子琴張。⓭嗟來　感歎詞。⓮而已反其真　你已返本歸真依隨大道。而，你。反，同「返」。真，自然；大道。⓯猗　句尾助詞。⓰趨　小步快走。⓱反　同「返」。返回。⓲脩行無有　沒有好的德行。脩，美。子貢以禮法之士的眼光去評價孟子反和子琴張的行為，故認為不好。⓳外其形骸　忘卻了他們的身體。⓴顏色不變　面容一點也沒有變得悲傷。顏色，面色。㉑無以命之　無法形容他們。命，形容。㉒方之外　世外。方，人世間。㉓為人　為伴。㉔天地之一氣　原始的混沌境界。指天地尚處於一種氣體，還未剖分的狀態。㉕附贅　附屬在身上的多餘肉塊。㉖縣疣　懸掛的肉瘤。縣，同「懸」。疣，肉瘤。㉗決疣潰癰　擠破毒瘡清除膿水。決、潰，都是破而流膿的意思。疣、癰，泛指毒瘡。㉘假於異物二句　借用不同的物質，合成一個人的形體。假，借。㉙肝膽　代指肉體。㉚反覆終始　視生死為循環往復。㉛端倪　開頭和結束。端，開頭。倪，邊際；盡頭。㉜芒然　無思無慮的樣子。㉝塵垢　塵世。㉞業　事。㉟憒憒然　糊糊塗塗的樣子。㊱觀　讓別人看。㊲何方之依　選擇哪種生活方式。何方，指方外或方內。依，歸依；選擇。㊳天之戮民　受上天懲罰的人。孔子不能擺脫各種世俗事務的纏繞和束縛，故自稱「天之戮民」。戮，刑戮。㊴共之　共同追求方外生活的精神境界。也即大道的境界。㊵方　方法。指遊於方外的方法。㊶造　至；到。㊷穿池而養給　挖個池子水就足夠了。養，指供養魚的水。給，足夠。㊸生定　性情平靜安適。生，同「性」。㊹畸人　異人。與一般人不同的人。㊺侔於天　合於大道。侔，合於。天，自然；大道。㊻天之小人二句　道所認為的小人，卻是人間的君子。在莊子看來，道的標準和世俗人的標準不同，從道的標準看來屬於小人，卻被世俗人視作君子。如子產、墨子等，莊子認為他們的行為和理論破壞了大道，是道的小人，卻被人們當作君子來尊重。

【語　譯】子桑戶、孟子反、子琴張三人之間關係很友好，他們交談說：「誰能夠相互交往於無心交往之中、相互幫助卻又像沒有幫助一樣？誰能夠登上天空遊於雲霧、遊蕩於無窮無盡的境界之中、完全忘卻生存、也無所謂什麼死亡？」三人相視而笑，心裡都很贊成這一看法，於是互相結為好友。

平安無事地過了一段時間，而子桑戶死了，還未埋葬。孔子聽到這件事，就派子貢去幫助辦理喪事。而孟子反和子琴張一個在編曲，一個在彈琴，他們倆合唱道：「哎呀子桑戶啊！哎呀子桑戶啊！你已返本歸真依隨大道，而我們卻還在做人！」子貢快步走到他們跟前說：「請問面對著朋友的屍體而歌唱，這合乎禮儀嗎？」兩個人相互看了看，笑著說：「像你這樣的人怎麼懂得什麼是禮的真正含義！」子貢回去後，把這件事告訴孔子，說：「他們是些什麼樣的人呢？他們沒有美德，置自己的形體於度外，面對朋友的屍體還要唱歌，臉上沒有一點悲傷的表情，我簡直沒有辦法去形容他們。他們究竟是些什麼樣的人呢？」孔子說：「他們是遊於世外的人，而我是遊於世內的人，世外的人與世內的人沒有相同之處，而我卻讓你去弔唁慰問他們，我太淺薄了。他們將與造物的大道為伴，遊蕩於天地一體的混沌狀態之中。他們把生命看作多餘的肉瘤，把死亡看作是擠破毒瘡清除膿水的痛快事。像這樣的人，又怎麼會介意生死先後這些問題呢！人不過是假借不同的物質，合成自己的形體而已，所以他們忘卻自己的形體，排除自己的見聞；他們把生與死看作反覆循環，不知道什麼是自己生命的開始與結束；他們無思無慮地徘徊於塵世之外，逍遙於清靜無為的境界之中。他們又怎麼能夠糊糊塗塗地去實行世俗的禮節，去炫耀於眾人的耳目之前呢！」

子貢問：「那麼老師您將選擇哪種做法呢？」孔子說：「我是受到上天懲罰的人。雖然如此，我還是願意和你一起去追求大道境界。」子貢問：「請問具體方法？」孔子說：「魚都歸向水，人都歸向道。對於歸向水的魚，挖個池塘水就足夠了；對於歸向道的人，只要清靜無為就能使心性平靜安適。所以說：魚進入江湖就會相互遺忘，人歸向大道就會相互遺忘。」子貢說：「請問什麼是異人？」孔子說：「所謂異人，就是與世俗人不一樣但合於大道的人。所以說：道所認為的小人，卻是人世間的君子；人世間的君子，卻是道所認為的小人。」

顏回問仲尼曰：「孟孫才❶，其母死，哭泣無涕，中心不戚❷，居喪❸不哀。無是三者❹，以善處喪❺蓋❻魯國。固有無其實而得其名者乎？回壹❼怪之。」

仲尼曰：「夫孟孫氏盡之❽矣，進於知❾矣，唯簡之而不得❿，夫已有所簡矣。孟孫氏不知所以生⓫，不知所以死；不知就⓬先，不知就後。若化為物，以待其所不知之化已乎⓭。且方將化，惡知不化哉⓮？方將不化，惡知已化哉？吾特⓯與汝，其夢未始覺者邪！且彼有駭形而無損心⓰，有旦宅而無情死⓱。孟孫氏特覺⓲人哭亦哭，是自其所以乃⓳。且也相與吾之⓴耳矣，庸詎知吾所謂吾之乎㉑？且汝夢為鳥而厲㉒乎天，夢為魚而沒於淵。不識今之言者㉓，其覺者㉔乎？其夢者乎？造適不及笑，獻笑不及排㉕，安排而去化㉖，乃入於寥天一㉗。」

【章旨】本章依然在討論生死問題，認為人死後，不過是換一種形式存在而已，因此生與死就如同醒與夢一樣互為重複循環。

【注釋】❶孟孫才　人名。姓孟孫，名才。魯國人。❷戚　悲傷。❸居喪　服喪。❹是三者　指以上講的「哭泣無涕」、「中心不戚」、「居喪不哀」。❺善處喪　善於處理喪事。❻蓋　超過。❼壹　確實。❽盡之　把喪事處理得盡善盡美。❾進於知　超過一般懂得喪禮的人。進，超過。知，指一般喪禮知識。❿唯簡之而不得　只是想再簡化喪禮就不行了。意思是說，孟孫才已經把喪事簡化到了沒法再簡化的程度。⓫所以生　什麼是生。⓬就　趨向；追求。⓭若化為物二句　如果已經變化為某一種事物，只不過意味著等待無法知曉的下一次變化而已。⓮且方將化二句　懂得人就要變化的孟孫才，又怎麼理解堅持不化觀點的世人呢。⓯特　只是。⓰且彼有駭形而無損心　再說他有驚人的行為而沒有不好的心境。彼，指孟孫才。駭形，驚人的行為。損心，不好的心境。⓱有旦宅而無情死　他的肉體存在時間短暫，但他的精神不死。旦宅，短暫存在的肉體。旦，短暫。宅，住宅。指作為精神寄存處的肉體。情死，真正死去。莊子認為，精神好比主人，肉體好比住宅，肉體會死亡，而精神是不滅的。⓲特覺　只是覺得。⓳是自其所以乃　這只是隨著別人做做樣子罷了。自，順從；隨著。其，代指別人。乃，代指哭泣。⓴相與吾之　都認為他是與我們同類的人。意思是，世人都認為孟孫才是自己同類的人，所以用世俗之禮去要求他，而實際上他與世人不同。㉑庸詎知吾所謂吾之乎　怎能理解我們所說的這位同類人呢。庸詎，怎麼。知，理解。㉒厲　奮飛。㉓今之言者　現在正在講話的人。指孔子自己。㉔覺者　醒著的人。㉕造適不及笑二句　適意的心境剛出現還沒來得及笑，或者發出的笑聲還沒有消失，（而不幸的事又發生了。）造，至；達到。獻笑，發出笑聲。排，排除；消失。關於這兩句的解釋分歧很大。考慮到本章是在講事物的變化，這兩句應是在講變化之快。〈知北遊〉說：「山林與，皋壤與，使我欣欣然而樂與！樂未畢也，哀又繼之。」都是講人的生活變化很快，無法預料。㉖安排而去化　安於自然的安排，離開人世，同道化為一體。去，離開。化，化於道。㉗寥天一　至遠至高的、唯一的大道境界。寥，遠。天，高。一，唯一的道。

【語譯】顏回問孔子說：「孟孫才這個人，他母親死了，他哭泣時沒有眼淚，心中毫無悲傷，居喪期間也不哀痛。他在這三個方面沒有任何好的表現，卻以善於辦喪事而名蓋魯國，難道真的有無其實而有其名的情況嗎？我對此事實在感到奇怪。」

孔子說：「孟孫才對喪事的處理已經盡善盡美了，超過了一般懂得喪禮的人，他想再簡化喪禮而無法辦到，他已經有所簡化了。孟孫才不知道什麼是生，也不知道什麼是死；不知道追求佔先，也不知道追求在後。人如果已變為某一種事物，那只不過意味著等待不可知曉的下一次變化而已。孟孫才懂得人將會變為他物的道理，他怎能理解那些堅持不變觀點的世人呢？堅持不變觀點的世人，又怎能理解懂得變化的孟孫才呢？我和你只不過是處於夢中還不曾覺醒而已！像孟孫才那樣的人雖有驚人的舉動，但不會影響他內心的平靜；他的肉體存在時間雖然短暫，但他的精神卻是不死的。孟孫才只是覺得別人哭了，自己也應該跟著哭，這不過是順著別人做做樣子而已。再說我們過去總把孟孫才看作我們同類的人，可我們又怎能理解我們所說的這位同類人呢？你在夢中可以變成鳥在天空中飛翔，在夢中可以變成魚在深淵裡暢游。不知道現在正在講話的我，是一個醒著的人呢？還是一個夢中的人？適意的心境剛出現還沒來得及笑，或者發出的笑聲還沒有消失，（而煩惱的事又發生了。）如果我們能夠安於命運的安排，離開人世而與道融合，那麼我們就能夠進入至高至遠、獨一無二的大道境界。」

意而子❶見許由❷，許由曰：「堯何以資❸汝？」意而子曰：「堯謂我汝必躬服❹仁義而明言是非。」許由曰：「而❺奚來為軹❻？夫堯既已黥汝以仁義，而劓汝以是非矣❼，汝將何以遊夫遙蕩恣睢轉徙之塗乎❽？」意而子曰：「雖然，吾願遊於其藩❾。」許由曰：「不然。夫盲者無以與❿乎眉目顏色之好，瞽者無以與乎青黃黼黻⓫之觀⓬。」意而子曰：「夫無莊⓭之失其美，據梁⓮之失其力，黃帝之亡其知，皆在鑪錘之間耳⓯，庸詎知夫造物者之不息我黥而補我劓⓰，使我乘成⓱以隨先生邪？」許由曰：「噫！未可知⓲也。我為汝言其大略。吾師⓳乎！吾師乎！齏⓴萬物而不為義㉑，澤及萬世而不為仁，長於上古而不為老，覆載天地、刻彫眾形而不為巧。此所遊已！」

【章　旨】本章批判了儒家的仁義和是非觀念，認為這是對人的天然本性的一種戕害。

【注　釋】❶意而子　假設的人名。❷許由　人名。傳說中的隱士。❸資　幫助。引申為教育。❹躬服　親身實行。❺而　你。❻軹　同「只」。句末語助詞。❼夫堯既已黥汝以仁義二句　堯已經用仁義、是非的人為教育破壞了你的天然本性。莊子認為，人的本性是純樸美好的，沒有所謂的仁義、是非觀念，仁義是非觀念是後天教育的結果。保持本性就符合大道，提倡仁義是非觀則違背了大道。黥，是古代在犯人臉上刻字的一種刑罰。劓，是古代割去犯人鼻子的一種刑罰。黥劓破壞了人的本來面貌，比喻仁義是非教育破壞了人的本來天性。❽汝將何以遊夫遙蕩恣睢轉徙之塗乎　你怎麼還能夠走上自由自在、無拘無束之路呢。遙蕩、恣睢、轉徙，這三個詞都是描寫自由自在的樣子。❾藩　領域；境界。❿與　參與欣賞。⓫黼黻　古代禮服上的花紋。泛指華美的衣服。⓬觀　景象。⓭無莊　人名。古代美女。⓮據梁　人名。古代大力士。⓯皆在鑪錘之間耳　都正在受造物主的重新鑄造。以上四句是說，無論是美麗的無莊，力大無比的據梁，還是聰明的黃帝，他們都已經死了，失去了原有的一切，重新受到造物主的鑄造而變成某種全新的事物。言外之意是：造物的大道威力無比，能徹底改變一個人，所以下文緊接著說：「庸詎知夫造物者之不息我黥而補我劓？」大道能改變自己，使自己能遊於自由之境。⓰息我黥而補我劓　比喻恢復我的天然本性。⓱乘成　憑著完好的形體。比喻憑藉完好的天然本性。⓲未可知　指意而子是否能實現自己的願望尚不可知。⓳吾師　指大道。許由以道為師。⓴𩐋　粉碎；毀滅。㉑義　道義；原則。

【語　譯】意而子拜訪許由，許由問：「堯用什麼教育你的？」意而子回答說：「堯告訴我說：你必須親自實行仁義並明確說明什麼是正確的、什麼是錯誤的。」許由說：「那你還到我這裡來幹什麼呢？堯已經用仁義、是非教育破壞了你的天然本性，你怎麼還能夠走上自由自在、無拘無束之路呢？」意而子說：「雖然已經如此，但我還是希望能夠進入這樣的境界。」許由說：「不行。瞎子是無法看到美麗容貌的，也無法欣賞繡有各種花紋的華美衣服。」意而子說：「無莊已經失去她的美麗，據梁已經失去他的力量，黃帝已經失去他的智慧，他們都已處於造物大道的鑪錘之間被鑄造成全新的事物。怎麼知道造物的大道不會恢復我的天然本性、使我憑藉著自己完整的天然本性而跟隨著先生呢？」許由說：「唉！能否做到這一點尚不可知。不過我還是為你談談道的大概情況。道是我們的老師啊！道是我們的老師啊！它毀滅了萬物並不是為了某種原則，把自己的恩澤施於萬世也不是出於仁愛，說它年長於遠古也不足以形容它的長壽，它使蒼天覆蓋一切、使大地托載萬物，並創造出各種各樣的物體，也不自以為巧妙。這就是我們所要進入的境界。」

顏回曰：「回益❶矣。」仲尼曰：「何謂也？」曰：「回忘仁義矣。」曰：「可矣，猶未也。」他日復見，曰：「回益矣。」曰：「何謂也？」曰：「回忘禮樂矣。」曰：「可矣，猶未也。」它日復見，曰：「回益矣。」曰：「何謂也？」曰：「回坐忘❷矣。」仲尼蹴然❸曰：「何謂坐忘？」顏回曰：「墮❹肢體，黜聰明❺，離形去知❻，同於大通❼，此謂坐忘。」仲尼曰：「同則無好❽也，化則無常❾也，而❿果其賢乎！丘也請從而後⓫也。」

【章旨】本章提出一個重要概念「坐忘」，即物我兩忘的境界，認為這是忘卻世俗、得道悟道的重要途徑。

【注釋】❶益　進步。❷坐忘　靜坐無思而物我兩忘。❸蹴然　驚異不安的樣子。❹墮　廢掉；毀棄。同「隳」。這裡是忘掉的意思。❺黜聰明　排除視聽。黜，排除。聰，耳朵聽得清。明，眼睛看得清。❻離形去知　拋棄形體，除去智慧。知，同「智」。❼大通　無所不通的大道境界。❽同則無好　同於大道就沒有偏好。❾化則無常　懂得變化就不會執滯。❿而　你。⓫從而後　跟在你的後面，向你學習。

【語譯】顏回說：「我進步了。」孔子問：「你說的進步指什麼？」顏回說：「我忘掉了仁義。」孔子說：「不錯，但是還不夠。」過了一些日子，顏回又去見孔子，說：「我又進步了。」孔子問：「你說的進步指什麼？」顏回說：「我忘掉了禮樂。」孔子說：「不錯，但是還不夠。」又過了一些日子，顏回再去見孔子，說：「我又進步了。」孔子問：「你說的進步指什麼？」顏回說：「我能夠『坐忘』了。」孔子驚異不安地問：「什麼叫『坐忘』？」顏回說：「忘卻肉體，排除視聽，拋棄形體，不要智慧，同無所不通的大道化為一體，這就叫作『坐忘』。」孔子說：「同於大道就沒有個人偏好，懂得變化就不會執滯，你確實是位賢人啊，請讓我跟著你學習吧！」

子輿❶與子桑❷友。而霖❸雨十日，子輿曰：「子桑殆病❹矣！」裹飯❺而往食❻之。至子桑之門，則若歌若哭❼，鼓琴曰：「父邪❽？母邪？天乎？人乎？」有不任其聲而趨舉其詩焉❾。

子輿入，曰：「子之歌詩，何故若是？」曰：「吾思夫使我至此極❿者而弗得也。父母豈欲吾貧哉？天無私覆，地無私載，天地豈私貧我哉？求其為之者⓫而不得也！然而至此極者，命也夫！」

【章旨】本章要求人們把一切無可奈何而又不明原因的事情歸之於命運安排，以此來進行自我心理安慰。

【注釋】❶子輿　人名。❷子桑　人名。❸霖　三日以上的雨叫「霖」。❹殆病　大概挨餓了。殆，大概。病，生病。這裡指挨餓。❺裹飯　用東西包著飯。❻食　讓別人吃。❼若歌若哭　既像唱歌又像哭泣。本句的主語是子桑。❽父邪　是父親造成我的貧窮嗎。根據下文，「父邪？母邪？天乎？人乎？」是在探問究竟是誰造成自己的貧苦命運。❾有不任其聲而趨舉其詩焉　有時衰弱得唱不出聲音，而只能很快地唸出歌詞來。不任，不勝。趨，很快。舉，這裡是唸的意思。詩，歌詞。❿極　絕境。⓫為之者　造成這種絕境的原因。為，造成。之，指自己所處的絕境。

【語　譯】子輿和子桑是好朋友。連綿的陰雨下了十天，子輿說：「子桑大概挨餓了吧！」於是子輿就包了一些飯去送給他吃。當他走到子桑門口，就聽見子桑既像唱歌又像哭泣的聲音，而且還彈著琴：「是父親呢？還是母親呢？是天呢？還是人呢？」有時衰弱得唱不出聲音，而只能很快地把歌詞唸出來。

子輿走了進去，問：「你唱歌，為什麼像這個樣子？」子桑回答說：「我正在思索使我陷入如此絕境的原因而又找不到。父母難道希望我貧困嗎？天覆蓋萬物毫無偏私，地托載萬物也毫無偏私，天地怎麼會偏偏讓我貧困呢？我找不到使我陷此絕境的原因，然而我又確實身處絕境了，其原因大概就是命運安排吧！」

【研　析】我們在「題解」中已經談過，所謂的「大宗師」包括道和得道的人。本篇描寫了不少得道者，這些得道者的具體表現就是齊同生死是非、做到清靜無為。對此，前面諸篇已經多次涉及到了。所以我們這裡主要分析莊子的道。

道是老莊哲學中的最高概念，這也是他們被後人稱為道家的原因。道究竟是什麼，學界意見分歧，主要觀點有：㈠道是宇宙間的總規律、總原理。㈡道是精神性的、能夠產生萬物的根源。㈢道是細微物質性的、能產生萬物的根源。㈣道是產生萬物的根源和宇宙總規律。

我們基本同意第一種觀點。道的本義是道路，我們從某地到某地，必須通過某一條路。同樣的道理，我們辦事要想達到某一種目的，必須通過某一種方法、原則。於是在詞彙相對貧乏的古代，道就由道路歧生出另一種含義，那就是規律、原理、原則等等。關於這一點，〈大宗師〉講得也很清楚，「夫道有情有信……」一節認為，道是確實存在、真實可信的，但又沒有意識、沒有形象。人們可以意識到它的存在，但又無法用眼睛等感官去感知它。這種看不見、摸不著而又真實存在的道，當然只能是一種非物質性的東西。而在其他許多地方，莊子反覆講人可以學道，可以得道，這就進一步證明道不是物質的，而是一種具有可學內容的規律、原則。

關於道，我們還必須講清幾個問題：

一、道為虛位。所謂道為虛位，就是說道好比一個空空的大口袋，誰都可以憑著自己的認識，在這個大口袋裡裝進自己的東西。古代的道家、儒家、法家、陰陽家，以及以後的道教、佛教等等，都主張學道、得道，但由於各家思想不同，它們所說的道，其內容就大不相同了。

二、道與德的關係。無論古今，「道德」二字的使用頻率都很高，如《老子》又稱《道德經》，《莊子》中也頻繁出現「道德」二字，但古代說的道德與今人說的道德是不同的。關於道，我們前面已經介紹了，那麼什麼是「德」呢？我們知道，道是客觀存在，人們學習的目的就是得道，然而人們又不可能把所有的道全部掌握，那麼已經被你掌握的這一部分道就叫做「德」，所以古人說：「德者，得也。」你得到的那一部分道就是「德」。

三、道生萬物的問題。《老子》、《莊子》書中多次明確提到道生萬物，本篇也說道「生天生地」，這也是學界第二、第三、第四種意見產生的主要原因。我們認為，老莊所說的「生」，是一種間接的產生，而不是直接的產生。其用法類似我們今天講的「和氣生財」，和氣不可能直接產生財富，但沒有和氣，就不可能有財富。萬物的出生、成長，都必須遵循著一定的規律，背離了這些規律，萬物就不可能產生。從這個意義上說「道生萬物」，當然也是可以的。

莊子是一位思想十分獨特的人，他說的道包含著更多的主觀色彩。我們不妨分析一下莊子本人與道的關係。按照莊子的說法，道產生了包括人類在內的天地萬物，莊子當然也毫不例外是道的產物。一般人出生後，就脫離了道，忘卻了道，所以這些人就一輩子只有當俗人的份兒。而莊子卻通過遺忘世俗、齊同萬物等途徑，再返回到自己的母體——道之中，莊子一生的生活路線是：道——莊子——道。莊子從道那裡出發，兜了一圈，又重新回到自己的出發點，於是也就找到了自己的歸宿，成了永恆不滅的聖人、真人。當然，這裡所謂的「兜了一圈」，完全是一種精神活動，是一種精神上的飛躍和超脫。而且，這種超脫也只是相對的，莊子並沒有、也不可能真的離開現實，關於這一點，我們在〈齊物論〉和〈德充符〉的「研析」中都已經談到。

應帝王第七

【題解】應帝王，即回答帝王有關治理天下的問題。應，回應；回答。本篇主要講帝王如何治理天下，比較集中地論述了莊子的政治觀，那就是順應自然、無為而治、克服成見、有功不居等，要求整個社會恢復到素樸天放的原始狀態。莊子的這些政治主張，有的過於理想化，難以實施，有的則具有一定的借鑑意義。

齧缺❶問於王倪❷，四問而四不知。齧缺因躍而大喜❸，行以告蒲衣子❹。蒲衣子曰：「而❺乃今知之乎？有虞氏❻不及泰氏❼。有虞氏其猶藏仁以要人❽，亦得人❾矣，而未始出於非人❿。泰氏其臥徐徐⓫，其覺于于⓬，一以己為馬，一以己為牛⓭。其知情信⓮，其德甚真⓯，而未始入於非人⓰。」

【章旨】本章認為最理想的執政者是自由天放、順物自然的，從不帶任何個人目的。

【注釋】❶齧缺　假設的人名。❷王倪　假設的人名。❸躍而大喜　高興得跳了起來。齧缺從王倪的「四不知」的回答中，領悟了聖人無知無為的道理，所以非常高興。❹蒲衣子　假設的人名。❺而　你。❻有虞氏　即舜。❼泰氏　傳說中的帝王。即伏羲。❽藏仁以要人　胸懷仁義以籠絡人心。要，要結；籠絡。❾得人　得到人們的擁護。❿而未始出於非人　而未能擺脫外物——仁義的牽累。未始，不曾。出於，擺脫於。非人，外物。根據上文，是指仁義。莊子認為，有虞氏所倡導的仁義屬於外在的東西，他雖然得到百姓的擁護，但還要依靠外物——仁義，如果沒有仁義，他就很難成功，所以說他沒有擺脫外物的牽累。⓫徐徐　安閒自得的樣子。⓬于于　無知無慮的樣子。⓭一以己為馬二句　聽任別人把自己看作馬，聽任別人把自己看作牛。⓮其知情信　他的智慧是真正的智慧。知，同「智」。情信，真實；真正。在莊子看來，智慧有兩種，一是世俗的智慧，一是聖人的智慧。聖人的智慧是真正的智慧，而世俗的智慧適足以害人害己。⓯其德甚真　他們的美德是真正的美德。⓰入於非人　受到外物的牽累。非人，指外物。

【語　譯】齧缺向王倪請教，四次提問王倪四次都說不知道。齧缺於是高興得跳了起來，跑去把此事告訴蒲衣子。蒲衣子說：「你如今知道了吧？有虞氏比不上泰氏，有虞氏還需要用仁義去籠絡人心，這樣雖然也能得到百姓的擁護，但是他未能擺脫外物——仁義的牽累。泰氏睡覺時安閒自得，醒來後無思無慮。他聽任別人把自己看作馬，聽任別人把自己看作牛。他的智慧是真正的智慧，他的美德是真正的美德，而且從未受到外物的牽累。」

肩吾❶見狂接輿❷，狂接輿曰：「日中始❸何以語汝？」肩吾曰：「告我君人者以己出經式義度❹，人孰敢不聽而化❺諸？」狂接輿曰：「是欺德❻也，其於治天下也，猶涉海、鑿河❼而使蚉負山也。夫聖人之治也，治外❽乎？正而後行❾，確❿乎能其事者而已矣。且鳥高飛以避矰弋⓫之害，鼷鼠深穴乎神丘之下以避熏鑿之患⓬，而曾二蟲之無知⓭！」

【章　旨】本章提醒執政者不要用權詐去治理國家，這樣會造成上下相互欺瞞，引起社會混亂。

【注　釋】❶肩吾　假設的人名。❷狂接輿　人名。楚國隱士。狂接輿本名接輿，因他佯狂避世，故又被人們呼為「狂接輿」。❸日中始　假設的人名。❹告我君人者以己出經式義度　告訴我當君主的要根據自己的意志去制定法規制度。君人者，統治百姓的人。即君主。以己，根據自己的意志。出，制定公布。經式義度，泛指各種法規。經，法典。式，規矩。義，規範。

度，準則。❺化　教化。❻欺德　欺詐的做法。❼鑿河　鑿穿黃河。本句中的「涉海」、「鑿河」、「使蚉負山」都是比喻不可能辦到的事。❽治外　用法規制度去迫使百姓就範叫「治外」。❾正而後行　先端正自己的品行，然後去感化別人。行，推行；感化。❿確　確定；選準。⓫矰弋　泛指弓箭。矰，一種用絲繩繫著的短箭。弋，用矰射鳥。⓬鼷鼠深穴乎神丘之下以避熏鑿之患　鼷鼠深深地藏身於社壇下面的洞穴中以逃避熏燒挖掘的災禍。鼷鼠，一種小野鼠。深穴，深深地打洞。神丘，社壇。古人祭祀土神之所。熏鑿，指人們用煙熏、用工具挖掘以消滅這些鼷鼠。⓭而曾二蟲之無知　你竟然不知道這兩種動物的做法嗎。而，你。曾，竟然。本句的言外之意是：連動物都知道想辦法對付人的迫害，更何況人呢！如果國君用法度統治百姓，百姓就會像鼷鼠和鳥那樣想辦法對付國君，這樣一來，上下互相欺詐，國家很難治理好。

【語　譯】肩吾去見狂接輿，狂接輿問：「日中始給你講了一些什麼事情？」肩吾說：「他告訴我，當君主的要根據自己的意志制定各種法規制度，人們誰敢不聽從教化？」狂接輿說：「這是一種欺詐的做法，想用這種做法治理好天下，就好像徒步過海、鑿穿黃河、讓蚊子去背大山那樣不可能。聖人治國，難道是用法規制度去迫使百姓就範嗎？他們先端正個人品行然後去感化別人，準確選拔任用那些有才能的人而已。鳥尚且知道高高飛翔以躲避弓箭的傷害，鼷鼠尚且知道深深地藏在社壇下面的洞穴裡以逃避熏燒挖掘的災禍，你難道不知道這兩種動物的做法嗎！」

天根❶遊於殷陽❷，至蓼水❸之上，適遭❹無名人❺而問焉，曰：「請問為❻天下。」無名人曰：「去❼！汝鄙人❽也，何問之不豫❾也！予方將與造物者為人❿，厭，則又乘夫莽眇之鳥⓫，以出六極之外⓬，而遊無何有之鄉⓭，以處壙埌之野⓮。汝又何帛⓯以治天下感⓰予之心為？」又復問。無名人曰：「汝遊心於淡⓱，合氣於漠⓲，順物自然而無容私⓳焉，而天下治矣。」

【章　旨】本章提出了去其私心、清靜無為、順物自然的治國主張。

【注　釋】❶天根　假設的人名。❷殷陽　地名。一說為殷山的南面。❸蓼水　河名。❹適遭　剛好遇到。❺無名人　虛構的人物。❻為　治理。❼去　走開。❽鄙人　淺薄的人。❾豫　愉快。❿為人　為伴。⓫莽眇之鳥　虛構的鳥名，實指精神。「乘莽眇之鳥」比喻精神自由地遊蕩於虛無飄渺的境界之中。莽眇，飄渺。⓬六極之外　世外。六極，即六合。指天地、四方。⓭無何有之鄉　什麼都沒有的地方。即無思無慮、物我兩忘的「坐忘」境界。⓮壙埌之野　遼闊而無邊際的原野。比喻無限的精神境界。⓯帠　字書無「帠」字。古人疑為「寱」，「寱」為「囈」的本字。夢話。⓰感　動；打擾。⓱淡　淡泊清靜。⓲合氣於漠　遊心於清靜無為。合，放在；遊於。氣，與「心」意近似。漠，淡泊。⓳私　主觀成見。

【語　譯】天根在殷陽遊歷，當他來到蓼水河邊時，剛好遇上了無名人，於是就請教說：「請問治理天下的事。」無名人說：「走開！你是一個淺薄的人，怎麼問這種讓人不高興的問題！我正要與造物主結伴而遊，厭煩了，就乘坐著莽眇之鳥，飛到人世之外，遊蕩於空曠無物的地方，生活在無邊無際的原野裡。你又為什麼像說夢話那樣，拿治理天下的事來打擾我平靜的心境呢？」天根仍然追問，無名人說：「你要處心淡泊，清靜無為，順應萬物的自然狀態而不要有半點個人的主觀成見，那麼天下就安定了。」

陽子居❶見老聃，曰：「有人於此，嚮疾強梁❷，物徹疏明❸，學道不勌❹。如是者，可比明王❺乎？」老聃曰：「是於聖人也，胥易技係❻，勞形怵心❼者也。且也虎豹之文來田❽，猨狙之便、執斄之狗來藉❾。如是者，可比明王乎？」陽子居蹴然❿曰：「敢問明王之治。」老聃曰：「明王之治，功蓋天下而似不自己⓫，化貸萬物而民弗恃⓬。有莫舉名⓭，使物自喜⓮，立乎不測⓯而遊於無有者⓰也。」

【章旨】本章對比了聖明君主與一般臣子的不同之處，聖君清靜無為，而臣子勞形費心。這就是後人所津津樂道的「君無為而臣有為」。

【注釋】❶陽子居　假設的人名。一說即戰國思想家楊朱。❷嚮疾強梁　敏捷而剛強。嚮疾，像回聲那樣迅速。嚮，同「響」。回聲。疾，快。強梁，剛強。❸物徹疏明　通達事理。物徹，對事物的道理理解非常透徹。疏明，通達明瞭。❹勌　同「倦」。疲倦。❺明王　莊子心目中最英明的君主。❻胥易技係　指具體辦事的小官吏。胥，小官吏。易，主管占卜的官員。泛指一般官員。技係，為一般技能所繫累。指從事一般事務。❼怵心　驚心；害怕。泛指損傷心神。❽且也虎豹之文來田　再說虎豹因為具有花紋美麗的皮毛而招致人們的圍捕。文，同「紋」。指有花紋的皮毛。來，招來。田，打獵。❾猨狙之便執斄之狗來藉　獮猴和善於捉狐狸的狗因為行動敏捷而招致繩索的拴縛。猨狙，獮猴。便，敏捷。斄，狐狸。來，招致。藉，用繩子拴縛。比喻那些辦事敏捷能幹的人就如同虎、豹、猴、狗一樣，他們的才能不但對自己無益，反而會成為自己的拖累。❿蹴然　恭敬而不安的樣子。⓫不自己　不歸功於自己。自，由；出於。⓬化貸萬物而民弗恃　化育、施恩於萬物而人們卻不覺得有什麼依賴。貸，施恩。不恃，不認為自己是依賴君主。⓭有莫舉名　有功德而無法用語言形容。莫，不能。舉，道說；稱說。名，形容。⓮自喜　物各得其所而欣然自得。⓯不測　高深莫測的神妙境地。⓰無有者　虛無清靜的境界。

【語譯】陽子居拜見老子，問：「假如有一個人，他敏捷剛強，通達事理，學道不倦。像這樣的人，可以比得上聖明的君主嗎？」老子說：「這樣的人同聖王相比，只不過像個具體辦事、勞形費神的小官吏一樣。虎豹因為具有花紋美麗的皮毛而招致人們的圍捕，獮猴和善於捉狐狸的狗因為行動敏捷而招致繩索的拴縛，像這樣的動物，也可以拿來同英明的君主相比嗎？」陽子居不安地說：「我想請教有關聖王治理天下的事。」老子說：「聖王治理天下，建立了蓋世之功卻好像與己無關，化育、施恩於萬物而人們卻不覺得有什麼依賴。他們建立了功德卻無法用語言形容，使萬物各得其所而欣然自得。聖王立身處世高妙莫測，清靜無為。」

鄭有神巫❶曰季咸❷，知人之死生存亡、禍福壽夭，期以歲月旬日❸，若神。

鄭人見之，皆棄而走❹。列子見之而心醉❺，歸以告壺子❻，曰：「始吾以夫子之道為至❼矣，則又有至焉者矣。」壺子曰：「吾與汝既其文❽，未既其實❾。而❿固得道與？眾雌而無雄，而又奚卵焉⓫？而以道與世亢⓬，必信⓭，夫故使人得而相汝⓮。嘗試與來⓯，以予示之⓰。」

明日，列子與之見壺子。出而謂列子曰：「嘻！子之先生死矣！弗活矣！不以旬數⓱矣！吾見怪⓲焉，見濕灰⓳焉。」列子入，泣涕沾襟以告壺子。壺子曰：「鄉⓴吾示之以地文㉑，萌乎不震不正㉒，是殆㉓見吾杜德機㉔也。嘗又與來。」

明日，又與之見壺子。出而謂列子曰：「幸矣！子之先生遇我也，有瘳㉕矣！全然有生矣！吾見其杜權㉖矣！」列子入，以告壺子。壺子曰：「鄉吾示之以天壤㉗，名實不入㉘，而機發於踵㉙。是殆見吾善者機㉚也。嘗又與來。」

明日，又與之見壺子。出而謂列子曰：「子之先生不齊㉛，吾無得而相焉。試齊，且復相之。」列子入，以告壺子。壺子曰：「吾鄉示之以太沖莫勝㉜，是殆見吾衡氣機㉝也。鯢桓之審㉞為淵，止水之審㉟為淵，流水之審㊱為淵，淵有九名㊲，此處三焉。嘗又與來。」

明日，又與之見壺子。立未定㊳，自失㊴而走。壺子曰：「追之！」列子追之不及，反㊵以報壺子曰：「已滅㊶矣，已失矣，吾弗及已。」壺子曰：「鄉吾示之以未始出吾宗㊷，吾與之虛而委蛇㊸，不知其誰何㊹，因以為弟靡㊺，因以為波流㊻，故逃也。」

然後列子自以為未始學㊼而歸。三年不出，為其妻爨㊽，食豕如食人㊾，於事無與親㊿，彫琢復朴(51)，塊然(52)獨以其形立(53)。紛而封哉(54)，一以是終(55)。

【章　旨】上一章提到聖王「立乎不測」，本章即用具體而生動的故事說明什麼叫作「不測」。

【注　釋】❶神巫　神靈的巫師。神，靈驗。❷季咸　人名。❸期以歲月旬日　能預測到事情發生在某年、某月、某旬、某日。期，預言。❹棄而走　跑開了。鄭國人擔心季咸預言自己的災禍給自己造成心理壓力，故逃開。❺心醉　醉心於；折服。❻壺子　人名。列子的老師。❼至　最高級。❽既其文　全部是道的一些表面知識。既，全部；完全。其，代指道。文，本指紋飾，這裡指表面的東西。❾實　實質。❿而　你。⓫眾雌而無雄二句　只有眾多的雌性而沒有雄性，怎麼能生育呢。卵，生育。這兩句說明任何事情的成功，都需雙方的配合，如果人們自己不表露什麼，季咸是無法預測別人命運的。⓬亢　同「抗」。較量；對付。⓭信　同「伸」。表露。⓮相汝　通過觀察你的容貌而預測你的命運。⓯與來　即「與之來」。和他一起來。⓰以予示之　把我介紹給他看看。即讓他為我相面。⓱不以旬數　不到十天。以旬數，以旬為單位來計算。⓲怪　怪異現象。這裡指死亡徵候。⓳濕灰　毫無生機。指壺子的神情如同水溼過的灰燼一樣，毫無生機，必死無疑。⓴鄉　剛才。㉑地文　大地之象。壺子用寂然不動的大地來比喻自己死氣沉沉的神情。㉒萌乎不震不正　處於一種寂然靜止的不正常狀態。萌乎，出於；處於。震，動。正，正常。㉓殆　大概。㉔杜德機　閉塞了生機；無生機。杜，閉塞。德，生。《莊子・天地》：「物得之以生謂之德。」㉕瘳　病癒。㉖杜權　閉塞的生機有所好轉。權，變化；好轉。㉗天壤　天地。指天地二氣相合時表現出的一線生機。古人認為天地二氣相合生出萬物。壺子用天地之象比喻一線生機。㉘名實不入　萬事不入於心中。即無思無慮的精神狀態。名、實，泛指一切事物。㉙機發於踵　生機從腳跟昇起。㉚善者機　生機。善，美好。這裡指生氣、生機。㉛不

齊　不穩定。壺子故意使自己的神情變化無常，所以季咸說「先生不齊，吾無得而相焉」。㉜太沖莫勝　虛寂得無以復加。太沖，太虛；虛無寂靜。莫勝，無以復加。㉝衡氣機　平靜深邃的狀態。衡，平。㉞鯢桓之審　大魚游蕩的深水處。鯢，大魚。桓，盤桓；游蕩。審，深水處。㉟止水之審　靜止的水形成的深水區。㊱流水之審　流動的水形成的深水區。㊲九名　很多種。九，泛指多。以上四句用深淵比喻深不可測的精神狀態，用深淵的種類很多，比喻深不可測的精神狀態的種類也很多。㊳立未定　還沒有站穩。㊴自失　驚慌失措而不能自持。㊵反　同「返」。返回。㊶滅　沒有蹤影。㊷宗　根本；本來面目。㊸虛而委蛇　虛意應付，隨順而變。委蛇，隨順的樣子。㊹不知其誰何　不知道我究竟怎麼樣。其，壺子自指。誰何，怎麼樣。這幾句是說，季咸通過觀察對方面色表情等辦法為人占卜吉凶，而壺子控制自己的心神表情，使季咸無法觀察，因此他摸不準壺子究竟怎麼樣了。㊺因以為弟靡　順應著他變化。因，順應。弟靡，變化。㊻波流　像水流一樣隨物變化。㊼未始學　不曾學到老師的本領。㊽爨　燒火煮飯。㊾食豕如食人　餵豬如餵人。通過這件事，列子長進很大，懂得了齊萬物、等貴賤的道理，所以對待豬如同對待人一樣。㊿親　偏私；偏愛。(51)彫琢復朴　即復彫琢於樸。除去人為的浮華，返回真樸。(52)塊然　像土塊那樣無知無識。(53)立　生活。(54)紛而封哉　社會上亂紛紛的，到處在爭論是非。封，界線。引申為是非。(55)一以是終　完全以齊物思想為指導過完一生。一，完全。是，代指「食豕如食人」的齊物思想。終，終生。

【語　譯】鄭國有一個占卜相面十分靈驗的巫師，名叫季咸，他能預測人的生死存亡和禍福壽夭，能確定禍福發生在某年、某月、某旬、某日，準確如神。鄭國人見了他，都因為擔心他預言自己的災禍而趕快跑開。列子見了他卻十分折服，回去後，把這件事告訴老師壺子，說：「從前我以為先生您的道行最為高深，而如今有了更高深的道行了。」壺子說：「我教給你的全是道的表面知識，還沒有教給你有關道的實質內容，你難道就算真的得道了？只有眾多的雌性而沒有雄性，又怎麼能生育呢？你用學到的一點道去與世人相抗衡，這樣就一定會流露出你的情況，所以別人能夠為你看相。你試著把他帶來，讓他給我看看相吧！」

第二天，列子與季咸一起來見壺子。季咸出門後對列子說：「唉！您的老師就要死了，活不成了，活不到十天了。我看到他那死亡的怪異徵兆，看到他的神色如同水溼過的灰燼一樣毫無生氣。」列子進屋後，眼淚流溼了衣襟，傷心地把季咸的話告訴壺子。壺子說：「剛才我讓他看到的是大地般的寂靜神情，我處於一種寂然不動的不正常狀態，他大概是看到我的生機被閉塞了吧！你再把他帶來！」

第二天，列子又同季咸一起來見壺子。季咸出門後對列子說：「真幸運呀！您的老師遇上了我，病情有所好轉，完全有救了！我看到他那閉塞的生機有所變化了。」列子進屋後，把季咸的話告訴壺子，壺子說：「剛才我讓他看到的是像天地二氣相合時產生的那點生氣，無思無慮，而一線生機從腳跟昇起，他大概是看到了我的這點生機吧！再把他帶來！」

第二天，列子又和季咸一起來見壺子。季咸出門後對列子說：「您的老師神情不穩定，我沒辦法給他看相。等他神情穩定後，我再來給他看相。」列子進屋後，又把這些話告訴壺子，壺子說：「我剛才讓他看到的是虛寂得無以復加的神情，他大概看到了我那平靜深邃的精神狀態。大魚游蕩的深水區叫深淵，靜水形成的深水區叫深淵，流水形成的深水區也叫深淵，深淵有許多種類。我這裡不過使用了三種深淵式的深不可測的精神狀態罷了。再把他帶來！」

第二天，列子又和季咸一起來見壺子。季咸還沒站穩，就驚慌失措地跑了。壺子說：「把他追回來！」列子沒有追上，回來告訴壺子說：「已經看不到他的蹤影了，讓他跑掉了，我沒能追上。」壺子說：「剛才我讓他看到的根本不是我的真實神情，我同他虛與委蛇、隨順而變，他弄不清楚我究竟怎麼樣了，我順著他變動，順著他變化，所以他只好逃走了。」

從此以後，列子深深感到自己確實沒學到什麼。回家以後，三年沒出門，為他的妻子燒火煮飯，餵豬如同侍候人一樣，對任何事物都無所偏私。他除去虛華，恢復真樸，像木頭人那樣無思無慮地生活著。社會上亂紛紛的，到處都在爭辯是非得失，而列子完全以齊物思想為指導過完了一生。

無為名尸❶，無為謀府❷，無為事任❸，無為知主❹。體盡無窮❺，而遊無朕❻。

盡其所受乎天而無見得❼，亦虛而已。至人之用心若鏡，不將❽不迎，應而不藏❾，故能勝物❿而不傷。

【章旨】本章要求君主排除名利、智巧之心，不存個人成見，一切順應自然。

【注釋】❶無為名尸　不要做名人。無為，不做。名尸，名聲的主人。即名人。尸，主。❷謀府　運用智謀的地方。❸事任　任事；承擔事務。❹知主　智慧的主人；智囊。❺體盡無窮　深刻體會無窮無盡的大道境界。體，體會。盡，完全；深刻。❻無朕　無跡；無形無象。指虛無清靜的境界。❼盡其所受乎天而無見得　盡情享受所稟受於自然的快樂，而不要眼盯著人世間的利益。盡，盡情。得，利益。❽將　送。❾應而不藏　事物出現了，鏡子就照一照；事物消失了，鏡子裡也不留下絲毫痕跡。應，映照。藏，留下痕跡。❿勝物　超越萬物。

【語譯】不要做名人，不要運用謀略，不要承擔事務，不要當智囊。深刻體會無窮無盡的大道境界，處世要虛無清靜。盡情享受自然賦予我們的快樂，而不要眼盯著人世間的利益，也就是說要虛靜淡泊而無所求罷了。聖人們的思想猶如一面鏡子，既不主動地去迎接外物，也不留戀地去送走外物，事情出現了有所映照，事情過去了心中也就不留下什麼痕跡，所以他們能夠超然於萬物之上而不受外物的傷害。

南海之帝為儵❶，北海之帝為忽❷，中央之帝為渾沌❸。儵與忽時❹相與遇於渾沌之地，渾沌待之甚善。儵與忽謀報渾沌之德，曰：「人皆有七竅❺以視聽食息❻，此獨無有，嘗試鑿之。」日鑿一竅，七日而渾沌死。

【章旨】本章用渾沌的故事說明了人為的各種政治措施破壞了人們的純樸天性和幸福生活，表明了莊子無為而治的政治主張。

【注　釋】❶儵　假設的名字。但含有急匆匆之意，比喻人世間的紛擾多為。❷忽　假設的名字。同樣含有急匆匆之意。❸渾沌　假設的名字。含有渾然不分、自然純樸的意思。❹時　時常。❺七竅　人頭部的七個孔竅。即兩眼、兩耳、兩鼻孔、嘴。❻息　呼吸。

【語　譯】南海大帝叫儵，北海大帝叫忽，中央大帝叫渾沌。儵與忽時常相會於渾沌之處，渾沌對他們招待得很好。儵與忽便商量如何報答渾沌的美意，說：「人人都有眼耳鼻口七個孔竅用來視、聽、吃飯和呼吸，唯獨他沒有，我們試著為他開鑿七個孔竅吧！」於是他們每天為渾沌開鑿一個孔竅，鑿了七天，渾沌也就死了。

【研　析】〈人間世〉主要講包括大臣在內的一般人如何處世，特別是如何與君主打交道。而〈應帝王〉則主要站在帝王的立場上，闡述作為帝王，如何治理好自己的國家。莊子治國的主要原則有以下幾點：

第一，順應自然，無為而治。本篇說：「汝遊心於淡，合氣於漠，順物自然而無容私焉，而天下治矣。」一切都順應自然，不要摻進個人的半點主觀成見，甚至要「一以己為馬，一以己為牛」，自己的思想完全同臣民一致。

第二，反對獨裁。本篇竭力反對「君人者以己出經式義度」，也就是反對君主根據自己的意志來制定各種法律制度，並詛咒這種做法是「欺德」。莊子十分深刻地指出這種做法的危害性：鳥獸尚且知道想辦法對付人的迫害，更何況人呢！也就是說，統治者的法規越嚴密，被統治者用來應付的辦法就越高明，上下鬥智，爾虞吾詐，想用這種辦法治理好國家，猶如「涉海、鑿河而使蚉負山」，結果是越治理越混亂。到頭來，受害的不僅是百姓，統治者本人也照樣難逃厄運。

第三，正己。本篇提出「正而後行」的主張，認為治國的關鍵不是拿法律去治理別人，而是「治內」，也即治理好自身。正人先正己，君主必須自己先做好表率，然後才能治理好國家。這與孔子的「其身正，不令而行；其身不正，雖令不從」（《論語・子路》）的思想是一致的。

第四，善於用人。本篇明確提出：「夫聖人之治也，治外乎？正而後行，確乎能其事者而已矣。」這就是說，君主除正己之外，另一件必須做的事就是善於用人，把真正有才能的人放在適當的位置上。

第五，君無為而臣有為。本篇把人分為兩種，一種是「嚮疾強梁，物徹疏明，學道不勸」的一般官吏，一種是「其臥徐徐，其覺于于」的聖明君主。聖明君主可以「遊於無有」，而一般官吏卻要「胥易技係，勞形怵心」。這是對「君無為而臣有為」的具體描述。而前面提到的「正而後行，確乎能其事者而已」也明確包含了這層意思。

第六，有功不居。這是對君主的又一要求。本篇說：「明王之治，功蓋天下而似不自己，化貸萬物而民弗恃。」有功不居是莊子順應自然、反對主觀成見思想的自然結論。再考慮到「功成者隳，名成者虧」（《莊子・山木》）這一思想，有功不居還是一種保全自我的策略。

第七，立乎不測。本篇用了較多的文字講述了季咸為壺子看相的故事，以說明君主應像壺子那樣「立乎不測」，不要讓臣下摸清自己的意向，以免臣下奉迎。這不僅是一般的權謀，而且流於權術，與法家（如韓非）的主張差不多了。看來，司馬遷把老莊與韓非同列一傳也是有道理的。

最後我們還要提到的是〈人間世〉中講的忠孝思想和〈大宗師〉裡講的「以刑為體，以禮為翼，以知為時，以德為循」等主張。不少學者認為這些主張不符合莊子思想，甚至把這些文字刪去。我們認為這種做法不妥。莊子有時沉醉於他的理想政治之中，有時又回到殘酷的現實社會，他在不同的時候，自然會講出不同的主張。另外從本質上講，這些主張並不違背道家順應自然的思想，春生秋殺，天道尚且如此，效法天道的道家當然也要如此。該忠孝而不忠孝，該殺戮而不殺戮，剛好是違背了順應自然的原則。關於這一點，我在《莊子考辨》一書中有詳細論證，此處不再贅述。

外篇

駢拇第八

【題　解】駢拇，指腳的大拇趾與二趾連在一起。比喻不符合天性的東西。本篇認為，人的天性本來就是善良的，因此只要順應人性、聽其自然就可以了。其他任何行為，無論是倡導仁義，還是謀財害命，雖然世俗社會對此有褒有貶，但這些行為都有背於人的天性，因此都不值得提倡。最後需提醒讀者注意的是，〈內篇〉七篇篇名都是對全篇內容的概括，體現了全篇主題，而〈外篇〉和〈雜篇〉大多是取篇首二至三字作為篇名。本篇即如此。

駢拇枝指出乎性哉❶，而侈於德❷。附贅❸縣疣❹出乎形哉，而侈於性。多方❺乎仁義而用之者，列於五臟❻哉，而非道德之正❼也。是故駢於足者，連無用之肉也；枝於手者，樹無用之指也；多方駢枝❽於五臟之情者，淫僻❾於仁義之行，而多方於聰明之用❿也。

是故駢於明⓫者，亂五色⓬，淫文章⓭，青黃黼黻⓮之煌煌⓯非乎？而離朱⓰是已。多於聰⓱者，亂五聲⓲，淫六律⓳，金石絲竹黃鍾大呂之聲非乎⓴？而師曠㉑是已。枝於仁㉒者，擢德塞性㉓以收名聲，使天下簧鼓㉔以奉不及之法㉕非乎？而曾史㉖是已。駢於辯者，纍瓦結繩竄句㉗，遊心㉘於堅白同異之間，而敝㉙跬譽㉚

無用之言非乎？而楊墨㉛是已。故此皆多駢旁枝㉜之道，非天下之至正㉝也。

彼正正㉞者，不失其性命之情㉟，故合者不為駢，而枝者不為跂，長者不為有餘，短者不為不足。是故鳧㊱脛雖短，續之則憂；鶴脛雖長，斷之則悲。故性長非所斷，性短非所續，無所去㊲憂也。意㊳仁義其非人情乎？彼仁人何其多憂也？

且夫駢於拇者，決㊴之則泣；枝於手者，齕㊵之則啼。二者或有餘於數，或不足於數，其於憂一也。今世之仁人，蒿目㊶而憂世之患；不仁之人，決㊷性命之情而饕㊸貴富。故意仁義其非人情乎？自三代㊹以下者，天下何其囂囂㊺也。

【章旨】本章用許多比喻說明辨事要順應自然本性，而仁義就屬於人的本性，所以既不必多餘地去提倡仁義，更不可去拋棄仁義。

【注釋】❶駢拇枝指出乎性哉　連在一起的足趾和歧生的手指超出了人的本來模樣。駢拇，腳的大拇趾與第二趾連在一起。駢，併列。此處指連在一起。枝指，多長的手指。出乎，超出於。性，本性。引申為本來應有的模樣。❷侈於德　多於應有的。侈，多餘。德，得；應有的。❸附贅　附屬在身上的多餘肉塊。❹縣疣　懸掛的肉瘤。縣，同「懸」。疣，肉瘤。❺多方　用多種方法推行。❻列於五臟　把仁義藏於心中。即滿懷仁義。❼道德之正　真正的道德。❽駢枝　「駢拇枝指」的省略。比喻仁義。❾淫僻　錯誤；邪惡。❿而多方於聰明之用　用各種方法過分地、錯誤地使用聽力和眼力。聰，耳朵聽得清。明，眼睛看得清。⓫駢於明　過分的眼力。指比一般人眼力更好。⓬五色　青、黃、赤、白、黑。⓭淫文章　混淆文采。淫，迷亂。文章，文采。⓮黼黻　古代禮服上的花紋。⓯煌煌　光彩炫目的樣子。⓰離朱　人名。相傳視力過人。⓱多於聰　過分的聽力。⑱五聲　宮、商、角、徵、羽五個基本音階。⑲六律　黃鐘、太蔟、姑洗、蕤賓、夷則、無射。古人用竹管製作不同的定音器，作用類似於今天的定調。樂律分陰陽兩大類，每類各六種，陽類六種叫「六律」。⑳金石絲竹黃鍾大呂之聲非乎　用金屬、石、絲、竹做成的樂器及黃鐘、大呂等聲調不就是如此嗎。黃鍾，十二律之一。聲音最洪大響亮。大呂，十二律之一。㉑師曠　人名。春秋晉國的樂師。㉒枝於仁　過分地鼓吹仁義。㉓擢德塞性　搞亂了人的本性。擢，人為的拔高。德、性，都指人的本性。莊子認為，人性本來是善良的，但一些所謂的賢人又人為地制定並鼓吹許多仁義標準，反而搞亂了人的善良本性。㉔簧鼓　管樂和打擊樂。泛指各種樂器發出的喧鬧聲，比喻世人的喧鬧和紛亂。㉕奉不及之法　去奉行根本做不到的禮法。㉖曾史　曾參和史鰌。兩人都是春秋時的賢人。曾參字子輿，是孔子的弟子。史鰌字子魚，衛靈公的大臣。㉗纍瓦結繩竄句　比喻堆砌無用的詞句。纍瓦，把瓦纍疊起來。喻無用之舉。結繩，文字出現前的一種記事方式。代指文字。竄句，修飾文句。㉘遊心　用心。㉙敝　因過分用力而疲憊不堪。㉚跬譽　一時的名譽。跬，舉足一次叫「跬」。比喻短暫。㉛楊墨　楊朱和墨翟。兩人均為戰國時的思想家。㉜多駢旁枝　多餘的駢拇和多生的手指。比喻多餘而無用。㉝至正　最正確的做法或道理。㉞正正　根據上文，應為「至正」之誤。㉟性命之情　本性之真。即真實的本性。情，真實。㊱鳧　野鴨。㊲去　排除。㊳意　想一想。㊴決　割開。㊵齕　咬。㊶蒿目　放眼遠望。指關注社會。㊷決　拋棄。㊸饕　貪。㊹三代　指夏、商、周三個朝代。㊺囂囂　喧囂紛亂的樣子。

【語　譯】連在一起的足趾和多出的手指，都超出了人的本來模樣，多於本來應該有的。附懸於人體的肉瘤，不同於人的正常形體，多於人的本來面目。用各種方法去推行、施用仁義的人，雖然他們滿懷仁義，但這算不上真正高尚的道德。所以說足趾連在一起，是多了一塊連接足趾的無用之肉；手上多長一個手指，是多出了一個無用的手指；用各種方法使自己胸懷仁義的人，往往錯誤地實施仁義的行為，並想盡辦法去錯誤地使用自己的聽力和眼力。

所以說那些眼力過分好的人，搞亂了五色，混淆了文采，青黃相間、炫人眼目的華美服飾不就是如此嗎？而離朱就是這類人的代表。那些聽力過分好的人，搞亂了五聲，混淆了六律，用金屬、石、絲、竹製成的各種樂器和黃鐘、大呂等聲調不就是如此嗎？而師曠就是這類人的代表。過分鼓吹仁義的人，搞亂了人們的善良本性以博取自己的名聲，使整個天下人都熙熙攘攘地去奉行自己無法做到的禮法不就是如此嗎？而曾參和史鰌就是這類人的代表。過分善於辯論的人，堆砌許多無用之辭，用心於「堅白同異」等論題，竭盡心力用無用之辭為自己博得一時名聲的行為不就是如此嗎？而楊朱和墨翟就是這類人的代表。所以說上述的這些都是多餘而無用的東西，不是天下最正確的做法。

那些做法最正確的人，不讓萬物丟失自己真實的本性，所以合在一起的不算是無用的併連，而旁生枝出的不算多餘，長的不算有餘，短的不算不足。因此，野鴨的腿雖短，接上一段就有憂患；野鶴的腿雖長，截去一段就會痛苦。所以原本是長的就不可以隨意截短，原本是短的就不可以隨意去加長，這樣一來就沒有需要排除的憂愁了。仔細想一想，仁義難道不是人性中所固有的嗎？那些仁人又何必如此多憂呢？

再說對於足趾連在一起的人，要去割開足趾他就會哭泣；對於旁邊多生了一個手指的人，要去咬掉這個手指他就會啼哭。以上兩種情況，有的是多於應有的數目，有的是少於應有的數目，但由此引起的憂愁卻是一樣的。當代的仁人，關注社會並為社會上的問題而擔憂；那些不仁之人，拋棄自己的善良本性而去貪戀富貴。所以仔細想一想，仁義難道不是人性中所固有的嗎？但自從夏、商、周提倡仁義以來，整個天下是多麼的混亂啊！

且夫待鉤繩規矩而正者❶，是削❷其性也；待繩約❸膠漆而固者，是侵其德❹也；屈折❺禮樂，呴俞❻仁義，以慰天下之心者，此失其常然❼也。天下有常然，常然者，曲者不以鉤，直者不以繩，圓者不以規，方者不以矩，附離❽不以膠漆，約束不以纆索❾。故天下誘然❿皆生而不知其所以生，同焉皆得而不知其所以得。

故古今不二，不可虧⓫也。則仁義又奚連連⓬如膠漆纆索而遊乎道德⓭之間為哉！使天下惑也！夫小惑易方⓮，大惑易性⓯，何以知其然邪？自虞氏招仁義以撓天下也⓰，天下莫不奔命於仁義，是非以仁義易其性與？

【章　旨】本章主張順應自然，不可隨意改變事物原貌，更不可人為地去改變人的天性。

【注　釋】❶且夫待鉤繩規矩而正者　再說依靠曲尺、墨線、圓規、角尺去改變事物模樣使之適用的做法。鉤，木工用來畫弧線的曲尺。規，圓規。矩，木工用來畫直角或方形的工具。正，使其正確；使其有用。❷削　損害。❸纆約　繩索。❹侵其德　損害了它們的本性。德，本性。❺屈折　彎腰行禮。❻呴俞　愛撫。❼常然　常態；本來的模樣。❽附離　粘合在一起。❾纆索　繩索。❿誘然　自然而然的樣子。⓫虧　虧損；損害。⓬連連　不間斷、無休止的樣子。⓭道德　大道和萬物的本性。德，本性。⓮小惑易方　小的迷惑會使人弄錯方向。易，改變；弄錯。方，方向。⓯易性　改變本性。⓰自虞氏招仁義以撓天下也　自從虞舜以仁義為號召來攪亂天下。虞氏，虞舜。撓，攪亂。

【語　譯】再說依靠曲尺、墨線、圓規、角尺去改變事物模樣使之適用的做法，那是損害了事物的本性；依靠繩索、膠漆去加固事物的做法，那是傷害了事物的本來模樣；依據禮樂制度要求人們彎腰行禮，運用仁義去愛撫人們，以此撫慰天下民心的做法，會使人們失去他們原有的天性。天下萬物都有各自的天性，所謂的天性，就是彎曲的不依靠曲尺，筆直的不依靠墨線，圓形的不依靠圓規，方形的不依靠角尺，粘合在一起的不依靠膠漆，綑束在一起的不依靠繩索。所以說天下萬物都在自然生長而不知道自己為什麼會生長，都各得其所而不知道自己為什麼會各得其所。所以說古今的道理是一樣的，不要去損害萬物的天性。那麼又何必無休無止地像使用膠漆、繩索一樣把仁義摻進大道和人的天性之中呢！這樣使天下人都變得迷惑了！小的迷惑會使人弄錯方向，大的迷惑會使人改變天性，憑什麼知道是這樣的呢？自從虞舜以仁義為號召攪亂天下以來，整個天下的人莫不因為仁義而疲於奔命，這不就是用仁義改變了人們的天性嗎？

故嘗試論之，自三代以下者，天下莫不以物易其性矣。小人則以身殉❶利，士則以身殉名，大夫則以身殉家❷，聖人則以身殉天下。故此數子❸者，事業不同，名聲異號，其於傷性以身為殉，一也。臧❹與穀❺，二人相與牧羊而俱亡❻其羊。問臧奚事❼，則挾筴❽讀書；問穀奚事，則博塞❾以遊。二人者，事業不同，其於亡羊均❿也。伯夷死名於首陽之下⓫，盜跖⓬死利於東陵⓭之上。二人者，所死不同，其於殘生傷性均也，奚必伯夷之是而盜跖之非乎！天下盡殉也，彼其所殉仁義也，則俗謂之君子；其所殉貨財也，則俗謂之小人。其殉一也，則有君子焉，有小人焉。若其殘生損性，則盜跖亦伯夷已，又惡取君子小人於其間哉！

【章旨】本章認為，人應該保持自己的天性。無論一個人是出於高尚的目的，還是卑劣的目的，只要是破壞了自己的天性，都不值得提倡。

【注釋】❶殉　為達到某種目的獻出自己生命。❷家　大夫統治的地方。先秦時期，天子統治的整個國家叫「天下」，諸侯統治的地方叫「國」，大夫統治的地方叫「家」。❸此數子　這幾類人。❹臧　男性家奴。這裡可視為人名。❺穀　年幼的家奴。這裡可視為人名。❻亡　丟失。❼奚事　做什麼事。❽挾筴　拿著書簡。筴，成編的竹簡。❾博塞　一種類似擲骰子的遊戲。❿均　同樣。⓫伯夷死名於首陽之下　伯夷為了賢名死於首陽山下。伯夷，人名。商朝末年的賢人。他反對周武王伐商，周朝建立後，他因不食周粟而餓死於首陽山。死名，為名而死。首陽，山名。⓬盜跖　人名。名跖。為春秋時的大盜，故被稱為「盜跖」。⓭東陵　山名。一說即泰山。

【語譯】現在我們嘗試著來論述一下這個問題，自夏、商、周三代以來，整個天下的人莫不因為外物而改變了自己的天性。小人們為了財利而獻出自己的生命，士人們為了名聲而獻出自己的生命，大夫們為了自身的封地而獻出自己的生命，聖人們為了整個天下而獻出自己的生命。以上這四種人，所從事的事業不同，所獲得的名聲也不一樣，但在損害自己的天性、喪失自己的生命這一點上，卻是一樣的。臧與穀兩人一起放羊卻讓羊跑丟了。問臧在做什麼，說是在拿著書簡讀書；問穀在做什麼，說是在擲骰子遊玩。兩個人做的事情雖然不一樣，但同樣都把羊弄丟了。伯夷為了賢名死於首陽山下，盜跖為了財利死於東陵山上。這兩個人，死亡的原因不同，但他們在殘害個人生命、損害自己天性這一點上是一樣的，又何必一定要認定伯夷正確而盜跖錯誤呢！天下的人們都在為各種目的獻出自己的生命，那些為仁義獻身的人，世俗稱他們為君子；那些為財物獻身的人，世俗稱他們為小人。他們同樣獻出了生命，而有的被稱為君子，有的被稱為小人。如果從自殘生命、損害天性這一點看，那麼盜跖和伯夷是一樣的，又為什麼要在他們之間區分君子與小人呢！

且夫屬❶其性乎仁義者，雖通❷如曾、史，非吾所謂臧❸也；屬其性於五味，雖通如俞兒❹，非吾所謂臧也；屬其性乎五聲，雖通如師曠，非吾所謂聰也；屬其性乎五色，雖通如離朱，非吾所謂明也。吾所謂臧者，非仁義之謂也，臧於其德❺而已矣；吾所謂臧者，非所謂仁義之謂也，任其性命之情而已矣；吾所謂聰者，非謂其聞彼也，自聞❻而已矣；吾所謂明者，非謂其見彼也，自見而已矣。夫不自見而見彼，不自得❼而得彼❽者，是得人之得❾而不自得其得者也，適人之適而不自適其適者也。夫適人之適而不自適其適，雖盜跖與伯夷，是同為淫僻❿

也。余愧乎道德，是以上不敢為仁義之操⓫，而下不敢為淫僻之行也。

【章　旨】本章強調，最完美的事情，不是推行仁義，更不是各種技巧，而是保護好自己的天性。

【注　釋】❶屬　從屬；歸向。❷通　精通。❸臧　善；美好。❹俞兒　人名。相傳他善於辨別味道。❺臧於其德　妥善地保護好自己的天性。❻自聞　省察自身。❼自得　自身得意。❽得彼　為了別人的得意。❾得人之得　為了使別人得意。❿淫僻　錯誤。⓫操　節操；操守。

【語　譯】改變自己的天性去追求仁義的人，即使像曾參和史鰌那樣精通仁義，也不是我所認為的完美；改變自己的天性去研究甜、酸、苦、辣、鹹五味的人，即使像俞兒那樣精通，也不是我所認為的完美；改變自己的本性去研究宮、商、角、徵、羽五聲的人，即使像師曠那樣精通，也不是我所認為的聽力良好；改變自己的本性去研究青、黃、赤、白、黑五色的人，即使像離朱那樣精通，也不是我所認為的視覺敏銳。我所說的完美，絕非指仁義之類的東西，而是指妥善地保護好自己的天性而已；我所說的完美，絕非指所謂的仁義，而是指放任天性、保持真情罷了；我所說的聽力良好，不是指能聽清別人說什麼，而是指能夠「聽清」(反省)自身而已；我所說的視覺敏銳，不是指能看清別人什麼，而是指能夠看清自己罷了。不能看清自己而只能看清別人，不求自身得意而求別人得意，這些人就是為了別人得意、不為自身得意而生活的人，就是為了別人安適、不為自身安適而生活的人。如果只為別人安適而不求自身的安適，那麼即便是盜跖和伯夷這些行為差異很大的人，都同樣是錯誤的。我有愧於大道和個人天性，所以我上不敢去奉行仁義的操守，而下不敢去做錯誤的事情。

【研　析】〈駢拇〉的主題是要求人們放任自己的天性，一切順應自然。這也是整個道家思想的主題，其他各篇多有涉及。我們這裡主要討論莊子所說的天性與仁義的關係及其對仁義的態度。

古今學界一致認為，儒家提倡仁義，而道家反對仁義。我們認為這一觀點是不能成立的，因為道家並不反對仁義，而且把仁義同人性結合在一起，從哲學的高度論證了仁義的合理性。

從本篇可以看出，莊子是一位「性善論」者。他先後兩次提到：「意仁義其非人情乎？彼仁人何其多憂也？」「故意仁義其非人情乎？自三代以下者，天下何其囂囂也。」意思是說，人性中本來就包含著仁義，那些仁人又何必多此一舉去提倡仁義呢？可以說，人性善是莊子放任天性的前提和基礎，放任天性，也就是「放任」人們去行善。

既然莊子贊成仁義，我們就必須回答這樣一個問題：他為什麼反對儒家提倡仁義？我們結合《莊子》全書來談談這個問題。

首先，莊子認為任何事情都要有一個度，這個度就是人性的本然，超過了這個度，就會搞亂人性，從而引起社會混亂。而儒家提出的仁義標準就超過了這個度，所以本篇說：「枝於仁者，擢德塞性以收名聲，使天下簧鼓以奉不及之法非乎？」儒家為了自己的名聲，有意拔高仁義的標準，制定了繁瑣的禮樂制度，鼓動天下的人們都去奉行他們根本無法做到的事情。這樣一來，不僅達不到自己的目的，反而搞亂了本來善良的人性。

其次，莊子認為儒家提倡仁義帶有功利性，或是為了自身的名聲，或是為了鞏固政府的統治地位，推行仁義成了人們的一種利益交換手段。更有甚者，一些統治者把仁義當作玩弄陰謀的工具。〈胠篋〉對此講得十分清楚：「田成子一旦殺齊君而盜其國，所盜者豈獨其國邪？并與其聖知之法而盜之。……則是不乃竊齊國并與其聖知之法以守其盜賊之身乎？」田成子把齊國連同仁義禮樂一起盜來，以此保護自己。莊子在同篇中還提出了「盜亦有道」的命題，認為大盜之所以能夠成為大盜，就是因為他們盜用了儒家所津津樂道的聖、勇、義、智、仁。仁義禮樂反而成了大盜的護身符。

與儒家相同的是，莊子並不反對仁義，但不同之處也很明顯。莊子對自己的仁義觀有正面的論述：

至仁無親。（〈庚桑楚〉）

相愛而不知以為仁。（〈天地〉）

澤及萬世而不為仁。(〈天道〉)

聖人并包天地,澤及天下,而不知其誰氏。(〈徐無鬼〉)

類似的說法在《莊子》書中還很多。總括起來,莊子所提倡的仁義有以下特點:第一,在施仁的對象方面,打破了儒家建立在「親親」基礎上的推恩法,對所有的人、甚至所有的物都一視同仁。「至仁無親」就是這個意思。第二,在施仁的目的方面,完全摒除功利性。也就是說,施行仁義的人不從自己的行為中謀取任何好處,是一種純道德行為。第三,在施仁的自覺性方面,要求把它從有意識的行為變為無意識的行為。自己做了好事,而並不認為自己是在做好事。

莊子的仁義思想是高尚的,但帶有理想化,在現實生活中很難實施。

馬蹄第九

【題解】本篇的主旨在於抨擊有為政治，提倡一切返歸自然的政治主張。文章一開始就批評那些倡導技巧的人，認為他們搞亂了萬物的本性；接著正面描述了至德之世人們的生活情況，那時的人們男耕女織，自由天放，並且能夠與飛禽走獸、青草綠樹和諧相處，一派祥和氣氛；文章最後反覆指出，破壞這種祥和生活的正是那些大力提倡仁義的所謂聖人，由於這些聖人的教育，人們開始尋求智慧，爭奪財利，從而慢慢地喪失了自己的純樸天性與和諧的生存環境。

馬，蹄可以踐霜雪，毛可以禦風寒，齕❶草飲水，翹足而陸❷，此馬之真性也。雖有義臺路寢❸，無所用之。及至伯樂❹，曰：「我善治馬。」燒之❺，剔之❻，刻之❼，雒之❽，連之以羈馽❾，編之以皁棧❿，馬之死者十二三矣。飢之，渴之，馳之，驟之⓫，整之⓬，齊之，前有橛飾⓭之患，而後有鞭筴⓮之威，而馬之死者已過半矣。陶者⓯曰：「我善治埴⓰，圓者中規，方者中矩。」匠人曰：「我善治木，曲者中鉤，直者應繩。」夫埴木之性，豈欲中規矩鉤繩哉？然且世世稱之曰：「伯樂善治馬，而陶匠善治埴木。」此亦治天下者之過也⓱。

【章旨】本章認為，伯樂、陶工、木工等人的行為違背了萬物的天性，摧殘了萬物的生命，而這一切又都是統治者提倡的結果，因而統治者難辭其咎。

【注釋】❶齕　咬；吃。❷翹足而陸　揚起蹄腳跳躍。翹，揚起。陸，跳躍。❸義臺路寢　高臺大殿。義，同「峨」。高大。路，大。寢，住室。❹伯樂　人名。姓孫名陽，字伯樂。春秋時期人，善於識馬、馴馬。❺燒之　用燒紅的鐵器灼炙馬毛。❻剔之　剪馬毛。❼刻之　削剪馬蹄甲。❽雒之　用烙鐵在馬體上打印記。雒，同「烙」。❾羈馽　馬絡頭和絆馬足的繩索。❿皁棧　馬槽和馬床。皁，馬槽。棧，安放在馬腳下面的編木，用以防潮，俗稱馬床。⓫驟之　使馬狂奔。⓬整之　使馬的步伐整齊劃一。⓭橛飾　馬口橫木和馬絡飾品。橛，放在馬口中的橫木。飾，指馬絡頭上的裝飾品。代指馬絡頭。⓮筴　同「策」。竹製的馬鞭。⓯陶者　製陶器的工匠。⓰治埴　用黏土製造陶器。埴，黏土。⓱此亦治天下者之過也　這些也都是治理天下的人的過錯啊。因為統治者提倡、鼓勵各種技藝，從而出現了伯樂、陶者等人的行為，所以錯誤的根本原因還是在統治者身上。

【語譯】馬這種動物，其蹄可以踐踏霜雪，其毛可以抵禦風寒，餓了吃草，渴了飲水，有時揚起蹄腳跳躍，這就是馬的天性。即使有高臺大殿，對馬來說也沒有什麼用處。到了伯樂時，他揚言說：「我善於馴馬。」於是他灼炙馬毛，修剪馬鬃，削剪馬蹄，烙製印記，還用馬絡頭和絆腳繩拴連牠們，用馬槽和馬床編排牠們，這樣一來馬就死掉了十分之二三。馬餓了不讓吃，渴了不讓喝，還要牠們快速驅馳，要牠們急驟奔跑，讓牠們步伐整齊，讓牠們行動劃一，前有馬口橫木和馬絡頭的限制，後有皮鞭和竹鞭的威逼，這樣一來馬就死掉了一大半。製陶工匠們也揚言：「我善於用黏土製造陶器，我製造的陶器，圓的合乎圓規，方的合乎角尺。」木匠們也揚言：「我善於用木材製造木器，我製造的木器，彎曲的合乎曲尺，筆直的合乎墨線。」而黏土和樹木的天性難道是想讓自己合乎圓規、角尺、曲尺和墨線嗎？然而人們世世代代都稱讚他們說：「伯樂善於馴馬，而陶工和木工善於整治黏土和木材。」出現這種現象都是治理天下者的過錯啊。

吾意善治天下者不然。彼民有常性❶，織而衣，耕而食，是謂同德❷；一而不黨❸，命曰天放❹。故至德之世❺，其行填填❻，其視顛顛❼。當是時也，山無蹊隧❽，澤無舟梁❾，萬物群生❿，連屬其鄉⓫，禽獸成群，草木遂⓬長。是故禽獸可係羈⓭而遊，鳥鵲之巢可攀援而闚⓮。夫至德之世，同與禽獸居，族⓯與萬物並⓰，惡乎知君子小人哉！同乎無知，其德不離⓱；同乎無欲，是謂素樸⓲。素樸而民性⓳得矣。及至聖人，蹩躠⓴為仁，踶跂㉑為義，而天下始疑矣；澶漫㉒為樂，摘僻㉓為禮，而天下始分㉔矣。故純樸㉕不殘，孰為犧樽㉖！白玉不毀，孰為珪璋㉗！道德不廢，安㉘取仁義！性情不離，安用禮樂！五色不亂，孰為文采！五聲不亂，孰應㉙六律！夫殘樸以為器，工匠之罪也；毀道德以為仁義，聖人之過也。

【章旨】本章描繪了莊子理想社會的生活情況，再次批評了那些破壞人類天性、大力提倡仁義的人。

【注釋】❶常性 固有的天性。❷同德 共同的本性。❸一而不黨 大家都渾然一體而不偏私。黨，偏私。❹天放 自然放任。❺至德之世 人類天性保持最好的時代。也即莊子的理想社會。❻填填 遲緩穩重的樣子。❼顛顛 專一的樣子。❽蹊隧 道路。蹊，小路。隧，地道。引申為道路。❾梁 橋梁。❿群生 共同生活在一起。⓫連屬其鄉 萬物親密無間地在一起生活。連屬，緊緊連接；親密無間。鄉，地方。⓬遂 自由。⓭係羈 用繩子牽引。⓮闚 同「窺」。觀察；探視。⓯族 聚合；共同。⓰並 一起。⓱離 丟失。⓲素樸 本色。未染色的生絹叫「素」，未加工的木料叫「樸」，比喻本色、天性。⓳民性 人性。民，人。⓴蹩躠 努力行走的樣子。㉑踶跂 提起腳跟、努力向上的樣子。㉒澶漫 盡力的樣子。㉓摘僻 繁瑣。㉔分 分歧；混亂。㉕純樸 完整的、未曾加工過的木料。㉖犧樽 酒器。㉗珪璋 玉器。上圓下方的叫「珪」，半珪形的叫「璋」。㉘安　怎麼。㉙應　應和；制定。

【語譯】我認為善於治理天下的人就不是這樣。黎民百姓有自己的天性，他們織布穿衣，種地吃飯，這就是人類的共性；大家渾然一體沒有任何偏私，這就叫作自然放任。所以在人類天性保持得最完美的時代裡，人們走路時是那樣的舒緩而穩重，他們的目光是那樣的專一而不左顧右盼。在這樣的時代裡，山上沒有路徑通道，水上沒有船隻橋梁，各種物類生活在一起，親密無間，飛禽走獸成群結隊，青草綠樹自由生長。因此那時的人們可以牽著禽獸一起遊玩，還可以攀上高樹去探望鳥鵲的生活情況。在人類天性保護得最完好的時代裡，人們與禽獸同居，與萬物並生，哪裡知道什麼是君子、什麼是小人呢！大家都沒有智巧，因而也不會喪失自己的天性；大家都沒有私欲，這就叫作純樸生活。生活純樸就能保護好人的天性。等到聖人出現以後，這些聖人竭盡全力去提倡仁，不遺餘力去追求義，於是整個天下的人開始迷惑了；聖人們努力地編製樂章，制定繁瑣的禮儀，於是天下開始出現糾紛混亂。所以說原木不被破壞，怎麼會有木製酒器！白玉不被破壞，怎麼會有珪璋！大道和天性不被破壞，哪裡用得著仁義！人類的真實本性沒有喪失，哪裡用得著禮樂！五色不被搞亂，怎麼會有人為的文采！五聲不被搞亂，哪裡會有六律音樂！毀掉原木做成各種器皿，這是工匠們的過錯；毀掉大道和人的天性而去倡導仁義，這是聖人們的過錯。

夫馬，陸居則食草飲水，喜則交頸相靡❶，怒則分背相踶❷。馬知已此矣。夫加之以衡扼❸，齊之以月題❹，而馬知介倪❺、闉扼❻、鷙曼❼、詭銜❽、竊轡❾。故馬之知而能至盜❿者，伯樂之罪也。夫赫胥氏⓫之時，民居不知所為，行不知所之⓬，含哺而熙⓭，鼓腹⓮而遊。民能⓯已此矣。及至聖人，屈折禮樂以匡⓰天下之形，縣跂⓱仁義以慰天下之心，而民乃始踶跂好知，爭歸於利，不可止也。此亦聖人之過也。

【章　旨】本章認為，如果背離人的天性而用智慧去治國的話，那麼百姓也會變得越來越聰明，越來越難治理。

【注　釋】❶靡　同「摩」。觸摩。❷分背相踶　背對背相踢。踶，踢。❸衡扼　車轅前面的橫木叫「衡」，放在馬頸上的曲木叫「扼」。扼又寫作「軛」。❹月題　馬額上的佩飾，形狀如月。❺介倪　怒目而視的樣子。一說是掙脫車軛的意思。❻闉扼　彎曲著馬頸不接受車軛。闉，彎曲。❼鷙曼　抗擊車蓋。鷙，抵抗。曼，同「幔」。布製的車蓋。❽詭銜　詭譎地吐出口中的嚼子。銜，馬嚼子；口勒。❾竊轡　偷偷地掙脫馬絡頭。❿盜　與人相抗敵。⓫赫胥氏　人名。傳說中的遠古帝王。⓬所之　所去的地方。之，到；去。⓭含哺而熙　口裡含著食物嬉戲。哺，口裡含著的食物。熙，同「嬉」。嬉戲。⓮鼓腹　鼓著肚子。意為吃飽。⓯民能　人的才能和智慧。⓰匡　匡改；改變。⓱縣跂　高舉。縣，同「懸」。

【語　譯】馬，生活在陸地上，吃草飲水，高興時就頸挨頸相互觸摩，生氣時就背對背相互踢撞。馬的智慧不過如此而已。後來人們把車衡和頸軛放在牠們身上，把配有月題飾品的馬絡頭戴在牠們頭上，於是馬就慢慢學會怒目而視、抗拒車軛、觸擊車蓋、吐出口勒、掙脫籠頭。所以說馬的智慧竟然能夠達到與人抗衡的地步，這完全是伯樂的罪過。在上古帝王赫胥氏的時代，人們安居在家不知所為，出門走動不知所往，他們口裡含著食物嬉戲，鼓著吃飽的肚子遊玩。人的才能也不過如此而已。等到聖人出現以後，便要求人們遵照禮樂制度彎腰行禮，以此來改變天下人的形體。聖人們還標榜鼓吹仁義以慰藉天下人心，於是人們便開始千方百計地去尋求智慧，爭先恐後地去奪取財利，而這些行為再也無法制止。這些也都是聖人們的過錯。

【研　析】在本篇及下一篇〈胠篋〉中，作者正面介紹了自己理想社會的生活情況。我們就對這一政治思想進行討論和評價。莊子說：

故至德之世，其行填填，其視顛顛。當是時也，山無蹊隧，澤無舟梁，萬物群生，連屬其鄉，禽獸成群，草木遂長。是故禽獸可係羈而遊，烏鵲之巢可攀援而闚。夫至德之世，同與禽獸居，族與萬物並，惡乎知君子小人哉！……民居不知所為，行不知所之，含哺而熙，鼓腹而遊。（〈馬蹄〉）

當是時也，民結繩而用之，甘其食，美其服，樂其俗，安其居，鄰國相望，雞狗之音相聞，民至老死而不相往來。（〈胠篋〉）

這一思想與老子的「小國寡民」主張一脈相承，甚至有些語言也是相同的。莊子理想社會的生活有以下幾個主要特點：

一是：人與人之間的關係和諧。在這個社會裡，人們都是同樣的淳樸憨厚，根本沒有君子與小人之分，人與人之間的關係十分和諧。這不僅消滅了政治等級的差別，而且消滅了道德品質上的差異，一切都是那樣的祥和美滿。

二是：人與自然的關係和諧。在這個社會裡，人不去破壞自然，不去傷害萬物，人與禽獸之間的關係親密無間。莊子這一思想對於向大自然無限索取的今人來說，有著巨大的啟示作用。

三是：不要各種智巧。也就是不要所謂的現代文明技術。莊子認為各種技巧是貪欲的產物，爭奪的手段，它不僅破壞了人與自然的和諧關係，也促使人類道德的不斷衰落。

四是：物質生活充裕。那時的人們精神生活十分單純，但物質生活卻非常充裕，這二者的結合恰恰構成了人們幸福的基礎。如果那時的人思想複雜、欲望無限，即使給予比較豐厚的物質，他們也不會感到滿足，因而也就感受不到幸福。

五是：減少交往。那時的人們安土重遷，交往較少，特別是國與國之間，基本上沒有交往。這一主張的提出，主要是為了避免彼此之間的競爭和摩擦。

對於這一政治主張的評價，現代學者是貶多褒少，認為這是否定現代文明，開歷史倒車。我們認為，無論當時還是現在，這一思想的確難以實現，但其中包含了許多具有借鑑意義的內容。首先，莊子提出這一主張的主觀用意是美好的，他希望能夠為百姓找到一片樂土，其意義與世外桃源相似。如果我們讚美、嚮往世外桃源的生活，那麼我們也就不應該在道德層面上去否定莊子的這一政治主張。其次，莊子反文明的思想雖然不能說完全正確，但他能夠在兩千多年前就看到科學技術的負面影響，這是非常了不起的。第三，莊子在處理人與自然關係方面的設想，不僅超越了當時的思想水平，甚至還超越了今人的思想水平。這一點尤其值得我們重視。

胠篋第十

【題解】胠篋，撬開箱子。胠，從旁邊打開。篋，箱子。本篇的主旨與〈馬蹄〉篇基本相同，但論述更細緻，更生動，言辭也更直接，更激烈。本篇用盜跖和竊國大盜田成子等人的事實，說明聖人提倡的仁義和制定的各種法則往往被壞人盜用，因而對社會是弊大於利。本篇強烈呼籲，要「絕聖棄知」，拋棄一切人為的智巧，恢復人類的淳樸天性，返歸自然原始的至德之世。

將為胠篋❶、探囊❷、發匱❸之盜而為守備，則必攝緘縢❹，固扃鐍❺，此世俗之所謂知也。然而巨盜至，則負匱、揭❻篋、擔囊而趨❼，唯恐緘縢、扃鐍之不固也。然則向❽之所謂知者，不乃為大盜積❾者也？

故嘗試論之，世俗之所謂知者，有不為大盜積者乎？所謂聖者，有不為大盜守者乎？何以知其然邪？昔者齊國❿，鄰邑相望，雞狗之音相聞，罔罟之所布⓫，耒耨之所刺⓬，方二千餘里。闔⓭四境之內，所以立宗廟⓮社稷⓯，治邑屋州閭鄉曲者⓰，曷嘗不法聖人哉？然而田成子⓱一旦殺齊君而盜其國，所盜者豈獨其國邪？并與其聖知之法而盜之。故田成子有乎盜賊之名，而身處堯、舜之安，小國不敢非⓲，大國不敢誅⓳，十二世⓴有齊國，則是不乃竊齊國并與其聖知之法以守其盜賊之身乎？

嘗試論之，世俗之所謂至知者，有不為大盜積者乎？所謂至聖者，有不為大盜守者乎？何以知其然邪？昔者龍逢㉑斬，比干㉒剖，萇弘胣㉓，子胥靡㉔。故四子之賢，而身不免乎戮。故跖㉕之徒問於跖曰：「盜亦有道㉖乎？」跖曰：「何適㉗而無有道邪？夫妄意㉘室中之藏，聖也；入先，勇也；出後，義也；知可否，知也；分均，仁也。五者不備，而能成大盜者，天下未之有也。」由是觀之，善人不得聖人之道不立，跖不得聖人之道不行。天下之善人少，而不善人多，則聖人之利天下也少，而害天下也多。故曰：脣竭㉙則齒寒，魯酒薄而邯鄲圍㉚，聖人生而大盜起。掊擊㉛聖人，縱舍㉜盜賊，而天下始治矣！

【章　旨】本章用田成子、盜跖等人的事實說明，雖然聖人提倡仁義禮樂的用意是好的，但這些仁義禮樂往往被壞人所盜用，成為殘害百姓、謀取私利的工具。

【注　釋】❶胠篋　撬箱子。胠，從旁邊打開。篋，箱子。❷探囊　掏口袋。囊，口袋。❸發匱　開櫃。發，打開。匱，同「櫃」。❹攝緘縢　捆緊繩索。攝，結；捆。緘縢，繩索。❺扃鐍　插櫃和鎖鑰。❻揭　舉起。❼趨　跑。❽向　先前；剛才。❾積　準備。一說為積財。❿齊國　國名。西周初年，太公姜尚被封於齊，傳至齊康公時，被田氏所取代，國號仍為齊。這裡指姜氏齊國。⓫罔罟之所布　可供打魚的水面。罔，同「網」。罟，網的總稱。⓬耒耨之所刺　可供耕種的土地。耒，犁。耨，鋤頭。刺，插入；耕種。⓭闔　整個。⓮宗廟　國君祭祀祖先的地方。⓯社稷　土神和穀神。這裡指祭祀土神和穀神的地方。⑯治邑屋州閭鄉曲者　用來治理大大小小不同行政區域的辦法。邑、屋、州、閭、鄉，不同行政區域的名稱。古注：「六尺為步，步百為畝，畝百為夫，夫三為屋，屋三為井，井四為邑」；「五家為比，五比為閭，五閭為族，五族為黨，五黨為州，五州為鄉」。曲，角落。「鄉曲」即鄉之一角。⑰田成子　人名。即田常。為齊國大夫。他殺齊簡公而立齊平公，專擅國政。至齊康公時，田成子曾孫田和放逐康公而自立為齊侯。⑱非　非議；批評。⑲誅　討伐。⑳十二世　田成子的先祖田完本為陳國人，後逃亡至齊。自田完至田常共七世，自田常至齊宣王為六世，共十三世。除去齊宣王與莊子同時不計在內，恰十二世。一說「十二世」為「世世」之誤。㉑龍逢　人名。姓關。夏桀時賢臣，為夏桀所殺。㉒比干　人名。商紂王的叔叔，因力諫紂王，被紂王剖心。㉓萇弘胣　萇弘被車裂。萇弘，人名。周靈王時賢臣，受車裂之刑而死。胣，車裂之刑。㉔子胥靡　伍子胥的屍體腐爛於江中。子胥，人名。即伍子胥。伍子胥被吳王夫差殺害後，屍體被拋入江中，任其腐爛。靡，同「糜」。腐爛。㉕跖　人名。即盜跖。㉖道　道家、儒家都重視道，但對道的解釋不同。根據下文，這裡的道指儒家的道，其主要內容為仁義等。㉗何適　何往；幹什麼。㉘妄意　憑空推測。意，同「臆」。猜度。㉙竭　亡；沒有。一說為「舉」義。翻開；張開。㉚魯酒薄而邯鄲圍　魯國奉獻的酒味道淡薄卻導致趙國都城邯鄲遭到圍困。楚王大會諸侯，魯、趙兩國均向楚獻酒，魯酒味薄而趙酒味濃。楚國的酒吏向趙索酒而趙不給，懷恨在心的酒吏便把魯、趙兩國的酒相互調換。楚王因趙酒味淡，就出兵圍攻邯鄲。莊子用這一故事說明，事物間的因果關係往往出人意料。㉛掊擊　打倒；不要。㉜縱舍　釋放。舍，同「捨」。

【語　譯】為了對付撬箱子、掏口袋、開櫃子的小偷而做防範準備，就必定要繫緊繩索，加固插櫃和鎖鑰，這就是世俗人所說的聰明之舉。但是一旦大盜來了，他們背著櫃子、舉著箱子、挑著口袋就跑，他們此時唯恐繩索、插櫃和鎖鑰不夠牢固。那麼剛才所說的聰明之舉，不就是在為大盜們做準備嗎？

所以我們試著討論一下這個問題，世俗人所說的聰明人，有哪一位不是在替大盜做準備呢？所說的聖人，有哪一位不是在替大盜守護財物呢？憑什麼知道是這樣呢？當年的齊國，鄰里相望，雞犬之聲相聞，可供捕魚的水面，可供耕種的土地，方圓兩千多里。整個齊國境內，用來建立宗廟、社稷的辦法，用來治理大大小小行政區域的措施，哪一樣不是在效法聖人呢？然而田成子一旦殺掉齊國君主而盜取了齊國，他盜取的難道僅僅是一個齊國嗎？他是把聖人、智人制定的法規制度一起盜取走了。所以說田成子雖然有盜賊的名聲，卻依然處於像堯、舜那樣安穩的地位，小國不敢批評他，大國不敢討伐他，世世代代竊據齊國，那麼這不就是把齊國連同聖人之法一起盜走並利用聖人之法來保護他的盜賊之身嗎？

我們繼續試著討論這一問題。世俗所說的最聰明的人，有哪一位不是在為大盜做準備呢？所說的最聖明的人，有哪一位不是在為大盜守護財物呢？憑什麼知道是如此呢？從前關龍逄被斬首，比干被剖心，萇弘被車裂，伍子胥被拋屍江中任其腐爛。這四位先生是如此賢良，卻無法避免殺身之禍。盜跖的手下曾問盜跖說：「當強盜也要掌握道嗎？」盜跖回答說：「幹什麼而不需要道呢？能憑空推測出屋裡儲藏的財物，這就是聖明；進屋搶東西時衝在最前面，這就是勇敢；撤退時走在最後頭，這就是義氣；能夠判定是否可以下手，這就是智慧；分贓時公平無私，這就是仁愛。不具備這五種品質，而能夠成為大盜，這是天下絕不會有的事情。」由此看來，善人如果沒有學到聖人之道就無法立足於社會，盜跖如果沒有學到聖人之道就不能橫行於天下。然而天下的善人少，壞人多，那麼聖人給天下帶來的好處也就少，而給天下帶來的禍害也就多。所以說：脣亡而齒寒，魯國奉獻的酒味道淡薄而趙國都城邯鄲卻遭到圍困，聖人出現了而大盜也隨之興起。打倒聖人，釋放盜賊，天下方能太平無事。

夫川竭而谷虛❶，丘夷而淵實❷。聖人已死❸，則大盜不起，天下平而無故❹矣。聖人不死，大盜不止。雖重聖人而治天下，則是重利盜跖❺也。為之斗斛❻以量之，則并與斗斛而竊之；為之權衡❼以稱之，則并與權衡而竊之；為之符璽❽以信之，則并與符璽而竊之；為之仁義以矯之❾，則并與仁義而竊之。何以知其然邪？彼竊鉤❿者誅，竊國者為諸侯，諸侯之門而仁義存焉⓫。則是非竊仁義聖知邪？故逐⑫於大盜、揭諸侯⑬、竊仁義并斗斛權衡符璽之利者，雖有軒冕⑭之賞弗能勸⑮，斧鉞⑯之威弗能禁。此重利盜跖而使不可禁者，是乃聖人之過也。故曰：「魚不可脫於淵，國之利器不可以示人⑰。」彼聖人者，天下之利器也，非所以明⑱天下也。

故絕聖棄知，大盜乃止；擿⑲玉毀珠，小盜不起；焚符破璽，而民朴鄙⑳；掊㉑斗折衡，而民不爭；殫殘㉒天下之聖法，而民始可與論議。擢㉓亂六律，鑠絕竽瑟㉔，塞瞽曠㉕之耳，而天下始人含其聰矣；滅文章㉖，散五采㉗，膠㉘離朱之目，而天下始人含其明矣；毀絕鉤繩，而棄規矩，攦㉙工倕㉚之指，而天下始人有其巧矣。故曰：「大巧若拙㉛。」削曾、史之行，鉗㉜楊、墨之口，攘棄㉝仁義，而天下之德始玄同㉞矣。彼人含其明，則天下不鑠㉟矣；人含其聰，則天下不累㊱矣；人含其知，則天下不惑矣；人含其德，則天下不僻㊲矣。彼曾、史、楊、墨、師曠、工倕、離朱者，皆外立㊳其德，而以爚亂㊴天下者也，法㊵之所無用也。

【章旨】本章進一步闡述了摒除仁義禮樂和各種技巧的主張，提出了「絕聖棄知，大盜乃止」的著名論點。

【注釋】❶夫川竭而谷虛　河流乾涸是因為山溝無水。竭，乾涸。本句說明事物之間都存在因果關係。一說「川竭而谷虛」

應為「谷虛而川竭」。❷丘夷而淵實　山丘被鏟平了，而深淵便被填滿。夷，平；鏟平。❸死　死亡。這裡指消失。❹無故無事。❺重利盜跖　使盜跖一類的壞人獲得厚利。❻斗斛　古代的兩種量器。十斗為斛。❼權衡　秤錘和秤桿。❽符璽　古代用作憑證的信物。符，由兩半組成，雙方各執一半，合在一起以驗明真偽。❾矯之　規範人們的道德行為。矯，糾正；規範。❿鉤　衣帶上的鉤。泛指不值錢的小東西。⓫諸侯之門而仁義存焉　只有諸侯之門方才存在仁義。這是諷刺，有權者憑藉自己的權勢，把自己的一切行為都解釋為仁義之行，而他人不敢非議。⓬逐　追隨。⓭揭諸侯　高居諸侯之位。揭，高舉。引申為高居於。⓮軒冕　指官爵。軒，古代大夫以上的人乘坐的車子。冕，古代大夫以上的人所戴的禮帽。⓯勸　勸阻。⓰斧鉞　兩種刑具。代指刑罰。鉞，大斧。⓱魚不可脫於淵二句　魚兒不可離開深淵，用來治理國家的利器不可以讓人們知道。脫，脫離。利器，指聖人制定的治國方法，如仁義、法制等。示，顯露。這兩句出自《老子》。意思是，魚離開水就無法生存，治國方法一旦公示於眾，就會被大盜所利用。⓲明　顯示；讓人知道。⓳擿　擲；拋棄。⓴朴鄙　樸實憨厚。㉑掊　打碎。㉒殫殘　全部毀掉。殫，竭盡；全部。㉓擢　拔除；清除。㉔鑠絕竽瑟　銷毀各種樂器。鑠，銷毀。竽瑟，兩種樂器名。泛指各種樂器。㉕瞽曠　人名。即師曠。因為他是盲人，故稱瞽曠。瞽，眼瞎。㉖文章　人為的文采、花紋。㉗五采　五色。㉘膠　粘住。引申為遮蔽。㉙攦　折斷。㉚工倕　人名。相傳是堯時能工巧匠。㉛大巧若拙　最大的智慧看似笨拙。本句出自《老子》。意思是，具有大智慧的人，一切順應自然，不尚機巧，看似愚拙。㉜鉗　鉗住；封住。㉝攘棄　拋棄。攘，推開；排除。㉞玄同　混同為一。㉟鑠　銷毀；損壞。㊱累　憂患。㊲僻　邪惡。㊳外立　在外表上炫耀。㊴爚亂　迷惑；擾亂。㊵法　指上述的各種聖智之法。

【語　譯】河流乾涸是因為山溝無水，山丘鏟平了深淵便被填滿。聖人沒有了，那麼大盜也不會出現，天下也就太平無事了。如果聖人不消失，大盜也就不會消失。即便是重用聖人去治理天下，那麼剛好是讓盜跖一類的人獲得更大的好處。為天下人製造斗、斛來計量物品多少，那麼就連斗、斛也一起被盜竊走了；為天下人製造秤錘、秤桿來計量物品輕重，那麼就連秤錘、秤桿也一起被盜竊走了；為天下人製造符、璽以取信於人，那麼就連符、璽也一起被盜竊走了；為天下人制定仁義來規範人們的道德行為，那麼就連仁義也一起被盜竊走了。憑什麼知道是這樣呢？那些盜竊衣帶鉤的人受到刑戮，而那些盜竊整個國家的人卻成為諸侯，而只有諸侯那裡才有仁義呀！那麼這些做法不就是竊取了仁義和聖智嗎？所以說對於那些追隨大盜、想高居諸侯之位、竊取仁義和斗斛、權衡、符璽之利的人，即使給予高官厚祿的賞賜也無法勸阻他們，即使給予刑罰殺戮的嚴懲也不能禁止他們。造成這種使盜跖獲得厚利而無法禁止的狀況，完全是聖人的過錯。所以說：「魚兒不可離開深淵，用來治理國家的利器不可以讓人們知道。」那些聖人制定的法則，就是用來治國的利器，是不可以公示於天下的。

所以說不要聖人、拋棄智慧，大盜就會消失；丟棄美玉、毀掉寶珠，小盜就不會出現；焚燒符節、砸碎印璽，人們就會變得純樸憨厚；打爛斗斛、折斷秤桿，人們就不會爭奪；全部毀掉天下的聖人之法，人們才可以參與討論是非曲直。不要六律，銷毀樂器，堵塞盲人師曠的耳朵，天下人方能保全他們原有的聽覺；滅掉紋飾，拋去五彩，遮蔽離朱的眼睛，天下人方能保全他們原有的視力；毀掉曲尺墨繩，拋棄圓規角尺，折斷工倕的手指，天下人方能保全他們原有的智巧。所以說：「最大的智巧看似笨拙。」不要曾參和史鰌提倡仁義的行為，封住楊朱和墨翟善於辯論的嘴巴，拋棄對仁義的倡導，那麼天下人的道德本性就會混同為一了。如果人人都保全原有的視力，那麼天下就不會受到損壞；人人都保全原有的聽覺，那麼天下就沒有憂患；人人都保全原有的智慧，那麼天下就不會出現迷惑；人人都保全原有的天性，那麼天下就不會出現邪惡。曾參、史鰌、楊朱、墨翟、師曠、工倕、離朱這些人，都是一些在外表上炫耀自己的美德，並以此擾亂天下的人，他們所提倡的法則無一毫可用之處。

子❶獨❷不知至德之世乎？昔者容成氏、大庭氏、伯皇氏、中央氏、栗陸氏、驪畜氏、軒轅氏、赫胥氏、尊盧氏、祝融氏、伏羲氏、神農氏❸，當是時也，民結繩❹而用之，甘其食❺，美其服，樂其俗❻，安其居，鄰國相望，雞狗之音相聞，民至老死而不相往來。若此之時，則至治❼已。今遂❽至使民延頸舉踵❾，曰：「某所有賢者。」贏❿糧而趣⓫之，則內棄其親⓬，而外去其主⓭之事，足迹接乎諸侯之境，車軌結⓮乎千里之外，則是上⓯好知之過也。上誠好知而無道，則天下大亂矣！

何以知其然邪？夫弓、弩⓰、畢⓱、弋⓲、機變⓳之知多，則鳥亂於上矣；鉤餌、罔罟、罾笱⓴之知多，則魚亂於水矣；削格㉑、羅落㉒、罝罘㉓之知多，則獸亂於澤矣；知詐漸毒㉔、頡滑㉕、堅白、解垢同異㉖之變㉗多，則俗惑於辯矣。故天下每每㉘大亂，罪在於好知。故天下皆知求其所不知，而莫知求其所已知者；皆知非其所不善，而莫知非其所已善者㉙，是以大亂。故上悖㉚日月之明，下爍㉛山川之精，中墮㉜四時之施㉝，惴耎之蟲㉞，肖翹之物㉟，莫不失其性。甚矣，夫好知之亂天下也！自三代以下者是已，舍夫種種之民㊱，而悅夫役役之佞㊲，釋㊳夫恬惔無為，而悅夫啍啍之意㊴。啍啍已亂天下矣！

【章旨】本章通過對比至德之世與三代以後的社會狀況，表達了對至德之世的懷念和對以智治國的不滿。

【注釋】❶子　先生；您。這裡泛指讀者。❷獨　難道。❸昔者容成氏句　本句中的容成氏、大庭氏、伯皇氏、中央氏、栗陸氏、驪畜氏、軒轅氏、赫胥氏、尊盧氏、祝融氏、伏戲氏、神農氏，均為傳說中的遠古帝王。❹結繩　指文字產生之前的結繩記事。❺甘其食　讓百姓吃好。❻樂其俗　為百姓制定樂於接受的風俗。❼至治　最安定。❽遂　竟然。❾延頸舉踵　伸長脖子，踮起腳跟。延，伸長。踵，腳跟。❿贏　裹；包著。引申為帶著。⓫趣　同「趨」。奔跑；追隨。⓬親　父母。⓭主　君主。也可理解為上司。⓮結　縱橫交錯。⓯上　君主。⓰弩　一種利用機械力量發射箭的弓。⓱畢　一種帶柄的網。⓲弋　尾部帶有絲繩、射出後可以收回的箭。⓳機變　應為「機辟」之誤。捕鳥獸的機關。⓴罾笱　兩種捕魚器。罾，形如傘狀的魚網。笱，捕魚的竹器。㉑削格　用來支撐獸網的樁子。削，同「箾」。竹樁。格，木樁。㉒羅落　捕獸的柵欄。一說指捕獸網。㉓罝罘　捕獸的網。㉔漸毒　欺詐。㉕頡滑　狡猾。引申為狡辯。㉖解垢同異　「同異」一類的詭辯。解垢，詭辯。同異，戰國時名家惠施的論題之一，認為事物之間的同和異是相對的，因而也就沒有同異之別。㉗變　變化；變詐。㉘每每　糊塗的樣子。㉙已善者　已經贊同的。這句是說，人們所贊成的事物，未必就是善的，而人們卻不知道對這些事物做進一步反思。如仁義等。㉚悖　亂。具體指日蝕、月蝕。㉛爍　消解；耗盡。㉜墮　同「隳」。毀壞；攪亂。㉝施　推移；交替。㉞喘耎之蟲　指無足的、蠕動的蟲類。喘耎，蠕動的樣子。㉟肖翹之物　蛾蝶一類的飛蟲。肖翹，小飛蟲。㊱舍夫種種之民　拋棄那些淳樸的百姓。舍，同「捨」。拋棄。種種，淳樸的樣子。㊲役役之佞　鑽營狡詐的奸佞小人。役役，奸詐的樣子。㊳釋　放棄。㊴啍啍之意　誨人不倦的主張。啍啍，喋喋不休、誨人不倦的樣子。意，主張。

【語　譯】您難道不知道人類天性保留最完美的時代嗎？從前的聖君有容成氏、大庭氏、伯皇氏、中央氏、栗陸氏、驪畜氏、軒轅氏、赫胥氏、尊盧氏、祝融氏、伏戲氏、神農氏，在他們那個時代裡，人們用結繩的辦法記事，有甜美的食物，美麗的衣服，還有使他們快樂的習俗，安適的住所，鄰國之間可以互相看得見，雞犬之聲也可以互相聽得到，但人們直到老死也互不往來。像這樣的時代，可以說是最為太平安定的時代。而現在竟然使人們總是伸著脖子、踮起腳跟滿懷期望地說：「某個地方出了一位賢人。」於是大家便帶著乾糧急急忙忙投奔賢人去了，他們拋棄了家裡的父母雙親，在外也廢棄了主上的事業，他們的足跡交接於各諸侯國境，車輪印跡縱橫交錯於千里之外，而這都是君主愛好智巧的過錯。君主真心誠意地愛好智巧卻又不能遵循大道，那麼天下必定會大亂啊！

憑什麼知道會是這樣呢？弓弩、鳥網、弋箭、捕鳥機關這一類的智巧多了，天上的飛鳥就會亂作一團；

魚鉤魚餌、各種魚網、各種捕魚竹器這一類的智巧多了，水中的游魚就會亂作一團；捕獸用的各種木樁、柵欄、羅網這一類的智巧多了，大澤裡的走獸就會亂作一團；像虛偽奸詐、「堅白」狡辯、「同異」詭論這一類的智巧變化多了，那麼世俗社會的人們就會被這些詭辯所迷惑。所以說整個天下都糊糊塗塗一片混亂，其罪過就在於喜好智巧。所以整個天下的人都知道去探索他們所不知道的知識，卻不知道去進一步反思他們已經掌握的知識；都知道去批評他們所認為的壞事物，卻不知道去批評他們讚美過的事物，因此天下大亂。所以說這些人遮蔽了天上的日月光明，耗盡了地上的山川精華，還使四季無法在天地之間正常推移交替，就連地上蠕動的小蟲，空中飛舞的蛾蝶，也無不喪失了原有的本性。喜好智巧擾亂了天下，竟到了如此嚴重的地步！夏、商、周三代以後的情況都是如此，君主拋棄淳樸善良的百姓，而喜歡那些鑽營狡詐的奸佞小人；放棄恬淡無為的政策，而喜歡那些喋喋不休的說教。可喋喋不休的說教已經搞亂了整個天下啊！

【研析】本篇與〈駢拇〉、〈馬蹄〉的主旨基本相同，都是反對儒家的仁義及各種智巧，希望能夠返歸自然淳樸的「至德之世」。關於莊子對仁義的態度和至德之世的主要內容，我們在前兩篇的「研析」中已經談過了。這裡我們主要討論本篇中比較著名的一個命題：「竊鉤者誅，竊國者為諸侯，諸侯之門而仁義存焉。」

當看到大大小小的竊賊和強盜入室偷盜、攔路搶劫時，我們會感到無比的蔑視和憤慨；當看到帝王、特別是開國皇帝攻城掠地、所向無敵的事跡時，我們會感到無限的嚮往和敬佩。這是人們的一種普遍心理感受。但當我們看到莊子的這句話時，我們又是什麼感受呢？我們難道不會靜下心來，認真反思這樣一個問題：歷史上除了一些被逼無奈、揭竿而起的義軍之外，還有大批的開國皇帝，如秦始皇、王莽、魏國的曹氏集團、晉朝的司馬氏集團等等，難道不就是一群不折不扣的「強盜」麼？

一個小頭目，領著一小群嘍囉，佔山為王，掠人財物，他們可以自稱是「打富濟貧，替天行道」；一個大頭目，領著一大群嘍囉，屠城滅國，殺人無數，他們可以自詡為「奉天承運，救民水火」。這兩種頭目的手段和目的並沒有本質的區別，都是依靠暴力的手段以達到把別人的財物（包括國土和百姓）佔為己有的目的。

更為可惡的是，無論一般的盜賊如何自我標榜，人們大多不信，他們在人們心目中的地位是卑下的。而一些帶有盜賊性質的開國皇帝則不同，他們不僅要竊取天下所有的財物，而且還要竊取天下所有的美名。結果，這些皇帝不僅成為天下最富有的人，而且也成為正義的化身，至少在他們活著的時候是如此。

雖然大、小兩種盜賊在本質上沒有什麼區別，後者甚至比前者更可惡，但他們在人們心目中的地位卻大不一樣。這是因為後者的勢力太大，大得讓人暈頭轉向，看不清他們的本來面目；大得讓人感到壓抑，以至於在他們面前直不起腰來。再加上他們用各種理論進行精心的自我文飾，通過千萬遍的重複把謊言打扮成「真理」。時間久了，老百姓慢慢地就真的認為他們是自己的救星，真的認為沒有這些皇帝，就沒有自己的今天。於是就歌頌他們，忠於他們。然而此時的這些皇帝，正率領大大小小的官員，像強盜一樣對百姓敲骨吸髓，百般盤剝，然後依據等級高低進行分贓，過著比一般強盜、小偷富裕百倍、千倍的奢侈生活。

我們不能不佩服莊子思想的深刻和目光的敏銳，他使我們看到了一些皇帝的真相，使我們在這一問題上有一種大夢初醒的感覺。當然，我們也必須承認，歷史上還是有好皇帝的，他們的確為百姓做了不少的好事，為社會的進步做出過自己的貢獻。

在宥第十一

【題解】在宥，放任與寬容。在，自在；放任。即放任萬物自由生長。宥，寬容；順應。即順應萬物天性。本篇的主題是反對君主對百姓的生活進行人為的干涉，認為聖明的君主只管自身修心養性即可，萬物會自然而然地順利成長。反之，天下將會越來越混亂。本篇還提出了不少發人深思、對後世影響很大的命題，如「尸居而龍見，淵默而雷聲」、「人心排下而進上」、「大人……為天下配」等等。這些命題直接或間接地影響到政治、文學和心理學等領域。

聞在宥❶天下，不聞治❷天下也。在之也者，恐天下之淫❸其性也；宥之也者，恐天下之遷❹其德也。天下不淫其性，不遷其德，有治天下者哉！昔堯之治天下也，使天下欣欣焉❺人樂其性❻，是不恬❼也；桀之治天下也，使天下瘁瘁焉❽人苦其性❾，是不愉也。夫不恬不愉，非德也。非德也而可長久者，天下無之。

人大喜邪，毗於陽❿；大怒邪，毗於陰。陰陽并毗，四時不至，寒暑之和不成⓫，其反傷人之形乎！使人喜怒失位⓬，居處⓭無常，思慮不自得⓮，中道不成章⓯，於是乎天下始喬詰⓰卓鷙⓱，而後有盜跖、曾、史之行。故舉⓲天下以賞其善者不足，舉天下以罰其惡者不給⓳，故天下之大不足以賞罰。自三代以下者，匈匈焉⑳終以賞罰為事㉑，彼何暇安其性命之情哉！

而且悅明㉒邪，是淫於色㉓也；悅聰邪，是淫於聲也；悅仁邪，是亂於德也；悅義邪，是悖㉔於理也；悅禮邪，是相於技㉕也；悅樂邪，是相於淫㉖也；悅聖邪，是相於藝㉗也；悅知邪，是相於疵㉘也。天下將安其性命之情，之八者，存可也，亡㉙可也；天下將不安其性命之情，之八者，乃始臠卷㉚傖囊㉛而亂天下也。而天下乃始尊之、惜之，甚矣，天下之惑也！豈直過也而去之邪㉜？乃齋戒㉝以言之，跪坐以進之㉞，鼓歌以儛㉟之，吾若是何㊱哉！

故君子不得已而臨蒞㊲天下，莫若無為。無為也，而後安其性命之情。故貴以身於為天下㊳，則可以託天下；愛以身於為天下，則可以寄天下。故君子苟能無解其五藏㊴，無擢其聰明㊵，尸居而龍見㊶，淵默而雷聲㊷，神動而天隨㊸，從容無為而萬物炊累㊹焉，吾又何暇治天下哉！

【章旨】本章認為治理天下的人要順應萬物本性，推行清靜無為的政策，反對一切人為措施。

【注釋】❶在宥　放任；聽任。在，自在；放任。宥，寬容；聽任。❷治　指人為地去治理。❸淫　過度。引申為擾亂。❹遷　改變。❺欣欣焉　高高興興的樣子。❻樂其性　為堯的仁愛性格而感到高興。其，代指堯。❼不恬　不恬淡；不淡泊。莊子認為，人的天性是淡泊名利的，而堯從仁愛出發，給予百姓很多利益，百姓為此而十分高興，但這種高興體現了百姓對名利的貪欲，所以說是「不恬」。❽瘁瘁焉　痛苦不堪的樣子。❾苦其性　因為夏桀的殘酷性格而痛苦。其，代指桀。❿毗

於陽　損傷陽氣。毗，損傷。⓫寒暑之和不成　寒暑不能很好的調和。以上數句講的是天人感應思想。古人認為，在道的支配下，陰陽二氣相互調和以生出萬物，而人們的一些行為則會破壞陰陽二氣，嚴重時就會導致日月不明、四季錯亂、寒暑不調等自然災害。⓬失位　失去常態；失常。⓭居處　行為。⓮不自得　沒有結果；不得要領。⓯中道不成章　半途而廢，不能成功。中道，半途。成章，本指織成花紋，引申為成功。章，花紋。⓰喬詰　心中不平。⓱卓鷙　行為混亂；行為暴虐。⓲舉　整個。⓳不給　不足。⓴匈匈焉　喧囂混亂的樣子。㉑為事　作為首要之事。㉒悅明　喜歡視力好。明，視力好。㉓淫於色　搞亂了原始顏色。淫，迷亂。㉔悖　違背；搞亂。㉕相於技　助長人們追求技巧。相，助。㉖淫　淫樂；不合正道的音樂。㉗藝　技藝。㉘疵　毛病；錯誤。㉙亡　無。㉚臠卷　拳曲而不舒展的樣子。形容生活不舒心。㉛傖囊　亂紛紛的樣子。㉜豈直過也而去之邪　人們難道是僅僅涉獵一下就拋棄這八種做法嗎。直，僅僅。過，過訪。引申為短時的涉獵。去，拋棄。㉝齋戒　祭祀神靈前整潔身心。引申為虔誠。㉞跪坐以進之　恭敬地去傳授它們。跪坐，形容恭敬的樣子。進，奉獻。引申為傳授。㉟儛　即「舞」。㊱若是何　對此又有什麼辦法呢。㊲臨莅　君臨；治理。㊳故貴以身於為天下　看重自身天性甚於看重治理天下。身，自身天性。為，治理。以下四句出自《老子》。㊴解其五藏　放縱其情欲。解，放開；放縱。五藏，即五臟。代指情欲。藏，同「臟」。㊵擢其聰明　人為地拔高聽力和視力。擢，拔高。㊶尸居而龍見　安居不動而事業成功。尸居，安坐不動。尸，古代祭祀時代表死者受祭的人。受祭的人在整個祭祀過程中安坐不動。龍見，像龍騰空飛躍一樣。古人以此形容事業成功。見，同「現」。㊷淵默而雷聲　像深淵那樣沉靜無語，卻能像霹靂那樣震撼人心。形容得道之人一語不發卻能感人深切。㊸神動而天隨　想法一出而萬物聽從。天，指天下萬物。㊹萬物炊累　萬物像飄動的炊煙和塵埃那樣自由發展。累，塵埃。

【語　譯】只聽說過應該讓天下萬物自由自在地生活，沒有聽說過應該對天下萬物進行人為的治理。放任萬物自由發展，是因為擔心會擾亂天下萬物的天性；聽任萬物自由發展，是因為擔心會改變天下萬物原有的美德。如果天下萬物的本性沒有迷亂，原有的美德沒有改變，哪裡用得著去治理天下呢！從前堯治理天下的時候，使天下每個人都因為堯的仁愛之性而快樂無比，這就不是淡泊名利了；桀治理天下的時候，使天下每個人都因為桀的殘酷之性而痛苦不堪，這就不愉快了。不淡泊不愉快，都不符合人的天性。不符合人的天性而能長久存在，是天下決沒有的事情。

人過於歡快，就會傷害陽氣；過於憤怒，就會傷害陰氣。陰陽二氣都被傷害了，那麼四季就不會應時出現，寒暑也就無法調和，這樣反過來又傷害了人的身體，使人喜怒無常，行為失度，思考問題不得要領，辦事往往半途而廢，於是天下的人們便心中不平，行為暴虐，然後就會出現盜跖、曾參、史鰌這一類人的行為。結果用盡天下所有的力量來鼓勵人們行善也嫌不足，用盡天下所有的力量來懲戒人們行惡也嫌不夠，因而天下雖然很大仍不足以用來賞善罰惡。自從夏、商、周三代以來，始終是忙忙碌碌地把賞善罰惡作為當政之急務，他們哪裡還顧得上去安頓、恢復人們的天性呢！

再說喜歡過分好的視力，那將搞亂原有的自然色彩；喜歡過分好的聽力，那將搞亂原有的自然聲音；喜歡仁愛，那將搞亂人的天性；喜歡道義，那是違背了天理；喜歡禮儀，那將有助於人們追求技巧；喜歡音樂，那將有利於淫樂的出現；喜歡聖明，那將有助於技藝的形成；喜歡智巧，那將有助於錯誤的發生。天下人如果能保護好自己的天性，那麼這八種做法，有也可，無也可；天下人如果不能安守自己的天性，那麼這八種做法，就會使人們進退維谷、天下一片混亂了。然而天下人卻尊崇這八種做法，珍惜這八種做法，天下人的迷惑程度竟然如此嚴重！人們難道僅僅是嘗試一下這八種做法就拋棄了它們嗎？人們還要虔誠地談論它們，恭敬地傳授它們，用歌舞去頌揚它們，對此我又能如何呢！

所以，得道君子如果不得已而君臨天下，最好的辦法就是推行清靜無為的政治。做到了清靜無為，就能使人們安守自己的天性。所以說，只有那些看重自身天性甚於看重統領天下的人，才可以把天下交付給他；只有那些喜歡自身天性甚於喜歡統領天下的人，才可以把天下託付給他。所以說，君子如果能夠做到不放縱自己的情欲，不人為地去拔高自己的聽力和視力，就會安居不動而事事成功，一言不發卻撼動人心，想法一出而萬物聽從，這樣的君子從容不迫清靜無為，而萬物也能像飄盪的炊煙和塵埃那樣自由自在地生活和發展，我又何必分出心思去治理天下呢！

崔瞿❶問於老聃❷曰：「不治天下，安臧人心❸？」老聃曰：「汝慎無攖❹人心。人心排下而進上❺，上下囚殺❻，淖約柔乎剛彊❼。廉劌彫琢❽，其熱❾焦火，其寒❿凝冰。其疾俛仰之間而再撫四海之外⓫。其居⓬也淵而靜，其動也縣⓭而天。僨驕⓮而不可係⓯者，其唯人心乎！昔者黃帝始以仁義攖人之心，堯舜於是乎股無胈⓰，脛無毛⓱，以養天下之形⓲。愁其五藏⓳以為仁義，矜其血氣⓴以規法度。然猶有不勝㉑也，堯於是放讙兜㉒於崇山㉓，投三苗㉔於三峗㉕，流共工㉖於幽都㉗，此不勝天下也。夫施㉘及三王㉙而天下大駭㉚矣，下有桀、跖，上有曾、史，而儒、墨畢起。於是乎喜怒相疑，愚知相欺，善否㉛相非，誕信㉜相譏，而天下衰矣。大德㉝不同，而性命爛漫㉞矣；天下好知，而百姓求竭㉟矣。於是乎釿鋸制焉㊱，繩墨殺焉㊲，椎鑿決焉㊳。天下脊脊㊴大亂，罪在攖人心。故賢者伏處㊵大山嵁巖㊶之下，而萬乘之君㊷憂慄乎廟堂之上。今世殊死㊸者相枕㊹也，桁楊㊺者相推㊻也，刑戮者相望㊼也，而儒、墨乃始離跂攘臂乎桎梏之間㊽。意㊾，甚矣哉！其㊿無愧而不知恥也甚矣！吾未知聖知之不為桁楊椄槢(51)也，仁義之不為桎梏鑿枘(52)也，焉(53)知曾、史之不為桀、跖嚆矢(54)也。故曰：『絕聖棄知而天下大治。』

【章　旨】本章分析了人的心理活動，指出如果用仁義、聖智治理天下，受害的不僅是百姓，統治者也會因此驚懼不安。

【注　釋】❶崔瞿　虛構的人名。❷老聃　人名。即老子。❸安臧人心　怎麼能使人心向善。安，怎麼。臧，善。❹攖　攖亂。❺人心排下而進上　人心受到排斥壓抑就會消沉頹喪，受到讚揚奉承就會趾高氣揚。排，排斥；壓抑。下，消沉。進，頌揚。上，趾高氣揚。❻囚殺　傷害。❼淖約柔乎剛彊　柔弱順應可以軟化剛強之性。淖約，柔和；順應。柔，使……變柔；軟化。❽廉劌彫琢　傷害和改造。廉，有稜角。劌，割傷；傷害。彫琢，彫刻改造。❾熱　情緒激動。❿寒　情緒消沉。⓫其疾俛仰之間而再撫四海之外　人心變化極快，轉眼間可以兩次巡遊四海之外。其，代指人心。疾，快速。俛仰之間，形容時間很短。俛，同「俯」。再，二；兩次。撫，臨；到。⓬居　安定。指人心不活動。⓭縣　同「懸」。高舉。⓮僨驕　不可約束的樣子。⓯係　約束。⓰股無胈　大腿上瘦得無肉。股，大腿。胈，肉。⓱脛無毛　小腿上沒有毛。脛，小腿。以上兩句是說堯舜整天為百姓奔忙，腿上瘦得沒肉，汗毛也被磨掉。⓲形　身體。代指人。⓳愁其五藏　滿懷焦慮。藏，同「臟」。⓴矜其血氣　耗費心血。矜，苦；耗費。㉑不勝　不能勝任。指沒有治理好天下。㉒讙兜　人名。傳說與堯為敵，後被放逐。㉓崇山　山名。在今湖南省大庸縣西南。㉔三苗　古代部落名。㉕三峗　地名。在今甘肅省一帶。㉖共工　官名。堯時的水官。原名窮奇。㉗幽都　地名。即幽州。在今河北省一帶。㉘施　延續。㉙三王　指夏、商、周三代帝王。㉚駭　驚擾。㉛善否　善惡。否，惡。㉜誕信　虛偽和誠實。誕，虛假；虛偽。㉝大德　總體天性。㉞性命爛漫　人們的天性就散亂了。爛漫，散亂的樣子。㉟求竭　混亂的樣子。一說為追求不得滿足。㊱釿鋸制焉　用斧鋸之類的刑具來制裁他們。釿，即「斤」。斧頭。㊲繩墨殺焉　用法律去殺戮他們。繩墨，本指木工用來畫直線的墨繩。這裡代指法律。㊳椎鑿決焉　用椎鑿一類的刑具去懲罰他們。決，判決；懲罰。㊴脊脊　形容大亂的樣子。㊵伏處　隱居。㊶嵁巖　深山峻崖。嵁，山深。巖，高峻的山崖。㊷萬乘之君　大國君主。乘，古代一車四馬為一乘。「萬乘之君」即能夠統領萬輛戰車的大國君主。㊸殊死　斬首而死。殊，斷開；斬首。㊹相枕　互相堆壓。㊺桁楊　加在犯人頸上和腳上的刑具。㊻相推　一個緊挨著一個。㊼相望　彼此能看得到；滿眼都是。㊽而儒墨乃始離跂攘臂乎桎梏之間　然而儒、墨兩家人物卻還在帶著枷鎖的犯人之間揮手舞臂地奮力宣揚各自的主張。離跂，抬起腳跟。形容努力的樣子。攘臂，舉臂。桎梏，腳鐐和手銬。這句意思是說儒、墨提倡仁義、崇尚智巧造成了今天的悲慘局面，而他們卻不知反省，還在那裡不遺餘力地鼓吹各自的主張，所以下文說他們「無愧而不知恥也甚矣」。㊾意　同

「噫」。感歎詞。50其 代指儒、墨。51椄槢 連接木枷左右兩部分的橫木。本句意思是說儒墨的主張是殘害百姓的幫兇。52鑿枘 木枷上的榫眼和榫頭。鑿，孔眼；榫眼。枘，榫子；榫頭。53焉 怎麼。54嚆矢 響箭。發射時聲先於箭而到，因而常用來比喻事物的開端、先導。

【語　譯】崔瞿向老聃請教說：「不去治理天下，怎麼能使人心向善呢？」老聃回答說：「你千萬不要擾亂人心。人心受到壓抑就會消沉頹廢，受到奉承就會趾高氣揚，而消沉頹廢和趾高氣揚都是對人的戕害，只有用柔和順應的方法才能征服剛強之性。當人心受到傷害或改造時，其情緒可能激烈得像熊熊大火，也可能消沉得像凜凜寒冰。人心變化極快，轉眼之間就可以兩次巡遊四海之外。人心安定時就像深淵那樣寂靜，人心活動時可以遨遊雲天。自由自在而無法約束的，大概就只有人心吧！從前黃帝開始用仁義來擾亂人心，堯和舜於是因為奔波勞累而使大腿瘦得沒肉，小腿的汗毛也被磨掉，以此來養育天下百姓。他們滿懷焦慮地去推行仁義，耗盡心血地去制定法度。然而他們還是沒有辦法治理好天下，於是堯就把讙兜放逐到崇山，把三苗放逐到三峗，把共工放逐到幽都，這些都證明他們沒有把天下治理好。到了夏、商、周三代，天下百姓受到更大的驚擾，下有夏桀、盜跖之流，上有曾參、史鰌之輩，而儒、墨等各家各派也都相繼出現。這樣一來，歡喜者和憤怒者相互猜疑，愚笨者和聰明者相互欺騙，善良者和兇惡者相互批評，虛偽者和誠實者相互譏諷，因而天下也就逐漸衰敗了。人們的基本德性不一致，那麼人們的天性就會散亂；天下人都去追求智巧，那麼百姓就會發生混亂紛爭。於是就用斧鋸一類的刑具去制裁他們，用繩墨一樣的法律去殺戮他們，用椎鑿一類的刑具去處罰他們。天下之所以如此混亂，罪過全在於擾亂了人心。所以現在的賢人隱居於大山深處的峻巖之下，而帝王們戰戰兢兢、憂心如焚地生活於朝堂之上。當今之世，被斬首處死者的屍體相互堆積，帶著鐐銬的人一個挨著一個，受過刑罰的人滿眼皆是，而儒、墨兩家人物卻還在帶著枷鎖的犯人之間揮手舞臂地努力宣揚各自的主張。唉，真是太過分了！他們不知慚愧、不知羞恥竟然到了如此嚴重的地步！我不知道他們提倡的聖智不會成為把木枷左右兩部分連接在一起的橫木，他們提倡的仁義不會成為木枷上的榫孔和榫頭，我怎麼知道曾參和史鰌這些所謂的善人不會成為夏桀和盜跖這些壞人的先導呢！所以說：『不要聖人，拋棄智巧，天下就會太平無事。』」

黃帝立為天子十九年，令行天下。聞廣成子❶在於空同❷之上，故往見之。曰：「我聞吾子❸達於至道，敢問至道之精。吾欲取天地之精，以佐❹五穀，以養民人。吾又欲官❺陰陽，以遂❻群生。為之奈何？」廣成子曰：「而❼所欲問者，物之質❽也；而所欲官者，物之殘❾也。自而治天下，雲氣不待族❿而雨，草木不待黃而落，日月之光益⓫以荒⓬矣。而佞人之心翦翦⓭者，又奚足以語至道！」

黃帝退，捐⓮天下，築特室⓯，席白茅⓰，閒居⓱三月，復往邀⓲之。

廣成子南首⓳而臥，黃帝順下風⓴，膝行㉑而進，再拜稽首㉒而問曰：「聞吾子達於至道，敢問治身奈何而可以長久？」廣成子蹶然㉓而起，曰：「善哉問乎！來，吾語汝至道。至道之精，窈窈冥冥㉔；至道之極，昏昏默默㉕。無視無聽，抱神㉖以靜，形將自正㉗。必靜必清，無勞汝形，無搖㉘汝精，乃可以長生。目無所見，耳無所聞，心無所知，汝神將守形㉙，形乃長生。慎汝內㉚，閉汝外㉛，多知為敗。我為汝遂㉜於大明之上㉝矣，至彼至陽之原㉞也；為汝入於窈冥之門㉟矣，至彼至陰之原也。天地有官，陰陽有藏㊱，慎守汝身，物將自壯。我守其一以處其和㊲，故我修身千二百歲矣，吾形未常㊳衰。」黃帝再拜稽首，曰：「廣成子之謂天㊴矣！」

廣成子曰：「來，余語汝。彼其物無窮，而人皆以為有終；彼其物無測㊵，而人皆以為有極㊶。得吾道者，上為皇而下為王；失吾道者，上見光而下為土㊷，今夫百昌㊸皆生於土而反於土。故余將去汝，入無窮之門㊹，以遊無極之野㊺，吾與日月參光㊻，吾與天地為常㊼。當我㊽，緡㊾乎！遠我，昏㊿乎！人其盡死，而我獨存乎！」

【章旨】本章主要闡述了治天下必先治身的道理，提出了清靜無為、守道處和等具體的修心養生主張。

【注釋】❶廣成子　虛構的人名。❷空同　神話中的山名。也寫作「崆峒」。❸吾子　對對方的尊稱。❹佐　輔助。❺官　管理；掌握。❻遂　使……成功。❼而　你。❽質　本質；根本。❾殘　殘渣；不重要的東西。❿族　聚集。⓫益　更加。⓬荒　昏暗。⓭而佞人之心翦翦　你這個能言善辯、崇尚智巧的人的心胸是如此淺陋。而，你。佞，能言善辯而多智巧。翦翦，淺陋的樣子。⓮捐　放棄。⓯特室　單獨的靜室。⓰席白茅　鋪著白茅。席，鋪。白茅，草名。⓱間居　獨居。⓲邀　請；求教。⓳南首　頭朝南。⓴順下風　從下方。順，從。風，方。㉑膝行　用膝蓋著地而行。㉒再拜稽首　拜了兩拜，叩頭至地。再，二。稽首，古代的一種禮節。跪下，拱手至地，頭也至地。㉓蹶然　很快的樣子。㉔窈窈冥冥　深不可測的樣子。㉕昏昏默默　深遠而難以認識的樣子。㉖抱神　保持精神完好。㉗形將自正　形體自然健康。正，正確。引申為健康。㉘搖　搖動；損害。㉙神將守形　精神將守護形體。古人認為，形與神分離，就意味著死亡。神不離形，人就健康。㉚慎汝內　小心保養你的精神。內，內心；精神。㉛閉汝外　封閉你的視聽。即對外不看不聽。㉜遂　達到。㉝大明之上　最明徹的境界之中。㉞至陽之原　直達陽氣的本原。古人認為「明」為「陽」，所以這裡「大明」與「至陽」相配。㉟窈冥之門　最幽深的境界之中。㊱陰陽有藏　陰陽二氣各居其位。藏，所藏之處。㊲我守其一以處其和　我堅守著獨一無二的大道，處於陰陽二氣和諧的境界。一，獨一無二的大道。㊳未常　即「未嘗」。不曾。㊴天　天人；思想境界最高的人。㊵無測　不可探測。㊶極　邊際；極限。引申為可以探測清楚。㊷上見光而下為土　上可勉強活在世上，下則失去生命化為塵土。見光，看見日月之光。指活在世上。為土，變為塵土。指死亡。㊸百昌　指昌盛的萬物。百，泛指多。㊹無窮之門　無窮境界之門。㊺無極之野　無窮無盡的境界。這裡說的無窮境界有兩種含義，一指廣成子與自然合而為一，永生不死，他活動的空間和時間是無窮的；二指沒有窮盡的精神境界。㊻參光　同輝。㊼為常　共同永存。㊽當我　朝我走來。㊾緡　不在意。㊿昏　不放在心上。

【語　譯】黃帝當了十九年天子，政令通行天下。他聽說廣成子住在空同山上，便特意前去拜訪。黃帝問：「我聽說您通曉大道，我想請教什麼是大道的精華。我很想獲取天地的靈氣，用來幫助五穀生長，以此養育百姓。我還想主宰陰陽二氣，用來幫助萬物生長。對此我該怎麼辦呢？」廣成子說：「你所問的，是萬事萬物的根本；你想主宰的，卻是萬事萬物中的次要東西。自從你治理天下以來，雲氣還沒有聚集就下起雨來，草木之葉還沒有枯黃就已經飄落，日月的光亮也更加暗淡了。你是一個能言善辯、崇尚智巧的人，心胸如此淺陋，又怎麼能夠談論大道呢！」

黃帝回去以後，便不再管理朝政，單獨修建了一間靜室，鋪著白茅，獨自一人在那裡住了三個月，然後又去向廣成子請教。

廣成子頭朝南躺著，黃帝便沿著下方，雙膝著地匍匐向前，先拜了兩拜，然後又叩頭至地，問道：「聽說先生通曉大道，請問如何修身養性才能長壽？」廣成子一聽馬上起身，說：「你問得真好啊！過來，我告訴你什麼是大道。大道的精髓，深邃得難以認識；大道的極致，高妙得無法明白。你什麼也別看，什麼也別聽，只要保持精神安靜，身體自然會健康。你一定要做到清靜無為，不要勞累你的身體，不要耗費你的精神，這樣就可以長生。你的眼睛什麼也別看，耳朵什麼也別聽，心裡什麼也別想，這樣你的精神就能守護好你的形體，而你的形體也就能長生了。注意保養你的精神，封閉你的視聽，智巧多了有害於養生。我將幫助你進入最明徹的境界之中，直達陽氣的本原；幫助你進入最幽深的境界之中，直達陰氣的本原。天地各有主宰，陰陽各居其所，你只要小心地保護好自己的身體，萬物將會自然成長。我能夠堅守大道，處於陰陽二氣和諧的境界，所以我養生至今已經一千二百年了，而我的身體從來不曾衰老過。」黃帝拜了兩拜，再次叩頭至地，說：「廣成子真可以說是思想境界最高的人了！」

廣成子最後又說：「來，我再告訴你。萬物的種類數量是無窮無盡的，而人們都認為有窮盡；萬物的奧妙是無法完全弄清楚的，而人們都認為可以完全弄清楚。掌握了我說的大道，優秀的人可以成為聖明的皇帝，次一等的人也可以成為王侯；不能掌握我說的大道，優秀一點的人還可以勉強活在世上，最差的人就只有失去生命化為塵土。如今那些萬物雖然生長繁榮，但都是生於塵土而又返歸於塵土。因此我將離你而去，進入那無窮境界的大門，遨遊於無窮無盡的境界之中，我將與日月同輝，我將與天地共存。有人朝我走來，我不在意；有人離我遠去，我也不在意！人們大概都會死去，而只有我一個人永存！」

雲將❶東遊，過扶搖❷之枝而適遭❸鴻蒙❹。鴻蒙方將拊髀雀躍❺而遊。雲將見之，倘然止❻，贄然❼立，曰：「叟❽何人邪？叟何為此？」鴻蒙拊髀雀躍不輟❾，對雲將曰：「遊！」雲將曰：「朕❿願有問也。」鴻蒙仰而視雲將曰：「吁⓫！」雲將曰：「天氣不和，地氣鬱結，六氣⓬不調，四時不節。今我願合六氣之精以育群生，為之柰何？」鴻蒙拊髀雀躍掉頭⓭曰：「吾弗知！吾弗知！」雲將不得問。

又三年，東遊，過有宋⓮之野而適遭鴻蒙。雲將大喜，行趨而進曰：「天⓯

忘朕邪？天忘朕邪？」再拜稽首，願聞於鴻蒙。鴻蒙曰：「浮遊⑯，不知所求；猖狂⑰，不知所往。遊者鞅掌⑱，以觀無妄⑲。朕又何知！」雲將曰：「朕也自以為猖狂，而民隨予所往。朕也不得已於民⑳，今則民之放㉑也。願聞一言。」鴻蒙曰：「亂天之經㉒，逆物之情，玄天弗成㉓，解㉔獸之群，而鳥皆夜鳴，災及草木，禍及昆蟲。噫！治人之過也！」雲將曰：「然則吾柰何？」鴻蒙曰：「噫，毒㉕哉！僊僊㉖乎歸矣。」雲將曰：「吾遇天難，願聞一言。」鴻蒙曰：「噫，心養㉗。汝徒處㉘無為，而物自化。墮㉙爾形體，吐㉚爾聰明，倫與物忘㉛，大同乎涬溟㉜，解心釋神㉝，莫然無魂㉞。萬物云云㉟，各復其根㊱，各復其根而不知㊲；渾渾沌沌㊳，終身不離㊴；若彼知之，乃是離之。無問其名，無闚其情，物固自生。」雲將曰：「天降朕以德㊵，示朕以默㊶。躬身求之㊷，乃今也得。」再拜稽首，起辭而行。

【章旨】本章認為，國君要以清靜無為的態度對待自身和國家，只要不對百姓橫加干涉，國家自會太平安定。

【注釋】❶雲將　雲的主帥。這裡可以看作寓言人物。❷扶搖　神話中的樹名。一說指盤旋而上的暴風。❸適遭　剛好遇上。適，剛好。遭，遇。❹鴻蒙　自然元氣。這裡可以看作寓言人物。❺拊髀雀躍　拍著大腿像鳥雀一樣跳躍著。拊，拍。

髀，大腿。❻倘然止　驚疑地停了下來。倘然，驚疑的樣子。❼贄然　一動不動的樣子。❽叟　老人；老先生。指鴻蒙。❾輟　停止。❿朕　我。⓫吁　應答之詞。⓬六氣　指陰、陽、風、雨、晦、明。⓭掉頭　搖頭。掉，搖。⓮有宋　國名。即宋國。有，名詞詞頭。無義。⓯天　對鴻蒙的尊稱。意為鴻蒙為至高無上之人。⓰浮遊　隨意遨遊。⓱猖狂　隨心所欲，不受約束。⓲鞅掌　眾多、紛亂的樣子。⓳無妄　不虛假；真相。⓴朕也不得已於民　我是不得已才去治理百姓的。㉑放　倣傚。㉒經　法則。㉓玄天弗成　上天也不會讓你成功。玄天，上天。㉔解　驅散。㉕毒　受毒害。㉖僊僊　輕揚的樣子。㉗心養　養心；保持內心清靜。㉘徒處　無所事事地端坐在那裡。㉙墮　同「隳」。毀棄；忘卻。㉚吐　去掉。㉛倫與物忘　忘卻倫理與萬物。㉜涬溟　萬物齊同的渾沌境界。㉝解心釋神　解放自己的精神。即讓精神自由自在。㉞莫然無魂　無知無識，沒有成見。莫然，即「漠然」。無知無識的樣子。魂，靈魂。引申為主見、成見。㉟云云　眾多的樣子。㊱各復其根　各自都恢復了自己的本性。根，本性。㊲不知　不知不覺。㊳渾渾沌沌　無知無識的樣子。㊴離　失去。指失去本性。㊵天降朕以德　先生把美德傳授給我。降，傳授。㊶示朕以默　讓我懂得了清靜無為的道理。示，讓我知道。默，清靜無為。㊷躬身求之　我追求大道。躬身，我自己。之，指大道。

【語　譯】雲將到東方巡遊，路過扶搖樹枝旁的時候，剛好遇到鴻蒙。鴻蒙正在那裡拍著大腿像鳥雀一樣跳躍遊樂。雲將看到鴻蒙那般模樣，便驚疑地停了下來，一動不動地站在那裡，問：「老先生您是什麼人啊？老先生您在幹什麼呀？」鴻蒙一邊不停地拍腿跳躍，一邊面對著雲將說：「我正在遊玩。」雲將說：「我想向您請教一些問題。」鴻蒙抬起頭看了看雲將，漫不經心地應道：「啊！」雲將問：「天上的氣不和諧，地上的氣鬱結著，陰、陽、風、雨、晦、明六氣不調和，四季變化不合節令。現在我想調和六氣的精華以養育萬物，對此該怎麼辦呢？」鴻蒙一邊拍著大腿跳躍著，一邊搖著頭說：「我不知道！我不知道！」雲將沒有得到回答。

又過了三年，雲將再次到東方巡遊，經過宋國的原野時，恰好又遇到了鴻蒙。雲將大喜，趕忙快步跑到鴻蒙跟前說：「先生您忘了我嗎？先生您忘了我嗎？」雲將拜了兩拜，叩頭至地，請求鴻蒙給予指教。鴻蒙說：「我自由遨遊，沒有任何追求；隨意而行，也沒有什麼目的。世上遊人熙熙攘攘，而我看到了萬物真相。

我又能知道什麼呢！」雲將說：「我也自以為能夠做到隨心而行，而百姓願意追隨著我，我是不得已才去管理百姓的，如今我卻成了百姓們做法的榜樣。我希望能夠聽到您的教誨。」鴻蒙說：「擾亂了自然的法則，違背了萬物的天性，上天也不會讓你成功。群居的野獸將會被驅散，夜宿的禽鳥也會因受驚而鳴叫，災難還將波及草木，禍患也將殃及昆蟲。唉！這都是治國者的過錯啊！」雲將問：「那麼我該怎麼辦呢？」鴻蒙說：「唉，你受到的毒害太深了！你還是飄飄蕩蕩地回去吧！」雲將說：「我遇到您實在不容易，希望能聽聽您的指教。」鴻蒙說：「唉，那你就修心養性吧！你如能做到清靜無為，萬物自會生長發展。忘卻你的形體，放棄你的視聽，遺忘倫理和萬物，進入萬物齊同的渾沌境界，放任自己的精神，不要個人的成見。這樣一來眾多的萬物，也都能恢復各自的天性，而且是在不知不覺之中恢復了各自的天性；萬物都處於一種渾渾沌沌、無知無識的狀態之中，這樣他們始終都不會失去自己的天性；如果他們一旦有了知識，就會失去自己的天性。不要去過問萬物的名稱，不要去探索萬物的究竟，萬物自然就能順利成長。」雲將說：「先生您把美德傳授給我，使我懂得了清靜無為的道理。我過去一直在追尋大道，直到今天我才得到了它。」雲將連拜兩拜，叩頭至地，然後起身告辭而去。

世俗之人，皆喜人之同乎己而惡人之異於己也。同於己而欲之❶，異於己而不欲者，以出乎眾❷為心也。夫以出乎眾為心者，曷常❸出乎眾哉！因眾以寧❹，所聞不如眾技眾矣。而欲為❺人之國者，此攬❻乎三王之利而不見其患者也。此以人之國僥倖也❼，幾何❽僥倖而不喪人之國乎！其存人之國也，無萬分之一；而喪人之國也，一不成而萬有餘喪❾矣。悲夫，有土者❿之不知也！

夫有土者，有大物⑪也。有大物者，不可以物⑫，物而不物⑬，故能物物⑭。明乎物物者之非物也⑮，豈獨治天下百姓而已哉！出入六合⑯，遊乎九州⑰，獨往獨來，是謂獨有⑱。獨有之人，是之謂至貴。

大人⑲之教，若形之於影，聲之於響⑳，有問而應之，盡其所懷㉑，為天下配㉒。處乎無響㉓，行乎無方㉔。挈汝適復之撓撓㉕，以遊無端㉖，出入無旁㉗，與日無始㉘。頌論形軀㉙，合乎大同㉚，大同而無己。無己，惡乎得有有㉛！覩有者，昔之君子㉜；覩無㉝者，天地之友。

【章　旨】本章告誡國君不要把國家視為個人財富，這樣做得少失多。聖君應做到忘己、忘物，超然於萬物之上。

【注　釋】❶欲之　願意這樣。之，代指「同於己」。❷出乎眾　出人頭地。❸曷常　即「何嘗」。何曾。❹因眾以寧　順應民眾的意願就可得到安寧。因，順應。❺為　治理。❻攬　攬取；貪取。❼此以人之國僥倖也　這樣做是想通過治國來僥倖謀取個人利益。❽幾何　幾個。❾一不成而萬有餘喪　一無所成而損失無數。萬有餘，極言多；無數。喪，損失。❿有土者　擁有土地的人。指國君。⓫大物　最大的外物。指國土和百姓。⓬不可以物　不可受外物的支配和役使。物，被外物所役使。莊子認為，國君如果拿國家謀取私利，或者為治國而勞形傷神，都是被外物（國家）所役使的表現。正確的做法是，國王雖佔有國土百姓，但這一切似乎與己無關，依然保持素樸天性，清靜無為。⓭物而不物　主宰外物而不被外物所役使。第一個「物」是主宰外物，第二個「物」是被外物所主宰。⓮物物　物使天下之物。即主宰外物。⓯明乎物物者之非物也　明白主宰外物的人是不會受外物役使這一道理。非物，即「不物」。不受外物役使。⓰六合　天地四方。⓱九州　整個天下。古人將中國分為冀州、兗州、青州、徐州、揚州、荊州、豫州、梁州、雍州九大行政區域。⓲獨有　人格獨立。⓳大人　即上文提到的獨有、至貴之人。⑳響　回聲。㉑盡其所懷　把自己知道的全部講出來。㉒為天下配　當順應天下的人。配，順應。「天下配」即「配天下」。㉓處乎無響　在家時清靜無為。處，在家。無響，沒有聲響。形容清靜。㉔行乎無方　出門時行無定所。指沒有個人成見，一切順物而行。㉕挈汝適復之撓撓　引導你們這些行為混亂的人。挈，提；引導。適復，往返。代指行動、行為。撓撓，混亂的樣子。㉖無端　無窮。無窮的境界。端，頭；邊際。㉗無旁　無所依賴；自由自在。旁，依。㉘無始　沒有終始。即永恆存在。㉙頌論形軀　言論和行為。頌，言談。一說指容貌。形軀，代指行為。㉚大同　即大同於萬物。一切順應萬物。㉛有有　佔有萬物。第一個「有」是佔有。第二個「有」是現有、現存的萬物。㉜覩有者二句　看到佔有萬物好處的人，這是過去所說的君子。㉝無　不佔有。與上句中的「有」相對。

【語譯】世俗人都喜歡別人贊同自己，而討厭別人不贊同自己。希望別人贊同自己，不希望別人不贊同自己的人，都是因為有一種出人頭地的心理。那些有出人頭地想法的人，又何嘗真的能夠出人頭地呢！只有順應民眾才能獲得安寧，因為一個人的智慧總是沒有民眾的智慧多。那些想去治理國家的人，是想貪取三代帝王的利益而沒有看到他們的災難。這些人想通過治理國家去僥倖地謀取個人利益，可又有幾個人能夠僥倖獲利而不喪失自己的國家呢！他們之中能夠保有國家的，還不到萬分之一；而那些喪失國家的人，一事無成而損失無數。可悲呀，那些擁有土地的君主們還不明白這一點！

那些擁有國土的君主，就是擁有了最大的外物。擁有最大外物的人，不可以被外物所役使，役使外物而不被外物所役使，才能主宰天下萬物。明白要主宰萬物而不被外物所役使這一道理的人，豈止是只能治理天下百姓而已啊！他們將能自由地出入於天地四方之間，遨遊於九州之上，他們毫無約束地獨來獨往，可以稱之為「人格獨立」。人格能夠獨立的人，可以說是最尊貴的人。

至尊之人對百姓的教誨，就如同形體和影子、聲音和回響的關係一樣，有提問就有回答，並且把自己知道的全部講出來，他們能很好地順應天下民眾。至尊之人在家時清靜無為，出門時行無定所。至尊之人能夠引導反覆無常、混亂不堪的民眾，遨遊於無窮無盡的境界之中，大家往來自由，與太陽共存。至尊之人的言論和行為，與百姓和萬物的意願完全相同，與百姓和萬物的意願完全相同就會忘掉自我。如果忘掉了自我，又哪裡會去把萬物據為己有呢！看到佔有萬物好處的人，是過去所說的君子；只有那些能夠看到不佔有萬物好處的人，才有資格成為天地的朋友。

賤而不可不任❶者，物也；卑❷而不可不因❸者，民也；匿❹而不可不為者，事也；麤❺而不可不陳❻者，法也；遠❼而不可不居❽者，義也；親❾而不可不廣❿者，仁也；節⓫而不可不積⓬者，禮也；中⓭而不可不高者，德也；一而不可不易者⓮，道也；神而不可不為⓯者，天也。故聖人觀於天而不助⓰，成於德而不累⓱，出於道而不謀⓲，會於仁而不恃⓳，薄於義而不積⓴，應於禮而不諱㉑，接㉒於事而不讓，齊㉓於法而不亂，恃於民而不輕㉔，因於物而不去㉕。物者莫足為㉖也，而不可不為。不明於天者，不純於德；不通於道者，無自而可㉗。不明於道者，悲夫！

何謂道？有天道㉘，有人道㉙。無為而尊者，天道也；有為而累㉚者，人道也。主者，天道也；臣者，人道也。天道之與人道也，相去遠矣，不可不察也。

【章　旨】本章概括了治國時所遇到的十種情況，認為像仁義、禮法這些規則雖然不符合大道，但也不得不予以重視。有人認為本章違背了道家思想，為後人所添加。

【注釋】❶任　放任；順應。❷卑　地位卑微。❸因　順應；聽從。❹匿　隱藏；不顯眼。引申為平凡。❺麤　粗略；不周密。❻陳　陳述。❼遠　遠離大道。❽居　履行；恪守。❾親　偏私。❿廣　擴展；推廣。⓫節　節制；約束。⓬積　不停地履行。⓭中　中等；不好不壞。人的天性既不像曾參、史鰌那樣高尚，也不像夏桀、盜跖那樣惡劣，在世俗人眼中，它屬於「中」。⓮一而不可不易者　獨一無二但又不能不去學習的。一，指道獨一無二。易，修治；學習。⓯為　做法。⓰助　幫助。引申為人為地改變。⓱成於德而不累　保全了自己的天性而不感到有不舒適之處。成，保全。累，拖累；不舒適。⓲出於道而不謀　言行處處符合大道而不用事先有考慮。形容得道者與大道融為一體，不用思考就自然合於大道。⓳會於仁而不恃　符合仁的要求卻不依靠行仁去謀取回報。會，符合。恃，依靠。⓴薄於義而不積　符合義的要求卻不是因為有意地去學習道義。薄，接近；符合。㉑應於禮而不諱　符合禮儀而不是因為要忌諱什麼。㉒接　接觸；辦理。㉓齊　符合。㉔恃於民而不輕　依靠百姓但又不輕易地去使用民力。恃，依靠。輕，輕易使用。㉕因於物而不去　順應萬物而不讓它們失去天性。因，順應。去，失去天性。㉖莫足為　不可去進行人為治理。㉗無自而可　無從成功；沒法成功。無自，無從；沒辦法。可，成功。㉘天道　大自然的法則。㉙人道　人為的法則。㉚有為而累　要處理事務而受苦受累。有為，做事。

【語　譯】低賤然而不可不順應的，是萬物；卑微而不可不聽從的，是百姓；平凡而不可不處理的，是事務；粗淺而不可不陳述的，是法律；遠離大道而又不可不恪守的，是道義；有所偏私而又不可不推行的，是仁愛；細微繁瑣而又不可不履行的，是禮儀；不善不惡而又不可不尊崇的，是天性；獨一無二而又不可不學習的，是大道；神妙莫測而又不可不做法的，是自然。所以聖人觀察神妙的自然而不去改變它，保全自己的天性而沒有任何不適之感，言行符合大道而不需事先考慮，言行符合仁的要求而又不想依靠行仁謀取回報，言行符合義的要求而又不是因為長期地去學習道義，言行符合禮儀而又不是因為要忌諱什麼，處理瑣事時不推辭，遵守法度而不妄為，依靠百姓但不輕易使用民力，順應萬物而不使萬物丟失各自的天性。對於萬物不可去進行人為的管理，但有時又不可不管理。不懂得大自然法則的人，就不會具備純正的天性，不懂得大道的人，也就無法取得成功。不懂得大道的人，真是可悲呀！

什麼叫做道？有天道，有人道。清靜無為而又無比尊貴的，是天道；要處理具體事務受苦受累的，是人道。君主的行為，要符合天道；臣下的行為，要符合人道。天道與人道之間，相差實在太遠，不可不去細加體察啊！

【研　析】本篇的主旨依然是告誡君主要順應萬物本性，不要過多地去干涉百姓生活。但本篇有一點比較突出，就是多次地強調君主修身養性的重要性。如廣成子對黃帝的教誨，鴻蒙對雲將的教誨，都提到了這一點，認為君主只要自身修養好了，國家自然安定，修身養性成了治國安民的根本。那麼修身養性與國家安定究竟是一種什麼樣的關係呢？

儒家也講「修身、齊家、治國、平天下」，同樣把修身視為治國的根本，但儒、道兩家對修身的解釋大不一樣。儒家講的修身，主要是要求提高自身的仁義道德，掌握治國才能及其他各種知識。而道家所講的修身，則是要求不去提倡仁義，摒除一切知識，保持自己無知無識、渾渾沌沌的天性。從某種角度來看，儒、道兩家對修身的解釋剛好相反。

應該說，儒家的觀點符合一般人的看法。不提倡仁義，沒有治國才能，如何去治國呢？直到今天，人們依然是在按照儒家的教導行事。儒家的這一主張容易理解，也容易接受。但與之相反的道家觀點也並非毫無道理。提倡仁義的副作用，我們在〈駢拇〉的「研析」中已經談過，此處不再贅述。反對知識，大概最難為人們所理解，但仔細想想，知識的確像一把雙刃劍，在為人類帶來方便和幸福的同時，也為人類帶來了不少煩惱。莊子則著重從道德衰落這一角度來抨擊知識。隨著知識的豐富，統治者的統治手段越來越嚴密，而百姓用來對付的方法也越來越精明。今天人們所說的「上有政策，下有對策」，也非常形象地說明了這一點。上下如此不停地鬥智鬥謀，國家怎得安寧？

基於這一原因，莊子要求君主只管自己修身養性，不要把心思放在治理百姓上。莊子講的修身養性，主要內容有兩點，一是保護好自己清靜無為的天性，也即精神修養；二是保養好自己的身體以求長壽，也即肉體修養。莊子要求君主這樣做的目的也有兩點，第一，人的精力畢竟有限，君主把注意力放在以清靜無為為內容的修身養性方面，自然不會過多地去關注國家之事，這就為推行無為政治提供了一個良好的主觀條件。第二，上有所好，下必甚之。君主做到了清靜無為，這無疑是為百姓樹立了一個良好的榜樣。君主無欲，百姓清靜，上下既不鬥智，更不鬥勇，國家怎能不太平！

莊子的主觀願望是美好的，但由於人們的無限欲望和好奇心，使得莊子的這一美好願望只能停留在理論上。

天地第十二

【題　解】天地，即天和地。取篇首二字為篇名。本篇的主旨依然是在闡述無為而治的政治主張，同時也提出了一些新穎的觀點。如「泰初有無」一段論述了大道順而生物、人逆而求道的正反兩個過程，對後人產生很大影響。再如最後一段認為楊朱、墨翟等人提倡各種思想主張，制定各種條令制度，這實際上是在自掘陷阱、作繭自縛。本篇由十幾段文字組成，每段文字具有相對的獨立性，彼此聯繫不甚緊密。

天地雖大，其化均❶也；萬物雖多，其治❷一也；人卒❸雖眾，其主君也。君原於德而成於天❹，故曰：玄古❺之君❻天下，無為也，天德❼而已矣。以道觀言❽，而天下之君正❾；以道觀分❿，而君臣之義⓫明；以道觀能，而天下之官治⓬；以道汎觀⓭，而萬物之應備⓮。故通於天地者德也⓯，行於萬物者道也。上治人者⓰，事也；能有所藝⓱者，技也。技兼於事⓲，事兼於義，義兼於德，德兼於道，道兼於天。故曰：古之畜⓳天下者，無欲而天下足，無為而萬物化⓴，淵靜㉑而百姓定。《記》㉒曰：「通於一㉓而萬事畢㉔，無心得㉕而鬼神服。」

【章　旨】本章要求君主學習大道，掌握大道，要以清靜無為的態度治理國家。

【注　釋】❶均　一樣；相同。指天和地都同樣是在清靜無為之中發展變化。❷治　治理；管理。❸人卒　民眾；百姓。❹君

原於德而成於天　君主要弄清萬物的天性並保全萬物的天性。原，探索根源；弄明白。德，天性。成，保全。天，天性。❺玄古　遠古。❻君　君臨；治理。❼天德　天性。用作動詞。順應天性。❽言　名；名稱。❾君正　君主應該主持政務。正，同「政」。用作動詞，主持政務。❿分　職分；職守。⓫義　責任。包括權力和義務。⓬官治　官員能做好自己的事情。治，有條理。⓭汎觀　遍觀；觀察萬物。⓮應備　應有之物完全具備。指萬物生來是自得自足的。⓯故通於天地者德也　所以與天地相通的是人的天性。莊子認為，天地是清靜無為的，人的天性也是清靜無為的，所以說二者相通。⓰上治人者　君主用來治理百姓的辦法。上，君主。⓱能有所藝　有能力的臣民所掌握的一些本領。藝，才能；本領。⓲技兼於事　技藝要符合事情的需要。兼，合併於；服從於。⓳畜　養育；治理。⓴化　成長。㉑淵靜　像深淵那樣沉靜。㉒記　書名。㉓一　獨一無二的大道。㉔畢　完成；成功。㉕無心得　無心去貪得。

【語譯】天和地雖然都很大，但它們的發展變化卻是一樣的；萬物的種類雖然很多，但用來治理它們的方法卻是相同的；百姓雖然眾多，而主政者卻只有君主一人。君主應該明白萬物的天性並保全它們的天性。所以說：遠古時代的君主治理天下時，就是推行清靜無為政策、順應萬物天性而已。

從大道的角度去觀察名謂稱呼，那麼天下的君主們就應該主持政務；從大道的角度去觀察職守，那麼君主與臣下的權力和義務就非常明確；從大道的角度去觀察選拔有能力的人，那麼天下的所有官吏都能各盡其責；從大道的角度去觀察萬物，那麼萬物都是自得自足的。所以說與天地相通的是人類的天性，在萬物中能夠通行無阻的是大道。君主治理臣民的辦法，就是讓臣民去辦理具體事務；有能力的臣民所具有的本領，就叫作技藝。技藝要服從事情的需要，做事要符合道義的要求，制定的道義要符合人的天性，人的天性是符合大道的，而大道是符合自然法則的。所以說：古代那些治理天下的明君，個人沒有貪欲而天下富足，自然無為而萬物順利成長，自身清靜而百姓安定。《記》這本書上說：「精通於大道而萬事成功，無心於貪得而鬼神佩服。」

夫子❶曰：「夫道覆載❷萬物者也，洋洋❸乎大哉！君子不可以不刳心❹焉。無為為之之謂天❺，無為言之之謂德，愛人利物之謂仁，不同同之之謂大❻，行不崖異之謂寬❼，有萬不同❽之謂富。故執德之謂紀❾，德成之謂立❿，循於道之謂備⓫，不以物挫志⓬之謂完。君子明於此十者，則韜乎其事心之大也⓭，沛乎其為萬物逝也⓮。若然者⓯，藏金於山，藏珠於淵⓰，不利⓱貨財，不近⓲貴富；不樂壽⓳，不哀夭；不榮通⓴，不醜窮㉑；不拘㉒一世之利以為己私分㉓，不以王天下為己處顯㉔。顯則明㉕，萬物一府㉖，死生同狀㉗。」

夫子曰：「夫道淵乎其居㉘也，漻㉙乎其清也。金石不得㉚，無以鳴。故金石有聲，不考㉛不鳴。萬物孰能定之㉜！夫王德㉝之人，素逝而恥通於事㉞，立之本原㉟而知通於神。故其德廣㊱，其心之出㊲，有物採之㊳。故形非道不生，生非德不明。存形窮生㊴，立德明道，非王德者邪！蕩蕩㊵乎，忽然出㊶，勃然動㊷，而萬物從之乎！此謂王德之人。視乎冥冥㊸，聽乎無聲㊹。冥冥之中，獨見曉㊺焉；無聲之中，獨聞和㊻焉。故深之又深而能物㊼焉，神之又神而能精㊽焉。故其與萬物接㊾也至無㊿而供其求，時騁而要其宿(51)，大小長短脩(52)遠。」

【章旨】本章描繪了大道的特性，要求君主做法大道，做到清心無欲，包容萬物。這樣就能主宰天下，為百姓所擁戴。

【注釋】❶夫子　先生。指莊子。是莊子弟子對他的尊稱。一說指老子。❷覆載　覆蓋和托載。引申為養育。❸洋洋　盛大的樣子。❹刳心　空心。指排除一切成見去做法道。刳，挖空。❺天　自然。❻不同同之之謂大　對各種不同事物都能同等看待，這就叫偉大。❼行不崖異之謂寬　行為上不排斥異己的事物，這就叫寬容。崖，邊際；界線。引申為劃界線、排斥。❽有萬不同　胸中包羅萬象。❾故執德之謂紀　所以堅守自己的天性可謂十分重要。執，堅守。紀，綱紀。引申為重要。❿立　立足；立身。⓫備　完美；完善。⓬以物挫志　因名利而改變天性。物，外物；名利。志，本心；天性。⓭則韜乎其事心之大也　這是最重要的修心養性之事。韜，同「滔」。盛大的樣子。事心，修心養性。大，盛大；重要。⓮沛乎其為萬物逝也　萬物如同滔滔流水一樣歸向於他。沛，水流盛大的樣子。逝，往；歸向。⓯若然者　像這樣的人。然，這樣。⓰藏金於山二句　讓黃金原封不動地藏於大山，讓寶珠原封不動地藏於深淵。古人從山上開採黃金，從水中採挖寶珠，莊子反對這種做法的原因，一是為了不破壞自然，二是為了不貴難得之貨，以免人們爭奪。⓱利　以……為利；貪圖。⓲近　接近；追求。⓳不樂壽　不因長壽而感到快樂。⓴不榮通　不因生活得意而感到榮耀。通，順利；生活得意。㉑窮　走投無路；生活困窘。㉒拘　擄取；貪取。㉓私分　個人財產。㉔處顯　地位顯赫。㉕顯則明　自以為地位顯赫就是炫耀。明，炫耀。㉖一府　一體；一樣。㉗同狀　同樣。㉘居　所處的狀態。㉙漻　清澈的樣子。形容大道如清澈的水一樣純淨。㉚金石不得　用金屬、石頭製成的樂器得不到外力的撞擊。金石，指用金屬、石頭製成的鐘、磬之類的樂器。㉛考　敲擊。㉜定之　確定、認識萬物相互感應的情況。㉝王德　盛德。王，同「旺」。盛。㉞素逝而恥通於事　生活純樸而以通曉瑣碎事務為恥。逝，往來；行事。泛指生活。㉟立之本原　堅守大道。立，立身於；堅守。本原，萬物的本原。即大道。㊱德廣　德行盛美。㊲心之出　想法一旦說出。㊳採之　採納、擁護他的想法。㊴存形窮生　保全自己的肉體，順利過完一生。窮，過完。㊵蕩蕩　偉大的樣子。㊶忽然出　自然而然地出現在社會上。忽然，無心的樣子。㊷勃然動　自然而然地有所行動。勃然，無心的樣子。㊸視乎冥冥　可以看到幽暗之處。冥冥，幽暗的樣子。本句主語是王德之人。㊹聽乎無聲　能聽到無聲之聲。老子說「大音希聲」。最大的聲音是聽不到的，只有得道之人才能體會得到。㊺見曉　看得清清楚楚。㊻和　最和諧的聲音。㊼能物　能主宰萬物。㊽能精　能主宰人們的精神。㊾接　交往。㊿至無　特別虛靜。(51)時騁而要其宿　平時放任萬物自由生長，卻又能把握它們的歸宿。驅，使馳驅；放任。要，要求；規定。引申為把握。52 脩　長；高。

【語　譯】先生說：「大道養育了萬物，它真是偉大啊！君子不能不虛心向大道學習。以清靜無為的態度去做事叫做順應自然，以清靜無為的態度去講話叫做順應天性，給人以愛給物以利叫做仁愛，能平等地對待不同的事物叫做偉大，行為上不排斥異己的事物叫做寬容，胸中能夠包羅萬象叫做富有。所以堅守自己的天性可以說是十分重要，保全了自己的天性可以說是能夠立身，遵循大道可以說是圓滿，不因名利而損害自己的天性可以說是完美。君子明白了這十條道理，就是把握住了修心養性的大事，萬物都會歸向他。像這樣的人，讓黃金依然藏於大山，讓寶珠依然藏於深淵，他們不貪圖財物，不追求富貴；他們不為長壽而快樂，也不因短命而悲哀；他們不為生活得意而感到榮耀，也不因生活困窘而感到羞恥；他們不會把整個社會的財富據為己有，也不會因為自己統領天下而自以為地位顯赫。自以為地位顯赫就是炫耀，應該視萬物為一體，視生死為同一。」

先生還說：「大道處於一種深邃清靜的狀態，就像清水那樣純淨。用金屬、石頭製成的樂器如果得不到外力的撞擊，就不可能發出聲音。所以說金石樂器雖然本身有發音的機能，但不敲也不會響。誰又能完全認識萬物的真實情況呢！那些盛德之人，生活純樸而以通曉瑣碎事務為恥，他們堅守大道而智能通神。所以說他們的德行盛美，他們的想法一旦說出，萬物都會採納接受。所以說，萬物如果沒有道就沒法產生，萬物產生後如果不保護好自己的天性就不會明達。保護好自己的形體，順利過完自己的一生，堅守自己的天性，明白並掌握大道，這不就是盛德之人嗎！他們是那樣的偉大，他們自然而然地出現，自然而然地行動，而萬物都緊緊地追隨他們！這就叫做盛德之人。他們能夠看清幽暗之處，能夠聽到無聲之聲。在幽暗之中，只有他們能夠看得清清楚楚；在無聲之中，也只有他們能夠聽到和諧之音。所以說，他們是那樣深邃沉靜而能主宰萬物，他們是那樣神祕莫測而能主宰精神。他們與萬物交往時，自身至虛至靜而能滿足萬物的需求，平時放任萬物自由發展而又能把握住萬物的歸宿，對待所有的事物，無論它是大是小，是長是短，是高是遠，都是如此。」

黃帝遊乎赤水❶之北，登乎崑崙之丘而南望，還歸，遺其玄珠❷。使知❸索之而不得，使離朱❹索之而不得，使喫詬❺索之而不得也，乃使象罔❻，象罔得之。黃帝曰：「異哉！象罔乃可以得之乎！」

【章旨】這個寓言故事說明，只有摒除心機智巧的無心之心才能領悟大道。

【注釋】❶赤水　虛構的水名。❷玄珠　寶珠名。比喻大道。❸知　同「智」。虛構的人名。寓含有才智的意思。❹離朱　人名。視力過人。❺喫詬　虛構的人名。寓含能言善辯的意思。❻象罔　虛構的人名。寓含無思無慮的意思。象，形象；事物。罔，無；忘卻。

【語譯】黃帝在赤水以北巡遊，登上崑崙山向南遠眺。回來以後發現丟失了玄珠，於是就派智慧超人的智去尋找，沒有找到；又派目光敏銳的離朱去尋找，也沒有找到；再派能言善辯的喫詬去尋找，還是沒有找到。最後只好讓渾渾沌沌、無思無慮的象罔去尋找，象罔竟然找到了。黃帝說：「奇怪啊！渾渾沌沌的象罔卻能找到玄珠！」

堯之師曰許由❶，許由之師曰齧缺❷，齧缺之師曰王倪❸，王倪之師曰被衣❹。

堯問於許由曰：「齧缺可以配天❺乎？吾藉❻王倪以要❼之。」許由曰：「殆❽哉，圾❾乎天下！齧缺之為人也，聰明叡知，給數以敏❿，其性⓫過人，而又乃以人受天⑫。彼審乎禁過⑬，而不知過之所由生。與⑭之配天乎，彼且乘人而無天⑮。方且本身⑯而異形⑰，方且尊知而火馳⑱，方且為緒使⑲，方且為物絯⑳，方且四顧㉑而物應㉒，方且應眾宜㉓，方且與物化而未始有恆㉔。夫何足以配天乎？雖然，有族有祖㉕，可以為眾父㉖，而不可以為眾父父㉗。治，亂之率㉘也，北面㉙之禍也，南面之賊㉚也。」

【章旨】本章再次指出，如果用人為的法則去治國，不僅害了百姓，也害了君主本人。

【注釋】❶許由　人名。古代的隱士。❷齧缺　虛構的人名。❸王倪　虛構的人名。❹被衣　虛構的人名。❺配天　當天子。❻藉　借助。❼要　通「邀」。請。❽殆　危險；不行。❾圾　同「岌」。危險。❿給數以敏　快捷機敏。給數，敏捷。⓫性　天賦。⓬以人受天　在接受自然法則的時候摻進人為的因素。也即以人為的方式去改變自然法則。⓭審乎禁過　知道如何禁止人們犯錯。審，明白；知道。⓮與　允許；贊成。⓯乘人而無天　使用人為的方法而拋棄自然法則。乘，憑藉；使用。⓰本身　以自身為核心。本，本位；核心。⓱異形　區分萬物。異，區分。形，形體；萬物。⓲火馳　像大火一樣快速蔓延。形容急功近利。⓳緒使　為瑣細小事所役使。即整天忙於瑣事。緒，絲線頭。比喻小事。⑳絯　約束。㉑四顧　四處張望。形容忙碌的樣子。㉒物應　即「應物」。應付外物；處理事務。㉓應眾宜　應付眾多的事務。宜，事宜；事務。㉔方且與物化而未始有恆　將會受到外物的影響而失去自己的準則。與物化，與外物一起變化。即受外物影響。恆，定理；準則。㉕有族有祖　有百姓就會有君主。族，家族。比喻一國百姓。祖，祖父。比喻君主。㉖眾父　一家人的父親。比喻一方百姓的長官。㉗父父　父親的父親。即祖父。比喻君主。㉘率　先導。㉙北面　指臣下和百姓。古代君主臨朝時南面而坐，臣民北面而朝。故「北面」指臣民，「南面」指君主。㉚賊　禍害。

【語譯】堯的老師叫許由，許由的老師叫齧缺，齧缺的老師叫王倪，王倪的老師叫被衣。堯問許由說：「齧缺可以當天子嗎？我想通過他的老師王倪來請他當天子。」許由說：「不行啊！那將危及整個天下！齧缺這個人，耳聰目明智慧超群，行動辦事快速敏捷，他天賦過人，卻又喜歡以人為方式去改變自然法則。他知道如何禁止別人犯錯，卻不知道別人為什麼會犯錯。如果讓他當天子，他將使用人力而拋棄自然法則。他將以自身為標準去區分萬物，將尊崇智慧而急功近利，將會陷於瑣碎的小事之中，將會被外物所約束，將會忙忙碌碌地應付外物，將要處理眾多的具體事宜，將會受到外物的影響而失去自己的準則。他怎麼能夠當天子呢？雖說如此，有百姓就要有君主，他可以當一方百姓的長官，但不可以當全國百姓的君主。用人為的方法去治理天下，將會導致天下大亂，這既是臣民們的災難，也是當君主的禍害。」

堯觀乎華❶。華封人❷曰：「嘻，聖人！請祝聖人。使聖人壽。」堯曰：「辭❸。」「使聖人富。」堯曰：「辭。」「使聖人多男子❹。」堯曰：「辭。」封人曰：「壽、富、多男子，人之所欲也。汝獨不欲，何邪？」堯曰：「多男子則多懼❺，富則多事，壽則多辱。是三者，非所以養德也。故辭。」封人曰：「始也我以汝為聖人邪，今然君子也❻。天生萬民，必授之職。多男子而授之職，則何懼之有！富而使人分之，則何事之有！夫聖人，鶉居而鷇食❼，鳥行而無彰❽，天下有道，則與物皆昌；天下無道，則脩德就閒❾；千歲厭世，去而上僊❿，乘彼白雲，至于帝鄉⓫。三患莫至⓬，身常無殃，則何辱之有！」封人去之。堯隨之，曰：「請問。」封人曰：「退已！」

【章　旨】本章說明如何對待自己的財富和子嗣，提出了隨時而變的處世原則。

【注　釋】❶華　地名。❷封人　守邊疆的人。封，邊疆。❸辭　不要。❹男子　男孩子。❺懼　恐懼；擔憂。❻今然君子也　今天您這樣講，只能算是個君子。然，這樣。君子，道德高尚的人，但比聖人低了一個層次。❼鶉居而鷇食　居不求安，食不求美。鶉，鳥名。即鵪鶉。鵪鶉野居而無定所，故用「鶉居」比喻簡陋而不安定的住所。鷇，幼鳥。幼鳥依靠父母餵食，既不選擇食物好壞，也不求食物富足，故用「鷇食」比喻食不求美。❽鳥行而無彰　像鳥飛行那樣不留痕跡。彰，顯明。引申為留下痕跡。❾就閒　隱居賦閒。❿上僊　昇天成仙。⓫帝鄉　仙境。帝，天帝；神仙。⓬三患莫至　三種災禍都不會發生。三患，指前面談到的因壽、富、多男子所導致的多辱、多事、多懼。

【語　譯】堯到華巡視。華地一位守衛邊疆的人對堯說：「啊，您是位聖人！請讓我為您祝福。首先祝您長壽。」堯說：「我用不著。」「祝您富有。」堯說：「我用不著。」「祝您多生男孩子。」堯說：「我用不著。」守邊疆的人說：「長壽、富有、男孩多，這是每個人都想得到的。只有您不想得到，這是為什麼？」堯回答說：「多男孩就會多擔憂，多財物就會多麻煩，壽命長了就會多受些羞辱。何況這三樣東西，都無助於修養自己的德性。所以我用不著。」守邊疆的人說：「剛才我還認為你是一位聖人，現在你這樣講，不過只算得上一個君子而已。上天養育了成千上萬的人，都一定會為他們安排適當的職業。你男孩雖多，但都授予適當的職業，又有什麼可擔憂的！富有了就把財物分給眾人，又會有什麼麻煩呢！聖人居不求安，食不求美，行為不留痕跡；天下太平，就與萬物一起昌盛；天下混亂，就修身養性隱居賦閒；活到一千歲時，如果厭倦了人間，就離開人間昇天成仙，乘著白雲，來到上帝生活的地方。上述三種憂慮之事都不會發生，自身也永遠不會招致禍害，又怎麼會受到羞辱呢！」守邊疆的人說完就走，堯緊跟在他後面，說：「我還想向您請教。」守邊疆的人說：「你還是回去吧！」

堯治天下，伯成子高❶立為諸侯。堯授❷舜，舜授禹，伯成子高辭為諸侯而耕。禹往見之，則耕在野。禹趨就下風❸，立而問焉，曰：「昔堯治天下，吾子立為諸侯。堯授舜，舜授予，而吾子辭為諸侯而耕。敢問其故何也？」子高曰：「昔堯治天下，不賞而民勸❹，不罰而民畏。今子賞罰而民且不仁，德自此衰，刑自此立，後世之亂自此始矣。夫子闔❺行邪？無落❻吾事！」俋俋乎❼耕而不顧。

【章旨】本章指出多為政治將會導致世風日下、社會越來越動亂的局面。

【注釋】❶伯成子高　虛構的人名。❷授　傳授帝位。❸趨就下風　快步跑到下方。趨，快步跑。下風，下方；下位。❹勸　努力。❺闔　通「盍」。何不。❻落　荒廢；耽誤。❼俋俋乎　低頭耕作的樣子。

【語譯】堯治理天下的時候，伯成子高當了諸侯。後來堯把帝位傳給舜，舜又把帝位傳給禹，伯成子高便辭去諸侯職位回家種地去了。禹前去拜訪他，他正在地裡耕作。禹快步走上前去，居於下位，恭敬地站著問伯成子高說：「從前堯治理天下時，您當了諸侯。後來堯把帝位傳給舜，舜又把帝位傳給我，而您卻辭去諸侯之位種地去了。請問這是為什麼呢？」伯成子高回答說：「從前堯治理天下的時候，不用獎賞而百姓自然努力，不用懲罰而百姓自然敬畏。如今您賞罰並用而百姓還是不仁不愛，人們的德行從此衰敗，刑罰從此建立，後世的動亂也就從此開始了。先生您為何還不走開呢？不要耽誤我種地！」伯成子高說完就低頭耕作，看也不看禹一眼。

泰初有無❶，無有無名❷，一❸之所起，有一而未形。物得以生，謂之德❹；未形者有分❺，且然無間❻，謂之命；留動❼而生物，物成生理❽，謂之形；形體保神❾，各有儀則❿，謂之性。性脩反德⓫，德至同於初⓬。同乃虛⓭，虛乃大，合喙鳴⓮；喙鳴合，與天地為合。其合緡緡⓯，若愚若昏，是謂玄德⓰，同乎大順⓱。

【章　旨】本章先描述從虛無到產生萬物的過程，再要求人們修心養性，從精神上返回最初的虛靜狀態。

【注　釋】❶泰初有無　最初的時候，宇宙間一無所有。泰，同「太」。至；最。❷無有無名　沒有任何物體，也沒有任何名稱。有，指物質存在。❸一　指獨一無二的大道。❹物得以生二句　事物從道那裡得到的、並得以生存的，就叫做各自的天性。莊子認為，萬物只有具備了各自的天性，如動物能吃喝、植物能吸收養分等等，才能生存。而這種天性，則是來自大道。❺未形者有分　萬物還未出生時，其形態就已經被確定了。未形，未成形；未出生。分，定分；已確定的形態情狀。❻且然無間　不會有絲毫差錯。且然，相互吻合的樣子。間，縫隙；差錯。❼留動　陰陽二氣。留，靜。靜為陰。動，運動。動為陽。一說「留動」即「流動」，指萬物在運動中產生。❽生理　生命；生態。❾保神　保有精神。❿儀則　法則。⓫性脩反德　本性修養好了也就是恢復了天性。反，同「返」。恢復。⓬德至同於初　最完美的天性就如同宇宙最初時的情況一樣。⓭虛　虛靜。泰初時是虛無的，人的天性是虛靜的，二者有相似之處。⓮合喙鳴　說話就像鳥鳴無心於是非愛憎。喙，鳥口。⓯緡緡　泯合無跡的樣子。⓰玄德　玄妙的天性。⓱大順　通行無阻的法則。即大道。

【語　譯】最初時宇宙間一無所有，既沒有物質存在，也沒有各種名稱，此時大道已經出現了，但只有大道而沒有有形的物體。萬物從大道那裡獲取並借以生存的，就叫做天性；萬物還未出生時，各自的形態就已被確定，不會有任何差錯，這就叫做天命；陰陽二氣相合產生萬物，萬物產生後具備了不同的生態模樣，這就叫作形體；形體守護著自己的精神，具有各自不同的生活習性和法則，這就叫做本性。修養好自己的本性也就是恢復了自己的天性，最完美的天性就如同宇宙最初時的情形一樣。與宇宙最初時的情形相同就能保持虛靜，能保持虛靜就能具備闊大的胸懷，講話就會像鳥鳴一樣沒有是非愛憎之分，講話能夠像鳥鳴一樣沒有是非愛憎之分，就能與天地融為一體。當與天地融合達到了無痕跡的程度時，這樣的人就看似又愚昧又糊塗，這可以叫做最玄妙的天性，這就完全符合大道了。

夫子❶問于老聃曰：「有人治道若相放❷，可不可❸，然不然❹。辨者有言曰：『離堅白若縣寓❺。』若是則可謂聖人乎？」老聃曰：「是胥易技係❻、勞形怵心❼者也。執狸之狗成思❽，猨狙之便自山林來❾。丘，予告若❿，而⓫所不能聞與而所不能言。凡有首有趾無心無耳者眾⓬，有形者與無形無狀而皆存者盡無⓭。其動止也，其死生也，其廢起也，此又非其所以⓮也。有治在人⓯，忘乎物，忘乎天，其名為忘己。忘己之人，是之謂入於天⓰。」

【章旨】本章認為得道之人就是能夠忘卻自我的人，這樣的人才能與大自然融為一體。

【注釋】❶夫子　先生。指孔子。❷相放　相互背逆。放，放逐；反對。❸可不可　把不可以的說成可以。❹然不然　把不正確的說成是正確。然，正確。❺離堅白若縣寓　石頭的堅硬和白色兩種屬性是分離的，這一道理如同高懸於空中的東西那樣清楚明白。離堅白，戰國名家的一個命題。認為一塊白石的「堅」和「白」兩種屬性是分離的。縣，同「懸」。寓，同「宇」。空中。❻胥易技係　為一般技能所繫累的小官吏。胥，小官吏。易，主管占卜的官員。技係，為一般技能所繫累。即從事一般事務。❼勞形怵心　使形體勞苦，心中憂懼。❽執狸之狗成思　善於捕捉狐貍的狗（因為受到人們的拘繫而）發愁。成思，形成愁思。❾猨狙之便自山林來　猿猴行動敏捷卻也被人們從山林中捉回來。便，敏捷。以上兩句用人比喻聖人，用狗、猨狙比喻善談「離堅白」之類的人。❿若　你。⓫而　你。⓬凡有首有趾無心無耳者眾　大凡有頭有腳而無知無識的人很多。無心無耳，形容無知無識。⓭有形者與無形無狀而皆存者盡無　有形體的人要想與無形無狀的大道永遠共存是完全不可能的。有形，有形體的人。無形無狀，指大道。⓮非其所以　不知道它們出現的原因。所以，所以然。出現這些現象的原因。⓯有

治在人　有所學習也全在於自己。即學道全靠自己。治，學習；學道。⓰入於天　融入大自然。

【語　譯】孔子向老子請教說：「有些修道的人好像是在故意違背常理，硬把不可以的說成可以，把不正確的說成正確。善於辯論的人還說過這樣的話：『一塊白石頭的「堅」和「白」兩種屬性是分離的，這道理如同高懸於空中的東西一樣清楚明白。』像這一類的人可以稱作聖人嗎？」老子說：「這些人就像具體辦事、勞形費神的小官吏一樣。善於捕捉狐貍的狗因為受到人們的拘繫而發愁，行動敏捷的猿猴卻也被人們從山中捉了回來。孔丘，我告訴你一些道理，這些道理是你從來沒有聽說過的，自然也是你從來沒有談論過的。大凡有頭有腳而無知無識的人很多，有形體的人要想和無形無狀的大道永遠共存是完全不可能的。或運動或靜止，或死亡或生存，或衰廢或興起，這其中的原因也是人們無法知道的。修道全靠自己，那就是忘掉萬物，忘掉自然，也可以說是忘掉自身。能夠忘掉自身的人，這才叫做是真正地融入了大自然。」

蔣閭葂❶見季徹❷曰：「魯君謂葂也曰：『請受教。』辭不獲命❸，既已告矣，未知中否❹，請嘗薦之❺。吾謂魯君曰：『必服❻恭儉，拔出公忠之屬而無阿私❼，民孰不敢輯❽。』」季徹局局然❾笑曰：「若夫子之言，於帝王之德猶螳螂之怒❿臂以當車軼，則必不勝任矣。且若是，則其自為處危⓫，其觀臺多物⓬，將往投迹⓭者眾。」蔣閭葂覤覤然⓮驚曰：「葂也汒若⓯於夫子之所言矣。雖然，願先生之言其風⓰也。」季徹曰：「大聖之治天下也，搖蕩⓱民心，使之成教易俗⓲，舉滅其賊心而皆進其獨志⓳，若性之自為⓴，而民不知其所由然㉑。若然者，豈兄堯舜之教民㉒，溟涬然弟之哉㉓！欲同乎德而心居㉔矣。」

【章旨】本章反對世俗人所認為的正確治國方法，主張不擾亂人心，讓百姓自然而然地過上安定生活。

【注釋】❶蔣閭葂　人名。❷季徹　人名。❸辭不獲命　我謝絕了，但魯君不同意。獲命，獲得允許。❹中否　恰當不恰當。中，恰當。❺請嘗薦之　請讓我試著講給您聽。嘗，試。薦，進獻。引申為講給您聽。❻服　親自做到。❼拔出公忠之屬而無阿私　選拔重用公正忠誠之類的人而不要偏私。屬，類。阿私，偏私。❽輯　和睦。❾局局然　俯身而笑的樣子。❿怒奮力舉起。⓫自為處危　自己把自己置於危險的境地。⓬觀臺多物　高高的觀景臺上事情多。物，事。用觀臺比喻君主所處的位置，用「多物」比喻不得清靜。⓭投迹　前往。指想登上觀臺。比喻重用賢才將引起人們爭奪。⓮覤覤然　吃驚的樣子。⓯汒若　猶言「茫然」。聽不懂的樣子。汒，同「茫」。若，然。形容詞詞尾。⓰風　大凡；大概。⓱搖蕩　順應的樣子。⓲使之成教易俗　讓百姓自然而然地形成自己的教化，改變自己的風俗。易，改變。⓳舉滅其賊心而皆進其獨志　完全消除他們的害人之心而都能提高各自的志向。舉，全部。賊，傷害。進，提高。獨志，各自的志向。⓴若性之自為　就好像發自天性自然而成一樣。自為，自然如此。㉑所由然　為什麼這樣。㉒豈兄堯舜之教民　難道會比不上堯舜的教民方法。兄，視……為兄。引申為比不上。㉓溟涬然弟之哉　非常自豪地瞧不起堯舜的教民方法。溟涬然，水大的樣子。引申為自豪、自重。弟，視……為弟。引申為瞧不起。之，代指上句的「堯舜之教民」。㉔心居　思想安定。

【語譯】蔣閭葂去拜訪季徹，說：「魯國國君對我說：『請多多指教。』我一再推辭可魯君就是不答應，於是我就把自己的看法告訴了他，但不知我說的對不對，請允許我把那些話講給您聽聽。我對魯君說：『您必須態度恭敬，生活儉樸，選拔重用那些公正忠誠的人而不要偏私，這樣一來百姓豈能不和睦相處！』」季徹聽後俯身大笑，說：「像先生講的這些主張，如果和聖明帝王的德行相比，就好比螳螂奮力舉起臂膀去阻擋車輪一樣，一定會敗下陣來。再說，如果這樣做了，就是自己把自己置於危險的境地，那就像處於多事的觀景臺上一樣，想登上去的人太多了。」蔣閭葂吃驚地說：「我聽了先生的話感到很茫然。雖然這樣，還是希望先生大致地談談正確的治國方法。」季徹說：「偉大的聖人在治理國家時，順應民心，讓百姓自然而然地去形成自己的教化，改變自己的風俗，完全消除他們的害人之心而提高各自的志向，這一切就像發自天性自然形成的一樣，而百姓並不知道自己為什麼會是這樣。像這樣的偉大聖人，怎麼會比不上堯舜的教民方法，他們會非常自豪地小視堯舜！百姓將會具有相同的天性，而心境也將會安定下來。」

子貢❶南遊於楚，反❷於晉。過漢陰❸，見一丈人❹方將為圃畦❺，鑿隧❻而入井，抱甕❼而出灌，搰搰然❽用力甚多而見功寡❾。子貢曰：「有械於此，一日浸百畦，用力甚寡而見功多。夫子不欲乎？」為圃者仰而視之，曰：「奈何？」曰：「鑿木為機，後重前輕，挈水若抽❿。數如泆湯⓫，其名為槔⓬。」為圃者忿然作色⓭而笑曰：「吾聞之吾師，有機械者必有機事⓮，有機事者必有機心⓯。機心存於胸中，則純白⓰不備；純白不備，則神生⓱不定；神生不定者，道之所不載也⓲。吾非不知，羞而不為也。」子貢瞞然⓳慚，俯而不對⓴。

有間㉑，為圃者曰：「子奚為者邪？」曰：「孔丘之徒也。」為圃者曰：「子非夫博學以擬聖㉒、於于以蓋眾㉓、獨弦哀歌㉔以賣名聲於天下者乎？汝方將忘汝神氣，墮汝形骸㉕，而庶幾㉖乎！而身之不能治，而何暇治天下乎！子往矣，無乏㉗吾事！」

子貢卑陬㉘失色，頊頊然㉙不自得，行三十里而後愈㉚。其弟子㉛曰：「向㉜

之人何為者邪？夫子何故見之變容失色、終日不自反㉝邪？」曰：「始吾以為天下一人㉞耳，不知復有夫人㉟也。吾聞之夫子㊱，事求可㊲，功求成，用力少見功多者，聖人之道。今徒㊳不然。執道者德全，德全者形全，形全者神全。神全者，聖人之道也。託生與民並行而不知其所之㊴，汒乎淳備㊵哉！功利機巧必忘夫人之心。若夫人者，非其志不之㊶，非其心不為。雖以天下譽之，得其所謂㊷，謷然㊸不顧；以天下非之，失其所謂，儻然㊹不受。天下之非譽，無益損焉㊺，是謂全德之人哉！我之謂風波之民㊻。」

反於魯，以告孔子。孔子曰：「彼假脩㊼渾沌氏㊽之術者也。識其一㊾，不知其二㊿；治其內(51)，而不治其外(52)。夫明白入素(53)，無為復朴，體性抱神(54)，以遊世俗之間者，汝將固驚邪！且渾沌氏之術，予與汝何足以識之哉！」

【章旨】本章借種菜老人之口，反對使用機械，認為使用機械會使人產生投機取巧之心，主張人們返樸歸真，過一種純樸自然的生活。

【注釋】❶子貢　人名。孔子的學生。❷反　同「返」。❸漢陰　漢水的南岸。漢，水名。今稱漢水、漢江。陰，山之南、水之北叫陽，山之北、水之南叫陰。❹丈人　老人。❺為圃畦　種菜園。為，種；勞動。圃畦，菜園。❻隧　地道。這裡指一道溝。❼甕　水罐子。❽搰搰然　用力的樣子。❾見功寡　收到的功效少。❿挈水若抽　提水就像從井中抽水一樣。挈，提。⓫數如泆湯　水流之快如同沸騰的開水向外溢出一樣。數，快速。泆，溢出。湯，開水。⓬槔　桔槔。又叫吊桿。一種提水工具。⑬忿然作色　生氣得改變了面容。忿然，生氣的樣子。色，表情。⑭機事　機巧之事。⑮機心　投機取巧之心。⑯純白　指未受過世俗汙染的純淨之心。⑰神生　精神。生，同「性」。⑱道之所不載也　不能學到大道。載，獲取；得到。⑲瞞然　羞愧的樣子。⑳不對　無法回答。對，回答。㉑有間　過了一會兒。㉒擬聖　傚法聖人。擬，傚法。㉓於于以蓋眾　誇耀荒誕以求超越眾人。於于，誇耀荒誕的樣子。蓋，壓倒；超越。㉔獨弦哀歌　獨自彈著琴、唱著哀歎世事之歌。弦，彈琴。㉕墮汝形骸　忘卻你的身體。墮，同「隳」。毀壞。引申為忘卻。㉖庶幾　差不多。指差不多可以修道了。㉗乏　荒廢；耽誤。㉘卑陬　慚愧的樣子。㉙頊頊然　悵然若失、不能自持的樣子。㉚愈　同「癒」。病好了。這裡指恢復常態。㉛其弟子　指子貢的弟子。㉜向　剛才。㉝反　同「返」。恢復。指恢復常態。㉞天下一人　指孔子。子貢原以為孔子是天下唯一的聖人。㉟夫人　那個人。指種菜老人。㊱夫子　指孔子。㊲事求可　辦事要尋求可行之法。㊳徒　卻；竟然。㊴託生與民並行而不知其所之　託生於世、與人們一起生活但不知道自己要追求什麼。行，行走。引申為生活。之，往。引申為追求。本句描寫得道之人無心於世、悠閒自得的生活情況。㊵汒乎淳備　茫茫然具備了淳樸的美德。汒乎，無思無慮的樣子。㊶不之　不去追求。㊷得其所謂　讚美之詞恰如其分。得，恰當。所謂，所說的。指上句所提出的讚美。㊸謷然　即傲然。孤高的樣子。㊹儻然　不放在心上的樣子。㊺無益損焉　不能絲毫改變他的心情。益損，增加和減少；改變。㊻風波之民　心情容易受外界影響的人。風波，隨風而波動。比喻心情因外界影響而波動。㊼假脩　修習；修持。㊽渾沌氏　虛構的人名。指主張萬物齊一、渾沌無別的人。㊾識其一　只知道萬物是齊一的。其，代指萬物。㊿二　不一致；分別。(51)治其內　修養自己的內心。(52)外　外物；外部世界。(53)明白入素　明淨素潔。指精神純淨。入，疑為「大」字之誤。大，同「太」。太素，最為素潔。(54)體性抱神　體悟真性，專一精神。

【語　譯】子貢到南方的楚國遊歷，準備返回晉國。當他經過漢水南岸時，看見一位老人正在菜園裡勞動，老人挖了一條溝到井邊，抱著一個罐子打水澆菜，他吃力地來來往往用力很多而功效甚微。子貢說：「如今有一種機械，每天可以澆灌一百來個菜畦，用力很少而效果很好。老先生您就不想使用嗎？」種菜的老人抬起頭看著子貢，說：「應該怎麼做？」子貢說：「這種機械用木頭做成，它後面重而前面輕，用它提水就好像從井裡抽水一樣，水流之快就如同沸騰的開水向外溢出似的。這種機械的名字叫桔槔。」種菜老人聽後很生氣，但還是笑著說：「我聽我的老師說，擁有機械的人就必然會去做投機取巧之事，做投機取巧之事的人就一定會有投機取巧之心。胸中如果有了投機取巧的想法，就不可能再有一顆純淨之心；如果沒有一顆純淨之心，精神就無法安定下來；精神安定不下來的人，是不可能獲得大道的。我不是不知道你說的那種機械，只不過因為感到羞愧而不願那樣做啊！」子貢聽了十分慚愧，低著頭說不出話來。

過了一會兒，種菜老人問：「您是幹什麼的呀？」子貢回答說：「我是孔丘的學生。」種菜老人說：「您不就是那種廣泛學習以倣法聖人、誇耀荒誕以超越眾人、獨自彈琴悲歌以換取天下名聲的人嗎？你如果能夠消除你現在這種神氣，忘卻你的形體，也許你還能修道。而你現在連自身都修養不好，哪裡還有能力去治理天下呢！您走吧，不要耽誤我種菜！」

子貢羞愧得連臉色都變了，悵然若失而不能自持，一直走了三十里路方才慢慢恢復常態。子貢的弟子問道：「剛才那位老人是幹什麼的呀？先生為什麼見了他就變容失色、整整一天還不能恢復常態呢？」子貢回答說：「從前我一直認為天下只有我的老師孔子一人才稱得上聖人，沒想到還有像種菜老人那樣的人啊！我聽我的老師說過，辦事要尋求可行的方法，做事一定要成功，用力少而功效大，這才是聖人的原則。而現在看來卻並非如此。有道之人天性完備，天性完備的人形體健全，形體健全的人精神完美。保證精神完美，這才是聖人的原則。聖人託生在世，與人們一起生活卻不知道自己要追求什麼，無思無慮具備了純樸的美德，功利機巧之類的事肯定不會放在他們的心上。像他那樣的人，不符合自己志向的事就不去追求，不符合自己心願的事就不去做。即使整個天下人都去讚揚他，而且讚揚之詞也恰如其分，他也不會去理睬；即使整個天下人都去批評他，而且這些批評並不符合事實，他也不會放在心上。天下人的批評和讚揚，對他的內心不會產生絲毫影響，這就叫做天性完美的人。而我就只能叫做心情易受外界影響的人。」

回到魯國以後，子貢把種菜老人的事告訴孔子。孔子說：「那是一位修行渾沌氏主張的人。他們認為萬物是一樣的，不去區分萬物的差別；他們注重內心修養，而不去治理外部世界。他們的品質明淨素潔，他們清靜無為，返樸歸真，體悟真性，專一精神，自由自在地生活在世俗人之中，你對此當然會感到吃驚啊！再說渾沌氏的思想主張，我和你又哪有能力去認識呢！」

諄芒❶將東之大壑❷，適遇苑風❸於東海之濱。苑風曰：「子將奚之？」曰：「將之大壑。」曰：「奚為焉？」曰：「夫大壑之為物也，注❹焉而不滿，酌❺焉而不竭。吾將遊焉。」

苑風曰：「夫子無意于橫目之民❻乎？願聞聖治。」諄芒曰：「聖治乎？官施❼而不失其宜，拔舉❽而不失其能，畢見其情事而行其所為❾，行言自為❿而天下化⓫，手撓顧指⓬，四方之民莫不俱至。此之謂聖治。」

「願聞德人⓭。」曰：「德人者，居無思，行無慮⓮，不藏是非美惡。四海之內共利之⓯之為悅，共給之⓰之為安。怊乎⓱若嬰兒之失其母也，儻乎⓲若行而失其道⓳也。財用有餘而不知其所自來，飲食取足而不知其所從⓴。此謂德人之容㉑。」

「願聞神人㉒。」曰：「上神乘光㉓，與形滅亡㉔，此謂照曠㉕。致命盡情㉖，天地樂而萬事銷亡㉗，萬物復情，此之謂混冥㉘。」

【章　旨】本章分別介紹了聖人、德人、神人的治國方法和精神境界。

【注　釋】❶諄芒　虛構的人名。含有淳樸憨厚、無思無慮之意。❷大壑　大海。壑，深谷。❸苑風　虛構的人名。❹注　注入；流入。❺酌　舀取。❻橫目之民　百姓。人的雙目橫生於面部，故稱人為「橫目」。❼官施　設置官吏，施行政令。

❽拔舉　選拔人才。❾畢見其情事而行其所為　能完全看清真實情況而去做應該做的事情。畢，完全。情事，事情的真實情況。情，真。❿行言自為　他自己的一言一行。⓫化　順從；做法。⓬手撓顧指　用手指揮，用眼示意。撓，揮動。顧，看。指，示意。⓭德人　天性完美之人。莊子往往用「聖人」代指得道之人，而本篇中的「德人」明顯高於「聖人」，而下文的「神人」又高於「德人」。⓮居無思二句　無論何時何地都無思無慮。居，在家。這兩句應結合在一起理解。這一藝術手法稱「互文見義」。⓯共利之　都因為「德人」而獲利。即「德人」施恩於萬民。利，取利於。之，代指德人。⓰共給之　養育了萬民。給，供給財物。⓱怊乎　悲傷的樣子。⓲儻乎　悵然若失的樣子。⓳失其道　找不到路；迷路。⓴所從　從哪裡來。㉑容　容貌；表現。㉒神人　思想境界最高的人。㉓上神乘光　至高無上的神人駕御著光明。形容神人超越於萬物之上。㉔與形滅亡　自身與萬物一起被忘卻。形，指有形的萬物。滅亡，指忘得一乾二淨。㉕照曠　明徹虛靜。照，明徹。曠，虛靜。㉖致命盡情　完全順應天命和本性。致，盡；完全。情，本性。㉗萬事銷亡　安定清靜，沒有任何事端。㉘混冥　指萬物齊一的渾沌境界。

【語　譯】 諄芒將到東邊的大海去，剛好在東海的岸邊遇到了苑風。苑風問：「您打算去哪兒呢？」諄芒說：「我打算去大海。」苑風又問：「去那兒幹什麼？」諄芒說：「大海這種事物啊，江河之水日夜注入而它不會滿盈，不停地舀取而它也不會枯竭。因此我想去那裡遊覽一下。」

苑風說：「先生難道不關心百姓的生計嗎？希望您能談談聖人治國的情況。」諄芒說：「想知道聖人治國的情況嗎？聖人安排官吏發布政令處處妥當得體，選拔賢才而不遺忘任何一個能人，能洞察真實情況而去做應該做的事情，他的一言一行都會被天下人所傚法，他揮揮手示示意，四方百姓都將匯集在他的身邊。這就是聖人治國的情況。」

苑風說：「還想聽聽有關德人的情況。」諄芒說：「德人這種人，無論何時何地都無思無慮，心裡也沒有任何是非美醜的概念。他為自己能夠施恩於天下百姓而高興，為自己能夠養育天下百姓而快樂。（如果失去了德人，）百姓就會悲傷得如同嬰兒失去了母親，悵然若失就像行路人迷失了方向。德人治國時財物有餘而不知它出自哪裡，衣食富足而不知它來自何方。這就是德人的治國情況。」

苑風說：「我還想聽聽有關神人的情況。」諄芒說：「至高無上的神人駕御著光明，忘卻了自身和萬物，這種精神境界可以說是明徹虛靜。神人完全順應天命和本性，與天地同樂而天下太平無事，萬物都能恢復各自的天性。這可以說是一種萬物齊同的渾沌境界。」

門無鬼❶與赤張滿稽❷觀於武王❸之師。赤張滿稽曰：「不及有虞氏❹乎！故離此患❺也。」門無鬼曰：「天下均治❻而有虞氏治之邪？其亂而後治之與？」赤張滿稽曰：「天下均治之為願❼，而何計以有虞氏為❽？有虞氏之藥瘍❾也，禿而施髢❿，病而求醫。孝子操藥以脩⓫慈父，其色燋然⓬，聖人羞之⓭。至德之世，不尚賢⓮，不使能⓯，上如標枝⓰，民如野鹿⓱；端正而不知以為義，相愛而不知以為仁，實而不知以為忠，當⓲而不知以為信，蠢動而相使不以為賜⓳。是故行而無迹⓴，事而無傳。」

【章　旨】本章再次描述了理想社會的生活情況，反對人為政治。

【注　釋】❶門無鬼　虛構的人名。❷赤張滿稽　虛構的人名。❸武王　周武王。周武王曾率軍擊敗商紂王，建立周朝。❹有虞氏　指舜。堯、舜、禹時是以和平的禪讓方式完成帝位的交接，而武王是以戰爭的手段奪取王位，故言武王「不及有虞氏」。❺離此患　遇上這次戰爭災難。離，罹；遭遇。❻均治　太平安定。均，平；太平。❼為願　作為自己的心願。❽而何計以有虞氏為　然而為什麼還考慮讓有虞氏來治國呢。計，考慮。本章認為，周武王固然比不上有虞氏，但有虞氏時代還比不上至德之世。❾藥瘍　治療頭瘡。藥，治療。瘍，頭瘡。❿施髢　使用假髮。施，用。髢，假髮。⓫脩　伺候。⓬其色燋然孝子的面容因操勞而憔悴不堪。色，面色。燋然，憔悴的樣子。⓭聖人羞之　聖人為孝子的做法而感到羞愧。孝子不能使父親不生病，而只能在父親病後細心照料；有虞氏不能使天下安定，而只能在天下動亂後去加以治理。聖人認為他們都有欠缺，故為他們感到羞愧。⓮不尚賢　不崇尚賢才。⓯不使能　不重用能人。使，用。⓰上如標枝　君主就像樹枝一樣。上，君主。標，樹梢。本句比喻君主清靜無為，對任何事不加干涉。⓱民如野鹿　百姓猶如自由自在的野鹿一樣。形容百姓在君主面前毫無懼害心理，因為樹枝從不傷害野鹿。⓲當　恰當。這裡指信守諾言。⓳蠢動而相使不以為賜　不帶任何目的地幫助別人而並不認為這就是恩賜。蠢動，無心地、不帶任何目的的活動。相，一方對另一方。不是「互相」義。使，幫助。以上數句是說那時的人們十分純樸，沒有善惡觀念，自己做了好事還不知道是做了好事。⓴無迹　指沒有傳揚開去，不為大家所知。

【語譯】門無鬼和赤張滿稽一起觀看武王伐紂的軍隊。赤張滿稽說：「周武王還是比不上有虞氏啊！所以百姓遭遇了這場戰亂。」門無鬼說：「是天下太平無事時有虞氏去治理呢？還是天下動亂之後才去治理呢？」赤張滿稽說：「天下太平是每個人的心願，然而人們為什麼還考慮讓有虞氏來治理國家呢？有虞氏治國就像醫生為人治療頭瘡一樣，把病人的頭治療成禿子然後使用假髮，這就是生病後才去醫治的惡果。孝子手拿著藥物去侍候生病的慈父，即使孝子為此勞累得面容憔悴，聖人也會為孝子不能使父親不生病而感到羞愧。在人類天性保持得最完美的時代裡，國家不崇尚賢才，也不重用能人，君主清靜無為如同樹枝一般，百姓自由自在就像野鹿一樣。那時的人們行為端正而不知道這就是道義，互相愛護而不知道這就是仁慈，敦厚老實而不知道這就是忠誠，履行諾言而不知道這就是信用，不帶任何目的地去幫助別人而不知道這就是恩賜。所以他們的善行也不會宣揚開去，所做的好事也沒有留傳下來。」

孝子不諛❶其親，忠臣不諂❷其君，臣子之盛❸也。親之所言而然❹，所行而善，則世俗謂之不肖❺子；君之所言而然，所行而善，則世俗謂之不肖臣。而未知此其必然❻邪。世俗之所謂然而然之，所謂善而善之，則不謂之道諛❼之人也。

然則俗故嚴於親❽而尊於君邪？謂己導人❾，則勃然作色；謂己諛人，則怫然❿作色。而終身導人也，終身諛人也，合譬飾辭聚眾也⓫，是終始本末不相坐⓬。垂衣裳⓭，設采色⓮，動容貌⓯，以媚一世⓰，而不自謂導諛；與夫人之為徒⓱，通⓲是非，而不自謂眾人，愚之至也。知其愚者，非大愚也；知其惑者，非大惑也。大惑者，終身不解；大愚者，終身不靈⓳。三人行而一人惑，所適者⓴猶可致㉑也，惑者少也；二人惑則勞而不至，惑者勝也。而今也以天下惑，予雖有祈嚮㉒，不可得也。不亦悲乎！

大聲㉓不入於里耳㉔，〈折楊〉、〈皇華〉㉕，則嗑然㉖而笑。是故高言㉗不止於眾人之心，至言不出，俗言勝也。以二垂踵㉘惑而所適不得矣，而今也以天下惑，予雖有祈嚮，其庸㉙可得邪？知其不可得也而強之，又一惑也，故莫若釋之㉚而不推㉛。不推，誰其比憂㉜！厲㉝之人夜半生其子，遽㉞取火而視之，汲汲然㉟唯恐其似己也。

【章　旨】本章哀歎世俗人的愚昧和迷亂，抒發了知音難覓、壯志難酬的憤懣之情。

【注　釋】❶諛　阿諛奉承。❷諂　巴結；奉承。❸盛　美；好。❹然　認為正確。❺不肖　不好；不良。❻必然　肯定是正確的。❼導諛　諂諛。導，阿諛奉承。❽嚴於親　比父母更具權威性。嚴，威嚴；權威。❾導人　阿諛奉承之人。❿怫然生氣的樣子。⓫合譬飾辭聚眾也　使用巧妙的譬喻和華麗的辭藻以博取眾人的歡心。合譬，譬喻。飾辭，修飾辭句。聚眾，使眾人聚集在自己身邊。引申為博取眾人歡心。⓬是終始本末不相坐　這些人自始至終不會受到人們的責備。終始本末，自始至終；從頭到尾。坐，定罪。引申為受責備。⓭垂衣裳　穿上整齊的衣服。⓮設采色　繡製華美的文采。⓯動容貌　不停地改變自己的面部表情。⓰以媚一世　以此來討好整個社會的人。媚，獻媚；討好。⓱與夫人之為徒　與那些世俗人為伍。夫人，那些人。指世俗人。為徒，為伍。⓲通　相通；一樣。⓳靈　明白；聰明。⓴所適者　所想去的地方。即目的地。㉑致　到達。㉒祈嚮　追求；理想。㉓大聲　高雅的音樂。㉔里耳　世俗人的耳朵。里，同「俚」。俚俗。㉕折楊皇華　兩種古代民間小曲。㉖嗑然　笑聲。㉗高言　高雅的言論。㉘二垂踵　兩個行人。垂踵，兩腿下垂。形容走路的樣子。踵，腳跟。代指腿。㉙其庸　怎麼。㉚釋之　放棄自己的理想。㉛推　推究；追求。㉜比憂　與憂愁為鄰。即憂愁。比，緊挨著。㉝厲　醜陋。㉞遽　急忙。㉟汲汲然　心情急切的樣子。

【語　譯】孝子不奉承他的父母，忠臣不諂媚他的君主，這可以說是最好的忠臣孝子了。凡是父母所說的話都予以肯定，父母所做的事都予以讚揚，那麼世俗人就會把這樣的兒子叫做不肖之子；凡是君主所說的話都加以肯定，君主所做的事都加以讚揚，那麼世俗人就會把這樣的臣子叫做不良之臣。但不知道世俗人的這種看法是否就真的正確。世俗人認為是正確的他就去加以肯定，世俗人認為是好的他就去加以讚揚，人們卻不把他叫做諂諛之人。那麼這豈不是說世俗人比父母更有權威，比君主更為尊貴了嗎？別人說自己是個善於諂媚的人，就會勃然大怒；說自己是個善於阿諛之人，就會怒氣沖沖。然而那些一輩子都在諂媚別人的人，一輩子都在奉承別人的人，他們使用巧妙的譬喻和華麗的辭藻去博取眾人的歡心，這種人自始至終也沒有受到大家的責備。他們穿上整齊的衣服，繡製華美的文采，不停地改變著面部表情以討好全社會的人，而他們從不認為自己是在諂媚；他們與世俗人為伍，與世俗人有著相同的是非標準，卻又不把自己看作是普通的人，這真是愚昧到了極點。知道自己愚昧的人，還不算是最大的愚昧；知道自己糊塗的人，還不算是最大的糊塗。最糊塗的人，一輩子也不會明白；最愚昧的人，一輩子也不會清醒。三個人同行而其中有一個糊塗人，他們還可以到達自己的目的地，因為糊塗人畢竟只佔少數；如果三人中有兩個糊塗人，他們就會搞得疲憊不堪也到不了自己想去的地方，因為糊塗人佔了多數。然而現在呢，整個天下都是糊塗人，我雖然有自己的追求和理想，但不可能實現。這不是很可悲嗎！

高雅的音樂不會被世俗人所欣賞，一聽到〈折楊〉、〈皇華〉之類的民間小曲，世俗人便欣然而笑。因此高雅的言論是不會被一般民眾所接受的，高雅的至理名言宣傳不出去，那麼街談巷語就會佔居優勢。僅僅由於兩個糊塗人就無法到達自己的目的地，更何況如今整個天下人都糊塗了，我雖然有自己的追求和理想，可又怎能實現呢？知道自己的理想無法實現卻還要勉強去追求，這就又是一個糊塗，所以最好是放棄自己的理想不再去追求。不去追求無法實現的理想，哪裡還會有憂愁呢！醜陋的人半夜裡生了孩子，急忙把燈拿來察看，心急火燎地唯恐孩子像自己一樣醜陋。

百年之木，破為犧樽❶，青黃而文之❷，其斷❸在溝中。比犧樽於溝中之斷，則美惡有間❹矣，其於失性一也❺。跖與曾、史，行義❻有間矣，然其失性均也。且夫失性有五：一曰五色亂目，使目不明；二曰五聲亂耳，使耳不聽；三曰五臭薰鼻❼，困惾中顙❽；四曰五味濁口❾，使口厲爽❿；五曰趣舍滑心⓫，使性飛揚⓬。此五者，皆生之害也。而楊、墨乃始離跂⓭自以為得⓮，非吾所謂得也。夫得者困，可以為得乎？則鳩鴞⓯之在於籠也，亦可以為得矣。且夫趣舍聲色以柴⓰其內，皮弁鷸冠搢笏紳脩以約其外⓱，內支盈於柴柵⓲，外重纆繳⓳，睆睆然⓴在纆繳之中而自以為得，則是罪人交臂㉑歷指㉒而虎豹在於囊檻㉓，亦可以為得矣。

【章　旨】本章描述了擾亂人類天性的五種情況，批判了四處宣揚自己主張的楊朱、墨翟，認為他們的行為不過是作繭自縛而已。

【注　釋】❶犧樽　古代的一種酒器。❷青黃而文之　用青黃二色繪出美麗的花紋。文，花紋。用作動詞。繪製花紋。❸斷　指做酒器後剩餘的木料。❹美惡有間　酒器美觀，殘餘木料醜陋，二者有很大差別。惡，醜陋。有間，有差別。❺其於失性一也　但它們在失去本性這一點上卻是相同的。指酒器和斷木都失去了樹木原有的生機。❻行義　行為原則。義，原則。❼五臭薰鼻　各種氣味薰擾嗅覺。五臭，指羶、薰、香、腥、腐五種氣味。這裡泛指各種氣味。❽困惾中顙　困擾堵塞鼻腔並且直達額頭。惾，堵塞。顙，額頭。❾濁口　使口腔汙濁。❿厲爽　傷害；敗壞。⓫趣舍滑心　好惡擾亂了心神。趣舍，取捨；好惡。滑，擾亂。⓬飛揚　躁動而不安定。⓭離跂　踮起腳跟。形容努力的樣子。⓮得　恰當；適當。⓯鳩鴞　兩種鳥名。⓰柴　雜草。一說為「堵塞」義。⓱皮弁鷸冠搢笏紳脩以約其外　皮帽羽冠、朝板長帶約束他的身體。皮弁，一種皮製帽子。鷸冠，裝飾著鷸鳥羽毛的帽子。搢，插。笏，大臣上朝時拿的手板。紳，寬大的衣帶。脩，長。⓲內支盈於柴柵　內心充滿了各種好惡和限制人的條令制度。支，堵塞。柴，像雜草一樣的好惡、聲色。柵，柵欄。比喻限制人的各種條令。⓳纆繳　繩索。指衣帶等。⓴睆睆然　睜大眼睛的樣子。㉑交臂　兩手綑在一起。㉒歷指　用小木棍夾五指的酷刑。㉓囊檻　木籠。

【語　譯】百年的大樹，砍伐後被做成精美的酒器，再用青、黃二色在上面繪出華美的花紋，而剩餘的木料就被丟棄在山溝裡。拿精美的酒器和山溝裡的殘木相比，它們的美醜就有很大的差別，但它們在失去樹木天性這一點上卻是相同的。盜跖和曾參、史鰌在行為原則方面有很大差異，但在失去人類天性這一點上卻也是相同的。失去人類天性的情況有五種：一是各種顏色擾亂了人的視覺，使眼睛看不明白；二是各種音樂聲擾亂了人的聽覺，使耳朵聽不清楚；三是各種氣味薰擾了人的嗅覺，使鼻腔乃至額頭受到困擾和堵塞；四是各種滋味敗壞了味覺，使口舌受到了傷害；五是各種好惡擾亂了心神，使性情躁動不安。這五種情況，都是生命的禍害。而楊朱、墨翟卻還在竭力地宣揚與此有關的思想主張，並自以為做得很恰當，不過這種「恰當」並非我所認為的恰當。自以為做事恰當的人反而受困，這能夠叫做恰當嗎？如此則鳩鳥和鴞鳥被關在籠子裡，也可以算是很恰當了。各種好惡、聲色像雜草一樣塞滿了他們的內心，皮帽羽冠、手板長帶約束著他們的身體，他們心中充滿了雜草一樣的聲色好惡和各種限制人的條令制度，身體又被繩索般的冠冕衣帶綑束了一層又一層，他們睜著大眼看著自己處於繩索之中卻還自以為做得很恰當，那麼那些綑綁雙手、受盡酷刑的罪犯和身處木籠中的虎豹也都可以自以為做事恰當了。

【研析】在人們的印象中，道家學派，特別是莊子，是一位十分瀟灑自由、整日飄飄然不問世事的隱士。然而事實並非如此，本篇就透露出莊子的苦悶心情。

莊子思想的主旨就是反對多為政治，提倡清靜無為，最終目的就是把當時的社會拉回到「至德之世」。要想改變整個社會的政治制度，銷毀已有的科技文化，莊子絕對沒有這個力量。沒有這個力量，而又不願放棄自己的理想，從而使自己站在了整個社會的對立面上。這就是莊子的人生悲劇。莊子在本篇中深刻地意識到了自己的悲劇，他知道自己的理論對世俗人來說，是「大聲」，是「高言」，根本無人理睬。他說：「三人同行，如果有兩個是糊塗人的話，他們就無法到達自己的目的地，更何況現在整個天下的人都糊塗了。在這種情況下，自己雖然有理想，但這種理想是無法實現的。」他兩次發出這一感歎，字裡行間滲透著無限的悲哀和無奈。

任何一位超越常人的智者都是孤獨的。老子曾感歎說：「吾言甚易知，甚易行。天下莫能知，莫能行。」《老子》第七十章）天下如此之大，竟然沒有一個知音，於是老子只得辭官而去，不知所終。孔子周遊天下，在政治上竟無所成，使他感歎大概只有上天才能理解自己，於是他也想離開中原，遠赴蠻夷地區，或者乾脆乘桴出海。莊子也不例外，他在茫茫人海中，同樣找不到一個知音。莊子是一位獨行者！飄逸瀟灑是莊子的言行表象，而孤獨苦悶才是莊子的精神實質。這既是哲人們的悲哀，也是整個人類的悲哀。

最後順便要提到的是，莊子「大聲不入於里耳，〈折楊〉、〈皇華〉，則嗑然而笑」這幾句話對宋玉的名篇〈對楚王問〉的寫作有很大影響。當楚王向宋玉詢問為什麼大家都不喜歡他的時候，宋玉回答說：

客有歌於郢中者。其始曰〈下里〉、〈巴人〉，國中屬而和者數千人。……其為〈陽春〉、〈白雪〉，國中屬而和者，不過數十人。……是其曲彌高，其和彌寡。

短短的一段話，就為後人留下「下里巴人」、「陽春白雪」、「曲高和寡」數個常用詞彙，而這一段文字的構思和用意基本上都是從莊子的「大聲不入於里耳」照搬而來。可以說，這些詞彙的最早發明權應屬莊子，而不是宋玉。

天道第十三

【題解】天道，大自然的規律。大自然的運行規律，如天高地卑、春去秋來等等，完全是按照大道的安排進行的，其中沒有摻進任何人為的因素。正是因為自然規律能夠如實地體現大道的內涵，所以在《莊子》一書中，「天」、「天道」就往往成為「道」的同義詞。本篇的主旨依然是在闡述清靜無為的政治主張和處世原則，但也有少數段落在不否定大道的前提下，肯定了人類社會等級制度存在的合理性，以至於不少學者認為這些段落屬於偽作，應予刪除。

天道運❶而無所積❷，故萬物成；帝道運而無所積，故天下歸❸；聖道運而無所積，故海內服。明於天，通於聖，六通四辟❹於帝王之德者，其自為❺也，昧然❻無不靜者矣。聖人之靜也，非曰靜也善，故靜也，萬物無足以鐃心❼者，故靜也。水靜則明燭鬚眉❽，平中準❾，大匠取法焉❿。水靜猶明，而況精神！聖人之心靜乎，天地之鑑也，萬物之鏡也。夫虛靜恬淡、寂漠⓫無為者，天地之平⓬而道德之至，故帝王聖人休焉⓭。休則虛，虛則實⓮，實者倫⓯矣。虛則靜，靜則動⓰，動則得矣。靜則無為，無為也則任事者責⓱矣。無為則俞俞⓲，俞俞者憂患不能處⓳，年壽長矣。夫虛靜恬淡、寂漠無為者，萬物之本也。明此以南鄉⓴，堯之為君也；明此以北面㉑，舜之為臣也。以此處上㉒，帝王天子之德也；以此處下，玄聖、素王㉓之道也；以此退居而閒游江海，山林之士服；以此進為㉔而撫世，則功大名顯而天下一也。靜而聖，動而王㉕，無為也而尊，樸素而天下莫能與之爭美。夫明白於天地之德者，此之謂大本大宗㉖，與天和㉗者也；所以均調㉘天下，與人和者也。與人和者，謂之人樂㉙；與天和者，謂之天樂。

莊子曰：「吾師㉚乎！吾師乎！韲㉛萬物而不為戾㉜，澤及萬世而不為仁，長於上古而不為壽，覆載天地刻彫眾形而不為巧。此之謂天樂。故曰：『知天樂者，其生也天行㉝，其死也物化㉞。靜而與陰㉟同德，動而與陽同波㊱。』故知天樂者，無天怨㊲，無人非㊳，無物累，無鬼責。故曰：『其動也天㊴，其靜也地，一心定㊵而王天下。其鬼不祟㊶，其魂㊷不疲，一心定而萬物服。』言以虛靜推於天地㊸，通於萬物，此之謂天樂。天樂者，聖人之心，以畜㊹天下也。」

【章旨】本章認為，天地萬物在不停運動，聖人之心則清靜安定，聖人以清靜安定的心境去順應天地萬物的運動，就能與自然和諧相處，就能使天下太平安定。

【注釋】❶運　運行；運動。❷積　停滯不前。❸歸　歸心；擁護。❹六通四辟　極言處處精通。辟，通達；明白。一說指六合（上下四方）通達、四季順暢，似與句義不合。❺自為　讓萬物自由發展。❻昧然　清靜無為的樣子。❼鏡心　擾亂內心。鐃，同「撓」。擾亂。❽明燭鬚眉　清晰地照見鬍鬚和眉毛。燭，照。❾平中準　平得合乎標準。❿大匠取法焉　高明的工匠也要傚法它。⓫寂漠　清靜。⓬平　基本準則。一說「平」為「本」字之誤。⓭休焉　堅守這一思想境界。休，停留；堅守。⓮虛則實　內心虛靜就可以用大道來充實。即內心虛靜就能獲取大道。⓯倫　理。指自然之理。⓰靜則動　只有虛靜之人才會有合理的行動。⓱任事者責　擔任具體事務的人才能各盡其責。⓲俞俞　從容不迫的樣子。⓳處　處於心中。⓴南鄉　指面向南而坐。即當君主。鄉，同「嚮」。㉑北面　面向北。指當臣子。㉒處上　居於上位。㉓玄聖素王　指掌握大道、具有帝王的德才而無帝王之位的人。㉔進為　入世從政。㉕動而王　有所行動便可成為帝王。㉖大宗　最主要的；根本。㉗與天和　與自然和諧相處。㉘均調　治理好。㉙人樂　人間的快樂。㉚師　指大道。莊子以大道為師。㉛整　粉碎；毀滅。㉜戾　殘暴。㉝天行　順應自然而活動。㉞物化　變為其他事物。㉟陰　古人認為陰主靜而陽主動。故莊子把「靜」與「陰」相配，「動」與「陽」相配。㊱波　運動。㊲無天怨　不怨天。㊳無人非　不尤人。㊴天　自然。指順應自然。㊵一心定　整個心思平靜安定。一，整個。㊶祟　作怪；作祟。㊷魂　精魄；靈魂。㊸推於天地　影響到自然。推，推及；影響。㊹畜　養育。

【語　譯】大自然的規律就是讓萬物不停運動而從不停滯，所以萬物得以生成；帝王治國的原則就是讓全國臣民活動起來而從不停滯，所以天下百姓歸順；聖人的生活原則就是不斷地修習大道而從不停滯，所以四海之人無不折服。明白了自然規律，知道了聖人的生活原則，精通並具備了帝王美德的人，就會讓萬物自由發展，而自己卻處處堅持清靜無為。聖人內心清靜，不是因為知道清靜了有好處，才去有意地保持清靜，而是因為任何事物都不能擾亂他們的內心，所以他們的內心一直是清靜的。水在靜止時就能清晰地照見人的鬚眉，水面平得合乎標準，連高明的工匠也要傚法它。水靜止下來尚且能明照萬物，更何況精神呢！聖人的清靜之心，可以體察自然的法則，洞悉萬物的規律。虛靜恬淡、清靜無為這種品質，是大自然的基本準則，是道德修養的最高境界，所以帝王和聖人都堅守這種思想境界。堅守這一思想境界就會使內心虛靜，內心虛靜就能掌握大道，掌握大道後言行就會符合天理。內心虛靜的人就會安靜下來，只有安靜的人才會有合理的行動，行動合理就會有所收穫。帝王內心虛靜就會推行無為政治，推行了無為政治就能使擔任具體事務的臣下各盡其責。

推行清靜無為政治就能過從容不迫的生活，從容不迫的人就不會有憂患，於是也就能長壽了。虛靜恬淡、清靜無為，這是萬物生存的根本。明白這個道理而身居帝王之位，就會像堯當國君那樣成功；明白這個道理而身居臣下之位，就會像舜當大臣那樣順利。具有這種品質而居於上位，就是具備了帝王天子的美德；具有這種品質而居於下位，就是掌握了身無帝王之位而精神崇高之人的原則；具有這種品質而退居閒遊於江湖之上，山林裡的隱士也會衷心折服；具有這種品質而進入社會治理國家，就能功業卓著名揚四海而使天下大同。這樣的人安居不動時堪稱聖人，有所行動就會成為帝王，他們清靜無為卻尊貴無比，淳厚樸素而天下無人能夠與他們相媲美。懂得大自然美德的人，可以說是最重要的人，他們能夠與大自然和諧相處；他們還能夠治理好天下，與眾人和諧相處。能夠與眾人和諧相處，可以叫做人間的快樂；能夠與自然和諧相處，可以叫做天然的快樂。

莊子說：「道是我的老師啊！道是我的老師啊！它毀滅了萬物不是因為暴戾，把恩澤施於萬世也不是出於仁愛，說它年長於遠古也不足以形容它的長壽，它使蒼天覆蓋一切、使大地托載萬物，並創造了各種各樣的物體，也不自以為巧妙。這可以叫做天然的快樂。所以說：『懂得什麼叫天然快樂的人，他活在世上時能夠順應自然而行事，他死後也能順利地變化為其他事物。他安靜時與陰氣一樣沉寂，活動時與陽氣一樣活躍。』所以那些懂得天然快樂的人，不怨天，不尤人，不受外物拖累，也不責備鬼神。所以說：『他們活動時順應自然，安靜時如同大地那樣沉寂，內心十分安定，而把天下治理得井井有條。鬼神不會加禍於他們，他們的精神也不會疲憊，他們內心安定而萬物歸服。』這些話就是說他們的虛靜美德影響了天地，影響了萬物，這就叫做天然的快樂。懂得天然快樂的人，就具備了聖人的品質，就可以養育天下萬物了。」

夫帝王之德，以天地為宗❶，以道德❷為主，以無為為常❸。無為也，則用❹天下而有餘；有為❺也，則為天下用而不足。故古之人貴夫無為也。上無為也，下亦無為也，是下與上同德❻，下與上同德則不臣❼；下有為也，上亦有為也，是上與下同道❽，上與下同道，則不主❾。上必無為而用天下，下必有為為天下用，此不易❿之道也。故古之王天下者，知雖落⓫天地，不自慮⓬也；辯雖彫⓭萬物，不自說也；能雖窮海內⓮，不自為⓯也。天不產而萬物化⓰，地不長而萬物育，帝王無為而天下功⓱。故曰：「莫神於天，莫富於地，莫大於帝王。」故曰帝王之德配天地。此乘⓲天地馳萬物，而用人群⓳之道也。

本在於上⓴，末在於下㉑；要在於主㉒，詳在於臣㉓。三軍五兵之運㉔，德之末㉕也；賞罰利害㉖，五刑之辟㉗，教之末㉘也；禮法度數㉙，刑名比詳㉚，治之末也；鍾鼓之音，羽旄之容㉛，樂之末㉜也；哭泣衰絰㉝，隆殺之服㉞，哀之末㉟也。此五末者，須精神之運㊱，心術之動㊲，然後從之㊳者也。末學者㊴，古人有之，而非所以先㊵也。

君先而臣從，父先而子從，兄先而弟從，長先而少從，男先而女從，夫先而婦從。夫尊卑先後，天地之行㊶也，故聖人取象㊷焉。天尊地卑，神明之位㊸也；春夏先，秋冬後，四時之序也；萬物化作㊹，萌區有狀㊺，盛衰之殺㊻，變化之流㊼也。夫天地至神，而有尊卑先後之序，而況人道乎！宗廟尚親㊽，朝廷尚尊㊾，鄉黨尚齒[50]，行事尚賢，大道之序也。語道而非[51]其序者，非道也；語道而非其道者，安取道[52]！

是故古之明大道者，先明天[53]而道德次之，道德已明而仁義次之，仁義已明而分守[54]次之，分守已明而刑名次之，刑名已明而因任[55]次之，因任已明而原省[56]次之，原省已明而是非次之，是非已明而賞罰次之，賞罰已明而愚知處宜[57]，貴賤履位[58]，仁賢不肖襲情[59]。必分[60]其能，必由[61]其名。以此事上[62]，以此畜下，以此治物，以此修身。知謀不用，必歸其天[63]。此之謂太平，治之至也。

故書[64]曰：「有刑有名。」刑名者，古人有之，而非所以先也。古之語大道者，五變而刑名可舉[65]，九變[66]而賞罰可言也。驟[67]而語刑名，不知其本也；驟而語賞罰，不知其始也。倒道而言[68]，迕道[69]而說者，人之所治[70]也，安能治人！驟而語刑名賞罰，此有知治之具[71]，非知治之道[72]，可用於天下[73]，不足以用天下，此之謂辯士，一曲[74]之人也。禮法度數，刑名比詳，古人有之，此下之所以事上，非上之所以畜下也。

【章旨】本章提出君主無為、臣下有為的主張，論證了上下尊卑秩序存在的合理性。由於本章帶有明顯的等級思想痕跡，所以不少學者認為不是莊子學派的作品。

【注釋】❶宗 本。❷道德 大道和由大道賦予的萬物天性。❸常 常規；不變的原則。❹用 指主動地使用、治理。❺有為 指忙忙碌碌地處理具體事務。❻同德 處世原則相同。❼不臣 不像個當臣下的。❽同道 與「同德」義同。❾不主 不像個君主。❿不易 不可改變。易，改變。⓫落 同「絡」。籠絡；覆蓋。⓬自慮 親自考慮具體問題。⓭彫 修飾；文飾。⓮窮海內 指具備天下所有的才能。窮，窮盡。⓯自為 親自去做具體的事務。⓰天不產而萬物化 上天並不有意地產生什麼而萬物自然變化產生。產，指有意地去產生。⓱天下功 天下自然安定太平。功，成功；治理好。⓲乘 駕御。⓳人群 眾人；百姓。⓴本在於上 作為根本的道和德應由君主來掌握。本，指道、德。上，指聖明君主。㉑末在於下 作為末節的軍事、刑罰、禮樂等應由臣下來處理。㉒要在於主 治國的主要原則要掌握在君主手裡。要，綱要；主要原則。主，君主。㉓詳在於臣 細微繁雜之事由臣下去操辦。詳，細微雜事。㉔三軍五兵之運 一切軍事活動。三軍，古代諸侯國往往把自己的軍隊分為上、中、下三軍。五兵，指弓、劍、矛、戈、戟五種兵器。運，運用；活動。㉕德之末 相對於道德來說，軍事活動屬細枝末節之事。㉖利害 即賞罰。利，給予好處。害，懲罰。㉗五刑之辟 泛指各種刑罰。五刑，指劓（割鼻）、墨（刺字）、刖（砍腳）、宮（閹割）、大辟（殺頭）五種刑罰。辟，法。㉘教之末 在各種教化中，刑罰屬於細枝末節。意思是說，在所有的教化手段中，刑罰是最劣的一種教育方法。㉙度數 制度。㉚刑名比詳 對事物和名稱進行比較和審定。刑，同「形」。事物實體。詳，審定。㉛羽旄之容 用羽毛、旄旗裝飾的舞隊陣容。旄，泛指旗幟。㉜樂之末 在快樂的事情中，聽音樂觀舞蹈屬於細枝末節之事。一說「樂」指音樂。但這裡的「樂」與下文「哀」相對，應指快樂。㉝衰絰 喪服。㉞隆殺之服 泛指各種等級的喪服。隆殺，隆重和簡單。指各種級別。㉟哀之末 相對於真正的哀傷來說，哭哭泣泣、身著喪服這些事又屬於細枝末節。㊱精神之運 精神活動。即具備了崇高的精神境界。㊲心術之動 心理活動。即具備真情實感。㊳然後從之 然後再去做這五種細枝末節之事。意思是說，軍事、刑罰、禮制、樂、哀必須在崇高的精神和真實的情感支配下進行，不然將走入歧途或流於形式。㊴末學者 指軍事、刑法等知識。㊵先 前面；首要位置。㊶行 運行規律。㊷取象 倣法這種現象。㊸神明之位 這是天地之神的位次。㊹化作 變化產生。作，興起；產生。㊺萌區有狀 有了差別和不同形態。萌，產生；出現。區，區別。㊻殺 降等。引申為次第出現。㊼流 流派；派別。引申為差別。㊽宗廟尚親 在宗廟祭祖先時，重視的是血緣關係。尚，崇尚；重視。㊾尊 高貴的地位。㊿鄉黨尚齒 鄉親們在一起舉行活動，看重的是年長之人。鄉黨，鄉里。齒，年歲。(51)非 非議；反對。(52)安取道 怎能獲取大道。(53)明天 明白天理。天，天理；自然規律。(54)分守 職分；職守。(55)因任 根據才能授予職務。(56)原省 檢查；考察。指考察官吏政績。原，追究根源。省，省察。(57)愚知處宜愚笨人和聰明人都得到適當的安排。知，同「智」。宜，適當。[58]貴賤履位　貴賤之人各居其位。履，踏；居。[59]襲情　符合各自的實際情況。襲，符合。情，真實情況。[60]分　分別；區分。[61]由　遵守。[62]事上　侍奉帝王。[63]歸其天　恢復各自天性。[64]書　泛指古書。[65]五變而刑名可舉　經過五個發展階段然後才去討論形與名的關係。五變，指上文提到的明白大道、天、道德、仁義、分守五個階段。舉，稱舉；討論。[66]九變　指上文提到的明白大道、天、道德、仁義、分守、刑名、因任、原省、是非九個階段。[67]驟　突然。指跳過前五個階段而突然談論形名。[68]倒道而言　不按照順序去討論問題。倒道，顛倒；不按順序。[69]迕道　與「倒道」意思相同。[70]人之所治　被別人治理。[71]知治之具　具備治國某一方面的具體能力。知，知道；具備。具，具體才能。[72]治之道　治國的根本原則。[73]可用於天下　可以被治理天下的人所任用。於，表被動。[74]一曲　一個局部。指有知識能力但這些知識能力不全面。

【語譯】帝王的品質，就是以自然原則為根本，以道德為中心，以清靜無為為永恆法則。做到了清靜無為，就可以遊刃有餘地治理好天下；如果整天忙於具體事務，將會被天下事務搞得疲憊不堪而且還治理不好。所以古代的人特別重視清靜無為這一原則。君主清靜無為，臣下也清靜無為，這樣一來臣下的原則就與君主的原則相同了，如果臣下的原則與君主一樣，那麼臣下也就不像臣下了；臣下整天忙忙碌碌地去操辦具體事務，君主也整天忙忙碌碌地去操辦具體事務，這樣一來君主的原則就與臣下的原則相同了，如果君主的原則與臣子一樣，那麼君主也就不像君主了。君主必須以清靜無為的態度去治理天下，而臣下必須整天忙忙碌碌地去為天下服務，這是天經地義不可更改的原則。所以古代那些治理天下的君主，即使具備經天緯地的智慧，也不去親自考慮具體問題；即使具有為萬事萬物文飾的口才，也不親自去討論爭辯某個具體命題；即使具備了天下所有的才能，也不親自去操辦具體事務。上天並不有意地去產生什麼而萬物卻自然變化產生，大地並不有意地去長出什麼而萬物卻自然繁衍生長，帝王像天地那樣清靜無為而天下自然太平安定。所以說：「最神奇的是上天，最富有的是大地，最偉大的是帝王。」因此說帝王的美德與天地相配。清靜無為是駕御天地、驅使萬物、治理臣民的辦法。

作為根本原則的大道應掌握在君主手裡，而像軍事、禮法等細枝末節之事應交給臣下；治國的綱領要掌握在君主手裡，而一些細微瑣事則由臣下去處理。一切軍事活動，在道德面前屬於細枝末節；賞善罰惡，使用各種刑罰，這同其他教育方法相比屬於細枝末節；推行禮法制度，審核形名關係，這同其他治國方法相比屬於細枝末節；聽音樂，觀舞蹈，這在所有快樂之事裡屬於細枝末節；哭哭泣泣披麻戴孝，身穿不同喪服，這相對於真正的悲痛來說屬於細枝末節。這五種細枝末節之事，是必須在崇高精神和真實情感的支配下，然後才可以去做的事。有關這些細枝末節之事的學問，古人已經具備，但古人沒有把這些學問放在首要位置。

君主有所倡導而臣下服從，父親有所倡導而子女服從，兄長有所倡導而弟弟服從，年長者有所倡導而年少者服從，男子有所倡導而婦女服從，丈夫有所倡導而妻子服從。有尊卑，有先後，這都是天地的運行規律，所以聖人要傚法這些現象。天尊地卑，這是天地之神的位次；春夏在先，秋冬在後，這是四季運行的順序；萬物變化產生以後，就有很大差別和不同形狀，它們的盛衰也次第出現，這是萬物在變化中所顯示的差別。天地最為神聖奇妙，而天地尚且具有尊卑先後的次序，更何況人呢！在宗廟祭祀祖先時，重視的是血緣關係；在朝廷處理政務時，重視的是官員地位；在鄉親們舉行活動時，重視的是年紀；在辦事的時候，重視的是賢才，這是大道所規定的次序。談論大道時卻反對大道規定的次序的人，實際上就是在反對大道；談論大道卻又反對大道的人，又怎麼能夠獲取大道呢！

因此古代那些懂得大道的人，首先去弄懂自然規律，然後再去研究道與德；懂得了道與德，然後再去研究仁義；懂得了仁義，然後再去研究每個社會職位的職責；懂得了每個社會職位的職責，然後再去研究形與名的關係；懂得了形與名的關係，然後再去研究任用人才的問題；懂得了如何使用人才，然後再去研究考察人才任職情況的辦法；懂得了如何考察人才的任職情況，然後再去研究他們孰是孰非；知道了他們孰是孰非，然後再去研究如何進行賞罰。懂得了如何賞罰，那麼賢、愚之人就能各得其所，貴、賤之人也能各居其位，對仁賢之人和壞人的判斷也都符合真實情況。必須分辨各自不同的才能，必須遵守各自不同的名分。要用這些辦法來侍奉君主，用這些辦法來養育百姓，用這些辦法來治理萬物，用這些辦法來修養自身。這樣一來人們都不會再使用智謀技巧，都必然能夠恢復各自的天性。這就叫做天下太平，這就是治理天下的最高境界。

所以古書上說：「有形體，有名稱。」有關形名關係的學問，古人也已經具備了，只是古人不把它放在首要位置。古代那些研究大道的人，在討論了五個發展階段之後，才去談論形名問題；在討論了九個發展階段之後，才去談論賞罰問題。如果跳過前五個階段而直接討論形名關係，那麼他就不懂得形名問題的根源；如果跳過前九個階段而直接討論賞罰問題，那麼他就不懂得賞罰問題的本源。顛倒次序去討論問題的人，或者不按次序去討論問題的人，應該被別人治理，他們怎麼能去治理別人！如果跳過前五個階段或九個階段而直接討論形名關係和賞罰問題，這樣的人只是具備了治國的某一方面的具體才能，而不懂得治國的根本原則，他們就只能被君主所使用，而沒有能力成為治理天下的君主。這種人可以叫做善辯之士，是不具備全面知識的淺薄之人。推行禮法制度，研究形名關係，古人已經具備了這方面的知識，但這些都是臣下用來侍奉君主的辦法，而不是君主用來養育臣民的原則。

昔者舜問於堯曰：「天王❶之用心何如？」堯曰：「吾不敖無告❷，不廢窮民❸，苦死者❹，嘉孺子❺而哀❻婦人。此吾所以用心已。」舜曰：「美則美矣，而未大也。」堯曰：「然則何如？」舜曰：「天德而出寧❼，日月照而四時行，若晝夜之有經❽，雲行而雨施矣。」堯曰：「膠膠擾擾❾乎！子，天之合❿也；我，人之合也。」夫天地者，古之所大也，而黃帝堯舜之所共美也。故古之王天下者，奚為哉？天地而已矣。

【章旨】本章要求君主治國時要做法天地自然，清靜無為而萬事成功。

【注釋】❶天王　天子。指堯。❷不敖無告　不輕慢無依無靠的人。敖，同「傲」。輕慢。無告，有苦而無處訴說的人。即無依無靠的人。❸不廢窮民　不拋棄走投無路之民。廢，拋棄。窮，走投無路。❹苦死者　悲憫死者。苦，悲憫。❺嘉孺子　愛護小孩。嘉，愛護。孺子，小孩。❻哀　同情。❼天德而出寧　要做法天的美德，在勤政治民的同時還保持內心的寧靜。出，出仕；從政。❽經　常。❾膠膠擾擾　紛亂的樣子。❿天之合　符合自然規律。

【語譯】從前，舜曾問堯說：「您作為天子是如何想的？」堯說：「我不輕慢無依無靠之人，更不拋棄走投無路之民，悲憫死者，愛護小孩，同情婦女。這就是我的想法。」舜說：「好是很好，但還不算盡善盡美。」堯問：「那該怎麼辦呢？」舜說：「要做法上天的美德，在勤政治民的同時還要保持內心的寧靜，要像日月普照、四季運行那樣，還要像晝夜有常、雲飄雨降那樣。」堯說：「我的做法太紛亂了！您的思想符合自然的原則，而我的想法只符合人為的原則。」天和地，自古以來是最為偉大的，黃帝、堯、舜都讚美它們。所以古代那些治理天下的人，需要做些什麼呢？不過就是做法天地而已。

孔子西藏書於周室❶，子路❷謀曰：「由聞周之徵藏史❸有老聃者，免❹而歸居，夫子欲藏書，則試往因焉❺。」孔子曰：「善。」往見老聃，而老聃不許，於是繙十二經以說❻。老聃中其說❼，曰：「大謾❽。願聞其要。」孔子曰：「要在仁義。」老聃曰：「請問，仁義，人之性邪？」孔子曰：「然。君子不仁則不成❾，不義則不生❿。仁義，真人之性也，又將奚為矣？」老聃曰：「請問何謂仁義？」孔子曰：「中心物愷⓫，兼愛無私，此仁義之情也。」老聃曰：「噫，幾乎後言⓬！夫兼愛，不亦迂乎！無私焉，乃私也。夫子若欲使天下無失其牧⓭

乎，則天地固有常⑭矣，日月固有明矣，星辰固有列矣，禽獸固有群矣，樹木固有立矣。夫子亦放德⑮而行，循道而趨⑯，已至⑰矣。又何偈偈乎⑱揭⑲仁義，若擊鼓而求亡子⑳焉？意㉑，夫子亂人之性也！」

【章旨】本章主張順應天性而為，反對提倡仁義，認為提倡仁義將會擾亂人性。

【注釋】❶周室　周王室。❷子路　人名。孔子的學生。姓仲名由，字子路。❸徵藏史　官名。負責圖書管理。❹免　免職。一說是辭職。❺因焉　通過他。即通過他的介紹把經書藏入周室。❻於是繙十二經以說　於是就反覆解釋自己整理的十二經內容。繙，反覆。十二經，舊注指《詩》、《書》、《禮》、《樂》、《易》、《春秋》六經及解釋六經的六緯。但孔子之時無六緯，故「十二」應是虛指，泛指多。❼中其說　中途打斷他的解釋。❽大謾　太囉嗦；太冗長。❾成　成就功名。❿生　立足社會。⓫物愷　和樂；仁慈。⓬幾乎後言　有點危險啊，你後面講的這些話。幾，危殆。⓭牧　養。用作名詞。養育人的東西。⓮常　永恆存在。⓯放德　放任天性；順應天性。⓰趨　快步跑。引申為生活、做事。⓱已至　已經是極好了。⓲偈偈乎　努力的樣子。⓳揭　高舉。⓴亡子　走失的兒子。㉑意　同「噫」。感歎詞。

【語譯】孔子想把自己整理的圖書獻給西邊的周王室收藏，子路便出主意說：「我聽說周王室有一位管理圖書的官員名叫老聃，他現在已經辭職回家隱居，老師想把書藏到周王室，不妨試著請他幫幫忙。」孔子說：「好。」便前去拜訪老聃，而老聃不願意幫忙，於是孔子就反覆解釋自己整理的十二本經書的內容。老聃打斷孔子的解釋，說：「講得太囉嗦了。希望聽聽你書中的主旨。」孔子說：「主旨就是仁義。」老聃說：「請問，仁義是人的本性嗎？」孔子說：「是的。君子如果不仁就不能成就其名聲，如果不義就不能立足於社會。仁義的確是人的本性，如果沒有仁義又能做些什麼呢？」老聃說：「請問，什麼叫做仁義？」孔子說：「心中充滿了仁慈，博愛萬物而沒有私心，這就是仁義的內容。」老聃說：「唉，有一點危險啊，你後面講的這些話！提倡博愛，不也有點迂腐嗎！你所說的沒有私心，實際上卻成就了自己的私利。先生如果真的想讓天下人不失去自己的生存條件，那麼天地原本就是常存的，日月原本就是光明的，星辰原本就羅列在空中，禽獸原本就成群結隊，樹木原本就排列在地上。先生您就只管順應天性而行事，遵循大道而生活，這就是極好的了。您又何必如此努力地去標榜仁義，如同敲鑼打鼓去尋找走失的孩子呢？唉，先生您搞亂了人的天性啊！」

士成綺❶見老子而問曰：「吾聞夫子聖人也，吾固❷不辭遠道而來願見，百舍❸重趼❹而不敢息。今吾觀子，非聖人也。鼠壤有餘蔬❺，而棄妹❻之者，不仁也，生熟不盡於前❼，而積斂無崖❽。」老子漠然❾不應。

士成綺明日復見，曰：「昔者吾有刺❿於子，今吾心正卻⓫矣，何故也？」

老子曰：「夫巧知神聖之人，吾自以為脫焉⓬。昔者子呼我牛也而謂之牛，呼我馬也而謂之馬。苟有其實⓭，人與之名而弗受，再受其殃⓮。吾服也恆服⓯，吾非以服有服⓰。」士成綺鴈行避影⓱，履行遂進⓲而問：「修身若何？」老子曰：「而容崖然⓳，而目衝然⓴，而顙頯然㉑，而口闞然㉒，而狀義然㉓，似繫馬而止㉔也，動而持㉕，發也機㉖，察而審㉗，知巧而覩於泰㉘，凡以為不信㉙。邊境有人焉，其名為竊。」

【章旨】本章描寫了老子順應外物的處世態度，抨擊心懷智巧、容貌驕恣之人。

【注釋】❶士成綺　人名。❷固　堅定；決心。❸百舍　百日。指走了上百天。舍，晚上住宿一次叫一舍。❹重趼　一層又一層的趼子。趼，腳上因摩擦而生的硬皮。❺鼠壤有餘蔬　鼠穴裡有很多糧食。鼠壤，鼠穴。餘，多。蔬，泛指農作物。❻棄妹　拋棄而不愛惜。妹，同「昧」。輕視；不愛惜。❼生熟不盡於前　各種財物享用不盡。生，指糧食布帛。熟，指做好的飲食。❽積斂無崖　聚斂不已。積斂，聚斂財物。無崖，沒有限度。❾漠然　默不作聲、不放在心上的樣子。❿刺　諷刺；批評。⓫吾心正卻　我批評、反對您的思想正在慢慢消失。卻，退卻；消失。⓬脫焉　不是巧智神聖之人。脫，脫離；不是。焉，指巧智神聖之人。⓭苟有其實　如果我有其實。苟，如果。實，指別人的批評符合實際。⓮再受其殃　將會兩次受到別人的批評。再，二。別人批評如不接受，將會招來第二次批評。殃，禍殃。引申為受責備。⓯服也恆服　我接受別人的批評，而且永遠接受。服，服從；接受。⓰以服有服　認為應該接受才去接受。本句意思是說，老子接受別人的批評完全是出於自然，並非經過考慮而有意為之。⓱鴈行避影　像鴈一樣側身而行，羞愧得不敢正視自己的身影。⓲履行遂進　躡手躡腳地走向前。履行，躡手躡腳的樣子。⓳而容崖然　你的模樣高傲。而，你。崖然，高傲的樣子。⓴衝然　咄咄逼人的樣子。㉑而顙頯然　你的表情傲慢。顙，額頭。代指面部表情。頯然，傲慢的樣子。㉒闞然　張口辯論的樣子。㉓義然　身材高大的樣子。義，通「峨」。高大。㉔繫馬而止　被拴住不能奔馳的馬。㉕動而持　心裡想奔馳而強自抑制。持，自持；自我抑制。㉖發也機　一旦奔馳就如箭發弩機。機，弩機；發箭的機關。㉗察而審　明察而又精審。審，仔細審查。㉘覩於泰　顯露驕恣之態。覩，外露。泰，驕慢。㉙凡以為不信　所有這些表現，我以為都不符合人的真實本性。凡，全部。信，真實。指真實本性。

【語　譯】士成綺去拜訪老子，說：「我聽說先生是位聖人，便下定決心不顧道路遙遠前來拜見先生，路上走了上百天，腳上磨出一層又一層的老繭，而我也不敢停下來休息休息。如今我觀察先生，覺得您不像個聖人。您家的鼠穴裡有許多糧食，而您卻不愛惜這些糧食，這是不仁的表現。您家的財物享用不盡，而您卻還在聚斂不已。」老子好像沒有聽到似的未作回答。

第二天士成綺又去見老子，說：「昨天我批評了您，可今天我對您的不滿之心正在慢慢消失，這是為什麼呢？」老子說：「巧智神聖之人，我自認為不是。過去您把我叫做牛而我就自以為是牛，您把我叫做馬而我就自以為是馬。如果自己有其實，別人給予相應的名稱而我拒不接受，那將會受到別人的再次責備。我接受別人的批評，而且是永遠地接受，同時我也不是因為考慮到應該接受才去接受的。」士成綺像鴈一樣側身而行，羞愧得不敢看一眼自己的身影，他躡手躡腳地走到老子跟前，問道：「該如何修身呢？」老子說：「你的模樣自命不凡，你的目光咄咄逼人，你的表情驕恣高傲，你的嘴巴能言善辯，你的身體高大魁梧，你就像一匹被拴住的奔馬，一心想奔馳但不得不強自抑制，一旦能夠奔馳便如箭發弩機，你明察而又精審，內心充滿智巧而外露傲慢之態，所有這一切表現，都不符合人的真實天性。在遙遠的邊境地區就有這樣的人，他們的名字叫竊賊。」

夫子❶曰：「夫道，於大不終❷，於小不遺，故萬物備❸。廣廣乎❹其無不容也，淵乎❺其不可測也。形❻德仁義，神❼之末也，非至人❽孰能定之❾！夫至人有世❿，不亦大乎，而不足以為之累。天下奮棅⓫而不與之偕⓬，審乎無假⓭而不與利遷⓮，極⓯物之真，能守其本，故外⓰天地，遺⓱萬物，而神未嘗有所困也。通乎道，合乎德，退仁義，賓⓲禮樂，至人之心有所定矣。」

【章　旨】本章讚揚了堅守大道、忘卻萬物、擯除仁義的至人。

【注　釋】❶夫子　先生。莊子後學對莊子的尊稱。一說指老子。❷於大不終　從大的方面說它沒有窮盡。終，窮盡。❸備　必備；必須。指萬物離不開道。❹廣廣乎　博大的樣子。❺淵乎　深邃的樣子。❻形　同「刑」。刑法。❼神　指神奇的大道。❽至人　精神境界最高的得道之人。❾定之　明白這個道理。定，判定；明白。❿有世　擁有天下。即當天子。⓫奮棅　奮力爭奪權柄。棅，同「柄」。權柄。⓬偕　一起。指與世人一起爭奪權柄。⓭無假　最真實的。指大道。⓮不與利遷　不因名利而動心。遷，改變；動心。⓯極　深究；深入了解。⓰外　置之度外；忘卻。⓱遺　遺忘。⓲賓　同「擯」。排除。

【語　譯】先生說：「道，從大的方面說它沒有窮盡，從小的方面說它什麼都不會遺漏，所以萬物都離不開它。

道真是博大啊，它無所不能包容；道真是深邃啊，它的奧妙不可探測。刑罰、德化和仁義，在它面前都屬於細枝末節，除了至人誰能懂得這個道理！至人擁有天下，天下不是很大嗎，但天下也不足以成為他的拖累。整個天下人都在奮力爭奪權柄，而至人從不參與，至人懂得大道而不會因名利而動心，他明白萬物的真實本性，能夠堅守作為根本的大道，所以至人能夠忘卻天地，遺忘萬物，而他的精神從來也不會受到困擾。至人精通大道，順應天性，拋棄仁義，擯除禮樂，至人的內心是安定而不動搖的。」

世之所貴道者書也❶。書不過語，語有貴也；語之所貴者意也，意有所隨❷；意之所隨者，不可以言傳也，而世因貴言傳書。世雖貴之，我猶不足貴也，為其貴非其貴❸也。故視而可見者，形與色❹也；聽而可聞者，名與聲也。悲夫，世人以形色名聲為足以得彼之情❺。夫形色名聲果不足以得彼之情。則知者不言❻，言者不知，而世豈識之哉！

桓公❼讀書於堂上，輪扁❽斲❾輪於堂下。釋椎鑿❿而上，問桓公曰：「敢問公之所讀者何言邪？」公曰：「聖人之言也。」曰：「聖人在乎？」公曰：「已死矣。」曰：「然則君之所讀者，古人之糟魄⓫已夫！」桓公曰：「寡人讀書，輪人安得議乎！有說⓬則可，無說則死。」輪扁曰：「臣也以臣之事觀之。斲輪徐⓭則甘而不固⓮，疾則苦而不入⓯。不徐不疾，得之於手⓰而應於心，口不能言，有數⓱存焉於其間。臣不能以喻⓲臣之子，臣之子亦不能受之於臣，是以行年七十而老斲輪。古之人與其不可傳⓳也死矣。然則君之所讀者，古人之糟魄已矣。」

【章　旨】本章認為，思想中最為精妙的部分是無法用語言表達的，因此書中所記錄下來的東西都不是聖人思想中的精華。本章提出的這一言意關係問題，成為中國哲學、文學界備受關注的一個問題。

【注　釋】❶世之所貴道者書也　世上人們所看重的和所稱道的就是書。道，道說；談論。❷意有所隨　書中的內容要依賴於寫書人的思想情感。意，書中內容。所隨，所依賴的。指寫書人的思想情感。❸貴非其貴　所看重的並不是真正應該看重的。莊子認為，真正值得看重的應是聖人的思想情感，而世人看重的卻是語言文字。❹色　表情。❺彼之情　對方真正的思想感情。❻知者不言　真正懂得大道的人是不去談論大道的。老莊都認為，深奧的大道是無法用語言表達清楚的，所以真正明白大道的人是不會用語言去描述大道的。❼桓公　齊國君主齊桓公。春秋五霸之一。❽輪扁　人名。名字叫「扁」，以製作車輪為業，故稱「輪扁」。❾斲　砍削。❿釋椎鑿　放下椎子和鑿子。釋，放下。⓫糟魄　即「糟粕」。⓬有說　有所解釋；講出道理。⓭徐　動作緩慢。⓮甘而不固　鬆緩而不堅固。甘，鬆緩。⓯疾則苦而不入　快了則滯澀而難入木。疾，動作快。苦，滯澀。⓰得之於手　手上順利砍削。得，順利。⓱數　技巧。⓲喻　說明。⓳不可傳　不可言傳的思想精華。

【語　譯】世上人們所看重的和所稱道的就是書。書不過是些語言而已，而語言也有可貴之處；語言的可貴之處在於它所表達的內容，而內容則來自寫書人的思想情感；然而寫書人思想感情的精妙部分，卻是無法用語言表達的，世人卻因為看重語言而傳授書籍。世人雖然看重它，而我還是認為它不值得看重，因為世人所看重的並不是真正值得看重的。可以用眼睛看得見的，是對方的形體和表情，可以用耳朵聽得到的，是對方的名號和聲音。真是可悲啊，世人都還認為通過觀察形體表情和名號聲音就可以了解對方的真實思想感情。實際上根據形體表情和名號聲音是無法了解對方的真實思想感情的。真正懂得大道的人是不會用語言去描述大道的，而那些侃侃而談的人並不懂得大道，而世人怎能懂得這個道理呢！

齊桓公在堂上讀書，輪扁在堂下砍削車輪。輪扁放下椎子和鑿子走上大堂，問齊桓公說：「請問您所讀的書說的都是些什麼呀？」齊桓公說：「都是聖人說的話。」輪扁又問：「那些聖人都還在世嗎？」齊桓公說：「都已去世了。」輪扁說：「這樣，您所讀的那些內容，不過都是些古人的糟粕而已。」齊桓公說：「寡人讀書，做車輪的人怎敢妄加議論呢！你如果能講出道理來就原諒你，講不出道理就要處死。」輪扁說：「我是通過砍削車輪這件事悟出了這個道理。砍削車輪，動作太慢了就鬆散而不堅固，動作太快了就滯澀而難以入木。我現在是不快不慢，得心應手，我口裡雖然表達不清，但確實有一種技巧存在其中。我無法把這種技巧明白地告訴給我的兒子，我的兒子也無法從我這裡學到這一技巧，所以我七十歲了還要在這裡砍製車輪。古代的聖人與他們的思想精華一起消失了，那麼您所讀到的那些內容，都不過是古代聖人留下的一些糟粕而已。」

【研　析】本篇所涉及的內容較多，我們集中討論最後一段關於言與意的關係問題。

語言的出現，為人類的信息交流提供了極大的方便。語言在人類生活中所起到的重要作用是不言而喻的。然而，語言在揭示客觀事物、人類情感的同時，又在無意中掩蓋了一部分事物和情感的真相。這種情況的出現，不僅是由於語言使用者的笨拙，同時也是由於語言本身的缺陷。

莊子就對語言的表達功能產生了極大的懷疑，認為思想、情感中的最微妙之處是語言所無法表達的。基於這一原因，莊子認為書中所記載的東西即便是聖人所寫，但那也不過是聖人思想中的糟粕部分而已。

莊子的這一思想受到從古至今不少人的反對，如晉代的歐陽建就寫了〈言盡意論〉以示反對，今天的不少思想史著作也對莊子的這一思想提出了批評。

仔細想來，莊子的這一思想是正確而深刻的，因為莊子不是說思想不可以用文字表達，而是說思想中的微妙部分不可以表達。為了說明這一問題，我們不妨回顧一下唐代禪師道明的幾句話。道明在悟道之後，說自己當時的感受是「如人飲水，冷暖自知」(《五燈會元》卷二)。也就是說，那種悟道時的奇妙感受只有自己清楚，無法表述給別人聽。道明所使用的比喻非常確切。一個人飲水，他只能大概地告訴人們這水「冷」、「熱」或「稍冷」、「稍熱」或「很冷」、「很熱」，但究竟冷、熱到什麼程度，飲水者無法表述清楚，而對方也無從知道。再舉一個更通俗的例子，有人告訴你，他的梨子比一般的梨子更香、更脆、更甜，但無論他如何描述，你都無法弄清楚他的梨子究竟香、脆、甜到什麼程度，只有親自咬一口，心裡才會明白，而你同樣無法把你已經明白了的梨子味道再清楚地告訴別人。

現實生活、思想情感是鮮活多變的，而語言文字相對來說是呆板滯後的。因此，在很多情況下，語言就無法完全、徹底地描述人們的思想情感和生活細節。而老莊所尊崇的「道」，更是深邃微妙，其精妙部分更是無法用語言表達。對此，老莊都多次加以強調，而且兩人都認為「知者不言，言者不知」，真正懂得大道的人知道大道無法用語言描述，所以他們就不談論大道，而對大道侃侃而談的人恰恰是不懂得大道的人。

這樣就會出現一個明顯的矛盾：既然老莊認為大道是無法用語言描述的，那麼老莊自己為什麼還要寫書呢？大詩人白居易就提出了這一疑問，他寫道：

言者不知知者默，此語我聞於老君。若道老君是知者，緣何自著五千文？（〈讀老子〉）

老子寫了五千餘言的《老子》來闡述大道，那麼他究竟是一位懂得大道的人呢？還是一位不懂得大道的人呢？這一質疑也可適用於莊子，既然文字記載的都是一些思想中的糟粕，那麼莊子為什麼還要為後人留下一些糟粕呢？實際上，關於這一責難，莊子在其他篇章中做了回答。我們將在《莊子・外物》的「研析」中討論這一問題。

天運第十四

【題　解】天運，天象不停運行。「天運」這一篇名雖然是取自本篇首句，但它也概括了本篇的一個主要內容：萬事萬物都在不停地運動變化，因而人們不可墨守陳規，而要因時而變，順物而化，只有這樣才能成功。除了這一主要內容之外，本篇還有不少其他精彩內容，如對日月風雲等自然現象的探索，對〈咸池〉樂曲的形象描述，對社會道德日益衰落原因的追尋等等。

「天其運乎？地其處❶乎？日月其爭於所❷乎？孰主張是❸？孰維綱❹是？孰居無事❺推而行是？意者其有機緘❻而不得已邪？意者其運轉而不能自止邪？雲者為雨乎？雨者為雲乎？孰隆施❼是？孰居無事淫樂❽而勸是❾？風起北方，一西一東❿，有上彷徨，孰噓吸⓫是？孰居無事而披拂⓬是？敢問何故？」巫咸祒⓭曰：「來！吾語汝。天有六極⓮五常⓯，帝王順之則治，逆之則凶。九洛之事⓰，治成德備，監照下土⓱，天下載之，此謂上皇⓲。」

【章　旨】本章一連提出了許多有關自然界的問題，莊子時代雖然還無法對此作出正確的回答，但它表現了古人豐富的想像力和對大自然的好奇心。

【注　釋】❶處　安居不動。❷爭於所　爭奪居所。日月交替出現，相互追逐，似乎是在爭奪居住地。❸主張是　主宰這一切。主張，主宰。是，代指以上提到的自然現象。❹維綱　統領；安排。❺居無事　閒得無事可做。❻機緘　機關；機械。❼隆施　行雲布雨。隆，興起。施，施雨。❽淫樂　過分地玩樂。❾勸是　助成了這一切。勸，鼓動；助成。❿一西一東　有的向西颳，有的向東颳。⓫噓吸　吐氣和吸氣。⓬披拂　煽動；吹動。⓭巫咸祒　虛構的人名。⓮六極　即「六合」。天地四方。⓯五常　即「五行」。金、木、水、火、土。⓰九洛之事　九州聚落之事。即天下之事。洛，同「落」。⓱監照下土　光輝普照人間。監，通「鑑」。照。⓲上皇　最偉大的帝王。

【語譯】（有人問：）「上天是在不停運行嗎？大地是在安居不動嗎？日月相互追逐是在爭奪住所嗎？是誰在主宰著這一切？又是誰在統領著這一切？是誰閒得無事去推動了這一切？我測想大概是有一個機械在推動著它們使它們不得不運行吧？還是它們在自然而然地運轉而自己也無法停止下來呢？是雲變成了雨呢？還是雨變成了雲呢？是誰在行雲布雨呢？是誰閒居無事貪求玩樂而去形成了這種雲雨現象呢？風起於北方，有的向西颳去，有的向東颳去，還有的向上飄動，是誰在呼吸時形成了這些風？還是誰因為閒得無事去煽動這些風？請問造成這些現象的原因是什麼？」巫咸祒說：「來！我告訴你。大自然有六合五行，帝王順應它們就會天下太平，違背它們就會出現災難。對於天下之事，帝王如果能夠治理好，自身又具備了美德，能夠像日月那樣普照人間，從而受到天下人的擁戴，這樣的帝王就是最偉大的帝王。」

商大宰蕩❶問仁於莊子。莊子曰：「虎狼，仁也。」曰：「何謂也？」莊子曰：「父子相親，何謂不仁？」曰：「請問至仁❷？」莊子曰：「至仁無親❸。」大宰曰：「蕩聞之，無親則不愛，不愛則不孝。謂至仁不孝，可乎？」莊子曰：「不然。夫至仁尚❹矣，孝固不足以言❺之。此非過孝之言❻也，不及孝之言也。夫南行者至於郢❼，北面而不見冥山❽，是何也？則去之遠也。故曰：以敬孝易，以愛孝難；以愛孝易，而忘親❾難；忘親易，使親忘我難；使親忘我易，兼忘❿天下難；兼忘天下易，使天下兼忘我難。夫德遺堯舜而不為也⓫，利澤施於萬世，天下莫知也。豈直太息而言仁孝乎哉⓬？夫孝悌⓭仁義，忠信貞廉，此皆自勉以役其德者也⓮，不足多⓯也。故曰：至貴，國爵并⓰焉；至富，國財并焉；至願⓱，名譽并焉。是以道不渝⓲。」

【章　旨】本章認為勉強自己去孝敬父母，不是真正的孝敬；只有孝敬父母而又不認為自己是在孝敬，那才是真正的孝敬。而最高的孝敬就是讓父母也獲取大道，從而忘卻自我，忘卻萬物，達到完全自由的境界。

【注　釋】❶商大宰蕩　宋國的太宰蕩。商，指宋國。宋國國君是商朝天子的後裔，所以稱宋國為「商」。大宰，即「太宰」。官名。蕩，人名。❷至仁　最高的仁。❸無親　不要相互親近。莊子這裡說的「無親」是指人與人之間雖然在行為上相親相助，但由於這些行為是出於自然，所以思想並不認為自己是在相親相助。❹尚　高尚。❺言　形容；表達。❻過孝之言　責備行孝的言論。過，認為有過錯。❼郢　地名。楚國國都。在今湖北省境內。❽冥山　北方的山名。❾忘親　忘卻父母。這裡的「忘親」是指自己在孝敬父母而並不認為自己在孝敬父母。❿兼忘　連同天下人一起忘記。兼，連同。⓫夫德遺堯舜而不為也　遺忘堯舜的美德而不要去有意地立德。德遺堯舜，忘卻堯舜之德。不為，不去做。指不去有意地施恩德。莊子認為，當一個人幫助別人時，心裡總想著自己是在施恩德於人，那麼這個人的行為就不是一種真正高尚的行為。⓬豈直太息而言仁孝乎哉　我難道僅僅為人們所說的仁孝而歎息嗎。太息，歎息。莊子認為世俗人說的仁孝境界太低，故為此歎息。而且除此之外，值得歎息的事還很多，如下文提到的忠信貞廉等。⓭悌　敬重兄長。⓮此皆自勉以役其德者也　這些品德都必須強制自己才能做到，從而役使並改變了自己的天性。⓯多　讚美。⓰并　同「屏」。排除；棄除。⓱至願　最大的願望。一說「至願」為「至顯」之誤。⓲渝　改變。

【語　譯】宋國的太宰蕩向莊子請教有關仁愛的問題。莊子說：「虎狼的表現，就是仁。」太宰蕩問：「這話是什麼意思？」莊子說：「虎狼也能做到父子相親，為什麼不能叫做仁呢？」太宰蕩又問：「那麼請問最高的仁是什麼？」莊子說：「最高的仁就是父子不相親。」太宰蕩說：「我聽說，父子不相親就是父子不相愛，父子不相愛那麼子女就不會孝敬父母。把最高的仁說成是不孝敬父母，這能行嗎？」莊子說：「不是你說的這樣。最高的仁境界太高尚了，僅僅用孝的行為根本不足以形容它。我所講的話不是在責備真正的孝敬行為，而是在責備那些還達不到孝敬標準的行為。就像向南行走的人到了楚國郢都，向北看不到冥山一樣，這是為什麼呢？因為相距太遠了啊。所以說：用尊敬的態度來行孝容易，用發自內心的愛去行孝就困難；用發自內心的愛去行孝容易，而想做到孝敬了父母而又忘卻自己是在孝敬父母就困難；忘卻自己在孝敬父母容易，而想使父母忘卻自我就困難；使父母忘卻自我容易，而想使父母連同天下人一起都忘卻就困難；連同天下人一起都忘卻容易，而想使天下人都忘卻自我就困難。遺忘堯舜的美德而不去有意地建立功德，自己的恩澤施於萬世，而天下人都不知不覺。我難道僅僅是為你所說的仁孝而歎息嗎？包括世人提倡的孝悌仁義、忠信貞廉等品質，都是要求人們強制自己才能做到，從而役使並改變了人們的天性，這些做法不值得讚美。所以說：最尊貴的，拋棄國家的一切爵位；最富有的，拋棄國家的所有財物；最大的心願，就是拋棄所有的名聲。因此要遵循大道永不改變。」

北門成❶問於黃帝曰：「帝張〈咸池〉之樂於洞庭之野❷，吾始聞之懼，復聞之怠❸，卒❹聞之而惑❺，蕩蕩默默❻，乃不自得❼。」

帝曰：「汝殆其然哉❽！吾奏之以人❾，徽❿之以天；行之以禮義，建之以太清[11]。四時迭起，萬物循生；一盛一衰[12]，文武倫經[13]；一清一濁[14]，陰陽調和，流光其聲[15]；蟄蟲始作[16]，吾驚之以雷霆。其卒無尾，其始無首；一死一生[17]，一僨一起[18]；所常無窮[19]，而一不可待[20]。汝故懼也。

吾又奏之以陰陽之和，燭[21]之以日月之明。其聲能短能長，能柔能剛；變化齊一[22]，不主故常[23]；在谷滿谷，在阬滿阬；塗郤守神[24]，以物為量[25]。其聲揮綽[26]，其名高明[27]。是故鬼神守其幽[28]，日月星辰行其紀[29]。吾止之於有窮[30]，流之於無止[31]。子欲慮之而不能知也，望之而不能見也，逐之而不能及也，儻然立於四虛之道[32]，倚於槁梧[33]而吟。目知窮乎所欲見[34]，力屈乎所欲逐[35]，吾既不及已矣！形充空虛[36]，乃至委蛇[37]。汝委蛇，故怠。

吾又奏之以無怠之聲[38]，調之以自然之命[39]，故若混逐叢生[40]，林樂[41]而無形；布揮而不曳[42]，幽昏[43]而無聲。動於無方[44]，居於窈冥[45]。或謂之死，或謂之生，或謂之實，或謂之榮[46]。行流散徙[47]，不主常聲[48]。世疑之，稽[49]於聖人。聖也者，達於情而遂[50]於命也。天機不張而五官皆備[51]，此之謂天樂，無言而心悅。故有焱氏[52]為之頌曰：『聽之不聞其聲，視之不見其形，充滿天地，苞裹六極。』汝欲聽之而無接[53]焉，而故惑也。

樂也者，始於懼，懼故祟54；吾又次之以怠，怠故遁55；卒之於惑，惑故愚；愚故道56，道可載而與之俱57也。」

【章　旨】本章描述了樂曲〈咸池〉的感人力量，認為好的音樂可以引導人們獲取大道。

【注　釋】❶北門成　人名。姓北門，名成。相傳為黃帝的大臣。❷帝張咸池之樂於洞庭之野　您在廣漠的原野上演奏〈咸池〉樂曲。張，安排。引申為演奏。咸池，古代著名的樂曲名。洞庭之野，廣漠的原野。❸怠　鬆懈；平和。指開始時的驚懼心理緩解下來。❹卒　終；最後。❺惑　迷惑。❻蕩蕩默默　心神不定、糊糊塗塗的樣子。❼不自得　不知所措。❽汝殆其然哉　你大概就應該有這樣的感覺吧。殆，大概。然，代詞。代指上述感覺。❾奏之以人　用人來演奏這首樂曲。❿徽　通「揮」。彈奏。引申為發揮、抒發。⓫建之以太清　闡述的是天理。建，建立。引申為闡述。太清，天；天道。在本句以下，通行本有「夫至樂者，先應之以人事，順之以天理，行之以五德，應之以自然，然後調理四時，太和萬物」七句，學者一致認為這七句是後人的注文羼入。⓬一盛一衰　指樂曲描述了萬物一盛一衰的情形。⓭文武倫經　生殺秩序。文，生長。武，肅殺。倫經，常理。指春生秋殺這一次序。倫，理。經，常。⓮一清一濁　指上天和大地。古人認為天為清，地為濁。⓯流光其聲　產生了光明和聲音。流，流布；產生。⓰蟄蟲始作　冬眠的蟲子開始甦醒活動時。蟄，冬眠。作，活動。⓱一死一生　指樂曲聲忽停忽起。死，消失。生，出現。⓲一僨一起　指樂曲聲忽低忽高。僨，仆倒。形容樂聲低沉。⓳所常無窮　變化無窮。常，指變化。變化是事物的常態，故用「常」代指變化。⓴而一不可待　你完全無法預測樂曲的下一步變化。而，你。一，完全。待，期待；預測。㉑燭　照。㉒齊一　有條理。㉓不主故常　不像剛才那樣變化無常。主，拘泥；遵守。故常，指上文說的「所常無窮」。㉔塗郤守神　封閉視聽，保持精神的寧靜。塗，堵塞；封閉。郤，孔隙。指人的耳、目、鼻、口七竅。㉕以物為量　以順應萬物為原則。量，度量。引申為原則。㉖揮綽　悠遠嘹亮。㉗其名高明　樂聲可說是高亢明朗。名，叫做；可說是。㉘守其幽　安居於幽靜之處。即不出來作祟。㉙紀　理；規律。㉚吾止之於有窮　我讓樂聲停止在應該停止的地方。窮，盡頭。指應該停止之處。㉛流之於無止　而樂聲的餘韻卻無窮無盡。㉜儻然立於四虛之道　茫茫然佇立於四通八達的道路上。儻然，茫然的樣子。四虛，四處沒有阻礙。㉝槁梧　枯槁的梧桐樹。一說指梧桐木做的几案。㉞目知窮

乎所欲見　用盡視力和智力也看不到自己想看到的東西。知，同「智」。窮，用盡。㉟力屈乎所欲逐　用盡自己的力量也得不到自己想得到的東西。屈，竭盡。逐，追逐；想得到。㊱形充空虛　身體結實而內心卻虛靜。充，充實；結實。㊲委蛇　順應外物而變化。㊳無怠之聲　聲調不再平緩的樂曲。怠，平緩。㊴調之以自然之命　用自然的節奏加以協調。命，通「令」。節奏。㊵混逐叢生　各種樂聲同時出現，好像在一起追逐什麼。混，共同；一起。叢生，形容各種樂聲一同出現。㊶林樂　眾多的樂聲。林，多。㊷布揮而不曳　樂聲向遠方飄去而無法挽留。布揮，散布開去；飄向遠方。曳，牽拉；挽留。本句描述樂章結束時的情形。㊸幽昏　沉寂。指樂聲消失。㊹動於無方　樂聲啟奏於無法預測之處。無方，不可預測之處。㊺居於窈冥　最後消失於深遠幽靜之處。居，歸居於；消失於。窈冥，深遠幽靜。㊻榮　榮華；華美。㊼行流散徙　樂聲飄揚變化。行流，飄揚。散，傳播。徙，變化。㊽常聲　老調。㊾稽　探究。引申為請教。㊿遂　順應。(51)天機不張而五官皆備　指樂曲結束後的無聲境界就像聖人一樣，不去有意地使用自己的各種器官而各種器官功能都自然具備。比喻此時的無聲境界雖然未使用任何樂聲卻具備了各種感人的力量。天機，指天生的各種器官功能。張，安排；使用。(52)有焱氏　人名。即傳說中的神農氏。(53)接　接觸。指接觸到樂聲、聽到樂聲。(54)祟　禍患。(55)遁　消退。指驚懼心理消退。(56)愚故道　感到自己愚笨無知才能去學習大道。(57)與之俱　與大道融為一體。

【語　譯】北門成問黃帝說：「您在廣漠的原野上演奏〈咸池〉樂曲，我剛開始聽的時候感到驚懼不安，再聽下去就覺得心情慢慢平和下來，聽到最後卻又感到迷惑不解，以至於使我心神不寧、糊糊塗塗，竟然不知所措。」

黃帝說：「你大概就應該有這樣的感覺吧！我雖然是用人來演奏這首樂曲，但它抒發的卻是天道；我雖然是按照人為的禮義來演奏這首樂曲，但它闡述的卻是天理。這首樂曲描述的是四季交替出現，萬物循序而生；它們忽而繁榮忽而衰敗，春生秋殺有條不紊。樂曲描述的是天清地濁，陰陽調和，從而產生了光明和聲音；我還用響亮的樂聲代表春雷，以驚醒那些就要復甦的冬眠之蟲。這樂曲看似就要結束卻尋不到它的尾聲，看似有一個開始卻又尋不到它的起頭；這樂聲忽停忽起，忽低忽高，變化無窮，你根本無法預測它下一樂章的變化，因此你感到驚懼不安。

「我接著又用樂曲來描述陰陽二氣的和諧，描述日月的光輝普照大地。這樂聲或短促或悠長，或柔和或剛強；樂曲的變化有條有理，不像剛才那樣變化無常；這樂聲充滿了山谷，飄蕩於溝壑；這樂聲能使人忘卻自己的視聽，保持心神的寧靜，能使人順應萬物而行。這樂聲悠揚嘹亮，可說是既高亢又明朗。這樂聲能使鬼神安居於幽靜之處而不出來作祟，能使日月星辰按照常規運行。我讓樂曲停止在應該停止的地方，而它的餘韻卻無窮無盡。你想思考它卻思考不出結果，你遙望它卻一無所見，你想追趕它卻總也追趕不上，你只好茫然地佇立在四通八達的道路上，靠著枯槁的梧桐樹長吁短歎。用盡視力和智力卻看不到自己想看見的東西，用盡力量卻得不到自己想得到的東西，那麼我們就不要再去追求了！這時你的身體雖然結實而內心卻一片虛靜，有了虛靜的心態就能順應萬物變化。你能順應萬物變化，所以心情就逐漸平和下來。

「而此時我又演奏起不太平緩的樂曲，用自然的節奏加以協調，所以各種樂聲一齊出現，就好像它們在共同追逐什麼，這些樂聲雖然眾多卻又和諧得不露痕跡；這樂聲悠悠忽忽向遠方飄去而不可挽留，最終歸於一片寂靜。〈咸池〉這首樂曲啟奏於意料不到的地方，最後消失於深遠幽靜之處。樂曲結束後有人說它已經消失，有人說它餘音猶存，有人說它樸實，有人說它華美。這首樂曲飄逸悠揚、變化多端，不同於舊曲老調。世人往往難以理解它，便向聖人請教。所謂聖人，就是能夠通達人情而順應天命。〈咸池〉演奏結束後的無聲境界）雖然沒有任何樂聲卻具備了各種感人的力量，這就叫做天然的音樂，它寂靜無聲卻使人滿心愉悅。所以神農氏讚揚這一無聲境界說：『聽不到它的聲音，看不到它的形跡，然而它卻充滿了天地之間，囊括了上下四方。』你此時還想繼續聽〈咸池〉之樂卻什麼也沒有聽到，所以你有點迷惑了。

「〈咸池〉這首樂曲，剛開始時讓人驚懼不安，因為驚懼不安就會認為是禍患；於是我接著就演奏平和的曲調，因為曲調平和而使驚懼心理逐漸消失；最後樂章在人們的迷惑不解之中結束，人們因為迷惑不解而深感自己愚笨無知；因為深感自己愚笨無知而去學習大道，這樣一來就可以獲得大道並與大道融為一體了。」

孔子西遊於衛[1]，顏淵[2]問師金[3]曰：「以夫子之行為奚如？」師金曰：「惜乎，而夫子其窮[4]哉！」顏淵曰：「何也？」師金曰：「夫芻狗之未陳也[5]，盛以篋衍[6]，巾以文繡[7]，尸祝[8]齋戒以將[9]之。及其已陳也，行者踐其首脊，蘇者[10]取而爨[11]之而已。將復取而盛以篋衍，巾以文繡，遊居寢臥其下，彼不得夢，必且數眯[12]焉。今而夫子，亦取先王已陳芻狗[13]，聚弟子遊居寢臥其下，故伐樹於宋[14]，削迹於衛[15]，窮於商周[16]，是非其夢邪？圍於陳蔡之間[17]，七日不火食[18]，死生相與鄰[19]，是非其眯邪？

夫水行莫如用舟，而陸行莫如用車。以舟之可行於水也，而求推之於陸，則沒世[20]不行尋常[21]。古今非水陸與？周魯非舟車與？今蘄行周於魯[22]，是猶推舟於陸也，勞而無功，身必有殃。彼未知夫無方之傳[23]，應物而不窮者也。

且子獨[24]不見夫桔槔者乎？引[25]之則俯，舍[26]之則仰。彼，人之所引，非引人也，故俯仰而不得罪於人[27]。故夫三皇五帝[28]之禮義法度，不矜[29]於同而矜於治。故譬[30]三皇五帝之禮義法度，其猶柤梨橘柚[31]邪，其味相反而皆可於口。

故禮義法度者，應時而變者也。今取猨狙[32]而衣以周公[33]之服，彼必齕齧挽裂[34]，盡去而後慊[35]。觀古今之異，猶猨狙之異乎周公也。故西施病心而矉其里[36]，其里之醜人見而美之，歸亦捧心而矉其里，其里之富人見之，堅閉門而不出；貧人見之，挈㊲妻子而去㊳之走。彼知矉美而不知矉之所以美。惜乎，而夫子其窮哉！」

【章　旨】本章認為，時代變了，用來治國的辦法也要隨之而變。孔子想用古代的禮法制度來治理當今的社會，其結果如同陸地行舟，根本行不通。

【注　釋】❶衛　諸侯國名。在今河南省北部和河北省南部一帶。❷顏淵　人名。即顏回。孔子的弟子。❸師金　人名。此人名金，為衛國太師，故稱「師金」。❹窮　困窘；行不通。❺夫芻狗之未陳也　用草紮成的狗還沒用作祭祀的時候。芻狗，用草紮成的狗，古代用於祭祀。陳，陳列。指擺在祭壇上祭神。❻篋衍　竹筐。❼巾以文繡　用繡花布巾覆蓋著。巾，用巾覆蓋。文，同「紋」。花紋。❽尸祝　祭祀時的主持者。尸，古代祭祀時代表死者受祭的人。祝，祭祀時主持祝告的人。❾將　持；拿。❿蘇者　打柴的人。蘇，拾草。⓫爨　燒火做飯。⓬數眯　經常感到夢魘一般的難受。數，多次；經常。眯，夢魘。⓭已陳芻狗　已經用過的草紮狗。比喻先王已經使用過的禮樂制度。⓮伐樹於宋　在宋國大樹下講習禮法而大樹被人砍掉。孔子在宋國時，在一棵大樹下為弟子講禮儀，曾受過孔子批評的宋國司馬桓魋派人把大樹砍倒，還想殺害孔子，孔子師徒只得離開宋國。⓯削迹於衛　不敢在衛國停留。衛靈公時，孔子曾到衛國，因有人說孔子壞話，靈公即派公孫余假前去監視，孔子便離開衛國。削迹，不留蹤跡。一說衛國人討厭孔子，把他留在衛國的足跡剷掉。⓰窮於商周　不得志於宋國和周國。窮，不得志。商，指宋國。宋國君主為商天子後裔，故稱宋為「商」。周，指東周。在今河南省洛陽市一帶。⓱圍於陳蔡之間　被圍困於陳國和蔡國之間。孔子應楚王之邀到楚國去，陳、蔡兩國認為孔子到楚國後將不利於自己，便派兵包圍了孔子師徒，後經楚國救援才得以脫險。⓲火食　生火做飯。⓳死生相與鄰　鄰近死亡。⓴沒世　終身；一輩子。㉑尋常　古代兩種長度單位。八尺為「尋」，兩尋為「常」。㉒今蘄行周於魯　現在他想用周朝的治國辦法來治理魯國。蘄，求；想要。㉓無方之傳　前人傳下來的不守定規、隨機應變的原則。方，常；定規。㉔獨　難道。㉕引　拉。㉖舍　同「捨」。放開手。㉗故俯仰而不得罪於人　所以它或俯或仰都不會得罪人。比喻一個人應該順應社會，就像桔槔順應人意那樣，如此一來，這個人就不會得罪社會。暗示孔子應該順應這個社會，而不要企圖去改變它。㉘三皇五帝　傳說中的遠古帝王。三皇，指燧人氏、伏羲氏、神農氏。五帝，指黃帝、顓頊、帝嚳、堯、舜。有關三皇五帝究竟指誰，還有其他說法。㉙矜　注重。㉚譬　打比方。㉛柤梨橘柚　四種味道不同的水果。㉜猨狙　猿猴。㉝周公　人名。姓姬名旦。周文王之子。輔佐周武王伐紂，建立周朝，並制定了禮樂制度。㉞齕齧挽裂　咬碎或撕裂衣服。齕齧，咬。挽，拉；撕。㉟盡去而後慊　全部脫光衣服才會心滿意足。去，拋棄；去掉。慊，心滿意足。㊱故西施病心而矉其里　西施因為心口疼痛而皺著眉頭在鄉親們面前走過。西施，人名。古代著名美女。病心，心口疼痛。矉，同「顰」。皺眉頭。里，鄉里；鄉親。㊲挈　拉著；帶著。㊳去　離開。

【語　譯】孔子到西邊的衛國遊歷。顏淵問師金說：「您認為我的老師這次衛國之行怎麼樣？」師金說：「可惜呀，你的老師大概會陷入困境吧！」顏淵問：「為什麼呢？」師金說：「當草紮的狗還沒有用於祭祀的時候，人們把它放在竹筐裡，用繡花的絲巾覆蓋著它，主持祭祀的人要在齋戒之後才能用手拿它。等到它用於祭祀之後，行路人可以任意踐踏它的身體，拾柴人也可以把它撿回去燒火做飯。如果這時還有人把它拿來放在竹筐裡，給它披上繡花的絲巾，遊歷、閒居、睡覺時都守在它的身邊，那麼這個人即使不做噩夢，也會經常感受到夢魘一般的難受。如今你的老師也把先王已經用過的草狗拾了起來，帶著一群弟子，遊歷、閒居、睡覺時都守在它身邊，所以他在宋國大樹下講習禮法時而大樹被人砍掉，不敢在衛國停留，受困於宋國和東周國，這不就是他的噩夢嗎？他在陳國和蔡國之間遭到圍困，七天沒有吃到一頓熱飯，輾轉於生死之間，這不就是夢魘般的難受嗎？

「在水上行走最好用船，在陸地上行走最好用車。如果因為船可以在水上行走，於是就把船推到陸地上讓它行走，那麼一輩子也走不了多遠。古今的差異不就像水面和陸地的差異一樣嗎？周朝和魯國的差異不就像船和車的差異一樣嗎？如今你的老師一心想用周朝古時的治國方法來治理魯國，這就像在陸地上行船一樣，不僅勞而無功，而且自身還會遭受禍殃。你的老師並不懂得古人傳授下來的治國不守定規、要隨時代而變的原則，只有順應萬物而變才不會陷入困境。

「再說，你難道沒有見過桔槔嗎？人拉它就低下去，人放開手它就仰起來。桔槔是被人牽拉的，而不去牽拉人，所以它無論是低下去還是仰起來，從來也不會得罪人。所以說，三皇五帝在制定禮義法度時，注重的不是它們是否相同，而是它們是否有利於治國。打一個比方，三皇五帝制定的禮義制度，就像柤、梨、橘、柚這些水果一樣，味道雖然各不相同，但吃起來都很可口。

「所以說，禮義法度這些東西，都應該順應時代而變化。如今如果捉來一些猴子，硬給牠們穿上周公的衣服，牠們必定會又咬又撕，直到全部脫去這些衣服方才心滿意足。觀察一下古今的差異，就像猴子與周公之間的差異一樣。從前西施因為心口疼痛而皺著眉頭在鄉親們面前走過，鄉親中有一個醜女人看到了，感到皺著眉頭的樣子很美，回去後也在鄉親們面前捂著胸口皺著眉頭，鄰居的富人看到她這副模樣，緊閉著家門不願出來；貧窮的人看到她這副模樣，趕忙拉著妻子兒女遠遠地跑開了。那個醜女人只知道皺著眉頭好看卻不知道皺著眉頭好看的原因。可惜呀，你的老師大概會陷入困境吧！」

孔子行年五十有一而不聞道，乃南之沛❶見老聃。老聃曰：「子來乎。吾聞子，北方之賢者也，子亦得道乎？」孔子曰：「未得也。」老子曰：「子惡乎求之哉？」曰：「吾求之於度數❷，五年而未得。」老子曰：「子又惡乎求之哉？」曰：「吾求之於陰陽，十有二年而未得。」

老子曰：「然。使道而可獻，則人莫不獻之於其君；使道而可進，則人莫不進之於其親；使道而可以告人，則人莫不告其兄弟；使道而可以與人，則人莫不與其子孫。然而不可者，無他也，中無主而不止❸，外無正而不行❹。由中出者❺，不受於外，聖人不出；由外入者，無主於中，聖人不隱❻。名，公器❼也，不可多取。仁義，先王之蘧廬❽也，止可以一宿而不可久處，覯而多責❾。古之至人，假道於仁❿，託宿於義，以遊逍遙之墟⓫，食於苟簡之田⓬，立於不貸之圃⓭。逍遙，無為也；苟簡，易養也；不貸，無出⓮也。古者謂是采真之遊⓯。

以富為是者⓰，不能讓祿；以顯為是者，不能讓名；親權⓱者，不能與人柄⓲。操之則慄⓳，舍之則悲，而一無所鑒⓴，以闚其所不休者㉑，是天之戮民㉒也。怨恩取與㉓諫教生殺，八者，正之器㉔也，唯循大變無所湮者為能用之㉕。故曰：正者，正也。其心以為不然者，天門㉖弗開矣。」

【章旨】在本章中，老子告誡孔子不要多取名利，不可久談仁義，要做到一切從簡，清靜無為。

【注釋】❶南之沛　向南到沛地去。之，往。沛，地名。今江蘇省沛縣。❷度數　指各種禮法制度。❸中無主而不止　心中如果沒有接受大道的良好狀態，大道就不會停留在心中。主，接待賓客的主人。比喻接受大道的良好心態。❹外無正而不行　社會上如果沒有好的政治制度，大道也就得不到推行。外，身外。指社會。正，同「政」。政治。❺由中出者　心中想出了好主意。❻隱　收藏；接受。❼公器　人們都想使用的東西。❽蘧廬　旅館；臨時住處。❾覯者多責　看見的人將會索取很多東西。覯，看見。責，索取。這四句是說，偶爾談一下仁義還可以，如果長期標榜仁義，別人就會向你索取許多東西，如得不到滿足，就會出現爭執。❿假道於仁　借用一下仁。假道，借路。⓫逍遙之墟　自由自在的境界。墟，地方；境地。⓬食於苟簡之田　過一種簡單節儉的生活。食，吃；生活。苟簡，簡單。⓭立於不貸之圃　堅持不費力勞神的原則。立，堅持。貸，付出。指付出精力。這三句中的「墟」、「田」、「圃」都是比喻，比喻某種生活境界或原則。⓮無出　沒有付出。⓯采

真之遊　修道的生活。采，同「採」。獲取。真，指真實無妄的道。遊，生活。⑯以富為是者　把貪求財富的行為視為正確行為的人。是，正確。⑰親權　喜愛權勢。⑱柄　權柄。⑲操之則慄　得到了財富、名聲和權勢則會因為擔心喪失而戰慄不安。操，拿到。之，代指上文說的財富、名聲和權勢。⑳鑒　鑑識。㉑以闚其所不休者　以便反省一下他們所不停追逐的這些東西究竟是好是壞。闚，看；反省。㉒天之戮民　受到上天懲罰的人。這些人陷於名利之中而不得自由，故稱之為「戮民」。㉓與　贈與；施與。㉔正之器　政治的工具。正，同「政」。㉕唯循大變無所湮者為能用之　只有那些能夠順應自然變化而無所滯礙的人才能正確使用它們。循，順應。大變，各種變化。湮，塞滯；滯礙。㉖天門　天然的智慧之門。

【語　譯】孔子五十一歲了還沒有領悟大道，於是便去南邊的沛地拜訪老聃。老聃說：「您來了。我聽說您是北方的賢人，您大概已經領悟了大道吧？」孔子說：「還沒有領悟到啊。」老子問：「您是從哪裡尋求大道的呢？」孔子說：「我是從禮法制度方面尋求大道的，用了五年的功夫也沒有得到。」老聃又問：「那麼您後來又是從哪裡尋求大道的呢？」孔子說：「我又從陰陽二氣方面尋求大道，結果花了十二年的時間還是沒能得到。」

老聃說：「應該是這樣。假如大道可以拿來進獻，那麼人們都會把它進獻給自己的君主；假如大道可以拿來奉獻，那麼人們都會把它奉獻給自己的父母；假如大道可以拿來轉告給他人，那麼人們都會把它轉告給自己的兄弟；假如大道可以拿來贈送給別人，那麼人們都會把它贈送給自己的子孫。然而無法這樣做的原因，沒有別的，是因為心中沒有接受大道的良好狀態，所以大道就不會留在他心中；社會上沒有接受大道的良好政治，所以大道就無法得到推行。心中即使有了好主意，如果社會難以接受，那麼聖人也不會把這些好主意說出來；社會即使想影響聖人的思想，如果心裡認為它不好，那麼聖人也不會把這些影響放在心上。名聲，是人人都想得到的東西，所以不可過多獵取。仁義，就好比先王的臨時旅館，只可住一個晚上而不可久居，如果人們看到先王在推行仁義就會來過多地索取。古代的至人，把推行仁愛看作一條道路，把提倡道義看作是旅途上的旅館，他們的最終目的是要達到自由自在的境界，他們的生活簡單樸素，他們的原則是不費力勞神。要想自由自在，就要清靜無為；生活簡單樸素，衣食就容易滿足；不費力勞神，也就是不付出精力。古人把這種生活叫做修道生活。

「把貪取財富的行為視為正確行為的人，就不會把利祿讓給別人；把追求顯榮的行為視為正確行為的人，就不會把名聲讓給別人；熱愛權勢的人，就不會把權柄送給別人。他們獲取財富、名聲和權勢後又因擔心失去這些而整天恐懼不安，放棄這些又會悲痛萬分，他們沒有絲毫鑑識，不去反省一下他們無休無止追求的這些東西究竟對自己是否有利，他們是受到上天懲罰的人。怨恨、恩惠、奪取、施與、諫諍、教化、生存、殺戮，這八種做法，是政治的工具，只有那些能夠順應萬物變化而無所滯礙的人才能正確使用它們。所以說：所謂的『政』，就是使人端正。如果有人心裡不同意這種觀點，那麼他的天然智慧之門就無法打開了。」

孔子見老聃而語仁義。老聃曰：「夫播穅眯目❶，則天地四方易位矣；蚊虻噆❷膚，則通昔不寐❸矣。夫仁義憯然乃憤吾心❹，亂莫大焉。吾子使天下無失其朴，吾子亦放風❺而動，總德而立❻矣，又奚傑然若負建鼓而求亡子者邪❼？夫鵠❽不日浴而白，烏不日黔❾而黑，黑白之朴，不足以為辯❿；名譽之觀⓫，不足以為廣⓬。泉涸⓭，魚相與處於陸，相呴以濕⓮，相濡以沫⓯，不若相忘於江湖。」

孔子見老聃歸，三日不談。弟子問曰：「夫子見老聃，亦將何規⓰哉？」孔子曰：「吾乃今於是乎見龍⓱！龍，合而成體，散而成章⓲，乘乎雲氣而養乎陰陽⓳。予口張而不能嗋⓴，予又何規老聃哉！」子貢㉑曰：「然則人固有尸居而龍見㉒，雷聲而淵默㉓，發動㉔如天地者乎？賜亦可得而觀乎？」遂以孔子聲㉕見老聃。

老聃方將倨堂而應㉖，微㉗曰：「予年運而往㉘矣，子將何以戒㉙我乎？」子貢曰：「夫三王五帝㉚之治天下不同，其係㉛聲名一也。而先生獨以為非聖人，如何哉？」老聃曰：「小子少進㉜。子何以謂不同？」對曰：「堯授舜，舜授禹，禹用力而湯用兵，文王順紂而不敢逆，武王逆紂而不肯順，故曰不同。」

老聃曰：「小子少進。余語汝三皇五帝之治天下。黃帝之治天下，使民心一㉝，民有其親死不哭而民不非㉞也。堯之治天下，使民心親，民有為其親殺其殺㉟而民不非也。舜之治天下，使民心競㊱，民孕婦十月生子，子生五月而能言，不至乎孩而始誰㊲，則人始有夭㊳矣。禹之治天下，使民心變㊴，人有心而兵有順㊵，殺盜非殺人，自為種而天下耳㊶，是以天下大駭，儒、墨皆起。其作始有倫㊷，而今乎婦女㊸，何言哉！余語汝，三皇五帝之治天下，名曰治之，而亂莫甚焉。三皇之知，上悖㊹日月之明，下睽㊺山川之精，中墮四時之施㊻，其知憯於蠣蠆之尾㊼，鮮規之獸㊽，莫得安其性命之情者，而猶自以為聖人，不可恥乎？其無恥也。」子貢蹴蹴然㊾立不安。

【章　旨】本章批判了自三皇五帝以下的治國方法，反對提倡仁義，反對以智治國，要求人們返璞歸真。

【注　釋】❶眯目　瞇著眼睛。眯，塵土入眼，不能睜開。❷噆　叮咬。❸通昔不寐　整夜不能入睡。昔，通「夕」。夜晚。❹夫仁義憯然乃憤吾心　仁義害人更慘，使人昏憒糊塗。憯，同「慘」。憤，應為「憒」之誤。昏憒。❺放風　放任；隨意。❻總德而立　順應本性而生活。總，執；守。引申為順應。❼又奚傑然若負建鼓而求亡子者邪　又何必竭盡全力（去追求仁義），就像背著、敲著鼓去尋找出走的兒子呢。傑然，用力的樣子。負，背。建，敲擊。❽鵠　鳥名。即天鵝。多為白色。❾黔　黑。用作動詞。染黑。❿辯　辯論。指辯論究竟是白色好還是黑色好。⓫觀　外觀；外在的東西。⓬廣　推廣；傳播開去。⓭涸　水乾了。⓮相呴以濕　用口中溼氣相互塗抹。呴，吐氣。這兩句比喻人們在無道的社會裡生活艱難，相互幫助。⓯相濡以沫　用口水相互溼潤。濡，沾溼。沫，吐沫；口水。⓰規　規勸；教誨。⓱龍　比喻老子。⓲合而成體二句　龍無論是卷縮在一起，還是伸展開去，牠的體態都是那樣的優美而富於文采。合，合攏；卷縮。散，伸展開去。章，文采。這兩句應放在一起理解，古稱這種藝術手法為「互文見義」。⓳養乎陰陽　生活於陰陽二氣之中。⓴噏　閉合。㉑子貢　人名。孔子的學生。姓端木，名賜，字子貢。㉒尸居而龍見　安居不動而事業成功。尸居，安居不動。尸，古代祭祀時代表死者受祭的人，受祭的人在整個祭祀過程中安坐不動。龍見，飛龍騰空出現。古人以此形容事業成功。見，同「現」。㉓雷聲而淵默　即〈在宥〉講的「淵默而雷聲」。像深淵那樣沉寂無語，卻能像霹靂那樣震撼人心。㉔發動　運動；活動。㉕以孔子聲　借助孔子的名義。㉖倨堂而應　伸著兩腿坐在堂上接待他。倨，通「踞」。伸腿而坐。應，應接；接待。㉗微　輕聲。㉘年運而往　年紀衰老。㉙戒　告誡。㉚三王五帝　即三皇五帝。㉛係　獲取。㉜小子少進　年輕人，稍微再向前走點。小子，年輕人。少，通「稍」。㉝一　指獨一無二的大道。用作動詞。符合大道。㉞非　非議。㉟殺其殺　降低對其他人的愛心。殺，降低。㊱競　競爭。㊲不至乎孩而始誰　還不會笑的時候，就教育他識別事物。孩，小兒笑。誰，用作動詞。識別人和事。㊳夭　夭折；提前死亡。㊴變　狡詐多變。㊵人有心而兵有順　人們有了狡詐多變之心，便開始用武力強迫別人順從自己。㊶自為種而天下耳　各自都在劃分人的好壞種類並爭奪天下。為種，劃分人的好壞種類。㊷作始有倫　剛開始時做得還算有條理。倫，條理。㊸婦女　把未婚女子說成是已婚婦女。比喻黑白顛倒，混亂不堪。婦，已婚女子。用作動詞。把……說成是已婚女子。女，未婚女子。㊹悖　亂；搞亂。㊺睽　違背。引申為搞亂。㊻中墮四時之施　中間搞亂了四季的運行。墮，同「隳」。毀壞。施，推移；運行。㊼其知憯於蠣蠆之尾　他們的智巧比蠍子的尾部還要慘毒。知，同「智」。蠣蠆，蠍子之類的毒蟲。

㊽鮮規之獸　小獸。鮮規，很小的樣子。㊾蹴蹴然　惶恐不安的樣子。

【語　譯】孔子拜訪老聃討論仁義的問題。老聃說：「被簸揚的糠屑進入眼睛，天地四方看起來似乎就改變了方位；蚊虻之類的小蟲叮咬皮膚，就會攪得人通宵難眠。仁義害人更慘，將使人們昏憒糊塗，這是最大的禍亂。您要想讓天下人不喪失原有的真樸本性，您就應該放任萬物活動，順應本性生活，又何必竭盡全力去尋求仁義，就像敲著鼓去尋找出走的兒子呢？白色的天鵝不需要天天沐浴而毛色自然潔白，黑色的烏鴉不需要天天漬染而毛色自然烏黑，烏鴉的黑和天鵝的白都是出於本色，不值得去爭辯它們的優劣；名譽屬於外在的東西，也不值得去傳揚。泉水乾了，魚被困在陸地上相互依偎著，牠們用口中溼氣相互溼潤，用口水相互塗抹，還不如牠們游蕩於江湖之中而相互忘卻。」

孔子拜訪老聃回來後，整整三天沒講話。弟子問道：「先生這次去見老聃，給他一些什麼樣的教誨？」孔子說：「我如今在老聃那裡見到了飛龍一般的人物啊！龍，無論是卷縮在一起，還是伸展開去，牠的體態都是那樣的優美而富於文采，牠乘雲駕霧而生活於陰陽二氣之中。我驚奇得張大了嘴巴久久不能合攏，我哪裡還能夠教誨老聃呢！」子貢說：「照這樣說，真的有人能夠做到安居不動而事業成功、沉默無語而感人至深、一言一行如同天地嗎？我也可以去看看他嗎？」於是子貢便借助孔子的名義前去拜訪老聃。

老聃伸著兩腿坐在堂上接見了子貢。他低聲對子貢說：「我年歲老邁，你將告誡我一些什麼呢？」子貢說：「三皇五帝用來治理天下的辦法不同，但他們都同樣獲得了好名聲。而唯獨先生您認為他們算不上聖人，這是為什麼呢？」老聃說：「年輕人，你稍微近前些。你憑什麼說他們治理天下的辦法不同？」子貢回答說：「堯讓位給舜，舜讓位給禹，禹使用民力治水而商湯使用武力征戰，周文王服從商紂王而不敢反抗，周武王反抗商紂王而不肯服從，所以說他們各不相同。」

老聃說：「年輕人，你再稍微往前走走。我為你談談三皇五帝治理天下的情況。黃帝治理天下的時候，能使人們的思想符合大道，如果有人死了父母而不哭泣，人們也不會去批評他。堯治理天下的時候，能使人們從內心裡孝敬父母，如果有人為了孝敬父母而降低對他人的愛心，人們也不會去批評他。舜治理天下的時候，使人們產生了競爭思想，婦女懷孕十個月生下孩子，孩子生下五個月就要他張口說話，孩子還不會笑就教他識別事物，於是就出現了短命的人。禹治理天下的時候，使人們的思想狡詐多變，人們有了狡詐多變之心，便會使用武力迫使別人服從自己，從而出現了殺死盜賊不算殺人的說法，人們都在劃分人的好壞種類並借此爭奪天下，於是整個天下大受驚擾，儒、墨各家紛紛而起。這些事開始時做得還算有條有理，而如今已是黑白顛倒、是非不分了，我還有何話可說呢！我告訴你，三皇五帝治理天下，名義上叫做治理，實際上是最大程度地搞亂了天下。三皇五帝使用的智巧，對上搞亂了日月的光明，對下搞亂了山川的精華，其中還搞亂了四季的運行，他們使用的智巧比蠍子的尾巴還要狠毒，就連小小的獸類，也無法安守自己原有的天性，然而三皇五帝卻還自以為是聖人，難道不感到可恥嗎？他們大概已經沒有羞恥之心了吧！」子貢聽得惶恐萬分，站立不安。

孔子謂老聃曰：「丘治《詩》、《書》、《禮》、《樂》、《易》、《春秋》六經，自以為久矣，孰知其故❶矣，以奸者七十二君❷，論先王之道而明周、召之迹❸，一君無所鉤用❹。甚矣夫！人之難說也，道之難明邪？」

老子曰：「幸矣，子之不遇治世之君也！夫六經，先王之陳迹也，豈其所以迹❺哉！今子之所言，猶迹❻也，夫迹，履之所出❼，而迹豈履哉？夫白鶂❽之相視，眸子不運而風化❾；蟲，雄鳴於上風，雌應於下風而風化；類自為雌雄❿，故風化。性不可易，命⓫不可變，時不可止，道不可壅⓬。苟得於道，無自⓭而不可；失焉⑭者，無自而可。」

孔子不出三月，復見曰：「丘得之矣。烏鵲孺⑮，魚傅沫⑯，細要者化⑰，有弟而兄啼⑱。久矣夫丘不與化為人⑲！不與化為人，安能化人！」老子曰：「可。丘得之矣！」

【章　旨】本章告誡人們，社會、萬物是複雜多變的，因此不能墨守陳規，要隨時而變、隨物而變，只有這樣才能成功。

【注　釋】❶孰知其故　熟悉其中記載的典章制度。孰，同「熟」。熟悉。故，掌故。指六經記載的典章制度。❷以奸者七十二君　我憑藉從六經學到的知識遊說了七十二位君主。以，憑藉。奸，求取。指求取官位以推行自己的政治主張。七十二君，應視為約數，且帶有誇張意味。❸周召之迹　周公和召公的政績。周公已見前注。召公，人名。姓姬名奭，周武王之弟，被封於召。❹鉤用　取用；使用。鉤，取。❺所以迹　遺跡的本源。❻迹　足跡。❼履之所出　是鞋所踩出來的。履，鞋。❽白鶂　水鳥名。❾眸子不運而風化　眼珠一動不動就能交配生子。眸子，眼珠。不運，不動。風化，交配生子。❿類自為雌雄　有一種名叫「類」的動物，自身就具備了雌雄兩性。類，傳說中的動物名。⓫命　天命。指天道、自然規律。⓬壅　阻塞。⓭自　自己所在之處。引申為自己做事。⓮焉　代指大道。⓯孺　孵卵而生。⓰傅沫　塗泡沫而生。傅，分布；塗抹。沫，泡沫。實際上是泡沫狀的魚卵。⓱細要者化　蜂類由其他事物變化而生。細要，即細腰。指蜂類。古人認為蜂取桑蟲回巢，使牠變化為蜂。⓲有弟而兄啼　有了弟弟，兄長因失去父母之愛而啼哭。⓳與化為人　與自然變化為友。即順應自然變化。為人，為友；交朋友。

【語　譯】孔子對老聃說：「我研究《詩》、《書》、《禮》、《樂》、《易》、《春秋》六部經書，自以為很久了，熟知其中所記載的各種典章制度，我用六經去遊說了七十二位君主，對他們論述先王的治國方略，講述周公和召公的治國業績，然而卻沒有一位君主願意任用我。真是太難了！究竟是因為人們太難以說服呢，還是因為大道太難以讓人理解呢？」

老子說：「幸好您沒有遇到願意治理好國家的君主啊！那六部經書，是先王留下的陳舊遺跡，哪裡是這些遺跡的本源！如今您所談論的六經內容，就好像足跡一樣，足跡，是用鞋踩出來的，而足跡難道就是鞋嗎？白鶂鳥雌雄相互對視，眼珠一動不動便可交配生子；蟲，雄性的在上方鳴叫，雌性的在下方回應就可交配生子；一種名叫『類』的動物自身就具備了雌雄兩性，所以只靠自身就可生子。本性難以改變，天命不可更易，時光不會停留，大道無法阻塞。如果得了道，無論做什麼都會成功；如果失去道，無論做什麼都將失敗。」

孔子整整三個月閉門不出，然後再去見老聃，說：「我終於得道了。烏鵲孵化而生，魚塗泡沫而生，蜂是由他物變化而生，有了弟弟，哥哥就經常因失去父母之愛而啼哭。很久很久了，我都沒能做到順應萬物變化！不能順應萬物變化，又怎麼能夠去教化別人！」老子說：「好。孔丘終於得道了！」

【研　析】本篇除了繼續闡述清靜無為的政治思想之外，另一個比較突出的地方就是針對儒家的保守思想提出了因時而變的政治主張。

本篇所說的變，還包括了「橫向的不同」這一含義。因此，莊子的「變」就包含了縱向的變和橫向的變兩個方面。

所謂縱向的變，就是指古今的不同。在本篇中，作者借老子之口，大致地描繪了從黃帝到夏禹這一歷史時期的社會演變過程，其主要看法是文明日開而世風日下，人們的道德是一代不如一代。既然社會變了，人心變了，如果用來治國的辦法還不變，那就像拾起別人拋棄的芻狗一樣，把廢物當寶貝了。

所謂橫向的變，實際上是指橫向的不同。文中舉了不少這方面的例子。從自然界來看，鳥、魚、蟲等動物雖然屬於同一時期的動物，但牠們用來生育後代的方法就各不相同；從社會方面來看，周朝和魯國的情況也不相同，因此也不能把在周朝行之有效的治國辦法照搬到魯國來。

以上這種因時因地而變的思想從大的原則上看是正確的。莊子的這些思想主要是在批判孔子時闡述的。

孔子一生四處奔波，其主要目的就是為了恢復周禮（我們認為孔子並非完全的復古者，他也有自己進步的一面），莊子對此提出了嚴厲的批評，認為古今的不同，猶如水陸的不同，如果看到船在水上行走起來非常便利，便盲目地把船推到陸地上來，希望船在陸地上也能夠像在水中一樣順利航行，那就大錯特錯了。文中列舉了一連串孔子政治失敗的事例，以說明儒家墨守成規以治理當世的舉措是完全行不通的。

而實際上，孔子也承認社會在變，人心在變，而且也是越變越壞，不然，他又何必竭盡全力地要恢復周禮呢？孔子要求社會恢復到西周初年的狀態，而莊子則希望社會恢復到經過美化的原始社會時期。可以說莊子比孔子更具備文人的迂腐性格，他在這裡諷刺孔子，實際上是「百步笑五十步」而已。

本篇在闡述這一道理的時候，使用的文字非常生動，使用的比喻非常恰切，如上文提到的水陸舟車之喻，還有柤梨橘柚之喻等等。特別是醜女效顰（後演變為「東施效顰」一詞）這一故事，更是惟妙惟肖地刻劃出不顧實際盲目仿效他人的不良後果。

最後還要提到的一點是，這一主張對法家的代表人物韓非等人有很大影響，韓非的歷史變革思想與莊子基本一致，他諷刺保守派的行為是「守株待兔」，其諷刺效果與「東施效顰」異曲同工。但二者也有不同，道家在承認「變」的基礎上痛恨這種「變」，嚮往所謂的「至德之世」，而法家在承認「變」的基礎上認可這種「變」，並主張君主用殘酷的政治手段來對付「唯利是圖」的臣民，從而出現了歷史上最為殘酷的專制主義政治思想。

刻意第十五

【題解】刻意，磨礪意志。刻，磨礪。取篇首二字為篇名。本篇較短，主要講了兩層意思。作者首先介紹了社會上生活態度各不相同的六種人，認為「不刻意而高，無仁義而修」的第六種人最值得推崇。作者接著重點闡述了保養精神的重要性。所謂保養精神，也就是要求人們保持心境恬淡，做到清靜無為，既無思無慮，又無喜無憂，什麼名利、毀譽、生死等等，全不放在心上。做到這一點，就是得道的「聖人」、「真人」。

刻意尚行❶，離世異俗❷，高論怨誹❸，為亢❹而已矣；此山谷之士❺，非世❻之人，枯槁赴淵者❼之所好也。語仁義忠信恭儉推讓，為修❽而已矣；此平世❾之士，教誨之人，遊居學者之所好也。語大功，立大名，禮君臣❿，正上下，為治而已矣；此朝廷之士，尊主強國之人，致功并兼⓫者之所好也。就藪澤⓬，處閒曠，釣魚閒處，無為而已矣；此江海之士，避世⓭之人，閒暇者之所好也。吹呴呼吸，吐故納新⓮，熊經鳥申⓯，為壽而已矣；此導引⓰之士，養形之人，彭祖壽考者⓱之所好也。

若夫不刻意而高，無仁義而修，無功名而治，無江海而閒，不導引而壽，無不忘也，無不有也，澹然無極⓲，而眾美從之⓳，此天地之道，聖人之德也。

【章　旨】本章描述了六種生活態度各不相同的人，認為「不刻意而高，無仁義而修」的第六種人才稱得上真正的聖人。

【注　釋】❶刻意尚行　磨礪意志，崇尚品行。刻，磨礪。❷離世異俗　超凡脫俗。❸怨誹　抱怨；牢騷。❹亢　孤高傲世。❺山谷之士　避居山谷之人。❻非世　批評社會；憤世嫉俗。❼枯槁赴淵者　指潔身自好、能以身殉道的人。枯槁，身如枯木。指介之推一類的人。介之推隨晉公子重耳逃亡十九年，重耳返國後當上國君，即著名的晉文公，而介之推則隱居山林，文公為逼他走出山林而放火燒山，介之推拒不出山而被燒死。赴淵，投水而死。指申徒狄一類的人。申徒狄為商代賢人，聽說商湯王要讓位於自己，便投河而死。❽修　修身。❾平世　治理好天下。平，治理。❿禮君臣　為君臣制定禮節。⓫并兼　兼併敵國。⓬就藪澤　走進深林大澤。就，接近；走進。藪，生長著很多草木的湖澤。⓭避世　逃避世事。⓮吹呴呼吸二句　吐氣呼吸，吐出胸中濁氣，吸入新鮮空氣。呴，吐氣。故，胸中原有的濁氣。⓯熊經鳥申　像熊那樣攀援而直立，像鳥飛翔那樣伸展腿腳。經，直立。申，伸展。這是古代延年益壽的養生方法。⓰導引　古代的一種養生術。指呼吸俯仰、屈伸手足，使血氣流通，促進身體健康。道，疏通。指舒筋活絡。引，屈伸。⓱彭祖壽考者　像彭祖那種追求長壽的人。彭祖，人名。相傳他活了八百歲。考，老。⓲澹然無極　寧靜恬淡而精神永存。澹然，淡泊。無極，無窮。⓳眾美從之　所有的美德都集中在他身上。

【語　譯】磨礪意志崇尚品行，超脫塵世不同流俗，高談闊論滿腹牢騷，這算是孤高傲世而已；這些人是隱居山谷之士，是憤世嫉俗之人，正是那些潔身自好、能以身殉道的人所一心追求的。宣揚仁愛道義、忠誠信實、恭敬節儉、辭讓謙虛，這算是注重修身而已；這些人是意欲平定天下之士，是教化百姓之人，正是那些四處遊說、博學多識的人所一心追求的。談論大功，建立大名，制定君臣禮節，匡正上下關係，這算是重視治國而已；這些人是身居朝堂之士，是能使君主尊貴、國家富強之人，正是那些建功立業、開拓疆土的人所一心追求的。走進深林大澤，生活悠閒曠達，以釣魚消遣時光，這算是清閒自在而已；這些人是江湖閒散之士，是逃避世事之人，正是那些愛好悠閒生活的人所一心追求的。深吸淺呼，吐故納新，像熊那樣攀援直立，像鳥那樣伸展手腳，這算是善於延年益壽而已；這些人是導引健身之士，是注重養身之人，正是像彭祖那種希望長壽的人所一心追求的。

還有一些人不需磨礪意志而自然高尚，不需談論仁義而自有修養，不需建功立名而天下自然安定，不需避居江湖而心境自然悠閒，不需呼吸導引而自然長壽，他們無所不忘，而又無所不有，他們寧靜恬淡而精神永存，身上具備了所有的美德，這才算是符合了自然的大道，具備了聖人的品德。

故曰：夫恬惔寂寞❶，虛無無為，此天地之平❷，而道德之質❸也。

故曰：聖人休休焉❹則平易❺矣，平易則恬惔矣。平易恬惔，則憂患不能入，邪氣不能襲，故其德全而神不虧。

故曰：聖人之生也天行❻，其死也物化❼；靜而與陰同德❽，動而與陽同波❾。不為福先❿，不為禍始；感而後應⓫，迫而後動，不得已而後起。去知與故⓬，循天之理。故無天災，無物累，無人非，無鬼責。其生若浮⓭，其死若休。不思慮，不豫謀⓮；光矣而不耀⓯，信矣而不期⓰。其寢不夢，其覺無憂，其神純粹⓱，其魂不罷⓲。虛無恬惔，乃合天德。

故曰：悲樂者，德之邪⓳；喜怒者，道之過；好惡者，德之失。故心不憂樂，德之至也；一而不變，靜之至也；無所於忤⓴，虛㉑之至也；不與物交，淡之至也；無所於逆，粹㉒之至也。

故曰：形勞而不休則弊，精用而不已則勞，勞則竭㉓。水之性，不雜則清，莫動則平，鬱閉㉔而不流，亦不能清，天德之象也。

故曰：純粹而不雜，靜一而不變，淡而無為，動而以天行，此養神之道也。

【章　旨】本章主要討論如何養神，認為最好的養神辦法就是保持心境恬淡，清靜無為，既要無思無慮，又要無喜無憂。

【注　釋】❶恬惔寂寞　恬淡寧靜。惔，同「淡」。寂寞，寧靜。❷平　基準；準則。❸質　本質；基本原則。❹休休焉　形容平靜的樣子。❺平易　平靜。❻天行　順應自然而行動。❼物化　變化為其他事物。❽與陰同德　與陰氣一樣沉寂。古人認為陰主靜而陽主動，故莊子把「靜」與「陰」相配，「動」與「陽」相配。❾波　波動；活動。❿不為福先　不帶頭去追求幸福。⓫感而後應　外部有所觸動，然後自己才去回應。感，動。⓬故　原有的成見。⓭若浮　就像在水面漂浮那樣隨遇而安。⓮豫謀　預謀。豫，同「預」。⓯光矣而不耀　有光亮但不刺眼。比喻有優點、本領但不傷人。耀，過分明亮。⓰期　期待；期求。⓱純粹　純潔。⓲罷　通「疲」。疲憊。⓳德之邪　背離天性的錯誤。⓴忤　抵觸。㉑虛　虛空。指內心毫無成見。㉒粹　純清。㉓竭　精力枯竭。㉔鬱閉　閉塞不通。

【語　譯】所以說：恬淡寧靜，清虛無為，這是自然的原則，是大道的品質。

所以說：聖人的心境十分平靜，心境平靜就能做到思想恬淡。做到了平靜恬淡，那麼憂患就不會放在心上，邪氣就不能侵襲肌體，因此他們的天性就能保持完整，而精神不會受到損害。

所以說：聖人活在世上時順應自然而行事，死後就聽天由命變化為其他事物；聖人安靜時像陰氣一樣沉靜，活動時像陽氣一樣活躍。他們不率先追求幸福，也不帶頭招惹禍端；他們受到外物的觸動然後才有所回應，受到外界的迫使然後才有所行動，迫不得已然後才去起身做事。他們消除了心中的智巧和成見，一切行為都遵循自然之理。所以他們沒有自然的災害，沒有外物的牽累，沒有旁人的非議，沒有鬼神的責難。他們活在世上就像漂浮在水面上那樣隨遇而安，他們死時就像要休息那樣安閒。他們不思考，不預謀；他們有優點、本領但不傷人，誠實不欺但從不期求。他們睡眠時從不做夢，醒來後無憂無愁，他們的精神是那樣的純潔，他們的精神從來不會感到疲憊。他們虛靜恬淡，符合自然的本性。

所以說：心中如果有了悲哀和歡樂，那是失去天性後的錯誤；心中如果有了喜悅和憤怒，那是違背大道後的罪過；心中如果有了喜好和厭惡，那是忘卻天性後的過失。因此心中無憂無樂，才是天性保持最好的境界；精神專一而無波動，才是心情寧靜的最高境界；不與任何事物抵觸，才是心無成見的最高境界；不與任何外物交往，才是精神淡泊的最高境界；不與任何事物衝突，才是心境純淨的最高境界。

所以說：形體辛苦勞累而不休息就會疲憊不堪，精神使用過度而不歇息就會損傷元氣，無休止地損傷元氣就會使精力枯竭。水的本性，沒有雜質就會清澈，不去攪動就會平靜，但如果完全堵塞而不讓它流動，水也不會變得清澈，這是水的天性的一種表現。

所以說：純淨而不混雜，虛靜而不波動，恬淡而不多事，一切行為都順應自然，這就是養神的原則。

夫有干越之劍❶者，柙❷而藏之，不敢用也，寶之至也。精神四達並流❸，無所不極❹，上際❺於天，下蟠❻於地，化育萬物，不可為象❼，其名為同帝❽。純素❾之道，唯神是守；守而勿失，與神為一；一之精❿通，合于天倫⓫。野語⓬有之曰：「眾人重利，廉士重名，賢士尚志，聖人貴精。」故素也者，謂其無所與雜也；純也者，謂其不虧其神也。能體⓭純素，謂之真人。

【章旨】本章描述了精神的一些特點，進一步強調重神、養神的重要性。

【注　釋】❶干越之劍　吳越出產的寶劍。干，水名。即干溪。地處吳國。越，山名。即越山。地處越國。一說「越」指越國的若耶山。干溪和越山均以出名劍聞名。❷柙　同「匣」。用作動詞。裝進匣子。❸四達並流　飛向四面八方。流，通向；飛往。❹極　盡頭。用作動詞。到達盡頭。❺際　接近；到達。❻蟠　遍及。❼為象　描述它的模樣。❽同帝　指精神功能神奇得如同上帝。❾純素　純淨素樸。❿精　精神。⓫天倫　天理；自然之理。⓬野語　俗語；俗話。⓭體　體會；領悟。

【語　譯】那些擁有吳越寶劍的人，將會把寶劍收藏在匣子裡，不敢輕易使用，珍惜到了極點。精神可以飛往四面八方，到達任何地方的盡頭，精神上可以遨遊蒼天，下可以遍及大地，高尚的精神還可以化育萬物，然而卻無法描述出它的模樣，可以給它起名叫「同帝」。純淨素樸的大道，就是要求守護好自己的精神；守護好自己的精神而不喪失，就能與精神融為一體；融為一體就能使精神暢通無阻，也就符合於自然之理。俗話說：「一般的人看重錢財，廉潔的人看重名聲，賢良的人崇尚志氣，聖哲的人看重精神。」所謂的素樸，就是說沒有其他事物與之混雜；所謂的純淨，就是說自己的精神沒有受到虧損。能夠領悟純淨素樸的道理，就可以稱為「真人」。

【研　析】本篇的主旨是在討論「養神」的問題。莊子並不反對「養形」，他曾想盡一切辦法，比如拒絕出仕、追求無用等等，來保護自己肉體的安全。但相比之下，莊子更注重「養神」。

莊子用來「養神」的辦法，就是通過自身修養，使內心達到一種絕對平靜的境界。要想使內心平靜，首先就是要淡泊名利，這就是作者多次講的「不為物累」，即不受到外物、主要是名利的牽累，不要成為名利的奴隸。其次還要解決生死的問題，因為死亡問題是人所面臨的一個大問題，同時也是一個很難解決的問題，對此，莊子主要是要求人們看淡死亡，忘記死亡，甚至把死亡看做一種幸福，也即本篇說的「其生若浮，其死若休」，既然死亡只是一種休息，那又有什麼可怕的呢？對於一般人來說，總是希望自己生活於喜悅與歡樂之中，但莊子認為，不僅憂、哀、怒這些不良情緒影響人的健康，就連喜、樂這些好情緒也最好不要，因為忽喜忽憂將會引起陰陽不調，而陰陽不調的直接結果就是導致身體生病。要想保護好自己的精神，最好是無思無慮、無喜無憂，心境就像一片清澈平靜的靜水，不要起一點波瀾。

莊子在論述養神思想的時候，所使用的語言有時可能有點過激，或者說是有點過分，但從總體上看，他的這一思想是正確的，現代的科學已經證明保持良好的精神狀態對健康的重要性。正是因為這一思想正確，且具有極高的實用價值，使它對後世產生了重大影響。魏晉之際的著名文學家嵇康在他的〈養生論〉中就把「養神」放在首要地位，其後道教的重要經典《黃庭經》更是繼承了本篇的「守神」思想，認為只要守護好自身各個器官的神靈，使他們不外逃，就能夠達到不死的目的。再後來，就慢慢形成了道教的一大支派——內丹學。如《老君清靜心經》就說：「欲既不生，心自靜矣。心既自靜，神即無憂。神既無憂，常清靜矣。既常清靜，即會其道。與真道會，名為得道。」其思路與莊子一樣，不同的是，莊子沒有明確說得道之後就可以永遠不死（即使在個別地方有這樣的說法，也可能只是一種文學的誇飾），而道教則認為得道就意味著昇天成仙。所以莊子只能是哲學家，而不是宗教家。他的「養神」只是世俗人擺脫煩惱、維護健康的一種嘗試，而不是宗教成神成仙的一條途徑。

繕性第十六

【題　解】繕性，修心養性。繕，修養。取篇首二字為篇名。本篇一開始就提出了以恬養智、以智養恬、恬與智交相養的主張；接著描述了世德日下、一代不如一代的社會情況；最後討論了有道的聖人在當今混亂社會中如何存身的問題，勉勵人們「不為軒冕肆志，不為窮約趨俗」，做到富貴榮華也樂，窮困潦倒也樂，認為這種富貴貧賤皆樂的心理狀態，才算是真正的「得志」。

繕性於俗❶，俗學以求復其初❷；滑欲❸於俗，思以求致其明❹，謂之蔽蒙❺之民。

古之治道者，以恬養知❻；知生而無以知為也❼，謂之以知養恬。知與恬交相養，而和理❽出其性。夫德，和也；道，理也。德無不容，仁也；道無不理，義也；義明而物親，忠也；中純實而反乎情❾，樂也；信行容體而順乎文❿，禮也。禮樂徧行⓫，則天下亂矣。彼正而蒙己德⓬，德則不冒⓭，冒則物必失其性也。

【章　旨】本章反對世俗的學問，提出了以淡泊心境培養智慧、以智慧培養淡泊心境的「知與恬交相養」的修身方法。

【注　釋】❶繕性於俗　用世俗的學問來修養本性。繕，修養。俗，俗學。指仁義禮智一類的學問。❷初　原有的本性。❸滑

欲　搞亂了欲念。滑，亂。❹致其明　獲得明徹的心境。致，獲得。❺蔽蒙　糊塗愚昧。❻以恬養知　用恬靜的心境培養自己的智慧。知，同「智」。❼知生而無以知為也　有了智慧但不使用智慧去做事。為，做事。❽和理　順應和治理。和，和順；順應。❾中純實而反乎情　心中純厚樸實就能恢復自己的本性。反，同「返」。恢復。情，真情；本性。❿信行容體而順乎文　行為誠實、儀態得體而且符合一定的禮儀。信行，行為誠實。文，文飾。指人為的禮儀。⓫禮樂徧行　無論做什麼都使用禮樂。徧，全部；都。⓬彼正而蒙己德　聖人品行端正卻不去故意顯露自己的美德。彼，指聖人。蒙，斂藏；不顯露。⓭不冒　不虛假。冒，假冒。

【語譯】用世俗的學問來修心養性，而且還想用世俗的學問恢復自己原有的天性；心中的意念已經被世俗的學問搞亂，卻還想通過世俗的學問去獲得明徹的心境，這樣的人可以叫做糊塗愚昧之人。

古代那些修習大道的人，用恬靜的心境去培養自己的智慧；有了智慧卻又不使用這些智慧去做事，這可以說是再用智慧反過來去培養恬靜的心境。智慧和恬靜的心境相互培養，那麼順應萬物和治理萬物的能力自然而然就進入他的天性之中。所謂的天性，就是要順應萬物；所謂的大道，就是要用來治理萬物。具備了無所不能包容的天性，這就是仁；懂得了無所不能治理的大道，這就是義；明白了義萬物就會相親相愛，這就是忠；心中純厚樸實就能恢復自己的本性，這就是樂；行為誠實、儀態得體而且符合一定的禮儀，這就是禮。但無論做什麼都去使用禮樂，天下也將混亂。聖人品行端正但不故意顯露自己的美德，這才是一種真正的美德，一旦出現虛假的美德，那麼萬物都將失去自己純樸的天性。

古之人，在混芒❶之中，與一世而得澹漠❷焉。當是時也，陰陽和靜，鬼神不擾，四時得節❸，萬物不傷，群生不夭，人雖有知，無所用之，此之謂至一❹。當是時也，莫之為而常自然。

逮德下衰❺，及燧人、伏羲始為❻天下，是故順而不一❼。德又下衰，及神農、黃帝始為天下，是故安而不順。德又下衰，及唐虞❽始為天下，興治化之流❾，潒淳散朴❿，離道以善⓫，險⓬德以行，然後去性而從於心⓭。心與心識知，而不足以定天下，然後附之以文⓮，益之以博⓯。文滅質，博溺心⓰，然後民始惑亂，無以反其性情而復其初。由是觀之，世喪道矣，道喪世矣，世與道交相喪也。

【章　旨】本章對比了遠古時代與燧人氏以後的社會情況，認為由於人為的治理，使世德日衰，一代不如一代。

【注　釋】❶混芒　混沌純樸。❷澹漠　恬淡而寧靜。❸得節　合乎時節。❹至一　最符合大道的生活境界。一，指獨一無二的大道。❺逮德下衰　等到後來人類品德衰落時。逮，及；等到。❻為　治理。❼順而不一　指人心雖然順從燧人、伏羲的治理但已不太符合大道了。❽唐虞　指堯、舜。堯的國號為「唐」，舜的國號為「虞」。❾興治化之流　發起了治理與教化之類的事情。興，興起；發起。❿潒淳散朴　破壞了人們的淳樸之風。潒，同「澆」。薄；削弱。散，破壞。⓫善　應是「為」字之誤。為，做事。⓬險　同「儉」。缺少；失去。⓭從於心　順從各自的私心行事。⓮附之以文　對自己的行為加以文飾。附，加。之，代指自私行為。⓯益之以博　增加眾多的世俗學問。益，增加。博，博學。⓰博溺心　廣博的世俗學問使人心更加沉溺於私欲。

【語　譯】古時候的人，生活於混沌淳樸的風氣之中，整個社會生活都是那樣的恬淡而寧靜。在那個時代裡，陰陽二氣和諧安寧，鬼神不擾害百姓，四季變化合乎時節，萬物都不會受到傷害，各種有生命的東西都能盡享天年，人們即使有了智慧，也無處可以使用，這種生活是最符合大道的一種生活。在那個時代裡，沒有人要去治理而整個社會自然而然如此。

等到人類品德衰落時，也就是燧人氏、伏羲氏開始治理天下的時候，人們雖然服從他們的治理，但其生活已經不太符合大道了。人類的品德繼續衰落，到了神農、黃帝治理天下的時候，人們的生活雖然安定但他們心中已經不太願意服從這種治理了。人類的品德又繼續衰落，到了唐堯、虞舜治理天下的時候，開始發起人為治國和教化百姓之類的事情，這極大地破壞了淳樸的民風，於是人們便背離大道而行事，拋棄天性而生活，隨後他們就完全喪失了自己的淳樸天性而放縱自己的私心。當人們彼此都了解了對方的私心之後，天下就再也無法保持安定的局面了。然後人們又對自己的私心加以文飾，並為滿足自己的私心去獲取眾多的學問。這種文飾行為進一步毀滅了人們的質樸本性，廣博的世俗學問使人們更加沉溺於私欲之中，然後人心也就更加地迷惑和混亂，以至於人們再也無法恢復他們最初所具有的原始天性。由此可以看出，如今的社會已經喪失了大道，而大道也已經離開了這個社會，社會和大道相互脫離了。

道之人❶何由興❷乎世？世亦何由興乎道哉？道無以興乎世，世無以興乎道，雖聖人不在山林之中，其德隱矣。隱，故不自隱❸。古之所謂隱士者，非伏其身而弗見❹也，非閉其言而不出也，非藏其知而不發也，時命大謬❺也。當時命而大行❻乎天下，則反一無迹❼；不當時命而大窮乎天下，則深根寧極而待❽，此存身之道也。古之行身❾者，不以辯飾知❿，不以知窮天下，不以知窮德⓫，危然⓬處其所而反其性已，又何為哉！道固不小行⓭，德固不小識⓮。小識傷德，小行傷道。故曰：正己而已矣。

樂全⑮之謂得志。古之所謂得志者，非軒冕⑯之謂也，謂其無以益其樂而已矣⑰。今之所謂得志者，軒冕之謂也。軒冕在身，非性命⑱也，物之儻來⑲，寄者也。寄之，其來不可圉⑳，其去不可止。故不為軒冕肆志㉑，不為窮約趨俗㉒，其樂彼與此同㉓，故無憂而已矣。今寄㉔去則不樂，由是觀之，雖樂，未嘗不荒㉕也。故曰：喪己於物㉖，失性於俗者，謂之倒置之民㉗。

【章　旨】上一章講社會日益混亂的過程，本章則主要討論有道之人如何在混亂的社會裡存身，如何繼續保持快樂的心境。

【注　釋】❶道之人　有道之人。❷興　興起；振興。❸故不自隱　本來不是因為聖人自己要隱藏美德。意思是說，在亂世中，不是聖人有意隱藏自己的美德，而是世人對聖人美德視而不見。❹見　同「現」。出現。❺時命大謬　太生不逢時了。時命，時遇命運。謬，乖背。❻大行　指聖人的主張能夠順利推行於世。❼反一無迹　返回大道而不露痕跡。指聖人與大道融而為一，功蓋天下而不露痕跡。❽則深根寧極而待　就站穩腳跟、保持極度的靜默以等待時機。深根，比喻站穩腳跟。❾行身　存身。「行」為「存」之誤。不少版本即作「存」。❿以辯飾知　用巧辯文飾自己的智慧。⓫窮德　破壞人的天性。窮，使困窘。引申為破壞。⓬危然　獨立的樣子。⓭小行　小的成就。⓮小識　膚淺的知識。⓯樂全　快樂地保全自我本性。⓰軒冕　大夫以上乘坐的車叫「軒」，大夫以上所戴的禮帽叫「冕」。這裡用「軒冕」代指高官厚祿。⓱謂其無以益其樂而已矣　說的是其快樂已無以復加了而已。無以，沒有辦法。益，增加。⓲非性命　不是自己生命中原來就有的。⓳儻來　偶然而來。儻，偶然。⓴圉　通「禦」。抵禦；推辭。㉑肆志　恣意放縱；為所欲為。㉒不為窮約趨俗　不因為自己處境困難就去討好世俗。窮約，困窘。趨，走向。引申為迎合、討好。㉓其樂彼與此同　無論是身處榮華富貴還是身處困境之中，都同樣快樂。彼，指「軒冕」。此，指「窮約」。㉔寄　暫寄之物。指「軒冕」。㉕荒　荒廢。指快樂消失。㉖喪己於物　為了名利、權勢等外物而喪失自己。㉗倒置之民　本末倒置的人。

【語　譯】有道之人如何能在這個社會裡成就一番事業呢？這個社會又如何能通過推行大道而得以振興呢？大道是無法在這個社會裡得以推行了，這個社會也無法通過推行大道而得以振興了，那些有道的聖人即使不隱居在深山老林之中，他們的美德也會隱沒無聞。其美德隱沒無聞，並非他們自己有意要隱藏美德。古時候所說的隱士，並非指他們隱居起來不在社會上露面，也並非指他們閉上嘴巴不再講話，更不是指他們隱藏自己的才智不去發揮作用，而是指他們生不逢時啊。當遇到好的時運而能使自己的主張大行於天下的時候，他們便讓人們回到符合大道的生活境界之中而不露痕跡；當時運不好而在社會上陷入困境的時候，他們則站穩腳跟、心情平靜地等待時機，這就是他們用來保全自身的辦法。古代那些善於保全自我的人，不用巧辯來文飾自己的智慧，不用智慧使天下人陷入困境，也不用智慧去損害人的天性，獨自生活在適合自己的環境之中而恢復自己的天性，又何須一定要做些什麼呢！大道本來就不是那些小有所成的人所能遵循的，天性本來就不是那些小有所知的人所能保有的。小有所知會損害天性，小有所成會損害大道。所以說，端正自我就可以了。

愉快地保全自我天性就叫做得志。古人所說的得志，不是指高官厚祿而言，指的是無以復加的快樂而已。今人所說的得志，指的就是高官厚祿。自身得到了高官厚祿，但高官厚祿並非生命中所固有的，而是偶然而來的外物，是臨時寄存的東西。這些臨時寄存的東西，當它們到來時不可推辭，當它們離去時也無法挽留。所以不可因為有了高官厚祿就為所欲為，也不可因為處境困難就去討好世俗，無論是高官厚祿還是身處困境，都同樣快樂，因而也就從無憂愁。然而如今的人們一旦失去臨時寄存的高官厚祿就會不高興，由此來看，雖然高官厚祿能夠給人帶來快樂，但這種快樂總會要消失的。所以說：由於外物而喪失自我，由於流俗而失去天性，這樣的人可以叫做本末倒置的人。

【研　析】本篇在最後一段，討論了一個非常使人們感興趣的問題，那就是什麼叫做「得志」。所謂的「得志」，也就是得意，再通俗點講，就是心情舒暢。由於人們的價值觀不同，對這一問題的答案自然不會相同。

本篇主要介紹了兩種不同的「得志」觀，一種是世俗人的，一種是聖人的，實際上也就是莊子的。

按照世俗人的看法，所謂「得志」，就是金榜題名，衣錦還鄉；就是建功立業，名揚四海；就是嬌妻美妾，高官厚祿。總之一句話，這種所謂的「得志」，就是建立在豐厚的物質基礎之上。我們不能否認，沒有物質作為基礎，人連起碼的生存可能都沒有，更談不上什麼「得志」，但僅僅有豐厚的物質基礎，人真的就能夠快樂嗎？儒家的孔子和道家的莊子都分析過這種人的心理：當他們沒有得到高官厚祿的時候，整天憂心忡忡，生怕得不到；得到以後，他們依然是憂心忡忡，整天擔心失去這一切，真所謂「小人長戚戚」了。

在莊子看來，所謂的「得志」，就是沒有憂愁，就是永遠保持一種心情的快樂。要想做到這一點，就要懂得大道，就要懂得命運，就要看破塵世。一切遭遇都是大道安排的，都是命運注定的，塵世裡的一切，都不過是過眼雲煙，變化無常，因而不可過分留戀。既然一切都是大道、命運的安排，非人力可以改變，那就安心地接受這種安排。如此想來，也就沒有什麼值得憂愁的了。莊子的這一思想與佛教有著相似的地方。

莊子的這種看法實際上就是一種精神安慰法，被現代的一些學者諷刺為自欺。其實，在強大的自然力和社會力面前，個人的力量顯得十分渺小，當一個人受到這兩種巨大力量的擠壓而又無法改變自己的困窘處境時，這種精神安慰法是必不可少的，只要這種「自欺」能夠為自己減少一些痛苦，又何樂而不為呢？

快樂是一種精神感受，財富和地位並不等於快樂，無數的事實已經證明了這一點，而現代相對富裕的物質生活也正在證明這一點。同古人相比，我們現在所享有的物質生活不知比古人多了多少倍，但能夠說我們的快樂就比古人也多了多少倍嗎？

多讀讀《莊子》，將會使我們對生活、對「得志」的含義有新的理解。

秋水第十七

【題解】秋水，秋天的大水。取篇首二字為篇名。本篇是《莊子》中文字較長的一篇，也是《莊子》中的名篇之一。本篇共分兩大部分。第一部分為河伯與北海若的談話，兩人一問一答，用抽象思維的形式說明事物大小貴賤的相對性和多變性，以及時空的無限性等哲學問題。第二部分分述了六個故事，用形象思維的形式和生動活潑的情節、文字進一步闡述了莊子的一些思想和主張。

秋水時至❶，百川灌河❷，涇流❸之大，兩涘渚涯之間不辯牛馬❹。於是焉河伯❺欣然自喜，以天下之美為盡在己。順流而東行，至於北海，東面而視，不見水端。於是焉河伯始旋❻其面目，望洋❼向若❽而歎曰：「野語❾有之曰：『聞道百❿，以為莫己若⓫者。』我之謂也。且夫我嘗聞少仲尼之聞⓬而輕伯夷之義⓭者，始吾弗信。今我覩子之難窮也，吾非至於子之門則殆⓮矣，吾長見笑於大方之家⓯。」

北海若曰：「井蛙不可以語於海者，拘於墟⓰也；夏蟲不可以語於冰者，篤⓱於時也；曲士⓲不可以語於道者，束於教⓳也。今爾出於涯涘，觀於大海，乃知爾醜⓴，爾將可與語大理矣。天下之水，莫大於海，萬川歸之，不知何時止而不盈；尾閭㉑泄之，不知何時已而不虛；春秋不變，水旱不知㉒。此其過江河之流，不可為量數㉓。而吾未嘗以此自多㉔者，自以比形㉕於天地而受氣於陰陽㉖，吾在天地之間，猶小石小木之在大山也。方存乎見少㉗，又奚以自多！計四海之在天地之間也，不似礨空㉘之在大澤乎？計中國㉙之在海內，不似稊㉚米之在太倉㉛乎？號物之數謂之萬，人處一焉；人卒㉜九州，穀食之所生，舟車之所通，人㉝處一焉，此其比萬物也，不似豪末㉞之在於馬體乎？五帝之所連㉟，三王之所爭，仁人之所憂，任士之所勞㊱，盡此㊲矣。伯夷辭之㊳以為名，仲尼語之以為博，此其自多也，不似爾向㊴之自多於水乎！」

河伯曰：「然則吾大天地而小豪末，可乎？」北海若曰：「否。夫物，量無窮㊵，時無止㊶，分無常㊷，終始無故㊸。是故大知觀於遠近㊹，故小而不寡㊺，大而不多，知量無窮；證曏今故㊻，故遙而不悶㊼，掇而不跂㊽，知時無止；察乎盈虛㊾，故得而不喜，失而不憂，知分之無常也；明乎坦塗㊿，故生而不悅，死而不禍，知終始之不可故也。計人之所知，不若其所不知；其生之時，不若未生之時；以其至小(51)求窮其至大之域，是故迷亂而不能自得也。由此觀之，又何以知豪末之足以定至細之倪(52)？又何以知天地之足以窮至大之域？」

河伯曰：「世之議者皆曰：『至精[53]無形，至大不可圍[54]。』是信情[55]乎？」

北海若曰：「夫自細視大者不盡[56]，自大視細者不明。夫精，小之微也；垺[57]，大之殷[58]也。故異便[59]，此勢之有[60]也。夫精粗者，期[61]於有形者也；無形者，數之所不能分也[62]；不可圍者，數之所不能窮也。可以言論者，物之粗[63]也；可以意致[64]者，物之精也。言之所不能論，意之所不能察致者，不期精粗焉[65]。是故大人[66]之行，不出乎害人，不多仁恩[67]；動不為利，不賤門隸[68]；貨財弗爭，不多辭讓；事焉不借人[69]，不多食乎力[70]，不賤貪汙[71]；行殊乎俗，不多辟異[72]；為在從眾[73]，不賤佞諂[74]；世之爵祿不足以為勸[75]，戮恥不足以為辱；知是非之不可為分，細大之不可為倪。聞曰：『道人不聞[76]，至德不得[77]，大人無己。』約分[78]之至也。」

河伯曰：「若物之外，若物之內，惡至而倪貴賤[79]？惡至而倪小大？」北海若曰：「以道觀之，物無貴賤；以物觀之，自貴而相賤；以俗觀之，貴賤不在己[80]。以差觀之，因其所大而大之[81]，則萬物莫不大；因其所小而小之，則萬物莫不小。知天地之為稊米也，知豪末之為丘山也，則差數覩矣[82]。以功觀之，因其所有而有之[83]，則萬物莫不有；因其所無而無之，則萬物莫不無；知東西[84]之相反而不可以相無，則功分定矣[85]。以趣[86]觀之，因其所然[87]而然之，則萬物莫不然；因其所非而非之，則萬物莫不非；知堯、桀之自然[88]而相非，則趣操[89]覩矣。昔者堯、舜讓而帝[90]，之、噲讓而絕[91]；湯、武爭而王，白公爭而滅[92]。由此觀之，爭讓之禮，堯、桀之行，貴賤有時，未可以為常也[93]。梁麗可以衝城[94]，而不可以窒穴[95]，言殊器[96]也。騏驥、驊騮[97]一日而馳千里，捕鼠不如狸狌[98]，言殊技也。鴟鵂夜撮蚤[99]，察豪末，晝出瞋目[100]而不見丘山，言殊性[101]也。故曰：蓋師是而無非、師治而無亂乎[102]？是未明天地之理、萬物之情者也，是猶師天而無地，師陰而無陽，其不可行明矣。然且語而不舍，非愚則誣[103]也。帝王殊禪，三代殊繼。差[104]其時逆其俗者，謂之篡夫[105]；當其時順其俗者，謂之義之徒。默默乎河伯！汝惡知貴賤之門、小大之家[106]！」

河伯曰：「然則我何為乎？何不為乎？吾辭受趣舍[107]，吾終奈何？」北海若曰：「以道觀之，何貴何賤，是謂反衍[108]，無拘而志，與道大蹇[109]。何少何多，是謂謝施[110]，無一而行[111]，與道參差[112]。嚴乎若國之有君，其無私德[113]；繇繇乎若祭之有社[114]，其無私福；汎汎乎[115]其若四方之無窮，其無所畛域[116]，兼懷萬物，其孰承翼[117]？是謂無方[118]。萬物一齊，孰短孰長？道無終始，物有死生，不恃其成；

一虛一滿，不位乎其形(119)。年不可舉(120)，時不可止；消息盈虛(121)，終則有始。是所以語大義之方(122)，論萬物之理也。物之生也，若驟若馳，無動而不變(123)，無時而不移。何為乎？何不為乎？夫固將自化(124)。」

河伯曰：「然則何貴於道邪？」北海若曰：「知道(125)者必達於理，達於理者必明於權(126)，明於權者不以物害己。至德者，火弗能熱，水弗能溺，寒暑弗能害，禽獸弗能賊(127)。非謂其薄之(128)也，言察乎安危，寧於禍福(129)，謹於去就(130)，莫之能害也。故曰：天在內(131)，人在外(132)，德在乎天(133)。知天人之行(134)，本乎天，位乎得(135)，蹢躅而屈伸(136)，反要而語極(137)。」曰：「何謂天？何謂人？」北海若曰：「牛馬四足，是謂天；落馬首(138)，穿牛鼻，是謂人。故曰：無以人滅天，無以故滅命(139)，無以得殉名(140)。謹守(141)而勿失，是謂反其真。」

【章　旨】本章是《莊子》中最長的一章。河伯與北海若一問一答，一氣呵成，討論了事物大小多少的相對性、時空的無窮性以及事物的多變性，要求人們突破自己的主觀局限和成見，以一種開放、順應的態度對待天下萬物，過一種符合自然原則的生活。

【注　釋】(1)時至　按照時令來了。(2)河　水名。即黃河。(3)涇流　水流。(4)兩涘渚涯之間不辯牛馬　兩岸和水中沙洲之間連牛馬都分辨不清。涘，河岸。渚，水中小洲。涯，水邊。(5)河伯　黃河之神。相傳姓馮，名夷。(6)旋　掉轉。一說為改變的意思。(7)望洋　仰視的樣子。(8)若　海神名。即下文的北海若。(9)野語　俗語。(10)聞道百　聽到上百條道理。(11)莫己若即「莫若己」。沒有人能比上自己。⑫少仲尼之聞　認為孔子的學問少。聞，所知道的；學問。⑬輕伯夷之義　輕視伯夷的道義。伯夷，人名。商朝諸侯孤竹君的長子，因辭讓父位，與其弟叔齊一起逃到了周；周武王伐紂，伯夷、叔齊認為以臣弒君是不義的，於是同隱於首陽山，不食周粟而餓死。⑭殆　危險；糟糕。⑮吾長見笑於大方之長　我將永遠受到那些學識極高的人的恥笑。見笑，被恥笑。大方之家，領悟大道、學識極高的人。方，道。⑯拘於墟　受到生活環境的局限。拘，約束；局限。墟，地方；住所。⑰篤　固。引申為局限。⑱曲士　見識淺薄的人。⑲束於教　受到教育內容的局限。⑳醜　鄙陋；低劣。㉑尾閭　傳說中海底泄漏海水的地方。㉒不知　沒有知覺。指不受影響。㉓為量數　用一般數字來計量。㉔自多　自以為多；自滿。㉕比形　寄託自己的形體。比，同「庇」。寄託。㉖受氣於陰陽　稟受陰陽二氣。㉗方存乎見少　心裡一直存有被人小看的想法。方，正；一直。見少，被認為少；被小看。㉘礨空　螞蟻洞。礨，同「壘」。土塊。這裡指蟻穴周圍的土。空，孔。㉙中國　主要指中原一帶。㉚稊　細小的米粒。㉛太倉　大糧倉。㉜卒　盡；全部。指人住滿了九州。㉝人　指個人。㉞豪末　即毫末。豪，同「毫」。動物身上的毫毛。末，末端。㉟連　連續。指相互禪讓之事。㊱任士之所勞　賢人所操勞的。任士，以治天下為己任的人。㊲盡此　全部是這個天下。此，指天下。㊳之　指天下。實際上伯夷辭去的只是一個諸侯國，而不是整個天下。㊴向　剛才。㊵量無窮　物體的大小是無窮無盡的。量，指體積大小。本句意思是說，有更大、甚至無窮大的物體存在，所以不能認為天地就是大的；有更小、甚至無窮小的物體存在，所以不能認為毫末就是小的。㊶時無止　時間的推移沒有窮盡。㊷分無常　得失之分不會固定不變。分，指人事的得失。常，常態；固定不變。㊸終始無故　事物結束時與開始時不一樣。故，原有的模樣。㊹觀於遠近　看到遠近大小各種事物。㊺小而不寡　看到小事物並不認為它就小。寡，少。引申為小。㊻證曏今故　明白古今時間推移的情況。證曏，證明；明白。曏，明。故，古。㊼遙而不悶　長壽而不感厭倦。遙，長遠。指長壽。悶，厭倦。㊽掇而不跂　不因短命而企求長壽。掇，拾取。指近前。引申為短命。跂，通「企」。企求。㊾盈虛　盛衰。㊿坦塗　平坦的道路。比喻從生到死沒有阻隔的人生。塗，同「途」。(51)至小　最渺小的。指人的智慧。(52)倪　界線；限度。(53)至精　最細小的東西。(54)不可圍　無法限定它的外圍。(55)信情　實情。(56)不盡　看不到全貌。盡，全部。(57)垺　巨大。(58)殷　盛；大。(59)異便　不同的合宜之處。便，合宜。(60)勢之有　固有的情況。勢，情況。(61)期　限於。(62)數之所不能分也　不能用數字來進行計量剖析。分，剖析；計量。(63)物之粗　事物中的粗淺部分。(64)意致　用心去體會；意會。(65)不期精粗焉　不是「精」或「粗」這些概念所能概括的。期，限制；概括。(66)大人　有道之人。(67)不多仁恩　不讚揚行仁施恩之事。多，讚美。(68)不賤門隸　不輕視守門的僕隸。門隸，看門的奴隸。這裡泛指社會地位低賤的人。(69)不借人　不求助於人。(70)不多食乎力　不提倡自食其力。(71)貪汙　貪婪汙穢。(72)辟異　標奇立異。(73)為在從眾　行為隨俗。(74)佞諂　巧言獻媚。(75)勸　鼓勵；勸勉。(76)道人不聞　有道之人不求聞名於世。(77)不得　不計較得失。(78)約分　自我收斂而又恰如其分。約，約束；收斂。(79)惡至而倪貴賤　如何才能斷定事物的貴賤。惡至，到哪裡。引申為如何。倪，區分。(80)貴賤不在己　貴賤不能由自己決定。(81)因其所大而大之　就其大的一面去觀察就會認為它大。如稊米雖小，但與更小的事物相比，稊米就是大的。(82)則差數覩矣　那麼就明白了萬物之間相對差別的道理。覩，看清；明白。(83)因其有而有之　就事物有用的一面去觀察就會認為它有用。(84)東西　東方和西方。東與西是相反，但又是相互依存的，無東即無西，無西即無東，缺一不可，故本句說「不可以相無」。(85)則功分定矣　那麼就明確了事物的功用。功分，功用。定，確定；明確。(86)趣　同「趨」。指價值趨向；價值觀。(87)然　正確。(88)自然　自以為正確。(89)趣操　價值趨向和操守。(90)讓而帝　禪讓而稱帝。(91)之噲讓而絕　燕王噲把王位禪讓給子之，結果國家差點滅亡。之，人名。指燕國宰相子之。噲，人名。指燕王噲。燕王噲仿傚古人，把王位禪讓給子之，因燕人不服而引起內亂，齊國乘機出兵攻燕，殺死子之和燕王噲，燕國幾乎滅亡。(92)白公爭而滅　白公爭奪王位卻遭殺身之禍。白公，人名。名勝。楚平王之孫，太子建之子。因封於白邑，故號「白公」。後因起兵爭奪王位被殺。(93)未可以為常也　不可以一成不變。常，不變的常規。(94)梁麗可以衝城　大木梁可以用來衝擊敵人的城門。麗，同「欐」。屋棟。(95)窒穴　堵塞洞穴。窒，堵塞。(96)殊器　器用不同。(97)騏驥驊騮　兩種駿馬名。(98)狸狌　兩種動物名。即野貓和黃鼠狼。(99)鴟鵂夜撮蚤　貓頭鷹夜裡能捕捉小小的跳蚤。鴟鵂，鳥名。即貓頭鷹。撮，捕捉。(100)瞋目　睜大眼睛。(101)殊性　生性不同。(102)蓋師是而無非師治而無亂乎　為什麼只傚法正確的一面而忽略錯誤的一面、只傚法安定的局面而忽略混亂的局面呢。蓋，同「盍」。為何。師，傚法。是，正確。無，沒有。引申為忽略。(103)誣　欺騙。(104)差　差錯；不符合。(105)篡夫　篡逆之徒。(106)汝惡知貴賤之門小大之家　你哪裡知道貴賤的區分、大小的差別呢。門、家，指不同的門庭和派別。(107)趣舍　進取和捨棄。趣，同「趨」。進取。(108)反衍　反覆變化。(109)蹇　妨礙；不合。(110)謝施　相互交替發展。謝，代謝。施，發展。(111)無一而行　不要讓你的行為一成不變。一，固守一端而不變。而，你。(112)參差　不相吻合。(113)私德　偏私。(114)繇繇乎若祭之有社　悠然自得就好像受人祭祀的土神。繇繇乎，即「悠悠乎」。自得的樣子。(115)汎汎乎　心胸寬廣的樣子。(116)畛域　界限。(117)承翼　接受庇護。承，承接；接受。翼，庇護。(118)無方　不偏袒某一方面。(119)不位乎其形　不固執於某一種形體。位，定位於；固執於。(120)年不可舉　歲月不可挽留。舉，握在手中不讓它流失。(121)消息盈虛　生滅盛衰。消，滅。息，生。(122)大義之方　大道的原則。(123)無動而不變　沒有任何舉動不是在變化著。(124)夫固將自化　本來就會自然地變化。(125)知道　懂得大道。(126)權權變；隨機應變。[127]賊　傷害。[128]薄之　觸犯它們。薄，迫近；觸犯。之，代指水火、寒暑、禽獸。[129]寧於禍福　無論是困難處境還是順利之時，他們都能安全度過。寧，安寧。[130]謹於去就　謹慎地決定取捨。去，離開；捨棄。就，接近。[131]天在內　天然的本性蘊含在內心。[132]人在外　人為的東西體現在外表。[133]德在乎天　美德在於順應天性。[134]知天人之行　明白自然的運行規律和人們的行事原則。[135]位乎得　安守自己已有的一切。位，安居；安守。[136]蹢躅而屈伸　（根據情況）或進或退，或屈或伸。蹢躅，進退徘徊。[137]反要而語極　返歸大道而談論至理。反，同「返」。要，重要的。指大道。極，極至。指最高的道理。[138]落馬首　用馬籠頭套住馬頭。落，同「絡」。套住。[139]以故滅命　用有意的人為去毀滅自然的稟賦。故，故意；有意而為。命，自然稟賦。[140]以得殉名　為了追求虛名而犧牲自己的本性。得，得於自然的本性。[141]守　指守護自己的天性。

【語　譯】秋天的大水按照時令洶湧而至，眾多的河流一同匯入黃河，河面寬闊波濤洶湧，兩岸之間和小島之間連牛馬都無法分辨。於是河伯欣然自喜，認為天下所有美好的東西都聚集在自己這裡。他順著河水向東巡行，一直來到北海岸邊，向東遙望，竟然看不到大海的盡頭。於是河伯掉轉頭來，仰望著若感歎道：「俗語說：『聽到上百條道理，便以為再也沒有人能夠比上自己。』這話說的就是像我這樣的人啊！而且我還曾聽說有人小看孔子的學問而輕視伯夷的道義，開始我還不太相信。如今我看到您的大海是如此浩淼闊大、無邊無際，我要不是來到您的門前，那就太糟糕了，我將永遠受到學識修養極高的人的恥笑。」

北海若說：「水井裡的青蛙，不可以和牠們談論大海，因為牠們受到居住空間的限制；夏天裡的蟲子，不可以和牠們談論冰雪，因為牠們受到生存時間的限制；知識淺薄的書生，不可以和他們談論大道，因為他們受到教育內容的限制。如今你走出了黃河兩岸，看到了大海，總算認識到你的見識淺薄，可以和你談論一下大道了。天下的水，沒有比大海更大的，千萬條河水流入大海，不知道什麼時候才會停止而大海卻從不會盈滿；海底的尾閭泄漏海水，不知道什麼時候才會停止而大海卻從不會枯竭；無論是春天還是秋天，海水都毫無變化；無論是水澇還是乾旱，海水都從不受影響。大海多於江河的水量，簡直無法用一般的數字來計算。然而我從不曾因此而自滿，因為我身處天地之間，稟受陰陽二氣，我存在於天地之間，就好像一塊小石頭、一棵小樹苗存在於大山上一樣。我心中一直認為自己被人小看，又如何會自滿呢！想一想，四海存在於天地之間，不就像一個小小的螞蟻洞存在於大澤之中嗎？再想一想，中原大地存在於四海之內，不就像一粒米存在於大糧倉裡嗎？人們用『萬』來形容事物種類的眾多，而人類只是萬物中的一種；人類住滿了九州，住滿了所有可以生長糧食的地方，住滿了所有舟車可以到達的地方，而每個人只是這眾多人群中的一員，把這個人與萬物相比，不就像一根毫毛之末存在於馬體嗎？五帝所禪讓的，夏、商、周三朝帝王所爭奪的，仁人所擔憂的，賢人所操勞的，全都是這個小小的天下啊！伯夷因為辭讓天下而名留後世，孔子因為談論天下之事而被認為是學識淵博，他們這些人為此而自滿，不就像你剛才為黃河之水而自滿嗎！」

河伯說：「那麼我以天地為大、以毫毛之末為小，可以嗎？」北海若說：「不可以。事物，在體積的大小方面是不可窮盡的，在存在的時間方面是沒有止境的，在得失方面不是固定不變的，其結束時的狀態與開始時的狀態也是不一樣的。所以那些具有大智慧的人能夠看到遠近大小各種事物，因此他看到小事物並不認為它就小，看到大事物並不認為它就大，因為他明白物體的大小是不可窮盡的；大智之人明白古今時間推移的道理，所以當他長壽時不會感到厭倦，短命時也不會企求長壽，因為他知道時間的推移是沒有止境的；大智之人明白事物的發展都是有盛有衰的，所以有所得時而不感到高興，有所失時也不感到憂愁，因為他知道得失是不會固定不變的；大智之人明白人生就好像一條生死之間沒有阻隔的平坦大道，所以他活在世上時不會為此而喜悅，死亡時也不會覺得這是場災禍，因為他知道結束時的狀態與開始時的狀態是不一樣的。算一算人所懂得的東西，遠遠沒有他們所不懂得的東西多；人生存的時間，遠遠沒有他們未生存的時間多；以極為有限的人生智慧去探索無窮的知識領域，因此他們會深感迷茫而無所收穫。由此看來，又怎麼知道毫毛之末就可以確定是最小的限度呢？又怎麼知道天地就可以看作是最大的領域呢？」

河伯說：「世間愛議論的人們都說：『最細小的東西沒有形體，最巨大的東西無法限定它的外圍。』這些話是真實可信的嗎？」北海若說：「從細小事物的角度去看巨大的事物，就看不到整體；從巨大事物的角度去看細小的事物，就看不清楚。所謂細小，是指小中之小；所謂巨大，是指大中之大。它們各有自己的合宜之處，這是萬物固有的情況。精細和粗大這些概念，是僅限於有形的物體而言；至於無形的東西，是不能用數字來進行計量剖析的；不可限定外圍的東西，也是不能用數字去計算的。可以用語言描述的，是事物的粗淺部分；可以用思維意會的，是事物的精細部分。語言所不能描述的，思維所不能意會的，就是一些用『精細』、『粗淺』這些概念無法概括的事物。所以有道之人在為人處世方面，既不去傷害別人，也不去讚揚行仁施恩的行為；做事從不追求私利，也不看輕守門僕役之類的人；他們從不爭奪財物，也不推重辭讓謙和；他們做事從不求助於人，但也不提倡自食其力，不鄙視貪婪汙穢的行為；他們的言行不同於世俗，但也不主張標新立異；他們的行為隨順大眾，也不鄙夷巧言獻媚之人；社會上的高官厚祿無法使他們動心，他們也不認為刑戮和侮辱就是一種羞恥；他們知道是與非的界線無法劃分清楚，大與小的標準也難以界定。我聽人說：『有道之人不求聞名於世，德高之人不去計較得失，偉大之人能夠忘卻自我。』這是自我收斂而又恰如其分的最高境界。」

河伯說：「無論是對於事物的表面現象，還是對於事物的內在本質，我如何才能判定它們的貴賤？又如何才能區別它們的大小呢？」北海若說：「從大道的角度來看，萬物沒有貴賤之分；從萬物的角度來看，萬物都是自以為貴而以他物為賤；從世俗的角度來看，貴賤不能由自己決定。從事物之間的差別這一角度來看，就某種事物大的一面去觀察就會認為它大，而且萬物也沒有什麼不是大的；就某種事物小的一面去觀察就會認為它小，而且萬物也沒有什麼不是小的。如果懂得天地雖大但在更大的事物面前也小如米粒，毫末雖小但在更小的事物面前也大如山丘，那麼就明白了事物之間相對差別的道理。從事物功用的角度來看，就某種事物有用的一面去觀察就會認為它有用，而且萬物沒有什麼是無用的；就某種事物無用的一面去觀察就會認為它無用，而且萬物沒有什麼是有用的；懂得了東邊和西邊方向相反但又缺一不可，那麼就明白了事物各有功用的道理。從人們的價值取向來看，就某種事物正確的一面去觀察就會認為它正確，而且萬物沒有什麼不是正確的；就某種事物錯誤的一面去觀察就會認為它錯誤，而且萬物沒有什麼不是錯誤的；知道唐堯和夏桀都自以為正確而相互否定對方，那麼就明白了價值取向各不相同的道理。從前唐堯、虞舜因禪讓而稱帝天下，子之、燕王噲因禪讓而幾乎亡國；商湯王、周武王通過武力爭奪而登上王位，白公勝卻因為武力爭奪而遭殺身之禍。由此看來，爭奪與禪讓的禮制，唐堯和夏桀的行為，是受到尊重還是受到鄙夷都會因時而異，不可以視為定規而一成不變。大木梁可以用來衝擊敵人的城門，但不可以用來堵塞洞穴，這是因為器物的作用不同。騏驥、驊騮一日能行千里，但捕捉老鼠卻不如野貓和黃鼠狼，這是因為牠們的技能不同。貓頭鷹晚上可以捕捉跳蚤，可以看清毫毛的末端，然而大白天睜大了雙眼卻還看不見山丘，這是因為牠的稟性不同。所以說：我們為什麼只效法正確的一面而忽略錯誤的一面、只效法安定的局面而忽略混亂的局面呢？這樣做是因為不明白自然的規律和萬物的實情，這樣做就如同效法上天而忽略大地、效法陰氣而忽略陽氣一樣，這種做法不可行是非常清楚的。然而人們卻還在談論這種做法而捨不得放棄，如果不是因為他們愚蠢就一定是在有意欺騙！遠古帝王的禪讓方式各不相同，夏、商、周三代繼承王位的方法也各不一樣。不符合時代要求，背逆了當時的風俗習慣，人們就稱之為篡逆之徒；符合了時代要求，順應了當時的風俗習慣，人們就稱之為高義之士。你不用再說了，河伯！你哪裡懂得萬物之間貴賤的區分、大小的差別呢！」

河伯說：「那麼我該幹些什麼？又不該幹些什麼呢？在對事物進行拒絕、接受、進取和放棄方面，我究竟該怎麼辦？」北海若說：「從大道的角度來看，什麼是貴什麼是賤，這可以說是反覆變化的，你不要約束自己的思想，不要違背了大道。什麼是少什麼是多，這可以說是相互交替的，你不要讓自己的行為一成不變，不要背逆了大道。你端莊嚴肅得就像是一國之君，不給任何人以私恩；你悠然自得就像是受人祭祀的土神，不給任何人以私福；你心胸寬廣得就像沒有邊際的大地，對事物不作任何分別，包容萬物，怎麼會只庇護、幫助某一種事物呢？這可以說是不偏袒某一方面。萬物是一樣的，誰優誰劣呢？大道沒有終結和起始，而萬物卻有生有死，因而你不可依仗一時的成功；萬物的發展都是有盛有衰，因而你不要固執於某一種形態。歲月不可挽留，時光不會停止；萬物生滅盛衰不斷發展，終結後便又重新開始。這就是我要告訴你的大道原則，是我要講給你聽的萬物之理。萬物一旦出生，就像駿馬飛奔一樣，沒有哪一個舉動不在變化，沒有哪一個時刻不在變動。你應該幹些什麼呢？不應該幹些什麼呢？萬物本來就會自然地變化。」

河伯說：「既然如此，那麼為什麼還要看重大道呢？」北海若說：「懂得大道的人必定通達事理，通達事理的人必定知道權變，知道權變的人就不會讓外物傷害自己。那些思想修養最高的人，烈火不能燒灼他們，大水不能溺斃他們，嚴寒酷暑不能損害他們，飛禽走獸不能傷害他們。這並不是說他們有意去觸犯水火、寒暑和禽獸而不會受到侵害，而是說他們明白安全和危險的所在，能夠安全地度過困窘時期或順利時期，能夠謹慎地選擇取捨，因此沒有什麼東西能夠傷害他們。所以說：天然的本性蘊含在內心，人為的東西體現在外表，美德在於順應天性。明白了自然的運行規律和人們的行事原則，就要立足於自然的規律，安守自己已有的一切，根據不同情況或進或退，或屈或伸，返歸大道而研究至理。」河伯說：「什麼是天然？什麼是人為？」北海若說：「牛馬生來就有四隻腳，這就叫天然；用籠頭套住馬頭，用繩索穿過牛鼻，這就叫人為。所以說：不要用人為的東西去毀滅天然的東西，不要用有意的作為去毀滅自然的稟賦，不要為了追求虛名而去毀滅自己的天性。小心地守護好自己的天性而不要喪失，這就叫做返本歸真。」

夔憐蚿❶，蚿憐蛇，蛇憐風，風憐目，目憐心。

夔謂蚿曰：「吾以一足趻踔❷而行，予無如❸矣！今子之使萬足，獨奈何？」

蚿曰：「不然。子不見夫唾者乎？噴則大者如珠，小者如霧，雜而下者不可勝數也。今予動吾天機❹，而不知其所以然。」

蚿謂蛇曰：「吾以眾足而行，而不及子之無足，何也？」蛇曰：「夫天機之所動，何可易❺邪？吾安用足哉！」

蛇謂風曰：「予動吾脊脅而行，則有似❻也。今子蓬蓬然❼起於北海，蓬蓬然入於南海，而似無有❽，何也？」風曰：「然。予蓬蓬然起於北海而入於南海也，然而指我❾則勝我，蹈❿我亦勝我。雖然，夫折大木、蜚⓫大屋者，唯我能也。故以眾小不勝為大勝也。為大勝者，唯聖人能之。」

【章旨】本章認為萬物對自己的一些本能（天機）都無法弄清，當然也不必弄清，只管按本能行事就行。

【注釋】❶夔憐蚿　獨腳的夔羨慕多腳的蚿。夔，傳說中的獸名。只有一隻腳。憐，憐愛；羨慕。蚿，蟲名。多足。❷趻踔　跳躍。❸予無如　即「無如予」。沒有誰比我的走法更簡單。一說「無如」即「無奈」。沒有辦法。❹天機　天生的機能；本能。❺易　改變。❻有似　即「似有」。就像有腳一樣。❼蓬蓬然　形容風聲。❽似無有　好像沒有腳。❾指我　用手指阻攔我。❿蹈　用腳踢。⓫蜚　通「飛」。掀翻；吹走。

【語譯】獨腳的夔羨慕多腳的蚿，多腳的蚿羨慕無腳的蛇，無腳的蛇羨慕無形的風，無形的風羨慕不用行動就能看得很遠的眼睛，眼睛羨慕瞬間可赴萬里的心靈。

夔對蚿說：「我用一隻腳跳著走，誰都不像我這麼簡單！如今您使用上萬隻腳走路，究竟是如何做到的呢？」蚿說：「您說的不對。您沒有看見過吐唾沫的情形嗎？噴出的唾沫大的像珠子，小的像霧水，它們混雜而下不可以數計。如今我依賴本能而行走，然而我自己也不知道為什麼能夠這樣。」

蚿對蛇說：「我用那麼多的腳走路，可是還不如您沒有腳走得快，這是為什麼呢？」蛇說：「我是依靠本能而行動，本能這東西怎能改變呢？我哪裡用得上腳呢！」

蛇對風說：「我是依靠運動脊背和腰部而行走的，那麼這與有腳就很相似了。如今您呼呼地從北海起身，又呼呼地來到南海，而您似乎沒有長腳啊，您是如何做到這一點的？」風說：「是這樣。我呼呼地從北海起身，又呼呼地來到南海，然而人們用手指阻擋我就能勝過我，用腳踢我也能勝過我。雖然如此，折斷粗大的樹木，掀翻高大的房屋，就只有我才能做到，這就是放棄眾多的小勝利而去獲取大勝利。獲取大的勝利，只有聖人才能做到。」

孔子遊於匡❶，宋人圍之數匝❷，而弦歌不輟❸。子路❹入見曰：「何夫子之娛也？」孔子曰：「來，吾語汝。我諱窮❺久矣，而不免，命也；求通❻久矣，而不得，時也。當堯、舜而天下無窮人❼，非知得❽也；當桀、紂而天下無通人❾，非知失也，時勢適然❿。夫水行不避蛟龍者，漁父之勇也；陸行不避兕⓫虎者，獵夫之勇也；白刃交於前，視死若生者，烈士⓬之勇也；知窮之有命，知通之有時，臨大難而不懼者，聖人之勇也。由，處矣⓭！吾命有所制⓮矣！」無幾何⓯，將甲者⓰進，辭⓱曰：「以為陽虎⓲也，故圍之。今非也，請辭而退。」

【章旨】本章用孔子被圍困這一故事，讚揚了知命不憂、臨大難不懼的聖人之勇。

【注釋】❶匡　地名。衛國的城邑。❷宋人圍之數匝　宋國人把他重重圍住。宋，宋國。據史書記載，圍困孔子的是衛國人，而不是宋國人。匝，周；層。❸而弦歌不輟　而孔子依然不停地彈琴唱歌。弦，彈琴。輟，停止。❹子路　人名。孔子的弟子。姓仲名由，字子路。❺諱窮　討厭困窘的處境。諱，憎惡；討厭。窮，困窘。❻通　順利的處境。❼窮人　處境困窘的人。❽非知得　不是因為他們都智慧高超。知，同「智」。得，恰當；高明。❾通人　生活順利的人。❿時勢適然　時運使他們如此。適，到。引申為造成。然，這樣。⓫兕 猛獸名。犀牛一類的野獸。⓬烈士 壯士。⓭處矣 安息；安心。⓮命有所制 命運是注定的。制，制定；注定。⓯無幾何 沒過多久。⓰將甲者 統領士卒的將官。將，率領。甲者，穿甲衣的士卒。⓱辭 謝罪；道歉。⓲陽虎 人名。陽虎曾經對匡人施過暴行，孔子長得與陽虎相似，匡人誤以為孔子是陽虎，故出兵圍之。

【語譯】 孔子周遊到了匡地，宋國人把他重重圍住，而孔子依然不停地彈琴唱歌。子路走進來見孔子說：「先生為什麼還如此快樂呢？」孔子說：「過來，我告訴你。我討厭困窘的處境已經很久很久了，然而卻始終擺脫不了這種處境，這是命中注定的啊；我尋求順利的處境也很久很久了，然而始終都沒得到，這是時運造成的啊。在堯、舜的時代，天下沒有一個處境困窘的人，這不是因為他們的才智都高超；在桀、紂的時代，天下沒有一個處境順利的人，這不是因為他們的才智都低下，這都是時運造成的。在水裡活動而不躲避蛟龍，這是漁夫的勇敢；在陸地活動而不躲避兕虎，這是獵人的勇敢；刀劍交錯著橫於面前，視死亡如生存的，這是壯士的勇敢；知道處境困窘是命中注定，知道處境順利是時運造成，面對著巨大災難而毫不畏懼，這是聖人的勇敢。子路啊，你安心休息吧！我的命運是上天注定的！」

沒有過多久，統領士卒的宋國將官走了進來，向孔子道歉說：「我們以為您是陽虎，所以包圍了您。現在知道您不是陽虎，請讓我向您表示歉意並撤走部隊。」

公孫龍❶問於魏牟❷曰：「龍少學先王之道，長而明仁義之行；合同異❸，離堅白❹；然不然❺，可不可；困百家之知❻，窮眾口之辯；吾自以為至達❼已。今吾聞莊子之言，汒焉❽異之。不知論之不及與？知之弗若與？今吾無所開吾喙❾，敢問其方❿。」

公子牟隱机大息⑪，仰天而笑，曰：「子獨不聞夫埳井⑫之蛙乎？謂東海之鼈曰：『吾樂與！吾跳梁⑬乎井幹⑭之上，入休乎缺甃之崖⑮；赴水則接腋持頤⑯，蹶泥則沒足滅跗⑰，還虷、蟹與科斗⑱，莫吾能若⑲也！且夫擅⑳一壑之水，而跨跱㉑埳井之樂，此亦至矣。夫子奚不時來入觀乎？』東海之鼈左足未入，而右膝已縶㉒矣，於是逡巡而卻㉓。告之海曰：『夫千里之遠，不足以舉㉔其大；千仞之高㉕，不足以極㉖其深。禹之時十年九潦㉗，而水弗為加益；湯之時八年七旱，而崖㉘不為加損。夫不為頃久㉙推移，不以多少進退㉚者，此亦東海之大樂也。』於是埳井之蛙聞之，適適然㉛驚，規規然㉜自失也。且夫知㉝不知是非之境，而猶欲觀於莊子之言，是猶使蚉負山，商蚷馳河㉞也，必不勝任矣！且夫知不知論極妙之言，而自適一時之利者㉟，是非埳井之蛙與？且彼方跐黃泉而登大皇㊱，無南無北，奭然四解㊲，淪於不測㊳；無東無西，始於玄冥㊴，反於大通㊵。子乃規規然㊶而求之以察，索之以辯，是直用管闚天，用錐指㊷地也，不亦小乎！子往矣！且子獨不聞夫壽陵餘子之學行於邯鄲與㊸？未得國能㊹，又失其故行㊺矣，直㊻匍匐而歸耳。今子不去，將忘子之故㊼，失子之業㊽。」

公孫龍口呿㊾而不合，舌舉而不下，乃逸而走㊿。

【章旨】本章說明，由於一些人受所學內容的局限，根本無法領悟大道。

【注釋】❶公孫龍　人名。趙國人。戰國名家學派的代表。❷魏牟　人名。魏國的公子。故下文稱他為「公子牟」。❸合同異　無論事物是同是異，都把它們合而為一。即視萬物為齊一。❹離堅白　認為同一個事物（如白石頭）的堅硬質地和白顏色是相互分離的。❺然不然　把不正確的說成是正確的。然，正確。❻困百家之知　能難倒聰明的各派學者。困，使受困；難倒。知，同「智」。❼至達　最通達；無所不知。❽汒焉　即「茫然」。❾喙　嘴巴。❿方　道；道理。引申為原因。⓫隱机大息　靠著几案長長歎息。隱，倚靠。机，同「几」。几案。大息，即「太息」。歎息。⓬埳井　淺井。⓭跳梁　跳躍。⓮井幹　井口周圍的欄杆。⓯缺甃之崖　井中的破磚壁邊。甃，井中磚壁。崖，邊。⓰接腋持頤　井水架著我的腋窩，托著我的下巴。腋，腋下。持，托著。頤，面頰；下巴。⓱蹶泥則沒足滅跗　跳入泥中，泥水埋住我的腳掌，漫過我的腳背。蹶，跳躍。滅，遮蓋。跗，腳背。⓲還虷蟹與科斗　回頭再看看那些小蟲子、小螃蟹和小蝌蚪。還，回頭。虷，赤色小蟲。科斗，即蝌蚪。⓳莫吾能若　即「莫能若吾」。沒有哪一個比得上我的快樂。⓴擅　獨佔。㉑跨跱　佔據。㉒縶　絆住；卡住。㉓逡巡而卻　退了出來。逡巡，後退的樣子。卻，退卻；退出。㉔舉　稱舉；形容。㉕千仞之高　八千尺的高度。仞，古代長度單位。七尺或八尺為一仞。㉖極　完全描述；形容。㉗潦　水澇；水災。㉘崖　海邊。指海邊的水位。㉙頃久　時間的長短。頃，時間短。㉚進退　增減。㉛適適然　驚恐的樣子。㉜規規然　悵然若失的樣子。㉝知　同「智」。智慧。㉞商蚷馳河　讓商蚷蟲在黃河裡奔馳。商蚷，小蟲名。即馬蚿蟲。河，黃河。㉟而自適一時之利者　卻為一時佔據有利的地位而沾沾自喜。適，舒適；得意。㊱且彼方跐黃泉而登大皇　況且莊子的思想下至地底上登雲天。彼，指莊子。跐，踏；踩。黃泉，地下。大皇，上天。本句形容莊子想像力極為豐富，思想無所不至。㊲奭然四解　四通八達。奭然，四散的樣子。㊳淪於不測　達到了深不可測的境地。淪，入；達到。㊴始於玄冥　起始於幽深玄妙之境。玄冥，玄妙幽深。㊵反於大通　返歸無所不通的大道。反，同「返」。大通，無所不通的大道境界。㊶規規然　瑣碎拘泥的樣子。㊷指　插入。引申為測量。㊸且子獨不聞夫壽陵餘子之學行於邯鄲與　再說你難道沒有聽說過一位壽陵小子到趙國邯鄲去學習走路姿態的事嗎。壽陵，地名。燕國的城邑。餘子，少年人。邯鄲，地名。趙國的都城。㊹國能　趙國人的本領。指趙國人的走路方式。㊺故行　原來的走路本領。㊻直　只；只好。㊼故　原有的知識。㊽業　學業；學問。㊾呿　張開。㊿逸而走　逃跑了。逸，奔。走，跑。

【語譯】公孫龍問魏牟說：「我公孫龍年少時學習古代聖王的學說，長大後明白了仁義的道理；提出『合同異』的主張，研究『離堅白』的命題；我能夠把不正確的說成正確，把不可以的說成可以；我能夠難倒聰明的各派學者，能夠在辯論中把眾多的辯論家說得啞口無言，我自以為是最有知識、無所不通的人。如今我聽到莊子的言論，感到十分茫然和驚異。不知道是因為我的論辯比不上他呢？還是因為我的知識不如他呢？如今我已經沒辦法開口講話了，請問這是為什麼。」

魏牟靠著几案長長地歎了口氣，然後又仰頭朝天笑著說：「您難道沒有聽說過淺井裡的青蛙嗎？牠曾對東海裡的鱉說：『我真是快樂呀！我時而在外邊的井欄上跳來跳去，時而在井內的破磚壁旁休息休息；游泳時，井水架著我的腋窩，托著我的下巴；跳入泥中，泥水埋住我的腳掌，漫過我的腳背。回頭看看那些小蟲子、小螃蟹和小蝌蚪，沒有一個能夠比得上我！再說我把持住整個井水，獨佔了井水生活的所有快樂，這也是生活中的最高境界了。先生您何不時常來參觀參觀、長長見識呢？』接受邀請的海鱉的左腳還沒有伸進去，而右膝已經被井口卡住了，於是東海之鱉只好退了出來。接著東海之鱉就把大海的情況告訴了井蛙：『用一千里那麼遠，也無法形容大海的遼闊；用八千尺那麼高，也無法形容大海的深邃。大禹的時候，十年之中有九年發生水災，而海水卻沒有因此而上漲；商湯王的時候，八年之中有七年發生旱災，而海水也沒有因此而下落。大海不會因為時間的長短而發生變化，也不會因為旱澇而有所漲落。這大概算是生活在大海中的快樂吧！』淺井之蛙聽了這番話之後，大吃一驚，茫茫然若有所失。再說你公孫龍的才智不足以明白是與非的界線，卻還想去了解莊子的言論，這就好像要讓蚊子背起大山、讓商蚷蟲到黃河裡奔馳一樣，肯定是無法勝任的！再說你公孫龍的才智還無法明白和參與討論最玄妙的道理，卻為一時佔據上風而沾沾自喜，這不就像那隻淺井之蛙一樣嗎？況且莊子的思想理論下至地底而上登雲天，不論南北，四通八達，達到了深不可測的程度；不論東西，起始於幽深玄妙之處，返歸於無所不通的大道境界。而你卻用瑣碎的觀察去尋求莊子思想的真諦，用詭辯的方式去探索莊子思想的奧妙，這簡直是用竹管去觀測蒼天，用錐子去測量大地，這不是也太渺小了嗎！你還是快點走開吧！你難道沒有聽說過一位壽陵小子到趙國的邯鄲學習走路姿勢的事情嗎？這小子不但沒有學會邯鄲人的走路方法，而且還忘掉了自己原有的走路本領，最後只好爬著回去了。現在你如果還不離開，將會忘掉你原有的知識，失去你原有的學問。」

公孫龍聽後吃驚得張大了嘴巴而無法合攏，舌頭高高翹起而不能放下，於是就趕快逃走了。

莊子釣於濮水❶，楚王使大夫二人往先❷焉，曰：「願以境內累矣❸。」莊子持竿不顧，曰：「吾聞楚有神龜❹，死已三千歲矣，王巾笥而藏之廟堂之上❺。此龜者，寧其死為留骨而貴乎？寧其生而曳尾❻於塗中乎？」二大夫曰：「寧生而曳尾於塗中。」莊子曰：「往矣，吾將曳尾於塗中。」

【章旨】本章清楚地說明，莊子拒絕出仕的主要原因，是擔心自己會在政治鬥爭中喪失自己的生命和自由。

【注釋】❶濮水　水名。在今河南省境內。❷往先　先去致意。意思是說，如果莊子有意出仕，楚王還將親自前來迎請。❸願以境內累矣　希望把楚國的政務託付給先生。願，希望。境內，指楚國國內的政務。累，受累；操勞。❹神龜　神靈的龜。古人用龜甲占卜，認為它可以預測吉凶，所以稱之為神龜。❺王巾笥而藏之廟堂之上　楚王把牠的甲骨用絲巾包好，放在箱子裡，然後珍藏在宗廟的大堂上。巾，用作動詞。用巾包好。笥，竹器；竹箱。用作動詞。放在竹箱裡。廟堂，宗廟大堂。國君祭祖和議事的地方。❻曳尾　拖著尾巴。

【語譯】莊子正在濮水河邊釣魚，楚王派遣兩位大臣先來拜訪莊子，說：「我們希望把楚國的政務託付給先生。」莊子手持釣竿頭也沒回，說：「我聽說楚國有一隻神龜，已經死了三千年了，楚王把牠的甲骨用絲巾包好，放在竹箱裡，然後珍藏在宗廟的大堂上。這隻神龜，是願意死去留下一把骨頭讓人尊崇呢？還是願意拖著尾巴生活在泥水之中呢？」兩位大臣說：「當然是願意拖著尾巴生活在泥水之中啦！」莊子說：「那麼你們就請回去吧，我也希望自己能拖著尾巴生活在泥水之中啊。」

惠子相梁❶，莊子往見之。或❷謂惠子曰：「莊子來，欲代子相。」於是惠子恐，搜於國❸中，三日三夜。

莊子往見之，曰：「南方有鳥，其名鵷鶵❹，子知之乎？夫鵷鶵，發於南海，而飛於北海，非梧桐不止，非練實❺不食，非醴泉❻不飲。於是❼鴟❽得腐鼠，鵷鶵過之，仰而視之曰：『嚇❾！』今子欲以子之梁國而嚇我邪？」

【章　旨】這個故事用對比手法諷刺了那些重名利、貪富貴的世俗官員，表現了莊子視祿位如腐鼠的高潔品質。

【注　釋】❶惠子相梁　惠子在梁國當宰相。惠子，人名。即惠施。相，官名。相當於後世的宰相。這裡用作動詞。當宰相。梁，國名。即魏國。魏國建都大梁，故又稱梁國。❷或　有人。❸國　都城。❹鵷鶵　傳說中的鳥名。與鳳凰相似。❺練實　竹子的果實。❻醴泉　甘甜的泉水。醴，甜酒。形容泉水甜如醴酒。❼於是　正在此時。❽鴟　鳥名。即貓頭鷹。❾嚇　怒斥之聲。貓頭鷹誤以為鵷鶵是來搶奪自己的爛老鼠吃，故以聲相斥。

【語　譯】惠子在梁國當宰相，莊子前去看望他。有人對惠子說：「莊子這次來，是想取代您當宰相的。」於是惠子恐慌起來，派人在都城裡搜尋莊子，整整搜尋了三天三夜。

莊子主動去見惠子，說：「南方有一種鳥，牠的名字叫鵷鶵，您知道這種鳥嗎？鵷鶵從南海出發，飛往北海，一路上除了梧桐樹就不落下來休息，除了竹子的果實就不進食，除了甘美的泉水就不飲用。這時候，有一隻貓頭鷹剛剛找到一隻腐爛發臭的死老鼠，卻看見鵷鶵正朝自己飛來，於是貓頭鷹抬頭盯住鵷鶵，怒吼道：『嚇！』如今您也想拿您的梁國來『嚇』我嗎？」

莊子與惠子遊於濠梁❶之上。莊子曰：「鯈魚❷出游從容，是魚樂也。」惠子曰：「子非魚，安知❸魚之樂？」莊子曰：「子非我，安知我不知魚之樂？」惠子曰：「我非子，固不知子矣；子固非魚也，子之不知魚之樂，全❹矣。」莊子曰：「請循其本❺。子曰『汝安知魚樂』云者，既已知吾知之而問我，我知之濠上也。」

【章　旨】本章體現了莊子的辯論技巧，同時也描繪出回歸自然後物我為一、人魚共樂的生活情趣。

【注　釋】❶濠梁　濠水上的橋。濠，水名。在今安徽省境內。梁，橋。❷鯈魚　魚名。一種銀白色的小魚。❸安知　如何知道。❹全　指自己的結論全面。❺循其本　回到你原來講的話上。

【語　譯】莊子和惠子在濠水的橋上遊玩。莊子說：「鯈魚在水中慢悠悠地游來游去，這大概就是魚的快樂吧！」惠子說：「您不是魚，怎麼知道魚的快樂？」莊子說：「您不是我，怎麼知道我不知道魚的快樂？」惠子說：「我不是您，確實不知道你；但您也不是魚，自然也不知道魚的快樂。這個結論該算是全面吧！」莊子說：「請回到您原來講的話上。您剛才問我『您是怎麼知道魚的快樂』這句話，說明您已經承認我知道魚的快樂然後才問我是怎麼知道的。(現在我告訴您)我是站在濠水橋上通過觀察知道的。」

【研　析】〈秋水〉是《莊子》的名篇，其重點是河伯與北海若的一大段談話。這段談話主要討論了以下幾個問題：

第一，提出事物大小多少的相對性。一般人總是以自身為標準去界定事物的大小多少，比如在人看來，天地是大的，而毫毛是小的。而莊子認為，在整個宇宙中，有無窮大的事物存在，也有無窮小的事物存在，既然如此，天地在比它更大的事物面前就小如毫毛，而毫毛在比它更小的事物面前又大如丘山。莊子的看法顯然是超出了以人為本位的局限性。

第二，提出事物的多變性，要求人不可固執一端。〈天運〉已經講過這一問題。不同的是，〈天運〉主要是就政治而言，而本篇是就整個自然現象和社會現象而言。他說：「物之生也，若驟若馳，無舉而不動，無時而不移。」萬物從出生的那一時刻起，它們就無時無刻不在進行著變化，這自然也包括人類在內。這一看法當然也是正確的。

第三，提出了時空的無限性。時空是否有限，歷史上多有爭論。莊子明確主張時空是無限的觀點，他說：「時無止。」時間是永遠不會停止的，也就是說，時間是無限的。在談到空間時，他說：「量無窮。」即物體的大小是無窮的，這也就意味著空間是無窮的，因為只有有了無窮大的空間，才有可能存放無窮大的物體。而實際上，在莊子看來，空間本身就是一種事物。特別是他認為有比天地更大的東西存在，在當時能夠提出這一大膽而又科學的「天外有天」的宇宙觀，實在是了不起的。

莊子論述這些帶有科學意味的理論，主要目的不是為了探索自然科學知識，相反他認為，既然宇宙是無窮大的，時間是無窮長的，而人生命是極其有限的，用有限的人生去探索無窮的知識，這不僅可怕，而且也是一種徒勞。莊子談論這些理論，目的還是為了個人的思想修養。比如，指出事物的相對性，就能夠使人，特別是有成就的人消除盲目的傲慢，因為「山外有山」，盲目自傲將長見笑於大方之家。提出事物的多變性，就是為了提醒人們，事物的發展既然都是一盛一衰，一生一死，變動不常，那麼人就不必為自己的一時得失和生死而去過多地勞神。提出時空的無限性，目的就是盡可能地使人們意識到自身的渺小，告誡他們唯一正確的生活方式就是順應自然。

關於本篇，還有兩點值得我們注意：

一是後面四個段落非常著名。公孫龍與魏牟的一段對話就為後人留下了「埳井之蛙」和「邯鄲學步」兩個著名的寓言故事；莊子拒絕出仕一事被收入《史記》(稍有改編)，成為研究莊子生平的重要資料；鵷鶵腐鼠的故事經常被後世文人所引用，以表達自己高潔的情操；濠上之遊這一故事也頗受文人青睞，常常用來表達自己對自然山林生活的嚮往。

二是本篇有很多成語，如望洋興歎、見笑大方、埳井之蛙、邯鄲學步等等，至今還活躍在人們的話語裡。至於經常被古人使用的詞彙就更多了，如聖人之勇、曳尾塗中、濠上之遊、鵷鶵、腐鼠等等。從這一點上也可窺見本篇對後世影響之大。

至樂第十八

【題解】至樂，最大的快樂。取篇首二字為篇名。本篇主要討論人生的最大快樂是什麼？人應該如何對待生死？作者認為，人生的最大快樂不是世人所追求的名利富貴和長壽，而是一種沒有快樂感的清靜無為的心理狀態。在生死問題上，作者揭示人活在世上時所遭受的種種苦難，還想像了死後的種種幸福，同時指出生死如晝夜交替，是自然規律，人們只能順應而不可更改。最後一段闡述了物種演變過程，雖有許多臆測成分，但也有一定的啟發意義。

天下有至樂無有哉？有可以活身者❶無有哉？今奚為奚據？奚避奚處❷？奚就奚去？奚樂奚惡？

夫天下之所尊者，富貴壽善❸也；所樂者，身安厚味美服好色音聲❹也；所下❺者，貧賤夭惡也；所苦者，身不得安逸，口不得厚味，形不得美服，目不得好色，耳不得音聲。若不得者，則大憂以懼。其為形❻也，亦愚哉！

夫富者，苦身疾❼作，多積財而不得盡用，其為形也亦外❽矣。夫貴者，夜以繼日，思慮善否，其為形也亦疏❾矣。人之生也，與憂俱生，壽者惛惛❿，久憂不死，何苦也！其為形也亦遠矣。烈士⓫為天下見善⓬矣，未足以活身。吾未知善之誠善邪？誠不善邪？若以為善矣，不足活身；以為不善矣，足以活人。故曰：「忠諫不聽，蹲循⑬弗爭。」故夫子胥⑭爭之以殘其形，不爭，名亦不成。誠有善無有哉？今俗之所為與其所樂，吾又未知樂之果樂邪？果不樂邪？吾觀夫俗之所樂，舉群趣者⑮，誙誙然如將不得已⑯。而皆曰樂者，吾未之樂⑰也，亦未之不樂也。果有樂無有哉？吾以無為誠樂矣，又俗之所大苦也。故曰：「至樂無樂，至譽無譽。」

天下是非果未可定也。雖然，無為可以定是非。至樂活身，唯無為幾存⑱。請嘗試言之，天無為以之⑲清，地無為以之寧，故兩無為相合，萬物皆化⑳。芒乎芴乎㉑，而無從出乎㉒；芴乎芒乎，而無有象㉓乎。萬物職職㉔，皆從無為殖㉕。故曰：天地無為也而無不為也。人也孰能得㉖無為哉！

【章旨】本章反對世俗人所追求的快樂，認為最大的快樂就是「無樂」，也即清靜無為；而只有無為，才能做到無不為。

【注釋】❶活身者　保護生命的辦法。❷處　安心於；接受。❸善　善行美名。❹音聲　音樂。❺下　認為低下；討厭。❻為形　保養形體。❼疾　辛苦。❽外　疏遠。指距離正確方法太遠。也即錯誤。❾疏　疏遠。與「外」同義。❿惛惛　糊糊塗塗的樣子。⓫烈士　壯士；有志之士。⓬見善　被讚揚。見，被。⓭蹲循　退卻。⓮子胥　人名。姓伍名員，字子胥。因進諫吳王夫差而被殺。⓯舉群趣者　成群結隊地去追逐。趣，同「趨」。追逐。⓰誙誙然如將不得已　那種拼命追逐的樣子好像是迫不得已。誙誙然，拼命追逐的樣子。⑰未之樂 即「未樂之」。不認為那是一種快樂。⑱幾存 基本可以存身。幾，接近；可能。⑲以之 因此。⑳化 化育；生長。㉑芒乎芴乎 恍惚而不可捉摸的樣子。㉒而無從出乎 而無法知道萬物是從哪裡產生出來。㉓象 跡象。㉔職職 繁多的樣子。㉕殖 生殖；產生。㉖得 能夠。

【語譯】天下有最大的快樂還是沒有呢？有可以保護生命的辦法還是沒有呢？如今應該做些什麼？依據什麼？應該回避什麼？接受什麼？應該爭取什麼？捨棄什麼？應該喜歡什麼？討厭什麼？

世上的人們所看重的，是富有、高貴、長壽和美名；所喜歡的，是身體的安適、豐盛的美味、華麗的衣服、絢麗的色彩和動聽的音樂；所討厭的，是貧窮、低賤、短命和惡名；所苦惱的，是身體得不到安逸，嘴巴吃不上美味，身上沒有華美的衣服，眼睛看不到絢麗的色彩，耳朵聽不到優美的音樂。如果得不到這些東西，就會非常地憂愁和恐慌。他們這樣保養身體，也真是太愚蠢了！

那些有錢的人，辛辛苦苦地勞作，積累了大量的財富卻又不能全部享用，他們用來保養身體的方法不也是大錯特錯了嗎！那些地位高貴的人，不分晝夜地在考慮怎樣做才對怎樣做是錯，他們用來保養身體的方法不也是太不正確了嗎！人從出生的那一天起，便與憂愁長伴，那些長壽的人整天糊糊塗塗，長期處於憂愁之中而不死去，這是何等的痛苦啊！他們用來保養身體的方法不也是太荒謬了嗎！壯士們受到整個天下人的讚頌，但這並不能保全他們的生命。我不知道美好的名聲真的是一件好事呢？還是實在算不上一件好事？如果說是一件好事，卻不能保全自己的生命；如果說不是一件好事，卻又能使別人存活下來。所以說：「如果忠誠的進諫不被接納，就應退居一旁不再諫諍。」伍子胥因為進諫君主招致殺身之禍，可是如果不去諫諍，也就無法成就他的美名。那麼這真的是一件好事還是一件壞事呢？如今世俗人所追求的和所感到快樂的事，我又不知道他們所謂的快樂真的是快樂呢？還是算不上真的快樂呢？我觀察世俗人對於那些能使他們快樂的東西，大家都成群結隊地前去追逐，那種拼命爭奪的模樣好像迫不得已似的。然而對於人人都認為是快樂的事，我並不感到那就是快樂，當然也不感到那就是不快樂。那麼世上是真有快樂還是沒有呢？我認為清靜無為是一種真正的快樂，然而這又是世俗人所深感痛苦的事。所以說：「最大的快樂就是沒有快樂，最大的榮譽就是沒有榮譽。」

人世間的是是非非確實很難界定。雖說如此，清靜無為可以用來作為界定是非的標準。最大的快樂是保全生命，而只有清靜無為才最有可能保全生命。請讓我試著談談這一道理，上天做到了清靜無為因而能夠保持清虛，大地做到了清靜無為因而能夠保持安寧，這兩種清靜無為相互結合，從而化育出萬物。恍恍惚惚的，也不知道萬物是從哪裡產生出來的；恍恍惚惚的，化育萬物竟沒留下一點痕跡。萬物繁多，都是由於清靜無為才得以產生。所以說：天地無心去做什麼然而無論什麼都做成功了。可在人們中間又有誰能夠做到清靜無為呢！

莊子妻死，惠子弔之，莊子則方箕踞鼓盆而歌❶。惠子曰：「與人居❷，長子❸老身，死不哭亦足矣，又鼓盆而歌，不亦甚乎！」莊子曰：「不然。是其始死也，我獨何能無概然❹。察其始而本無生，非徒❺無生也，而本無形；非徒無形也，而本無氣❻。雜乎芒芴❼之間，變而有氣，氣變而有形，形變而有生，今又變而之死，是相與為春秋冬夏四時行也。人且偃然寢於巨室❽，而我噭噭然❾隨而哭之，自以為不通乎命❿，故止也。」

【章　旨】本章描述了生命的循環過程，表現了莊子曠達的生死觀。

【注　釋】❶莊子則方箕踞鼓盆而歌　莊子卻正在伸開雙腿像簸箕一樣坐著，一邊敲打著瓦盆一邊唱歌。則，卻。方，正。箕踞，分開兩腿像簸箕一樣坐著。❷與人居　與你妻子共同生活。人，指莊子的妻子。居，生活。❸長子　撫養子女。❹概

然　感慨；傷心。概，同「慨」。❺非徒　不僅。❻氣　陰陽二氣。古人認為萬物都是由陰陽二氣和合而成的。❼芒芴　恍惚的樣子。❽人且偃然寢於巨室　她將安安穩穩地靜臥於天地之間。偃然，安穩休息的樣子。❾噭噭然　形容哭叫聲。❿通乎命　懂得自然規律。通，通曉；明白。命，天命；自然規律。

【語　譯】莊子的妻子去世了，惠子前去弔唁，看見莊子正在伸著兩條腿像簸箕一樣坐著，一邊敲著瓦盆一邊唱歌。惠子說：「你與妻子長期生活在一起，生兒育女，白頭到老，不為她的死痛哭流泣就已經夠無情了，現在卻又敲著盆子唱歌，這不是太過分了麼！」莊子說：「你說的不對。她剛死時，我怎能不傷感呢！可仔細想一想，在最初的時候，她本來就沒有生命；不僅沒有生命，而且連形體也沒有；不僅沒有形體，而且連形成形體的氣也沒有。夾雜在恍恍惚惚的境域之中，慢慢變化為氣，氣又慢慢變化為形體，形體慢慢變化就成了我那位有生命的妻子，如今她又慢慢變化回到了死亡，這就好像春夏秋冬四季循環運行一樣。她現在安然地休息於天地這個巨大的房屋裡，而我卻還要為她嚎啕大哭，我認為這樣做就太不懂得自然規律了，所以我就不再哭泣啦！」

支離叔❶與滑介叔❷觀於冥伯之丘❸、崑崙之虛❹，黃帝之所休。俄而柳❺生其左肘，其意蹷蹷然惡之❻。支離叔曰：「子惡之乎？」滑介叔曰：「亡❼，予何惡！生者，假借❽也；假之而生生者❾，塵垢也。死生為晝夜。且吾與子觀化❿而化及我，我又何惡焉！」

【章　旨】這個故事告訴人們，人的形體由其他物質雜湊而成，人的生死就像晝夜交替一樣，因而應順其自然，不必厭惡死亡。

【注釋】❶支離叔　虛構的人名。❷滑介叔　虛構的人名。❸冥伯之丘　虛構的山名。❹崐崘之虛　崑崙山的曠野裡。崐崘，傳說中的山名。虛，同「墟」。曠野。❺柳　通「瘤」。腫瘤。❻其意蹷蹷然惡之　他感到十分吃驚並且厭惡這東西。蹷蹷然，吃驚的樣子。❼亡　通「無」。不。❽假借　指身體是假借各種物質湊合而成。❾假之而生生者　假借其他物質而產生的生命體。生，第一個「生」是產生的意思，第二個「生」指有生命的物體。❿觀化　觀察萬物的生死變化。

【語譯】支離叔和滑介叔一起到冥伯之山和崑崙山的曠野裡去遊覽，那裡是黃帝曾經休息過的地方。不一會兒，滑介叔的左肘上長出了一個瘤子，他感到十分吃驚而且很討厭這個瘤子。支離叔問：「您討厭它嗎？」滑介叔說：「不，我為什麼會討厭它！有生命的形體，是假借各種物質湊合而成的；假借各種物質而產生的生命體，不過就是一堆塵土而已。生死交替就像晝夜交替一樣。再說我與您一直在觀察萬物的生死變化，如今生死變化降臨到了我的頭上，我又為什麼會討厭它呢！」

莊子之❶楚，見空髑髏❷，髐然❸有形。撽以馬捶❹，因而問之曰：「夫子貪生失理而為此乎❺？將❻子有亡國之事斧鉞❼之誅而為此乎？將子有不善之行愧遺父母妻子之醜而為此乎？將子有凍餒❽之患而為此乎？將子之春秋❾故及此乎？」於是語卒❿，援⓫髑髏，枕而臥。

夜半髑髏見夢⓬曰：「子之談者，似辯士。諸⓭子所言，皆生人之累也，死則無此矣。子欲聞死之說⓮乎？」莊子曰：「然。」髑髏曰：「死，無君於上，無臣於下；亦無四時之事，從然以天地為春秋⓯。雖南面王樂⓰，不能過也。」

莊子不信，曰：「吾使司命⑰復生子形，為子骨肉肌膚⑱，反子父母妻子閭里知識⑲，子欲之乎？」髑髏深矉蹙頞⑳，曰：「吾安能棄南面王樂，而復為人間之勞乎？」

【章旨】本章通過莊子與髑髏的對話，揭示了人生在世的種種苦難，從而得出了生不如死的結論。

【注釋】❶之　到。❷髑髏　死人的頭骨。❸髐然　枯骨暴露的樣子。❹撽以馬捶　用馬鞭敲著髑髏。撽，敲擊。捶，通「箠」。鞭子。❺夫子貪生失理而為此乎　先生是不是因為貪戀生命卻又沒能找到正確的養生方法而至於此呢。理，指養生方法。為此，到此地步。❻將　還是。❼鉞　武器名。形似大斧，長柄。❽餒　飢餓。❾春秋　代指年歲、壽命。❿卒　完；終了。⓫援　拿。⓬見夢　託夢。見，同「現」。⓭諸　所有的；都。⓮說　同「悅」。快樂。⓯從然以天地為春秋　自由自在地與天地同壽。從然，即「縱然」。自由自在的樣子。春秋，代指壽命。⓰南面王樂　南面稱王的快樂。⓱司命　主管世人生命的神。⓲骨肉肌膚　用作動詞。長出骨肉肌膚。⓳反子父母妻子閭里知識　把您送回到您的父母、妻子、兒女、鄉親和朋友那裡。反，同「返」。返回。閭里，鄉里；鄉親。知識，熟識的朋友。⓴深矉蹙頞　緊皺著眉頭。矉，同「顰」。皺眉頭。蹙，收縮；皺。頞，同「額」。額頭。

【語譯】莊子到楚國去，半道上看見一個髑髏，髑髏暴露在地面，還保持著原有的骨形。莊子便用馬鞭敲著髑髏，接著問道：「先生是因為貪戀生命卻又沒能找到正確的養生方法而至於此呢？還是您在亡國之後受到斧鉞的砍殺而至於此呢？還是因為您做了壞事擔心使父母妻兒出醜而自殺的呢？還是因為挨餓受凍而死的呢？還是因為年紀大了而死的呢？」莊子說完，拿過髑髏，用作枕頭而睡。

到了半夜，髑髏給莊子託夢說：「聽您談話，您好像是一位善辯之人。所有您說的那些，都是活人的麻煩，死了以後就沒有這些麻煩了。您想不想聽聽死後的快樂呢？」莊子說：「當然想聽。」髑髏說：「死了以後，上無君主，下無臣民；也沒有一年四季幹不完的事情，自由自在地與天地同壽。即便是南面稱王的快樂，也比不上死後的快樂。」莊子不相信，說：「我讓司命之神恢復您的形體，為您重新長出骨肉肌膚，把您送回您父母、妻兒、鄉親和朋友那裡，您願意嗎？」髑髏聽後緊皺著眉頭，說：「我怎麼能拋棄南面稱王一般的快樂，再去遭受人世間的痛苦呢？」

顏淵❶東之齊，孔子有憂色。子貢❷下席❸而問曰：「小子敢問，回東之齊，夫子有憂色，何邪？」孔子曰：「善哉汝問！昔者管子❹有言，丘甚善之，曰：『褚❺小者不可以懷大，綆❻短者不可以汲深。』夫若是者，以為命有所成而形有所適也❼，夫不可損益❽。吾恐回與齊侯言堯、舜、黃帝之道，而重以燧人、神農之言。彼將內求於己而不得，不得則惑，人惑則死。且汝獨不聞邪？昔者海鳥止於魯郊，魯侯御而觴之于廟❾，奏〈九韶〉❿以為樂，具太牢以為膳⓫。鳥乃眩視⓬憂悲，不敢食一臠⓭，不敢飲一杯，三日而死。此以己養養鳥也，非以鳥養養鳥也。夫以鳥養養鳥者，宜栖之深林，遊之壇陸⓮，浮之江湖，食之鰌鰷⓯，隨行列⓰而止，委蛇⓱而處。彼唯人言之惡聞，奚以夫譊譊⓲為乎！〈咸池〉⓳、〈九韶〉之樂，張之洞庭之野⓴，鳥聞之而飛，獸聞之而走，魚聞之而下入，人卒㉑聞之，相與還㉒而觀之。魚處水而生，人處水而死，彼必相與異，其好惡故異也。故先聖不一其能㉓，不同其事。名止於實㉔，義設於適㉕，是之謂條達而福持㉖。」

【章　旨】本章認為，由於人們具有不同的性格、愛好和修養，所以應該對他們有不同的要求。

【注　釋】❶顏淵　人名。姓顏名回，字子淵。孔子的弟子。❷子貢　人名。姓端木名賜，字子貢。孔子的弟子。❸下席　走下坐席。❹管子　人名。即管仲。春秋時著名政治家，輔佐齊桓公建立霸業。❺褚　布袋。❻綆　汲水用的繩索。❼以為命有所成而形有所適也　認為事物的性能是天命注定的，它們的形體有不同的用處。命，天命。適，適用。❽損益　改變。損，減少。益，增加。❾魯侯御而觴之于廟　魯國君主把牠迎接到宗廟裡讓牠飲酒。御，迎接。觴，一種酒器。用作動詞。勸酒。❿九韶　古代樂曲名。⓫具太牢以為膳　用號稱「太牢」的牛、羊、豬三牲作為牠的膳食。太牢，宴會或祭祀時並用牛、羊、豬三牲。⓬眩視　眼花撩亂。⓭臠　肉塊。⓮壇陸　水中沙洲。⓯鰌鰷　兩種小魚名。鰌，泥鰍。鰷，即「鯈」。小白魚。⓰行列　鳥群。⓱委蛇　從容自得的樣子。⓲譊譊　喧鬧嘈雜的樣子。⓳咸池　古代樂曲名。⓴洞庭之野　廣闊的原野。㉑人卒　人群；人們。㉒還　同「環」。圍著。㉓一其能　要求有一樣的能力。㉔名止於實　名稱要符合實際。止，停留。引申為符合。㉕義設於適　道義的制定要切合實用。適，合適；恰當。㉖是之謂條達而福持　這就叫做有條有理而長保幸福。條達，條理順暢。福持，幸福永遠保持。

【語　譯】顏淵到東邊的齊國去了，而孔子面帶愁容。子貢走下坐席向孔子問道：「學生請問，顏淵去了東邊的齊國，而先生面帶愁容，這是為什麼呢?」孔子說：「你提的問題好啊！從前管子有句話，我認為說得很好，他說：『小布袋裝不下大東西，短繩索汲不起深井裡的水。』如此說來，就是認為事物的性能是天命注定的，它們的形體有著不同的用處，這是無法改變的。我擔心顏淵對齊君談了堯、舜、黃帝的治國原則之後，又去介紹燧人、神農的有關清靜無為的言論。齊君聽了必將會在內心裡自我反省苦苦思索，卻又無法理解，無法理解就會感到迷惑，人一旦迷惑了就會死去。你難道沒有聽說過嗎?從前有一隻海鳥落在魯國都城的郊外，魯君便把牠接到宗廟裡，向牠獻酒，為牠演奏〈九韶〉之樂，還為牠準備牛、羊、豬作為食物。然而海鳥卻被搞得頭暈眼花，痛苦異常，不敢吃一塊肉，不敢飲一杯酒，過了三天就被折騰死了。這是用供養自己的辦法來供養海鳥，而不是用供養海鳥的辦法來供養海鳥。用供養海鳥的辦法來供養海鳥，就應該讓牠棲息於深林之中，遊蕩於沙洲之間，漂游於江湖之上，啄食泥鰍和小魚，隨著鳥群一起休息，過著自由自在的生活。海鳥最討厭聽到人聲，而魯君為什麼偏要搞得人聲喧雜呢！〈咸池〉、〈九韶〉這些著名樂曲，放在廣闊的原野裡演奏，鳥聽見了會遠遠飛走，野獸聽見了會趕快逃跑，魚聽見了會潛入水底，然而人們聽見了，便都會圍過來觀賞。魚在水中就能生存，人在水中便會死亡，人與魚之間必定有不同之處，所以他們的好惡才會不同。因此以前的聖王不要求人們有一樣的能力，也不要求人們做一樣的事情。名稱要符合實際，道義的制定要切於實用，這就叫做有條有理而永保幸福。」

列子行，食於道從❶，見百歲髑髏，攓蓬❷而指之曰：「唯予與汝知而未嘗死、未嘗生也❸。汝果養❹乎？予果歡乎？」

【章　旨】本章認為死亡未必就值得悲哀，活著未必就值得慶幸。

【注　釋】❶從　旁邊。❷攓蓬　拔去野草。攓，拔。蓬，野草名。❸唯予與汝知而未嘗死未嘗生也　只有我和你懂得你無所謂死、無所謂生的道理。而，你。髑髏無知，不知分辨生與死。列子用道家「萬物齊同」的觀點看待生死，生與死也就沒有差別，故有「未嘗死、未嘗生」之語。❹養　通「癢」。煩悶痛苦。

【語　譯】列子出門遊歷，在路邊吃飯時，看見一具百年左右的死人頭骨，列子拔掉周圍的野草指著頭骨說：「只有我和你才懂得你無所謂死也無所謂生的道理。你真的就很痛苦嗎？而我真的就很快樂嗎？」

種有幾❶，得水則為㡭❷，得水土之際則為鼃蠙之衣❸，生於陵屯❹則為陵舄⑤，陵舄得鬱棲⑥則為烏足⑦，烏足之根為蠐螬⑧，其葉為胡蝶，胡蝶胥⑨也化而為蟲，生於竈下，其狀若脫⑩，其名為鴝掇⑪。鴝掇千日為鳥，其名為乾餘骨⑫。乾餘骨之沫⑬為斯彌⑭，斯彌為食醯⑮。頤輅⑯生乎食醯，黃軦⑰生乎九猷⑱，瞀芮⑲生乎腐蠸⑳，羊奚比乎不箰㉑，久竹㉒生青寧㉓，青寧生程㉔，程生馬，馬生人，人又反入於機㉕。萬物皆出於機，皆入於機。

【章　旨】本章列舉了許多物種的演變情況，其中不少內容純屬作者的想像，不符合事實，但也有一定的啟發意義。

【注　釋】①種有幾　物種變化有微妙之處。幾，微；微妙。②㡭　通「繼」。水草名。即水綿。③得水土之際則為鼃蠙之衣　在水邊就會變成青苔。水土之際，水土相接之處。即水邊。鼃蠙之衣，青苔。④陵屯　土堆；丘陵。⑤陵舄　草名。即車前草。⑥鬱棲　肥土。⑦烏足　草名。⑧蠐螬　蟲名。即金龜子的幼蟲。⑨胥　不久。⑩脫　通「蛻」。蛻皮。⑪鴝掇　蟲名。即竈馬。⑫乾餘骨　鳥名。⑬沫　唾沫。⑭斯彌　蟲名。⑮食醯　蟲名。酒甕裡的小蟲。又叫蠛蠓。⑯頤輅　蟲名。⑰黃軦　蟲名。⑱九猷　蟲名。⑲瞀芮　蟲名。⑳腐蠸　蟲名。即螢火蟲。㉑羊奚比乎不箰　羊奚生於不箰竹上。羊奚，一種植物名。比，連接。引申為生於。不箰，竹子名。一說指長期不長竹筍的竹子。㉒久竹　竹子名。㉓青寧　蟲名。㉔程　豹子。㉕反入於機　返回微妙的變化之中。反，同「返」。機，通「幾」。微妙的變化。本句是說人死後又返歸自然，進行又一輪的微妙變化。

【語　譯】物種變化非常微妙，在有水的地方就會生出水綿草，在水邊就會生出青苔，生長在山陵上就會成為車前草，車前草得到肥土的滋養就會變為烏足，烏足的根變化為金龜子的幼蟲，烏足的葉子變化為蝴蝶，蝴蝶不久又變為蟲，這些蟲子生長在竈臺的下面，樣子好像蛻了一層皮，牠們的名字叫鴝掇。鴝掇千日之後變為鳥，名字叫乾餘骨。乾餘骨的唾沫變為斯彌蟲，斯彌蟲變為食醯蟲。頤輅蟲由食醯蟲形成，黃軦蟲由九猷蟲形成，瞀芮蟲由螢火蟲形成，羊奚草生於不箰竹，久竹生出青寧蟲，青寧蟲產生豹子，豹子產生馬，馬產生人，而人死後又返回到微妙的變化之中。萬物都是在微妙的變化之中產生出來，死後又回到微妙的變化裡去。

【研析】生死問題是人生的第一大問題，如何對待生死，是古往今來的人們所最為關注的事情，莊子在這一問題上有自己獨特的看法。

首先討論如何對待「生」。人生在世，就是要追求最大的快樂。在這一點上，莊子與世俗人的看法沒有兩樣，這也就是題目「至樂」的意思。但在解釋什麼是最大快樂的時候，莊子與世俗人就發生了很大的分歧，至少從表面上看是如此。世俗人認為，人生最大的快樂就是富有、高貴、長壽和美名。而莊子對此不以為然，他說：人為了獲得財富，就要不停地勤苦勞作，而且還無法完全享受自己辛辛苦苦掙來的財富；人有了高貴的地位，就要費心勞神，不分晝夜地思考該做什麼和不該做什麼；憂患幾乎是與人終生相伴，即便是能夠長壽，這不過是意味著多受一些憂患和屈辱的煎熬而已；人要想獲得美名，就必須有所付出，美名的獲得有時甚至要以生命為代價。所以說，世俗人所說的那一切，都不是真正的快樂。在莊子看來，真正的快樂就是保持清靜無為的心態，因而他提出了「至樂無樂」的命題。在這個看似矛盾的命題裡，蘊涵了很高的哲理。清水無味，然而也只有清水的味道最為悠長。

其次我們討論他的死亡觀。從本質上講，莊子是十分懼怕死亡的，他拒絕出仕，追求無用，都是為了保命。可以說，死亡就像一片陰雲，時刻壓在莊子的心頭。懼怕死亡，又不得不死亡，那麼最好的辦法就是美化死亡，以便減輕死亡對自己造成的壓力。就本篇來講，莊子用來美化死亡的辦法有三條：

第一，齊同生死。列子指著髑髏說：「唯予與汝知而未嘗死、未嘗生也。」也就是說，世界上不存在什麼生存與死亡的差別，二者是一樣的。關於這一點，我們在〈齊物論〉的「研析」中已經談過。

第二，生死是循環。莊子認為，人的一生就是經歷無──氣──形──生──死這一過程。當人死去以後，又回到了「無」，於是就又開始一輪新的循環，正如文中所講的那樣：「死生為晝夜。」我們每一個人在「無」的狀態下不知經過了多少年月，死亡後不過是又回到我們曾經經歷過的狀態而已，既然如此，死亡又有什麼值得悲哀的呢？所以，當他的妻子去世後，莊子在這一理論的支撐下，竟然能夠鼓盆而歌。

第三，死比生好。莊子與髑髏的對話，歷數了活在世上的苦難：貪生失理、亡國之事、斧鉞之誅、含羞忍辱、凍餒之患、壽命有限等等。然而死後卻是其樂融融：上無君王，下無臣民，沒有一年四季幹不完的活兒，而且還能自由自在地與天地同壽。死亡比南面稱王還要快樂。

莊子的這些思想，應該視為一種無奈思想。他不是不愛富貴、長壽和美名，而是因為想得到這些太困難了；他不是願意死亡，而是不得不死亡。於是他就只好從反面著眼，多看看富貴、長壽和美名給人帶來的壞處，多想想死亡給人帶來的好處。看多了，想多了，心情也就平靜了。

達生第十九

【題解】達生，明白人生的實際情況。達，明白。本篇篇名仍為篇首二字。本篇的主旨是闡述養生的方法，認為養生應從兩個方面入手，一是保養形體，避免過度勞累，而且還要注意避免外物的傷害。二是保養精神，使自己的心境處於安靜平和的狀態。作者認為，好的精神狀態不僅有利於健康，而且還有利於做事。相比較而言，作者在不忽視養形的基礎上，更重視養神，這與莊子「精神大於肉體」的整體思想是一致的。

達生之情者❶，不務生之所無以為❷；達命之情者，不務知❸之所無奈何。養形必先之以物，物有餘而形不養者有之矣；有生必先無離形，形不離而生亡者有之矣。生之來不能卻❹，其去不能止。悲夫！世之人以為養形足以存生，而養形果不足以存生，則世奚足為哉！雖不足為而不可不為者，其為不免❺矣。

夫欲免為形❻者，莫如棄世❼。棄世則無累，無累則正平❽，正平則與彼更生❾，更生則幾❿矣。事奚足棄？而生奚足遺⓫？棄事則形不勞，遺生則精不虧⓬。夫形全精復⓭，與天為一⓮。天地者，萬物之父母也，合則成體⓯，散則成始⓰。形精不虧，是謂能移⓱。精而又精⓲，反以相天⓳。

【章　旨】本章認為最好的養生方法就是放棄世事，忘卻生死，保持心平氣和的狀態。

【注　釋】❶達生之情者　明白人生實情的人。達，明白。情，實情。❷不務生之所無以為　不去追求人生所無法做到的事情。務，努力追求。無以，沒有辦法。為，做。❸知　通「智」。人的智慧。❹卻　推辭；拒絕。❺不免　指不免於勞累、疲憊。❻為形　養形；保養形體。這裡指為養形而受到的勞苦。❼弃世　拋棄世事。❽正平　心平氣和。❾與彼更生　與自然萬物一起獲得了新生。彼，指除自己之外的萬物。本句意思是說，一個人一旦有了好的心境，就會感到自己像獲得了新生一樣，而天地萬物在他眼裡也會煥然一新。❿幾　差不多；可以了。⓫生奚足遺　生命為什麼應該忘卻呢。遺，遺忘。⓬精不虧　精神不受損害。⓭復　恢復。⓮為一　融為一體。⓯合則成體　各種物質湊合在一起就形成了物體。⓰散則成始　這些物質離散後就成為另一種物體形成的開始。⓱能移　能順應自然而變化。移，變化。⓲精而又精　精神境界達到極高的程度。⓳相天　幫助大自然。相，幫助。

【語　譯】明白人生實情的人，就不去追求人生所做不到的事情；明白命運實情的人，就不去追求個人智慧所無可奈何的事情。保養身體必須先有衣食等物資，這些物資綽綽有餘而身體沒能保養好的大有人在；要想保全生命必須先不要失去身體，身體沒有失去而生命已經喪失的也大有人在。生命到來時無法拒絕，生命離去時也無法挽留。真是可悲呀！世上的人們都認為保養形體就足以保全生命，然而僅僅保養形體確實不足以保全生命，那麼世上還有什麼事情值得去做呢！雖然不值得做而人們又不得不做，這樣做起事來就不免會感到疲憊勞累。

要想避免為保養形體而帶來的疲勞，最好的辦法就是放棄世事。放棄了世事就不會感到疲勞，不感到疲勞就會心平氣和，心平氣和就會感到萬物煥然一新，自己也如重獲新生一樣，有了重獲新生的感覺就可以了。世事為什麼應該放棄？生命為什麼應該忘卻？放棄了世事形體就不會勞累，忘卻了生命精神就不會損傷。形體得以保全而精神能夠恢復，就能夠與自然融為一體。天地，是萬物產生的根源，各種物質合在一起就形成了某種物體，這些物質離散後就成為另一種物體形成的開始。形體和精神都沒有受到損傷，這可以說就能夠順應自然變化。如果精神達到了極高的境界，還能反過來幫助自然變化。

子列子❶問關尹❷曰：「至人潛行不窒❸，蹈火不熱，行乎萬物之上而不慄❹。請問何以至於此？」關尹曰：「是純氣之守❺也，非知巧果敢之列❻。居❼，予語汝。凡有貌象聲色者，皆物也，物與物何以相遠❽？夫奚足以至乎先❾？是色❿而已。則物之造乎不形而止乎無所化⓫，夫得是而窮之者⓬，物焉得而止⓭焉！彼將處乎不淫之度⓮，而藏乎無端之紀⓯，遊乎萬物之所終始⓰，壹其性⓱，養其氣，合其德⓲，以通乎物之所造⓳。夫若是者，其天守全⓴，其神無郤㉑，物奚自入焉㉒！夫醉者之墜車，雖疾㉓不死。骨節與人同而犯害㉔與人異，其神全也，乘亦不知也，墜亦不知也，死生驚懼不入乎其胸中，是故遻物㉕而不慴㉖。彼得全於酒㉗而猶若是，而況得全於天㉘乎！聖人藏於天㉙，故莫之能傷也。復讎者不折鏌干㉚，雖有忮心者不怨飄瓦㉛，是以天下均平㉜。故無攻戰之亂，無殺戮之刑者，由此道也。不開人之天㉝，而開天之天㉞，開天者德生，開人者賊㉟生。不厭其天，不忽於人㊱，民幾乎以其真。」

【章　旨】本章主要講精神的作用，認為如能在精神上保持不受外界影響，不存在主觀成見，那麼他就不會受到外物的傷害。

【注　釋】❶子列子　即列子。在列子前加「子」，表示格外的尊敬。❷關尹　人名。姓尹名喜。因當過守關的官員，故稱

「關尹」。一說「關尹」為官名，用作人名。❸潛行不窒　潛入水中不會窒息。❹慄　恐懼。❺純氣之守　持守純和之氣。實際上即精神性的修煉。❻列　類。指一類的事情。❼居　坐下。❽相遠　相差很遠。❾夫奚足以至乎先　有什麼事物能夠處於其他事物之先呢。❿色　顏色。「色」字前缺一「形」字。⓫則物之造乎不形而止乎無所化　那麼有一種事物——精神就可以做到沒有形體而且永無變化。物，指精神。造，達到；做到。無所化，無所變化。莊子認為，人的肉體是會改變的，但精神可以不變。比如可以砍掉得道之人的腳，卻改變不了他的精神境界。⓬夫得是而窮之者　那些能夠得到這種精神並把它推向最高境界的人。是，指上句提到的精神。窮，窮盡；最高。⓭止　阻止；限制。⓮不淫之度　不超過限度。即恰當的程度。淫，過分。⓯而藏乎無端之紀　立身於無限的境界之中。藏，藏身；立身。無端之紀，沒有盡頭的絲線。比喻無限的境界。端，頭。紀，絲線。⓰終始　循環變化。⓱壹其性　使本性專一。⓲合其德　合於天性。⓳以通乎物之所造　以便與大道相通。物之所造，即造物者。指大道。⓴其天守全　他的天性完備。守全，保持完整。㉑無郤　沒有虧損。郤，縫隙。指虧損。㉒物奚自入焉　外物又能從哪裡影響他呢。自，從哪裡。入，入於心中。引申為影響。㉓疾　受傷。㉔犯害　受到的傷害。㉕遻物　與外物發生衝突。即受到外物傷害。遻，同「迕」。逆。㉖慴　同「懾」。害怕。㉗得全於酒　因醉酒而使精神得以保全。指醉酒之人在精神上不受外界影響。㉘得全於天　用天道進行自我修養而使精神得以保全。㉙藏於天　立身於天道。㉚鏌干　即鏌邪和干將。兩把名劍名。㉛雖有忮心者不怨飄瓦　即使具有狠毒之心的人也不會去抱怨偶爾落下來、無心地傷害到他的瓦片。忮心，狠毒之心。飄，落。㉜均平　太平。㉝不開人之天　不要去培養人們所認為的最高智慧。開，開啟；培養。天，最高智慧。㉞開天之天　培養源自天道的最高智慧。㉟賊　殘害。㊱不忽於人　不忽視人的作用。

【語　譯】列子問關尹說：「思想境界最高的人潛入水中不會窒息，跳入火中不會感到熱，行走於萬物之上而不感到恐懼。請問他們是如何做到這一點的？」關尹說：「這是因為持守住了純和之氣，與智巧、果敢之類的品質無關。你坐下，我告訴你。所有具有貌象、聲音和顏色的東西，都屬於物體，那麼物體與物體之間的差距又怎麼會太遠呢？又有什麼物體能夠處於其他物體之先呢？因為它們都不過是一些形體和顏色而已。然而還有一種事物——精神，卻可以做到沒有形體而且永無變化，那些能夠獲取這種精神並把它推向最高境界的人，外物又如何能夠控制他呢！這樣的人行為恰當，立身於無限的境界之中，與萬物一起循環變化，他們本性專一，涵養純和之氣，一切行為都符合天性，而與造物的大道融而為一。像這樣的人，他們的天性完備，精神完美，外物如何能進入他們的心中而影響他們呢！醉酒之人從車上墜落下來，雖然受傷卻不會摔死。醉酒之人的骨骼與別人相同而受到的傷害卻與別人不同，這是因為他們的精神狀態比較完美，乘坐在車上時不知道，摔下來時也不知道，生生死死這些令人恐懼的事情不會放在他的心上，所以受到外物傷害時一點也不會感到害怕。那些因醉酒而使精神較為完美的人尚且能夠做到這一點，更何況用天道進行自我修養而使精神完美的人呢！聖人立身於天道，所以沒有什麼東西能夠傷害他們。復讎的人不去折斷曾經傷害過自己的鏌邪、干將，即是心腸狠毒的人也不會去抱怨落下來砸傷自己的瓦片，（如果人人都做到無心而不懷成見，）那麼天下就太平無事了。要想天下沒有戰亂，沒有殘酷殺戮的刑罰，都要通過這一途徑才能做到。不要去培養人們所認為的最高智慧，而要培養源自天道的最高智慧，培養源自天道的智慧就有利於生存，培養人為的智慧就有害於生存。不要厭棄天道，也不要忽略人事，人們基本上就能做到純真無偽了。」

仲尼適楚，出於❶林中，見痀僂者承蜩❷，猶掇❸之也。仲尼曰：「子巧乎！有道邪？」曰：「我有道也。五六月累丸❹二而不墜，則失者錙銖❺；累三而不墜，則失者十一❻；累五而不墜，猶掇之也。吾處身❼也，若橛株拘❽；吾執臂也，若槁木之枝。雖天地之大，萬物之多，而唯蜩翼之知。吾不反不側，不以萬物易蜩之翼❾，何為而不得？」孔子顧謂弟子曰：「用志不分，乃凝於神❿。其痀僂丈人之謂乎！」

【章旨】這個故事說明只要精神專一，排除外界干擾，做事就能成功。

【注釋】❶出於　出現於；來到。❷見痀僂者承蜩　看見一位彎腰駝背的人在用竹竿頂端上的膠脂黏捉蟬。痀僂，彎腰駝背。承蜩，在竹竿一端塗上膠狀物，然後用它去黏住蟬。❸掇　拾取。❹累丸　疊放泥丸。❺錙銖　比喻數量很少。錙、銖都是古代很小的重量單位，六銖等於一錙，四錙等於一兩。❻十一　十分之一。❼處身　立身；站立。❽若橛株拘　像一根枯樹樁。橛，樹墩。株拘，斷樹樁。❾易蜩之翼　改變我對蟬翼的注意力。易，改變。❿凝於神　達到神奇的境界。凝，通「擬」。像似。

【語譯】孔子到楚國去，經過一片樹林，看見一位駝背老人正在用竹竿黏蟬，他黏蟬竟然如同在地上拾東西一樣容易。孔子說：「您太巧啦！您有什麼方法嗎？」老人回答說：「我有方法。經過五、六個月的練習，我能在竹竿頂端疊放兩顆泥丸而不墜落，那麼黏蟬時能夠逃脫的蟬就很少了；如果疊放三顆泥丸而不墜落，那麼黏十隻蟬只能逃脫一隻；如果疊放五顆泥丸而不墜落，那麼捉起蟬來就如同在地上拾東西一樣容易。我站在那裡，就像一根枯樹樁，我伸出的手臂，就像枯樹樁上的一根枯枝。雖然天地廣大，萬物繁多，但我只注意蟬的翅膀。我不動不搖，不因為繁多的萬物而改變我對蟬翼的注意力，哪裡還會捉不到蟬呢？」孔子回頭對弟子們說：「用心專一，就能達到神奇的境界。這句話大概可以用來說明駝背老人的情況吧！」

顏淵問仲尼曰：「吾嘗濟❶乎觴深之淵❷，津人❸操舟若神。吾問焉，曰：『操舟可學邪？』曰：『可。善游者數能❹，若乃❺夫沒人❻，則未嘗見舟而便❼操之也。』吾問焉，而不吾告。敢問何謂也？」仲尼曰：「善游者數能，忘水❽也；若乃夫沒人之未嘗見舟而便操之也，彼視淵若陵，視舟之覆猶其車卻❾也。覆卻萬方❿陳乎前而不得入其舍⓫，惡往而不暇⓬？以瓦注者巧⓭，以鉤⓮注者憚，以黃金注者殙⑮。其巧一也，而有所矜⑯，則重外⑰也。凡外重者內拙。」

【章旨】這個故事說明只有看輕外物，放下精神負擔，才能取得成功。

【注釋】❶濟　渡河。❷觴深之淵　一個名叫觴深的深水處。❸津人　擺渡的船夫。津，渡口。❹數能　很快就能學會。數，通「速」。迅速。❺若乃　至於像。❻沒人　善於潛水的人。沒，潛水。❼便　馬上；就。❽忘水　忘掉了水的危險。❾卻　後退。❿覆卻萬方　各種各樣傾覆翻轉的危險情況。萬方，萬端；各種各樣。⓫舍　心胸。⓬暇　悠閒自如。⓭以瓦注者巧　用瓦器做賭注的人，他的賭技就能發揮出色。瓦，指不值錢的瓦片或瓦器。注，賭注。⓮鉤　衣帶鉤。一般用金屬製成。⓯殙　同「惛」。昏亂糊塗。⓰矜　顧忌。⓱重外　看重外物。

【語譯】顏淵問孔子：「我曾經在一個叫作觴深的深水處渡河，擺渡的船夫駕船的技巧出神入化。我問他：『駕船的技術可以學嗎？』他回答說：『可以學。善於游泳的人很快就能學會，至於像那些善於潛水的人，即使從來沒有見過船，但立刻就能駕馭它。』我再請教這是為什麼，他卻不肯告訴我。請問先生，他說的是什麼意思呢？」孔子說：「善於游泳的人很快就能學會駕船，是因為他忘掉了水的危險；至於像那些善於潛水的人，即使從未見過船也能駕馭它，是因為他們視深淵如土坡，把渡船的傾覆看得如同車子後退一般。如果各種各樣傾覆翻轉的危險情況出現在一個人的面前，而這個人絲毫不把它們放在心上，那麼他做什麼會不從容自如呢？用瓦片做賭注的人，他的賭技一定能發揮得很好；用衣帶鉤一類的東西做賭注，他就會有點擔心；用黃金做賭注的人，他的頭腦就會緊張得昏亂糊塗。賭博的技巧本來一樣，而有時卻顧慮重重，這是因為他太看重外物了。凡是太看重外物的人，他內心就會變得笨拙。」

田開之❶見周威公❷。威公曰：「吾聞祝腎❸學生❹，吾子❺與祝腎遊❻，亦何聞焉？」田開之曰：「開之操拔篲❼以侍門庭，亦何聞於夫子？」威公曰：「田子無讓，寡人願聞之。」開之曰：「聞之夫子曰：『善養生者，若牧羊然，視其後者而鞭之。』」威公曰：「何謂也？」田開之曰：「魯有單豹❽者，巖居而水飲❾，不與民共利❿，行年七十而猶有嬰兒之色；不幸遇餓虎，餓虎殺而食之。有張毅⓫者，高門縣薄⓬，無不走⓭也，行年四十而有內熱⓮之病以死。豹養其內而虎食其外⓯，毅養其外而病攻其內，此二子者，皆不鞭其後者也⓰。」

仲尼曰：「無入而藏⓱，無出而陽⓲，柴立其中央⓳。三者若得⓴，其名必極。夫畏塗㉑者，十殺一人，則父子兄弟相戒也，必盛卒徒㉒而後敢出焉，不亦知乎！人之所取畏者，衽席之上㉓，飲食之間，而不知為之戒者，過也！」

【章旨】本章主要講養生方法，既要注意保養精神，也要注意保養形體，房事和飲食等也應格外小心。

【注釋】❶田開之　人名。❷周威公　周考王之孫，被封在河南（今河南省洛陽縣），號「周威公」。❸祝腎　人名。❹學生　學習養生術。❺吾子　對對方的尊稱。❻遊　交往。❼拔篲　掃帚。❽單豹　人名。❾巖居而水飲　在巖穴裡居住，在山泉邊飲水。❿共利　爭利。⓫張毅　人名。⓬高門縣薄　指富貴人家。縣，同「懸」。掛。薄，帘子。⓭無不走　無不前去拜謁。指張毅奔走於富貴之門以謀取名利。⓮內熱　體內發燒。⓯外　指肉體。⓰皆不鞭其後者也　都不能像鞭趕落後的羊那樣去彌補自己的不足之處。⓱無入而藏　不要進入深山隱藏起來。⓲無出而陽　不要在社會上太張揚自己。陽，顯現。⓳柴立其中央　像枯木一樣生活於二者之間。柴，枯木。中央，指「藏」與「陽」之間。既不隱藏，也不張揚。⓴三者若得　如果做到了這三句話。㉑畏塗　充滿危險使人害怕的道路。塗，同「途」。㉒盛卒徒　多結一些夥伴。盛，多。㉓衽席之上臥席之上。指男女房事。衽，席子。

【語譯】田開之拜見周威公。周威公說：「我聽說祝腎在學習養生術，您與祝腎交往，從他那裡聽到一些什麼養生方法嗎？」田開之說：「我在那裡不過是整天拿著掃帚打掃門庭而已，又能從先生那裡聽到什麼呢？」周威公說：「田先生就不必謙虛了，我確實想聽聽有關養生的方法。」田開之說：「我聽我的先生說：『善於養生的人，就像牧羊那樣，看到落在後面的羊就用鞭子趕一趕。』」周威公問：「這說的是什麼意思呢？」田開之說：「魯國有一位名叫單豹的人，他住的是山洞，喝的是泉水，從不與人爭利，活了七十歲卻還保持著嬰兒一樣的面容；然而不幸遇上了餓虎，餓虎咬死並吃掉了他。還有一位名叫張毅的人，所有富貴之門，他無不前去拜謁，活到四十歲就因內熱病而死。單豹善於保養自己的內心世界而老虎卻吃掉了他的肉體，張毅善於保養自己的肉體而疾病卻侵害了他的內心，這兩位先生都沒有能夠像鞭趕落後的羊那樣去彌補自己的不足之處。」

孔子說：「不要進入深山隱藏起來，也不要在社會上太張揚自己，要像枯木一樣生活於這二者之間。如果做到了以上三句話，他的名聲必定最高。在充滿危險的道路上，如果十位行人中有一位被殺害的話，那麼父子兄弟之間就會相互提醒，一定要多結些夥伴然後才能上路，這種做法不是也很明智嗎！然而最值得人們畏懼的，還在於枕席上的縱欲和飲食間的不當，可人們卻不知道對此多加戒備，這真是一個錯誤啊！」

祝宗人玄端以臨牢筴❶，說彘❷曰：「汝奚惡死？吾將三月豢❸汝，十日戒❹，三日齊❺，藉白茅❻，加汝肩尻乎彫俎之上❼，則汝為之乎？」為彘謀，曰不如食以糠糟而錯❽之牢筴之中；自為謀，則苟❾生有軒冕❿之尊，死得於腞楯⓫之上，聚僂⓬之中，則為之。為彘謀則去之，自為謀則取之，所異彘者，何也？

【章　旨】本章認為人們為了生前的富貴和死後的榮耀，寧肯放棄自由甚至生命，這是一種愚蠢的行為。

【注　釋】❶祝宗人玄端以臨牢筴　祝宗人穿上禮服來到豬欄邊。祝宗人，官名。負責宗廟祭祀。玄端，一種禮服。臨，來到。牢筴，豬欄。❷彘　豬。❸㹕　同「豢」。餵養。❹戒　齋戒。❺齊　同「齋」。齋戒。❻藉白茅　死後把你放在白茅上。藉，鋪墊。白茅，草名。古人常用白茅包裹祭品。❼加汝肩尻乎彫俎之上　還把你的肩胛和臀部放在雕有花紋的祭器上。加，放。尻，臀部。彫，同「雕」。雕刻。俎，用來裝祭肉的祭器。❽錯　通「措」。放在。❾苟　如果。❿軒冕　古代大夫以上乘坐的車子和戴的帽子。這裡代指高貴的地位。⓫腞楯　華美的靈車。⓬聚僂　棺槨。

【語　譯】祝宗人穿好禮服來到豬欄前，對豬說：「你為什麼這麼怕死呢？我要餵養你三個月，還要十天為你齋戒一次，甚至三天就要為你齋戒一次，死後把你放在白茅之上，把你的肩胛和臀部放在雕刻精美的祭器之中，你願意這樣做嗎？」如果替豬著想，就會說還是不如被關在豬欄裡吃點糠糟活下去；可人們在為自己著想時，就會決定如果生前有尊貴的地位，死後能被放在華美的靈車之上、躺在棺槨之中，那就願意這樣做。替豬著想時就會捨棄的東西，而替自己著想時卻又想獲取這些東西，出現如此大的差異，這是為什麼呢？

桓公❶田❷於澤，管仲御❸，見鬼焉。公撫管仲之手曰：「仲父❹，何見？」對曰：「臣無所見。」公反，誒詒❺為病，數日不出。

齊士有皇子告敖❻者曰：「公則自傷，鬼惡能傷公！夫忿滀之氣❼，散而不反❽，則為不足❾；上而不下❿，則使人善怒；下而不上，則使人善忘；不上不下，中身當心⓫，則為病。」桓公曰：「然則有鬼乎？」曰：「有。沉有履⓬，竈有髻⓭。戶內之煩壤⓮，雷霆⓯處之。東北方之下者，倍阿鮭蠪躍之⓰。西北方之下者，則泆陽⓱處之。水有罔象⓲，丘有峷⓳，山有夔⓴，野有彷徨㉑，澤有委蛇㉒。」公曰：「請問委蛇之狀何如？」皇子曰：「委蛇其大如轂㉓，其長如轅，紫衣而朱冠。其為物也，惡聞雷車㉔之聲，則捧其首而立。見之者殆㉕乎霸。」桓公輾然㉖而笑曰：「此寡人之所見者也。」於是正衣冠與之坐，不終日而不知病之去也。

【章　旨】齊桓公見鬼生病、聽說鬼而病癒的故事，充分說明了精神作用對人體健康的重要性。

【注　釋】❶桓公　齊桓公。❷田　打獵。❸御　駕車。❹仲父　對管仲的尊稱。❺誒詒　因驚嚇而失魂落魄的樣子。❻皇子告敖　人名。複姓皇子，字告敖。❼忿滀之氣　鬱悶之氣。忿，鬱悶。滀，積。❽散而不反　使精魄離散而不能返回體內。反，同「返」。❾不足　精力不足；身體不適。❿上而不下　指鬱悶之氣向上行而不向下行。⓫中身當心　指鬱悶之氣處於身體中間，集結於心中。⓬沉有履　水底汙泥中有鬼名叫履。沉，水底汙泥。履，鬼名。⓭髻　竈神名。傳說狀如美女。⓮煩壤　即「糞壤」。這裡泛指不乾淨之處。⓯雷霆　鬼名。⓰倍阿鮭蠪躍之　倍阿鮭蠪在那裡活動。倍阿鮭蠪，鬼名。躍，跳躍；活動。⓱泆陽　鬼名。⓲罔象　鬼名。⓳峷　鬼名。⓴夔　鬼名。㉑彷徨　鬼名。㉒委蛇　鬼名。㉓轂　車輪的中心部分。㉔雷車　如雷般的行車聲。㉕殆　大概。㉖輾然　歡笑的樣子。

【語　譯】齊桓公在大澤裡打獵，管仲為他駕車，突然桓公看見了一個鬼。齊桓公抓住管仲的手，問：「仲父，您看見了什麼？」管仲回答說：「我什麼也沒有看到。」齊桓公回去以後，因受到驚嚇而生了病，好幾天都沒有出門。

齊國有一位名叫皇子告敖的士人前去對桓公說：「您是自己傷害了自己，鬼怎麼能夠傷害您呢！體內如果有了鬱悶之氣，精魄就會離散而不返回體內，那樣就會使人感到身體不適；這些鬱悶之氣如果向上行而不向下行，就會使人容易發怒；如果向下行而不向上行，就會使人健忘；如果既不上行也不下行，而是處於身體中部，集結在人的心中，那就要生病了。」齊桓公問：「那麼還有鬼嗎？」皇子告敖回答說：「有。水底汙泥中有叫履的鬼，竈臺裡有叫髻的鬼。門戶內不乾淨的地方，住著叫雷霆的鬼。東北方的低下之處，有名叫倍阿鮭蠪的鬼在那裡活動。西北方的低下之處，有名叫泆陽的鬼在那裡居住。水裡有鬼叫罔象，丘陵有鬼叫峷，大山有鬼叫夔，原野有鬼叫彷徨，大澤有鬼叫委蛇。」齊桓公問：「請問委蛇的形狀如何？」皇子告敖說：「委蛇有車輪子那麼粗，有車轅條那麼長，穿紫色的衣服，戴紅色的帽子。委蛇這種鬼，最討厭聽到像雷一樣的車輪聲，一旦聽到就會站在那裡抱著頭。看到它的人大概會成為霸主。」齊桓公一聽便高興得笑了，說：「我看到的就是這種鬼呀！」於是齊桓公整理好衣帽，同他繼續坐在那裡交談，不到一天的時間，桓公的病就不知不覺地好了。

紀渻子❶為王❷養鬥雞。十日而問：「雞已乎❸？」曰：「未也。方虛憍而恃氣❹。」十日又問，曰：「未也。猶應嚮景❺。」十日又問，曰：「未也。猶疾視❻而盛氣。」十日又問，曰：「幾矣！雞雖有鳴者，已無變矣。望之似木雞矣，其德全❼矣。異雞無敢應者，反走矣。」

【章　旨】本章說明了無好勝之心則無所不勝的道理，進一步強調了精神修養的作用。

【注　釋】❶紀渻子　人名。❷王　指西周末年的周宣王。❸雞已乎　雞已經可以用來打鬥了嗎。❹方虛憍而恃氣　正虛張聲勢，而且憑意氣行事。方，正。憍，同「驕」。恃氣，憑著意氣行事。❺猶應嚮景　聽到別的雞的叫聲和看到別的雞的身影還有反應。這說明這隻雞還存有好鬥的心理。嚮，同「響」。景，同「影」。❻疾視　怒目而視。疾，恨。❼德全　品德達到了完美的狀態。

【語譯】紀渻子為周宣王飼養鬥雞。過了十天，周宣王問：「雞可以參加打鬥了嗎？」紀渻子回答說：「不行。牠正虛張聲勢，而且喜歡憑意氣行事。」又過了十天，周宣王再次問起這件事，紀渻子說：「還不行。牠一聽到別的雞的聲音，一看到別的雞的身影，就有所反應。」十日之後周宣王又問起此事，紀渻子說：「仍然不行。牠眼中還有怒氣，盛氣十足。」又過了十天，周宣王再來打聽，紀渻子說：「差不多可以了！即使別的雞鳴叫，牠也毫無反應。看上去就好像一隻木雞，牠的品質達到了完美的狀態。別的雞沒有敢同牠應戰的，一見到牠返身就逃跑了。」

孔子觀於呂梁❶，縣水❷三十仞❸，流沫❹四十里，黿鼉❺魚鼈之所不能游也。見一丈夫游之，以為有苦而欲死也，使弟子並流❻而拯之。數百步而出，被髮行歌而游於塘下❼。孔子從而問焉，曰：「吾以子為鬼，察子則人也。請問蹈水❽有道乎？」曰：「亡，吾無道。吾始乎故❾，長乎性❿，成乎命⓫，與齊⓬俱入，與汩⓭偕出，從水之道⓮而不為私⓯焉，此吾所以蹈之也。」孔子曰：「何謂始乎故、長乎性、成乎命？」曰：「吾生於陵而安於陵，故也；長於水而安於水，性也；不知吾所以然⓰而然，命也。」

【章旨】這則寓言告訴我們，無論做什麼事情，都要順應自然，而不能隨意妄為。

【注釋】❶呂梁　地名。❷縣水　瀑布。縣，同「懸」。❸仞　古代的長度單位。七尺或八尺為一仞。❹流沫　飛流濺沫。

❺黿鼉　兩種爬行動物。黿，鱉的一種，形體稍大。鼉，鱷魚的一種。❻並流　順著水流。並，同「傍」。沿著。❼被髮行歌而游於塘下　披散著頭髮，一邊唱歌一邊在堤岸下的水中游泳。被，同「披」。塘，堤岸。❽蹈水　跳水；游泳。❾故　習慣。❿性　習性。⓫命　指某種自然規律。⓬齊　通「臍」。肚臍。指旋轉如肚臍狀的漩渦。⓭汩　向上湧出的水流。⓮水之道　水流的規律。⓯私　主觀的想法。⓰所以然　為什麼要這樣游泳。所以，……的原因。然，這樣。代指游泳。

【語　譯】孔子在呂梁遊覽，只見瀑布直下二十多丈，飛濺的水沫衝出四十里，即便是黿、鼉、魚、鱉也無法在那裡游水。這時卻看見一位男子在那裡游泳，孔子還以為他大概是有什麼痛苦的事情而想自殺，就派弟子們沿著河岸跑去拯救他。沒想到那男子在水下潛游了數百步後又露出水面，披散著頭髮，一邊唱歌一邊在堤岸下的水中暢游。孔子緊跟著他問：「我原以為您是一個鬼魂，仔細看一看，您還是個人啊。請問，游泳有什麼方法嗎？」那男子回答說：「沒有，我沒有什麼方法。我開始學游泳是出於習慣，技巧提高是由於習性，技巧成熟是因為順應水的規律。我順著漩渦一同捲進去，又隨著湧流一起衝出來，我遵循著水流的規律而不摻進一點主觀的想法，這就是我能夠在這裡游泳的原因。」孔子問：「什麼叫作『開始學游泳是出於習慣』、『技巧提高是由於習性』、『技巧成熟是由於順應水的規律』？」那男子回答說：「我生於河邊就習慣於河邊的生活，這就是我說的『習慣』；我成長於水裡就養成了習慣於水的習性，這就是我說的『習性』；我不知道為什麼要那樣的游水卻自然而然地那樣游了，這就是我說的『順應規律』。」

梓慶❶削木為鐻❷，鐻成，見者驚猶鬼神❸。魯侯見而問焉，曰：「子何術以為焉？」對曰：「臣工人，何術之有？雖然，有一焉。臣將為鐻，未嘗敢以耗氣也，必齊❹以靜心。齊三日，而不敢懷慶賞爵祿；齊五日，不敢懷非譽巧拙；齊七日，輒然❺忘吾有四枝❻形體也。當是時也，無公朝❼，其巧專而外滑消❽。然後入山林，觀天性❾，形軀至❿矣，然後成見鐻⓫，然後加手⓬焉。不然則已。則以天合天⓭，器之所以疑神⓮者，其是與⓯！」

【章旨】本章的主旨與「痀僂承蜩」相似，說明只有精神高度集中，排除一切雜念，才能把事情做好。

【注釋】❶梓慶　人名。梓，本指製作木器的工匠。慶，此人的名。因慶是工匠，故稱「梓慶」。❷鐻　樂器名。類似夾鐘。❸猶鬼神　像是鬼神做成的；鬼斧神工。❹齊　同「齋」。齋戒。❺輒然　一下子；突然。❻四枝　四肢。枝，同「肢」。❼無公朝　忘卻了朝廷。公朝，公室。即後世說的朝廷。❽外滑消　外界的各種干擾被排除。滑，亂；干擾。❾觀天性　考察樹木的天然質地。❿形軀至　樹木的形狀最接近鐻的形狀。⓫成見鐻　眼前就呈現出一個成形的鐻。見，同「現」。⓬加手　加工製作。⓭以天合天　把我自己的天性與木料的天性相互配合起來。⓮疑神　疑為鬼斧神工。⓯其是與　大概就是這個原因吧。其，大概。

【語譯】梓慶用木頭刻製成鐻，鐻做成以後，看見的人都驚歎為鬼斧神工。魯君看見後就問他說：「先生是用什麼辦法做成的呢？」梓慶回答說：「我是個工人，哪裡有什麼好辦法呢？雖說如此，還是有一點。每當我準備做鐻的時候，從來不敢耗費自己的精氣，一定要齋戒來清靜心靈。齋戒三天，心裡就不再存有關於慶賀、賞賜、爵位和俸祿等想法；齋戒五天，心裡就不再存有非議、讚譽、巧妙和笨拙等念頭；齋戒七天，我一下子就連自己的四肢和形體都忘掉了。這個時候，我忘卻了朝廷的存在，智巧專一而外界干擾全部消失。然後我才進入山林，觀察各種樹木的天然質地，選出外形與鐻形最接近的木料，這時一個已經成形的鐻的形象便宛然呈現在我的眼前，然後我才開始加工製作。如果做不到這些我就停止做鐻。我把自己作為木工的天性與木料的天性相互配合起來了，製成的鐻之所以被視為鬼斧神工，大概就是這個原因吧！」

東野稷以御見莊公❶，進退中繩❷，左右旋中規❸。莊公以為文❹弗過也，使之鉤百而反❺。顏闔❻遇之，入見曰：「稷之馬將敗❼。」公密❽而不應。少焉❾，果敗而反。公曰：「子何以知之？」曰：「其馬力竭矣，而猶求焉，故曰敗。」

【章　旨】這個故事說明勞逸要適度，過分耗費體力，必將以失敗告終。

【注　釋】❶東野稷以御見莊公　東野稷因為善於駕車而見到了魯莊公。東野稷，人名。姓東野，名稷。御，駕車。莊公，指魯莊公。❷中繩　筆直得合乎墨線。繩，墨繩；墨線。❸左右旋中規　向左右旋轉時，車跡符合圓規畫的圓形。規，畫圓的工具。❹文　同「紋」。圖案。❺鉤百而反　再去轉一百個圈回來。鉤，轉圈。反，同「返」。❻顏闔　人名。魯國的賢士。❼敗　垮掉。❽密　默不作聲。❾少焉　不一會兒。

【語　譯】東野稷因為善於駕車而見到了魯莊公。他駕車進退時筆直得像一條墨線，左右旋轉時就像圓規畫得那樣圓。魯莊公認為即便是圖案的整齊度也未必趕得上，於是就讓東野稷駕車再去轉一百個圈回來。顏闔看見東野稷駕車轉圈的情況後，便進宮對莊公說：「東野稷的馬將會垮掉的。」莊公默不作聲。不一會兒，東野稷的馬果真垮掉而回來了。莊公問顏闔：「先生怎麼會知道他的馬將垮掉呢？」顏闔回答說：「他的馬已經精疲力竭了，而他還在那裡逼著馬轉圈，所以我說他的馬會垮掉的。」

工倕旋而蓋規矩❶，指與物化❷而不以心稽❸，故其靈臺一而不桎❹。忘足，屨之適也❺；忘要❻，帶之適也；知忘是非，心之適也；不內變❼，不外從❽，事會之適❾也。始乎適❿而未嘗不適者，忘適之適也。

【章　旨】本章認為，當外部環境不適合自己的時候，最好是忘卻自我。一旦忘卻自我，一切都變得合適了。

【注　釋】❶工倕旋而蓋規矩　工倕隨手畫出的圓形和方形都會勝過圓規和矩尺畫出的圓形和方形。工倕，人名。唐堯時代的著名工匠。旋，旋轉。這裡指隨手而畫。蓋，超過。❷指與物化　手指畫畫時，順著物體的形狀變化。❸稽　計量；思考。❹故其靈臺一而不桎　所以他的心靈專一而不受拘束。靈臺，內心。桎，拘束。❺忘足二句　忘掉自己的腳，自然會感到鞋很舒適。意思是說，當鞋不合腳而卡腳或磨腳時，最好的解決辦法是忘掉自己的腳，一旦忘掉了腳的存在，鞋自然就合適了。❻要　同「腰」。❼不內變　不改變內心的操守。❽不外從　不受外界的影響。從，受影響。❾事會之適　是處理事務時的安適。事會，遇事。會，遇上。❿始乎適　一開始就感到舒適。

【語　譯】工倕隨手畫出的圓形和方形都會勝過用圓規和矩尺畫出的圓形和方形，他的手指畫畫時隨著物體的形狀自然變化而不必用心去思考，所以他的心靈十分專一而不受拘束。忘掉自己的腳，自然會感到鞋很舒適；忘掉自己的腰，自然會感到腰帶很舒適；智慧達到了忘掉是非的境界，自然會感到心情很舒適；不改變內心的操守，不受外界的影響，處理事務時自然也會感到很舒適。一開始就感到舒適而且從未感到不舒適，這是一種忘掉了舒適的舒適。

有孫休❶者，踵門而詫子扁慶子曰❷：「休居鄉不見謂不修❸，臨難不見謂不勇。然而田原不遇歲❹，事君不遇世❺，賓❻於鄉里，逐於州部❼，則胡罪乎天❽哉？休惡遇此命也？」扁子曰：「子獨不聞夫至人之自行邪？忘其肝膽，遺其耳目，芒然彷徨乎塵垢之外❾，逍遙乎無事之業，是謂為而不恃❿，長而不宰⓫。今汝飾知以驚愚⓬，修身以明汙⓭，昭昭乎⓮若揭⓯日月而行也。汝得全而形軀⓰，具而九竅⑰，無中道夭於聾盲跛蹇⑱而比於人數⑲，亦幸矣，又何暇乎天之怨哉！子往矣！」

孫子出，扁子入，坐有間⑳，仰天而歎。弟子問曰：「先生何為歎乎？」扁子曰：「向者㉑休來，吾告之以至人之德，吾恐其驚而遂至於惑也。」弟子曰：「不然。孫子之所言是邪，先生之所言非邪，非固不能惑是。孫子所言非邪，先生所言是邪，彼固惑而來矣，又奚罪㉒焉？」

扁子曰：「不然。昔者有鳥止於魯郊，魯君悅之，為具太牢以饗㉓之，奏〈九韶〉以樂之，鳥乃始憂悲眩視，不敢飲食，此之謂以己養養鳥也。若夫以鳥養養鳥者，宜棲之深林，浮之江湖，食之以委蛇㉔，則平陸㉕而已矣。今休款啟㉖寡聞之民也，吾告以至人之德，譬之若載鼷㉗以車馬，樂鴳㉘以鍾鼓也，彼又惡能無驚乎哉！」

【章　旨】本章認為思想境界最高的人清靜逍遙，有功不居，忘卻名利，忘卻自我。然而這一思想行為又很難為一般人所理解。

【注　釋】❶孫休　人名。❷踵門而詫子扁慶子曰　走到扁慶子門前感歎萬分地說。踵門，走到門口。詫，驚歎；感歎。扁慶子，人名。「扁慶子」前加「子」，是極為尊敬的稱呼。❸休居鄉不見謂不修　我生活在家鄉時，從沒聽人說我品德修養不好。不見謂，沒有被人說成是。見，被。謂，說。❹田原不遇歲　種地沒有遇上好年成。田原，田地。用作動詞。種田地。❺世　好時代。代指聖明的君主。❻賓　同「擯」。排斥。❼逐於州部　被官府排斥。州，地方的一個行政單位。部，官署。❽罪乎天　得罪於上天。❾芒然彷徨乎塵垢之外　無思無慮地遊蕩於塵世之外。芒然，同「茫然」。茫茫然無思無慮的樣子。彷徨，徘徊；遊蕩。塵垢，塵世。❿為而不恃　有所作為但不自恃有功。⓫長而不宰　化育了萬物而不做它們的主宰。⓬飾知以驚愚　裝扮成很有學問的樣子以嚇唬愚民。⓭明汙　顯示別人的缺點錯誤。汙，汙點；錯誤。⓮昭昭乎　明亮的樣子。⓯揭　舉。⓰全而形軀　保全你的身體。而，你。⓱九竅　指人體上眼、鼻等九個孔竅。代指身體、生命。⓲蹇　瘸腿。⓳比於人數　當一個普通人。比，並列。引申為和……一樣。⓴有間　一會兒。㉑向者　剛才。㉒罪　怪罪。指怪罪自己。㉓饗　宴請；餵養。㉔食之以委蛇　本句有錯漏。根據〈至樂〉篇，應為「食之鰌鮍，隨行列而止，委蛇而處」。㉕平陸　平安舒適。㉖款啟　只開啟了一個小孔。比喻所見很少，見識淺陋。款，空；孔。啟，開。㉗鼷　一種小鼠名。㉘鴳，同「鷃」。一種小鳥名。

【語　譯】有個名叫孫休的人，走到扁慶子的門前，萬分感慨地對扁慶子說：「我住在家鄉的時候，沒有聽到有人說我品德修養不好；面對危難之時，也沒有聽到有人說我缺乏勇氣。然而當我在家種地時從未遇到過好的年成，當我步入仕途為國效力時也從未遇到過聖明的君主，鄉親們討厭我，官府同僚排斥我，那麼我究竟在什麼地方得罪了上天呢？我為什麼會遇上如此的命運呢？」扁慶子說：「您難道沒有聽說過思想境界最高的人是如何為人處世的嗎？他們忘卻自己的形體，閉塞自己的視聽，無思無慮地遊蕩於塵世之外，自由自在地生活於清靜無為的境界之中，他們可以說是有所作為而不自恃有功，化育了萬物而不去當它們的主宰者。而你如今裝扮成很有學問的樣子去嚇唬才能不如你的人，把自己的品德修養好去反襯出別人的缺點錯誤，你把自己裝扮得如此光明正大，就好像舉著日月行路一樣。你能夠保全自己的身體，沒有喪失生命，沒有中途夭折於聾盲、跛瘸等疾病，還能夠像一般人那樣活著，這已經是萬幸了，你又有什麼理由去抱怨上天呢！您還是走吧！」

孫休走了，扁慶子回到屋裡。扁慶子坐了一會兒，仰天長歎。弟子問道：「先生為什麼歎氣呢？」扁慶子說：「剛才孫休來，我把思想境界最高的人的美德告訴了他，我擔心他聽了以後會驚恐不安以至於陷入迷惑之中。」弟子說：「不會吧！如果孫先生說的話是正確的，而您說的話是錯誤的，那麼錯誤的根本無法使正確的人迷惑。如果孫先生說的話是錯誤的，而您說的話是正確的，那麼他本來就是因為陷於迷惑而來向您求教，您又何必自責呢？」

扁慶子說：「你說的不對。從前，有一隻鳥落在魯國都城的郊外，魯君很喜歡這隻鳥，便宰殺了牛、羊、豬三牲來餵養牠，還演奏〈九韶〉樂曲來討牠歡心，而這隻鳥卻開始悲傷憂愁，頭暈眼花，既不敢喝，也不敢吃，這種做法可以叫做用供養自己的辦法去供養鳥。如果用供養鳥的辦法去供養鳥，就應該讓牠棲息於深林之中，漂浮於江湖之上，讓牠啄食泥鰍和小魚，自由自在地生活，這樣牠就感到安全舒適了。如今孫休是一個見識淺薄、孤陋寡聞的人，而我卻把思想境界最高的人的美德告訴他，這就好像讓小老鼠乘坐馬車、讓小鳥雀欣賞鐘鼓之樂一樣，他又怎麼會不感到驚恐萬分呢！」

【研　析】人人都希望自己有一個好的記憶力，一旦記憶出了問題，就被稱為「健忘」，就會被作為一種毛病而去治療。然而在現實生活中，確實還應該學會遺忘，記住那些應該記住的事情，忘卻那些應該忘卻的事情，這是一門生活的藝術，而莊子是最早提出要善於忘卻的「生活藝術家」。

在〈大宗師〉中，莊子就提出了「坐忘」的命題，要求人們「墮肢體，黜聰明，離形去知」。也就是要忘卻一切，達到一種無思無慮的精神狀態。無思無慮了，自然也就無憂無愁了。

而在本篇中，莊子又一次提出要善於遺忘的問題：當鞋子不合腳時，就忘卻自己的腳，那麼鞋子自然就合適了；當腰帶不合腰時，就忘卻自己的腰，那麼腰帶自然就合適了。當然，莊子這樣講只是鋪墊，他的真正用意是要人忘卻是非。我們知道，一個人之所以心情不好，主要是因為是是非非在作怪，要麼是別人錯了，要麼是自己錯了；於是要麼抱怨別人，要麼抱怨自己，心情因而無法安適下來。一個人一旦忘卻了是非，那麼他怎麼還會有煩惱呢？莊子認為善於忘卻，就可以做到「履適」、「腰適」、「心適」，白居易據此寫了一首〈三適贈道友〉的詩歌。詩中寫道：

褐綾袍厚暖，臥蓋行坐披。紫氈履寬穩，蹇步頗相宜。足適已忘履，身適已忘衣。況我心又適，兼忘是與非。三適今為一，怡怡復熙熙。禪那不動處，混沌未鑿時。此固不可說，為君強言之。

詩人比莊子更進了一步，他不僅調整好了自己的心態，而且調整好了自己的一些小的生活環境——「鞋」和「衣」，於是他心物兼適，彼此兩忘，日子過得其樂融融。當然，絕對合適的生活環境是沒有的，更何況人的欲望是沒有止境的，因此心態的調整顯得更為重要。詩人的詩歌也說明了這一點，他是用佛教的「禪那」和莊子的「混沌」才忘卻了社會上的是非，忘卻了「鞋」和「衣」。沒有這樣的心態，連「鞋」、「衣」都忘不了，更何況忘卻社會上的是非。

莊子要求我們忘卻一切，這太絕對了，也無法做到，但我們嘗試著忘卻一些應該忘卻的事情，也就是忘卻那些給我們帶來煩惱的事情，並不是不可能。多忘卻一分煩惱，我們的生活就多一分輕鬆。

山木第二十

【題　解】山木，山中的大樹。本篇的開頭二字為「莊子」，「莊子」已是書名，不可再作篇名，於是取首二句中的「山」和「木」為篇名。本篇的主要內容是寫世道的艱難和如何對待這種艱難的世道。作者認為，當時是「昏上亂相」掌權，賢人又將被剖心殺戮。在這樣的社會裡，言行要格外小心，要遠離名利，要不為人先、不為人後，甚至要「一龍一蛇，與時俱化」。本篇的一些命題，如「處夫材與不材之間」、「虛舡」、「直木先伐，甘井先竭」、「君子之交淡若水」等，對後人都產生了巨大影響。

莊子行於山中，見大木枝葉盛茂，伐木者止其旁而不取也。問其故，曰：「無所可用。」莊子曰：「此木以不材得終其天年。」夫子❶出於山，舍❷於故人❸之家。故人喜，命豎子❹殺鴈❺而烹之。豎子請曰：「其一能鳴，其一不能鳴，請奚殺？」主人曰：「殺不能鳴者。」

明日，弟子問於莊子曰：「昨日山中之木，以不材得終其天年；今主人之鴈，以不材❻死。先生將何處❼？」莊子笑曰：「周將處夫材與不材之間。材與不材之間，似之而非❽也，故未免乎累。若夫乘道德❾而浮遊❿則不然，無譽無訾⓫，一龍一蛇⓬，與時俱化，而無肯專為⓭；一上一下，以和為量⓮，浮遊乎萬物之祖⓯，物物而不物於物⑯，則胡可得而累邪！此神農、黃帝之法則也。若夫萬物之情，人倫之傳⑰，則不然。合則離⑱，成則毀；廉則挫⑲，尊則議⑳，有為則虧㉑，賢則謀㉒，不肖則欺，胡可得而必㉓乎哉？悲夫！弟子志㉔之，其唯道德之鄉乎！」

【章　旨】本章修正了莊子原來以無用求保生的思想，提出了順應環境、一龍一蛇、隨時而化的主張。

【注　釋】❶夫子　先生。指莊子。❷舍　留宿。❸故人　老朋友。❹豎子　童僕。❺鴈　鵝。❻不材　無用。鵝見到陌生人就鳴叫，可以像狗一樣看家，而不會鳴叫的鵝就沒有這個作用。❼何處　處身於無用還是有用呢。❽似之而非　似是而非。❾乘道德　順應大道。乘，順應。❿浮遊　遊蕩。引申為生活。⓫訾　詆毀；責備。⓬一龍一蛇　該做飛龍的時候就做飛龍，該做小蛇時就做小蛇。意思是該有用時就有用，該無用時就無用。⓭專為　固執於一端。⓮以和為量　以與萬物和諧相處為標準。量，標準。⓯萬物之祖　萬物之源。指大道。⓰物物而不物於物　役使外物而不被外物所役使。⓱人倫之傳　人們的習慣。人倫，人類；人們。倫，類。傳，傳習；習慣。⓲合則離　有聚合就有分離。⓳廉則挫　為官廉潔就會受人傷害。挫，挫傷；傷害。⓴尊則議　地位尊貴了就會遭人非議。㉑有為則虧　有所作為就會有所損失。㉒賢則謀　有了才能就會遭人謀算。賢，有才能。㉓胡可得而必　怎樣做才可以保證是正確的呢。胡，怎麼。必，肯定正確。㉔志　記住。

【語　譯】莊子在山裡遊覽，看見一棵枝繁葉茂的大樹，一群伐木工人就在這棵大樹旁休息卻不去砍伐它。莊子上前詢問原因，伐木工人說：「這棵樹沒什麼用處。」莊子感歎道：「這棵大樹就是因為沒用才得以終享天年啊！」莊子出山以後，留宿在一位老朋友家裡。老朋友非常高興，就讓童僕殺鵝做菜款待莊子。童僕問：「一隻鵝會叫，一隻鵝不會叫，請問殺哪一隻呢？」老朋友說：「就殺那隻不會叫的。」

第二天，弟子問莊子：「昨天山裡的那棵大樹，因為沒用而得以享盡天年；如今主人家的那隻鵝，卻因為沒用而被殺掉。先生將處身於無用還是有用呢？」莊子笑著說：「我就處身於有用與無用之間吧！處身於有用與無用之間，其實也是一種似是而非的辦法，所以仍然難免會遇到災禍。如果能夠遵循大道去生活就不會有災禍了，既不會受到讚揚，也不會受到責難，該做飛龍時就做一條飛龍，該做小蛇時就做一條小蛇，隨機應變，而不要固執於一端；該上的時候就上，該下的時候就下，完全以能夠與萬物和諧相處為原則，生活於大道的境界之中，役使外物而不要被外物所役使，那麼如何還會遇到災禍呢！這就是神農、黃帝的處世原則啊。至於萬物的情況，人們的習慣，就不是這樣了。有聚合就會有分離，有成功就會有失敗，太廉潔了就會受人傷害，地位尊貴了就會招人非議，有所作為就會有所損失，有才能了就會遭人算計，沒有才能又會受人欺負，怎麼做才能夠肯定是正確的呢？人生真是可悲啊！弟子們一定要記住，唯一正確的選擇大概還是生活於大道的境界裡吧！」

市南宜僚❶見魯侯，魯侯有憂色。市南子曰：「君有憂色，何也？」魯侯曰：「吾學先王之道，修先君之業❷，吾敬鬼尊賢，親而行之，無須臾離居❸，然不免於患，吾是以憂。」

市南子曰：「君之除患之術淺矣！夫豐狐文豹❹，棲於山林，伏於巖穴，靜也；夜行晝居，戒也；雖飢渴隱約❺，猶且胥疏❻於江湖之上而求食焉，定❼也。然且不免於罔羅機辟❽之患。是何罪之有哉？其皮為之災也❾。今魯國獨非君之皮邪？吾願君刳形去皮❿，灑心去欲⓫，而遊於無人之野。南越⓬有邑焉，名為建德之國⓭，其民愚而朴，少私而寡欲；知作⓮而不知藏，與⓯而不求其報；不知義之所適⓰，不知禮之所將⓱；猖狂妄行⓲，乃蹈乎大方⓳；其生可樂，其死可葬⓴。

吾願君去國捐俗㉑，與道相輔㉒而行。」

君曰：「彼其道遠而險，又有江山，我無舟車，奈何？」市南子曰：「君無形倨㉓，無留居㉔以為君車㉕。」

君曰：「彼其道幽遠而無人，吾誰與為鄰？吾無糧，我無食，安得而至焉？」市南子曰：「少君之費，寡君之欲，雖無糧而乃足。君其涉於江而浮於海，望之而不見其崖㉖，愈往而不知其所窮㉗。送君者皆自崖而反，君自此遠矣！故有人者累㉘，見有於人者憂㉙，故堯非有人，非見有於人也。吾願去君之累，除君之憂，而獨與道遊於大莫之國㉚。方舟而濟於河㉛，有虛船㉜來觸舟，雖有惼心㉝之人不怒；有一人在其上，則呼張歙之㉞，一呼而不聞，再呼而不聞，於是三呼邪，則必以惡聲㉟隨之。向也不怒而今也怒，向也虛而今也實㊱。人能虛㊲己以遊世，其孰能害之！」

【章　旨】本章指出佔有權位和財富，是招來災禍的主要原因，也是佔有者焦慮不安的主要原因，只有放棄權位，忘卻財富，才能過上心平氣和、太平無憂的生活。

【注　釋】❶市南宜僚　人名。姓熊，名宜僚。因居住在集市的南邊，故稱「市南宜僚」。❷修先君之業　繼承先祖的事業。修，修整；管理。引申為繼承。❸無須臾離居　一刻也沒有放棄政務而休息。須臾，片刻。離，放棄。指放棄政務。居，休息。❹豐狐文豹　兩種動物名。豐狐，肥大的狐狸。豐，肥大。文豹，皮毛上有花紋的豹子。文，同「紋」。花紋。❺隱約　窮困。指沒有食物。❻胥疏　疏遠。❼定　穩定；穩妥。❽機辟　捕獸的機關。❾其皮為之災也　是牠們有用的皮毛給牠們帶來了災難。❿刳形去皮　忘卻自己的形體，忘卻自己的國家。刳，挖空。引申為忘記。去，拋棄。引申為忘卻。皮，皮毛。比喻魯國。⓫灑心去欲　洗淨心靈，捨棄欲望。⓬南越　指遙遠的南方。⓭建德之國　虛構的國名。⓮作　勞作。⓯與　給與；幫助。⓰義之所適　義的用處。適，適用。⓱禮之所將　禮的作用。將，用。⓲猖狂妄行　隨心所欲地去做事。猖狂，隨心所欲。妄，胡亂。⓳蹈乎大方　符合大道。蹈，遵循；符合。⓴可葬　容易安葬。㉑捐俗　放棄世俗之事。捐，放棄。㉒相輔　相伴。㉓無形倨　外貌不要傲慢。倨，倨傲；傲慢。㉔留居　固執。指固執成見。㉕以為君車　這就可以作為您的車輛。㉖崖　海邊。㉗窮　盡頭。㉘有人者累　擁有國土百姓的人就會費心勞神。㉙見有於人者憂　被別人所擁有的人就會傷心悲哀。見有於人，被別人所擁有。即受人統治。見，被。㉚大莫之國　虛構的國名。暗指無窮無盡的境界。莫，同「漠」。廣闊。㉛方舟而濟於河　兩船併行渡過黃河。方舟，把兩條船合併在一起。濟，渡。河，黃河。㉜虛舡　無人的空船。㉝褊心　性格暴躁，心胸狹窄。㉞則呼張歙之　就會呼叫要對方把船撐開退回去。張，撐開。歙，收縮；退回。㉟惡聲　罵聲。㊱實　指有人。㊲虛　無心；無主觀成見。

【語　譯】市南宜僚去拜見魯君，魯君滿面愁容。市南宜僚就問：「您面帶愁容，為什麼呢？」魯君說：「我學習先王的治國辦法，繼承了祖先留下的基業；我敬仰鬼神尊重賢人，身體力行，一刻也不敢放棄政務而休息，然而還是避免不了發生災禍，我就是為這個而憂愁。」

市南宜僚說：「您用來消除憂患的辦法太淺薄了！那些皮質美好的狐狸和毛色斑斕的豹子，棲息在深山老林裡，潛藏於巖穴山洞中，可算是很安靜了；牠們白天隱藏起來，晚上才出來活動，可算是很謹慎了；牠們即使饑渴難忍，也一定要到人煙稀少的遙遠的江湖邊去尋覓食物，可算是很穩妥了。儘管如此，牠們依然避免不了羅網陷阱之類的災難。牠們又有什麼罪過呢？就是因為牠們那華美有用的皮毛給自己帶來了災難啊！如今魯國的國土財富不就是為您帶來憂患的『華美皮毛』嗎？我希望您能夠忘卻自己的形體，放棄整個魯國，洗淨自己的心靈，消除各種的欲望，自由自在地生活於沒有人事干擾的境界之中。在遙遠的南方有一座城邑，名叫建德之國。那裡的人們憨厚而純樸，很少私心和欲望；他們只知道勞作而不知道收藏私財，喜歡幫助別人卻從不要求別人回報；他們不知道提倡道義有什麼用處，也不知道制定禮儀有什麼作用；他們隨心所欲，胡亂行事，卻都符合大道的原則；他們生前其樂無窮，死後也容易安葬。我希望您能夠忘卻自己的國家，忘卻世俗的事務，與大道相伴而行。」

魯君說：「到那裡去的道路遙遠而又艱險，又有大江高山阻隔，我沒有可用的車船，怎麼辦呢？」市南宜僚說：「只要您外貌不傲慢，內心不固執，這就可以作為您的車輛。」

魯君說：「到那裡去的道路遙遠而沿途又無人居住，誰來陪伴我呢？我沒有糧食，沒有吃的，我又怎能到達那裡呢？」市南宜僚說：「減少您的開支，節制您的欲望，即使沒有糧食也足夠了。您渡過大江，漂浮於大海之上，大海一望無際，越往前走便越發感覺不到它的盡頭。為您送行的人送到海邊就返回了，而您從此也就越來越遠離塵世了。統治別人的人就要勞心費神，被別人統治的人就會憂愁傷心，所以堯既不去統治別人，也不去受人統治。我希望能夠消除您的勞累，排解您的憂患，而使您獨自一人與大道一起遨遊於廣闊無際的境界之中。合併起兩條船渡河時，如果看到一隻空船向自己撞來，即使心胸狹窄、性情暴躁的人，他也不會發火；如果看到撞來的船上有一個人，那麼他就會大聲呼喊讓那人把船撐開避讓；喊一次沒有反應，喊兩次也沒有反應，那麼第三次呼喊時就會破口大罵。剛才不發怒而現在發怒的原因，就是因為剛才的是空船而現在船上有人。一個人如果能夠以無心的態度去接人待物，那麼又有誰會去傷害他呢！」

北宮奢❶為衛靈公賦斂❷以為鍾，為壇乎郭門之外❸，三月而成上下之縣❹。

王子慶忌❺見而問焉，曰：「子何術之設❻？」奢曰：「一之間❼，無敢設也。奢聞之：『既彫既琢❽，復歸於朴❾。』侗乎❿其無識，儻乎其怠疑⓫，萃乎芒乎⓬；

其送往而迎來，來者⓭勿禁，往者勿止；從其強梁⓮，隨其曲傅⓯，因其自窮⓰。故朝夕賦斂而毫毛不挫⓱，而況有大塗⓲者乎！」

【章旨】本章用募捐鑄鐘的故事，說明即便是很難的事情，只要心平氣和，順其自然，都會辦成功的。

【注釋】❶北宮奢　人名。姓北宮，名奢。一說「北宮」為其居住地。❷賦斂　募捐。❸為壇乎郭門之外　在外城的城門外築起一個土臺作為募捐的地點。為，築。郭，外城。古代的重要城池一般有兩道城牆，裡面的叫「城」，外面的叫「郭」。❹上下之縣　上下兩層編鐘。縣，同「懸」。懸掛編鐘的架子。❺王子慶忌　人名。周朝大夫。因為是周王的子孫，故稱「王子」。❻何術之設　設計的什麼辦法。❼一之間　一心一意募捐期間。❽既彫既琢　反覆進行道德修養。彫，同「雕」。雕琢，本指雕刻琢磨器物。這裡引申為修身養性。❾朴　純樸的天性。❿侗乎　純樸無知的樣子。⓫儻乎其怠疑　忘卻心智而從容不疑。儻乎，忘卻心智的樣子。怠，從容忘卻的樣子。⓬萃乎芒乎　對於募集到的錢物，我也不太在意。萃，聚集。指募集到的錢物。芒乎，即「茫然」。不留心的樣子。⓭來者　來捐款的人。⓮從其強梁　不強迫那些蠻橫之人捐款。從，順從；不強迫。強梁，蠻橫。⓯隨其曲傅　願意提供幫助的人在捐款數量上也隨其自便。曲，曲從；順和。傅，幫助。⓰因其自窮　讓他們依照各自的情況盡力而行。因，依照。窮，盡力。⓱毫毛不挫　自己的身體沒有受到絲毫的傷害。挫，傷害。⓲大塗　大道。塗，同「途」。

【語譯】北宮奢為衛靈公募捐鑄造編鐘，還在外城的城門外築起一個土臺子作為募捐的地點，僅僅用了三個月的時間就鑄造成了上下兩層編鐘。

王子慶忌看到這種情況，便問北宮奢：「您設計了一種什麼辦法去募捐的？」北宮奢說：「在我一心一意募捐期間，根本沒有想到要去設計什麼辦法。我聽說過這樣的話：『反反覆覆地修心養性，目的就是要恢復自己的純樸天性。』我募捐時依然是那樣的純樸憨厚而無思無慮，忘卻智巧而從容不疑，對於募集到的錢財也從不放在心上；我送往迎來，對於前來捐款的人我從不拒絕，對於不願捐款而要離去的人我也從不阻止；

不強迫蠻橫之人交錢，願意資助的人捐多少錢也隨其自便，讓他們根據各自的情況盡力而為就是了。所以我從早到晚都在忙著募捐，而我的身心健康沒有受到絲毫的損傷，而更何況那些已經掌握了大道的人呢！」

孔子圍於陳蔡之間❶，七日不火食❷，太公任❸往弔❹之，曰：「子幾死乎？」曰：「然。」「子惡死乎？」曰：「然。」

任曰：「予嘗言不死之道。東海有鳥焉，其名曰意怠。其為鳥也，翂翂翐翐❺，而似無能；引援❻而飛，迫脅❼而棲；進不敢為前，退不敢為後；食不敢先嘗，必取其緒❽。是故其行列不斥❾，而外人卒不得害，是以免於患。直木先伐，甘井先竭。子其意者飾知以驚愚❿，修身以明汙⓫，昭昭乎⓬如揭⓭日月而行，故不免也。昔吾聞之大成之人⓮曰：『自伐⓯者無功，功成者墮⓰，名成者虧。』孰能去功與名而還與眾人⓱！道流而不明居⓲，得行而不名處⓳；純純常常⓴，乃比於狂㉑；削迹捐勢㉒，不為功名。是故無責於人㉓，人亦無責焉。至人不聞㉔，子何喜哉？」

孔子曰：「善哉！」辭其交遊，去其弟子，逃於大澤，衣裘褐㉕，食杼栗㉖，入獸不亂群，入鳥不亂行。鳥獸不惡，而況人乎！

【章　旨】本章主要講處世方法，主張不為人先，不為人後，唾棄功名，拋卻權勢，韜光隱晦，和光同塵，只有如此，才能保全生命。

【注　釋】❶孔子圍於陳蔡之間　孔子被包圍於陳、蔡之間。孔子應楚王之邀前去楚國，陳、蔡兩國認為孔子到楚國後對自己不利，便出兵把他圍困起來，後經楚國營救才得以脫險。❷火食　生火做飯吃。❸太公任　人名。太公，對老人的稱呼。❹弔　慰問；看望。❺翂翂翐翐　飛行緩慢的樣子。❻引援　引導。即別的鳥先飛，牠們才跟著飛。❼迫脅　身子挨著身子。迫，接近；緊挨著。脅，脇骨。代指身體。❽緒　剩餘。❾不斥　不受其他鳥類的排斥。❿飾知以驚愚　把自己裝扮成有學問的樣子以嚇唬一般民眾。⓫明汙　反襯出別人的缺點。⓬昭昭乎　光明的樣子。⓭揭　高舉。⓮大成之人　得道之人。一說即指老子。⓯伐　誇耀。⓰隳　失敗。⓱還與眾人　反過來與普通人一樣。⓲道流而不明居　推行了大道而自己卻韜光隱晦。流，流傳；推行。不明居，不居於顯赫之位。即韜光隱晦。⓳得行而不名處　廣施美德而自己卻不求名聲。得，通「德」。⓴純純常常　純樸而又平常。㉑比於狂　與憨愚之人一樣。比，相同。狂，心智不正常。引申為愚笨。㉒削迹捐勢　削除形跡，放棄權勢。捐，放棄。㉓責於人　責備別人。㉔不聞　不求聞名。㉕衣裘褐　穿獸皮衣和粗布衣。衣，穿。裘，皮衣。褐，粗布衣。㉖杼栗　兩種樹名。指杼樹和栗樹的果實。

【語　譯】孔子被圍困在陳、蔡之間，整整七天沒能生火做飯吃。太公任前去看望他，問道：「您是否差點沒命了？」孔子說：「是啊。」「您討厭死亡嗎？」孔子說：「當然討厭。」

太公任說：「我就試著談談保護生命的辦法吧！東海有一種鳥，名字叫作意怠。意怠這種鳥，飛得很慢，似乎非常的無能；牠們總是看到別的鳥起飛後自己才起飛，棲息時也是與別的鳥擠在一起；前進時不敢飛在最前面，後退時也不敢落在最後頭；有了食物不敢先吃，總是吃別的鳥剩下的。因此牠們不會受到別的鳥的排斥，而外人也始終無法傷害牠們，從而免除災禍。筆直的樹木先被砍伐，甘甜的井水先被汲乾。而您的用心是要把自己裝扮成很有知識的樣子以嚇唬普通民眾，修養好自己的品德以反襯出別人的缺點錯誤，您光明正大的樣子就像是高舉著日月行路一樣，所以您難免遇到災禍。從前我聽到得道之人說：『自我誇耀功勞者反而沒有功勞，功成不退者必將失敗，名聲太大了就會受到傷害。』誰能夠放棄功名而回過頭去當一名普通百姓呢！推行了大道而自己卻韜光隱晦，廣施美德而自己卻不求名聲，純樸憨厚，平平常常，就像一個愚笨人一樣；削除自己的形跡，放棄自己的權勢，不求取任何功名。這樣一來您就不會去責備別人，別人也不會來責備您。思想境界最高的人不求聞名於世，而您為什麼偏偏喜歡名聲呢？」

孔子說：「您說得太好啦！」於是便告別新朋舊友，離開眾多弟子，一個人隱居到大澤之中，穿的是獸皮粗衣，吃的是杼栗野果，進入獸群而野獸不會因此受驚亂跑，進入鳥群而鳥不會因此受驚飛散。連鳥獸都不討厭他，更何況人呢！

孔子問子桑雽❶曰：「吾再逐於魯❷，伐樹於宋❸，削迹於衛❹，窮於商周❺，圍於陳蔡之間。吾犯❻此數患，親交益疏❼，徒❽友益散，何與？」

子桑雽曰：「子獨不聞假❾人之亡與？林回❿棄千金之璧⓫，負赤子⓬而趨。或⓭曰：『為其布⓮與？赤子之布寡矣；為其累與？赤子之累多矣。棄千金之璧，負赤子而趨，何也？』林回曰：『彼以利合⓯，此以天屬⓰也。』夫以利合者，迫⓱窮禍患害相棄也；以天屬者，迫窮禍患害相收也。夫相收之與相棄亦遠矣。且君子之交淡若水，小人之交甘若醴⓲；君子淡以親，小人甘以絕⓳。彼無故以合者，則無故以離。」

孔子曰：「敬聞命⓴矣！」徐行翔佯㉑而歸，絕學捐書，弟子無挹㉒於前，其愛益加進。

異日，桑雽又曰：「舜之將死，真泠㉓禹曰：『汝戒之哉！形莫若緣㉔，情莫若率㉕。緣則不離，率則不勞；不離不勞，則不求文以待形㉖，不求文以待形，固不待物㉗。』」

【章　旨】本章主張人與人交往時要以真情相待，不能在其中摻進虛情假意，更不能把這種交往建立在利益之上。

【注　釋】❶子桑雽　人名。姓桑名雽。「子」是對他的尊稱。❷再逐於魯　兩次被魯國驅逐。再，二。孔子一生多次離開過魯國，第一次被驅逐所指不詳，第二次是指孔子五十六歲時，出任魯國大司寇並代理相事，齊國離間孔子與魯君的關係，孔子憤然離開魯國。❸伐樹於宋　在宋國受到伐樹的驚嚇和羞辱。孔子曾在宋國的一棵大樹下與弟子講習禮樂，受過孔子批評的宋國大夫桓魋砍倒大樹，還要加害於孔子。❹削迹於衛　在衛國無法立足。孔子在衛國時，曾受到衛君的懷疑，只好離開衛國。❺窮於商周　在宋國和東周窮困潦倒。窮，困窘。商，指宋國。宋國君主是商朝天子的後裔，故稱宋為「商」。❻犯　遭遇。❼益疏　更加疏遠。益，更加。❽徒　弟子。❾假　國名。❿林回　人名。假國的難民。⓫璧　玉璧。⓬赤子　幼兒。⓭或　有人。⓮布　古代的一種貨幣。⓯彼以利合　我和玉璧只是一種利益的結合。彼，指玉璧。⓰天屬　天然的血緣關係。屬，連接；關係。⓱迫　迫於。⓲醴　甜酒。⓳甘以絕　雖然甘如甜酒，但容易情斷義絕。⓴聞命　接受您的教誨。㉑徐行翔佯　悠閒自得地慢慢走了。徐，緩慢。翔佯，悠閒自得的樣子。㉒挹　通「揖」。作揖行禮。㉓真泠　以真正的大道相教誨。真，真道。泠，通「令」。教導。一說「真泠」有誤，可能為「乃命」或「其命」。㉔緣　順應。㉕率　真率；真誠。㉖文以待形　文飾自己的行為。文，文飾。形，形體。代指行為。㉗待物　依賴外物。

【語　譯】孔子問子桑雽：「我兩次被魯國驅逐，在宋國受到伐樹的驚嚇和羞辱，在衛國無法立足，在宋國和東周窮困潦倒，在陳國與蔡國之間受到圍困。我遭遇到這幾次災難後，親戚故交越來越疏遠我了，弟子朋友離我而去的也越來越多了，這究竟是為什麼呢？」

子桑雽說：「您難道沒有聽說過假國人逃難的事情嗎？有一位名叫林回的難民拋棄了價值千金的玉璧，背起自己的幼子逃命。有人問他：『你這樣做是為了金錢嗎？可幼兒又能值幾個錢！是為了擺脫拖累嗎？可幼兒對你的拖累太大了！你拋棄價值千金的玉璧，背著幼兒逃命，究竟是為了什麼呢？』林回說：『我和玉璧的結合只是一種利益的結合，而這個幼兒和我是一種天然的血緣聯繫啊！』因為利益關係而結合在一起的，一旦遇到困難災害就會相互拋棄；因為天然的血緣關係結合在一起的，一旦遇到困難災害就會相互救助。相互救助與相互拋棄的差別也太大了。再說君子之間的交往淡得如清水一樣，小人之間的交往甜得像甜酒一樣。君子之間的交往雖然清淡卻親密無間，小人之間的交往雖然甜蜜卻絕少情誼。那些無緣無故結合在一起的人，也會無緣無故地分手。」

孔子說：「我由衷地接受您的教誨。」於是孔子心情十分輕鬆地慢慢走了回去，他終止了學業，丟掉了書簡，弟子們也不用在他面前作揖行禮了，然而弟子們對他卻更加愛戴了。

有一天，子桑雽又說：「舜臨死之前，用真道教導禹說：『你要注意啊！行為上最好要順應外物，情感上最好要真誠坦率。順應外物，外物就不會離你而去；真誠坦率，心理上就不會感到疲勞；外物不離你而去，心理不感到疲勞，那麼也就不需要去文飾自己的行為；不需要去文飾自己的行為，也就沒有必要去依賴外物了。』」

莊子衣大布❶而補之，正緳係履❷而過❸魏王。魏王曰：「何先生之憊邪？」

莊子曰：「貧也，非憊也。士有道德不能行，憊也；衣弊履穿，貧也，非憊也。此所謂非遭時❹也。王獨不見夫騰❺猿乎？其得柟、梓、豫章❻也，攬蔓其枝❼，而王長❽其間，雖羿❾、逢蒙❿不能眄睨⓫也。及其得柘、棘、枳、枸⓬之間也，危行側視⓭，振動悼慄⓮，此筋骨非有加急⓯而不柔也，處勢不便，未足以逞其能也。今處昏上亂相⓰之間，而欲無憊，奚可得邪！此比干之見剖心徵也夫⓱！」

【章　旨】莊子在魏王面前詛咒當時的統治者是「昏上亂相」，充分表現出他對統治者的痛恨之情和無畏精神。

【注　釋】❶衣大布　穿著粗布衣。衣，穿。大布，粗布。❷正緳係履　用麻繩綁著破鞋。正，同「整」。整理。緳，麻繩。係，同「繫」。履，鞋。❸過　看望；拜訪。❹非遭時　生不逢時。❺騰　跳躍。❻柟梓豫章　三種樹名。都是樹幹又高又直的喬木。❼攬蔓其枝　抓住藤蔓般的小樹枝。❽王長　當君長；稱王稱霸。❾羿　人名。古代的神箭手。❿逢蒙　人名。羿的弟子。也以善射而著名。⓫眄睨　斜視。有輕視、小看之意。⓬柘棘枳枸　四種身上長刺的小灌木。⓭危行側視　小心翼翼地行走，不停地左顧右盼。⓮振動悼慄　顫抖恐懼。振動，顫抖。悼慄，恐懼。⓯加急　緊縮；僵硬。⓰昏上亂相　昏君亂臣。⓱此比干之見剖心徵也夫　這種情況是比干一類的賢人又要被剖心殺害的徵兆啊。比干，人名。商末賢臣，因進諫商紂王而被剖心。見，被。徵，徵兆。

【語　譯】莊子穿著打了補釘的粗布衣服，用麻繩把破鞋綁好，便去拜見魏王。魏王問道：「先生為什麼如此疲憊呢？」莊子說：「您說的是貧窮，而不是疲憊。士人身懷道德而不能夠推行，這才叫疲憊；衣服爛了鞋子破了，這叫做貧窮，而不叫做疲憊。這種情況就是所謂的生不逢時。大王您難道沒有看到過那些善於跳躍的猿猴嗎？當牠們生活於柟樹、梓樹、豫章樹等高大的樹林裡時，會抓住藤蔓般的小樹枝自由跳躍，稱王稱霸，即使神箭手羿和逢蒙也不敢小看牠們。而當牠們生活於柘、棘、枳、枸等荊棘叢中時，行動時就會戰戰兢兢，左顧右盼，就會恐懼不安，顫抖不已。這不是因為牠們的筋骨變得僵硬而不柔軟靈活了，而是因為所處的環境對牠們不利，使牠們無法施展自己的才能。如今我生活於君昏臣亂的時代，要想不疲憊，怎麼可能呢！現在這種情況是比干一類的賢人又要被剖心殺害的徵兆啊！」

孔子窮❶於陳蔡之間，七日不火食，左據❷槁木，右擊槁枝，而歌猋氏之風❸，有其具❹而無其數❺，有其聲而無宮角❻，木聲與人聲，犁然有當於人之心❼。顏回端拱❽還目而窺之。仲尼恐其廣己❾而造大❿也，愛己而造哀⓫也，曰：「回，無受天損易⓬，無受人益⓭難，無始而非卒也⓮。人與天一也，夫今之歌者其誰乎⓯？」

回曰：「敢問無受天損易。」仲尼曰：「飢渴寒暑，窮桎不行⓰，天地之行也，運物之泄⓱也，言與之偕逝之謂也⓲。為人臣者，不敢去之⓳。執臣之道猶若是，而況乎所以待天⓴乎！」

「何謂無受人益難？」仲尼曰：「始用四達㉑，爵祿並至而不窮，物之所利，乃非己也，吾命其在外者也㉒。君子不為盜，賢人不為竊。吾若取之，何哉！故曰：鳥莫知於鷾鴯㉓，目之所不宜處㉔，不給視㉕，雖落其實㉖，棄之而走。其畏人也，而襲㉗諸人間，社稷存焉爾㉘？」

「何謂無始而非卒？」仲尼曰：「化其萬物而不知其禪之者㉙，焉知其所終？

焉知其所始？正而待之㉚而已耳。」

「何謂人與天一邪？」仲尼曰：「有㉛人，天也；有天，亦天也。人之不能有天，性也。聖人晏然㉜體逝㉝而終矣！」

【章　旨】本章通過孔子被圍的故事，說明聖人即使身處逆境，也能夠做到心閒體安，順其自然。

【注　釋】❶窮　困窘。指被圍困。❷據　靠著；扶著。❸猋氏之風　神農時代的歌謠。猋氏，人名。即神農氏。風，民歌；歌謠。❹具　指敲擊節奏的器具。這裡指枯樹枝。❺數　這裡指節奏。❻宮角　音律；音調。❼犁然有當於人之心　人們聽了很受感動。犁然，深深感動的樣子。當，恰當。引申為感動。❽端拱　很端正地站在那兒，拱著手。❾廣己　認為自己胸懷寬廣。❿造大　達到非常偉大的程度。造，達到。⓫造哀　以至於傷心。⓬無受天損易　在天命面前，內心不受傷害還是容易做到的。意思是說，只要懂得一切皆天命所定，人力無法改變，那麼一旦遇到災難，就會心平氣和地對待它。⓭受人益　接受別人的利祿。益，好處；利益。⓮無始而非卒也　沒有任何一種事物的開始而不是另一種事物的結束。比如白天的開始，是夜晚的結束；春天的開始，是冬天的結束。卒，結束。⓯人與天一也二句　人與大自然本來就是一體的，現在唱歌的人究竟是誰呢。孔子的意思是，自己已經在精神上與自然融為一體，達到了忘我的程度，所以唱歌的人可以說已經不是自己，而是自然的一部分。⓰窮桎不行　困窘異常，無路可走。桎，束縛。⓱運物之泄　萬物運動變化。泄，流動；變化。⓲言與之偕逝之謂也　說的就是與天地萬物一起變化。逝，變化。⓳去之　背棄君主。去，背棄。之，指君主。⓴所以待天　對待天命的態度。㉑始用四達　剛被君主信用時處處順利。㉒吾命其在外者也　我把這些爵祿叫做身外之物。命，命名；叫做。在外者，身外之物。㉓鳥莫知於鷾鴯　鳥類中最聰明的是燕子。知，同「智」。鷾鴯，鳥名。即燕子。㉔不宜處　不適宜停留的地方。㉕不給視　不再多看一眼。㉖雖落其實　即使口中的食物掉在那裡。實，果實；食物。㉗襲　入；居住在。㉘社稷存焉爾　這是因為牠們的生活必需品在人間。比喻孔子自己雖然討厭塵世，但因生活所迫，又不得不生活於塵世。社稷，土神和穀神。土和穀是生活必不可少的，故代指生活必需品。焉，代指人間。㉙化其萬物而不知其禪之者　變化無窮的萬物都不知道自己下一步會變作什麼。禪，替代；變作。㉚正而待之　遵循正道而等待著變化的到來。莊子認為人死之後，其肉體還會變化為其他事物，如變作一撮土，變作一滴水等等，所以莊子又把死亡叫作「物化」。㉛有　出現；產生。㉜晏然　安然。㉝體逝　身體變化。

【語　譯】孔子被圍困於陳國和蔡國之間，整整七天沒有能夠生火做飯吃。他左手扶著一棵枯樹，右手敲著枯樹枝作為節奏，唱起了神農時代的歌謠。孔子雖有敲擊節奏的器具卻沒有力氣敲擊出應有的節奏，雖然唱出了聲音卻沒有力氣唱出應有的韻調，然而那擊木聲和歌聲卻深深地打動了人心。

顏回恭敬地拱著雙手站在一邊，偷偷地看了看孔子。孔子擔心他認為自己心胸寬廣達到了十分偉大的程度，還擔心他因為太愛護自己以至於內心悲痛，於是便對顏回說：「顏回啊，一個人在天命面前，要使內心不受傷害還是容易做到的，而不接受君主的利祿就比較困難，任何一個事物的開始都是另外一個事物的結束。人和自然本來就是一體的，那麼現在這個唱歌的人究竟又算是誰呢？」

顏回說：「請問『在天命面前要使內心不受傷害還是容易做到的』是什麼意思。」孔子說：「飢餓乾渴，嚴寒酷熱，窮困潦倒，無路可走，這都是天地運行、萬物變化造成的結果，我說的那句話的意思就是聽任命運的安排與天地萬物一同變化。做臣子的，不敢背棄自己的君主。能夠堅守做臣子原則的人尚且能有這樣的態度，更何況用來對待天命的態度呢！」

顏回又問：「什麼叫做『不接受君主的利祿就比較困難』呢？」孔子說：「剛受到君主信用時，處處都很順利，爵位和俸祿一齊到來而沒有窮盡，這些東西雖然帶來了很多好處，卻不是自己原來就有的，所以我把它們叫做身外之物。君子不做搶劫之事，賢人不做偷竊之事。我如果去竊取這些身外之物，又是為了什麼呢！所以說：在鳥類中最聰明的是燕子，只要牠看到不適宜停留的地方，就絕不會再去看第二眼，即使自己口中的食物掉在那裡，也將棄之不顧而飛走。燕子很害怕人，卻又不得不居住在人們之間，這是因為牠們的生活必需品在人間哪！」

顏回又問：「什麼叫做『任何一個事物的開始都是另外一個事物的結束』呢？」孔子說：「變化無窮的

萬物都不知道自己下一步會變作什麼，那麼它們又怎能知道自己是如何終結的呢？又怎能知道自己是如何開始的呢？我們只能堅守著正道，等待那不可知的變化的到來而已。」

顏回又問：「什麼叫做『人和自然本來就是一體的』呢？」孔子說：「產生人類的，是大自然；而產生大自然的，就是大自然本身。人類不能產生大自然，這是人類和自然的本性決定的。聖人十分安然地聽任自己身體的變化而走向自己人生的終點。」

莊周遊乎雕陵之樊❶，覩一異鵲自南方來者，翼廣七尺，目大運寸❷，感❸周之顙❹而集於栗林。莊周曰：「此何鳥哉！翼殷不逝❺，目大不覩。」蹇裳躩步❻，執彈而留之❼。覩一蟬，方得美蔭而忘其身，螳蜋執翳❽而搏之，見得❾而忘其形；異鵲從而利之❿，見利而忘其真⓫。莊周怵然⓬曰：「噫！物固相累⓭，二類相召也！」捐彈而反走，虞人⓮逐而誶⓯之。

莊周反入，三月不庭⓰。藺且⓱從而問之：「夫子何謂頃間⓲甚不庭乎？」莊周曰：「吾守形而忘身，觀於濁水而迷於清淵⓳。且吾聞諸夫子⓴曰：『入其俗，從其俗。』今吾遊於雕陵而忘吾身，異鵲感吾顙，遊於栗林而忘真，栗林虞人以吾為戮㉑，吾所以不庭也。」

【章旨】這個故事後來發展為成語「螳螂捕蟬，黃雀在後」。比喻目光短淺的人一心謀取眼前的蠅頭小利，而忘掉了自身的安危。

【注 釋】❶雕陵之樊 雕陵一帶。雕陵，山名。樊，樊籬。引申為範圍、周圍。❷運寸 直徑一寸。❸感 觸；碰著。❹顙 額頭。❺翼殷不逝 翅膀這麼大卻不能遠遠飛走。殷，大。逝，飛走。❻蹇裳躩步 提起下衣，快步走上前去。蹇，提起。裳，下衣。躩步，快步行走。❼留之 等待適當的射鳥機會。留，等候。❽執翳 用手臂攀著樹葉作隱蔽。翳，隱蔽。❾得 所得之利。指蟬。❿從而利之 緊隨螳螂之後，把螳螂當作可得之利。從，緊隨。⓫真 自身的真性。引申為自身。⓬怵然 驚恐的樣子。⓭相累 互相牽累。⓮虞人 看守山林的人。⓯誶 罵。⓰不庭 不愉快。庭，通「逞」。愉快。⓱藺且 人名。莊子的弟子。⓲頃間 近期。⓳觀於濁水而迷於清淵 在渾濁的水邊照身影而不知道到清澈的水邊照身影。比喻把事情搞顛倒了。⓴夫子 先生；老師。舊注說是指老子。㉑戮 辱。

【語 譯】莊周到雕陵一帶遊玩，看見從南邊飛來一隻奇異的大鳥，翅膀有七尺那麼寬，眼睛有一寸那麼大，擦著莊周的額頭飛過，落在了栗樹林裡。莊周說：「這是隻什麼鳥呀！翅膀大卻不能遠飛，眼睛大卻視力不好。」於是就提起長衣襟快步走了過去，拿著彈弓等待射擊的好時機。這時又看到有一隻蟬正得意忘形地躺在一處使牠十分愜意的樹蔭下休息；一隻螳螂正在用樹葉作隱蔽準備捕捉牠，螳螂只顧捕捉食物而忘記了自身的安危；那隻奇異的大鳥緊隨螳螂之後打算捕捉牠當美餐，大鳥只管盯住這頓美餐而忘掉了自身的安全。莊周見此情景大吃一驚，說：「哎呀！萬物之間原來就是如此相互牽累、相互誘惑的啊！」於是莊周慌忙扔掉彈弓回頭就跑，發現看山的人正在後面追趕他，大罵他不該擅入山林。

莊周返回家中後，整整三個月心情都不好。藺且跟隨一旁問道：「先生為什麼近期以來一直很不高興呢？」莊周說：「我本來是想守護好自己的形體卻忘記了自身的安全，這就好像到渾濁的水邊去照身影而不知道到清水邊去照身影一樣。再說，我聽我的老師說過：『到一個地方，就要遵從那個地方的風俗習慣。』如今我去雕陵遊玩而忘掉了我自身的安全，那隻奇異的大鳥擦著我的額頭飛到栗樹林裡時，也忘掉了自身的安危，看管栗樹林的人把我羞辱了一番，因此我心情很不愉快。」

陽子❶之宋，宿於逆旅❷。逆旅人❸有妾二人，其一人美，其一人惡❹，惡者貴而美者賤。陽子問其故，逆旅小子❺對曰：「其美者自美❻，吾不知其美也；其惡者自惡，吾不知其惡也。」陽子曰：「弟子記之！行賢而去自賢❼之行，安往❽而不愛哉？」

【章旨】這個故事說明自我炫耀就會被輕賤、謙卑才能受到愛戴的道理。

【注釋】❶陽子　人名。即楊朱。又作陽朱。戰國初年的思想家。❷逆旅　旅店。❸逆旅人　旅店主人。❹惡　相貌醜陋。❺逆旅小子　旅店的年輕主人。即上文的「逆旅人」。小子，年輕人。❻自美　自以為漂亮。❼自賢　自以為賢能。❽安往　到哪裡去。安，哪裡。

【語譯】陽子到宋國去，住在一家旅店裡。旅店主人有兩個妾，一個容貌美麗，一個長相醜陋，然而醜女的地位尊貴，而美女的地位卻低賤。陽子問這是什麼原因，年輕的店主人回答說：「那個容貌美麗的自以為很美，而我一點也不感到她美；那個長相醜陋的自以為很醜，而我一點也不感到她醜。」陽子說：「弟子們一定要記住這件事！做了賢良的事，但一定要去掉自以為賢良的言行，這樣到哪裡會不受愛戴呢？」

【研析】本篇最為著名的就是莊子提出的「處夫材與不材之間」的命題，但是這一命題還不是莊子最理想的處世方法。統觀《莊子》全書，莊子對一個人生活在世上，是該有用還是無用的問題，提出了三個層次的主張。

第一個層次：主張無用。關於這一點，他在〈內篇〉中就反覆強調過，認為「山木，自寇也；膏火，自煎也。桂可食，故伐之；漆可用，故割之。」（〈人間世〉）一個人有用了，就是自找麻煩，自戕生命；只有無用，才能過上平安清靜的日子。在本篇的一開始，當莊子看到無用的大樹得以保全生命時，依然是持這種觀點。

第二個層次：處於有用與無用之間。在一些特定的情況下，無用確實是可以保命的。武則天為了掃除自己當皇帝的障礙，就是先殺有才能的李唐宗室，而沒有才能的人卻保全了生命。然而不會鳴叫的鵝被殺這件事，對莊子無用就可以保命的主張提出了嚴峻的挑戰，使他不得不改變只贊成無用的觀點，進而提出了要「處夫材與不材之間」的新主張。也就是說，既不要太有用，也不要太無用。白居易對這一觀點就非常贊成，他在〈偶作〉一詩中，就這樣寫道：

〈木雁〉一篇須記取，致身才與不才間。

〈木雁〉指的就是〈山木〉。白居易後半生以此為座右銘，過著半仕半隱的生活，日子過得也還算順利。

第三個層次：一龍一蛇，與時俱化。半有用半無用，用莊子自己的話來講，的確是一種似是而非的處世方法，因為當有用之人遭殃時，「半有用」的人可能就會被劃入有用人之列；反過來當無用之人遭殃時，「半無用」的人也可能會被劃入無用人之列。非鳥非獸的蝙蝠很可能既被認作鳥又被認作獸。這可就太危險了！所以，當莊子提出這一主張之後，馬上就自我否定了，重新提出「一龍一蛇，與時俱化」的觀點。也就是說，一切根據具體情況而定，有用對自己有利時，就像飛龍那樣當一個有用之人；無用對自己有利時，就變作一條小蛇當一個無用之人。從理論上看，這一保命的方法可以說是臻於完美了。但在實際運用時，卻也難免會出問題，因為究竟什麼時候該有用，什麼時候該無用，要想把握準確，也不是一件容易的事情。

從這三個層次，我們不難看出莊子思想的變化過程，更重要的是，我們從中看到了一個處境困難、戰戰兢兢的莊子。在本篇中，三次提到孔子的不幸遭遇，兩次提到莊子的不幸處境。莊子認為當時的掌權者是「昏上亂相」，自己生活在這個可惡的人世間，是處處掛礙，進退維谷。可以說，這一險惡的社會環境是莊子反覆琢磨、不斷研究保生哲學的基礎。與其說這些保命思想的提出體現了莊子的高超智慧，倒不如說是體現了莊子生活的辛酸。

田子方第二十一

【題解】田子方，人名。魏人。姓田名無擇，字子方。相傳他是魏文侯的老師。外篇和雜篇多取篇首二字為篇名，但人名不便破開，故取「田子方」三字為篇名。全篇由十一個長短不一的部分組成，其主旨仍然是在闡述順應自然、清靜無為思想，特別強調要擺脫生死、名利的束縛，認為只有擺脫了這些束縛，才能保證心情的舒暢和事業的成功。篇末「楚王與凡君坐」一段意味深長，我們將在「研析」中加以討論。

田子方❶侍坐❷於魏文侯，數稱谿工❸。文侯曰：「谿工，子之師邪？」子方曰：「非也。無擇之里人❹也。稱道數當❺，故無擇稱之。」文侯曰：「然則子無師邪？」子方曰：「有。」曰：「子之師誰邪？」子方曰：「東郭順子❻。」文侯曰：「然則夫子何故未嘗稱之？」子方曰：「其為人也真，人貌而天虛❼，緣而葆真❽，清而容物。物無道❾，正容以悟之❿，使人之意⓫也消。無擇何足以稱之？」

子方出，文侯儻然⓬終日不言，召前立臣而語之曰：「遠矣，全德之君子！始吾以聖知之言、仁義之行為至矣，吾聞子方之師，吾形解⓭而不欲動，口鉗⓮而不欲言。吾所學者，真土梗⓯耳。夫魏真為我累耳！」

【章旨】本章通過田子方和魏文侯的對話，讚美了真樸、寬容等美德。

【注釋】❶田子方　人名。魏國人。姓田名無擇，字子方。❷侍坐　陪坐。❸數稱谿工　多次稱讚谿工。數，多次。谿工，人名。魏國人。姓谿名工。❹里人　同鄉之人。❺稱道數當　言談總是很恰當。稱道，言談。數，多次。引申為經常、總是。❻東郭順子　人名。名叫順子，因居住在東郭，故稱「東郭順子」。❼人貌而天虛　具有人的容貌而內心合乎自然。天，自然。虛，孔竅。這裡指心。❽緣而葆真　順應萬物而保有真性。緣，順應。葆，通「保」。❾物無道　人的行為不符合大道。物，指人。❿悟之　使他醒悟。⓫意　指迷亂之意。即不符合大道的思想。⓬儻然　若有所失的樣子。⓭形解　形體懈怠。解，同「懈」。⓮鉗　鉗住；夾住。⓯土梗　泥塑的偶像。比喻不真實的東西。

【語譯】田子方陪坐在魏文侯的身邊，多次稱讚谿工。魏文侯問：「谿工是您的老師嗎？」田子方說：「不是。他是我的一位同鄉。因為他的言談總是很恰當，所以我稱讚他。」魏文侯又問：「那麼您沒有老師嗎？」田子方說：「有。」魏文侯問道：「您的老師是誰呢？」田子方說：「是東郭順子。」魏文侯又問道：「那麼先生為什麼不曾稱讚過他呢？」田子方說：「他為人十分真樸，相貌與普通人一樣而內心卻合乎自然，能順應萬物而保有真性，心境清虛而能包容外物。如果有人的言行不符合大道，他便會嚴肅地指出使他醒悟，使他的那些不符合大道的思想自然消除。我哪裡有資格去稱讚我的老師呢？」

田子方走了以後，魏文侯若有所失地整天不說話，他把在前面侍立的大臣召到跟前，對他們說：「真是太深遠了，那些德行完美的君子！當初我總以為聖智的言論和仁義的行為是最為高尚的了，如今我聽說了田子方老師的情況，使我感到形體懈怠而不想做什麼，嘴巴像被鉗住一樣也不想說什麼。我過去所學的那些東西，真如泥人一樣虛假而無價值。這個魏國真成了我的包袱啊！」

溫伯雪子❶適❷齊，舍魯。魯人有請見之者，溫伯雪子曰：「不可。吾聞中國❸之君子，明乎禮義，而陋❹於知人心，吾不欲見也。」

至於齊，反舍於魯，是人也又請見。溫伯雪子曰：「往也蘄❺見我，今也又蘄見我，是必有以振❻我也。」出而見客，入而歎。明日見客，又入而歎。其僕曰：「每見之❼客也，必入而歎，何邪？」曰：「吾固告子矣：『中國之民，明乎禮義而陋乎知人心。』昔之見我者，進退一成規，一成矩❽，從容一若龍，一若虎❾，其諫我也似子，其道❿我也似父，是以歎也。」

仲尼見之而不言。子路曰：「吾子欲見溫伯雪子久矣，見之而不言，何邪？」仲尼曰：「若夫人者，目擊而道存矣⓫，亦不可以容⓬聲矣。」

【章　旨】這個故事批評了只懂得禮義而不懂得人心的儒家學者，另外還描述了「目擊道存」的無言境界。

【注　釋】❶溫伯雪子　人名。楚國人。姓溫名伯，字雪子。❷適　到。❸中國　中原一帶的國家。這裡指魯國。❹陋　笨拙；不善於。❺蘄　求。❻振　起。引申為啟發。❼之　這些。❽進退一成規二句　進退全都循規蹈矩。一，全。規、矩，比喻禮義。❾從容一若龍二句　行動容貌全都如龍似虎。從容，行動容貌。龍、虎，比喻行為容貌肅穆威嚴。❿道　同「導」。開導。⓫目擊而道存矣　目光所到之處，就已經傳達了大道。擊，動；投向。⓬容　容納。引申為使用。一說通「庸」。用。

【語　譯】溫伯雪子到齊國去，途中在魯國住宿。魯國有人請求拜訪他，溫伯雪子說：「不行。我聽說中原國家的君子，懂得禮義卻不善於了解人心，我不想見他們。」

到了齊國後，返回途中又住宿在魯國，那些魯國人又一次請求拜訪他。溫伯雪子說：「過去要求見我，如今又要求見我，這些人必定有一些什麼可以啟發我的。」於是他便出來接見了這些人，但回到屋裡就歎息不已。第二天又會見了這些人，回到屋裡又一次歎息不已。他的僕人問：「每次會見這些客人，您回到屋裡就歎息不已，這是為什麼呢？」溫伯雪子說：「我原先就告訴過你：『中原國家的人，懂得禮義卻不善於了解人心。』前幾天來會見我的那些人，進退舉止全都那麼循規蹈矩，行為容貌又是那樣如龍似虎，他們像兒子對待父親那樣勸諫我，像父親對待兒子那樣開導我，我就是為此而歎息。」

孔子拜訪溫伯雪子時一言未發。子路問：「先生很久就想會見溫伯雪子，可是見到了他卻又不說一句話，這是為什麼呢？」孔子說：「像他那樣的人，目光一動就已傳達了大道，根本用不上語言。」

顏淵問於仲尼曰：「夫子步亦步，夫子趨亦趨，夫子馳亦馳，夫子奔逸絕塵❶，而回瞠若❷乎後矣！」夫子曰：「回，何謂邪？」曰：「夫子步，亦步也，夫子言，亦言也；夫子趨，亦趨也，夫子辯，亦辯也；夫子馳，亦馳也，夫子言道，回亦言道也；及奔逸絕塵而回瞠若乎後者，夫子不言而信❸，不比而周❹，無器❺而民蹈❻乎前，而不知所以然而已矣。」

仲尼曰：「惡❼，可不察與！夫哀莫大於心死，而人死亦次之。日出東方而入於西極❽，萬物莫不比方❾，有目有趾者❿，待是⓫而後成功，是出則存，是入則亡⓬。萬物亦然，有待⓭也而死，有待也而生。吾一受其成形⓮，而不化以待盡⓯，效物而動⓰，日夜無隙⓱，而不知其所終，薰然⓲其成形。知命不能規⓳乎其前，丘以是日徂⑳。吾終身與汝交一臂而失之㉑，可不哀與！汝殆著乎吾所以著也㉒，彼㉓已盡矣，而汝求之以為有，是求馬於唐肆㉔也。吾服㉕汝也甚㉖忘，汝服吾也亦甚忘。雖然，汝奚患焉！雖忘乎故吾㉗，吾㉘有不忘者存。」

【章　旨】本章認為天地萬物時時刻刻都在流動變化，因此不可執著於已經過去了的事情，而應該順應這些變化，不斷地改變自己。

【注　釋】❶奔逸絕塵　腳不沾地迅速飛奔。奔逸，快速奔跑。絕塵，不沾土地。❷瞠若　直瞪著眼睛的樣子。❸信　取信於人。❹不比而周　不表示親近就能團結大家。比，親近。周，合；團結。❺器　指爵位。❻蹈　來到；聚集。❼惡　不。表示不贊成。❽極　邊際。❾比方　遵照太陽的運行原則做事。比，遵照。方，道；原則。❿有目有趾者　有眼有腳的人。⓫待是　依靠它。是，指太陽。⓬是出則存二句　有了太陽就能生存，沒有太陽就會死亡。一說這兩句的意思是日出而作，日入而息。⓭有待　有的事物依賴它。⓮形　指人的形體。⓯盡　死亡。⓰效物而動　順應外物而行動。效，做法；順應。⓱無隙　不間斷。⓲薰然　自然而然的樣子。⓳規　同「窺」。窺測；預知。⓴日徂　每天都在向前行進。徂，往；行進。㉑交一臂而失之　非常親近卻並不了解我。交一臂，形容彼此非常親近。之，代指孔子自己。本句的意思是，人時刻都在變化，而顏回兩眼只盯著孔子的言行，而這些言行一旦出現，馬上就又成為了過去，所以說顏回了解的都是過去的孔子，而不是眼前的孔子。㉒汝殆著乎吾所以著也　你大概只了解我那些已經顯露在外的言行。殆，大概。著，第一個「著」是明白、了解的意思；第二個「著」是顯露在外的意思。㉓彼　代指孔子的言行。㉔唐肆　空空的市場。唐，空。肆，市場。㉕服　思存；心目中。㉖甚　盡快。㉗故吾　過去的我。㉘吾　指如今的我。

【語　譯】顏淵問孔子：「先生行走我也能跟著行走，先生快步行走我也能跟著快步行走，先生奔跑我也能跟著奔跑，可當先生腳不沾地迅速飛奔時，我就只好乾瞪著眼睛落在後面了。」孔子問：「顏回，你說的是什麼意思呢？」顏回說：「先生行走我也能跟著行走，意思是說先生談話，我也能跟著談話；先生快步行走我也能跟著快步行走，意思是說先生辯論，我也能跟著辯論；先生奔跑我也能跟著奔跑，意思是說先生談論大道，我也能跟著談論大道；等到先生腳不沾地快速飛奔時，而我就只好乾瞪著眼睛落在後面，意思是說先生不用說話就能取信於人，不用表示親近就能把大家團結起來，沒有爵位權勢而人們都聚集在您的身邊，而我卻不知道先生為什麼能夠做到這一點。」

孔子說：「不對，這件事不可不弄明白！最大的悲哀就是心靈的死亡，而肉體的死亡還是次要的。太陽從東方昇起，而落入最西邊，萬物都遵循著太陽的運行規律而生活，長有眼睛和腿腳的人，要依靠太陽才能成就自己的事業，有了太陽人們才能生存，沒有太陽人們就會死亡。萬物也是如此，有的事物因為太陽而走向死亡，有的事物則依靠太陽而得以生存。我一旦稟受大自然賦予我的形體，就接受這個難以改變的形體以等待著生命的終結，我順應外物行動，日夜沒有間斷，但無法知道自己生命終結的情況，那時自己將會自然而然地變化為另一種形體。我知道命運是無法預先窺測的，因此我只能每天不停地向前行進。我終身與你關係密切而你卻無法真正了解我，能不感到悲哀嗎！你大概只了解我那些顯露在外的言行，然而那些言行已成為過去而消失了，可是你還在尋求它們並把它們當作一種現實存在，這種做法就好像到空蕩蕩的市場上去尋找馬一樣。我應該盡快地忘掉我心目中的過去的你，你也應該盡快地忘掉你心目中的過去的我。雖然如此，你又有什麼值得憂愁呢！你雖然忘掉了過去的我，但如今的我總還有一些不會被忘掉的東西存在於你的心中。」

孔子見老聃，老聃新沐❶，方將被髮而乾❷，慹然似非人❸。孔子便❹而待之，少焉❺見，曰：「丘也眩❻與？其信然❼與？向者先生形體掘❽若槁木，似遺物❾離人而立於獨也。」老聃曰：「吾遊心於物之初❿。」

孔子曰：「何謂邪？」曰：「心困焉而不能知，口辟⑪焉而不能言，嘗為汝議乎其將⑫。至陰肅肅⑬，至陽赫赫⑭，肅肅出乎天，赫赫發乎地，兩者交通成和⑮而物生焉，或⑯為之紀⑰而莫見其形。消息⑱滿虛，一晦⑲一明，日改月化，日有所為，而莫見其功。生有所乎萌⑳，死有所乎歸，始終相反㉑乎無端而莫知乎其所窮。非是㉒也，且孰為之宗㉓！」

孔子曰：「請問遊是㉔。」老聃曰：「夫得是，至美至樂也，得至美而遊乎至樂，謂之至人。」孔子曰：「願聞其方㉕。」曰：「草食之獸不疾易藪㉖，水生之蟲不疾易水，行少變而不失其大常㉗也，喜怒哀樂不入於胷次㉘。夫天下也者，萬物之所一㉙也。得其所一而同焉，則四支百體將為塵垢㉚，而死生終始將為晝夜而莫之能滑㉛，而況得喪禍福之所介㉜乎！棄隸者㉝若棄泥塗，知身貴於隸也，貴在於我而不失於變㉞，且萬化而未始有極也，夫孰足以患心！已為道㉟者解乎此。」

孔子曰：「夫子德配天地，而猶假㊱至言以修心，古之君子，孰能脫㊲焉？」

老聃曰：「不然。夫水之於汋㊳也，無為而才自然㊴矣。至人之於德也，不修而物不能離㊵焉，若天之自高，地之自厚，日月之自明，夫何修焉！」

孔子出，以告顏回曰：「丘之於道也，其猶醯雞㊶與！微夫子之發吾覆也㊷，吾不知天地之大全㊸也。」

【章　旨】本章認為體察大道是一種最高的思想境界，有了這種思想境界，就懂得生死存亡不過是一種循環，就不會因為得失禍福而打破內心的平靜。

【注　釋】❶新沐　剛剛洗完頭。沐，洗頭。❷被髮而乾　披散著頭髮讓它晾乾。被，通「披」。❸慹然似非人　一動不動就像一個木偶。慹然，不動的樣子。非人，不像個活人。❹便　通「屏」。屏蔽；躲開。❺少焉　過了一會兒。❻眩　眼花。❼信然　真的如此。信，真實。❽掘　通「柮」。木頭。❾遺物　遺忘了萬物。❿物之初　萬物的開始時期。⓫辟　張開。⓬將　大概。⓭至陰肅肅　最純的陰氣是寒冷的。肅肅，寒冷的樣子。⓮赫赫　炎熱的樣子。⓯交通成和　相交融合。⓰或　有某種東西。實指大道。⓱紀　綱紀；規律。⓲消息　死亡和生長。息，生長。⓳晦　隱蔽不見。⓴有所乎萌　有一個萌發之處。㉑相反　交替循環。反，同「返」。㉒是　代指大道。㉓宗　主；主宰者。㉔是　代指大道的境界。㉕方　方法。㉖不疾易藪　不擔心更換一下生活的草澤。疾，厭惡；擔心。易，改變。藪，草澤。㉗大常　慣常的大環境。㉘胷次　胸中。㉙所一　所共同生活的地方。一，一起；共同。㉚則四支百體將為塵垢　那麼四肢百骸總有一天將化為塵土。支，同「肢」。㉛滑　亂。指擾亂平靜的心境。㉜介　介意。㉝隸者　附屬的東西。指上文提到的得失禍福。隸，從屬；附屬。㉞不失於變　不會在變化中喪失。莊子認為，人的肉體永遠不會消失，人死後，肉體將變化為其他事物，但無論變作什麼，依然是存在於天地之間，只不過是改變了一些小的生活環境和小的生活方式而已，就像食草之獸換了一個草澤、水中之蟲換了一個水域一樣，因而人不必為死亡而傷感。㉟為道　修道；學習大道。㊱假　借助。㊲脫　擺脫；免除。㊳汋　從地下湧出。㊴才自然　它的才能使它自然而然如此。㊵物不能離　萬物無法離開他。指受到萬物的擁戴。㊶醯雞　蟲名。酒甕裡的一種小飛蟲。又叫蠛蠓。㊷微夫子之發吾覆也　如果不是先生為我揭開了酒缸上的蓋子。微，沒有；不是。夫子，先生。指老聃。發，揭開。覆，酒缸蓋子。㊸大全　廣大而全面。全，全面；整個。

【語　譯】孔子去拜訪老聃，老聃剛剛洗完頭，正披散著頭髮讓它晾乾，一動也不動地就像是一個木偶。於是孔子就退避在一旁等待著。過了一會兒，孔子見了老聃，說：「是我眼花看錯了呢？還是真的如此呢？剛才先生的身體一動不動就像是一根枯樹樁，似乎是遺忘了萬物、離開了人世而獨立自存。」老聃說：「剛才我的思想正在萬物初始的境界裡遨遊啊！」

孔子問：「您說的是什麼意思呢？」老聃說：「你心中困惑而無法理解，嘴巴張著卻難以言說，我就試著為你說個大概吧。最純的陰氣十分寒冷，最純的陽氣十分炎熱，寒冷的陰氣產生於上天，炎熱的陽氣出自大地，陰陽二氣相互交匯融合，於是就產生了萬物，一定有一個東西在主宰著萬物產生的過程，只是看不到它的形象而已。萬物生死盛衰，或隱或現，日遷月移，這個東西每天都在發揮著作用，而沒有人能夠看到它的功績。萬物產生要有一個萌生之處，死亡也要有一個歸依之所，生死相互循環無窮無盡，沒有人能夠知道它的終點。除了這個東西——大道，又有誰會是萬物的主宰者呢！」

孔子說：「請問在大道境界裡遨遊的情況。」老聃說：「達到了這種境界，是最為完美、最為快樂的了。能夠達到最為完美的境界並能在最為快樂的境界中遨遊的人，可以叫作至人。」孔子說：「我想知道遨遊這種境界的方法。」老聃說：「食草的獸類不擔心更換生活的草澤，水中的蟲類不害怕改變生活的水域，這是因為只做了一些小小的改變而沒有失去牠們習慣了的大環境，所以喜怒哀樂不會進入牠們的心中。天地之間，是萬物所共同生活的地方。萬物在這同一個地方共同生活在一起，人的肉體總有一天將會化為塵土，然而生死存亡就會像晝夜交替那樣循環不已，因而這些都無法打亂至人內心的平靜，更何況去介意那些得失禍福呢！至人放棄得失禍福之類的附屬東西就像遺棄泥塗一樣，他們知道自身比這些附屬的東西更為可貴，可貴的東西在於自身，而自身又不會在變化中喪失，再說人的肉體在天地間千變萬化無窮無盡，這又怎麼值得傷心呢！那些已經掌握了大道的人能夠明白這個道理。」

孔子說：「先生的品行可與天地相媲美，然而還要借助至理真言來修養心性，古時候的君子，又有誰能夠免於這種做法呢？」老聃說：「你說的不對。水從地下湧出，它主觀上並沒想這樣做而它的才能使它自然而然如此。至人在品行方面，不用修養自身就能得到萬物的擁戴，就好像上天自然而然的高遠、大地自然而然的厚重、日月自然而然的光明一樣，又哪裡用得著修養呢！」

孔子從老聃那裡出來後，把這一切都告訴了顏回，說：「我對於大道的了解，就好像一隻酒缸裡的小飛蟲，如果不是先生為我揭開了酒缸上的蓋子，我根本無法看到如此全面、如此廣大的天地啊！」

莊子見魯哀公❶。哀公曰：「魯多儒士，少為先生方❷者。」莊子曰：「魯少儒。」哀公曰：「舉❸魯國而儒服❹，何謂少乎？」莊子曰：「周聞之，儒者冠圜冠❺者，知天時；履方屨❻者，知地形；緩佩玦❼者，事至而斷。君子有其道者，未必為其服❽也；為其服者，未必知其道也。公固❾以為不然，何不號❿於國中曰：『無此道而為此服者，其罪死！』」

於是哀公號之五日，而魯國無敢儒服者，獨有一丈夫⓫儒服而立乎公門。公即召而問以國事，千轉萬變⓬而不窮。莊子曰：「以魯國而儒者一人耳，可謂多乎？」

【章旨】這個故事告訴人們，外表與實質往往不相符合，因而不可為外表所迷惑。

【注釋】❶魯哀公　魯國君主。魯哀公比莊子早一百多年，二人不可能見面，因而這個故事只能視為寓言。❷方　道；學說。❸舉　全；整個。❹儒服　穿著儒生的服裝。❺冠圜冠　戴著圓形的帽子。冠，第一個「冠」為動詞。戴帽子。第二個「冠」為名詞。圜，通「圓」。❻履方屨　穿著方形的鞋子。履，穿。屨，用麻、葛製成的鞋。這裡泛指鞋子。❼緩佩玦　佩帶用五色絲繩繫著的玉玦。緩，五色絲繩。用來穿繫玉玦。玦，一種環形有缺口的佩玉。❽為其服　穿那樣的服裝。為，穿。

❾固　堅持；一定。❿號　發布號令。⓫丈夫　成年男子。一說指孔子。⓬千轉萬變　千變萬化。形容所提的各種問題十分複雜。

【語　譯】莊子去拜見魯哀公。魯哀公說：「我們魯國有很多儒生，但很少有人研究先生的學說。」莊子說：「魯國的儒生並不多。」魯哀公說：「整個魯國的人都穿著儒生的服裝，怎麼能說儒生不多呢？」莊子說：「我聽說，頭戴圓形帽子的儒生，懂得天時；腳穿方形鞋子的儒生，懂得地理；佩帶用五色絲繩繫著的玉玦的儒生，遇事能夠決斷。然而有那種學問的君子，未必就穿那樣的服裝；而穿那種服裝的人，未必就有那樣的學問。如果您堅持認為不是這樣的話，您何不在國中發布一道命令：『沒有儒生的學問而穿儒生服裝的人，處以死罪！』」

於是在魯哀公發布這道命令五天之後，魯國沒人再敢穿儒生服裝，而只有一位男子穿著儒生服裝站在魯哀公的大門外。魯哀公立即召他進來，咨詢他對國事的意見，無論多麼複雜的問題他都能應答自如。莊子說：「魯國這麼大而只有這一位儒生而已，怎麼能說是很多呢？」

百里奚❶爵祿不入於心，故飯牛❷而牛肥，使秦穆公忘其賤，與之政也。有虞氏❸死生不入於心，故足以動人。

【章　旨】本章認為只有那些忘卻名利和生死的人，才具有最強的感召力。

【注　釋】❶百里奚　人名。複姓百里，名奚。春秋時秦穆公的賢相，輔佐秦穆公成就了霸業。❷飯牛　飼養牛。❸有虞氏　人名。即舜。

【語　譯】百里奚從來不把爵位和俸祿放在心上，所以飼養牛時把牛餵得十分肥壯，使秦穆公忘記了他地位的卑賤，把政事交給了他。有虞氏從來不把生死放在心上，所以能夠打動人心。

宋元君❶將畫圖，眾史❷皆至，受❸揖而立，舐筆❹和墨，在外者半❺。有一史後至者，儃儃然❻不趨，受揖不立，因之舍❼。公使人視之，則解衣般礴❽臝❾。君曰：「可矣，是真畫者也。」

【章旨】這個故事說明要想做好一件事情，就要拋棄一切干擾，徹底放鬆自己。

【注釋】❶宋元君　宋國的君主宋元公。❷史　畫工。❸受　接受命令。❹舐筆　用舌頭舔著筆尖。舐，舔。❺在外者半　站在門外的畫工還有一半。形容來的畫工很多。❻儃儃然　安閒的樣子。❼因之舍　隨即回到住所。因，接著；隨即。之，到。❽般礴　分開兩腿而坐的樣子。❾臝　同「裸」。裸體。

【語譯】宋元君想畫一些圖畫，於是眾多的畫師都來到了王宮，他們接受了命令、向宋元君作揖行禮之後，便恭敬地站在一邊，他們舔著筆，調著墨，其中還有半數畫師站在門外。最後來了一位畫師，他神情悠閒，緩步走來，接受命令、行過禮以後也不在那裡站立，隨即回到了自己的住所。宋元君派人去探視，發現他已經脫掉了衣服，叉開兩腿坐在那裡，身上一絲不掛。宋元君知道後說：「好啊！這才是一位真正的畫師啊！」

文王❶觀於臧❷，見一丈夫❸釣，而其釣莫釣❹，非持其釣有釣❺者也，常釣❻也。

文王欲舉❼而授之政，而恐大臣父兄之弗安也；欲終而釋之❽，而不忍百姓之無天❾也。於是旦❿而屬⓫之大夫曰：「昔⓬者寡人夢見良人，黑色而頓⓭，乘駁馬⑭而偏朱蹄⑮，號⑯曰：『寓而政⑰於臧丈人，庶幾⑱乎民有瘳⑲乎！』諸大夫蹴然⑳曰：「先君王㉑也。」文王曰：「然則卜㉒之。」諸大夫曰：「先君之命，王其無他㉓，又何卜焉！」

遂迎臧丈人而授之政，典法無更㉔，偏令㉕無出。三年，文王觀於國，則列士壞植散群㉖，長官者不成德㉗，斔斛㉘不敢入於四境。列士壞植散群，則尚同㉙也；長官者不成德，則同務㉚也；斔斛不敢入於四境，則諸侯無二心也。文王於是焉以為大師㉛，北面㉜而問曰：「政可以及㉝天下乎？」臧丈人昧然㉞而不應，泛然而辭㉟，朝令而夜遁㊱，終身無聞。

顏淵問於仲尼曰：「文王其猶未㊲邪？又何以夢為乎？」仲尼曰：「默，汝無言！夫文王盡之㊳也，而又何論刺㊴焉！彼直以循斯須也㊵。」

【章旨】本章讚揚了無心於治國卻把國家治理得井井有條的釣魚老人，體現了道家一貫主張的無為而無不為的思想。

【注釋】❶文王　周文王。❷臧　地名。❸丈夫　應為「丈人」。全文皆稱「丈人」而不稱「丈夫」。「丈人」是對老人的尊稱。一說這位老人即姜子牙。❹莫釣　什麼也沒有釣到。❺有釣　有心釣魚。❻常釣　經常在那裡釣魚。❼舉　舉薦；提拔。❽釋之　放棄他。即不重用他。釋，放。❾無天　失去庇護。❿旦　清晨。⓫屬　同「囑」。囑咐；告訴。⓬昔　通「夕」。夜晚。⓭頿　同「鬚」。鬍鬚。⓮駁馬　雜色馬。駁，雜色。⓯偏朱蹄　半邊的馬蹄是紅色的。朱，紅。⓰號　大聲呼喊。

⑰寓而政　把你的政事委託給。寓，委託。而，你。⑱庶幾　差不多。⑲瘳　病癒。這裡指解除生活痛苦。⑳蹴然　吃驚的樣子。㉑先君王　指周文王的父親季歷。季歷面黑多鬚，生前好乘雜色馬，半邊馬蹄為紅色。㉒卜　占卜。㉓無他　沒有其他想法。㉔更　更換；改變。㉕偏令　偏頗的政令；不正確的政令。㉖則列士壞植散群　貴族士人不再結為朋黨。列士，地位較低的貴族官員。這裡泛指貴族士人。壞，推倒；不要。植，將領。這裡指朋黨的領頭人。㉗成德　樹立自己的私人功德。㉘斔斛　兩種計量糧食的量器。這裡泛指度量衡。㉙尚同　尊尚統一。同，同一；統一。㉚同務　政務統一。㉛大師　官名。即「太師」。君主的老師。㉜北面　面向北。古人以面向南為尊，文王面向北，表示對老人的極大尊敬。㉝及　推廣到。㉞昧然　默不作聲的樣子。㉟泛然而辭　漫不經心地拒絕回答。泛然，漫不經心的樣子。辭，推辭；拒絕。㊱朝令而夜遁　早上文王向他徵詢意見，晚上他就逃走了。令，指徵求意見。遁，逃走。㊲猶未　指還未能取信於人。㊳盡之　盡善盡美。㊴論刺　批評；指責。㊵彼直以循斯須也　他不過是順應眾情於一時而已。彼，指文王。直，僅僅；不過。循，順應。斯須，臨時；一時。

【語　譯】周文王到臧地去視察，看見一位老人在釣魚，可他什麼也沒有釣到，似乎不是一位手持釣竿有心釣魚的人，然而他又經常在那裡釣魚。

周文王便想重用他，想把政務託付給他，然而又擔心大臣和自己父輩、兄弟們難以接受；最終想放棄而不起用他，卻又不忍心百姓們失去一位可靠的庇護者。於是一天清晨，周文王告訴大臣們說：「昨天晚上我夢見了一位賢良的人，他黑黑的膚色長長的鬍鬚，騎著一匹雜色的駿馬，駿馬的半邊蹄子是紅色的。這位賢人對我喊道：『把你的政務交付給臧地的那位老人，百姓們的苦難基本上就可以解除了！』」諸位大臣吃驚地說：「那位夢中的賢人就是君王的先父啊！」周文王說：「那麼我們還是卜問一下這件事吧！」諸位大臣說：「這是先王的命令，您如果沒有其他想法，又何必占卜呢！」

於是就把臧地的那位老人迎接回來，並把政務交付給他，他沒有更改過去的典章法規，也沒有發布任何偏頗的政令。三年之後，周文王到全國視察，看到貴族士人不再結為朋黨，各地長官也不再宣揚自己的私人功德，其他諸侯國的各種量器也不敢帶入周國使用。貴族士人不再結為朋黨，這就是尊重了國家的統一；各地長官不再宣揚自己的功德，這就做到了政務的統一；其他諸侯國的量器不敢帶入周國使用，這說明其他諸侯國不再懷有二心。於是周文王就拜老人為太師，面向北請教說：「這樣的政治局面是否可以推廣到整個天下呢？」臧地的那位老人默不作聲，然後又漫不經心地表示拒絕回答。周文王早上向他徵求意見，而他晚上就逃走了，從此以後再也沒有聽到有關他的消息。

顏淵問孔子說：「周文王大概還不能取信於人吧？不然又何必假託做夢呢？」孔子說：「別作聲，你不要再講了！周文王在這件事上已經做得盡善盡美了，你又何必再去指責他呢！他那樣做不過是為了順應人們的一時心態而已。」

列御寇❶為伯昏無人❷射，引之盈貫❸，措❹杯水其肘上。發之，適矢復沓❺，方矢復寓❻。當是時，猶象人❼也。伯昏無人曰：「是射之射也，非不射之射也❽。嘗與汝登高山，履危❾石，臨百仞❿之淵，若⓫能射乎？」於是無人遂登高山，履危石，臨百仞之淵，背逡巡⓬，足二分垂在外，揖⓭御寇而進之。御寇伏地，汗流至踵。伯昏無人曰：「夫至人者，上闚青天，下潛黃泉，揮斥八極⓮，神氣不變。今汝怵然⓯有恂目⓰之志，爾於中也殆⓱矣夫！」

【章　旨】這個故事說明一個人如果對自己的生死得失顧慮重重，即便他有高超的技能，也很難施展。

【注　釋】❶列御寇　人名。即著名的思想家列子。❷伯昏無人　人名。相傳為列子的老師。❸引之盈貫　拉滿弓。引，拉弓。盈貫，把弓拉得很滿，使箭頭與弓背相齊。❹措　放置。射箭時附上能放置一杯水，說明列御寇射箭時十分鎮定。❺適

矢復沓　箭一枝枝地連續射出。適，通「鏑」。箭。與「矢」同義。復沓，連續不斷。❻方矢復寓　箭箭射中目標。方，並。這裡泛指多。寓，居；在。這裡指射中。❼象人　雕塑的人。形容列御寇射箭時精神專一的樣子。❽是射之射也二句　這種射法是有心於射箭的射法，而不是無心於射箭的射法。所謂「不射之射」，是指心神超然於具體射箭的動作之上，卻又能射無不中。❾危　高。❿仞　古代以七尺或八尺為一仞。⓫若　你。⓬背逡巡　背對著深淵向後移步。逡巡，後退。⓭揖　拱手相請。⓮揮斥八極　逍遙奔馳於八方。揮斥，奔馳；遊蕩。八極，八方極遠的地方。⓯怵然　害怕的樣子。⓰恂目　因害怕而眨眼。恂，通「眴」。⓱殆　困難。

【語　譯】列御寇為伯昏無人表演射箭，他拉滿弓，並能放置一杯水在自己的胳膊上。他開始發射，一枝接著一枝，箭箭射中在目標上。當射箭的時候，列御寇神情專注得像尊雕像。伯昏無人說：「你這種射法是有心於射箭的射法，而不是無心於射箭的射法。我想嘗試著與你一起登上高山，站在高聳的石崖上，面臨百仞深淵，你還能射箭嗎？」

於是伯昏無人就帶著列御寇登上了高山，站在高聳的石崖邊上，面對著百仞深淵。然後伯昏無人背對深淵，向後退行，雙腳有一半懸在石崖之外，他向列御寇拱了拱手，請列御寇朝前走來。列御寇已經嚇得趴在地上，冷汗一直流到腳跟。伯昏無人說：「那些得道之人，上可以窺測於蒼天，下可以潛行於黃泉，他們逍遙遊蕩於四面八方，而神情不變。而你現在卻害怕得直眨眼睛，你在這種情況下要想射中目標，恐怕太困難了吧！」

肩吾❶問於孫叔敖❷曰：「子三為令尹❸而不榮華，三去❹之而無憂色。吾始也疑子，今視子之鼻間栩栩然❺，子之用心獨柰何？」孫叔敖曰：「吾何以過人哉！吾以其來不可卻❻也，其去不可止也，吾以為得失之非我也，而無憂色而已矣。我何以過人哉！且不知其在彼乎？其在我乎❼？其在彼邪，亡乎我❽；在我邪，亡乎彼❾。方將躊躇❿，方將四顧⓫，何暇至⓬乎人貴人賤哉！」

仲尼聞之，曰：「古之真人，知者不得說⓭，美人不得濫⓮，盜人不得劫，伏戲⓯、黃帝不得友。死生亦大矣，而無變乎己，況爵祿乎！若然者，其神經乎大山而無介⓰，入乎淵泉而不濡⓱，處卑細而不憊⓲，充滿天地，既以與人⓳，己愈有。」

【章　旨】本章讚揚了不把名利富貴放在心上的孫叔敖，認為只有擺脫了名利、生死的束縛，才算是得道之人。

【注　釋】❶肩吾　人名。❷孫叔敖　人名。楚國著名政治家。❸令尹　官名。相當於後世的宰相。❹去　離職；免職。❺栩栩然　愉悅的樣子。❻卻　推辭。❼且不知其在彼乎二句　還不知道令尹這個職位最終是落在別人頭上呢？還是落在我的頭上。其，指令尹這一職位。彼，別人。❽亡乎我　我必須失去這一職位。亡，失去。❾亡乎彼　別人就將失去這一職位。以上幾句是說，令尹這一職位不會消失，總在彼我之間流轉，彼得我失，彼失我得，按照齊物的原則，彼我為一，因而對於誰當令尹，不必介意。❿躊躇　悠然自得的樣子。⓫四顧　眺望四方。用來描寫悠然自得的樣子。⓬至　顧及；考慮。⓭說　遊說；說服。⓮濫　淫亂；勾引。⓯伏戲　人名。即伏羲氏。⓰介　阻礙。⓱濡　霑溼。⓲憊　困乏。⓳既以與人　把自己所有的東西全部奉獻給別人。既，全部。與，給。

【語　譯】肩吾向孫叔敖問道：「您三次出任令尹而不為此感到榮耀，三次被罷官也沒有露出憂傷的神情。我起初還懷疑您是否真能做到這一點，如今我看到您的容顏是如此的愉悅歡快，您心裡究竟是如何想的呢？」

孫叔敖回答說：「我哪裡有什麼過人之處呢！我認為官爵到來時不可以推卻，官爵離去時也無法挽留，我認為禍福得失不是我自己所能掌握得了的，因而我就不會為此而憂愁。我哪裡有什麼過人之處呢！再說我還不知道令尹這個職位最終是落在別人頭上呢？還是落在我的頭上？如果落在別人頭上，我就必須失去它；如果落在我的頭上，別人就必須失去它。我如今心滿意足，正悠然自得地眺望四方，哪裡有閒暇時間去顧及人們的貴賤尊卑呢！」

孔子聽說了這件事，說：「古時候的得道真人，最有智慧的人也無法遊說他，最美麗的女子也無法使他淫亂，強盜不能劫持他，就連伏羲和黃帝也無法和他結為朋友。生死也算得上是大事情了，卻也不能使他們的心情有任何改變，更何況是爵位俸祿呢！像這樣的人，他們的精神穿越大山而不受阻礙，潛入深淵而不會被霑溼，處於卑微的地位而不會感到困乏，他們的崇高精神充滿了天地之間，他們把自己所有的東西全部奉獻給別人，而自己越發地充實富有。」

楚王❶與凡君❷坐，少焉，楚王左右❸曰凡亡者三❹。凡君曰：「凡之亡也，不足以喪吾存❺。夫凡之亡不足以喪吾存，則楚之存不足以存存❻。由是觀之，則凡未始亡而楚未始存也。」

【章旨】這個故事告訴人們，某種事物即使消失了，但只要它留在人們心中，那麼它就是永存；相反，一些事物雖然存在，如果它們已不在人們心中，它們就等於已經死亡。

【注釋】❶楚王　指楚文王。❷凡君　凡國的君主。指凡僖侯。凡，國名。❸左右　指楚王身邊的近臣。❹三　泛指多次。❺喪吾存　消除凡國在我心目中的存在。本句意思是即使凡國真的滅亡了，但它在我心中是永存的。喪，消失；消除。一般譯本把這三字解釋為「喪失我的存在」，似不確。❻存存　以楚國的存在為存在。本句意思是即使楚國還存在，但它在我心目中已經滅亡。

【語　譯】楚王與凡君同坐在一起，不大一會兒，楚王的身邊近臣就多次報告說凡國已經滅亡。凡君說：「凡國即使滅亡了，也不足以消除它在我心中的永存。既然凡國的滅亡不足以消除它在我心中的永存，那麼楚國雖然還存在，但它的存在也無法保證它在我心中不滅亡。由此看來，凡國並沒有滅亡，而楚國也不再存在。」

【研　析】我們把本篇的最後一段拿來討論，一是因為多數譯本沒有把握住本段的意思，而把「喪吾存」翻譯為「喪失我的存在」。從字面看，這一翻譯無可挑剔，但與整段思想不合。既然僅僅承認「我」的存在，那麼為什麼下文還要說「凡國不曾滅亡」呢？二是這段文字意味深長，且對後世產生了一定的影響。

凡君認為，凡國即使滅亡了，但它永存於我的心中；楚國雖然存在，但它在我心中已經滅亡。從這個意義上講，凡國並未滅亡，而楚國也不再存在。這與莊子重視個人精神狀態的思想是一致的。凡君（實為莊子）的這一思想到了後世朝著兩個方面發展。

首先是朝著重精神輕現實的方面發展。比如蘇東坡，他本是蜀人，可當他被貶謫到海南島時，他就在詩文中硬把海南說成是自己的家鄉，自己只是陰差陽錯地出生於蜀地而已。左宗棠赴京趕考途中，睡夢中誤以為同伴是強盜，醒來後便在家書中毫無愧色地炫耀自己「舟中遇盜，談笑卻之」（《水窗夢囈》卷上）。清人張潮在《幽夢影》中寫道：

有地上之山水，有畫上之山水，有夢中之山水，有胸中之山水。地上者妙在丘壑深邃，畫上者妙在筆墨淋漓，夢中者妙在景象變幻，胸中者妙在位置自如。

胸中本來沒有山水，但他硬在自己的胸中安置了一片山水。以上三人都是以假為真，前者是為了緩解思鄉之苦，中者是為了滿足自己的虛榮之心，而後者則完全是為了一種藝術享受。這三人以假為真的做法與凡君以滅亡為存在可謂是異曲同工。

其次是向道德領域發展。凡君熱愛自己的國家，而痛恨強暴的楚國，於是在他看來，自己的國家雖亡猶存，而楚國雖存猶亡。到了東漢末年，趙壹在他的〈刺世疾邪賦〉中寫道：

乘理雖死而非亡，違義雖生而非存。

意思是說：按照正理做事的人雖死猶生，違背正義的人雖生猶死。這兩句話與凡君的話基本一樣，不同的是，一個是在講國家，一個是在講個人。現代詩人臧克家寫了一首詩，題目是〈有的人〉，其中有這樣幾句：

有的人死了，卻還活著；有的人活著，卻已經死了。

這幾句話實際上就是凡君、趙壹作品的翻版。凡君的一段話能夠被數千年的人們反覆地吟詠著，足見其說出了人們的共同心聲，也足見其生命力之強。

知北遊第二十二

【題解】知北遊，取篇首三字為篇名。知，同「智」。虛構的人名。北遊，向北遊歷。本篇主要描述大道的一些特點。首先，大道是不可用語言表達的，因此知者不言，言者不知。本篇的首段及其他許多段落都闡述了這一觀點。其次，大道無處不在。即使在極為卑微的物體身上，也能體現出大道。第三，大道無形無聲，卻能主宰萬物的生死發展。在描述大道特點的基礎上，要求人們效法大道，順應自然；要求人們放棄俗智，淡泊名利；要求人們做到外化而內不化，無為而無不為。

知❶北遊於玄水❷之上，登隱弅❸之丘而適遭❹無為謂❺焉。知謂無為謂曰：「予欲有問乎若❻：何思何慮則知道❼？何處何服❽則安道❾？何從何道❿則得道？」三問而無為謂不答也，非不答，不知答也。知不得問，反於白水⓫之南，登狐闋⓬之上而睹狂屈⓭焉。知以之言⓮也問乎狂屈。狂屈曰：「唉！予知之，將語若。」中欲言而忘其所欲言。知不得問，反於帝宮，見黃帝而問焉。黃帝曰：「無思無慮始知道，無處無服始安道，無從無道始得道。」

知問黃帝曰：「我與若知之，彼與彼⓯不知也。其孰是耶？」黃帝曰：「彼無為謂真是也，狂屈似之⓰，我與汝終不近也。夫知者不言，言者不知，故聖人行不言之教。道不可致⑰，德不可至，仁可為⑱也，義可虧⑲也，禮相偽也。故曰：『失道而後德，失德而後仁，失仁而後義，失義而後禮，禮者，道之華而亂之首也⑳。』故曰：『為道者日損㉑，損之又損之，以至於無為，無為而無不為也。』今已為物㉒也，欲復歸根㉓，不亦難乎！其易也，其唯大人㉔乎！生者死之徒㉕，死者生之始，孰知其紀㉖！人之生，氣之聚㉗也；聚則為生，散則為死。若死生為徒㉘，吾又何患！故萬物一㉙也，是其所美者為神奇，其所惡者為臭腐；臭腐復化為神奇，神奇復化為臭腐。故曰：『通㉚天下一氣耳。』聖人故貴一㉛。」

知謂黃帝曰：「吾問無為謂，無為謂不應我，非不我應，不知應我也。吾問狂屈，狂屈中欲告我而不我告，非不我告，中欲告而忘之也。今予問乎若，若知之，奚故不近？」黃帝曰：「彼㉜其真是也，以其不知也；此㉝其似之也，以其忘之也；予與若終不近也，以其知之也。」

狂屈聞之，以黃帝為知言㉞。

【章旨】本章指出大道是無法用語言表達清楚的，從而提出了「知者不言，言者不知」的命題。另外本章認為天地萬物皆一氣所成，在此基礎上重申萬物一齊的思想。

【注釋】❶知　同「智」。虛構的人名。❷玄水　虛構的水名。❸隱弅　虛構的山名。❹適遭　剛好遇上。❺無為謂　虛構的人名。❻若　你。❼知道　了解大道。❽服　事；做事。❾安道　安於大道。即符合大道。❿道　方式；方法。⓫白水　虛構的水名。⓬狐闋　虛構的山名。⓭狂屈　虛構的人名。⓮之言　那些話。指向無為謂提出的那三個問題。⓯彼與彼　指無為謂與狂屈。⓰似之　近似於正確。⓱道不可致　大道無法通過語言去獲得。⓲仁可為　仁愛之事還是可以做的。在老莊眼裡，仁雖然比不上道和德，但又比義和禮高了一兩個層次。⓳義可虧　人為的原則可以減少一些。義，指人們制定的道義原則。虧，減少。⓴禮者二句　至於禮儀制度，對道來說屬於華而不實的東西，是禍亂的開始。以上這段話見於《老子》第三十八章，文字稍異。㉑日損　情欲每天都在減少。以下這段話見於《老子》第四十八章。㉒為物　成為一個人。物，指人。㉓根　根本。指大道。㉔大人　指得道之人。㉕徒　同類。㉖紀　綱紀；規律。㉗氣之聚　是由氣聚集形成的。氣，指合成萬物的一種最細微的物質。㉘為徒　為同類；是一樣的。㉙一　一樣。萬物皆由氣合成，所以說萬物之間沒有差別。㉚通　整個。㉛貴一　重視萬物的同一。㉜彼　指無為謂。㉝此　指狂屈。㉞知言　懂得語言的局限性。

【語　譯】知到北邊的玄水岸邊遊覽，登上了隱弅山，在那裡正巧遇到了無為謂。知對無為謂說：「我想向你請教一些問題：怎樣思索、怎樣考慮才能懂得大道？如何處世、如何行事才能符合大道？通過什麼途徑、採取什麼方法才能獲得大道？」連續問了幾次無為謂都沒有回答，不是他不想回答，而是他不知道該如何回答。知沒有得到答案，便返回到白水的南岸，登上了狐闋山，在那裡看到了狂屈。知便拿同樣的問題向狂屈請教，狂屈說：「唉，我知道這些問題的答案，馬上就告訴你。」狂屈心裡正想要告訴知，卻又忘了該如何去說。知從狂屈那裡也沒有得到答案，便返回到黃帝的住所，見到黃帝後又向黃帝請教這些問題。黃帝說：「無思無慮才能懂得大道，不要刻意地去講究處世原則和做事方式才能符合大道，不要有意地去尋找途徑和方法才能獲得大道。」

知問黃帝說：「我和你知道這個答案，而無為謂和狂屈不知道。究竟誰是正確的呢？」黃帝說：「那位無為謂是真正的正確，狂屈接近於正確，而我和你則是錯誤的。那些真正懂得大道的人是不去談論大道的，而談論大道的人並不真正懂得大道，所以聖人們施行的是不用言傳的教育。大道無法通過語言獲得，大德無法通過語言達到，仁愛的事情還可以做一些，人為的原則可以減少一些，而禮儀則是相互虛偽的表現。所以說：『失去了大道而後才提倡德，失去了德而後才提倡仁，失去了仁而後才提倡道義原則，失去了道義原則而後才提倡禮儀，禮儀這種東西，對大道來說是華而不實的東西，是禍亂的開始。』所以還說：『修習大道的人，情欲一天比一天減少，減少了再減少，以至於達到清靜無為的境界，清靜無為反而能夠做成一切事情。』如今我們已經成為人了，要想回歸到大道的境界，不是也很困難嗎！能夠輕易做到這一點的，大概只有那些得道的偉人了！生存與死亡是同類的事，死亡是另一種生存的開始，誰又能知道其中的運行規律！人的誕生，是氣的聚合，氣聚合在一起就形成生命，氣離散開去就意味著死亡。如果明白了生死一樣的道理，我們又何必為死亡而憂傷呢！萬物本來都是一樣的，而人們把自己認為美好的事物視為神奇，把他們所討厭的事物視為臭腐；然而臭腐的事物可以轉化為神奇的事物，神奇的事物也可以轉化為臭腐的事物。所以說：『整個天下萬物都是同一的氣形成的。』因此聖人很重視萬物的同一性。」

知對黃帝說：「我向無為謂請教，無為謂沒有回答我，他不是不想回答我，而是不知道該如何回答我。我向狂屈請教，狂屈心裡想告訴我卻又沒有告訴我，他不是不想告訴我，而是心裡想告訴我而不知該怎麼表達。如今我向你請教，而你知道答案，可為什麼說這是錯誤的呢？」黃帝說：「無為謂是真正的正確，因為他什麼也不知道；狂屈接近於正確，因為他不知道如何用語言表達；我和你始終都是錯誤的，因為我們能夠用語言來回答這些問題。」

狂屈聽說了這件事，認為黃帝懂得語言的局限性。

天地有大美而不言，四時有明法❶而不議，萬物有成理❷而不說。聖人者，原❸天地之美而達❹萬物之理，是故至人無為，大聖不作❺，觀於天地之謂也。

今彼❻神明至精，與彼百化❼，物已死生方圓❽，莫知其根也，扁然❾而萬物自古以固存。六合⑩為巨，未離其內⑪；秋豪⑫為小，待之⑬成體。天下莫不沉浮⑭，終身不故⑮；陰陽四時運行，各得其序。惛然若亡而存⑯，油然不形而神⑰，萬物畜⑱而不知。此之謂本根，可以觀於天矣。

【章　旨】本章主張清靜無為，順應自然，同時還描述了大道的作用和特點。

【注　釋】❶明法　正確的運行原則。明，聖明；正確。❷成理　定規。❸原　探索；研究。❹達　通曉；明白。❺作　創作。這裡指隨便行動。❻彼　指大道。❼與彼百化　幫助萬物千變萬化。與，幫助。彼，指萬物。❽方圓　指萬物的形態。❾扁然　自然而然的樣子。❿六合　上下四方。指整個空間。⓫其內　大道的範圍內。⓬豪　通「毫」。毫毛。⓭待之　依靠大道。之，代指大道。⓮沉浮　死生。⓯終身不故　終身都在變化，不會保持原有的模樣。故，原樣。⓰惛然若亡而存　昏暗不清似乎不存在而實際存在。惛然，不清楚的樣子。本句是對大道的描述，道即規律，規律看不見、摸不著，但它又確實存在。⓱油然不形而神　它自然而然地不具備形體卻又神妙無比。油然，自然而然的樣子。⓲畜　養育。這裡指被養育。

【語　譯】天地具備了最大的美德卻從不言說，四季有正確的運行原則卻從不談論，萬物都有自己的定規卻從不論說。那些聖人，探索天地的美德而明白萬物的規律，因此得道的至人堅持清靜無為，偉大的聖人從不隨便行動，這就是他們傚法天地自然的緣故。

大道神奇精妙，幫助萬物千變萬化，萬物或死或生、或方或圓，卻沒有誰能夠知道這些變化的根源是什麼，自古以來萬物就這樣自然而然地存在著。整個空間是巨大的，但也沒能超出大道的範圍；秋天的獸毛是細小的，但也要依賴於大道才能形成自己的形體。天下萬物都是在大道的支配下或死或生，終身變化無常；陰陽和四季也都是在大道的支配下不停運行，各自具備了各自的秩序。大道無法看清似乎並不存在而實際存在，它自然而然地不具備形體卻又神奇無比，萬物都得到了它的養育卻又感覺不到它的存在。它可以說是萬物的根源，可以通過它來觀察天地自然。

齧缺❶問道乎被衣❷，被衣曰：「若❸正汝形，一❹汝視，天和❺將至；攝汝知❻，一汝度❼，神將來舍❽。德將為汝美❾，道將為汝居❿，汝瞳焉⓫如新生之犢而無求其故⓬。」

言未卒⓭，齧缺睡寐。被衣大悅，行歌而去之，曰：「形若槁骸，心若死灰，真其實知，不以故自持⓮，媒媒晦晦⓯，無心而不可與謀。彼何人哉！」

【章旨】這個故事告訴人們，修習大道的方法就是要排除俗智，專一思想，以做到形如槁木，心如死灰，無思無慮。

【注釋】❶齧缺　虛構的人名。❷被衣　虛構的人名。❸若　你。❹一　專一；集中。❺天和　天然的和氣。❻攝汝知　收斂你的世俗智慧。攝，收斂。含有排除的意思。知，同「智」。❼度　思忖；思慮。❽神將來舍　符合大道的真正智慧就會停留在你的心中。神，神明。這裡指符合大道的真正智慧。舍，居住；停留。❾德將為汝美　你的德行將會變得美好。❿道將為汝居　你將會獲得大道。居，停留。⓫瞳焉　瞪著眼睛、無知無識的樣子。⓬故　事情。⓭卒　結束。⓮不以故自持　不再會因為外界的各種事務而自我克制。⓯媒媒晦晦　渾渾沌沌、糊糊塗塗的樣子。

【語譯】齧缺向被衣請教有關大道的問題，被衣說：「你要端正你的形體，集中你的視聽，天然的和氣就會降臨；收斂你的俗智，專一你的思慮，真正的智慧就會具備。你的德行將會變得美好，大道將會來到你的心中，你將會瞪著兩眼、無知無識的就像一頭剛出生的小牛，不再留心外界的事物。」

被衣的話還沒說完，齧缺已酣然入睡。被衣非常高興，唱著歌走了，他唱道：「身體猶如枯乾的骨骸，內心就像熄滅的灰燼，他具備了真正的智慧，不再為外物而自制，渾渾沌沌，糊糊塗塗，他已進入無思無慮的境界而無法再與他一起談論。他是一位什麼樣的人啊！」

舜問乎丞❶曰：「道可得而有乎？」曰：「汝身非汝有也，汝何得有夫道？」舜曰：「吾身非吾有也，孰有之哉？」曰：「是天地之委形❷也。生非汝有，是天地之委和❸也；性命非汝有，是天地之委順❹也；孫子❺非汝有，是天地之委蛻❻也。故行不知所往，處不知所持，食不知所味，天地之彊陽❼氣也，又胡可得而有邪？」

【章旨】本章認為人的一切，包括自身的肉體，都不屬人所有，而是大自然的一個組成部分。

【注釋】❶丞　人名。相傳是舜的老師。一說「丞」為官名。❷委形　託付給你的一個形體。❸委和　給予的和氣。❹委順　給予的和順之氣。順，與「和」同義。❺孫子　子孫。❻委蛻　委託你生育的。蛻，蛻變；演化。引申為生育。❼彊陽　有力的運動。古人認為陽主動，陰主靜。

【語譯】舜問丞：「大道可以獲得並據為己有嗎？」丞說：「連你的身體都不歸你自己所有，你又如何能夠佔有大道呢？」舜問：「我的身體不歸我自己所有，那麼又歸誰所有呢？」丞說：「你的身體不過是大自然託付給你的一種形體而已。生存並非你所有，那是大自然所給予的和氣形成的；性命也非你所有，那也是大自然給予的和氣形成的；你的子孫也非你所有，那是大自然委託你生育的。所以人們出門不知該去哪裡，在家不知該做什麼，吃飯時也不知什麼滋味，人的一切都是自然之氣強有力的運動形成的，你又怎麼能夠獲取大道並據為己有呢？」

孔子問於老聃曰：「今日晏閒❶，敢問至道。」

老聃曰：「汝齋戒，疏瀹而心[2]，澡雪[3]而精神，掊擊而知[4]。夫道，窅然[5]難言哉！將為汝言其崖略[6]。

夫昭昭生於冥冥[7]，有倫[8]生於無形，精神生於道，形本生於精[9]，而萬物以形相生[10]，故九竅者[11]胎生，八竅者[12]卵生。其來無迹，其往無崖[13]，無門無房[14]，四達之皇皇[15]也。邀於此[16]者，四枝彊[17]，思慮恂達[18]，耳目聰明[19]，其用心不勞，其應物無方[20]。天不得不高[21]，地不得不廣，日月不得不行，萬物不得不昌，此其道與！

且夫博之不必知[22]，辯之不必慧，聖人以斷之[23]矣。若夫益[24]之而不加益，損[25]之而不加損者，聖人之所保[26]也。淵淵乎[27]其若海，巍巍乎[28]其終則復始也，運量[29]萬物而不匱[30]，則君子[31]之道，彼其外[32]與！萬物皆往資焉[33]而不匱，此其道與！

中國有人焉，非陰非陽[34]，處於天地之間，直且[35]為人，將反於宗[36]。自本[37]觀之，生者，喑醷[38]物也，雖有壽夭，相去幾何？須臾[39]之說也，奚足以為[40]堯桀之是非！果蓏有理[41]，人倫[42]雖難，所以相齒[43]。聖人遭之而不違，過之而不守[44]。調[45]而應之，德也；偶[46]而應之，道也。帝之所興[47]，王之所起也。

人生天地之間，若白駒之過郤[48]，忽然而已。注然勃然[49]，莫不出焉；油然謬然㊿，莫不入焉。已化而生，又化而死，生物哀之，人類悲之。解其天弢(51)，墮其天袠(52)，紛乎宛乎(53)，魂魄將往，乃身從之，乃大歸(54)乎！不形之形，形之不形(55)，是人之所同知也，非將至(56)之所務(57)也，此眾人之所同論(58)也。彼至(59)則不論，論則不至。明見無值(60)，辯不若默。道不可聞，聞不若塞(61)，此之謂大得(62)。」

【章旨】本章描述了大道無始無終、無形無象的特點以及它主宰天地萬物的巨大作用。

【注釋】❶晏閒　安閒；空閒。❷疏瀹而心　洗淨你的心靈。疏瀹，清洗。而，你。❸澡雪　洗滌；清洗。❹掊擊而知　排除你的世俗智慧。掊擊，打破；排除。而，你。知，同「智」。❺窅然　深奧微妙的樣子。❻崖略　大概。❼夫昭昭生於冥冥　那些可以看得到的萬物都是從我們無法看到的地方產生出來的。昭昭，明顯；看得清。指看得見的事物。冥冥，昏暗；看不清。指看不見的地方。❽有倫　有形。倫，通「形」。❾精　精微之氣。❿以形相生　用自己的身體生育。⓫九竅者　指人和各種獸類。九竅，指身體上眼、鼻、口等九個孔竅。⓬八竅者　指禽類。⓭其往無崖　它們死亡後不知去向。往，離去。指死亡。無崖，無邊。引申為不知去向。⓮無門無房　找不到它們產生的門路，也不知它們的歸依之處。房，歸依之處。⓯四達之皇皇　四面都是寬廣通暢的大路。達，通暢。皇皇，寬廣的樣子。⓰邀於此　懂得這一道理。邀，遇見。引申為懂得。⓱四枝彊　身體強健。枝，通「肢」。⓲恂達　通達。⓳聰明　聽得清叫「聰」，看得清叫「明」。⓴應物無方　處理事務時能隨機應變。無方，不固守一種方法。即隨機應變。㉑天不得不高　天如果得不到大道就不能變得高遠。㉒博之不必知　博學之人不一定就有真正的智慧。㉓以斷之　因此而放棄這些做法。以，因此。之，代指博學和善辯。㉔益　增多。㉕損　減少。㉖所保　所要保有的。指大道。㉗淵淵乎　深邃的樣子。㉘巍巍乎　高大的樣子。根據上句，「巍巍乎」下應缺「其若山」三字。㉙運量　主宰。㉚匱　匱乏；缺少。㉛君子　指世俗的君子。㉜彼其外　是大道的外表皮毛。彼其，代指大道。㉝資焉　從大道那裡獲得幫助。資，資助；幫助。焉，代指大道。㉞非陰非陽　既不偏於陰也不偏於陽。指人的產生得力於陰陽中和之氣，沒有偏於一端。㉟直且　只是暫時。直，僅僅；只是。且，暫且；暫時。㊱反於宗　返回到大道。反，同「返」。

宗，本原。指大道。道家認為，萬物出自大道，又返歸大道。這裡所謂的「反於宗」，即指死亡。㊲本　本源。指大道。㊳暗醷　氣聚合的樣子。㊴須臾　頃刻；短時。㊵為　判定；區分。㊶果蓏有理　瓜果有自己的生長規律。蓏，瓜類植物的果實。㊷人倫　人與人之間的關係。㊸相齒　以年齡大小為標準安排秩序。齒，年齡。㊹過之而不守　事情過去後也不放在心上。守，放在心中。㊺調　協調；和諧。㊻偶　木偶。指像木偶那樣無心。㊼所興　所興起的原因。㊽若白駒之過郤　就像白色的駿馬躍過細微的縫隙那樣。白駒，白馬。一說指陽光。郤，隙縫。㊾注然勃然　自然而然產生的樣子。㊿油然漻然　自然而然消失的樣子。㊿¹解其天弢　解除了天然的約束。弢，弓袋。比喻約束。本句很類似後人說的「脫去了臭皮囊」，認為死後就擺脫了肉體的束縛，靈魂獲得了自由。㊿²墮其天袠　毀掉了天然的束縛。墮，通「隳」。毀壞。袠，箭袋。比喻束縛。㊿³紛乎宛乎　形容魂魄婉轉飄蕩的樣子。㊿⁴大歸　最終的回歸。指死亡。㊿⁵不形之形二句　從沒有形體到有形體，再從有形體到沒有形體。之，往；到。這兩句描寫的是人的生死過程。㊿⁶將至　就要達到大道境界的人。㊿⁷務　尋求；留心。㊿⁸論　談論。引申為重視。㊿⁹至　指得道的至人。㊿⁰明見無值　說得明白的見解不符合大道。值，遇；合。㊿¹塞　塞住耳朵。㊿²大得　真正懂得了大道。

【語　譯】孔子對老聃說：「今天有點時間，我想請教什麼是最高的道。」

老聃說：「你先要齋戒，要打掃你的心靈，清洗你的精神，排除你的俗智。大道，深奧微妙得難以言說啊！我就為你談談它的大概情況吧！

「那些看得見的萬物是從我們看不到的地方產生出來的，那些有形的東西產生於無形的東西，精神產生於大道，形體產生於精微之氣，而萬物出現後就從一個形體產生另一個形體，所以具有九個孔竅的人類和獸類是胎生的，具有八個孔竅的鳥類是卵生的。萬物產生時不留痕跡，它們死亡後不知去向，找不到它們產生的門路，也不知道它們的歸依之處，四面似乎都是寬廣通暢的大路。懂得這一道理的人，身體強健，思想通達，耳聰目明，運用心思不會感到疲勞，處理事務能夠隨機應變。上天沒有大道就不會高遠，大地沒有大道就不會廣大，日月沒有大道就不會運行，萬物沒有大道就不會昌盛，這就是大道的作用啊！

「再說那些博學的人不一定就具有真正的知識，善辯的人不一定就具有真正的智慧，聖人因此而放棄這些做法。想給它添加點兒什麼卻又添加不了，想給它減少點兒什麼卻也減少不了，這才是聖人所要保有的東西。它深邃難測如大海一般，它高大神奇，終始循環，主宰萬物而從不匱乏，而世俗君子所談論的，都不過是它的外表皮毛，萬物都獲得了它的幫助而它從不會枯竭，這大概就是大道吧！

「中原一帶有人居住，他們既不偏於陰也不偏於陽，生活於天地之間，但他們也是暫時當人而已，最終也將返歸於大道。從大道的角度來看，人活在世上，不過是氣聚合而成的一種物體而已，即便有長壽與短命之分，其間的差距又有多少呢？說起來也不過是片刻之間而已，又哪裡能夠去判定堯與桀的是是非非呢！瓜果有各自的生長規律，而人與人之間的關係卻難以理清，於是就按照年齡大小來安排順序。聖人遇到這一類的人事從不去違背，事情過去之後也不再放在心上。以一種和諧順應的態度去處理外部事務，那是一種美德；能夠像木偶那樣以無心的態度去處理外部事務，那就符合大道。這也是帝業得以興盛、王侯得以興起的原因啊！

「人生活於天地之間，就像白色的駿馬躍過細小的縫隙一樣，不過是短短的一瞬間而已。自然而然地，萬物都從大道那裡生出；自然而然地，萬物又都回歸於大道。通過變化生存於世間，又通過變化而死亡，活著的為此而悲哀，人們為此而傷心。而實際上死亡是擺脫了天然的約束，是毀掉了天然的束縛，飄飄蕩蕩地，魂魄將逝向遠方，而肉體也隨之消亡，這才是最終的回歸啊！從沒有形體到有形體，再從有形體到沒有形體這一生死過程，是人人都知道的，那些修習大道的人對此並不在意，而眾人對此卻十分關注。那些得道之人不談論生死問題，談論生死問題的人並未真正獲得大道。說得清楚的思想見解不符合大道，因此巧言善辯不如閉口不言。大道是不可能通過言談而獲得的，因此聽到別人談論大道時不如趕快塞住自己的耳朵，這樣做可以說是真正懂得了大道的奧妙。」

東郭子❶問於莊子曰：「所謂道，惡乎在❷？」莊子曰：「無所不在。」東郭子曰：「期❸而後可。」莊子曰：「在螻蟻❹。」曰：「何其下邪？」曰：「在稊稗❺。」曰：「何其愈下邪？」曰：「在瓦甓❻。」曰：「何其愈甚邪？」曰：「在屎溺❼。」東郭子不應。

莊子曰：「夫子之問也，固不及質❽。正獲❾之問於監市❿履狶⓫也，每下愈況⓬。汝唯莫必⓭，無乎逃物⓮。至道若是，大言⓯亦然。『周』、『徧』、『咸』三者⓰，異名同實⓱，其指⓲一也。嘗相與游乎無何有之宮⓳，同合而論⓴，無所終窮乎！嘗相與無為乎，澹㉑而靜乎，漠㉒而清乎，調㉓而閒乎。寥已吾志㉔，無往焉而不知其所至，去而來㉕而不知其所止，吾已往來焉而不知其所終，彷徨乎馮閎㉖，大知㉗入焉㉘而不知其所窮。物物者與物無際㉙，而物有際者，所謂㉚物際者也，不際之際，際之不際者也。謂盈虛衰殺，彼㉛為盈虛非盈虛，彼為衰殺非衰殺，彼為本末非本末，彼為積散非積散也。」

【章旨】天地間的萬物，無論大小美醜，都是大道的產物，因而也都體現了大道，所以說大道無處不在。本章闡述的就是這一道理。

【注釋】❶東郭子　人名。因住在東郭而得名。❷惡乎在　在哪裡。惡，哪裡。❸期　務必。指務必指出一個具體地方。❹螻蟻　兩種蟲名。即螻蛄和螞蟻。❺稊稗　兩種草名。稗是稻田裡類似稻苗的一種雜草，而稊與稗相似。❻甓　磚。❼溺小便。❽質　實質。❾正獲　一位名叫獲的官員。正，長官。獲，人名。❿監市　市場管理人員。一說指屠夫。⓫履豨　用腳踩豬以測肥瘦。履，踩。豨，大豬。⓬每下愈況　越往豬的下面踩越清楚牠的肥瘦狀況。況，狀況。這裡指明白狀況。⓭莫必　不要固執。指不要固執於在某一個特定事物上尋找大道。⓮無乎逃物　沒有一個能夠逃脫大道主宰的事物。意思是每一個事物都能體現出大道。⓯大言　指符合大道的言論。⓰周徧咸三者　用「到處都有」、「普遍存在」和「處處存在」這三句話說明大道無處不在。周徧咸，這三個字都是用來說大道無處不在的。⓱異名同實　以上三句話文字不同而內容一樣。⓲指　通「旨」。主旨。⓳無何有之宮　什麼東西也沒有的地方。宮，房舍。泛指處所、地方。⓴同合而論　以齊同萬物的觀點討論問題。同合，齊同；同一。㉑澹　恬淡。㉒漠　淡泊。㉓調　和諧；平和。㉔寥已吾志　即「吾志已寥」。我的心境已經空淨寧寂。志，心境。寥，空淨寧寂。㉕去而來　到了那種境界後再返回。㉖馮閎　空曠的樣子。㉗大知　指大智之人。知，同「智」。㉘入焉　進入那種境界。焉，代指空曠的境界。㉙物物者與物無際　主宰萬物的大道與萬物之間並沒有界線。大道產生萬物，萬物體現大道，所以說二者之間沒有界線。物物者，主宰萬物的大道。第一個「物」有驅使萬物、主宰萬物的意界。際，分際；界線。㉚所謂　所說的；所認為的。㉛彼　指人們。

【語　譯】東郭子向莊子請教說：「人們所說的大道，究竟存在於什麼地方呢？」莊子說：「大道無處不在。」東郭子說：「一定要指明一個具體地方才行啊！」莊子說：「存在於螻蛄和螞蟻身上。」東郭子說：「怎麼會存在於如此卑下的地方呢？」莊子說：「還存在於稊草和稗草身上。」東郭子說：「怎麼越說越卑下了呢？」莊子說：「還存在於磚瓦之中。」東郭子說：「怎麼說得更卑下了呢？」莊子說：「還存在於屎尿裡。」東郭子聽了沒再吭聲。

莊子說：「先生的問題，本來就沒有觸及到大道的實質。有一位名叫獲的官員向市場管理人員詢問如何踩豬才能判斷豬的肥瘦，市場管理人員回答說越往豬腿的下部踩越能明白豬的肥瘦情況。你不要只是在某一種事物身上尋求大道，因為所有的事物都能體現出大道。至高無上的大道是如此，符合大道的言論也是如此。『到處都有』、『普遍存在』和『處處存在』這三句話，其文字不同而內容相同，它們要說明的主旨是一樣的。我們一起嘗試著到什麼都沒有的地方去遨遊，用萬物一齊的觀點去討論問題，我們就會進入一種無窮無盡的玄妙境界啊！我們都將做到清靜無為，是那樣的恬淡而又寧靜，淡泊而又清淨，平和而又安閒。我的心境早已經清空虛寂了，我不會到什麼地方去也不知該到哪裡，離開那種玄妙境界返回現實後也不知該在何處停留，我來往於那種境界卻不知道它的邊際，只是在那無限的空曠之中徘徊，即便是大智之人進入那種境界，也是無法找到它的邊際的。主宰萬物的大道與萬物之間沒有界線之分，而事物之間所存在的界線，只是一種人為的所謂界線，那是一種非真實界線的界線，劃了界線也不能算是真實的界線。人們經常談論盈虛衰落，而人們所認為的盈虛並非真正的盈虛，人們所認為的衰落並非真正的衰落，人們所認為的本末並非真正的本末，人們所認為的聚集和離散也並非真正的聚集和離散。」

妸荷甘❶與神農同學於老龍吉❷。神農隱几闔戶晝瞑❸，妸荷甘日中奓戶❹而入曰：「老龍死矣！」神農隱几擁杖❺而起，嚗然❻放杖而笑曰：「天❼知予僻陋❽慢訑❾，故棄予而死。已矣夫子！無所發予之狂言❿而死矣夫！」

弇堈弔⓫聞之，曰：「夫體道者，天下之君子所繫⓬焉。今於道，秋豪之端萬分未得處一⓭焉，而猶知藏其狂言而死，又況夫體道者乎！視之⓮無形，聽之無聲，於人之論者，謂之冥冥⓯。所以論道，而非道也。」

於是泰清⓰問乎無窮⓱曰：「子知道乎？」無窮曰：「吾不知。」又問乎無為⓲，無為曰：「吾知道。」曰：「子之知道，亦有數⓳乎？」曰：「有。」曰：「其數若何？」無為曰：「吾知道之可以貴，可以賤，可以約⓴，可以散。此吾所以知道之數也。」泰清以之言㉑也問乎無始㉒曰：「若是，則無窮之弗知與無為之知，孰是而孰非乎？」無始曰：「不知深矣，知之淺矣；弗知內㉓矣，知之外矣。」於是泰清中㉔而歎曰：「弗知乃知乎！知乃不知乎！孰知不知之知！」無始曰：「道不可聞，聞而非也；道不可見，見而非也；道不可言，言而非也。知形形㉕之不形乎！道不當名㉖。」

無始曰：「有問道而應之者，不知道也；雖問道者，亦未聞道。道無問，問無應。無問問之㉗，是問窮㉘也；無應應之，是無內㉙也。以無內待問窮，若是者，外不觀乎宇宙，內不知乎大初㉚，是以不過乎崐崘㉛，不遊乎太虛㉜。」

【章　旨】本章描述了道的一些特點，重點說明大道是不可用語言表達的。

【注　釋】❶婀荷甘　虛構的人名。❷老龍吉　虛構的人名。❸隱几闔戶晝瞑　靠著几案、關著門白天睡覺。隱，靠。闔，關閉。戶，門。瞑，睡覺。❹奓戶　開門。奓，開。❺擁杖　抱著拐杖。❻嚗然　象聲詞。形容丟下拐杖的聲音。❼天　指老龍吉。❽僻陋　見識淺薄。❾慢訑　散慢。❿狂言　指世俗人難以理解的至言。⓫弇堈弔　虛構的人名。⓬繫　依歸。⓭萬分未得處一　萬分裡未能得到一分。⓮之　指大道。⓯冥冥　深奧難懂的樣子。⓰泰清　虛構的人名。⓱無窮　虛構的人名。⓲無為　虛構的人名。⓳數　名目；內容。⓴約　收攏；聚合。㉑之言　那些話。指無為的話。㉒無始　虛構的人名。㉓內　指深入大道之內，了解大道本質。㉔中　指談話中間。㉕形形　使有形的東西具有形體。即產生萬物的大道。第一個「形」為動詞。使……有形體。㉖不當名　不可言說。名，稱述；言說。㉗無問問之　不可詢問的問題卻要去詢問。㉘問窮　空洞的提問；沒有意義的提問。窮，空。㉙內　內容。㉚大初　即「太初」。指萬物剛出現時的情況。㉛崐崘　山名。象徵高大遙遠的境界。㉜太虛　清虛寧寂的得道境界。

【語　譯】妸荷甘與神農一起在老龍吉那裡學習。一天白天，神農靠著几案、關著門睡覺。中午時分，妸荷甘推開門進來說：「老龍吉死了！」神農靠著几案，雙手抱著拐杖站了起來，然後他「啪」的一聲丟下拐杖，笑著說：「老龍吉知道我見識淺薄、生性懶散，所以他丟下我自個死了。我們的老師走了，他還沒有用宏論高言來啟發我們就這樣死了！」

弇堈弔聽說了這件事，說：「那些得道的人，是天下君子的依靠。如今老龍吉對於大道，連一根秋毫末端的萬分之一都還未能得到，尚且知道收藏起自己的宏論高言而死去，更何況那些得道之人呢！大道看上去沒有形體，聽起來沒有聲音，人們在談論它時，都說它深奧難懂。所以說人們所談論的道，不是真正的大道。」

於是泰清向無窮請教說：「您懂得大道嗎？」無窮回答說：「我不懂得。」泰清又去請教無為，無為說：「我懂得大道。」泰清又問：「您懂得大道，那麼有具體內容嗎？」無為說：「有。」泰清問道：「具體內容是什麼？」無為說：「我知道大道可以處於尊貴的地方，也可以處於卑賤的地方；它可以收聚在一起，也可以分散開去。這就是我所知道的有關大道的內容。」泰清拿無為的這些話去請教無始，說：「兩人如此回答我，那麼無窮的不知道和無為的知道，究竟誰對誰錯呢？」無始說：「說不知道的人深奧難測，說知道的人則顯得淺薄；說不知道的人真正了解大道的內涵，而說知道的人只是了解了大道的外表。」於是泰清打斷談話感歎道：「自稱不知道的才是真正的知道啊！自稱知道的並非真正的知道！誰又能懂得這種不知道的知道呢！」無始說：「道不可能聽到，能聽到的就不是道；道不可能看見，能看見的就不是道；道不可以言傳，能言傳的就不是道。要知道產生有形之物的大道是沒有形體的，大道是無法用語言表達的。」

無始又說：「有人問道就給予回答的，其實並不懂得大道；那個前來問道的人，也無法從他那裡聽到大道。大道是無法詢問的，詢問了也無法回答。無法詢問卻一定要去詢問，這種詢問就是一種毫無意義的詢問；無法回答卻還要勉強回答，這種回答就是一種毫無內容的回答。拿毫無內容的回答去應對毫無意義的詢問，這樣做的人，對外不能觀察廣闊的宇宙，內心無法了解萬物之初的情況，因此他們也就無法超越高遠的崑山，無法遨遊於清虛寧寂的大道境界之中。」

光曜❶問乎無有❷曰：「夫子有❸乎？其無有乎？」光曜不得問，而孰❹視其狀貌，窅然❺空然❻，終日視之而不見，聽之而不聞，搏❼之而不得也。光曜曰：「至矣，其孰能至此乎！予能有無❽矣，而未能無無❾也，及為無❿，有矣。何從至此哉！」

【章旨】本章讚美了極為空清虛寂的思想境界。

【注釋】❶光曜　虛構的人名。象徵顯明。❷無有　虛構的人名。象徵虛無。❸有　存在。❹孰　同「熟」。仔細。❺窅然　深邃的樣子。❻空然　虛無的樣子。❼搏　捕捉；觸摸。❽有無　達到虛無的思想境界。有，存有；達到。❾無無　連「虛無」也沒有的思想境界。指極為虛無的境界。❿為無　修習虛無思想境界。為，修習。

【語譯】光曜問無有：「先生您是存在呢？還是不存在呢？」光曜沒有聽到無有的回答，便仔細觀察無有的形狀和容貌，發現他是那樣的深邃和虛寂，整天看他也看不見他的形狀，整天聽他也聽不到他的聲音，整天觸摸他也摸不到他的身體。光曜說：「他達到了最高境界啊！誰還能達到這一境界呢！我能夠達到虛無的思想境界，卻無法達到連『虛無』都不復存在的思想境界。在我修習虛無境界時，仍然是以我的存在為基礎的，我如何才能達到他那樣的思想境界啊！」

大馬❶之捶鉤❷者，年八十矣，而不失豪芒❸。大馬曰：「子巧與，有道與？」曰：「臣有守❹也。臣之年二十而好捶鉤，於物無視也，非鉤無察也。是用之者❺，假❻不用者也以長得其用❼。而況乎無不用者❽乎，物孰不資焉❾！」

【章旨】這個故事說明要想事業成功，必須用心專一，必須有所不為，才能有所為。

【注釋】❶大馬　官名。即大司馬。❷捶鉤　鍛造衣帶鉤。鉤，衣服上的帶鉤。❸豪芒　絲毫。豪，通「毫」。毫毛。芒，禾穗上的細刺。❹有守　有所持守。即遵循大道。❺是用之者　能夠如此運用自己的鍛造衣帶鉤這一能力的原因。❻假　憑藉。❼長得其用　長期保持著這一能力。用，作用；能力。❽無不用者　處處能起作用的東西。指大道。❾資焉　從它那裡獲取幫助。焉，代指道。

【語譯】大司馬家有一位鍛造衣帶鉤的老人，年紀已經八十了，但鍛造的衣帶鉤沒有絲毫的誤差。大司馬問：「您是有什麼技巧呢，還是有什麼道術呢？」鍛造衣帶鉤的老人說：「我遵循著大道做事。在我二十歲的時候，我就喜歡鍛造衣帶鉤，對其他事情連看也不看，除了衣帶鉤我什麼都不關心。我能夠如此運用鍛造衣帶鉤的能力，憑藉的就是不把精力運用到別的事情上，因此我能夠長期保持住鍛造衣帶鉤的能力。更何況處處都起作用的大道，有哪一種事物沒從它那裡獲得過幫助呢！」

冉求❶問於仲尼曰：「未有天地可知邪？」仲尼曰：「可。古猶今也。」冉求失問❷而退。明日復見，曰：「昔者吾問『未有天地可知乎？』夫子曰：『可。古猶今也。』昔日吾昭然❸，今日吾昧然❹。敢問何謂也？」仲尼曰：「昔之昭然也，神❺者先受之；今之昧然也，且又為不神者❻求❼邪！無古無今，無始無終，未有子孫而有子孫，可乎？」冉求未對。仲尼曰：「已矣，未應❽矣！不以生生死❾，不以死死生❿。死生有待⓫邪？皆有所一體。有先天地生者物邪？物物者非物⓬，物出不得先物也⓭，猶其有物⓮也。猶其有物也，無已⓯。聖人之愛人也終無已者，亦乃取於是⓰者也。」

【章　旨】本章提出了古今一樣的觀點，同時還認為聖人的愛人不已是效法了大道的生生不息。

【注　釋】❶冉求　人名。孔子的弟子。姓冉名求，字子有。❷失問　不知再提問什麼。一說是沒有獲得滿意回答。❸昭然　心中明白的樣子。❹昧然　糊塗的樣子。❺神　心神。❻不神者　非心神的東西。即具體的事物。❼求　尋找。即尋求古今事物的相同處。古今的原則是相同的，但古今的事物並不完全一樣，所以當冉求在觀察具體事物時就產生了迷惑。❽未應　不必回答。❾不以生生死　不要因為自己活著就想讓死去的人們都復活。生死，使死者復活。❿死生　讓活著的人死去。⓫有待　互相依賴。有生才有死，有死才有生。⓬物物者非物　產生萬物的不可能是一種具體的事物。物物者，產生萬物的東西。指大道。⓭物出不得先物也　在萬物出現之前不可能再有一個具體的事物。⓮猶其有物　但還是有一個抽象的事物——大道。⓯無已　不停。指萬物不停地繁衍生息。⓰取於是　倣法於大道。取，取法；倣法。是，代指大道。

【語　譯】冉求向孔子請教說：「天地產生之前的情況可以知道嗎？」孔子說：「可以。古代與今天是一樣的。」冉求不知道應該再問什麼，於是就退了回去。第二天，冉求又去見孔子，說：「昨天我問您：『天地產生之前的情況可以知道嗎？』先生說：『可以。古代和今天是一樣的。』昨天我聽了心裡還很明白，可今天又糊塗了。請問這是為什麼呢？」孔子說：「昨天你心裡明白，是因為你的心神先領悟到了這一點；今天你又糊塗了，是因為你在具體的事物上尋找古今的相同點。沒有古代就不會有今天，沒有開始就不會有結束，如果一個人在沒有子孫的時候卻說自己的子孫已經存在，這可以嗎？」冉求沒有回答。孔子說：「算了，不用回答了。不要因為自己活著就要求死去的人也都復活，也不要因為自己死了就要求活著的人也都死去。死亡與生存大概是相互依賴而存在的吧？但它們又都發生在同一個事物身上。天地產生之前還存在事物嗎？可產生萬物的不可能是具體的事物，因而在萬物出現之前不可能有具體事物，然而那時還有一種抽象的事物——大道。正是因為有了這種抽象的事物——大道，萬物才得以生生不息。聖人的愛人之心永無休止，就是倣法了大道啊。」

顏淵問乎仲尼曰：「回嘗聞諸夫子曰：『無有所將❶，無有所迎。』回敢問其遊❷？」仲尼曰：「古之人外化而內不化❸，今之人內化而外不化。與物化者，一不化❹者也。安化安不化❺，安與之相靡❻，必與之莫多❼。狶韋氏之囿❽，黃帝之圃❾，有虞氏❿之宮，湯武⓫之室。君子之人，若儒墨者師，故以是非相韲⓬也，而況今之人乎！聖人處物不傷物，不傷物者物亦不能傷也。唯無所傷者，為能與人相將迎⓭。山林與，皋壤⓮與，使我欣欣然而樂與！樂未畢也，哀又繼之。哀樂之來，吾不能禦⓯，其去弗能止。悲夫，世人直為物逆旅⓰耳！夫知遇而不知所不遇，知⓱能能⓲而不能所不能。無知無能者，固人之所不免也。夫務⓳免乎人之所不免者，豈不亦悲哉！至言去言，至為去為，齊知之所知⓴，則淺矣。」

【章　旨】本章要求人們內心永遠保持平靜安寧，而外表言行則隨物而變。還要求人們不要去尋求自己無法知道的知識，不要去做自己無法做到的事情。

【注　釋】❶將　送。❷遊　遊世；處世。❸外化而內不化　外表言行隨機應變而內心永遠保持平靜安寧。❹一不化　內心專一於平靜安寧而沒有變化。❺安化安不化　無論變化還是不變化，都能安然聽任。❻靡　順應。❼莫多　不去增加什麼。引申為不去改變。❽狶韋氏之囿　狶韋氏可以遊蕩於苑林之中。狶韋氏，人名。傳說中的聖君。囿，古代帝王放養禽獸的園林。用來比喻廣闊的精神境界。以下數句，從囿到圃，從圃到宮，從宮到室，範圍越來越小，比喻人們的精神境界越來越狹小。❾圃　種植蔬菜瓜果的園子。❿有虞氏　人名。即舜。⓫湯武　指商湯、周武王。⓬相韲　相互攻擊。韲，即「虀」。搗碎；打擊。⓭將迎　送迎；交往。⓮皋壤　水邊。皋，水邊的地。⓯禦　抵擋。⓰世人直為物逆旅　世人直不過是喜怒哀樂等各種情緒的客店而已。物，指抽象的事物。即喜怒哀樂等各種情緒。逆旅，旅館。⓱知　衍文。應刪去。⓲能能　能夠做到自己所能做到的。⓳務　一心追求。⓴齊知之所知　把人們所知道的知識都等同起來。齊，等同。莊子認為，得道者的知識是真正的知識，而世俗人的知識是假知識，因此世俗人的知識是不一樣的。

【語　譯】顏淵問孔子說：「我曾經聽先生說過：『不要有意去送走什麼，也不要有意去迎接什麼。』我想請教該如何處世？」孔子說：「古時候的人外表言行隨機應變，而內心卻永遠保持平靜安寧；如今的人內心情感變化無常，而外表言行卻不能順物而變。能夠與外物一同變化的人，其內心卻一直平靜安寧而毫無改變。既能夠安然接受變化，也能夠安然接受不變化，這樣的人就能夠安然地順應萬物，肯定不會去改變萬物。狶韋氏能夠在廣闊的精神苑林中遨遊，黃帝也還能夠在比較廣闊的精神園圃中遊蕩，有虞氏就只能在空間有限的精神宮殿中徘徊，而商湯、周武王的精神世界狹小得就像一間住室一樣。到了後來所謂的君子時，比如像儒家、墨家的老師們，就用是是非非的問題相互攻擊，更何況現在的這些人呢！聖人與外物相處並不傷害外物，不傷害外物的人，外物也不會去傷害他。正因為他對外物無所傷害，所以才能與人們和平相處。茂密的山林啊，優美的水邊景色啊，使我欣欣然快樂無比！然而快樂的感覺還未消失，悲哀又接著到來。悲哀與歡樂的到來，我無法抗拒；悲哀與歡樂的離去，我也無法挽留。可悲呀，世俗的人們簡直就成了喜怒哀樂各種情緒來來往往的旅店了！人們知道自己遇到的東西而不知道自己沒有遇到的東西，能夠做自己所能做到的事情而不能夠做自己所不能做到的事情。有所不知有所不能，這本來是人們所難免的。如果硬要去免除人們所難以免除的事情，這豈不是一種悲哀嗎！最高境界的言論就是默默無聲，最高境界的行為就是清靜無為，認為人們所知道的知識都是相同的，這種看法就太膚淺了。」

【研析】大自然是人類的最好老師，古人早就明白這一點。而對此較早進行理論闡述的是道家。《老子》第二十五章說：「人法地，地法天，天法道，道法自然。」老子的許多命題，如柔弱勝剛強、損有餘而補不足等等，都是通過觀察自然萬物而得出的結論。

莊子在本篇中說：「天地有大美而不言，四時有明法而不議，萬物有成理而不說。聖人者，原天地之美而達萬物之理，是故至人無為，大聖不作，觀於天地之謂也。」聖人之所以為聖人，就是因為他們善於效仿大自然。莊子在本篇還提出了大道無處不在的看法，大道「在螻蟻」，「在稊稗」，「在瓦甓」，甚至「在屎溺」，只要留意，在萬物中、甚至是在極為卑微的物體中，都可以領略到大道。

莊子的這些思想對後世影響極為廣泛，如著名書法家懷素從「夏雲之奇峰」中學習草書（《藝概・書概》），高啟在泉水那裡悟得大道（《碧泉銘》），歸終居士從自然的各種聲響中懂得了天理人情（《意氣譜・反菜根譚》）等等。

禪宗在莊子的大道無處不在這一思想基礎之上，提出了一個頗富詩意的著名命題：

青青翠竹，盡是真如；鬱鬱黃花，無非般若。（《祖堂集》）

這就是說，大自然中的一草一木，一山一水，無不體現了佛家真理。因此有不少高僧信士都曾通過觀察大自然而獲益匪淺，而蘇東坡就是其中的一位。據《五燈會元》卷十七記載，蘇東坡夜宿東林寺，於水聲山色中領悟了佛法，於是第二天就寫了一首偈：

溪聲便是廣長舌，山色豈非清靜身？夜來四萬八千偈，他日如何舉似人？

據說佛祖的異相之一就是舌頭又寬又長，善於說法。而蘇東坡認為潺潺的水聲就是佛祖的說法聲，起伏的山巒就是佛祖的法身，他從中獲得了許許多多的啟示和心得，這些心得是如此之多，又是如此精妙，以至於他無法用語言表達給別人聽。

效法自然，尊重自然，可以說是莊子思想中精華之一。在如今人類與自然越來越疏遠的情況下，重溫莊子的這一思想，不僅使人能夠獲得了一種精神空靈的藝術享受，而且也具有重大的現實意義。

雜篇

庚桑楚第二十三

【題解】庚桑楚，人名。姓庚桑，名楚。相傳是老子的弟子。為篇首之主角，故以之名篇。本篇除了涉及到順應自然等老話題之外，重點討論了養生問題。為了護養生命，本篇要求人們深藏不露，要像嬰兒那樣無思無慮、無知無欲，要遺忘生死得失，摒除一切世俗情感，永遠保持心境的順暢與寧靜。本篇還特別告誡人們不可為非作歹，否則，即使僥倖逃脫法律的制裁，也難逃脫鬼神的懲罰。

老聃之役❶有庚桑楚❷者，偏得❸老聃之道，以北居畏壘❹之山，其臣❺之畫然知者❻去之❼，其妾❽之挈然仁者❾遠之，擁腫❿之與居，鞅掌⓫之為使。居三年，畏壘大穰⓬，畏壘之民相與言曰：「庚桑子之始來，吾洒然⓭異之。今吾日計之而不足⓮，歲計之而有餘⓯，庶幾⓰其聖人乎！子胡不相與尸而祝之⓱，社而稷之⓲乎？」

庚桑子聞之，南面而不釋然⓳，弟子異之，庚桑子曰：「弟子何異於予？夫春氣發而百草生，正得秋而萬寶成⓴。夫春與秋，豈無得而然㉑哉？天道已行矣。吾聞至人，尸居環堵之室㉒，而百姓猖狂㉓不知所如往㉔。今以畏壘之細民㉕而竊竊焉㉖欲俎豆㉗予于賢人之間，我其杓之人㉘邪！吾是以不釋於老聃之言。」

弟子曰：「不然。夫尋常㉙之溝，巨魚無所還㉚其體，而鯢鰌㉛為之制㉜；步仞㉝之丘陵，巨獸無所隱其軀，而蘖狐㉞為之祥㉟。且夫尊賢授能，先善與利㊱，自古堯舜以然㊲，而況畏壘之民乎！夫子亦聽㊳矣！」庚桑子曰：「小子㊴來！夫函車之獸㊵，介㊶而離山，則不免于罔罟㊷之患；吞舟之魚，碭㊸而失水，則蟻能苦之。故鳥獸不厭㊹高，魚鼈不厭深。夫全其形生㊺之人，藏其身也，不厭深眇㊻而已矣。且夫二子㊼者，又何足以稱揚哉！是其於辯㊽也，將妄鑿垣牆而殖蓬蒿也㊾。簡髮而櫛㊿，數米而炊，竊竊乎(51)又何足以濟世哉！舉賢則民相軋(52)，任知則民相盜(53)。之數物者(54)，不足以厚(55)民。民之於利甚勤(56)，子有殺父，臣有殺君，正晝為盜，日中穴阫(57)。吾語汝，大亂之本，必生于堯舜之間，其末(58)存乎千世之後。千世之後，其必有人與人相食者也！」

【章　旨】本章主張治國要清靜無為，順其自然，認為堯舜重賢使能的做法遺害無窮，發展下去將會出現人吃人的社會。

【注　釋】❶役　學徒；弟子。❷庚桑楚　人名。姓庚桑，名楚。❸偏得　獨得。❹畏壘　山名。❺臣　男僕人。❻畫然知者　清楚明白的有智者。畫然，清楚明白的樣子。知，同「智」。❼去之　讓他們離開。❽妾　侍妾；女僕。❾絜然仁者　標榜仁慈的人。絜然，用力顯示的樣子。❿擁腫　純樸的樣子。⓫鞅掌　敦厚的樣子。⓬大穰　大豐收。⓭洒然　稍微感到吃驚的樣子。⓮日計之而不足　在一個短暫的時期內看他，他似乎有許多不足之處。日，指短時期。⓯有餘　指功德很大。

⑯庶幾　差不多。⑰尸而祝之　立他為君主而為他祝福。尸，主。⑱社而稷之　建立一個小國家。社，土神。稷，穀神。古人往往用「社稷」代指國家。⑲釋然　愉快的樣子。⑳萬寶成　各種莊稼成熟。寶，指莊稼。㉑無得而然　不能如此。㉒尸居環堵之室　清靜無為地居住在小小的室內。尸居，靜居。古代祭祀時代替死者受祭的人叫尸，尸在整個祭祀過程安坐在主位，什麼也不用做。堵，土牆。長高各一丈為一堵。㉓猖狂　隨心所欲，任性而為。㉔所如往　所去之處。引申為遵守禮義規矩。㉕細民　小民；百姓。㉖竊竊焉　私自；私下。㉗俎豆　兩種祭器。引申為祭祀、供奉。㉘杓之人　眾人注目的人。杓，目標。㉙尋常　古代的兩種長度單位。八尺為一尋，一丈六尺為一常。㉚還　同「旋」。回轉。㉛鯢鰌　小魚和泥鰍。鯢，小魚名。鰌，泥鰍。㉜制　折；轉身。㉝步仞　古代的兩種長度單位。六尺為步，七尺或八尺為仞。㉞孽狐　妖狐。孽，妖怪。㉟祥　美好；適宜。㊱先善與利　重視善人給與利祿。先善，以善為先。㊲以然　就是如此。㊳聽　聽從；接受。㊴小子　年輕人。指弟子。㊵函車之獸　能夠吞下車輛的巨獸。函，含；口含。㊶介　獨自。㊷罔罟　捕獸的大網。㊸碭　同「蕩」。游蕩。㊹厭　滿足。㊺形生　形體生命。㊻深眇　深遠。㊼二子　兩位先生。指上文提到的堯和舜。㊽辯　同「辨」。分辨事物。㊾將妄鑿垣牆而殖蓬蒿也　將會錯誤地毀壞有用的垣牆而去種植無用的野草。比喻是非不分，黑白顛倒。妄，胡亂；錯誤。鑿，毀壞。垣，牆。蓬蒿，兩種野草名。泛指野草。㊿簡髮而櫛　選擇著頭髮來梳理。比喻斤斤計較於小事。簡，選擇。櫛，梳理頭髮。(51)竊竊乎　斤斤計較的樣子。(52)軋　傾軋；傷害。(53)盜　搶劫；爭奪。(54)之數物者　這幾種做法。指舉賢、任智等。之，此。(55)厚　給予好處。(56)勤　勤苦；迫切。(57)穴阫　在牆上打洞。穴，用作動詞。打洞。阫，牆。(58)末　指流毒、遺害。

【語　譯】老聃有一位弟子名叫庚桑楚，他獨得老聃的大道，居住在北邊的畏壘山中。他趕走那些顯得很有才智的男僕，遠離那些顯得十分仁慈的女僕，只與樸實的人生活在一起，也只使喚那些敦厚的人。過了三年，畏壘山一帶大豐收。畏壘山一帶的百姓在一起議論說：「庚桑子剛來的時候，我們就有一點兒吃驚，感到他與一般人不同。我們在短時間內觀察他，覺得他有許多不足之處；但通過長時間的觀察，就會發現他功德很大，他大概算得上一個聖人吧！大家何不立他為君主而為他祝福，何不擁戴他建立一個國家呢？」

庚桑楚聽說這件事以後，面南而坐很不高興，弟子們感到奇怪，庚桑楚說：「你們對我有什麼感到奇怪的呢？春天陽氣上昇而各種草木生長，到了秋天各種莊稼成熟。春天和秋天難道可以不這樣嗎？這是自然規律運行的必然結果啊。我聽說思想境界最高的人，清靜無為地安坐於小小的室內，而百姓們隨心所欲、任性而為也不知該遵守什麼禮義規矩。如今畏壘山一帶的庶民百姓卻私下裡想把我放在聖賢之列而加以供奉，我豈不成了眾人注目的人物了嗎！我想到了老聃的一些教誨，因此心裡不愉快。」

弟子說：「不是這樣吧！在小小的水溝裡，大魚無法轉動自己的身體，而泥鰍一類的小魚卻回旋自如；在矮矮的小山丘中，巨獸無法隱藏自己的身體，而妖狐在那裡居住卻很舒適。再說尊敬賢良起用能人，重視善人給予利祿，從古代堯舜時就是如此做的，更何況畏壘山的百姓呢！先生您還是接受吧！」庚桑子說：「年輕人，你過來！那些能夠吞下大車的巨獸，如果獨自離開深山，就難免遇到被羅網捕捉的災難；能夠吞下船隻的大魚，游蕩時一旦失去了水，連小小的螞蟻也能任意宰割牠。所以對鳥獸來說山越高越好，對魚鱉來說水越深越妙。那些注重保護自己生命的人，就是要隱藏好自己的身體，而且隱藏得越深越好。再說堯和舜那兩位先生，又怎麼值得稱讚呢！他們在分辨善惡賢愚時，就好像錯誤地毀壞有用的垣牆而去種植無用的野草一樣是非顛倒。他們的做法就像選擇著頭髮去梳理，數著米粒去煮飯一樣，如此斤斤計較於小事又如何能夠去治理好國家呢！舉薦賢良的人就會引起人們相互傾軋，重用有智慧的人就會引起人們相互爭奪。以上這幾種做法，都不能夠使百姓得到好處。人們在追逐利益方面十分迫切，為了利益有兒子殺死父親的，有臣子殺死君主的，有大白天公然搶劫的，也有正中午鑿牆挖洞入室盜竊的。我告訴你，天下大亂的根源，肯定就產生於堯舜的時代，其流毒將影響到數千年以後。數千年以後，肯定會出現人吃人的現象啊！」

南榮趎❶蹴然❷正坐曰：「若趎之年者已長矣，將惡乎託業❸以及此言邪？」

庚桑子曰：「全汝形，抱❹汝生，無使汝思慮營營❺。若此三年，則可以及此言也。」南榮趎曰：「目之與形❻，吾不知其異也，而盲者不能自見；耳之與形，吾不知其異也，而聾者不能自聞；心之與形，吾不知其異也，而狂❼者不能自得❽。形之與形亦辟❾矣，而物或間之❿邪！欲相求而不能相得？今謂趎曰：『全汝形，抱汝生，勿使汝思慮營營。』趎勉聞道達耳矣⓫！」庚桑子曰：「辭盡⓬矣。曰奔蜂⓭不能化藿蠋⓮，越雞⓯不能伏鵠卵⓰，魯雞⓱固能矣。雞之與雞，其德非不同也，有能與不能者，其才固有巨小也。今吾才小，不足以化子，子胡不南見⓲老子？」

南榮趎贏⓳糧，七日七夜至老子之所。老子曰：「子自楚⓴之所來乎？」南榮趎曰：「唯㉑。」老子曰：「子何與人偕來之眾也㉒？」南榮趎懼然顧其後。老子曰：「子不知吾所謂乎？」南榮趎俯而慚，仰而歎曰：「今者吾忘吾答，因失吾問㉓。」老子曰：「何謂也？」南榮趎曰：「不知㉔乎，人謂我朱愚㉕；知乎，反愁我軀㉖。不仁則害人，仁則反愁我身；不義則傷彼，義則反愁我己。我安逃此而可？此三言者，趎之所患也，願因楚㉗而問之。」老子曰：「向吾見若眉睫之間㉘，吾因以得汝㉙矣，今汝又言而信之㉚。若㉛規規然㉜若喪父母，揭㉝竿而求諸海也。汝亡人㉞哉！惘惘乎㉟！汝欲反汝情性而無由入，可憐哉！」

南榮趎請入就舍，召其所好，去其所惡，十日自愁，復見老子。老子曰：「汝自洒濯[36]，孰哉鬱鬱乎[37]？然而中津津乎[38]猶有惡也。夫外韄[39]者不可繁而捉[40]，將內揵[41]；內韄者不可繆[42]而捉，將外揵。外內韄者，道德不能持，而況放[43]道而行者乎！」

南榮趎曰：「里人有病，里人問之，病者能言其病，然其病病[44]者，猶未病也。若趎之聞大道，譬猶飲藥以加病也，趎願聞衛生之經[45]而已矣。」老子曰：「衛生之經，能抱一[46]乎？能勿失[47]乎？能無卜筮[48]而知吉凶乎？能止[49]乎？能已[50]乎？能舍諸人而求諸己乎？能翛然[51]乎？能侗然[52]乎？能兒子[53]乎？兒子終日嘷[54]而嗌不嗄[55]，和之至[56]也；終日握而手不掜[57]，共其德[58]也；終日視而目不瞚[59]，偏不在外[60]也。行不知所之，居不知所為，與物委蛇[61]，而同其波[62]。是衛生之經已。」南榮趎曰：「然則是至人之德已乎？」曰：「非也。是乃所謂冰解凍釋[63]者。夫至人者，相與交食乎地而交樂乎天[64]，不以人物利害相攖[65]，不相與為怪，不相與為謀，不相與為事，翛然而往[66]，侗然而來。是謂衛生之經已。」曰：「然則是至乎？」曰：「未也。吾固告汝曰：『能兒子乎？』兒子動不知所為，行不知所之，身若槁木之枝而心若死灰。若是者，禍亦不至，福亦不來。禍福無有，惡有人災也！」

【章　旨】本章主要講養生的原則，那就是要像嬰兒一樣，沒有思慮，無所追求，身如槁木，心如死灰。如果做到這一點，就不會有什麼災難。

【注　釋】❶南榮趎　人名。庚桑楚的弟子。姓南榮，名趎。❷蹴然　吃驚的樣子。❸託業　託身於學業。即學習。❹抱保護。❺營營　不停地胡思亂想的樣子。❻目之與形　眼睛的形狀。❼狂　瘋。❽自得　自己考慮問題恰當。得，恰當。❾辟通「譬」。明白。❿物或間之　或許有一種東西使它們的作用有所不同。間，區別。之，代指形體的作用。⓫趎勉聞道達耳矣我只不過勉強把您講的道理聽到了耳朵裡而已。意思是說雖然聽了您的教誨，但心裡還不明白。⓬辭盡　話講完了。⓭奔蜂蟲名。即小土蜂。⓮藿蠋　蟲名。即豆葉蟲。⓯越雞　一種體型較小的雞。⓰鵠卵　天鵝蛋。鵠，鳥名。即天鵝。⓱魯雞一種體型較大的雞。⓲南見　向南方去拜訪。⓳贏　擔負。⓴楚　指庚桑楚。㉑唯　表示肯定的應答聲。㉒子何與人偕來之眾也　你為什麼帶了這麼多人一起來呢。老子用這句話諷刺南榮趎帶了那麼多問題而來，聖人是單純的，只有俗人的疑問才多。㉓失吾問　我不知該如何提問。㉔知　同「智」。聰明。㉕朱愚　愚蠢。㉖反愁我軀　反而給我自己帶來許多麻煩。㉗因楚　憑藉庚桑楚的引介。㉘眉睫之間　指面部表情。㉙得汝　知道你的想法。㉚信之　證實了我的推測。信，實；證實。㉛若你。㉜規規然　失魂落魄的樣子。㉝揭　舉。㉞亡人　精神上的流浪者。亡，流亡。㉟惘惘乎　迷惘的樣子。㊱洒濯　清洗。㊲熟哉鬱鬱乎　為什麼還如此鬱鬱不樂呢。熟，同「孰」。為什麼。鬱鬱，愁悶的樣子。㊳津津乎　充滿的樣子。㊴外韄受外物的束縛。韄，束縛。㊵繁而捉　繁多而執著。捉，執著。㊶揵　閉塞不通。㊷繆　錯亂。㊸放　通「仿」。倣法。㊹病病　把疾病當作疾病看待。第一個「病」為意動用法。認為……是疾病。㊺衛生之經　養護生命的原則。經，常規；原則。㊻抱一　使肉體和精神合而為一。古人認為精神一旦離開肉體，就意味著死亡。㊼失　指失去精神與肉體合一的狀態。㊽卜筮　占卜。古代用龜甲占卜叫「卜」，用蓍草占卜叫「筮」。㊾止　停止。指知足。㊿已　停止；適可而止。(51)翛然　無拘無束的樣子。(52)侗然　無思無慮的樣子。(53)兒子　嬰兒。(54)嗥　大聲哭。(55)嗌不嗄　喉嚨不會嘶啞。嗌，喉嚨。嗄，嘶啞。(56)和之至　極為平和無欲。和，指內心平和。(57)捥　拳曲僵直。(58)共其德　順應了自己的天性。共，同「拱」。拱衛。引申為順應。(59)瞚　眨眼。(60)偏不在外　不偏滯於外物。即不留心外物。(61)委蛇　順應的樣子。(62)同其波　隨波逐流；好惡相同。(63)冰解凍釋　形容順應外物而不固執己見的樣子。凍釋，冰凍消融。(64)相與交食乎地而交樂乎天　與人們一起在大地上尋求食物，在大自然中尋求快樂。(65)攖　擾亂。(66)往　死去。也可理解為往來之「往」。

【語　譯】南榮趎吃驚地端坐在那裡，說：「像我這樣的人年紀已經很大了，如何學習才能達到您所說的那種境界呢？」庚桑子說：「保全你的形體，養護你的生命，不要讓你的內心不停地胡思亂想。如此堅持三年，就可以達到我所說的那種思想境界了。」南榮趎說：「眼睛的形狀，我看不出彼此有什麼不同，然而盲人的眼睛卻看不見東西；耳朵的形狀，我看不出彼此有什麼不同，然而聾子的耳朵卻聽不到聲音；心的形狀，我看不出彼此有什麼不同，然而瘋人卻不能進行正確的思維。形體與形體之間相同這一點可以看得很明白，然而也許有一種東西使這些形體的作用有所不同吧！還是因為他們自己想去獲得這些作用而未能做到呢？今天先生對我說：『保全你的形體，養護你的生命，不要讓你的內心不停地胡思亂想。』我不過是勉強把這些話聽到了耳朵裡而已。」庚桑子說：「我能夠說的話已經說完了。人們常說小土蜂變不出豆葉蟲，小越雞孵化不了天鵝蛋，而魯雞卻能夠做到。雞與雞，其本性沒有什麼不同，然而有的能夠做到而有的卻不能做到，這是因為牠們的才能確實有大小的區別。如今我的才能太小，不能夠點化你，你何不到南方去拜訪老子呢？」

南榮趎背著乾糧，走了七天七夜到了老子的住所。老子問：「你是從庚桑楚那裡來的吧？」南榮趎說：「是的。」老子又問：「你怎麼帶了那麼多人一起來呢？」南榮趎聽了大吃一驚，趕緊回頭看自己的身後。老子說：「你沒有聽懂我所說的意思嗎？」南榮趎低下了頭，感到很慚愧，然後仰面歎息說：「現在我不知道該如何回答，也不知道該如何提問。」老子說：「你說的是什麼意思呢？」南榮趎說：「不聰明吧，別人會說我愚蠢無比；聰明了，反而給自己帶來許多麻煩。不仁慈就會去傷害別人，仁慈了反而給自己帶來許多煩惱；不講道義就會損害別人，講道義反而給自己帶來許多愁苦。我如何才能擺脫這種困境呢？這幾句話所說的情況，正是我所擔心的，希望能通過庚桑楚的引介而向您求教。」老子說：「我剛才通過觀察你的表情，就已經知道你的心思，現在你講的這番話又進一步證實了我的看法。你失魂落魄的樣子就像失去了父母、正舉著竹竿到大海裡去尋找一樣。你是一個精神上的流浪者，你是多麼的迷惘啊！你一心想恢復自己的真性卻不知道從哪裡做起，實在是可憐啊！」

南榮趎請求留在館舍受業，他搜取自己所喜歡的東西，排除自己所討厭的東西，十天過去了，依然心情苦悶，於是又去見老子。老子說：「你已經在清洗自己的思想，為什麼還如此鬱鬱不樂呢？這說明你心中還裝滿了你所厭惡的東西。受外物的束縛不可太多不可太執著，否則內心將閉塞不通；受內心的束縛不可錯得太遠也不可太執著，否則外部感官將會閉塞不通。內外都受到束縛的人，連原有的道德也無法持守，更何況去傚法大道行事呢！」

南榮趎說：「鄉里有人病了，鄉親們前去問候，生病的人能夠說明自己的病情，而能夠把自己的疾病當作疾病的人，還算不上是得了重病。而像我這樣學習大道，就好比吃了藥反而加重了病情，因此我只想請教有關養護生命的原則而已。」老子說：「有關養護生命的原則啊，你能夠保證自己的肉體與精神合二為一嗎？能夠不喪失肉體與精神合一的狀態嗎？能夠不用占卜就知道吉凶嗎？能夠知足嗎？能夠適可而止嗎？能夠不求助於別人而求助於自己嗎？能夠做到無拘無束嗎？能夠做到無思無慮嗎？能夠像嬰兒那樣嗎？初生的嬰兒整天啼哭而喉嚨卻不會嘶啞，因為他內心平和到了極點；嬰兒整天握著拳頭而手指不會變得拳曲僵硬，因為他握拳是順應了自己的天性；嬰兒整天睜著眼睛眨也不眨，因為他並不留心外物。出門不知該到哪裡去，在家不知該幹什麼，順應萬物，同其好惡。這就是養護生命的原則。」南榮趎問：「那麼這些是否算得上至人的美德呢？」老子說：「還算不上。這樣的人只能算是能夠順應外物而不固執己見的人。那些至人，與人們一起在大地上尋求食物，在大自然之中尋求快樂，他們不會因為人事、外物和利害而擾亂自己的心境，不參與怪異之事，不與人商謀事情，不參與世俗事務，他們自由自在地離開這個世界，或者無思無慮地來到人間。這就是養護生命的原則。」南榮趎問：「那麼這是最高境界嗎？」老子說：「還不是。我已經告訴過你：『能夠像嬰兒那樣嗎？』嬰兒活動時不知該幹什麼，出門時不知該去哪裡，身體像枯槁的樹枝，心境像熄滅的灰燼。像這樣的人，災禍不會到來，幸福也不會降臨。禍福都沒有，哪裡還會有人為的災難呢！」

宇泰定者❶，發乎天光❷。發乎天光者，人見其人❸，物見其物。人有修者，乃今有恆❹；有恆者，人舍❺之，天助之。人之所舍，謂之天民❻；天之所助，謂之天子。學者，學其所不能學也；行者，行其所不能行也；辯者，辯其所不能辯也。知止乎其所不能知，至矣；若有不即是❼者，天鈞❽敗之。備物以將形❾，藏不虞以生心❿，敬中以達彼⓫，若是而萬惡⓬至者，皆天⓭也，而非人也，不足以滑成⓮，不可內⓯於靈臺⓰。靈臺者，有持而不知其所持⓱，而不可持者也。不見其誠己而發⓲，每發而不當，業入而不舍⓳，每更為失。為不善乎顯明之中⓴者，人得而誅之；為不善乎幽閒之中㉑者，鬼得而誅之。明乎人，明乎鬼者，然後能獨行㉒。券內㉓者，行乎無名㉔；券外㉕者，志乎期費㉖。行乎無名者，唯庸有光㉗；志乎期費者，唯賈人㉘也，人見其跂㉙，猶之魁然㉚。與物窮者㉛，物入焉㉜；與物且㉝者，其身之不能容，焉能容人！不能容人者無親，無親者盡人㉞。兵莫憯于志㉟，鏌鋣㊱為下；寇㊲莫大於陰陽，無所逃於天地之間。非陰陽賊㊳之，心則使之也。

【章　旨】本章主要講內心修養，認為如果能使內心保持安定、誠實等良好狀態，不僅有利於與人相處，而且還有利於自身健康。

【注　釋】❶宇泰定者　內心清靜安定的人。宇，器宇；風度。引申為心境。泰，安定。❷天光　自然的光輝。❸人見其人人們看到他都把他視為自己的同類。意思是說內心清靜安定的人具有極強的親和力，人見人愛，物見物愛。❹乃今有恆　從開始到現在一直能夠保持平靜的心境。乃今，至今。恆，常；一直。❺舍　居住；歸依。❻天民　天人。思想境界最高的人。❼即是　是這樣。即，是。是，這樣。❽天鈞　天道；大道。❾備物以將形　準備了各種物品以養護自己的身體。將，養。❿藏不虞以生心　保持無思無慮的狀態以養心。藏，收藏；保持。虞，思考。生，養。⓫敬中以達彼　心中充滿了恭敬謹慎之情，並把這種恭敬謹慎之情表達出來讓別人知道。中，心中。彼，別人。⓬萬惡　各種災禍。⓭天　天命。⓮滑成　擾亂原有的平靜心境。滑，擾亂。成，原有的心境。⓯內　同「納」。納入。⓰靈臺　內心。⓱有持而不知其所持　有所持守卻不知道為什麼會有所持守。⓲不見其誠己而發　不能表現出自己的真誠就去抒發自己的情感。⓳業入而不舍　外物進入心中就不會離去。指人不能忘懷名利等外物。業，事物。舍，同「捨」。離去。⓴顯明之中　公開的場合裡。㉑幽閒之中　隱蔽之處。㉒獨行　指獨自一人做事而不會作惡。㉓券內　重視內心修養。券，契約。「券內」直譯作「為內心簽個契約」，也即重視內心修養。㉔行乎無名　做事不求名聲。㉕券外　注重外表修飾。㉖志乎期費　一心想佔有全部錢財。期，通「綦」。窮盡；全部。㉗唯庸有光　即使做平常事也顯得很有光彩。庸，平常。㉘賈人　商人。㉙跂　踮起腳後跟。㉚猶之魁然　還認為他們很高大。魁然，高大的樣子。以上兩句比喻那些注重外表修飾的人表面上看起來很偉大，實際上卻十分渺小。㉛與物窮者　能夠從始至終順應萬物的人。窮，最終。㉜物入焉　萬物歸依他。入，歸依。㉝且　通「阻」。阻隔；矛盾。㉞盡人　被人所拋棄。盡，棄絕於；被拋棄。㉟兵莫憯于志　任何兵器都沒有憂傷的情緒更為傷人。兵，兵器。憯，毒；傷害。志，心意。這裡指悲傷的情緒。㊱鏌鋣　寶劍名。㊲寇　敵人。㊳賊　傷害。

【語譯】心境清靜安定的人，會發出天然的道德光輝。發出天然道德光輝的人，人們見了他就會把他視為同類，萬物見了他也會把他視為自己的同類。注重自身修養的人，能夠自始至終一直保持這種清靜安定的心境；能夠一直保持這種清靜安定心境的人，人們就會歸依他，上天也會幫助他。人們所歸依的人，可以稱之為天人；上天所幫助的人，可以稱之為天子。世俗上的那些學習的人，是想學到他們所不能學到的東西；那些做事的人，是想做到他們所無法做到的事情；那些辯論的人，是想辯論清楚他們不能辯論清楚的事物。人們的智慧應該停止去追尋他們所無法認知的領域，這才是最為明智的；如果有人不願意這樣做，那麼天道一定會讓他們失敗。具備衣食等各種物品以養身，保持無思無慮的狀態以養心，內心恭敬謹慎並以此接人待物，做到了這一切而各種災禍仍然紛至沓來，那麼這是天命注定的，而不是自身行為造成的，因而不值得讓這些災禍擾亂自己原有的平靜心境，不必要把這些災禍放在自己的心上。內心世界，總是有所持守而不知道它為什麼會有所持守，因而不可再有意讓它去持守什麼。不能表現出自己的真誠就去抒發自己的情感，那麼每次情感的抒發都不會恰當，已經進入心中的事情也不會被忘卻，每次出現這種情況就更加重了對自己的損害。在公開的場合裡做壞事的人，人們便會懲罰他；在隱蔽之處做壞事的人，鬼神便會懲罰他。既知道人的懲罰又知道鬼神的懲罰的人，才能夠在一個人做事時也不會行惡。重視內心修養的人，做事不求名聲；重視外表修飾的人，一心想獲取所有的錢財。做事不求名聲的人，即使做平常的事情也充滿了道德的光彩；一心想獲取所有錢財的人，不過是個商人而已，人們見他踮起腳後跟站著，還誤以為他真的身材很高大。始終順應萬物的人，萬物都將歸依於他；與萬物相互衝突的人，他自身都將不被容納，又如何去容納別人！不能包容別人的人，就不會有親近的人；沒有親近的人，就會被人們所拋棄。任何兵器都沒有悲傷的情緒更為傷人，而與悲傷的情緒相比鏌鋣的傷人程度只能算是下等的；最大的敵人就是陰陽不調，人們生活於天地之間無處逃避。實際上並非陰陽不調在傷害人，而是人自己的不良情緒使自己受到了傷害。

道通其分也❶，其成也毀❷也。所惡乎分❸者，其分也以備❹；所以惡乎備❺者，其有以備❻。故出而不反❼，見其鬼❽；出而得，是謂得死❾。滅而有實❿，鬼之一⓫也。以有形者象無形者而定矣⓬。

出無本⓭，入無竅⓮；有實而無乎處⓯，有長而無乎本剽⓰，有所出而無竅者有實⓱。有實而無乎處者，宇⓲也。有長而無本剽者，宙⓳也。有乎生，有乎死，有乎出，有乎入，入出而無見其形，是謂天門⑳。天門者，無有㉑也，萬物出乎無有，有不能以有為有㉒，必出乎無有，而無有一無有㉓。聖人藏㉔乎是。

古之人，其知有所至矣。惡乎至？有以為未始有物者，至矣，盡矣，弗可以加矣。其次以為有物矣，將以生為喪㉕也，以死為反㉖也，是以分已㉗。其次曰始無有㉘，既而有生，生俄而㉙死；以無有為首，以生為體，以死為尻㉚。孰知有無死生之一守㉛者，吾與之為友。是三者㉜雖異，公族㉝也。昭景㉞也，著戴㉟也，甲氏㊱也，著封㊲也，非一㊳也。

有生，黬㊴也。披然曰移是㊵。嘗言移是，非所言㊶也。雖然，不可知㊷者也。臘㊸者之有膍胲㊹，可散而不可散也㊺。觀室者周於寢廟㊻，又適其偃㊼焉。為是舉移是㊽。

請常㊾言移是。是以生為本，以知為師，因以乘是非㊿，果有名實(51)，因以己為質(52)，使人以為己節(53)，因以死償節(54)。若然者，以用為知(55)，以不用為愚，以徹為名(56)，以窮為辱。移是，今之人也，是蜩與學鳩同於同也(57)。

【章旨】本章討論了萬物的產生和變化，要求人們各守本分，不可妄求；齊一生死，不可妄分是非。

【注釋】❶道通其分也　大道主宰著所有事物的本分。意思是說一種事物有什麼特性和能力，都是由大道安排的。通，普遍。指普遍主宰著。其，代指萬物。分，本分。❷其成也毀　一個事物形成時也就意味著它開始走向毀滅。另一種解釋為：一個新事物形成了而原有的事物就毀滅了。❸所惡乎分　討厭自己本分的原因。❹其分也以備　即「以備其分」。想使自己所得到的更多、更完備一些。分，本分；已經得到的東西。❺惡乎備　所獲得的已經比較完備了，但依然不滿足。惡，討厭。引申為不滿。❻其有以備　他有自己的完備標準。這兩句是說，在大家看來，有的人所得到的東西已經夠多了，但他還不滿足，那是因為他有自己的標準，實際也即貪得無厭，永無滿足。❼故出而不反　所以他們向外追逐名利而不知收斂。出，向外追逐名利。反，同「返」。返回；收斂。❽見其鬼　將看到他走向死亡。鬼，指死亡。❾出而得二句　向外追逐名利並得到了名利，那也只能說是獲取了死亡。道家認為，追逐名利的人，不僅操心費神，而且名利越多越危險，所以說撈取名利就等於撈取死亡。❿滅而有實　喪失了天性，僅保留肉體。滅，指喪失純樸的天性。實，指肉體。⓫鬼之一　也是死亡的一種。⓬以有形者象無形者而定矣　有形象的萬物應該傚法無形象的時間和空間才能安定無事。象，傚法。無形者，指下文講的「宇（空間）」和「宙（時間）」。一說「無形者」指大道。⓭出無本　找不到它產生的根源。這是描寫空間的。⓮入無竅　不知道它從哪個孔洞裡流逝了。這是描寫時間的。竅，孔洞。⓯有實而無乎處　它確實存在卻又無法確定它的所在之處。這是描寫空間的。⓰有長而無乎本剽　它確實是在發展卻又找不到它的開端和終結。這是描寫時間的。長，發展。本，開端。剽，末端；終結。⓱有所出而無竅者有實　它們都有自己的產生之處卻找不到它們的消失之處，它們是真實存在的。一說本句為衍文，應刪去。⓲宇　上下四方叫「宇」。即空間。⓳宙　古往今來叫「宙」。即時間。⓴天門　自然之門。㉑無有　沒有具體事物。即虛無。有，指有形體的事物。㉒有不能以有為有　任何一個具體事物都不可能主使別的事物再去產生事物。比如人，人雖然聰明，也只能生育出人來，而不可能生育出其他物種。㉓而無有一無有　而虛無就是一切都沒有。一，一切。㉔藏　藏身；立身。㉕以生為喪　把人的出生看作另一種事物的消失。莊子認為，人體是由自然界各種物質構成的，當人體形成時，這些物質也就不再獨立存在了。㉖以死為反　把死亡視為返歸自然。反，同「返」。㉗是以分已　因此對事物有所區分。已，通「矣」。㉘始無有　開始是一片虛無。㉙俄而　不久；很快。㉚尻　臀部。㉛一守　即「守一」。處於一體。㉜三者　指上文說的古人的三種看法。㉝公族　都屬於同一個高貴的家族。比喻以上三種看法雖有小異，但本質一樣。㉞昭景　楚國王族中的兩個姓氏。楚國王族共分昭、景、屈三個姓氏，雖姓氏不同，但同一個祖先。㉟著戴　都是受人擁戴的大族。㊱甲氏　最尊貴的姓氏。甲，第一等的；最尊貴的。㊲著封　最顯貴的封號或封賞。㊳非一　指相同處不是一點，而是很多。㊴鼲黑色的斑點。形容人體不過是各種物質湊合而成的一點塵土而已。㊵披然曰移是　人們的看法有分歧，於是有了漂移不定的是非觀。披然，分離的樣子。這裡指看法不同。移是，漂移不定的是非觀。㊶非所言　不必再說了。㊷不可知　指是非標準難以知道。㊸臘　年終時的大祭。㊹膍胲　用來祭祀的牛。膍，牛的胃。這裡泛指牛的內臟。胲，牛蹄。這裡泛指牛的四肢。㊺可散而不可散也　祭後把牛肉分散送給大家是正確的，而祭祀時不把牛肉分散開卻也是正確的。是分散對還是不分散對，都因時而異。㊻周於寢廟　在殿堂裡飲酒吃飯。周，周旋。引申為飲酒吃飯。寢廟，宗廟的前殿為祭祀之用，稱作「廟」；後殿用於收藏先人的衣冠，稱作「寢」。但後來人們把一般的休息飲食場所也稱作「寢廟」。㊼又適其偃　可又要上廁所。適，到。偃，廁所。這兩句是說，「寢廟」與「偃」有雅俗之分，在寢廟裡活動是對的，但到了該進廁所時，進廁所也是對的。可見是非是不定的。㊽為是舉移是　對此我們可以舉是非漂移不定的理論加以說明。㊾常　同「嘗」。試著。㊿乘是非　駕馭著是非觀。(51)名實　次要的和主要的。名為次，實為主。(52)質　主體。(53)為己節　為自己守節操。即讓別人忠於自己。(54)以死償節　以死守節。(55)以用為知　把受到重用的人看作聰明人。知，同「智」。(56)以徹為名　以通達為榮耀。徹，通達。(57)是蜩與學鳩同於同也　這些人與蜩和學鳩的見識是相同的。蜩，蟬。學鳩，小鳥名。在〈逍遙遊〉中，蜩與學鳩自以為是，不相信大鵬能一舉九萬里。同於同，蜩與學鳩的見識相同，今之人又與蜩、學鳩的見識相同，故言「同於同」。

【語　譯】大道分配給所有事物應有的本分，一個事物一旦形成就意味著它開始走向毀滅。有人之所以不滿足於自己的本分，是因為他想得到更多更完備的東西；有人所得到的東西已經比較完備了，但他依然不滿足，那是他對「完備」有自己的標準。所以這些人就向外追逐名利而不知收斂，我們將會看到這些人逐步走向死亡；這些人向外追逐名利即使獲取了名利，也只能說是獲取了死亡而已。他們已經喪失了自己的純樸天性，即便肉體還在也是行屍走肉，那也是一種死亡啊。有形體的人應該做法沒有形體、絕對虛寂的時間和空間，這樣才能安定無事。

我們不知道空間產生的本源，也不知道時間從哪個孔洞裡流失；空間確實存在卻又無法確定它的所在之處，時間確實是在發展卻又找不到它的開端與終點，它們都有自己的產生之處卻找不到它們的消失之處，它們是確實存在的。確實存在卻又無法確定它的所在之處，這是空間。確實是在發展卻又找不到它的開端與終點，這是時間。有的在那裡產生，有的在那裡死亡，有的在那裡出現，有的在那裡消失，無論消失還是出現都無從尋覓其形跡，這個地方就叫作自然之門。所謂的自然之門，就是虛無，萬物都產生於虛無，因為任何一種具體事物都不可能主使別的事物再去產生事物，所以萬物必定產生於虛無，而虛無就是什麼也不存在。聖人就是要立身於這種虛無寧寂的境界之中。

古時候的人們，他們的智慧達到了最高的境界。達到了什麼樣的最高境界呢？他們有的認為從來不曾存在過事物，這是最高思想境界，盡善盡美，無以復加了。其次認為存在著事物，他們認為一種事物的產生就意味著另一種事物的消亡，把死亡視為返歸自然，因此這種看法就對事物作了區分。再次一等的認為開始時什麼也沒有，不久就出現了有生命的東西，有生命的東西很快又走向死亡；於是他們把虛無視為頭部，把生存視為身軀，把死亡視為臀部。誰能懂得有無、死生本來就是一體，我就與他結為朋友。以上三種看法雖然各不相同，但總體上卻是一樣的。這就好比楚國王族中的昭、景二姓，他們都是受人擁戴的名族，都是最高貴的姓氏，都有最顯赫的封號，他們的相同點很多啊。

世上的人們，不過是由各種物質湊合而成的一點塵埃而已。然而人們卻有各種不同的看法，於是就出現了各種漂移不定的是非觀。我曾經談過這些漂移不定的是非觀，這裡就不必再說了。雖然已經談過，但這些是非觀仍無法把握。比如年終臘祭時有整頭的祭牛，祭祀後把祭牛分割開來送人是可以的，但祭祀時就不可以把牠分割開。再比如到別人家裡作客時，在廳堂裡用餐是對的，然而到廁所去方便也是對的。對此就可以用是非漂移不定的觀點加以說明。

請讓我再進一步談談是非漂移不定的問題。這全是因為人們把生存看作根本，把才智當作老師，於是人們就用這樣的觀點來駕馭是非標準，結果就有了次要和主要的區別，就有人以自我為主體，要求別人為他堅守節操，甚至要求別人為堅守這個節操而付出生命。像這樣的人，就把受到重用的人看作聰明人，把未受重用的人看作愚笨人，把通達視為榮耀，把困窘視為恥辱。是是非非漂移不定，這就是當今人們的認識，這種認識與蜩和學鳩的見識是一樣的。

蹍❶市人之足，則辭❷以放驁❸，兄則以嫗❹，大親❺則已矣。故曰：至禮有不人❻，至義不物❼，至知不謀，至仁無親❽，至信辟金❾。

【章　旨】本章用生動的事例說明了世俗禮節正好是人與人關係疏遠的標誌，同時對至禮、至義等概念的含義給予了界定。

【注　釋】❶蹍　踩踏。❷辭　道歉。❸放驁　放肆；不小心。驁，通「傲」。放肆。❹嫗　愛撫。❺大親　父母。❻不人　不分彼此，視人若己。❼不物　不分物我。❽無親　沒有偏愛，一視同仁。❾至信辟金　最高的誠信不需用金錢作抵押。信，誠信。辟，除去；不需要。

【語　譯】在市場上不注意踩了陌生人的腳，就要馬上道歉說自己不小心；如果是兄長踩了弟弟的腳，只需表示一下愛撫之意就可以了；如果是父母踩了子女的腳，那麼什麼表示都不需要。所以說：最高的禮就是沒有人我之分，最高的義就是沒有物我之分，最高的智慧就是不使用謀略，最高的仁愛就是沒有偏愛，最高的誠信是無需用金錢作抵押的。

徹志之勃❶，解心之繆❷，去德之累，達道之塞❸。貴、富、顯、嚴、名、利六者，勃志也；容❹、動、色❺、理、氣、意六者，繆心也；惡、欲、喜、怒、哀、樂六者，累德也；去、就❻、取、與❼、知、能六者，塞道也。此四六❽者不盪❾胷中，則正❿，正則靜，靜則明，明則虛⓫，虛則無為而無不為也。

【章　旨】本章認為只要能夠清除一切世俗情欲，就能夠做到無為而無不為。

【注　釋】❶徹志之勃　消除錯誤的志願。徹，消除。勃，通「悖」。錯亂；錯誤。❷繆　束縛。❸達道之塞　疏通自己與大道之間的阻礙。達，疏通。塞，阻礙。❹容　姿容；容貌。❺色　表情。❻就　接近；追求。❼與　給與。❽四六　指上述四個方面、每個方面各六種情況。❾盪　蕩亂；擾亂。❿正　平正。⓫虛　指內心虛寂而無欲念。

【語　譯】消除錯誤的志願，解脫心靈的束縛，清除天性的牽累，疏通自己與大道之間的阻礙。高貴、富有、顯赫、威嚴、名聲、利祿這六種情況，都屬於錯誤的志願；姿容、舉止、表情、辭理、氣度、情意這六種情況，全是心靈的束縛；憎惡、欲望、歡喜、憤怒、悲哀、快樂這六種情況，都是天性的牽累；拋棄、追求、貪取、給予、智慧、才能這六種情況，都是自己與大道之間的障礙。這四個方面、每個方面各六種情況都不來擾亂內心的話，內心就會平正，內心平正就能安靜，內心安靜就會變得明智，明智了就會讓內心處於一種虛寂無欲的狀態，有了這種虛寂無欲的狀態就能做到清靜無為而又無所不能為。

道者，德之欽❶也；生者，德之光也；性者，生之質❷也。性之動，謂之為；為之偽，謂之失。知者，接❸也；知者，謨❹也。知者之所不知，猶睨❺也。動以不得已之謂德，動無非我之謂治❻，名相反而實相順也❼。

【章　旨】本章要求人們的行為要真誠、要合理。

【注　釋】❶德之欽　是德所尊崇的。德由道而來，是道的一部分，故德尊崇道。欽，尊崇。❷質　根本。❸接　接觸；感知。❹謨　謀劃。❺睨　斜視。這裡用斜視一方所見有限比喻世俗智慧有很大的局限性。❻動無非我之謂治　出於自我天性的行為都是合理的。無非我，無不是出自我天性。治，有條理；合理。❼名相反而實相順也　「德」和「治」名字相反而實質是相同的。「德」指內在天性，「治」是外部表現，故曰「名相反」。

【語　譯】道，是德所尊崇的；生命，體現了德的光輝；稟性，是生命的根本。順應本性而活動，叫作行為；行為中出現了虛偽欺詐，就叫作過失。知覺，是用來感知外物的；智慧，是用來謀劃事情的。但有智慧的人還有很多東西無法知道，他們的智慧就像斜視一方所見有限一樣。出於不得已的行為可以說是符合德，出於自我天性的行為可以說是合理的，「德」與「合理」的名字不同，但它們的實質卻是一樣的。

羿工乎中微❶而拙乎使人無己譽❷，聖人工乎天❸而拙乎人。夫工乎天而俍❹乎人者，唯全人❺能之。唯蟲能蟲❻，唯蟲能天❼。全人惡❽天，惡人之天❾，而況吾天乎人乎❿！

【章　旨】本章讚美了既順天道又善人事的「全人」，並指出天道有真假之分。

【注　釋】❶羿工乎中微　羿善於射中微小的目標。羿，人名。古代的神箭手。工乎，善於。❷己譽　即「譽己」。讚美自己。❸工乎天　善於順應天道。❹俍　善；精通。❺全人　全德全能之人。❻能蟲　能完全保持原始的禽獸生活。蟲，泛指禽獸。❼唯蟲能天　只有禽獸才能完全體現天道。以上兩句是說，禽獸無智，所以只能按照天道賦予自己的本性生活；而人有智，能主動地去改造自我和環境，所以在人的生活中，已經摻入了許多人為因素，並非純屬天道。❽惡　討厭。❾人之天　人們所謂的天道。即假天道。❿而況吾天乎人乎　而更何況某一個人所說的天道和人事呢。吾，泛指個人。

【語　譯】羿善於射中微小的目標而拙於使人們不稱讚自己，聖人善於順應天道而拙於處理人事。既善於順應天道又善於處理人事，只有全人才能夠做到。唯有禽獸才能保持著原始的禽獸生活，唯有禽獸生活才最能體現出天道。全人有時討厭天道，但他討厭的是人們所謂的天道，更何況只是某個人所說的天道和人事呢！

一雀適羿，羿必得之，威也；以天下為之籠，則雀無所逃。是故湯以庖人籠伊尹❶，秦穆公以五羊之皮籠百里奚❷。是故非以其所好籠之而可得者，無有也。

【章旨】本章告訴人們在接人待物時，一定要投其所好，順其自然。

【注釋】❶是故湯以庖人籠伊尹 因此商湯通過聘其為廚師的辦法來籠絡伊尹。湯，人名。即商湯。商朝第一位君主。庖人，廚師。伊尹，人名。善於烹調，後被舉薦為相。❷秦穆公以五羊之皮籠百里奚 秦穆公用五張羊皮來籠絡百里奚。百里奚，人名。姓百里名奚。原為虞國大夫，虞亡後，百里奚逃到宛，被楚人捉住，秦穆公聞其賢，以五張羊皮贖回，後委以國政，號「五羖大夫」。

【語譯】一隻小鳥迎著羿飛來，羿一定能射中牠，這是羿的威力；如果把整個天下都看作一個鳥籠，那麼就沒有一隻鳥雀能夠逃脫。因此商湯用聘其為廚師的辦法來籠絡伊尹，秦穆公用五張羊皮來籠絡百里奚。所以說，不用投其所好的辦法去籠絡人心而可以成功的，從來也沒有過。

介者拸畫❶，外非譽❷也；胥靡❸登高而不懼，遺死生也。夫復謵不餽❹而忘人，忘人，因以為天人❺矣。故敬之而不喜，侮之而不怒者，唯同乎天和❻者為然❼。出怒不怒❽，則怒出於不怒矣；出為無為❾，則為出於無為矣。欲靜則平氣，欲神❿則順心。有為也欲當⓫，則緣於⓬不得已。不得已之類，聖人之道。

【章旨】本章認為思想境界高的人，無論他們受到任何待遇，也無論他們有任何言行，他們的內心都是平靜安寧的。

【注　釋】❶介者拸畫　被砍去一隻腳的人不再注重自身的修飾。介者，只有一隻腳的人。拸，排除；不重視。畫，修飾。❷外非譽　把譭譽置之度外。非，非議；批評。❸胥靡　服苦役的囚犯。❹復謵不餽　反覆受到別人的語言威嚇而不予反擊。復，反覆。謵，用語言進行恐嚇。餽，贈給。引申為反擊。❺天人　思想境界最高的人。也即得道之人。❻天和　最高的平和狀態。❼為然　做到這一點。為，做。然，這樣。❽出怒不怒　表面發怒而內心並未發怒。即表面發怒而內心平靜。❾出為無為　表面上忙忙碌碌地做事而內心卻清靜無為。❿神　用作動詞。養神。⓫欲當　想做得恰當。⓬緣於　由於；出於。

【語　譯】被砍去一隻腳的人不會再注重自身修飾，因為他們已經把譭譽置之度外；服苦役的囚犯登上高處也不感到恐懼，因為他們不再顧及生死。反覆受到別人的語言威嚇而不去反擊，並且還忘掉了那個用語言威嚇自己的人，能夠忘掉用語言威嚇自己的人，可以算是思想境界最高的人。尊敬他而他不會感到高興，侮辱他而他不會感到生氣，只有具備了最高平和心態的人才能做到這一點。這樣的人表面發怒而內心平靜，那麼他們的怒氣是出於平靜的心態；他們表面上忙忙碌碌做事而內心清靜無為，那麼他們的忙忙碌碌是出於清靜無為的心境。要想安靜下來就要心平氣和，要想護養精神就要心情順暢。想有所行動而且還想做得恰當，那麼做事就應該是出於不得已。不得已而行動，這種做法符合聖人的原則。

【研　析】本篇的主旨依然是在講清靜無為，順應自然，遺忘外物和生死。但本篇有幾句話，卻能夠使我們對「禮」有一個更加清醒和深刻的認識。

中國號稱禮儀之邦，個人也會因彬彬有禮而受人稱讚。以周公和孔子為代表的儒家制定了一整套完備的禮儀制度，並提出了「克己復禮」的口號。應該說，在人欲橫流的社會裡，如果沒有一些法制、禮制來約束人們的行為，就無法保證一個良好的社會秩序。在儒家禮教的熏陶下，中國出現了一大批禮法之士。

然而帶有理想主義色彩的道家卻竭力反對儒家的禮制思想，認為「失道而後德，失德而後仁，失仁而後禮。夫禮者，忠信之薄，而亂之首也」（《老子》第三十八章）。老子把「禮」視為忠信淡薄的標誌、社會混亂的開始，為什麼呢？他沒有做詳細的說明，而莊子用簡單的幾句話就把這一問題闡述得非常明白：

蹍市人之足，則辭以放驁，兄則以嫗，大親則已矣。

踩住了陌生人的腳，趕緊賠禮道歉；踩住了兄弟的腳，只需表示一下關心即可；踩住了子女的腳，什麼表示都不需要。道家認為，兩人關係密切，是用不上「禮」的，而講「禮」正好是人與人關係疏遠的標誌。如果人與人之間的關係都能夠像父母與子女之間的關係一樣，那還用得著講究繁文縟節嗎？

這一思想對後來的文人和宗教影響都很大。《孔氏談苑》記載：

司馬溫公有一僕，每呼君實「秀才」。蘇子瞻教之稱君實「相公」。公聞，訊之，曰：「蘇學士教我。」公嘆曰：「我有一僕，被蘇子瞻教壞了。」

司馬光當了宰相，他的僕人依舊像從前那樣叫他「秀才」，而蘇東坡認為這樣稱呼不夠禮貌，應尊稱為「相公」才對，才符合禮節。而司馬光認為他這樣做又使一個人失去了淳樸的本性。

禪宗也持相同的觀點，《五燈會元》卷六記載了這樣一件事情：

昔有一老宿（老和尚），畜一童子，并不知軌則（禮儀）。有一行腳僧到，乃教童子禮儀。晚間見老宿外歸，遂去問訊（有禮貌地問候），老宿怪訝，遂問童子曰：「阿誰教你？」童曰：「堂上某上座（對行腳僧的尊稱）。」老僧喚某僧來，問：「上座傍家行腳，是什麼心行？這童子養來二三年，幸自可憐生（可愛），誰教上座教壞伊（他）？」黃昏雨淋淋地，被趁出（被趕走）。

童子從小被收養在寺廟裡，根本不懂得社會上的什麼禮儀制度，一切按照自己的淳樸本性行事，深得老僧的喜愛。沒想到前來暫住的一位行腳僧想討好老僧，巴巴地教童子學習禮儀，使童子在行為上表現出對老僧的尊敬。結果適得其反，童子的淳樸本性被破壞掉了，開始變作一個虛偽的人。那位一心討好老僧的行腳僧反而被老僧在黃昏的大雨之中趕出了廟門。

儒家講究禮儀，道家反對禮儀。太講究禮儀顯得虛偽，不講究禮儀顯得粗俗，這就要求我們把握好「度」，不然就會進退維谷，動輒得咎。

徐無鬼第二十四

【題解】徐無鬼，人名。姓徐字無鬼。魏國緡山人，當時的著名隱士。本篇由十多個故事組成，故事與故事之間沒有必然的聯繫。但本篇的主旨是清楚的，那就是無論是個人生活，還是國家政治，都要堅持清靜無為的原則，只有如此，才能利己利人。除這一主旨之外，本篇還涉及到其他許多問題，如知音的重要性、自我炫耀的危害性、不言之言、福禍有命等等。

徐無鬼因女商見魏武侯❶，武侯勞❷之曰：「先生病❸矣！苦於山林之勞，故乃肯見於寡人。」徐無鬼曰：「我則勞於君，君有何勞於我！君將盈嗜欲❹，長好惡❺，則性命之情❻病矣；君將黜❼嗜欲，掔❽好惡，則耳目❾病矣。我將勞君，君有何勞於我！」武侯超然不對❿。

少焉⓫，徐無鬼曰：「嘗語君，吾相狗⓬也。下之質執飽而止⓭，是狸德⓮也；中之質若視日⓯；上之質若亡其一⓰。吾相狗，又不若吾相馬也。吾相馬，直者中繩⓱，曲者中鉤⓲，方者中矩，圓者中規，是國馬⓳也，而未若天下馬⓴也。天下馬有成材㉑，若卹若失㉒，若喪其一㉓，若是者，超軼絕塵㉔，不知其所㉕。」

武侯大悅而笑。

徐無鬼出，女商曰：「先生獨㉖何以說㉗吾君乎？吾所以說吾君者，橫㉘說之則以《詩》、《書》、《禮》、《樂》，從㉙說之則以《金板六弢》㉚，奉事㉛而大有功者不可為數，而吾君未嘗啟齒㉜。今先生何以說吾君，使吾君悅若此乎？」徐無鬼曰：「吾直告之吾相狗馬耳。」女商曰：「若是乎？」曰：「子不聞夫越之流人㉝乎？去國㉞數日，見其所知㉟而喜；去國旬月，見所嘗見於國中者喜；及期年㊱也，見似人者㊲而喜矣。不亦去人滋久㊳，思人滋深乎？夫逃虛空者㊴，藜藋柱乎鼪鼬之逕㊵，踉位其空㊶，聞人足音跫然㊷而喜矣，又況乎昆弟㊸親戚之謦欬㊹其側者乎！久矣夫，莫以真人之言謦欬吾君之側乎！」

【章旨】本章用魏武侯聽到相狗、相馬之術而高興無比的故事諷刺儒家經典及其他世俗書籍都是一些無助於修心養性的虛假之言。

【注釋】❶徐無鬼因女商見魏武侯　徐無鬼通過女商的引薦得以拜見魏武侯。徐無鬼，人名。相傳是魏國隱士。因，依靠；通過。女商，人名。魏國大臣。❷勞　慰勞。❸病　困頓；辛苦。❹盈嗜欲　滿足自己的嗜好和欲望。盈，滿；滿足。❺長好惡　增添自己的好惡之情。❻性命之情　指天然本性。❼黜　廢除；排除。❽擘　退卻；放棄。❾耳目　泛指身體。❿超然不對　悵然若失，沒有回答。超然，悵然。⓫少焉　過了一會兒。⓬相狗　通過觀察狗的體態和神情以定其優劣。相，看；觀察。⓭執飽而止　只求吃飽而已。⓮狸德　野貓一樣的稟性。狸，野貓。⓯視日　眼望著天空。形容意氣高遠的樣子。⓰若亡其一　好像忘卻了自己的一切。一，一切。⓱直者中繩　馬跑直線時合乎墨線。繩，木工畫直線用的墨繩。一說「直」與下文中的「曲」、「方」、「圓」是描寫馬體形狀的。⓲鉤　用來畫弧形的曲尺。⓳國馬　一個地區最好的馬。國，諸侯國。代指某一地區。⑳天下馬　天下最好的馬。㉑成材　天生的好材質。㉒若卹若失　無論是緩步慢行還是快速奔馳。卹，猶豫顧惜。形容緩行的樣子。失，同「佚」。快速。㉓喪其一　即「亡其一」。忘卻自己的一切。㉔超軼絕塵　腳不沾地飛速超越其他馬匹。軼，超越。絕，隔絕。㉕不知其所　不知牠的才能從何而來。所，代指原因。㉖獨　究竟。㉗說　談說；談論。一說「說」通「悅」。取悅；使高興。㉘橫　橫向的。指近代。㉙從　同「縱」。縱向的。指時代較遠的。㉚金板六弢　書名。相傳為姜太公所著的兵法。㉛奉事　奉命辦事。㉜啟齒　開口而笑。啟，開。㉝越之流人　被流放到遠處的人。越，遠。一說是地名。即越國一帶。㉞去國　離開都城。㉟所知　所認識的人。即熟人、朋友。㊱期年　一整年。㊲似人者　好像是同鄉的人。㊳滋久　越久。滋，越。㊴虛空者　空無人煙的地方。㊵藜藋柱乎鼪鼬之逕　叢生的野草堵塞著野獸出沒的小路。藜藋，兩種野草名。這裡泛指野草。柱，堵塞。鼪鼬，動物名。俗稱黃鼠狼。這裡泛指野獸。逕，小路。㊶踉位其空　艱難地生活於無人之處。踉，踉蹌；走路不穩。引申為生活艱難。位，處於；生活於。空，無人。㊷跫然　高興的樣子。一說形容腳步聲。㊸昆弟　兄弟。㊹謦欬　形容談笑聲。

【語　譯】徐無鬼通過女商的引薦得以見到魏武侯。武侯慰問他說：「先生太辛苦了！可能因為山林裡的生活太苦太累，所以您才肯來見我吧！」徐無鬼說：「我是來慰問您的，您有什麼必要慰問我呢！您如果要滿足自己的嗜欲，不斷增添自己的好惡之情，那麼您的天性就會受到傷害；您如果要放棄自己的嗜欲，摒除自己的好惡，那麼您的身體就會感到不舒服。我正打算慰問您，您又有什麼必要慰問我呢！」武侯聽了悵然若失，不知該如何回答。

過了一會兒，徐無鬼又說：「我想告訴您，我善於相狗。下等品質的狗只知道填飽肚子而已，這是野貓一樣的稟性；中等品質的狗總是仰望天空、一副意氣高遠的模樣；上等品質的狗看起來好像忘卻了自己的一切。我的相狗術，還比不上我的相馬術。我所選中的馬，跑直線時合乎墨繩，跑曲線時合乎曲尺，跑方形時合乎角尺，跑圓形時合乎圓規，這樣的馬算得上一個地區的好馬，但是還比不上天下最好的馬。天下最好的馬，具備了天生的好材質，無論是緩步慢行還是快速奔馳，牠都好像忘卻了自己的一切。像這樣的馬，腳不沾地飛速奔馳時能超越所有的馬匹，而人們卻不知道牠的才能從何而來。」武侯聽了非常高興，不由得笑了起來。

徐無鬼從宮中出來後，女商問道：「先生究竟對我們的國君說了些什麼啊？我對我們國君談論的是，近代的主要談論《詩》、《書》、《禮》、《樂》，古代的主要談論《金板六弢》，我奉國君之命辦事並取得巨大成功的次數多得無法計算，然而我們的國君從來沒有開口笑過。今天先生對我們的國君究竟說了一些什麼，竟使我們的國君如此高興呢？」徐無鬼說：「我只不過告訴他有關我相狗、相馬的事而已。」女商問：「就說了這些嗎？」徐無鬼說：「您難道沒有聽說過被流放到遠方的人們嗎？當他們離開國都幾天之後，看到故交老友就會非常高興；離開國都十天一月之後，看到在國都中曾經看到過的人便大喜過望；等到一年之後，看到像是同鄉的人便欣喜若狂，這不就是因為離開故人越久，思念故人之情越深嗎？那些逃往空無人煙之處的人，滿眼都是叢生的野草覆蓋著野獸出沒的小路，艱難而孤獨地生活在這種無人之地，一旦聽到人的腳步聲就會高興起來，更何況是兄弟親人在身邊談笑呢！很久很久了，沒有人用純樸真誠的語言在我們君主身邊談笑了啊！」

徐無鬼見武侯，武侯曰：「先生居山林，食芧栗❶，厭蔥韭❷，以賓❸寡人，久矣夫！今老邪？其欲干❹酒肉之味邪？其寡人亦有社稷之福邪？」徐無鬼曰：「無鬼生於貧賤，未嘗敢飲食君之酒肉，將來勞君❺也。」君曰：「何哉？奚勞寡人？」曰：「勞君之神與形。」武侯曰：「何謂邪？」徐無鬼曰：「天地之養也一❻，登高不可以為長❼，居下不可以為短。君獨為萬乘之主❽，以苦一國之民，以養耳目鼻口，夫神者不自許❾也。夫神者好和❿而惡姦⓫，夫姦，病也，故勞之。

唯君所病之，何也？」

武侯曰：「欲見先生久矣。吾欲愛民而為義偃兵⑫，其可乎？」徐無鬼曰：「不可。愛民，害民之始也；為義偃兵，造兵之本⑬也。君自此為之，則殆⑭不成。凡成美⑮，惡器也；君雖為仁義，幾且⑯偽哉！形固造形⑰，成固有伐⑱，變固外戰⑲。君亦必無盛鶴列⑳於麗譙㉑之間，無徒驥於錙壇之宮㉒，無藏逆於得㉓，無以巧勝人，無以謀勝人，無以戰勝人。夫殺人之士民，兼人之土地以養吾私與吾神者，其戰不知孰善？勝之惡乎在？君若勿已㉔矣，修胸中之誠，以應天地之情㉕而勿攖㉖。夫民死已脫㉗矣，君將惡乎用夫偃兵哉！」

【章旨】本章抨擊統治者殘民自養的做法以及他們發動的不義戰爭，要求他們減嗜欲，修誠心，順應自然，無為而治。

【注釋】❶茅栗　兩種野果名。茅，橡子。栗，栗樹果。❷厭蔥韭　滿肚子裝的都是蔬菜。厭，吃飽。蔥韭，兩種蔬菜名。❸賓　同「擯」。拋棄。❹干　求。❺勞君　慰勞您。❻養也一　對人們的養育是同樣的。❼登高不可以為長　登上高山並不意味著就比別人身材高大一些。比喻登上高位不可以認為就高人一等。❽萬乘之主　大國君主。萬乘，萬輛戰車。擁有萬輛戰車的屬於大國，故用「萬乘」代指大國。❾不自許　不願意如此。許，允許；願意。❿和　和諧。⓫姦　邪惡不正。⓬偃兵　停止打仗。偃，平息。⓭造兵之本　製造戰爭的根源。⓮殆　大概；恐怕。⓯成美　已經形成的美名。⓰幾且　差不多成為；接近於。⓱形固造形　有了仁義的形跡，就必定會有人偽造仁義的形跡。意思是說一旦推行仁義，就會有人用假仁假義的行為謀取私利。⓲成固有伐　成功了必定會自我誇耀。伐，誇耀。⓳變固外戰　有了變故必定會發動對外戰爭。⓴鶴列鶴鳥的隊列。比喻整齊的軍陣。㉑麗譙　高樓名。㉒無徒驥於錙壇之宮　不要陳列步卒騎兵於錙壇宮前。徒，步兵。驥，好馬。這裡代指騎兵。錙壇，宮殿名。㉓無藏逆於得　在有所收穫之時不可包藏逆理之心。逆，逆理；不合正道。㉔勿已　不得已。指不得不做事。㉕情　真實情況。即規律。㉖攖　擾亂。㉗死已脫　已經擺脫了死亡的威脅。

【語　譯】徐無鬼拜見魏武侯，武侯說：「先生住在山林裡，吃的是野果，有時滿肚子裝的都是青菜，卻不願與我交往，這已經很久很久了！如今您是因為上了年紀呢？還是想到我這裡吃點兒酒肉美味呢？還是有什麼治國良策想造福於我的國家呢？」徐無鬼說：「我出身貧賤，從來就不曾奢望能夠享用君主的酒肉，我來是想慰問您的。」武侯說：「為什麼呀？為什麼要慰問我呢？」徐無鬼說：「我要慰問您的心神和形體。」武侯說：「您說的是什麼意思呢？」徐無鬼說：「大自然對於人們的養育是同樣的，身居高位的不可以就認為是高人一等，身處下位的不可以就認為是低人三分。您作為大國的君主，讓全國的老百姓受苦受累，以滿足自己的肉體享受，而您的心神並不願意這樣做。心神喜歡與外物和諧相處，討厭奸邪之事，幹了奸邪之事，就是患上了嚴重的疾病，所以我特地前來慰問。可只有您患上了這種疾病，這是為什麼呢？」

武侯說：「我很久就希望能夠見到先生。我想愛護我的百姓，並想為了道義而停止戰爭，這樣做可以嗎？」徐無鬼說：「不行。有意地去愛護百姓，實際上是禍害百姓的開始；為了道義而停止戰爭，這剛好是製造戰爭的根源。您如果從這些方面來著手治理國家，大概難以成功。大凡已經獲得的美名，往往又會成為作惡的工具；您雖然想推行仁義，但這種做法近似於虛偽啊！一旦出現推行仁義的行為，就必定會有人偽造出這種行為以謀取私利；一旦獲取成功，就必定會自我誇耀；一旦出現什麼變故，就必定會對外發動戰爭。您一定不要在麗譙樓下擺開強盛的軍陣，不要在錙壇宮前陳列步卒和騎兵，不要在有所收穫時產生逆理之心，不要使用智巧去戰勝別人，不要使用謀略去打敗別人，更不要使用戰爭的手段去征服別人。屠殺別人的士卒百姓，兼併別人的土地，以此來滿足自己的私欲和自己精神需要的人，他們之間的爭戰不知道究竟誰是正義的？也不知道勝利究竟體現在哪裡？您如果出於不得已必須做事的話，倒不如修養內心的誠意，以順應自然運行規律而不要去擾亂這些規律。這樣一來百姓們就已經擺脫了死亡的威脅，您哪裡還用得著再去制止戰爭呢！」

黃帝將見大隗❶乎具茨❷之山，方明為御❸，昌寓驂乘❹，張若、謵朋前馬❺，昆閽、滑稽後車❻。至於襄城❼之野，七聖❽皆迷，無所問塗❾。

適遇牧馬童子，問塗焉，曰：「若❿知具茨之山乎？」曰：「然。」「若知大隗之所存⓫乎？」曰：「然。」黃帝曰：「異哉小童！非徒⓬知具茨之山，又知大隗之所存。請問為⓭天下。」小童曰：「夫為天下者，亦若此⓮而已矣，又奚事焉！予少而自遊於六合之內⓯，予適有瞀病⓰，有長者教予曰：『若乘日之車⓱而遊於襄城之野。』今予病少痊⓲，予又且復遊於六合之外。夫為天下，亦若此而已。予又奚事焉！」黃帝曰：「夫為天下者，則誠非吾子之事。雖然，請問為天下。」小童辭。

黃帝又問，小童曰：「夫為天下者，亦奚以異乎牧馬者哉！亦去其害馬者而已矣！」黃帝再拜稽首⓳，稱天師⓴而退。

【章　旨】本章指出世俗所謂的聖人，並不懂得清靜無為的治國真諦。

【注　釋】❶大隗　虛構的人名。喻指大道。❷具茨　山名。❸方明為御　方明為他駕車。方明，虛構的人名。御，駕車。❹昌寓驂乘　昌寓為陪乘。昌寓，虛構的人名。驂乘，陪乘。古代乘車，一般是駕車者居中，尊者居左，陪乘居右。陪乘者的作用一是保證車輛左右載重量的平衡，以防車輛傾翻；二是護衛尊者。❺張若謵朋前馬　張若、謵朋二人當前導。張若、謵朋，均為假設的人名。前馬，走在馬前作引導。❻昆閽滑稽後車　昆閽、滑稽二人在車後跟隨。昆閽、滑稽，均為虛構的人名。❼襄城　地名。❽七聖　指黃帝一行七人。❾問塗　問路。塗，同「途」。❿若　你。⓫所存　所在之處。⓬非徒　不僅。⓭為　治理。⓮若此　就像牧馬一樣。此，代指牧馬。⓯六合之內　天地四方之內。即人間。⓰瞀病　頭暈目眩之病。⓱日之車　太陽之車。指白天。⓲少痊　稍有好轉。少，稍。⓳稽首　叩頭至地。古代的一種大禮。⓴天師　懂得天道的老師。

【語　譯】黃帝要去具茨山拜訪大隗，方明為他駕車，昌寓當陪乘，張若、謵朋在馬前引導，昆閽、滑稽在車後跟隨。走到襄城的野外，這七位聖人都迷了路，而且連個問路的人都找不到。

此時剛好遇上了一位牧馬的少年，於是便向這位少年問路：「你知道去具茨山該怎麼走嗎？」少年回答說：「知道。」（又問：）「你知道大隗住在什麼地方嗎？」少年說：「知道。」黃帝說：「這位少年真是非同一般啊！不僅知道具茨山在哪裡，而且還知道大隗居住的地方。請問如何治理天下。」少年說：「治理天下的方法，不過與我牧馬的方法一樣而已。又何須多事呢！我從小就獨自生活於人間，又患上頭暈眼花的毛病，有一位長者告訴我說：『你每天白天都到襄城的原野裡去走一走吧！』如今我的病已經有所好轉了，我還想神遊於人間之外呢！治理天下的方法，也不過如此而已。再說我又何必多事去操心治理天下呢！」黃帝說：「治理天下，確實不是應該讓您操心的事。雖說如此，我還是想請教該如何治理天下。」少年拒絕回答。

黃帝堅持請教，少年說：「治理天下，與牧馬又有什麼不同呢！也不過就是排除那些對馬有害的事情而已！」黃帝聽了連拜兩拜，叩頭至地，尊稱少年為「天師」，然後告辭而去。

知士無思慮之變則不樂，辯士無談說之序❶則不樂，察士❷無凌誶❸之事則不樂，皆囿於物❹者也。招世之士興朝❺，中民之士榮官❻，筋力之士矜難❼，勇敢之士奮患❽，兵革之士❾樂戰，枯槁之士宿名❿，法律之士廣治⓫，禮教之士敬容⓬，仁義之士貴際⑬，農夫無草萊之事⑭則不比⑮，商賈無市井之事⑯則不比，庶人有旦暮之業則勸⑰，百工⑱有器械之巧則壯⑲。錢財不積則貪者憂，權勢不尤⑳則夸者㉑悲。勢物之徒㉒樂變，遭時㉓有所用，不能無為也。此皆順比於歲㉔不物於易㉕者也。馳其形性㉖，潛之萬物㉗，終身不反，悲夫！

【章旨】本章批判了世俗社會中智士、辯士等各類人物的行為，認為他們殫精竭慮以謀取名利，既擾亂了社會又損害了自身，是極為可悲的事情。

【注釋】❶序　依序而行。引申為機會。❷察士　善於明察的人。❸淩誶　侵犯和責問。淩，侵犯。誶，責問。明察之人熟知別人隱私，故常欺凌責問別人。❹囿於物　受自己的才能和愛好的拘限。囿，拘限。物，指各自的才能和愛好。❺招世之士興朝　善於招攬人才的人能在朝中得勢。世，世人。指世人中有才能的人。興，興盛；得勢。❻中民之士榮官　善於治理百姓的人可以獲得高官厚祿。中，不偏不倚；恰當。引申為善於治理。榮，榮耀；高貴。❼筋力之士矜難　身體強壯有力的人希望能在國難中有驕人的表現。筋力之士，強壯有力的人。矜，驕傲。指驕人的表現。❽奮患　在災難中表現自己的勇氣。❾兵革之士　將士。兵，兵器。革，皮製的甲衣。❿枯槁之士宿名　隱居的人追求名聲。枯槁之士，隱士。隱士生活艱苦，形如枯木，故稱「枯槁之士」。宿，住宿。引申為留意、追求。⓫廣治　推廣法治。⓬敬容　注重儀態外表。⓭貴際　看貴人際關係。⓮草萊之事　除草耕耘之事。萊，草名。⓯比　和樂；愉快。⓰市井之事　集市貿易之事。⓱庶人有旦暮之業則勸　庶民百姓每天都有事做才會變得勤勉。庶人，百姓。旦暮，代指一天。勸，勤勞。⓲百工　泛指各類工匠。⓳壯　盛。指工效高。⓴尤　突出。㉑夸者　喜歡自我炫耀的人。㉒勢物之徒　追求權勢名利之人。物，外物。指名利。㉓遭時　遇上機會。㉔順比於歲　依附於時機。即需要有利於自己的時機才能成功。比，附；依附。歲，時；時機。㉕不物於易　即「不易於物」。不能擺脫外物的牽累。易，改變；擺脫。㉖馳其形性　使他們的身體和精神一直處於奔波不安的狀態。性，精神。㉗潛之萬物　沉溺於外物。

【語譯】有才智的人如果不讓他進行複雜多變的思考他就會感到不快樂，善於辯論的人如果不給他論辯的機會他就會感到不快樂，有明察能力的人如果不讓他對別人進行侵凌和責難他就會感到不快樂，這些人都是受到了各自才能和愛好的拘限。善於招攬人才的人能在朝中得勢，善於治理百姓的人容易獲取高官厚祿，強壯有力的人希望能在國難中有驕人的表現，勇敢的人希望能在災難中表現自己的勇氣，手持武器身披甲衣的人喜歡打仗，隱居山林的人愛好名聲，研究法律的人一心要推廣法治，重視禮教的人注重儀容外表，崇尚仁義的人看重人際關係，農夫如果沒有農活可幹心裡就感到不安，商人如果沒有貿易買賣可做心裡就不高興，庶民百姓每天都有事可做就會變得勤勉，各類工匠有了巧妙的機械就會提高自己的工效。錢財積累得不多那麼貪婪的人就會感到傷心，權勢不大那麼喜歡自我炫耀的人就會感到悲哀。追求權勢名利的人喜歡多生變故，這樣他們就容易找到時機而有所作為，他們從來無法做到清靜無為。這些人都需要依附於有利於自己的時機，不能擺脫外物的束縛。他們使自己的身心一直處於奔波不安的狀態，沉溺於外物而不能自拔，他們一輩子也不會醒悟，真是可悲啊！

莊子曰：「射者非前期而中❶，謂之善射，天下皆羿❷也。可乎？」惠子曰：「可。」莊子曰：「天下非有公是❸也，而各是其所是，天下皆堯也。可乎？」惠子曰：「可。」莊子曰：「然則儒❹、墨❺、楊❻、秉❼四，與夫子為五，果孰是邪？或者若魯遽❽者邪？其弟子曰：『我得夫子之道矣，吾能冬爨鼎而夏造冰矣❾。』魯遽曰：『是直以陽召陽、以陰召陰❿，非吾所謂道也。吾示子乎吾道。』於是為之調瑟⓫，廢⓬一於堂，廢一於室，鼓宮宮動⓭，鼓角角動，音律同矣。夫或改調一絃⑭，於五音無當⑮也，鼓之，二十五絃皆動，未始異於聲⑯，而音之君⑰已。且若是⑱者邪？」惠子曰：「今夫儒、墨、楊、秉，且方與我以辯，相拂⑲以辭，相鎮⑳以聲，而未始吾非㉑也，則奚若㉒矣？」

莊子曰：「齊人蹢子㉓於宋者，其命閽也不以完㉔；其求鈃鍾也以束縛㉕，其求唐子㉖也而未始出域，有遺類㉗矣夫！楚人寄而蹢閽者㉘，夜半於無人之時而與舟人鬥，未始離於岑㉙而足以造於怨㉚也。」

【章旨】本章批判了世俗學者相互攻擊、自以為是的狀況。

【注釋】❶非前期而中　不事先設定一個目標，無論箭射到任何地方都算射中了。前期，事先設定。❷羿　人名。古代的神箭手。❸公是　公認的正確標準。是，正確。❹儒　人名。姓鄭名緩，字儒。一說「儒」指儒家。❺墨　人名。指墨翟。墨家的創始人。❻楊　人名。指楊朱。❼秉　人名。指公孫龍。名家代表人物。複姓公孫名龍，字子秉。❽魯遽　人名。周初人。他有許多迷惑世人的行為，下文對此有介紹。❾吾能冬爨鼎而夏造冰矣　我能在寒冷的冬天用火燒鼎而在炎熱的夏天造出冰塊。據說魯遽師徒在冬季能夠使保存千年的乾燥灰燼冒出火來，此火還可以用來燒鼎烹煮食物；還能夠在夏季製冰，具體辦法是把水放入瓦器，再在開水中加熱，然後把瓦器放入深井之中，據說很快就會結為冰塊。❿是直以陽召陽以陰召陰　這不過是用具有陽氣的東西招引出具有陽氣的東西、用具有陰氣的東西招引出具有陰氣的東西而已。千年灰燼和火都屬陽，水、井和冰都屬陰，故有「以陽召陽、以陰召陰」的說法。⓫瑟　樂器名。類似琴，一般為二十五根絃。⓬廢　放置。⓭鼓宮宮動　彈奏起一張瑟的宮音，另一張瑟的宮音也隨之響起。鼓，彈奏。宮，五音之一。古代以宮、商、角、徵、羽為五音。⓮改調一絃　改動其中一根絃的音調。⓯無當　不合。⓰未始異於聲　不會發出不同的聲調。即二十五根絃發出的音調相同。⓱音之君　這根絃成了音調之王。這根絃發出某種聲音，其他絃也發出某種聲音，故稱之為「音之君」。莊子用冬燒鼎、夏造冰、琴絃相應這些事比喻惠施等人的言論違背了自然之理，擾亂了世人視聽，沒有什麼作用。⑱是　代指魯遽的做法。⑲拂　辯駮。⑳鎮　壓倒。㉑未始吾非　不曾認為自己錯了。㉒奚若　怎麼會像魯遽呢。㉓蹢子　把兒子放置在。蹢，通「擿」。投；放。㉔其命閽也不以完　兒子在那裡成了一個身體殘缺不全的守門人。命，被任命為。閽，守門人。不以完，即「不完」。身體不完整；殘廢。㉕其求鈃鍾也以束縛　那個齊國人求得一口小鍾卻包紮起來唯恐破損。鈃鍾，一種長頸的小鍾。束縛，包紮。㉖唐子　流落在外的兒子。唐，亡失；流落在外。㉗遺類　後代。遺，留下。類，同類之人。指後代。以上所舉的事例，是說這個齊人輕兒子、愛小鍾，顛倒了輕重次序，還自以為正確。用來諷刺惠子顛倒了是非，根本不懂大道，還自以為是。㉘楚人寄而蹢閽者　有一位楚國人寄居在別人家裡卻責罵為他守門的人。蹢，通「讁」。責罵。閽，守門人。㉙岑　岸。㉚造於怨　與人結怨。這幾句是說楚人是非顛倒，責罵閽人；不到開船時即登船，因而船未離岸就與舟人打鬥。用來諷刺惠子是非顛倒，還未做實際工作就因口舌之爭與人結怨。

【語　譯】莊子說：「射箭的人，沒有事先設定一個目標，無論射到哪裡都算射中了，並且還稱讚這樣的人善於射箭，那麼普天下的人都成了羿一樣的神箭手了。這樣做可以麼？」惠子說：「可以。」莊子說：「如果天下沒有一個公認的正確標準，而人人都把自己認為是正確的東西就認定為正確標準，那麼普天下的人都成了堯一樣聖明的人了。這樣做可以嗎？」惠子說：「可以。」莊子說：「那麼鄭緩、墨翟、楊朱、公孫龍四位先生，加上您一共五位，你們究竟誰是正確的呢？還是都像魯遽那樣呢？魯遽的弟子對魯遽說：『我已經學到了先生的學問，我能夠在冬天以火燒鼎而在夏天造出冰塊了。』魯遽說：『這些做法不過是用具有陽氣的東西來招引具有陽氣的東西、用具有陰氣的東西招引具有陰氣的東西而已，還算不上我的真正學問。現在我把我的真正學問展示給你看看。』於是就調整好瑟絃，然後放置一張瑟在堂上，放置一張瑟在內室，彈奏其中一張瑟的宮調而另一張瑟的宮調也隨之響應，彈奏一張瑟的角調而另一張瑟的角調也隨之響應，這是調類相同的緣故啊。如果改動其中一根絃的音調，這個音調與五音都不相同，然後去彈奏這根絃，所有二十五根絃全都顫動起來，發出同樣的聲音，而這根絃的音調可算是音調之王了。你的做法大概就像魯遽的做法一樣吧？」惠子說：「如今鄭緩、墨翟、楊朱、公孫龍，他們與我一起辯論，想用言辭責難我，想用聲音壓倒我，而我從來不認為我自己錯了，那麼怎能說我像魯遽呢？」

莊子說：「齊國有一個人讓自己的兒子滯留在宋國，結果他的兒子在那裡成了一個形體不全的看門人；而這個齊國人找到了一口小鍾，卻小心包裹起來生怕受到損壞，他在尋找流落在外地的兒子時，也從未走出過國門，如此他還會有後代嗎！有一個楚國人寄居在別人家裡卻責罵為自己看門的人，深更半夜跑到船上要求開船，又與船夫打了起來，船還未離岸就與船夫結下了怨恨。」

莊子送葬，過惠子之墓，顧❶謂從者曰：「郢人堊漫其鼻端❷，若蠅翼，使匠石❸斲❹之。匠石運斤成風❺，聽❻而斲之，盡堊而鼻不傷，郢人立不失容❼。宋元君❽聞之，召匠石曰：『嘗試為寡人為之❾。』匠石曰：『臣則嘗能斲之。雖然，臣之質❿死久矣。』自夫子⓫之死也，吾無以為質⓬矣！吾無與言之矣！」

【章　旨】這個故事生動地說明了人生在世尋找知音、知己的重要性。

【注　釋】❶顧　回頭。❷郢人堊漫其鼻端　有一個郢都人不小心把一小塊白泥巴弄到了自己的鼻尖上。郢，地名。楚國的都城，在今湖北省江陵市，堊，白色泥土。漫，塗抹；沾到。❸匠石　人名。此人名石，職業為木匠。❹斲　用斧頭砍削。❺運斤成風　揮起斧頭帶著風聲。運，揮動。斤，斧頭。❻聽　隨便；隨意。❼不失容　沒有失去常態。即毫不害怕。❽宋元君　宋國的一位君主。❾為之　表演一下。❿質　對；對象。指郢人。⓫夫子　指惠子。⓬質　指談話的對象。

【語　譯】莊子送葬時，路過惠子的墳墓，他回頭對跟隨的人說：「郢都有一個人，不小心把一塊白泥巴弄到了自己的鼻尖上，這塊小泥巴薄得就像蒼蠅的翅膀一樣，這個郢都人就請匠石用斧頭把這塊泥巴削去。於是匠石就掄起大斧頭，呼呼地帶著風聲隨手砍去，白泥巴被砍削得乾乾淨淨，而鼻子沒有受到一點兒傷害，那個郢都人站在那裡沒有絲毫害怕的樣子。宋元君聽說了這件事，就把匠石召來，說：『請你試著為我表演一下。』匠石說：『我過去確實能夠砍削鼻尖上的白泥點。雖然能砍削，可那個與我配合默契的郢都人早已去世了。』自從惠先生去世以後，我也失去了一位配合默契的朋友，我再也找不到一個可以同他談玄說理的人了。」

管仲❶有病，桓公問之，曰：「仲父❷之病病❸矣，可不諱云❹，至於大病，則寡人惡乎屬國❺而可？」管仲曰：「公誰欲與？」公曰：「鮑叔牙❻。」曰：「不可。其為人絜廉❼善士也，其於不己若者不比之❽，又一聞人之過，終身不忘。使之治國，上且鉤❾乎君，下且逆乎民。其得罪於君也，將弗久矣！」公曰：「然則孰可？」對曰：「勿已❿，則隰朋⓫可。其為人也，上忘而下畔⓬，愧不若黃帝而哀不己若者。以德分人⓭謂之聖，以財分人謂之賢。以賢臨人⓮，未有得人者也；以賢下人⓯，未有不得人者也。其於國有不聞⓰也，其於家⓱有不見也。勿已，則隰朋可。」

【章　旨】本章認為只有那些能夠以賢下人、注重大事而忽略小事的人才能治理好國家。

【注　釋】❶管仲　人名。姓管名仲，字夷吾。春秋時齊國的著名政治家，輔佐齊桓公成就霸業。❷仲父　對管仲的尊稱。❸病病　疾病嚴重。第二個「病」作病重解。❹可不諱云　我講話可以不忌諱了。❺惡乎屬國　把國家託付給誰。屬，通「囑」。託付。❻鮑叔牙　人名。齊國的大臣。❼絜廉　廉潔。絜，同「潔」。❽其於不己若者不比之　他對於那些德才比不上自己的人，往往不願親近。不己若，即「不若己」。比，親近。❾鉤　牽連。這裡引申為冒犯、得罪。❿勿已　不得已。⓫隰朋　人名。齊國的大臣。⓬上忘而下畔　應為「上忘而下不畔」。本句脫一「不」字，應據《列子・力命》補上。意思是「他身處高位能夠忘懷自己的高位，身處下位也不會背叛」。畔，通「叛」。⓭以德分人　用自己的高尚品德去感化別人。⓮以賢臨人　憑著自己的賢能而凌駕於別人之上。臨，居高臨下。⓯下人　甘居別人之下。⓰於國有不聞　對於國事不是大小都去過問處理。⓱家　家事。

【語　譯】管仲生了病，齊桓公前去看望，說：「仲父您的病很重了，我講話也就不再忌諱了。到了您大病不起時，我該把國家政務託付給誰才合適呢？」管仲問：「您想託付給誰呢？」齊桓公說：「想託付給鮑叔牙。」管仲說：「不行。鮑叔牙這個人是一個清廉高潔的好人，然而他對於那些德才比不上自己的人，往往不願親近；另外他一旦聽說誰犯了錯誤，就會終身不忘。讓他來治理國家，對上將會冒犯、得罪君主，對下將會違背民意。他一旦得罪了君主，恐怕就活不長了！」

齊桓公問：「那麼誰可以呢？」管仲回答說：「不得已的話，隰朋可以接任。隰朋這個人，身處高位時能夠忘懷自己的高位，身處下位時也不會背叛，他總是慚愧自己比不上黃帝這樣的聖賢，並且能夠同情那些不如自己的人。用自己的高尚品德去感化別人的人叫作聖人，用自己的財物去接濟別人的人叫作賢人。憑著自己的賢能而凌駕於別人之上的人，從來不會得到別人的擁護；具有賢良的才能而又甘居人下的人，從來不會得不到別人的擁護。隰朋對於國家政務不是巨細都去處理，對於家庭事務也不是大小都去過問。不得已的話，那麼隰朋可以擔當重任。」

吳王浮于江，登乎狙之山❶。眾狙見之，恂然❷棄而走，逃於深蓁❸。有一狙焉❹，委蛇❺攫搔❻，見巧❼乎王。王射之，敏給搏捷矢❽。王命相者❾趨射之，狙執死⑩。顧謂其友顏不疑⑪曰：「之狙也，伐⑫其巧恃其便⑬以敖⑭予，以至此殛⑮也。戒之哉！嗟乎，無以汝色⑯驕人哉！」顏不疑歸而師董梧⑰以鋤⑱其色，去樂辭顯，三年而國人稱之。

【章旨】這個故事告誡人們，如果有了才能就傲慢異常，到處炫耀，其結果一定是身敗名裂。

【注釋】❶狙之山　獮猴聚居的山。狙，猴子。❷恂然　驚慌的樣子。❸蓁　荊棘。❹焉　那裡；留在那裡。❺委蛇　從容的樣子。❻攫搔　跳躍攀抓。❼見巧　炫耀自己的各種技巧。見，同「現」。顯示；炫耀。❽敏給搏捷矢　敏捷地接住飛速射來的利箭。敏給，敏捷。搏，接住。捷，飛快。矢，箭。❾相者　協助自己打獵的人。即隨從。相，幫助。❿執死　抱樹而死。執，抱。⓫顏不疑　人名。⓬伐　誇耀。⓭便　敏捷。⓮敖　通「傲」。傲慢。⓯殛　處死。⓰色　表情。這裡指傲慢的表情。⓱董梧　人名。吳國賢人。⓲鋤　除去。

【語譯】吳王乘船在長江上巡遊，然後又登上獮猴聚居的山嶺。眾獮猴一見吳王一行人，馬上被嚇得四散逃走，躲進了深深的草叢樹林之中。其中有一隻獮猴卻留在原地，從容不迫地抓著樹枝跳來跳去，在吳王面前炫耀自己的靈巧。吳王用箭射牠，沒想到那隻獮猴竟能敏捷地接住飛速射來的利箭。於是吳王命令左右隨從一起上前向那隻獮猴發箭，那隻獮猴躲避不及抱樹而死。

吳王回頭對自己的朋友顏不疑說：「那隻獮猴啊，炫耀自己的靈巧，依仗自己的敏捷，便在我的面前傲慢異常，以至於被亂箭射死。一定要以此為戒啊！唉，你千萬不要在別人面前顯示自己的傲氣呀！」顏不疑回去以後，就拜賢人董梧為師，鏟除自己傲慢的神情，棄絕淫靡的音樂，辭去顯貴的官位，三年之後，他受到了全國人的讚揚。

南伯子綦❶隱几❷而坐，仰天而噓。顏成子❸入見，曰：「夫子，物之尤❹也。形固可使若槁骸❺，心固可使若死灰乎？」曰：「吾嘗居山穴之中矣。當是時也，田禾❻一覩我，而齊國之眾三賀之。我必先之❼，彼故知之；我必賣之❽，彼故鬻之❾。若我而不有之❿，彼惡得而知之？若我而不賣之，彼惡得而鬻之？嗟乎！我悲人之自喪者⓫，吾又悲夫悲人者⓬，吾又悲夫悲人之悲者，其後而日遠⓭矣。」

【章　旨】本章認為得道之人應身如槁木，心如死灰，深藏不露。那些博取名聲的人實際上是在自我出賣，是完全錯誤的。

【注　釋】❶南伯子綦　人名。得道之人。❷隱几　靠著几案。隱，靠。❸顏成子　人名。南伯子綦的弟子。❹物之尤　人類中的出類拔萃者。物，指人。尤，突出。❺槁骸　枯骨。❻田禾　人名。齊國君主。❼先之　先獲得了名聲。❽賣之　出賣自己的名聲。❾鬻之　利用我的名聲。鬻，收買。引申為利用。❿之　代指名聲。⓫自喪者　喪失自我天性的人。⓬悲人者　同情別人的人。⓭日遠　一天天遠離塵世。

【語　譯】南伯子綦靠著几案坐著，仰面朝天慢慢地吐了一口氣。顏成子進來看到這一情景，於是問道：「先生，您是一位出類拔萃的人。形體固然可以使它像枯骨一樣，而心靈也真的可以使它像死灰一樣嗎？」南伯子綦說：「我曾經隱居在山洞之中啊。那個時候，齊君田禾曾來看望過我一次，而齊國民眾就為此再三向他表示祝賀。我肯定是先獲取了名聲，所以他才知道我；我肯定是『出賣』了我的名聲，所以他才能『買去』利用我的名聲。如果我沒有名聲，他又如何能夠知道我呢？如果我不『出賣』自己的名聲，他又如何能夠『買去』利用我的名聲呢？唉，我同情那些喪失自我天性的人，我又同情那些同情別人的人，我還同情那些同情別人的同情者，從那以後我便一天比一天更加遠離這個塵世了。」

仲尼之楚，楚王觴之❶，孫叔敖❷執爵❸而立，市南宜僚受酒而祭❹，曰：「古之人❺乎，於此言❻已。」曰：「丘也聞不言之言❼矣，未之嘗言❽，於此乎言之❾。市南宜僚弄丸而兩家之難解❿，孫叔敖甘寢秉羽而郢人投兵⓫，丘願有喙三尺⓬！」

彼之謂不道之道⓭，此⓮之謂不言之辯，故德總乎道之所一⓯。而言休乎知之所不知，至矣。道之所一者，德不能同⓰也；知之所不知者，辯不能舉⓱也；名若儒、墨而凶矣。故海不辭東流，大之至也；聖人并包天地，澤及天下，而不知其誰氏。是故生無爵，死無謚⓲，實⓳不聚，名不立，此之謂大人。狗不以善吠為良，人不以善言為賢，而況為大⓴乎！夫為大㉑不足以為大，而況為德㉒乎！夫大備矣，莫若天地；然奚求焉㉓？而大備矣。知大備者，無求，無失，無棄，不以物易己㉔也。反己而不窮㉕，循古而不摩㉖，大人之誠。

【章　旨】本章進一步解釋了「不言之言」，要求人們能夠包容天地，清靜無為，無求無失，以便能成為真正的「大人」。

【注　釋】❶觴之　宴請孔子。觴，古代喝酒用的器具。這裡用作動詞。請喝酒。❷孫叔敖　人名。楚國的丞相。孫叔敖與孔子非同時代的人，這則故事只能視為寓言。❸爵　盛酒的器具。❹市南宜僚受酒而祭　市南宜僚接過酒杯祭祀古代聖賢。

市南宜僚，人名。姓熊字宜僚，因住在市南而稱「市南宜僚」。為楚國勇士。受，接受；接過。❺古之人　古代的聖賢。即市南宜僚祭祀的對象。❻於此言　我們在這裡要好好地談論一番。❼不言之言　不用講話的談論。❽未之嘗言　即「未嘗言之」。之，代指「不言之言」。❾之　代指「不言之言」。孔子要講「不言之言」，實際即表示不再談論什麼，因為大道是無法用語言表達的。❿市南宜僚弄丸而兩家之難解　市南宜僚從容不迫地玩弄彈丸而使兩家的危難得以化解。據說楚國貴族白公勝欲殺楚國大臣子西，白公勝派人請市南宜僚幫助自己，宜僚拒不參與，面對來人的刀劍威脅，從容玩耍彈丸，致使其事不成。⓫孫叔敖甘寢秉羽而郢人投兵　孫叔敖安寢無憂悠閒執扇而楚國人太平無事不用征戰。甘寢，安睡。秉，執；手拿。羽，指羽毛扇。郢，地名。楚國的都城，代指楚國。投兵，棄置武器。⓬有喙三尺　有三尺長的嘴巴。喙，嘴。本句是說我真想有一個長長的嘴巴去辯析一下市南宜僚和孫叔敖行為的妙處，可惜自己沒有這麼長的嘴巴，因此也就不說了。⓭彼之謂不道之道　市南宜僚和孫叔敖的做法可以說是妙不可言的辦法。彼，指市南宜僚和孫叔敖。道，第一個「道」的意思是道說，第二個意思是方法。⓮此　指孔子的做法。⓯故德總乎道之所一　所以萬物的天性都歸結於大道，統一於大道。⓰德不能同　萬物的天性卻各不相同。⓱舉　描繪出來。⓲謚　古代帝王、大臣或其他有地位的人死後被加的帶有褒貶意義的稱號。⓳實　指財富。⓴為大　成為偉大的人。㉑為大　指有意地去使自己成為偉大的人。㉒為德　修養好自己的天性。㉓然奚求焉　然而天地又求取什麼呢。㉔易己　改變自己的天性。易，改變。㉕反己而不窮　恢復自己的天性就能進入一種無窮無盡的境界。反，同「返」。恢復。㉖摩　通「磨」。摩擦；矛盾。

【語　譯】孔子到了楚國，楚王宴請孔子，孫叔敖拿著酒器站立一旁，市南宜僚接過酒來祭祀古代的聖賢，他說：「古代的聖賢啊，我們今天在這裡要好好談論一番了。」孔子說：「我聽說有一種不用講話的談論，我從來還沒有說過這種談論，今天就在這裡說一說吧。市南宜僚從容不迫地玩耍彈丸而使兩家的危難得以化解，孫叔敖安然入寢、手持羽扇卻能使楚國太平無事不用征戰。我孔丘真希望有一張三尺長的嘴巴對這些事說上幾句啊！」

市南宜僚和孫叔敖的做法可以說是妙不可言的辦法，孔子的做法可以說是不用語言的談論，所以說萬物的天性和才能都歸結於大道，統一於大道。言論停止於智慧所無法知曉的領域，這是最為明智的。大道統領著所有的萬物天性，而這些天性之間卻各不相同；智慧所不能知道的東西，語言也就不能把它描繪出來；如果獲取儒、墨兩家那樣博學好辯的名聲就不好了。所以大海不拒絕接納所有向東流來的河水，使自己成為最為宏大的事物；聖人胸懷天地，恩澤施及天下百姓，而百姓們卻不知道這位聖人是誰。因此聖人生前沒有爵位，死後沒有諡號，財物不曾積累，名聲不曾樹立，這才稱得上是真正的偉人。狗並不因為牠善於吠叫就成了良狗，人並不因為他善於講話就成了賢人，更何況想成為偉大的人呢！有心想成為偉大的人是無法成為偉大之人的，又何況想去修養好自己的天性呢！最為完備的事物，莫過於天地，然而天地又何曾求取過什麼呢？可天地卻又無所不有。知道天地無所不備這一道理的人，就不去求取，也沒喪失，也不捨棄，不因為外物而改變自己的天性。恢復自己的天性就會進入一種無窮無盡的境界，遵循自古以來就已存在的大道就不會與外物發生衝突，這就是偉大之人的真實情況。

子綦❶有八子，陳❷諸前，召九方歅❸曰：「為我相❹吾子，孰為祥❺？」九方歅曰：「梱❻也為祥。」子綦瞿然❼喜曰：「奚若？」曰：「梱也將與國君同食以終其身。」子綦索然❽出涕曰：「吾子何為以至於是極❾也？」九方歅曰：「夫與國君同食，澤及三族❿，而況父母乎！今夫子聞之而泣，是禦福⓫也。子則祥矣，父則不祥。」

子綦曰：「歅，汝何足以識之，而梱祥邪？盡於酒肉，入於鼻口矣，而何足以知其⓬所自來？吾未嘗為牧而牂生於奧⓭，未嘗好田而鶉生於宎⓮，若⓯勿怪，何邪？吾所與吾子遊者，遊於天地。吾與之邀樂於天⓰，吾與之邀食於地；吾不與之為事⑰，不與之為謀，不與之為怪；吾與之乘天地之誠⑱而不以物與之相攖⑲，吾與之一委蛇⑳而不與之為事所宜㉑。今也然有世俗之償㉒焉！凡有怪徵㉓者，必有怪行，殆乎！非我與吾子之罪，幾㉔天與之也！吾是以泣也。」

無幾何㉕而使梱之於燕，盜得之於道，全而鬻之則難㉖，不若刖㉗之則易，於是乎刖而鬻之於齊，適當渠公之街㉘，然身食肉而終。

【章旨】這個故事告訴人們，即便是做到了清靜無為，與世無爭，有時也難免有意外的災禍，而這就是命運。

【注釋】❶子綦　人名。一說為楚人司馬子綦，一說即南伯子綦。❷陳　排列。❸九方歅　人名。善於相術者。❹相　相面。通過觀察人的體形、相貌來判斷其命運好壞。❺祥　好；有福氣。❻梱　人名。子綦的兒子。❼瞿然　高興的樣子。❽索然　傷心落淚的樣子。❾是極　這種絕境。極，最壞的處境。❿三族　指父族、母族、妻族。⓫禦福　拒絕福祿。⓬其　指酒肉。⓭吾未嘗為牧而牂生於奧　我從未放牧過羊而羊卻出現在我屋內的西南角。牂，羊。生，出現。奧，屋裡的西南角。⓮未嘗好田而鶉生於宎　我從來都不喜歡打獵而鵪鶉卻出現在我屋內的東南角。田，打獵。鶉，鳥名。即鵪鶉。宎，屋內的東南角。⓯若　你。⓰邀樂於天　在大自然中尋求快樂。邀，尋求。⓱為事　做事。指建功立業。⓲乘天地之誠　順應自然規律。乘，順應。誠，真實情況；規律。⓳與之相攖　與自然規律相矛盾。之，指自然規律。攖，觸犯；矛盾。⓴一委蛇　完全順任天性。一，完全。委蛇，順應的樣子。㉑為事所宜　做世俗所認為的適宜的事。即建功立業。㉒償　回報。指與國君同食。㉓怪徵　怪異的徵兆。㉔幾　基本上；大概是。㉕無幾何　沒過多久。㉖全而鬻之則難　保全他的身體去賣比較困難。身體健全則容易逃脫，所以賣他比較困難。鬻，賣。㉗刖　砍掉腳。㉘適當渠公之街　剛好是在齊渠公居住的街上出賣。適，剛好。渠公，齊國的君主。據說即齊康公。一說「渠公」為人名，是齊國富人。

【語譯】子綦有八個兒子，他讓兒子們排列在自己面前，又把九方歅請來說：「給我的幾個兒子看看相，哪個最有福氣？」九方歅說：「梱最有福氣。」子綦高興地問道：「他怎麼最有福氣呢？」九方歅說：「梱可以終身與國君在一起吃飯。」子綦聽後傷心地流出了眼淚，說：「我的兒子為什麼會落到如此絕境呢？」九方歅說：「能夠與國君一起吃飯，其恩德將施及三族，更何況你們這些做父母的呢！如今先生聽到了這樣的好事卻泣不成聲，這是在拒絕福氣呀！看來你的兒子有福氣，而你這位做父親的沒有福氣。」

子綦說：「九方歅啊，你又怎麼能夠知道，梱確實有福氣呢？他終身有酒肉可吃，而這些酒肉也確實進入了他的口腹，然而又怎能知道這些酒肉是通過什麼方法得來的呢？我從未放牧過羊群而羊卻出現在我屋裡的西南角，我從來都不喜歡打獵而鵪鶉卻出現在我屋裡的東南角，你對這些事情不感到奇怪，又是為什麼呢？我與我的兒子生活的地方，就在天地之間。我與他在大自然中尋求快樂，我與他在大地上尋求食物；我和他不去建功立業，我和他不去籌劃事務，我和他不去標新立異；我和他順應自然規律，不會因為追求外在的名利而與這些規律相矛盾；我和他完全順任自己的天性，而沒有和他一起去做世俗所認為的適宜的事情。然而如今卻得到了世俗社會的回報！大凡有了怪異的徵兆，就一定會有怪異的行為，真是太危險了！但這並非我和我兒子的過錯，這大概是上天降下的災難吧！我就是為此而哭泣啊！」

沒過多久就派梱到燕國去，強盜在半道上劫持了他，強盜想保全他的身體賣掉他，又擔心賣掉有困難，不如砍去他的雙腳更容易賣掉些。於是強盜砍去梱的雙腳把他賣到了齊國，出賣的地點剛好是齊渠公居住的大街，於是他被齊渠公買去而終身有肉吃。

齧缺❶遇許由❷，曰：「子將奚之❸？」曰：「將逃堯。」曰：「奚謂邪？」曰：「夫堯畜畜然❹仁，吾恐其為天下笑。後世其人與人相食與！夫民，不難聚也，愛之則親，利之則至，譽之則勸❺，致❻其所惡則散。愛利出乎仁義，捐❼仁義者寡，利❽仁義者眾。夫仁義之行，唯且無誠❾，且假夫禽貪者器❿。是以一人之斷制⓫利天下，譬之猶一覕⓬也。夫堯知賢人之利天下也，而不知其賊⓭天下也，夫唯外⓮乎賢者知之矣。」

【章旨】本章認為推行仁義利少弊多，因為有人會假借仁義之名以謀取私利。

【注釋】❶齧缺　人名。❷許由　人名。著名的隱士。❸奚之　到哪裡去。之，到。❹畜畜然　仁慈的樣子。❺勸　勸勉。❻致　送給。❼捐　放棄。❽利　利用。❾唯且無誠　不僅沒有誠意。❿且假夫禽貪者器　而且還會被禽獸一樣貪婪的人借用為工具。假，借。禽貪者，像禽獸一樣貪婪的人。⓫斷制　裁斷和決定。⓬覕　通「瞥」。形容時間短暫。⓭賊　害。⓮外　置之度外；不重視。

【語譯】齧缺遇見許由，問道：「您準備到哪裡去呀？」許由說：「打算逃避堯。」齧缺問：「您說的是什麼意思呢？」許由說：「堯正在竭力地推行仁義，我擔心他會受到天下人的恥笑。後世大概會出現人吃人的事情吧！那些百姓，想讓他們聚集在自己的身邊並不困難，愛護他們而他們就會親近，給他們好處他們就會靠攏，表揚他們而他們就會勤勉，如果送給他們厭惡的東西他們就會離散。愛戴和利益都出自推行仁義，那麼放棄仁義的人就少，而利用仁義的人就多。推行仁義，不僅毫無誠意，而且還會被禽獸一樣貪婪的人借用為謀利的工具。因此某一個人決定推行仁義並想以此使天下人得到好處，打一個比方，這種好處猶如短暫的一瞥。堯只知道賢人給天下帶來的好處，卻不知道賢人給天下帶來的害處，只有那些不重視賢人的人才懂得這個道理啊！」

有暖姝[1]者，有濡需[2]者，有卷婁[3]者。

所謂暖姝者，學一先生之言，則暖暖姝姝[4]而私自悅也，自以為足矣，而未知未始有物[5]也，是以謂暖姝者也。

濡需者，豕蝨[6]是也，擇疏鬣[7]自以為廣宮大囿[8]，奎蹄曲隈[9]，乳間股[10]腳，自以為安室利處，不知屠者之一旦鼓臂[11]布草操煙火，而己與豕俱焦也。此以域進[12]，此以域退[13]，此其所謂濡需者也。

卷婁者，舜也。羊肉不慕蟻[14]，蟻慕羊肉，羊肉羶[15]也。舜有羶行[16]，百姓悅之，故三徙成都[17]，至鄧[18]之墟而十有萬家。堯聞舜之賢，舉之童土之地[19]，曰冀得其來之澤[20]。舜舉乎童土之地，年齒長[21]矣，聰明[22]衰矣，而不得休歸，所謂卷婁者也。

是以神人[23]惡眾至，眾至則不比[24]，不比則不利也。故無所甚親，無所甚疏，抱德煬和[25]以順天下，此謂真人。於蟻棄知[26]，於魚得計[27]，於羊棄意[28]。以目視目[29]，以耳聽耳，以心復[30]心，若然者，其平也繩[31]，其變也循[32]，古之真人。以天待人，不以人入天[33]，古之真人。

【章　旨】本章批判了世俗社會中三種類型的人，即沾沾自喜者，偷安自得者，勞身自苦者。提倡沒有親疏、一切順應自然的處世態度。

【注　釋】❶暖姝　沾沾自喜的樣子。❷濡需　苟且偷安、十分得意的樣子。❸卷婁　彎腰駝背、十分辛苦的樣子。❹暖暖姝姝　與「暖姝」同義。❺未始有物　什麼也沒有。指什麼知識都沒有。❻豕蝨　寄生在豬身上的蝨子。豕，豬。❼疏鬣　稀疏的鬃毛。鬣，頸上的鬃毛。❽囿　園林。❾奎蹄曲隈　豬的後腿和蹄子彎曲處。奎，豬的後腿。曲隈，彎曲處。❿股　大腿。⓫鼓臂　揮動手臂。⓬此以域進　這種人因為環境好而顯榮。域，生活環境。進，顯榮；生活得意。⓭退　衰亡。⓮羊肉不慕蟻　羊肉不會去愛慕螞蟻。羊肉，比喻仁義。蟻，螞蟻。比喻百姓。⓯羶　羊肉的氣味。⓰羶行　帶有羶腥氣味般的行為。比喻能吸引百姓的仁義行為。⓱三徙成都　舜三次搬遷，百姓都追隨而至，所居之處自成都市。⓲鄧　地名。⓳童土之地　不毛之地。這裡指荒僻之處。童，禿；不長草木。⓴曰冀得其來之澤　說是希望那裡的百姓能夠因為他的到來而得到恩惠。冀，希望。㉑年齒長　年齡大。㉒聰明　聽力和視力。這裡泛指體力。㉓神人　得道之人。㉔比　和睦。㉕抱德煬和　持守天性，心情平和。煬和，溫和；平和。㉖知　同「智」。指追慕羶味的才智。㉗得計　得意。㉘於羊棄意　讓羊肉失去羶味。意，意願。根據上文，引申為味道。㉙以目視目　用眼睛看自己應該看的東西。㉚復　收回；收斂。㉛其平也繩　他的心境像墨繩一樣平正。繩，木匠畫直線用的墨線。㉜其變也循　他總是順應外物而變化。循，順應。㉝以人入天　用人事干擾自然。入，進入；加入。引申為干擾。

【語　譯】有沾沾自喜的人，有偷安自得的人，有勞身自苦的人。

所謂沾沾自喜的人，他們學到了某一位先生的學問，就沾沾自喜地私下裡暗自得意，自以為十全十美了，而並不知道自己其實什麼也不懂，因此把他們叫作沾沾自喜的人。

所謂偷安自得的人，就像豬身上的蝨子一樣，選擇鬃毛稀疏處住下，自以為是找到了高大的宮殿和廣闊的園林，後腿和蹄子間的彎曲部位，乳房和腿腳間的夾縫，都被看作是安寧的居室和美好的住所，殊不知屠夫一旦揮起雙臂安排柴草生起煙火，自己便會與豬身一起被燒得焦爛。這種人因為生活環境好而榮顯，也會因為環境差而走向毀滅，這些人就是所說的偷安自得的人。

所謂勞身自苦的人，就是指舜那樣的人。羊肉不會去愛慕螞蟻，而螞蟻則喜歡羊肉，因為羊肉有羶腥味。舜就是因為有了羶腥味般的仁義行為，百姓們才會喜歡他，所以舜三次搬遷，其住地都因為追隨的百姓多而形成都市，當舜到了鄧地時，追隨的百姓已有十萬餘家。堯聽說舜非常賢能，便提拔他到荒僻之處當官，說是希望那裡的百姓也能夠因為舜的到來而得到恩惠。舜到荒僻之地當官以後，一直到年紀很大了，體力也衰退了，仍然不能退休歇息，這就是所說的勞身自苦的人。

因此得道之人討厭眾人追隨自己，追隨的人多了就會出現不和睦的現象，一旦出現不和睦現象就會發生不利的事情。所以得道之人不會對誰特別親近，也不會對誰特別疏遠。得道之人持守天性、心境平和以順應天下萬物，這樣的人可以稱之為「真人」。真人可以使螞蟻放棄追求羶味的才智，使魚能夠自由自在地在水中生活，使羊肉消除羶腥的氣味。用眼睛去看眼睛應該看的東西，用耳朵去聽耳朵應該聽的聲音，用心靈去收斂外馳的心神，像這樣的人，他的心境像墨繩一樣平正，他順應著外物變化，這就是古代真人的做法。用順應自然的態度去對待人事，而不用人事去干擾自然，這也是古代真人的做法。

得之❶也生，失之也死；得之也死，失之也生，藥也。其實堇❷也，桔梗❸也，雞壅❹也，豕零❺也，是時為帝❻者也，何可勝言❼。

句踐也以甲楯三千棲於會稽❽，唯種❾也能知亡之所以存❿，唯種也不知其身之所以愁⓫。故曰鴟目有所適⓬，鶴脛有所節⓭，解之⓮也悲。故曰風之過河也有損焉，日之過河也有損焉，請只⓯風與日相與守河而河以為未始其攖⓰也，恃源而往⓱者也。故水之守土也審⓲，影之守人也審，物之守物⓳也審。

故目之於明也殆⑳，耳之於聰也殆，心之於殉㉑也殆。凡能其於府㉒也殆，殆之成也不給改㉓，禍之長也茲萃㉔，其反也緣功㉕，其果也待久㉖，而人以為己寶，不亦悲乎！故有亡國戮民㉗無已，不知問是㉘也。

故足之於地也踐㉙，雖踐，恃其所不蹍㉚而後善博㉛也；人之於知也少，雖少，恃其所不知而後知天之所謂㉜也。知大一㉝，知大陰㉞，知大目㉟，知大均㊱，知大方㊲，知大信㊳，知大定㊴，至矣。大一通之㊵，大陰解之㊶，大目視之，大均緣之㊷，大方體之㊸，大信稽之㊹，大定持之㊺。

盡有天㊻，循有照㊼，冥有樞㊽，始有彼㊾，則其解之也似不解之者㊿，其知之也似不知之也，不知而後知之。其問之(51)也，不可以有崖(52)，而不可以無崖。頡滑有實(53)，古今不代(54)，而不可以虧(55)，則可不謂有大揚搉(56)乎！闔不(57)亦問是已，奚惑然為(58)！以不惑解惑，復於不惑，是尚大不惑(59)。

【章旨】本章含義較為散雜，先寫萬物各有所適，再寫萬物之間相互依存，最後要求人們探索大道奧祕，順應自然萬物。

【注釋】❶得之　得到並服用某種藥。之，代指藥。❷堇　中藥名。俗稱烏頭。主治風痹。❸桔梗　中藥名。主治胸腹血瘀。❹雞壅　中藥名。又叫雞頭草。可健身延年。❺豕零　中藥名。又叫豬苓。主治渴症。❻是時為帝　在適當的時候就會貴重。是，正確；恰當。帝，形容貴重。❼勝言　說得盡。❽句踐也以甲楯三千棲於會稽　句踐率領三千將士困守在會稽山上。句踐，人名。越國君主，曾被吳國擊敗，困守於會稽山。甲楯，甲衣和盾牌。代指將士。棲，棲居。這裡指困守。會稽，山名。在今浙江省境內。❾種　人名。即文種。越王句踐的主要謀臣之一，輔佐句踐滅吳，後被句踐所殺。❿所以存　生存下去的辦法。⓫所以愁　痛苦的原因。指被殺的原因。⓬鴟目有所適　貓頭鷹的眼睛只能在適當的時候看清東西。貓頭鷹只能在晚上看清東西。鴟，鳥名。即貓頭鷹。⓭節　適當。⓮解之　截斷牠的腿。⓯請只　縱使；即便。⓰未始其攖　不曾干擾自己。指沒有使自己的水量減少。攖，干擾。⓱恃源而往　依靠水源不斷流來。⓲審　明白；明顯。一說作「安定」解。⓳物之守物　事物與事物相互依賴。⓴故目之於明也殆　所以眼睛一味地追求超人的視力就危險了。殆，危險。㉑殉　追逐。㉒能其於府　內心裡潛藏著聰明才智。府，指內心。㉓不給改　來不及悔改。㉔茲萃　越來越多地聚集起來。茲，同「滋」。增多。萃，聚集。㉕其反也緣功　想恢復自己的天性卻又被功名所纏繞。反，同「返」。恢復。緣，纏繞。㉖其果也待久　要想建功立業又要花很長很長的時間。果，成功。㉗戮民　被殺的人。㉘問是　探尋其中的原因。是，代指國破人亡的原因。㉙踐　踏。這裡指所踏地面很小。㉚蹍　踏。㉛博　曠遠；遙遠。㉜天之所謂　大自然的語言。即自然規律。㉝大一　即「太一」。至高至極、絕對唯一的東西。即大道。一說指天。㉞大陰　至柔。古人認為陽為剛，陰為柔。道家主張以柔弱勝剛強。一說「太陰」指地。㉟大目　最高的眼光。指能夠認識別人所無法認識的問題。㊱大均　萬物同等；萬物一齊。㊲大方　最高原則。方，方法；原則。㊳大信　最高的誠信。㊴大定　最高的平靜。㊵通之　統領萬物。通，普遍；統領。之，代指萬物。㊶解之　緩解萬物之間的矛盾。㊷緣之　順應萬物。緣，順應。㊸體之　體察萬物。㊹稽之　考核萬物。稽，考核。㊺持之　保持萬物的安寧。㊻盡有天　所有的事物都有各自的天性。盡，全部。指所有事物。天，天性。㊼循有照　遵循各自的天性就會變得明智。循，順。照，光明；明智。㊽冥有樞　深奧的道理之中都有各自的關鍵部分。冥，深邃不清。指高深的道理。樞，樞要；關鍵。㊾始有彼　萬物一開始就有彼我之分。㊿則其解之也似不解之者　那些理解這些道理的人又似乎並不真正地理解。(51)問之　探索這些道理。(52)有崖　有邊際；有盡頭。(53)頡滑有實　紛雜的萬物都是真實的存在。頡滑，萬物紛雜繁多的樣子。(54)不代　不能相互替代。(55)虧　缺少。(56)揚搉　揭示概貌。揚，顯示。搉，概略。(57)闔不　何不。闔，通「盍」。怎麼。(58)奚惑然為　為什麼如此迷惑呢。然，此；如此。為，語氣詞。(59)是尚大不惑　這樣做是為了讓所有的人都不迷惑。是，代指「以不惑解惑，復於不惑」的做法。尚，崇尚；重視。引申為追求。大不惑，所有的人都不迷惑。

【語　譯】得到並吃下它就能活下來，得不到它就會死去；而有時得到並吃下它就會死去，沒有得到它反而活了下來，這就是藥。其實，像烏頭、桔梗、雞壅、豕零這些藥，在適當的時候使用才顯得貴重，這些複雜情況是一言難盡的。

句踐率領三千將士困守會稽山時，只有文種才知道如何使即將滅亡的越國繼續生存下去，然而文種卻不知道自己為什麼後來會遭到殺身之禍。所以說貓頭鷹的眼睛在適當的時候才能夠看清東西，鶴鳥的長腿在適當的環境中才能發揮作用，如果把牠的腿截去一段就會感到悲哀。所以說，風吹過黃河時河水就會減少一些，陽光照射黃河時河水也會減少一些，即便風和陽光一同吹曬著黃河而黃河卻從不會感到自己受到什麼損失，那是因為黃河依靠地下的水源不斷地流來。因此水必須依賴大地這一點是很清楚的，身影必須依賴人體這一點也是很清楚的，總之事物與事物相互依賴這一關係是非常明確的。

眼睛一味地去追求超人的視力就危險了，耳朵一味地去追求超人的聽力就危險了，心思一味地去追求外物就危險了。凡是在內心裡潛藏著機巧才智的人就危險，危險一旦形成就來不及悔改，災禍不斷增多並降臨在他的身上，此時想恢復自己的天性卻又被功名利祿所纏繞，要想建功立業卻又須很長的時間，而人們都把功名利祿視為自己最可寶貴的東西，這不是也很可悲嗎！因此國破人亡的事情就不斷發生，而人們卻不知道探索一下其中的原因。

腳踩踏的地面很小很小，雖然踩踏的地面很小，卻要依賴沒有踩踏的地面然後才能到達遙遠的地方；人所知道的東西很少，雖然知道的很少，卻要依賴那些不知道的東西然後才能懂得大自然的規律。懂得了什麼是大道，懂得了什麼是至柔，懂得了什麼是最高眼光，懂得了什麼是萬物一齊，懂得了什麼是最高原則，懂得了什麼是最高誠信，懂得了什麼是最高平靜，這就達到了最高境界。用大道統領萬物，用至柔的處世態度去緩解萬物之間的矛盾，用最高眼光去看待萬物，用萬物一齊的觀點去順應萬物，用最高原則去體察萬物，用最高誠信去考核萬物，用最平靜的心態去保持萬物的安定。

所有的事物都有各自的天性，遵循自己的天性就會變得明智，深奧的道理都有各自的關鍵部分，萬物一開始就有彼此之分，那些理解這些道理的人似乎並不真正理解，那些懂得這些道理的人似乎並不真正懂得，承認自己不懂得然後才能慢慢懂得。探索這些道理，不可以有什麼限制，但也不可以漫無邊際。萬物雖然紛紜複雜卻都是真實存在，它們就像古代與現代一樣不可相互替代，任何事物都不可以缺少。以上所說可以說只是天地萬物的一個大概情況。人們何不認真探索一下其中的奧祕，為什麼會如此迷惑呢！讓不迷惑的人去教導迷惑的人，使迷惑的人也變得不迷惑，這樣做的目的是為了讓天下所有的人都不迷惑。

【研　析】本篇「莊子送葬，過惠子之墓」一段值得我們注意。這個故事不僅為我們留下了「運斤成風」這一成語，而且還飽含著人生的哲理，那就是它生動地說明了尋覓知音的重要性。

匠石之所以能夠得心應手地把郢人鼻端的白色泥點砍削得乾乾淨淨而沒有絲毫傷著鼻子，那是因為郢人給予了他充分的信任和配合，如果失去了這種充分的信任和配合，匠石的超人技能也就無從施展。莊子就是因為失去了知音惠施，再也找不到可以彼此理解的談論對象，從而無法撞擊出更多的思想火花。關於這一道理，蘇東坡在一首詩歌裡講得也很明白，這首詩歌的題目叫做〈琴詩〉：

若言琴上有琴聲，放在匣中何不鳴？若言聲在指頭上，何不於君指上聽？

詩是蘇東坡寫的，但內容是來自佛經。《楞嚴經》說：「譬如琴瑟琵琶，雖有妙音，無妙指，終不能發。」這實際上就是說，美妙的琴聲既不在琴上，也不在彈琴人的指頭上，而在於琴與指頭的配合上。有琴而沒有會彈琴的妙指，或者有會彈琴的妙指而沒有琴，我們都不可能聽到美妙的琴聲。

人生也是如此。除了不正常的人（如先天痴呆者，那是一把沒有絃的琴）之外，一般的人都像一把琴，這把琴是否能夠發出優美的聲音，就看你是否能夠找到一雙妙手。現在社會上流傳著這樣一句話：每一個偉大的男人背後，都站著一位偉大的女人。這個偉大的男人就好比一把琴，而那位偉大的女人就好比一雙妙手，二者相互配合，就演奏出人間最美好的樂章。我們可以把這種相互配合的關係理解得更為寬泛一些，比如父子、師生、朋友、同學等等，都可能是琴與妙手的關係。許多事業有成的人，往往是因為遇到了某一個人，甚至是僅僅聽到了某人的一句話，從而改變了自己的一生。反過來，有一些人本身的天賦非常高，就像一把質量上乘的琴一樣，然而由於種種原因，使他一生也沒能遇到一雙妙手，結果這把琴一世默默無聞。

既然我們都是一把可以演奏出美妙樂章的琴，那麼我們人生的主要任務之一就是尋找「郢人」，尋找「妙手」，尋找能夠撥動我們的精神之絃的人。由於有了這樣一雙妙手，我們的人生將會是一片輝煌。

則陽第二十五

【題解】則陽，人名。姓彭名陽，字則陽。魯國人，到處遊說諸侯，後入楚。本篇的主旨是提倡虛寂淡泊、清靜無為的生活原則和處世態度，認為人世間爭名奪利、鬥強好勝的行為是毫無意義的，同時還抨擊了當時的不合理政治給百姓帶來的災難。本篇的最後一大段理論性較強，它討論了整體與個體、大道與萬物之間的關係，探索了天地萬物的起源以及事物的發展規律，還對人類的認識能力問題提出了自己的看法。

則陽❶游於楚，夷節❷言之於王，王未之見❸，夷節歸。彭陽見王果❹曰：「夫子何不譚我於王❺？」王果曰：「我不若公閱休❻。」彭陽曰：「公閱休奚為者邪？」曰：「冬則擉❼鼈于江，夏則休乎山樊❽。有過而問者，曰：『此予宅也。』夫夷節已不能，而況我乎！吾又不若夷節。夫夷節之為人也，無德而有知，不自許❾，以之神其交❿，固顛冥⓫乎富貴之地，非相助以德，相助消⓬也。夫凍者假衣於春⓭，暍者反冬乎冷風⓮。夫楚王之為人也，形尊而嚴；其於罪也，無赦如虎；非夫佞人⓯正德，其孰能撓⓰焉！故聖人，其窮⓱也使家人忘其貧，其達⓲也使王公忘爵祿而化卑⓳。其於物也，與之為娛矣；其於人也，樂物之通⓴而保己㉑焉；故或不言而飲人以和㉒，與人並立㉓而使人化㉔。父子之宜㉕，彼其乎歸居㉖，而一閒其所施㉗。其於人心者，若是其遠也。故曰待㉘公閱休。」

【章　旨】本章讚美了清虛恬淡的生活旨趣和處世態度。

【注　釋】❶則陽　人名。姓彭名陽，字則陽。故下文又稱他為「彭陽」。❷夷節　人名。姓夷名節。楚國大臣。❸未之見　即「未見之」。沒有接見他。❹王果　人名。楚國賢人。❺譚我於王　在楚王面前談談我。譚，同「談」。❻公閱休　人名。楚國的隱士。❼擉　刺；扎。❽山樊　山邊。❾不自許　不以美德自我約束。自許，自我約束。❿以之神其交　憑藉這些巧妙地與人交往。之，代指上文的「無德而有知，不自許」。神，巧妙。⓫顛冥　迷惑於；沉溺於。⓬消　毀損。指毀損自己的天性、美德。⓭夫凍者假衣於春　那些受凍的人盼望溫暖的春天。假衣於春，向春天借衣服。即盼望春天。⓮暍者反冬乎冷風　中暑的人反過來希望能得到冬天的冷風。暍，中暑。⓯佞人　有才智、善言談的人。⓰撓　征服；說服。⓱窮　處境困難。⓲達　生活順利，地位顯赫。⓳化卑　變得謙恭。⓴樂物之通　樂於與別人溝通。物，指人。㉑保己　保全自己的天性。㉒飲人以和　把平和的美德灌輸給別人。㉓並立　共同生活。㉔化　感化。㉕宜　適宜；和諧。㉖彼其乎歸居　使他們各得其所。彼其，代指父子。歸居，各歸其位。㉗而一閒其所施　而自己完全用清靜無為的態度對待別人。一，完全。閒，清靜。施，施加；對待。㉘待　依靠。

【語　譯】則陽到楚國遊歷，夷節把他推薦給楚王，而楚王沒有接見他，夷節只得作罷而歸。則陽又去見王果，說：「先生為什麼不在楚王面前談談我呢？」王果說：「我不如公閱休啊。」則陽問：「公閱休是位幹什麼的人呢？」王果說：「他冬天到江河裡刺鱉，夏天就到山腳下憩息。有人去看望他，他就說：『這裡就是我的住宅。』夷節尚且無法把您推薦給楚王，更何況我呢！我又比不上夷節。夷節這個人，沒有美德卻有智巧，從不約束自己做到清虛恬淡，他憑藉這些巧妙地與人周旋，確實是沉溺於富貴名利之中，這樣做不僅無助於美德的培養，反而會毀損原有的一點美德。受凍的人盼望溫暖的春天，中暑的人反過來又需要冬天的冷風。楚王這個人，外表高貴而又威嚴；他對於有過錯的人，兇如猛虎從不寬恕；除了極有才辯、品行端正的人，誰又能說服他呢！因此聖人在處境困難時，能使家人忘卻生活的貧苦；在飛黃騰達時，能使王公大臣忘卻自己的爵祿而變得謙卑起來。聖人對於萬物，可以與它們和諧相處一同歡娛；聖人對於別人，樂於與他們溝通而又能保全自己的天性；聖人也許一言不發卻把平和的美德灌輸給了別人，他們與世人一起生活而使世人受到感化。聖人使父子關係和諧，讓他們各得其所，而聖人自己卻完全是以清靜無為的態度去對待別人。聖人的思想與一般人的思想，其差距是如此之遠啊。所以向楚王推薦你這件事還要依靠公閱休來做。」

聖人達綢繆❶，周盡一體❷矣，而不知其然，性也。復命❸搖作❹而以天為師，人則從而命之❺也。憂乎知❻而所行恆無幾時，其有止也，若之何？

生而美者，人與之鑑❼，不告則不知其美於人也。若知之，若不知之，若聞之，若不聞之，其可喜❽也終無已，人之好之亦無已，性❾也。聖人之愛人也，人與之名，不告則不知其愛人也。若知之，若不知之，若聞之，若不聞之，其愛人也終無已，人之安之❿亦無已，性⓫也。

舊國舊都⓬，望之暢然⓭。雖使丘陵草木之緡⓮，入⓯之者十九，猶之⓰暢然。況見見⓱聞聞者也，以十仞之臺縣眾間者也⓲。

【章　旨】本章認為聖人愛護別人是出於自己的天性，只有這樣的聖人，才能受到人們衷心的敬仰和愛戴。

【注　釋】❶綢繆　深奧的樣子。指深奧的大道。一說指紛繁複雜的人事。❷周盡一體　視萬物為一體。周盡，全部。指天地萬物。❸復命　返回本根。指死亡。「復命」一詞出自《老子》第十六章，可參閱。❹搖作　活動；做事。代指活在世上。❺命之　稱他們為「聖人」。命，命名。❻憂乎知　憂患出於智巧。即多智多憂。知，同「智」。❼鑑　鏡子。❽可喜　可愛。❾性　天生的。指美貌是天生的。❿安之　安於接受這種愛護。⓫性　天生的。指美德是天生的。⓬舊國舊都　祖國與故鄉。比喻養育人們的聖人。⓭暢然　心情暢快的樣子。⓮緡　昏暗不清。⓯入　掩沒；遮擋。⓰猶之　仍然。⓱見見　看到自己想看到的一切。⓲以十仞之臺縣眾間者也　就像一座數丈高臺高聳於眾人之間。仞，古代的長度單位。七尺或八尺為一仞。臺，高臺。比喻聖人。縣，同「懸」。高懸；高聳。

【語譯】聖人懂得深奧的大道，能夠視萬物為一體，而人們卻不知道聖人為什麼能夠做到這些，這大概是出於天性吧。聖人無論生死都堅持以自然為老師，人們也因此稱這樣的人為「聖人」。而一般的人則多智多憂，其行為也總是無法持久，總是半途而廢，對這樣的人又能怎麼辦呢？

生來就漂亮的人，別人即使給他一面鏡子，如果不明確告訴他比別人漂亮，他也不會知道自己比別人漂亮。無論他知道自己比別人漂亮，還是不知道自己比別人漂亮；無論他聽說過自己比別人漂亮，還是沒有聽說過自己比別人漂亮，他都是永遠可愛的，而人們也永遠喜歡他，因為他的漂亮是天生的。聖人愛護別人，即使人們給他一個「聖人」的名稱，如果別人不明確告訴他在愛護別人，他也不知道自己是在愛護別人。無論他知道自己是在愛護別人，還是不知道自己是在愛護別人；無論他聽說自己是在愛護別人，還是沒有聽說自己是在愛護別人，他依然永遠愛護別人，而別人也永遠願意與他交往，因為他愛護別人這一美德是天生的。

祖國與故鄉，一看到就心情舒暢，即使是由於山陵草木的遮擋而看不清楚，甚至是遮擋了十分之九，心裡依然舒暢。更何況我們能在聖人那裡看到我們所想看到的一切，聽到我們所想聽到的一切，聖人就像一座數丈高臺那樣高聳於世人之間啊！

冉相氏❶得其環中❷以隨成❸，與物無終無始❹，無幾無時❺。日與物化者，一不化❻者也，闔嘗舍之❼！夫師天而不得師天，與物皆殉❽，其以為事也，若之何？夫聖人未始有天❾，未始有人，未始有始，未始有物，與世偕行❿而不替⓫，所行之備⓬而不洫⓭，其合之⓮也，若之何？湯得其司御門尹登恆為之傅之⓯，從師而不囿⓰，得其隨成，為之司其名⓱，之名嬴法⓲，得其兩見⓳。仲尼之盡慮⓴，為之傅之。容成氏㉑曰：「除日無歲，無內無外㉒。」

【章　旨】本章認為聖人的心態是極為空靜的，不會把任何事情放在心中。

【注　釋】❶冉相氏　人名。傳說中的聖王。❷環中　虛空。指虛靜的心態。❸隨成　隨任萬物自由發展成長。❹與物無終無始　與天地萬物融為一體，既無所謂終結，也無所謂開始。即永遠與萬物融為一體。❺無幾無時　既非一年，更非一個季節。幾，通「期」。一整年。時，季。❻一不化　指空靜的心態一點兒也沒有變化。一，完全。❼闔嘗舍之　何曾捨棄過自己的虛靜心態。闔，通「盍」。何。舍，同「捨」。之，代指虛靜的心態。❽與物皆殉　與別人一樣都去追逐名利。物，指人。殉，追逐。❾未始有天　不曾把自然放在心上。❿偕行　一起發展變化。偕，一起。⓫替　廢止；停止。⓬備　完備；盡善盡美。⓭洫　敗壞；失敗。⓮合之　合乎大道。⓯湯得其司御門尹登恆為之傅之　商湯啟用司御門尹登恆為自己的老師。湯，人名。即商湯。商朝第一代君主。司御，官名。門尹登恆，人名。一說「門尹」為官名，「登恆」為人名。為之傅之，當他的老師。⓰囿　拘限；限制。指限制百姓言行。⓱為之司其名　所做的事就是佔有天子之名。意思是湯雖然名為天子，但從不干涉天下之事，施行無為而治。為，做。之，代指事。司，主。⓲之名嬴法　天子的美好名聲和正確原則。之名，天子的好名聲。之，代指天子。嬴，滿；盛。引申為美好、正確。⓳得其兩見　得到了雙重的成功。兩，指上句提到的「名」和「法」。見，同「現」。顯著。指顯著的成績。⓴盡慮　完全排除思慮。即保持內心虛靜。㉑容成氏　人名。傳說中的聖王。㉒無內無外　忘卻了自我，也就忘卻了外物。無，忘卻。內，自我。

【語譯】冉相氏能夠保持虛靜的心態，能夠隨任萬物自由發展成長，他與天地萬物融為一體，既無所謂終結，又無所謂開始；既非一年，更非一個季節。他每天都順應外物而變化，而虛靜的心態卻一點也沒有改變，他何曾捨棄過這種虛靜的心態啊！有意地去做法自然並不能真正地做到做法自然，這樣的人會與別人一起去追逐名利，並把追逐名利當作自己的事業來做，這樣做可以嗎？聖人從不把自然放在心上，也從不把人事放在心上，從來沒有想過什麼是開始，也從來沒有想到過外物，他們與世人一起變化而從未停止過這種變化，他們做的事情盡善盡美而從來沒有失敗過，他們的一切都合乎大道，這樣做可以吧？商湯啟用司御門尹登恆做自己的老師，他聽從老師的教誨，從不干涉百姓的生活，能夠隨任百姓自由發展，而他自己所做的事就是佔有天子這個名聲，結果他既得到了「天子」這個美好的名聲，又找到了正確的治國原則，獲得了雙重的成功。孔子如果能夠消除內心裡的一切思慮，也可以成為天子的老師。容成氏說：「如果沒有每一天，也就不會形成一整年；如果能夠忘卻自我，也就能夠忘卻外物。」

魏瑩❶與田侯牟❷約，田侯牟背之。魏瑩怒，將使人刺之。

犀首❸聞而恥之❹，曰：「君為萬乘❺之君也，而以匹夫從讎❻，衍❼請受甲❽二十萬，為君攻之，虜其人民，係其牛馬，使其君內熱發於背❾，然後拔❿其國。忌⓫也出走，然後抶其背⓬，折其脊⓭。」

季子⓮聞而恥之，曰：「築十仞之城，城者既十仞矣，則又壞之，此胥靡⓯之所苦也。今兵不起七年矣，此王之基也。衍，亂人，不可聽也。」

華子⓰聞而醜之，曰：「善言⓱伐齊者，亂人也；善言勿伐者，亦亂人也；

謂伐之與不伐亂人也者，又亂人也。」君曰：「然則若何？」曰：「君求其道而已矣！」

惠子聞之，而見戴晉人⑱。晉人曰：「有所謂蝸⑲者，君知之乎？」曰：「然。」「有國於蝸之左角者，曰觸氏；有國於蝸之右角者，曰蠻氏。時⑳相與爭地而戰，伏尸數萬，逐北旬有五日而後反㉑。」君曰：「噫！其虛言與！」曰：「臣請為君實之㉒。君以意㉓在四方上下有窮乎？」君曰：「無窮。」曰：「知遊心於無窮，而反在通達之國㉔，若存若亡乎？」君曰：「然。」曰：「通達之中有魏，於魏中有梁㉕，於梁中有王。王與蠻氏，有辯㉖乎？」君曰：「無辯。」客㉗出而君惝然㉘若有亡也。

客出，惠子見。君曰：「客，大人㉙也，聖人不足以當㉚之。」惠子曰：「夫吹管㉛也，猶有嗃㉜也；吹劍首㉝者，吷㉞而已矣。堯舜，人之所譽也，道㉟堯舜於戴晉人之前，譬猶一吷也。」

【章旨】這個故事生動地說明了人類在宇宙中的渺小地位，從而否定了人類之間爭名奪利、相互征戰的意義。這則故事有利於消除人們的名利思想。

【注釋】❶魏瑩　人名。即魏國君主魏惠王。❷田侯牟　人名。舊注指齊威王，然而齊威王不叫「牟」。此為寓言，不必深究。❸犀首　官名。有的本子在「犀首」二字之下有「公孫衍」三字。「公孫衍」為人名。❹恥之　為這種做法感到羞恥。❺萬乘　指大國。「萬乘」本指萬輛戰車，大國擁有萬輛戰車，故以「萬乘」代指大國。❻而以匹夫從讎　卻用普通百姓的手段去報仇。匹夫，普通百姓。從讎，報仇。❼衍　人名。即公孫衍。❽甲　甲士；將士。❾內熱發於背　心急如焚而毒瘡發於脊背。內，心裡。❿拔　攻克；佔領。⓫忌　人名。即田忌。齊國的主將。⓬抶其背　擊打他的脊背。即跟在後面追擊進攻。抶，擊打。⓭折其脊　折斷他的脊骨。即消滅他的主力。⓮季子　人名。魏國的賢臣。⓯胥靡　服役之人。即修城牆的人。⓰華子　人名。魏國的賢臣。⓱善言　巧言勸說。⓲戴晉人　人名。魏國的賢人。⓳蝸　蟲名。即蝸牛。⓴時　時常。㉑逐北旬有五日而後反　追殺戰敗的一方整整追了十五天方才撤軍而歸。逐，追。北，敗；戰敗的一方。旬有五日，十五天。有，通「又」。反，同「返」。㉒實之　證實它。㉓以意　以為；認為。㉔通達之國　四海之內；人間。通達，人跡所到。㉕梁　地名。在今河南省開封市一帶。當時為魏國都城。㉖辯　通「辨」。區別。㉗客　客人。指戴晉人。㉘倘然　悵然若失的樣子。㉙大人　得道的偉人。㉚當　匹配；相提並論。㉛管　樂器名。用竹管製成。㉜嗃　象聲詞。形容吹竹管所發出的較大聲音。㉝劍首　指劍柄上的小環孔。㉞吷　象聲詞。指細微的聲音。㉟道　談論。

【語　譯】魏惠王與齊威王訂立了盟約，而齊威王卻違背了盟約。魏惠王大怒，打算派人去刺殺齊威王。

犀首公孫衍知道後，為這種做法感到羞恥，便對魏惠王說：「您身為大國君主，卻用普通百姓的手段去報仇，我願意統率二十萬大軍，替您討伐齊國，俘獲齊國的百姓，牽走他們的牛馬，使齊國的君主心急如焚，脊背上長出毒瘡來，然後攻佔他的國家。齊國的主將田忌將會望風出逃，於是我就從背後進攻他，徹底消滅他的主力。」

季子聽說後，又為公孫衍的做法感到羞恥，於是便對魏惠王說：「想建造七八丈高的城牆，可當城牆建造到七八丈高的時候，卻又把它毀掉，這是築城苦役們最感痛苦的事情。如今已經有七年沒有打仗了，這是您的王業興旺的基礎。公孫衍是一個挑起禍亂的人，不可聽從他的主張。」

華子聽說這件事以後，深為公孫衍和季子的行為感到羞恥，便對魏惠王說：「巧言勸說討伐齊國的人，是挑起禍亂的人；巧言勸說不要討伐齊國的人，也是挑起禍亂的人；認為想討伐齊國的和不想討伐齊國的都是挑起禍亂之人的人，他本身也是挑起禍亂的人。」魏惠王說：「既然如此，那該怎麼辦呢？」華子說：「您還是求助於大道吧！」

惠子聽說這件事以後，就把戴晉人引薦給魏惠王。戴晉人對魏惠王說：「有一種名叫蝸牛的小動物，您知道嗎？」魏惠王說：「我知道。」（戴晉人說：）「蝸牛的左邊觸角上有一個國家，名叫觸氏國；蝸牛的右邊觸角上有一個國家，名叫蠻氏國。這兩個國家時常為了爭奪地盤而發生戰爭，有時竟然傷亡數萬士兵，戰勝的一方追趕戰敗的一方長達十五日之久，然後才撤兵而歸。」魏惠王說：「噫！您大概是在虛構故事吧！」戴晉人說：「那就請讓我為您證實一下吧！您認為四方上下有沒有盡頭呢？」魏惠王說：「沒有盡頭。」戴晉人說：「您知道可以使自己的精神在這個無窮無盡的空間裡遨遊，而人的身體卻還要生活於有人煙的人間，這個有人煙的人間是否小得若有若無呢？」魏惠王說：「是這樣。」戴晉人說：「在這個小小的人間有一個魏國，在魏國裡有一個叫做梁的都城，在這個都城裡有一位您這樣的國王。那麼您與蠻氏國的君主相比，有什麼不同嗎？」魏惠王說：「沒有什麼不同。」戴晉人說完就走了，魏惠王心中悵然若有所失。

戴晉人走後，惠子進見魏惠王。魏惠王說：「方才那位客人，真是一位偉人啊！聖人也比不上他呀！」惠子說：「吹起竹管，還能發出很大的『嗃嗃』的聲音；如果去吹劍柄上的小環孔，就只能發出『吷吷』的微弱聲音。堯和舜，都是人們所讚譽的聖人，如果在戴晉人面前談論堯和舜的功德，那就好比吹劍柄小環孔所發出的一絲微弱的聲音而已。」

孔子之❶楚，舍於蟻丘之漿❷。其鄰有夫妻臣妾❸登極❹者，子路❺曰：「是稯稯❻何為者邪？」仲尼曰：「是聖人僕也。是自埋❼於民，自藏於畔❽，其聲銷❾，其志無窮，其口雖言，其心未嘗言❿，方且與世違而心不屑與之俱。是陸沉⓫者也，是其市南宜僚⓬邪？」子路請往召之，孔子曰：「已矣！彼知丘之著於己⓭也，知丘之適楚也，以丘為必使楚王之召己也，彼且以丘為佞人⓮也。夫若然者⓯，其於佞人也羞聞其言，而況親見其身乎！而何以為存⓰？」子路往視之，其室虛矣。

【章　旨】本章讚美了淡泊名利、隱居避世的生活態度。

【注　釋】❶之　到。❷舍於蟻丘之漿　住在蟻丘賣飲料的人家裡。舍，住宿。蟻丘，山丘名。漿，泛指飲料。這裡指賣飲料的人家。❸臣妾　男女奴僕。男奴叫「臣」，女奴叫「妾」。❹登極　登上房屋的最高處。一說是登上山丘的最高處，目的是為了逃避孔子。❺子路　人名。孔子的弟子。❻稯稯　聚集的樣子。❼自埋　自我隱藏。❽畔　田界。這裡泛指田園。❾其聲銷　他的名聲在社會上消失了。銷，通「消」。❿其心未嘗言　心裡從不曾說過什麼。意思是說這位聖人必須與人交往，因而必須講話，但他的內心已徹底清靜、空無一物了。⓫陸沉　無水而自沉。比喻隱居。⓬市南宜僚　人名。姓熊，名宜僚。因隱居於市南而稱「市南宜僚」。⓭著於己　了解自己。著，明瞭；了解。己，自己。指市南宜僚。⓮佞人　巧言善辯之人。⓯若然者　像他那樣的人。⓰而何以為存　你憑什麼認為他還會留在家中呢。而，你。存，在家。

【語　譯】孔子到楚國去，住在蟻丘一戶賣飲料的人家裡。他鄰居家的夫妻奴僕全都登上屋頂（觀看孔子的車騎）。子路問孔子：「這些人聚集在一起是幹什麼呢？」孔子說：「這些人都是聖人的僕從啊。這位聖人把自己隱藏於民間，隱居於田園。他的名聲雖然從社會上消失了，但他的志向依然遠大；他嘴裡雖然還在講話，但他心裡卻什麼也沒有說；他的行為總是與世俗人不同，心裡不屑於與世俗人為伍。這是一位隱士，這位隱士大概就是市南宜僚吧？」子路請求前去召見他，孔子說：「算了吧！他知道我了解他，也知道我到了楚國，他認為我一定會讓楚王召見他，並且認為我是一個花言巧語的人。像他那樣的人，連花言巧語人的談話都不想聽，更何況親自去會見花言巧語的人呢！再說你憑什麼認為他還會留在家中呢？」子路前去探視，市南宜僚的住室已空無一人了。

長梧❶封人❷問子牢❸曰：「君為政焉勿鹵莽❹，治民焉勿滅裂❺。昔予為禾❻，耕而鹵莽之，則其實❼亦鹵莽而報予；芸❽而滅裂之，其實亦滅裂而報予。予來年變齊❾，深其耕而熟耰❿之，其禾蘩以滋⓫，予終年厭飧⓬。」

莊子聞之曰：「今人之治其形，理其心，多有似封人之所謂。遁其天⓭，離其性，滅其情，亡其神，以眾為⓮。故鹵莽其性者，欲惡之孽⓯，為性萑葦、蒹葭⓰，始萌以扶⓱吾形，尋擢吾性⓲，並潰漏發⓳，不擇所出⓴，漂疽疥癰㉑，內熱溲膏㉒是也。」

【章旨】本章認為種莊稼、治理百姓和修養心性都是同一個道理，那就是有什麼樣的付出，就會有什麼樣的收穫，千萬不可馬虎。

【注釋】❶長梧　地名。❷封人　守邊疆的人。封，邊界。❸子牢　人名。即琴牢。孔子的弟子。❹鹵莽　粗疏；不用心。❺滅裂　輕率；不用心。❻為禾　種莊稼。❼實　指莊稼的果實、收成。❽芸　通「耘」。鋤草。❾變齊　改變方法。齊，通「劑」。調節。引申為方式。❿耰　農具名。形如大木鎯頭，用來搗碎土塊，平整土地。這裡用作動詞，泛指整地除草。⓫蘩以滋　繁榮茂盛。滋，生長茂盛。⓬厭飧　吃飽。厭，同「饜」。吃飽。飧，熟食。這裡泛指食物。⓭遁其天　脫離天道。遁，逃避。⓮以眾為　而去做各種各樣追逐名利的事。以，而。眾為，多為。做各種事情。⓯欲惡之孽　好惡這些禍根。欲，想得到；愛好。孽，惡因；禍根。⑯萑葦蒹葭　兩種草名。都屬於蘆葦類植物。⑰扶　幫助。⑱尋擢吾性　不久就會湮滅我們的天性。尋，不久。擢，拔除；湮滅。⑲並潰漏發　各種毒瘡一齊出現。潰漏，泛指各種毒瘡。一說指精氣上潰下漏，四處泄散。⑳不擇所出　無論身體何處都可長出毒瘡。㉑漂疽疥癰　毒瘡流出膿水。漂疽，毒瘡流膿。疥癰，膿瘡。㉒溲膏　遺精。

【語　譯】長梧有一位守衛邊疆的人對子牢說：「您處理政務不要太粗疏，治理百姓不要太輕率。從前我種莊稼，耕地的時候粗疏馬虎，而莊稼的收成也以『粗疏馬虎』的態度來報復我；我鋤草的時候輕率馬虎，而莊稼的收成也以『輕率馬虎』的態度來報復我。我來年改變了耕種的方法，深深地耕地細細地平整，結果是莊稼繁茂果實纍纍，我一年到頭都豐衣足食。」

莊子聽到此事後說：「如今人們保養自己的形體，調理自己的心性，許多都像這位守邊人所說的那樣。人們脫離了天道，背離了天性，泯滅了真情，喪失了精神，而去做各種各樣追逐名利的事情。所以那些以粗疏的態度對待自己天性的人，各種好惡情感就會成為禍根，這些禍根就會像萑葦、蒹葭等雜草一樣危害著人的天性，各種好惡情感剛剛萌發時似乎還有助於養護我們的形體，但不久就會湮滅我們的天性，使我們長出許多毒瘡來，身體的各個部位都有。毒瘡流出膿水，心急如焚，甚至遺精，這都是由於這個原因啊。」

柏矩①學於老聃，曰：「請之②天下遊。」老聃曰：「已矣！天下猶是③也。」

又請之，老聃曰：「汝將何始？」曰：「始於齊。」

至齊，見辜人④焉，推而彊之⑤，解朝服⑥而幕⑦之，號天而哭⑧之曰：「子⑨乎子乎！天下有大菑⑩，子獨先離⑪之。曰莫為盜，莫為殺人！榮辱立，然後覩所病；貨財聚，然後覩所爭。今立人之所病，聚人之所爭，窮困人之身使無休時，欲無至此，得乎？古之君人者⑫，以德為在民，以失為在己；以正為在民，以枉⑬為在己，故一形⑭有失其形者，退⑮而自責。今則不然，匿為物⑯而愚不識⑰，大為難⑱而罪⑲不敢，重為任⑳而罰不勝，遠其塗而誅不至。民知力竭，則以偽繼之，日出多偽，士民安取不偽㉑！夫力不足則偽，知不足則欺，財不足則盜，盜竊之行，於誰責而可乎？」

【章旨】本章批評了當時的統治者和政治制度，認為百姓之所以盜竊傷人，以至於自己犯法受刑，其責任完全在統治者身上。

【注釋】❶柏矩　人名。老聃的弟子。❷之　到；往。❸猶是　和這裡一樣。是，代指老聃師徒所住的地方。❹辜人　罪人。這裡指被殺的罪人。辜，罪。❺推而彊之　挪動屍體讓他躺好。推，挪動。彊，通「僵」。躺臥。❻朝服　上朝時穿的禮服。❼幕　覆蓋。❽號天而哭　仰天號哭。❾子　先生；你。指被殺的罪人。❿菑　通「災」。⓫離　通「罹」。遭遇。⓬君人者　統治者。君，用作動詞。統領；當君主。⓭枉　錯誤。⓮一形　一個人。⓯退　反過來。作「私下」解也可。⓰匿為物　隱藏事情的真相。⓱愚不識　愚弄不知道的人。一說「愚」應為「過」。怪罪。⓲大為難　加大做事的難度。⓳罪　用作動詞。歸罪；懲罰。⓴重為任　加重任務。㉑安取不偽　怎麼能夠做到誠實呢。安，怎麼。

【語譯】柏矩在老聃那裡學習。他對老聃說：「請老師同意我到天下各處遊歷。」老聃說：「算了吧！整個天下都和這裡一樣。」柏矩再次請求，老聃說：「你打算先到哪裡去？」柏矩說：「先到齊國去。」

柏矩到了齊國，見到一具被殺後示眾的罪犯屍體，他挪動屍體把他擺正躺下，然後脫下朝服覆蓋在屍體上，仰天號啕大哭說：「先生啊先生啊！天下出現如此大的災禍，偏偏您先碰上了。人們常說不要做強盜，不要去殺人！世間一旦有了榮辱的區別，然後就顯現出各種弊病；財物聚積起來，然後就能看到人們的爭鬥。

如今樹立人們所討厭的弊病，聚集人們所爭奪的財物，使那些貧窮困苦的人們疲於奔命而無休止之時，想要不出現這種不幸之事，怎麼可能呢？古代那些治理百姓的君主，把美德歸於百姓，把過失歸於自己；把正確歸於百姓，把錯誤歸於自己，因此如果有一個人失去了自己的生命，便會反過來責備自己。如今卻不是這樣，統治者隱藏事情的真相而去愚弄不知道的人，加大辦事的難度卻去怪罪人們不敢去承擔，加重任務的分量卻去懲罰無法勝任的人，把路途安排得十分遙遠卻去譴責不能到達目的地的人。百姓的智慧和力量已經用盡了，只好用做假的辦法去應付，每天都出現那麼多虛假的事情，百姓又怎麼能夠做到誠實呢！力量不夠就只好做假，智慧不足就只好欺詐，財物不夠就只好盜竊。出現盜竊的行為，對誰加以責備才合理呢？」

蘧伯玉❶行年六十而六十化❷，未嘗不始於是之而卒詘之以非也❸，未知今之所謂是之非五十九非❹也。萬物有乎生而莫見其根，有乎出而莫見其門。人皆尊其知之所知，而莫知恃其知之所不知而後知❺，可不謂大疑乎！已乎！已乎！且無所逃，此所謂然❻與，然乎？

【章　旨】本章說明人的認識是不斷發展變化的，而且也是有限的。

【注　釋】❶蘧伯玉　人名。衛國的賢臣。❷六十化　六十年來對事物的認識一直處於變化之中。❸未嘗不始於是之而卒詘之以非也　未嘗不是開始時認為某件事情正確，最後又認為它錯了。是，正確；認為正確。卒，最後。詘，彎曲。引申為錯誤。❹五十九非　五十九歲時認為是不對的。❺而莫知恃其知之所不知而後知　而沒有人懂得依靠自己的智慧所沒掌握的知識去探尋更多的知識。莫，沒有人。知之所不知，智慧所不能知道的知識。❻然　正確。

【語　譯】蘧伯玉活了六十歲，而六十年來他對事物的認識一直處於變化之中，未嘗不是開始認為某件事情是正確的，而最終又否定了它，我們不知道他如今所肯定的事情就不是他五十九歲時所否定的事情。我們能夠看到萬物的生長卻看不到它們生長的根源，能夠看到萬物的出現卻看不到它們出現時所通過的門徑。人們都看重自己的智慧所能掌握的知識，而沒有人懂得去依靠自己的智慧所沒掌握的知識去獲得更大的知識，這能不算是很大的迷惑嗎！算了吧！算了吧！沒有辦法逃避這種情況，這就是人們所說的正確做法，但這種做法真的正確嗎？

仲尼問於太史❶大弢❷、伯常騫❸、狶韋❹曰：「夫衛靈公飲酒湛樂❺，不聽❻國家之政，田獵畢弋❼，不應諸侯之際❽，其所以為靈公❾者，何邪？」大弢曰：「是因是❿也。」伯常騫曰：「夫靈公有妻三人，同濫⓫而浴。史鰌奉御而進所⓬，搏幣而扶翼⓭。其慢⓮若彼之甚也，見賢人若此其肅也，是其所以為靈公也。」狶韋曰：「夫靈公也死，卜葬於故墓⓯不吉，卜葬於沙丘⓰而吉。掘之數仞，得石槨⓱焉，洗而視之，有銘⓲焉，曰：『不馮其子⓳，靈公奪而埋之。』夫靈公之為靈也久矣，之二人⓴何足以識之！」

【章　旨】本章對衛靈公作了比較全面的評價，既批評他荒淫無度，也讚揚他尊重賢人，最後宣揚了天命思想。

【注　釋】❶太史　官名。即史官。❷大弢　人名。身為史官。❸伯常騫　人名。身為史官。❹狶韋　人名。身為史官。❺湛樂　沉迷於遊樂之中。湛，過度；沉溺於。❻聽　處理。❼田獵畢弋　張網打獵射擊飛鳥。田，打獵。畢，捕獸用的大網。

弋，用繫有絲繩的箭射擊鳥獸。❽際　交際；關係。❾靈公　是死後的諡號。「靈」這一諡號的內涵很多，有褒有貶，如「不勤成名」、「死而志成」、「死見神能」、「好祭鬼怪」等都可諡為「靈」。所以三位史官對此事產生不同的見解。❿是因是　這樣的諡號是因為他有這樣的德行。大弢把「靈」理解為貶義。⓫濫　浴盆。⓬史鰌奉御而進所　史鰌奉召來到衛靈公的住所。史鰌，人名。姓史名鰌，字魚。衛國賢臣。奉御，奉召命。⓭搏幣而扶翼　衛靈公拿著禮物給史鰌並親自攙扶史鰌。搏，拿。幣，本為繒帛，古人多以繒帛為禮物，故後來統稱禮物為「幣」。扶翼，攙扶。⓮慢　怠慢。這裡指行為不合禮節。衛靈公與三位妻子同盆而浴是極不合禮法的事。⓯故墓　原來選定的墓地。一說指祖墳。⓰沙丘　地名。⓱石槨　石頭製成的外棺。⓲銘　銘文。刻在石槨上的文字。⓳不馮其子　不依靠子孫。馮，通「憑」。依靠。⓴之二人　那兩個人。指大弢和伯常騫。

【語　譯】孔子向太史大弢、伯常騫、狶韋三人請教說：「衛靈公飲酒作樂荒淫無度，不關心國家政事，經常外出張網打獵射擊飛鳥，又不處理與其他國家的關係，那麼他死後被諡為『靈公』的原因是什麼呢？」大弢說：「有這樣的諡號就是因為他有這樣的德行。」伯常騫說：「衛靈公有三個妻子，他與三個妻子在一個大浴盆裡一起洗澡。而每次史鰌奉召來到衛靈公住所時，衛靈公總是拿禮物贈送他，並親自攙扶他。衛靈公平時的行為是那樣的不符合禮法，而見了賢人卻是如此的恭敬，這就是他死後被諡為『靈公』的原因。」狶韋說：「當年靈公死的時候，占卜說埋葬在原來選定的墓地裡不吉利，占卜說埋葬在沙丘吉利。在沙丘挖掘到數丈深時，發現了一具石製外棺，洗去泥土一看，上面還刻著一段文字，說：『不必依靠子孫，靈公就佔有此地而埋葬於此地。』衛靈公被諡為『靈』，這是很早很早就被確定下來的，大弢和伯常騫那兩個人又如何能夠知道這些呢！」

少知❶問於太公調❷曰：「何謂丘里之言❸？」太公調曰：「丘里者，合十姓百名❹而以為風俗也。合異以為同❺，散同以為異。今指馬之百體❻而不得馬，而馬係於前者，立其百體❼而謂之馬也。是故丘山積卑❽而為高，江河合水而為大，大人合并而為公⑨。是以自外入者，有主而不執⑩；由中出者，有正而不距⑪。四時殊氣⑫，天不賜⑬，故歲成⑭；五官⑮殊職，君不私，故國治；文武⑯，大人不賜，故德備；萬物殊理⑰，道不私，故無名⑱。無名故無為，無為而無不為。時有終始，世有變化。禍福淳淳⑲，至有所拂⑳者而有所宜；自殉殊面㉑，有所正者有所差。比于大澤，百材皆度㉒；觀乎大山，木石同壇㉓。此之謂丘里之言。」

少知曰：「然則謂之道，足乎？」太公調曰：「不然。今計物之數，不止於萬，而期㉔曰萬物者，以數之多者號而讀㉕之也。是故天地者，形之大者也；陰陽者，氣之大者也；道者為之公㉖。因其大以號而讀之則可也，已有之㉗矣，乃將得比哉！則若以斯辯㉘，譬猶狗馬，其不及遠矣！」

少知曰：「四方之內，六合之裏，萬物之所生惡起㉙？」太公調曰：「陰陽相照相蓋相治㉚，四時相代相生相殺㉛，欲惡去就於是橋起㉜，雌雄片㉝合於是庸有㉞。安危相易㉟，禍福相生㊱，緩急相摩㊲，聚散以成㊳。此名實之可紀㊴，精微之可志㊵也。隨序之相理㊶，橋運之相使㊷，窮則反㊸，終則始，此物之所有。言之所盡㊹，知之所至，極物㊺而已。覩道㊻之人，不隨其所廢㊼，不原㊽其所起，此議之所止。」

少知曰：「季真(49)之莫為(50)，接子(51)之或使(52)，二家之議，孰正於其情(53)，孰徧於其理？」太公調曰：「雞鳴狗吠，是人之所知，雖有大知，不能以言讀其所自化，又不能以意其所將為(54)。斯而析之(55)，精至於無倫(56)，大至於不可圍。或之使(57)，莫之為(58)，未免於物而終以為過(59)。或使則實(60)，莫為則虛(61)。有名有實，是物之居(62)；無名無實，在物之虛(63)。可言可意，言而愈疏(64)。未生不可忌(65)，已死不可阻，死生非遠也，理不可覩。或之使，莫之為，疑之所假(66)。吾觀之本(67)，其往(68)無窮；吾求之末(69)，其來無止(70)。無窮無止，言之無(71)也，與物同理。或使莫為，言之本(72)也，與物終始。道不可有(73)，有不可無。道之為名，所假而行(74)。或使莫為，在物一曲(75)，夫胡為於大方(76)？言而足(77)，則終日言而盡道(78)；言而不足，則終日言而盡物。道物之極(79)，言默不足以載(80)；非言非默，議有所極(81)。」

【章旨】本章討論了整體與個體、大道與萬物的關係，指出事物都有各自的規律，各種變化都會向相反方向發展。本章還討論了萬物的起源問題，認為許多自然奧祕是人所無法認識的。

【注釋】❶少知　虛構的人名。含有知識淺薄的意思。❷太公調　虛構的人名。含有博大、公正、和諧的意思。❸丘里之言　鄉里的公論。丘里，古代區劃單位。八家為井，四井為邑，四邑為丘。五家為鄰，五鄰為里。❹十姓百名　十來個族姓，一百來人。泛指眾多族姓和百姓。❺合異以為同　聚集不同的個人和家庭形成一個共同的整體。❻百體　泛指馬體的各個部位。❼立其百體　馬的各個部位都呈現在眼前。❽卑　卑小。指體積很小的土石。❾大人合并而為公　偉人們兼取各種私論而形成公論。⑩有主而不執　心中雖有自己的主見卻不固執自己的主見。執，固執。⑪有正而不距　即使自己的意見是正確的但也不與他人相衝突。距，疏遠；矛盾。⑫殊氣　氣候不同。⑬賜　恩賜。這裡指偏私。⑭歲成　莊稼才能豐收。歲，年景；收成。⑮五官　五種官職。相傳商代以司徒、司馬、司空、司士、司寇為五官。後來用「五官」代指各種官職。⑯文武　指文才武略。⑰殊理　不同的規律。⑱無名　沒辦法描述。名，形容；描述。⑲淳淳　不斷轉化的樣子。⑳拂　乖背；不適宜。㉑自殉殊面　各自追逐的東西不同。殉，追逐。殊面，不同的方面；不同的東西。㉒百材皆度　各種各樣的樹木都生長在那裡。材，木材；樹木。度，居；生長。㉓同壇　同一個地方。㉔期　限於。㉕讀　與「號」同義。稱說。㉖為之公　是它們的統領者。㉗有之　有了「大道」這個名稱。㉘若以斯辯　如果去區別鄉里公論和大道。斯，代指上文提到的鄉里公論與大道。㉙惡起　從哪裡開始。惡，哪裡。㉚陰陽相照相蓋相治　陰陽二氣相互照應、相互壓倒、相互調治。陰陽二氣之間既相互配合以產生萬物，又相互矛盾，如陽氣壓倒陰氣則為春夏，陰氣壓倒陽氣則為秋冬。㉛相殺　相互克制。㉜橋起　興起。橋，興起的樣子。㉝片　分離。㉞庸有　常有；永遠存在。庸，常。㉟易　轉變。㊱相生　相互催生。即禍中有福，福中有禍。㊲緩急相摩　緩與急相互交替。摩，接近。引申為交替。㊳聚散以成　聚與散相互促成。有聚則有散，有散則有聚，所以說是彼此相互促成。㊴此名實之可紀　這些事物的名稱和實質都可以理出頭緒來。紀，緒；頭緒。㊵志　記載。㊶隨序之相理　順應事物發展秩序更相治理。如到了夏天，由陽氣統領萬物，而冬季則由陰氣統領萬物。㊷橋運之相使　事物興起後的運動是彼此相互制約的。使，主使；制約。㊸窮則反　到了盡頭就會折回。窮，盡頭。㊹盡　說得完；說得清。㊺極物　限於具體的事物。極，限於。㊻覩道　明白大道。㊼不隨其所廢　不去追究萬物消亡的原因。隨，追逐；追究。廢，消亡。㊽原　推究；探索。㊾季真　人名。齊國賢人。㊿莫為　沒有造物者。指天地萬物的產生都是自然而然的，不是出自任何神靈的作為。(51)接子　人名。齊國賢人。(52)或使　有一個主宰者。(53)正於其情　符合真實情況。(54)意其所將為　預測牠們下一步將要做什麼。(55)斯而析之　由此可以分析出。斯，此。(56)無倫　無與倫比。(57)或之使　即「或使之」。指接子的主張。(58)莫之為　即「莫為之」。指季真的主張。(59)未免於物而終以為過　都未免受到外物的拘限而各執一端。過，過分；偏於一端。本句是對季真、接子二人觀點的評論。(60)實　太具體；太拘泥。(61)虛　虛幻。(62)居　實有；具體。(63)在物之虛　屬於無形的事物。如大道、空間等。(64)疏　遠離。(65)忌　禁止。(66)疑之所假　人們的疑惑因此而產生。假，借；因此。(67)本　原本；過去。(68)往　過去。(69)末　未來。(70)無止　無窮。(71)言之無　要談論事物的起源與終結，結果是一無所知。即認為萬物的起源與終點是不可知的。(72)言之本　談的就是萬物的本源問題。莊子認為萬物的起源問題是不可認識的，而季真和接子卻要去談論，那麼他們所說的觀點自然不會正確。(73)道不可有　不能說大道是一種具體存在的事物。有，存在。(74)所假而行　借用一個名稱以便宣揚它。老莊認為大道是不可命名的，之所以稱之為「道」，只不過是為了表述的方便而已。假，借。行，推行；宣揚。(75)在物一曲　偏於事理的一端。曲，隅；端。(76)大方　大道。(77)言而足　語言的功能如果是完美的。實際上老莊都認為語言的功能是不完美的，因而不可能用語言去描述大道。(78)盡道　完全講清楚大道。(79)道物之極　大道是萬物的最高規律。(80)言默不足以載　無論是用談論的方式，還是用沉默的方式，都不能表述它。載，稱說；表述。(81)非言非默二句　既不談論、又不沉默，這種非言非默、似言似默的談論才是一種最高境界的談論。

【語　譯】少知向太公調請教說：「什麼叫作鄉里的公論？」太公調說：「所謂的『鄉里』，就是十來個族姓、數百名百姓聚居在一起，並形成自己的風俗習慣。鄉里就是聚集不同的個人和家庭形成一個共同的整體，而這個共同的整體分散開去就又成為不同的個人和家庭。如今單獨地指點馬體的每一個部位，而我們也無法得出馬的一個整體印象，如果把馬拴在面前，使馬的各個部位作為一個整體呈現在我們眼前，這才稱得上是一匹馬啊！因此山嶺聚積很小的土石才成就了自己的高大，江河匯聚細小的流水才成就了自己的寬廣，偉人們兼取各種各樣的私論才形成了公論。因此當外界的意見進入自己心中時，即使有自己的主見但也不要固執自己的主見；由自己內心想出來的意見，即使這些意見是正確的，但也不要與外界相衝突。四季的氣候不同，但上天不偏私任何一個季節，因此一年的莊稼才能豐收；各種官職都有不同的責任，國君不偏私任何一種官職，因此國家才能太平安定；文才武略各不相同，偉人並不偏重於哪一種才能，因此他才能做到文武才能兼備；萬物具有各自不同的生長規律，而大道並不偏重於任何一種規律，因此沒法對大道進行具體的描述。沒法描述的大道是清靜無為的，正因為它清靜無為，所以它才能做到無所不為。季節有終始，世代有變化。禍與福不停地相互轉化，任何事情都有不利的一面也有有利的一面；由於人所追逐的東西不同，所以任何事物都有正確的一面也有差錯的一面。鄉里的公論就好比大澤，各種各樣的樹木都在那裡生長；還好比我們看到的大山，樹木和石塊共處於一處。這就叫作鄉里的公論。」

少知問：「既然如此，就把鄉里的公論視為大道，可以嗎？」太公調說：「不可以。現在計算一下物種的數量，不止於一萬，而只限於用『萬物』來稱呼的原因，是用大的數字來稱述它們。所以說，天和地，是形體中最大的；陰和陽，是氣體中最大的，而大道則是它們的主宰者。因為它太大就用『大道』來稱呼它還是可以的，既然有了大道，什麼東西還能夠與它相比呢！如果拿鄉里公論與大道相比較，就好比拿狗與馬相比較一樣，其間的差別太大太大了！」

少知問：「四方之內，天地之間，這麼多的事物究竟是從哪裡產生出來的呢？」太公調說：「陰陽二氣相互照應、相互壓倒、相互調治，四個季節相互交替、相互產生、相互克制，於是欲求、厭惡、離棄、靠近等現象就開始興起，雌性、雄性、分別、合攏等事物就不斷出現。安全與危險相互轉化，災禍與幸福相互催生，緩和與緊急相互替換，聚集和分散相互促成。這些事情的名稱和內容都可以理出頭緒，精微之處也可以記載下來。事物都是按照次序向前發展並更相治理的，事物興起後的運動也是彼此制約的，發展到盡頭就會折回，走到終點就會重新開始，這是萬物所共有的規律。語言所能表達清楚的，智慧所能明白的，都不過是局限於具體的事物而已。懂得大道的人，不去追究萬物消亡的原因，不去探索萬物產生的緣故，人們不必去討論萬物起源和消亡這些問題。」

少知問：「季真認為沒有造物主，接子認為有造物主，這兩位先生的看法，哪一位的符合真實情況，哪一位偏離了客觀真理？」太公調說：「雞鳴狗叫，這是人們所熟知的事情，然而即使具有大智慧的人，也不可能說清楚雞狗是如何化育出來的，也不可能預測牠們今後將發展演變為什麼。由此可以推論，細微的東西可以達到無與倫比的程度，龐大的東西可以達到不可圍量的地步。一說有造物主在主宰萬物，一說沒有造物主主宰萬物，這兩種看法都因為受到外物的拘限而偏執一端。有造物主的觀點講得太具體，沒有造物主的觀點又顯得太虛幻。有名稱有實體，那屬於有形的事物；沒有名稱沒有實體，那屬於無形的事物。可以去談論、意會這些無形的事物，但是越談論也就越遠離這些事物的真實情況。還沒有產生的事物，我們無法禁止它們產生；已經死亡的事物，我們無法阻止它們死亡，生死這些現象距離我們並不遙遠，然而我們卻不明白生死的原因。一說有造物主在主使著這一切，一說沒有造物主主使，這就引起了人們的疑惑。我觀察事物的本源，而其本源可以一直上溯而變得無窮無盡；我探索事物的未來，而事物可以一直向前發展也是無窮無盡的，提到事物的本源和未來，可以說是一無所知，萬物都是如此。有造物主和沒有造物主，講的都是事物的本源問題，而且這個問題與萬物終始相伴。大道不可能是一種具體存在的有形事物，如果是一種具體的事物就不可能是空虛無形的。大道之所以被稱為『大道』，不過是借用一個名字以便宣揚它而已。有造物主和沒有造物主這兩種觀點，都偏執於事理的一端，怎麼能夠算是大道呢？語言的功能如果是完美的，那麼用一整天的時間也許還能說清楚什麼是大道；語言的功能如果不完美，那麼即使用一整天的時間也只能說清楚一些具體的事物。大道是萬物的最高規律，無論是用談論方式，還是用沉默方式，都無法表述它，而非言非默、似言似默的方式，才是一種最高境界的談論方式。」

【研析】本篇有一則發人深省的故事，那就是蝸牛觸角上兩個國家相互征戰的寓言。我想任何一個人讀了這段文字後，都會感慨萬分。我們可以從這段文字中解讀出兩層意義。

不少人信奉「人定勝天」的說法，而我一直對此不敢苟同，因為人是自然的產物，被產生者不可能成為產生者的主人，就像機器不可能成為人的主人一樣。人在自然面前，且不說在整個宇宙之中，即便是在一座大山面前，正如莊子在書中說的那樣，我們渺小的也是似有似無。人們所謂的戰勝自然，充其量不過是順應了自然規律，克服了一些困難而已。正是因為人們的盲目尊大，對自然進行瘋狂的掠奪，致使我們今天面臨著許多難以解決的問題。人類什麼時候擺正了自己在自然界的位置，什麼時候懂得尊重自然，我們才能夠獲得大自然給予我們的不帶有任何懲罰的恩賜。這是我們讀這段文字後的第一層感受。

第二層感受就是：既然人在大自然面前是如此的渺小，那麼人們所爭奪的名利又有多大意義呢？在莊子看來，那些所謂的泱泱大國的君主，自以為疆土萬里，臣民千億，他們往往妄自尊大，然而同宇宙相比，這些所謂的大國，也不過如同建國於蝸牛角上的觸氏、蠻氏一樣。如果能夠以此眼光看待人生，其胸懷自然會寬廣無限矣！白居易讀了這段文字後，無限感慨地寫了一首〈禽蟲十二章〉（第七）：

蟭螟殺敵蚊巢上，蠻觸交爭蝸角中。應似諸天觀下界，一微塵內鬥英雄。

當我們俯身觀看千萬蟻兵為了一截蟲臂而爭戰不休時，會感到牠們所爭奪的東西是多麼的渺小和無意義，同樣的，我們如莊子那樣俯視人類的爭鬥時，將會有相同的感受。

外物第二十六

【題解】外物，外界的事情。取篇首二字為篇名。本篇由八個部分組成，有的是故事，有的是議論，所反映的內容較雜。第一部分講外界的事情無法把握。第二部分描述了莊子的貧窮。第三部分提醒人們要有遠大的志趣。第四部分諷刺儒生利用學到的知識做壞事。第五部分反對儒家推行仁義。第六部分說明任何智慧都有自己的缺陷。第七部分闡述了有用與無用的關係。第八部分討論了精神自由、清靜無為、言與意的關係等問題。

外物不可必❶，故龍逢誅❷，比干戮❸，箕子狂❹，惡來❺死，桀、紂亡。人主莫不欲其臣之忠，而忠未必信❻，故伍員流于江❼，萇弘死于蜀❽，藏其血三年而化為碧❾。人親❿莫不欲其子之孝，而孝未必愛⓫，故孝己⓬憂而曾參⓭悲。木與木相摩則然⓮，金與火相守則流⓯。陰陽錯行⓰，則天地大絯⓱，於是乎有雷有霆⓲，水中有火⓳，乃焚大槐⓴。有甚㉑憂兩陷而無所逃，螴蜳㉒不得成，心若縣㉓於天地之間，慰暋㉔沉屯㉕，利害相摩㉖，生火甚多㉗，眾人焚和㉘，月㉙固不勝火，於是乎有僓然㉚而道盡。

【章旨】本章指出人是無法把握身外之事的，如果一味地去追逐外界的名利，勢必會使人精神崩潰，喪失大道。

【注　釋】❶必　肯定；有把握。❷龍逢誅　關龍逢被殺。龍逢，人名。姓關名龍逢。夏桀時的賢臣，因多次進諫夏桀而被殺。❸比干戮　比干被殺戮。比干，人名。商紂王的叔父，因進諫被剖心而死。❹箕子狂　箕子裝瘋。箕子，人名。商紂王的叔父，進諫不聽，因擔心被害，故裝瘋。狂，瘋。❺惡來　人名。商紂王的佞臣，助紂為虐。❻信　被信任。❼伍員流于江　伍子胥被殺之後，屍體被拋入江中。伍員，人名。即伍子胥。因進諫吳王夫差而被賜死，屍體被拋入江中。❽萇弘死于蜀　萇弘死於蜀地。萇弘，人名。周朝的賢臣。被流放到蜀地後剖腹而死。❾碧　碧玉。❿人親　人們的父母。⓫愛　被愛。⓬孝己　人名。商高宗的兒子。受後母虐待憂愁而死。⓭曾參　人名。孔子的弟子。生性孝順，但常受父母虐待。⓮然　同「燃」。燃燒。⓯流　指金屬熔化。⓰錯行　運行時發生錯亂。⓱絯　通「駭」。驚動。⓲霆　疾雷；劈雷。⓳水中有火　雨中有閃電。⓴槐　樹名。這裡泛指樹。㉑甚　通「媅」。歡樂。㉒螴蜳　恐懼不安的樣子。㉓縣　同「懸」。懸掛。㉔慰暋　憂愁。㉕沉屯　沉悶。㉖相摩　相互衝突。摩，摩擦。㉗生火甚多　產生的欲火很多。㉘焚和　燒掉了平和的心境。㉙月　比喻清明恬淡的心境。㉚僓然　即「頹然」。精神崩潰的樣子。

【語　譯】身外的事情是無法把握的，所以賢臣關龍逢被殺害，比干被剖心，箕子被迫裝瘋，而奸臣惡來同樣難免一死，暴君夏桀和商紂也同樣身敗國亡。做君主的無不希望他的臣子效忠於自己，然而竭盡忠心未必就能得到信任，所以伍子胥被賜死後拋屍江中，萇弘被流放到蜀地後剖腹而死，蜀人把他的血珍藏起來，三年後這些血變為碧玉。做父母的無不希望子女孝順自己，而竭盡孝心未必就能得到父母的憐愛，所以孝順的孝己憂愁而死，而曾參悲哀終身。木頭與木頭相互摩擦就會燃燒，金屬與火相遇就會熔化。陰陽二氣運行時出現錯亂，天地萬物都會受到驚動，於是就會出現雷霆霹靂，暴雨中夾雜著閃電，甚至燒燬大樹。有的人深深陷入歡樂與憂愁的矛盾情緒之中而無法自拔，恐懼不安而又一事無成，他們的心就像懸於半空之中那樣找不到著落，憂愁沉悶，心中充滿了利害矛盾，產生了各種各樣的欲火，很多人的平和心境被這些欲火所燒掉，因為他們清明恬淡的心境無法戰勝火一樣的欲望，於是有的人便精神崩潰，完全喪失了大道。

莊子家貧，故往貸❶粟於監河侯❷。監河侯曰：「諾。我將得邑金❸，將貸子三百金❹，可乎？」莊周忿然作色❺，曰：「周昨來，有中道❻而呼者。周顧❼視車轍❽中有鮒魚❾焉。周問之曰：『鮒魚來❿！子何為者邪？』對曰：『我東海之波臣⓫也，君豈有斗升之水而活我哉？』周曰：『諾。我且南遊⓬吳、越之王，激⓭西江⓮之水而迎子，可乎？』鮒魚忿然作色曰：『吾失我常與⓯，我無所處⓰，吾得斗升之水然⓱活耳，君乃言此，曾⓲不如早索⓳我於枯魚之肆⓴！』」

【章旨】這則故事說明了莊子生活的貧苦情況。

【注釋】❶貸　借。❷監河侯　官名。負責黃河水務的官員。一說指魏文侯。❸邑金　封地的稅金。邑，封地。❹金　古代計算貨幣的單位。先秦以黃金二十兩為一鎰，一鎰為一金。❺作色　改變了面容。❻中道　中途。❼顧　回頭。❽車轍　車輪壓過後留下的阬窪處。❾鮒魚　魚名。即鯽魚。❿來　語氣詞。⓫波臣　水族中的一員。⓬遊　遊說；拜訪。⓭激　引。⓮西江　江名。即長江。長江由西而來，故名。一說泛指大江。⓯常與　經常生活的環境。指水。⓰無所處　沒辦法生活。⓱然　就。⓲曾　還。⓳索　尋找。⓴枯魚之肆　乾魚店。肆，商店；市場。

【語譯】莊子家境貧寒，於是就去向監河侯借糧。監河侯說：「行啊！我就要收取封地裡的稅金，那時我就借給你三百金，可以嗎？」莊子聽後生氣得改變了面容，說：「我昨天來的時候，半路上有誰在呼喚我。我回頭看見車輪壓出的阬窪裡，有一條小鮒魚在那裡掙扎。我問牠：『鮒魚啊！你在這裡幹什麼呢？』鮒魚回答說：『我是東海水族中的一員，您是否有斗升之水救我一命呢？』我說：『行啊！我就要去南方遊說吳、越兩國的君主，到那時我把長江的水引來迎接你回東海，行嗎？』鮒魚聽後生氣得改變了面容，說：『我失去了我經常需要的水，我沒有辦法生活下去，我眼下如果能夠得到斗升之水就可以活下來，您卻說出這樣的話來，您還不如早一點兒到乾魚店裡去找我！』」

任公子❶為大鉤巨緇❷，五十犗❸以為餌，蹲乎會稽❹，投竿東海，旦旦❺而釣，期年❻不得魚。已而❼大魚食之，牽巨鉤錎沒❽而下，騖揚❾而奮鬐❿，白波若山，海水震蕩，聲侔鬼神⓫，憚赫⓬千里。任公子得若魚⓭，離而腊之⓮，自制河⓯以東，蒼梧已北⓰，莫不厭⓱若魚者。

已而後世輇才⓲諷說⓳之徒，皆驚而相告也。夫揭竿累⓴，趣灌瀆㉑，守鯢鮒㉒，其於得大魚難矣。飾小說㉓以干㉔縣令㉕，其於大達㉖亦遠矣。是以未嘗聞任氏㉗之風俗㉘，其不可，與經於世㉙亦遠矣。

【章旨】這個故事說明要想做大事，就必須有遠大的眼光和深厚的修養。

【注釋】❶任公子　人名。任國的一位公子。❷緇　黑色的釣魚繩。❸犗　閹割過的公牛。❹會稽　山名。在今浙江省境內。❺旦旦　天天。❻期年　一整年。❼已而　後來不久。❽錎沒　沉入海底。錎，通「陷」。沉下。❾騖揚　騰身而起。❿鬐　魚鰭。魚的運動器官，由刺狀的硬骨或軟骨支撐薄膜而成。⓫聲侔鬼神　聲音如同鬼神吼叫。侔，等同。⓬憚赫　震驚。⓭若魚　這樣一條魚。⓮離而腊之　剖開製成魚乾。離，剖開。腊，乾肉。這裡用作動詞。製成乾肉。⓯制河　河名。即浙江。在今浙江省境內。⓰蒼梧已北　蒼梧山以北。蒼梧，山名。已，通「以」。⓱厭　同「饜」。吃飽。⓲輇才　小才；淺薄之人。⓳諷說　評說。⓴揭竿累　舉著釣竿細繩。揭，高舉。累，細小的釣魚繩。㉑趣灌瀆　跑到水渠小溪邊。趣，小跑。灌瀆，水渠小溪。㉒鯢鮒　兩種小魚名。㉓小說　淺薄瑣碎的言論。㉔干　求；求官。㉕縣令　縣官。代指官府朝廷。莊子時代已有縣令一職。一說「縣」同「懸」。高。令，美。「縣令」指高名、美名。㉖大達　大的成功。㉗任氏　指任公子。㉘風俗　風格；志趣。㉙經於世　即「經世」。治理國家。

【語　譯】任公子做了一個巨大的魚鉤和一條巨大的黑色釣繩，用五十頭公牛做成魚餌，然後蹲在會稽山上，把釣竿投向東海。他天天都在那裡釣魚，整整一年什麼也沒有釣到。不久有一條大魚吞食了魚餌，這條大魚牽著巨大的釣鉤向海底游去，接著又奮起魚鰭騰身而出，掀起如山的白浪，海水急劇震蕩，發出的聲音如同鬼神吼叫，方圓千里的人都感到震驚。任公子釣得這樣一條大魚後，便把牠剖開製成乾魚肉，從制河以東，蒼梧山以北，這一地區的人們都飽飽地吃了一餐魚肉。

後來一些知識淺薄、喜歡議論的人，都吃驚地奔走相告。他們也舉著細小的魚竿和釣繩，跑到渠水小溪邊，守候著小小的魚兒，他們如此做要想釣到大魚實在是太難太難了。修飾一些淺薄瑣碎的言論，以此去向朝廷尋求官職，這距離大的成功實在是太遙遠了。因此那些不了解任公子志趣的人，是不行的，他們的做法與善於治理天下的做法相距得太遙遠了。

儒以《詩》、《禮》發冢❶。大儒❷臚傳❸曰：「東方作❹矣，事之何若❺？」小儒❻曰：「未解裙襦❼。」「口中有珠。《詩》固有之曰：『青青之麥，生於陵陂❽。生不布施，死何含珠❾為！』」接其鬢❿，壓其顪⓫。儒以金椎控其頤⓬，徐別其頰⓭，無傷口中珠。」

【章　旨】這個故事揭示了一個比較普遍的社會現象：人們往往從正面的典籍中學到了反面的經驗。

【注釋】❶發冢　盜墓。發，打開；挖掘。冢，墳墓。❷大儒　儒生的老師。❸臚傳　從上向下傳話。❹作　起。指太陽昇起。❺何若　若何；如何。❻小儒　年輕的儒家弟子。❼襦　短衣。❽陵陂　山坡。❾含珠　在死人口中放一顆寶珠。這是古代的一種葬禮。據說天子含珠，諸侯含玉，大夫含碧，士人含貝。❿接其鬢　擠壓著他的兩個鬢角。接，擠壓。⓫顪　鬍鬚。一說指面頰。⓬儒以金椎控其頤　你們用鐵鎚敲擊他的面頰。儒，有一版本作「而」。你。金椎，鐵鎚。控，敲擊。頤，面頰。⓭徐別其頰　慢慢地撬開他的面頰。

【語　譯】一群儒生利用《詩》、《禮》中的知識去盜墓。在上面望風的老師對墓下的弟子們說：「東邊的太陽就要昇起了，事情做得怎麼樣了？」弟子回答說：「屍體上的裙子和短衣還沒有脫下來。」（老師說：）「他嘴裡還有一顆珠子。《詩經》上有這樣的詩句：『青青的麥苗，生長在山坡上。生前不救濟別人，死後為什麼還要含走一顆珠子！』擠壓住他的兩個鬢角，按住他的鬍鬚，你們再用鐵鎚敲打他的兩邊面頰，然後慢慢撬開他的面頰，千萬別損傷了口中的珠子！」

老萊子❶之弟子出薪❷，遇仲尼，反以告❸，曰：「有人於彼，修上而趨下❹，末僂❺而後耳❻，視若營四海❼，不知其誰氏之子❽。」老萊子曰：「是丘也。召而來。」仲尼至。曰：「丘，去汝躬矜❾與汝容知❿，斯⓫為君子矣。」仲尼揖而退，蹙然⓬改容而問曰：「業⓭可得進乎？」老萊子曰：「夫不忍一世之傷而驁萬世之患⓮，抑固窶邪⓯？亡其略弗及邪⓰？惠以歡為驁⓱，終身之醜，中民之行進焉耳⓲，相引以名⓳，相結以隱⓴。與其譽堯而非㉑桀，不如兩忘而閉其所譽㉒。反無非傷㉓也，動無非邪㉔也。聖人躊躇㉕以興事，以每成功㉖，奈何哉其載焉終矜爾㉗！」

【章　旨】本章認為孔子宣揚仁義可以有益於一時，但遺害無窮，因此要泯滅是非，淡泊名利，遵循大道行事。

【注　釋】❶老萊子　人名。楚國的隱士，屬道家人物。❷出薪　外出打柴。❸反以告　回來後把此事告訴老萊子。反，同「返」。❹脩上而趨下　上身長下身短。脩，長。趨，短促；短。❺末僂　脊背彎曲。❻後耳　兩耳後貼。❼營四海　志在天下。營，經營；治理。❽誰氏之子　姓什麼的先生。❾躬矜　傲慢的模樣。躬，身體；模樣。矜，傲慢。❿容知　聰明的面容。即把聰明表現在面容上。知，同「智」。⓫斯　則；就。⓬蹙然　驚恐不安的樣子。⓭業　事業。指推行仁義的事業。⓮夫不忍一世之傷而驁萬世之患　因為不忍心一世的人們受到傷害而推行仁義，卻為萬世的人們留下了難以消除的禍害。驁，奔騰。形容仁義思想干擾後人的生活。⓯抑固窶邪　是因為本來就無知呢。抑，連詞。表示選擇。相當於「還是」、「或者」。窶，貧乏。這裡指知識貧乏。⓰亡其略弗及邪　還是因為忽略了此事而沒有想到呢。亡其，連詞。表示選擇。相當於「還是」。略，忽略。不及，沒有想到。⓱惠以歡為驁　努力地去廣施恩惠以博取別人的歡心。驁，奔騰。形容努力地去做。指努力做施恩之事。⓲中民之行進焉耳　這是一般人所追求的。中民，智慧中等的人；一般人。行進，追求。⓳相引以名　為了博取名聲而相互交往。引，招引；交往。⓴相結以隱　為了獲得私利而相互結納。隱，私；私利。㉑非　批評。㉒閉其所譽　不要再去稱讚什麼。㉓反無非傷　違背大道無不受到傷害。反，違背。㉔動無非邪　擾亂心靈就會產生邪念。動，擾亂。㉕躊躇　從容的樣子。㉖以每成功　因此總是成功。以，因此。每，每次；經常。㉗柰何哉其載焉終矜爾　你為什麼要執意推行仁義並為此而終身感到自豪呢。柰何，為什麼。其，指孔子。載，推行。焉，代指仁義之業。

【語　譯】老萊子的弟子外出打柴，遇見了孔子，回來後就把此事告訴老萊子，說：「那裡有一個人，上身長下身短，脊背有點彎曲，兩耳後貼，目光炯炯似乎有平天下之志，但不知那位先生姓什麼。」老萊子說：「這個人一定是孔丘。去把他叫來。」孔子來了，老萊子對他說：「孔丘啊，你要消除你那傲慢的模樣和聰明的面容，就可以成為一名君子了。」孔子聽了謙恭地向老萊子作揖，又向後退了幾步，驚懼不安地改變了面容，請教說：「我推行仁義的事業還能有所進展嗎？」老萊子說：「因為不忍心一世的人們受到傷害而推行仁義，卻為萬世的人們留下難以消除的禍害，你是確實因為無知呢？還是因為你忽略了這件事而沒有想到呢？努力地去廣施恩惠以博取別人的歡心，這是一生的羞愧，是普通人所追求的事情，普通人為了獲取美名而相互交往，為了得到私利而相互結納。與其讚美唐堯而批評夏桀，倒不如忘掉他倆的是是非非而什麼都不必去稱讚。違背了大道就必然會受到損害，擾亂了心靈就必然會產生邪念。聖人從容不迫地遵照大道做事，因此他們總是能夠獲得成功，而你為什麼偏要執意推行仁義並為此而終身感到自豪呢！」

宋元君❶夜半而夢人被髮❷闚阿門❸曰：「予自宰路❹之淵，予為清江使河伯之所❺，漁者余且❻得予。」元君覺，使人占之，曰：「此神龜也。」君曰：「漁者有余且乎？」左右曰：「有。」君曰：「令余且會朝❼。」明日，余且朝。君曰：「漁何得？」對曰：「且之網得白龜焉，其圓五尺。」君曰：「獻若❽之龜。」龜至，君再❾欲殺之，再欲活之，心疑，卜之，曰：「殺龜以卜吉❿。」乃刳⓫龜，七十二鑽而無遺筴⓬。

仲尼曰：「神龜能見⓭夢於元君，而不能避余且之網；知能七十二鑽而無遺筴，不能避刳腸之患。如是，則知有所困⓮，神有所不及也。雖有至知，萬人謀之⓯。魚不畏網而畏鵜鶘⓰，去小知而大知明，去善而自善矣⓱。嬰兒生無石師⓲

而能言，與能言者處也。」

【章　旨】本章說明即使最聰明的人，也有考慮不周的地方，因此要排除小智，修養大智，遵循大道行事。

【注　釋】❶宋元君　即宋元公。宋國的君主。❷被髮　披散著頭髮。被，通「披」。❸闚阿門　站在側門旁向裡窺視。阿門，旁邊的小門。❹宰路　深水潭的名字。❺予為清江使河伯之所　我作為清江神的使者出使到河伯那裡去。清江，江名。一說即揚子江。河伯，神名。為黃河之神。❻余且　人名。❼會朝　朝見。❽若　你。❾再　二；兩次。❿以卜吉　用牠的龜甲占卜很吉利。⓫刳　剖開後挖空。⓬七十二鑽而無遺筴　用牠的甲板占卜了七十二次，沒有一次出現過失誤。鑽，指占卜時灼鑽龜甲。遺筴，失策；失誤。⓭見　同「現」。⓮所困　有所困窘；有考慮不到的地方。⓯謀之　算計他。⓰鵜鶘　水鳥名。以捕魚為生。本句是說魚知道鵜鶘可怕，卻不知道魚網比鵜鶘更可怕，因此魚屬於小智。⓱去善而自善矣　去除自以為美好的想法才能自然而然變得真正美好起來。⓲石師　大師。石，通「碩」。大。

【語　譯】宋元君半夜夢見一個披散著頭髮的人站在側門旁向裡窺視，那個人說：「我來自一個名叫宰路的深潭裡，我作為清江神的使者出使到河伯那裡去，而一位名叫余且的漁夫卻把我捉住了。」宋元君醒來後，就讓人占卜這個夢，占卜人說：「那個人是隻神龜啊。」宋元君問：「有一個名叫余且的漁夫嗎？」左右侍臣回答說：「有。」宋元君說：「叫余且入朝見我。」第二天，余且朝見宋元君。宋元君問：「你打魚時捉到什麼了？」余且回答說：「我的魚網捉到了一隻白龜，牠的周長有五尺。」宋元君說：「把你的那隻白龜獻上來吧！」白龜送來以後，宋元君兩次想殺掉牠，又兩次想放掉牠，心裡猶豫不決，於是又讓人占卜是該殺還是該放，占卜人說：「殺掉這隻大白龜，用牠的甲板占卜，大吉大利。」於是就把白龜剖開挖空，用牠的甲板占卜了七十二次，沒有一次出現失誤。

孔子知道後說：「神龜能夠顯夢給宋元君，卻不能逃避余且的魚網；牠的智慧能夠做到占卜七十二次而不出現一次失誤，卻不能逃脫被剖腹挖腸的災難。如此說來，智慧也有困窘的時候，神靈也有考慮不到的地方。即使具有最高的智慧，也應付不了成千上萬人的算計。魚兒不知道魚網更為可怕而只知道去害怕鵜鶘鳥，可見只有丟棄小聰明才能獲取大智慧，只有消除自以為美好的想法才能自然而然地變得真正美好起來。嬰兒出生以後即使沒有語言大師的教育也能學會說話，那是因為他整天與會說話的人生活在一起啊。」

惠子謂莊子曰：「子言無用。」莊子曰：「知無用而始可與言用矣。夫地非不廣且大也，人之所用容足❶耳，然則廁足而墊之❷，致黃泉❸，人尚有用乎？」惠子曰：「無用。」莊子曰：「然則無用之為用也亦明矣。」

【章　旨】本章認為「有用」與「無用」是相輔相成的關係，只因有了看似「無用」的東西，「有用」的東西才會變得有用。

【注　釋】❶容足　放下雙腳的那一小塊地方。❷廁足而墊之　把雙腳周圍的土地全部挖掉。廁，通「側」。旁邊。墊，挖掘。❸黃泉　黃土下的泉水。指極深的地方。

【語　譯】惠子對莊子說：「您的言論沒有用處。」莊子說：「知道什麼叫做沒有用處才能和他討論什麼叫做有用處。大地不能說不廣大，人所使用的也不過就是能放下雙腳的那一小塊地方而已，然而如果把雙腳周圍的土地全部挖掉，一直挖到極深極深的地方，那麼放雙腳的那一小塊地方還會有用嗎？」惠子說：「當然也沒用了。」莊子說：「那麼沒有用處的用處也就非常明白了。」

莊子曰：「人有能遊❶，且得不遊乎？人而❷不能遊，且得遊乎？夫流遁❸之志，決絕❹之行，噫，其非至知厚德之任❺與！覆墜❻而不反，火馳而不顧❼，雖相與為君臣，時也，易世而無以相賤❽。故曰至人不留行❾焉。夫尊古而卑今，學者❿之流也。且以狶韋氏之流⓫觀今之世，夫孰能不波⓬？唯至人乃能遊於世而不僻⓭，順人而不失己⓮。彼教不學⓯，承意不彼⓰。

目徹⓱為明，耳徹為聰，鼻徹為顫⓲，口徹為甘⓳，心徹為知，知徹為德。凡道不欲壅⓴，壅則哽㉑，哽而不止則跈㉒，跈則眾害生。物之有知者恃息㉓，其不殷㉔，非天之罪，天之穿之㉕，日夜無降㉖，人則顧塞其竇㉗。胞有重閬㉘，心有天遊㉙。室㉚無空虛，則婦姑勃谿㉛；心無天遊，則六鑿相攘㉜。大林丘山之善於人㉝也，亦神者不勝㉞。

德溢乎名㉟，名溢乎暴㊱，謀稽乎誸㊲，知出乎爭，柴生乎守㊳，官事果乎眾宜㊴。春雨日時㊵，草木怒生㊶，銚鎒㊷於是乎始修，草木之到植㊸者過半，而不知其然。

靜然㊹可以補病，眥搣㊺可以休老，寧可以止遽㊻。雖然若是，勞者之務也㊼，非㊽佚者之所未嘗過而問焉；聖人之所以駴㊾天下，神人㊿未嘗過而問焉；賢人所以駴世，聖人未嘗過而問焉；君子所以駴國，賢人未嘗過而問焉；小人所以合時(51)，君子未嘗過而問焉。

演門(52)有親死者，以善毀(53)爵為官師(54)，其黨人(55)毀而死者半。堯與許由天下，許由逃之；湯與務光(56)，務光怒之。紀他(57)聞之，帥弟子而踆於窾水(58)，諸侯弔(59)之，三年，申徒狄因以踣河(60)。

筌者所以在魚(61)，得魚而忘筌；蹄(62)者所以在兔，得兔而忘蹄；言者所以在意，得意而忘言。吾安得(63)夫忘言之人而與之言哉！」

【章旨】莊子的這段話討論了幾個問題，首先要求人們要為自己留下一定的精神空間，以便做到精神自由；二是要做到清靜無為，不參與名利爭奪及其他一切俗務；最後還討論了言與意的關係。

【注釋】❶遊　任心而遊；精神自由。❷而　如果。❸流遁　逃避；違背。指違背大道。❹決絕　決裂。指與大道決裂。❺任　作為；行為。❻覆墜　顛覆墜落。指失敗。❼火馳而不顧　心急火燎地去追逐名利而不顧一切。馳，奔馳；追逐。❽相賤　對別人看不起。相，表示動作偏指一方。❾不留行　不固執於自己的行為。至人懂得世事滄桑的道理，今日為貴，明日即可能為賤，所以至人不固執己見，與時俱化。❿學者　指不懂大道的世俗學者。⓫狶韋氏之流　研究狶韋氏學說的一派。狶韋氏，傳說中的帝王。⓬波　波動；震驚。即為今天的情況而感到震驚和不安。⓭僻　邪僻；錯誤。⓮失己　喪失自己的原則。⓯彼教不學　世俗人教育至人而至人不去學習。⓰承意不彼　表面上接受了世俗人的意見而內心並不與他一致。⓱徹　明徹；敏銳。⓲顫　嗅覺好。⓳甘　甜美。指吃東西時感到甜美。⓴壅　塞；堵塞。(21)哽　不通。(22)跈　同「拶」。乖戾；違背。(23)恃息　依靠呼吸。息，氣息；呼吸。(24)殷　盛；多。指呼吸暢通，氣氣充足。(25)天之穿之　上天給人一個暢通的鼻孔。穿，通暢。(26)降　減少。(27)人則顧塞其竇　是人自己反而堵塞了自己的鼻孔。顧，反而。竇，孔；鼻孔。以上數句是比喻，用天賦予人鼻孔呼吸而有人卻自塞其鼻孔來比喻大道無處不在而人們卻自絕於大道。(28)胞有重閬　腹中有多重的空間。

胞，包裹胎兒的囊膜。這裡泛指腹內。閬，空間。腹中空間多，才能容納五臟，人才能生存。㉙天遊　指精神自由遨遊的空間。㉚室　指家庭。㉛婦姑勃磎　婆媳之間就會爭吵不休。婦，媳婦。姑，婆婆。勃磎，爭吵。㉜六鑿相攘　各種情欲就會產生矛盾。六鑿，六竅。人體的六種孔竅，代指各種情欲。㉝善於人　適宜於人。㉞亦神者不勝　也是因為人們的精神狀況不佳。以上兩句是說，如果一個人精神狀況極好，精神生活已使自己十分滿足，他根本不會到山林中尋求歡樂；需要到山林中尋求歡樂的人，剛好說明他的精神生活不美滿。㉟德溢乎名　世俗所謂的美德就是因為他有了名聲。溢乎，流出於；產生於。世俗人往往認為名人就有美德。㊱名溢乎暴　名聲來自自我的宣揚和炫耀。暴，同「曝」。外露。㊲謀稽乎誸　計謀出於危急。稽，停留。引申為產生、出現。誸，危急。㊳柴生乎守　閉塞出於保守。柴，通「砦」。用於防守的柵欄。比喻閉塞。㊴官事果乎眾宜　官府的成立是由於人們的事情太多。果乎，成立於；產生於。果，成。宜，事宜；事情。㊵日時　及時。㊶怒生　生長茂盛。怒，氣勢盛。㊷銚鎒　兩種鋤草的農具。㊸到植　鋤掉後又生長起來。到，同「倒」。植，生長。㊹靜然　安靜的樣子。㊺眥搣　按摩。㊻寧可以止遽　寧靜可以消除內心的急躁情緒。遽，急躁。㊼勞者之務也　操勞者所要做的事情。務，做。㊽非　為衍文。應刪去。㊾駴　同「駭」。驚擾。實際指治理。莊子認為聖人治理天下，實際上是驚擾了天下。㊿神人　得道之人。(51)合時　媚世；隨波逐流。(52)演門　城門名。為宋國都城的東門。(53)善毀　因孝順父母而悲傷，以至於損傷了自己的身體。(54)爵為官師　加官進爵封為官師。官師，官名。(55)黨人　同鄉人。黨，古代的一種居民組織。五百家為一黨。(56)務光　人名。商代的隱士。(57)紀他　人名。商代的隱士。(58)踆於窾水　隱居到窾水一帶。踆，通「蹲」。停留。引申為隱居。窾水，水名。(59)弔　慰問。(60)申徒狄因以踣河　申徒狄為此而投河自殺。申徒狄，人名。商代的隱士。因擔心商湯讓位於自己而投河。踣，仆倒；投入。(61)荃者所以在魚　魚笱是用來捕魚的。荃，用竹編製的一種捕魚器具。(62)蹄　獸網。(63)安得　怎麼能夠找到。安，怎麼。

【語譯】莊子說：「一個人如果能夠做到精神自由，他怎麼會不去進行自由自在的精神遨遊呢？一個人如果不能做到精神自由，他又怎能去進行自由自在的精神遨遊呢？不合大道的思想，違背大道的行為，唉，這些都不是大智厚德之人所做的事情啊！有人失敗了還不知道反省，依然心急火燎地去追逐名利而不顧一切，雖然他們有的當了君主有的當了大臣，但這只是碰上了好的機遇，換個時代他們就沒有資格高高在上地去小視別人了。所以說得道之人是不會固執於自己的行為的。尊崇古代而鄙薄當今，這是世俗學者之類人的做法。

那些研究豨韋氏學說的人看到今天的情況，怎能不感到震驚呢？只有得道之人才能生活於當今的社會而不犯錯誤，外表順應眾人而又不喪失自己的原則。世俗人的教育至人不去學習，即使表面上接受了世俗人的意見而內心也不會同他們一樣。

「目光敏銳叫做『明』，耳朵靈敏叫做『聰』，鼻子靈敏叫做『顫』，口感靈敏叫做『甘』，心靈明徹叫做『智』，智慧明達叫做有『德』。大道是不可以堵塞的，一旦堵塞就會梗阻不通，梗阻不能排除而辦事就會違背大道，違背了大道而各種禍害就會產生。有智慧的物類靠的都是呼吸，如果呼吸不暢氣息不足，那不是上天的過錯，因為上天已給予了通暢的鼻孔，無論白天還是黑夜上天都沒有縮小人的鼻孔，是人自己堵塞了自己的呼吸通道。腹腔內有多重空間，內心也有供精神自由遨遊的地方。家庭內部如果沒有足夠的空間，那麼媳婦與婆婆就會爭吵不休；內心裡如果沒有供精神遨遊的空間，那麼七情六欲就會相互衝突。高山密林等自然景觀之所以能夠使人感到愉快，那是因為人的精神世界狀況不佳。

「世俗人的所謂美德是來自他的名聲，而他的名聲是來自他的自我炫耀和宣揚，計謀出自危急，智略來自爭鬥，閉塞出於保守，官府的出現是由於民眾的事情太多。春雨應時而降，草木勃然而生，於是人們修理農具開始鋤草，然而鋤過後的田地仍有一大半的野草在生長，可人們並不知道這是為什麼。

「靜心可以保養病體，按摩可以延緩衰老，安寧可以消除急躁。雖然如此，這些事都是操勞者所要幹的事情，而安閒自在的人是從不過問這些事情的；聖人們用來治理天下的那些辦法，得道的神人是從來不去過問的；賢人們用來治理社會的那些辦法，聖人是從來不去過問的；君子們用來治理國家的那些辦法，賢人是從來不去過問的；小人們用來媚合世俗的那些辦法，君子是從來不去過問的。

「宋國的國都東門口有一個人的父母去世了，這個人因為悲傷過度而損害了自己的身體，宋君便封他當了官師，於是他的鄉親便倣法他也損害自己的身體，結果死了一半。堯想把天下讓給許由，許由因此逃走了；商湯想把天下讓給務光，務光為此大發脾氣。紀他聽到這件事，趕快帶著弟子跑到窾水一帶隱居起來，諸侯們紛紛前去慰問。三年以後，申徒狄因擔心商湯讓天下給自己而乾脆投河自殺了。

「魚笱是用來捕魚的，捕到魚以後就可以忘掉魚笱；兔網是用來捕兔的，捕到兔以後就可以忘掉兔網；言語是用來表達思想的，領會思想以後就可以忘掉言語。我如何能夠找到一位忘掉語言的人而和他一起談一談呢！」

【研析】我們在〈天道〉的「研析」中談到了「言不盡意」的問題。莊子認為語言無法描述清楚大道，如果有人喋喋不休大談大道，這剛好證明此人不懂大道。既然如此，為什麼莊子還有說話、寫書去解釋、宣揚大道呢？

莊子已經意識到自己言行之間的矛盾，所以他在〈齊物論〉中說：「而未知吾所謂之其果有謂乎？其果無謂乎？」也就是說，自己解釋大道的那些話，究竟算是說了呢，還是沒有說呢？如果按照他自己「至言去言」的理論，他就應該一言不發，這才能表明他是真正懂得了大道。他雖然知道這一點，但是他還要說，還要寫，因為他更清楚，要想讓人們了解大道，離開語言終究是不行的。語言是一種工具，是一座橋樑，只有通過它才能夠把握大道。就像他在書中說的那樣，大道是魚兔，語言是筌蹄，沒有筌蹄，人們就得不到魚兔。得魚兔是目的，設筌蹄是手段。同樣，人們表意是目的，說話是手段。人們就應該過河拆橋、得魚忘筌、得意忘言。這就是說，語言好比一個路標，在這個路標的指引下，行人可以達到自己的目的地。這個路標是少不得的，但必須明白，路標並不等於目的地。

莊子的這一思想對後世佛教影響很大。佛教與莊子的思路基本一樣，僧人雖然反覆聲明佛教的「第一義（最高佛法）」是不可言說的，所以出現了諸如「棒喝」一類的教育方法，但他們畢竟還是寫了許多的佛經，講了許多的佛理。為什麼會這樣呢？佛教作了同樣的解釋：

如人以手指月，彼人因指當應看月，若復觀指以為月體，此人豈唯亡失月輪，亦亡其指。（《楞嚴經》）

文字如手指，內容如月體，人要領會的是內容，文字不過是指示內容的工具。當別人指示月亮的時候，一個人如果不知道順著手指去看月亮，而只盯著別人的手指，那麼這個人結果既沒有看到月亮，也沒有看懂手指。

內容比文字重要，但文字又是必不可少的。所以《大智度經》在講了「語言度人皆是有為虛妄法」之後，又說：「是般若波羅蜜因語言章句可得其義，是故佛以般若經卷殷勤囑累阿難。……語言能持義如是，若失語言，則義不可得。」

語言固然不能完全描述大道，但畢竟還可以描述一個大概，如果不要語言，人們連大道的大概也無法瞭解。輕視語言又不得不使用語言，這是一種別無選擇、無可奈何的行為。

寓言第二十七

【題解】寓言，有寓意的言論。準確地講，就是借用外界的一些故事和別人的一些言論來表達自己的思想。本篇依然是取篇首二字為篇名。本篇一開始解釋「寓言」、「重言」、「卮言」的含義和作用。在其後的幾個故事裡，分別闡述了棄絕世俗智慧、擺脫一切牽掛、命運與鬼神的不可知、順應外物而不固執等思想。最後一部分在提醒人們要韜光養晦的同時，也為我們了解老子與楊朱的關係及老子的生平經歷提供了一些有價值的線索。

寓言十九❶，重言十七❷，卮言日出❸，和以天倪❹。寓言十九，藉外論之❺。親父不為其子媒，親父譽之，不若非其父者也；非吾罪❻也，人之罪也。與己同則應，不與己同則反；同於己為是之❼，異於己為非之❽。重言十七，所以已言❾也，是為耆艾❿，年先⓫矣，而無經緯本末以期年耆者⓬，是非先也。人而無以先人⓭，無人道⓮也；人而無人道，是之謂陳人⓯。卮言日出，和以天倪，因以曼衍⓰，所以窮年⓱。

不言則齊⓲，齊與言不齊⓳，言與齊不齊也，故曰無言⓴。言無言㉑，終身言，未嘗言；終身不言，未嘗不言㉒。有自也而可㉓，有自也而不可；有自也而然㉔，有自也而不然。惡乎然？然於然；惡乎不然？不然於不然。惡乎可？可於可；惡乎不可？不可於不可。物固有所然，物固有所可，無物不然，無物不可。非卮言日出，和以天倪，孰得其久㉕！萬物皆種㉖也，以不同形相禪㉗，始卒若環㉘，莫得其倫㉙，是謂天均㉚，天均者，天倪也。

【章旨】本章解釋了「寓言」、「重言」、「卮言」的含義，並說明使用這三言的原因。

【注釋】❶寓言十九　寄託寓意的言論佔了十分之九。寓言，假借各種故事或別人的談話來表達個人思想的文字。十九，十分之九。❷重言十七　引用先哲的言論佔了十分之七。重言，引用先哲的言論。❸卮言日出　無心的言論每天都談一些。卮，一種酒器。卮中酒滿後自然溢出，比喻無心而自然講出來的言論。日出，天天講。一說是天天更新。❹天倪　即天道、大道。❺藉外論之　借助於外界的故事或人來闡述道理。藉，借助。❻非吾罪　不是做父親的過錯。吾，指父親。父親雖然如實地稱讚兒子，但別人總難以相信，其過錯不在於父親，而在於別人的猜疑。❼是之　以之為是。認為是正確的。❽非之　以之為非。認為是錯誤的。❾已言　已經講過的話。❿耆艾　年老之人。六十歲叫「耆」，五十歲叫「艾」。⓫年先　年長。⓬而無經緯本末以期年耆者　如果沒治國本領和歷史經驗以與他們的年齡相稱。經緯，指治國經驗。本末，事情的本末。指歷史經驗。期，符合；相稱。⓭先人　過人；超人之處。⓮人道　做人的原則。⓯陳人　陳腐無用的人。⓰因以曼衍　順應萬物而變化。因，順應。曼衍，變化。⓱窮年　過完一生。⓲不言則齊　不發言表態才能貫徹萬物一齊的觀點。⓳齊與言不齊　萬物一齊的觀點與發言表態是相互矛盾的。不齊，矛盾；不同。⓴無言　不要發言。㉑言無言　說了也等於沒說。㉒終身不言二句　有的人終身沒說什麼，但未嘗不是在說話。如聖人雖不說話，但其行為已說明了一切。㉓有自也而可　事物總是有一定的原因而被認可。自，由；原由。㉔然　正確。㉕久　指長久生存。㉖種　同一種起源。即萬物都是來自大道和氣。㉗相禪　相互轉化。如人與泥土形體不同，人死後會化為泥土，而泥土中的營養也會通過某種途徑，轉化為人體的一部分。㉘始卒若環　始終往返猶如循環。卒，終。㉙倫　條理；順序。㉚天均　天道；大道。一說指天然的均衡、齊同。

【語譯】寓言佔了十分之九，重言佔了十分之七，卮言則每天都要講，目的是要闡述大道以調和萬物。佔了十分之九的寓言，就是借助外界的故事或人來論述自己的觀點。親生父親不便為自己的兒子做媒，因為做父親的誇獎自己的兒子，總不如別人來誇獎顯得真實可信，這不是做父親的過錯，而是別人猜疑的過錯。與自己的看法相同就去應和，與自己的看法不相同就去反對；與自己的看法一致就去肯定它，與自己的看法不一致就去否定它。佔了十分之七的重言，是別人已經講過的話，講這些話的人都是一些年事已高的人，是我們的先輩長者，如果沒有治國本領和歷史經驗以與他們的年齡相稱，那是不能被稱為先輩長者的。一個人如果沒有任何過人之處，就說明他不懂得做人的原則；一個人如果不懂得做人的原則，那麼他就可以被稱為陳腐無用之人。每天都談論一些卮言，用大道來調和萬物，並順應萬物而變化，用這種方式度過自己的一生。

不發言表態才能落實萬物一齊的思想，萬物一齊思想與發言表態是相互矛盾的，反過來發言表態與萬物一齊思想自然也是矛盾的，所以說不要發言表態。有的人說了等於沒說，他一生都在喋喋不休地講話，實際上等於什麼也沒講；有的人一生什麼也沒講，而實際上他什麼都講清楚了。事物總是有一定的原因而被認可，也總是有一定的原因而不被認可；總是有一定的原因而被肯定，也總是有一定的原因而被否定。為什麼認為它正確呢？因為它有正確的一面所以認為它正確；為什麼認為它不正確呢？因為它有不正確的一面所以認為它不正確。為什麼要認可它？認可它是因為它有應該被認可的一面；為什麼不去認可它？不去認可它是因為它有不應該被認可的一面。任何事物本來都存在著正確的一面，任何事物本來都存在著值得認可的一面，因此沒有事物不是正確的，沒有事物不是可以被認可的。如果每天不談論一些卮言，如果不用大道去調和萬物，怎麼能夠長期生存下去呢！萬物都有一個共同的起源，只因它們的形狀不同才相互轉化，這種轉化終始反覆猶如循環，而人們卻找不到其中的條理和次序，這可以說是天道的作用。所謂的天道，就是大道啊。

莊子謂惠子曰：「孔子行年六十而六十化，始時所是❶，卒❷而非之，未知今之所謂是之非五十九非也。」惠子曰：「孔子勤志服知❸也！」莊子曰：「孔子謝之❹矣，而其未之嘗言❺。孔子云：『夫受才乎大本❻，復靈以生❼。鳴而當律❽，言而當法。利義陳乎前，而好惡是非直❾服人之口而已矣。使人乃以心服，而不敢蘁立❿，定天下之定⓫。』已乎！已乎！吾且不得及彼⓬乎！」

【章旨】本章讚揚了棄絕俗智、做事求人心服的品質。

【注釋】❶所是　所認為正確的。❷卒　最終。❸勤志服知　辛辛苦苦尋求知識。勤志，苦志；辛苦。服，從事；尋求。❹謝之　棄絕這種做法。謝，棄絕。❺而其未之嘗言　而他自己沒有說過這種情況。其，指孔子。未之嘗言，即「未嘗言之」。❻大本　最重要的本源。指大道。❼復靈以生　恢復自己的靈性以保全自己的生命。❽鳴而當律　發出的聲音應該符合樂律。❾直　僅僅。❿蘁立　違背。蘁，通作「啎」。背逆。立，做事。⓫定天下之定　確定天下的準則。定，第一個「定」義為確定，第二個「定」義為定規、準則。⓬不得及彼　不能比上他。及，比得上。彼，指孔子。

【語譯】莊子對惠子說：「孔子活了六十歲而六十年來不斷地順應外物而變化，開始時認為是正確的，最終又認為它是錯誤的，不知道他如今所肯定的事情就不是他五十九歲時所否定的事情。」惠子說：「但是孔子一直是在辛辛苦苦地追求世俗知識啊！」莊子說：「孔子已經放棄了這種做法，只是他自己沒有明確講過而已。孔子說：『人們從大道那裡獲取才智，應該恢復自己的靈性以保全自己的生命。發出的聲音應合乎樂律，講出來的話應合乎法度。當利和義擺在人們面前時，進行好惡與是非的辯論，不過只能使人口服而已。要使人能夠真正地心悅誠服，而不敢有絲毫的違背，這種做法才應該被確定為治理天下的準則。』別再說了！別再說了！我還比不上他呢！」

曾子再仕而心再化❶，曰：「吾及親仕❷，三釜❸而心樂；後仕❹，三千鍾不洎❺，吾心悲。」弟子問于仲尼曰：「若參者，可謂無所縣其罪❻乎？」曰：「既已縣矣。夫無所縣者，可以有哀乎？彼❼視三釜三千鍾，如觀雀蚊虻相過乎前也❽！」

【章　旨】本章要求人們擺脫一切世俗情感，做到毫無牽掛。

【注　釋】❶曾子再仕而心再化　曾子兩次出來做官而兩次的心情不同。曾子，人名。即曾參。孔子的弟子，以孝聞名。再，二；兩次。化，變化；不同。❷及親仕　在父母活著時出來做官。親，父母。❸釜　古代計量穀物的單位。六斗四升為一釜。❹後仕　指第二次當官。此時其父母已去世。❺三千鍾不洎　雖然能拿三千鍾的俸祿，可也無法用它贍養父母了。鍾，古代計量穀物的單位。六斛四斗為一鍾。洎，通「及」。趕上。指趕上贍養父母。❻縣其罪　因牽掛爵祿而犯錯。縣，同「懸」。懸念；牽掛。指牽掛爵祿。❼彼　泛指不為爵祿所拘繫的人。❽如觀雀蚊虻相過乎前也　就好像看待鳥雀蚊虻從面前飛過一樣。指絲毫不放在心上。

【語　譯】曾子兩次出來做官而兩次的心情不同，他說：「當父母在世時我出來做官，雖然只有三釜的微薄俸祿而我心裡卻非常快樂；第二次出來做官時，雖然有三千鍾的豐厚俸祿可也無法用它贍養父母了，所以我心裡非常悲傷。」孔子的弟子問孔子說：「像曾參那樣的人，可以說是沒有牽掛俸祿的過錯了吧？」孔子說：「他已經在牽掛俸祿了。那些毫無牽掛的人，心裡會有悲傷嗎？他們看待三釜俸祿乃至三千鍾俸祿，就像看待鳥雀蚊虻從面前飛過一樣。」

顏成子游❶謂東郭子綦❷曰：「自吾聞子之言，一年而野❸，二年而從❹，三年而通❺，四年而物❻，五年而來❼，六年而鬼入❽，七年而天成❾，八年而不知死、不知生，九年而大妙❿。

「生有為，死也。勸公⓫，以其死也，有自⓬也；而生，陽⓭也，無自也。而果然乎⓮？惡乎其所適⓯？惡乎其所不適？天有歷數⓰，地有人據⓱，吾惡乎求之？莫知其所終，若之何其無命也⓲？莫知其所始，若之何其有命也？有以相應⓳也，若之何其無鬼邪？無以相應也，若之何其有鬼邪？」

【章旨】本章認為按照大道去修養自身，就能具備極為高妙的精神境界，但同時也承認，有些問題，如有無鬼神和命運等，卻是難以認識的。

【注釋】❶顏成子游　人名。❷東郭子綦　人名。是顏成子游的老師。❸野　質樸。❹從　順從。指順從外物而不固執。❺通　通達。❻物　指能夠做到物我為一，不分彼此。❼來　為眾人所歸。即受眾人擁戴。❽鬼入　神靈進入心中。指能夠做到神悟。❾天成　清靜無為而自然成功。天，自然。❿大妙　極高妙的精神境界。⓫勸公　勸告世人不要太看重自我。公，無私；不看重自我。⓬有自　有原因。自，原由；原因。這個原因就是太看重自我。⓭陽　陽氣。古人認為陽主生，陰主殺。⓮而果然乎　你果真能夠這樣認識問題嗎。而，你。果，真的。然，這樣。⓯惡乎其所適　那麼你該追求什麼呢。惡乎，哪裡；什麼。適，到；追求。⓰歷數　運行規律。歷，經歷；運行。數，規律。⓱人據　人所賴以生存的環境。⓲若之何其無命也　怎麼能夠說沒有命運安排呢。⓳有以相應　有一種神祕力量在回應著人事。有以，有什麼力量。應，指回應人事。如善有善報，惡有惡報。

【語譯】顏成子游對東郭子綦說：「自從我聽了您的教誨，一年之後就返歸質樸，兩年之後就能夠順應外物，三年之後就能夠做到通達而不固執，四年之後就能夠做到物我為一，五年之後受到眾人的擁戴，六年之後能夠做到神悟，七年之後能夠做到清靜無為而自然成功，八年之後能夠忘卻生死，九年之後便達到了極高妙的精神境界。」

（東郭子綦說：）「人生在世如果恣意妄為，必然會很快走向死亡。勸告世人不要太看重自我，就是因為人們的死亡，是太看重自我而引起的；而人的出生，則是由於陽氣的聚集，而我們卻不知道陽氣聚集的原因。你果真能夠這樣看問題嗎？那麼你究竟追求什麼呢？究竟不追求什麼呢？上天有自己的運行規律，大地有人們賴以生存的環境，我們又該尋求什麼呢？沒有人能夠知道自己生命的歸宿，怎麼能夠說沒有命運安排呢？也沒有人能夠知道自己生命的起源，又怎麼能夠說就有命運安排呢？有時候似乎有一種神祕的力量在回應著人事，那麼怎能說沒有鬼神呢？有時候又似乎沒有什麼力量在回應人事，那麼又怎能說就有鬼神呢？」

眾罔兩❶問於影曰：「若❷向❸也俯而今也仰，向也括❹而今也被髮❺，向也坐而今也起，向也行而今也止，何也？」影曰：「叟叟❻也，奚稍問也❼！予有而不知其所以❽。予，蜩甲❾也，蛇蛻❿也，似之而非⓫也。火與日，吾屯⓬也；陰與夜，吾代⓭也。彼，吾所以有待⓮邪，而況乎以無有待者乎⓯！彼來則我與之來，彼往則我與之往，彼彊陽⓰則我與之彊陽。彊陽者又何以有問乎！」

【章　旨】本章要求人們應像影子那樣，順物而動，不要有絲毫的個人主觀成見。

【注　釋】❶罔兩　影子之外的微影。❷若　你。❸向　剛才。❹括　指括髮。把頭髮束成髮髻。❺被髮　披散著頭髮。被，通「披」。❻叟叟　無心而動的樣子。❼奚稍問也　何必問這樣的小問題呢。稍，小。❽予有而不知其所以　我有所行動卻不知道為什麼會這樣行動。有，指有所行動。❾蜩甲　蟬蛻下的皮。蜩，蟲名。即蟬。甲，殼；皮。❿蛇蛻　蛇蛻下的皮。

⓫似之而非　與本體事物相似但又不是本體事物。如人影像人，但又不是人。⓬屯　聚集；出現。⓭代　被替代；消失。⓮有待　有所依賴。⓯而況乎以無有待者乎　而何況是不需要任何依賴的精神呢。無有待者，不需任何依賴的事物。指精神。意思是說，影子必須依賴他物，尚且可以因無心而得自由，更何況精神無所依賴，更應獲得自由。⓰彊陽　徜徉；徘徊不定。

【語　譯】眾多的影外微影問影子說：「你剛才低著頭而現在仰起頭，你剛才束著髮髻而現在披散著頭髮，你剛才坐著而現在站著，你剛才行走而現在又停了下來，這是為什麼呢？」影子說：「我是毫無目的地在活動啊！又何必問這樣的小問題呢！我有所行動卻不知道自己為什麼要這樣行動，我，就好像蟬蛻下的殼、蛇蛻下的皮一樣，與本體事物相似卻又不是本體事物。有了火光和太陽，我就出現了；遇到陰天和夜晚，我就消失了。火光與太陽，大概就是我所要依賴的吧，更何況不需要任何依賴的精神呢！火光與太陽出現了我就隨之出現，火光與太陽消失了我就隨之消失，火光與太陽徘徊不定我就隨之徘徊不定。對於那些徘徊不定的事物，又有什麼值得詢問的呢！」

陽子居❶南之沛❷，老聃西遊於秦。邀於郊❸，至於梁❹而遇老子。老子中道仰天而歎曰：「始以汝為可教，今不可也。」陽子居不荅。至舍❺，進盥漱巾櫛❻，脫屨戶外❼，膝行而前曰：「向者弟子欲請❽夫子，夫子行不閒❾，是以不敢。今閒矣，請問其過❿？」老子曰：「而睢睢盱盱⓫，而誰與居⓬？大白若辱⓭，盛德若不足⓮。」陽子居蹴然⓯變容曰：「敬聞命矣！」其往⓰也，舍者迎將⓱，其家公執席⓲，妻執巾櫛，舍者避席⓳，煬者避竈⓴。其反㉑也，舍者與之爭席矣㉒。

【章　旨】本章反對盛氣凌人的行為，主張韜光養晦、和光同塵。

【注　釋】❶陽子居　人名。即楊朱。又作陽朱。戰國初年的思想家，主張「貴生重己」。❷之沛　到沛地去。之，到。沛，地名。在今江蘇省沛縣一帶。❸邀於郊　在某地郊外見過面。邀，相邀見面。❹梁　地名。即今河南省開封市。❺舍　旅店。❻進盥漱巾櫛　獻上洗手漱口的水和手巾梳篦。盥，盥洗。這裡指洗臉洗手的水。漱，漱口水。櫛，梳與篦的總稱。❼脫屨戶外　把鞋子脫下放在門外。屨，麻鞋。泛指鞋。戶，門。❽請　請教。❾行不閒　忙於趕路沒有空閒。❿其過　我的過錯。其，代指陽子居自己。⓫而睢睢盱盱　你高視闊步，一副驕矜自負的模樣。而，你。睢睢盱盱，形容高視闊步、驕矜自負的樣子。⓬居　相處。⓭大白若辱　最潔白的東西看起來似乎有汙垢。辱，汙垢。⓮盛德若不足　品德高尚的人看起來似乎有缺點。不足，缺點。以上兩句話見於《老子》第四十一章。⓯蹴然　羞愧不安的樣子。⓰往　去。指剛到旅店時。⓱舍者迎將　旅店的人都客氣地迎接他。迎將，迎送。⓲其家公執席　那家旅店的男主人親自為他安排坐席。其家，那家旅店。公，男主人。執席，親自安排坐席。⓳避席　離開坐席站立起來，表示敬意。⓴煬者避竈　烤火的人讓開竈頭給他取暖。煬，烤火。㉑反　同「返」。返回。㉒舍者與之爭席矣　旅客們敢於同他爭搶坐席了。這說明陽子居聽從了老子的勸告，除去傲氣，韜光養晦，看起來與常人一樣，所以別人敢於同他爭搶坐席。

【語　譯】陽子居去南方的沛地，老子去西方的秦國遊歷。兩人曾在某地的郊外見過面，這次陽子居到了梁地的時候，又遇到老子。老子半路上仰天長歎說：「從前我還以為你是可以教誨的，現在看來是不可教誨了。」陽子居沒有作聲。到了旅店，陽子居給老子送上盥洗漱口用的水和手巾梳篦，然後把鞋子脫下放在門外，雙膝跪地前行到老子跟前，說：「剛才我就想向先生請教，只因先生匆匆趕路沒有空閒，所以我不敢請教。現在先生您有了空閒，請問我有什麼過失？」老子說：「你高視闊步，一副傲慢自負的模樣，誰還願意與你相處呢？最潔白的東西看起來似乎有汙垢，道德高尚的人看起來似乎有許多缺點。」陽子居聽後羞愧萬分，改變了面容，說：「我由衷地接受先生的教導。」當陽子居剛來旅店時，旅店的人都恭敬地迎接他，旅店的男主人親自為他安排坐席，女主人親自拿來手巾梳篦，旅店的客人見了他慌忙起立致敬，烤火的人也趕快讓出竈頭給他取暖。等他回去時，旅客們就敢於同他爭搶坐席位了。

【研 析】「寓言」、「重言」、「卮言」在《莊子》書中是三個比較重要的概念，關於這三個概念的大致含義，我們在注釋中已經做了簡單的介紹。但本篇所說的「三言」在《莊子》全書中所佔的比重如何理解，具體到《莊子》書中，這三個概念究竟指什麼，莊子為什麼喜歡使用「三言」等問題，還需要進一步說明。

一、關於「三言」在全書中所佔比重問題。本篇說：「寓言十九，重言十七，卮言日出。」這在比重上自然是說不通的，對此，可以有兩種理解：第一，張默生《莊子新釋》說：「寓言的成分，已佔有全書的十分之九了，剩下的也不過還有十分之一，為什麼重言又佔有全書的十分之七呢？《莊子》書中，往往寓言裡有重言，重言裡也有寓言，是交互錯綜的，因此寓言的成分，即使佔了全書的十分之九，仍無傷於重言的佔十分之七。」這一說法有一定道理。第二，我們不必用數學的計算方式去理解「十分之九」和「十分之七」，只把這種說法理解為「寓言」和「重言」所佔比重很大就行了，這樣理解可能更為圓通。

二、關於「三言」在《莊子》書中的具體所指。「寓言」就是有寓意的故事和言論，這與我們今天說的「寓言」的含義相似。「重言」就是引用先哲的話。「卮言」就是抽象議論，不過莊子聲明，這些抽象的議論是出於無心的。具體到《莊子》中，我們就以〈逍遙遊〉為例來說明「三言」究竟指的是什麼。從文章的開始到「眾人匹之，不亦悲乎」講的是大鵬與小鳥的故事，以說明「大」與「小」的區別，這就是「寓言」。從接著的「湯之問棘也是矣」到「此小大之辨也」，即借用商湯與他的大臣棘的對話來進一步證明自己所講的大鵬與小鳥的故事不是子虛烏有，這就是「重言」。再緊接著從「故知效一官」到「神人無功，聖人無名」屬於莊子本人的議論，這就是「卮言」。從此以下，莊子又用了一連串的「寓言」，進一步分別說明什麼叫做「至人無己，神人無功，聖人無名」。這就是說，〈逍遙遊〉全篇都是由「三言」所構成。

三、莊子使用「三言」的原因。關於莊子喜歡使用「三言」的原因，他自己講了兩個。第一個原因，也就是本篇說的「親父譽之，不若非其父者也」，父親去讚美自己的兒子，不如別人去讚美的效果好。同樣的道理，自己提出的觀點，自己去加以肯定和讚揚，服人的力量就小，如果引用「寓言」和「重言」，也就是用各種故事，用別人、特別是先哲的話來為自己的觀點作印證，就容易使人信服。第二個原因，是他在〈天下〉

篇講的：「以天下為沉濁，不可與莊語，以卮言為曼衍，以重言為真，以寓言為廣。」也就是說，莊子認為當今天下人都沉迷不醒，且品行不端，沒有辦法直接用嚴肅的、正面的理論去進行教誨，於是只好用「三言」來旁敲側擊，希望能以此多少起到一點啟發、提醒的作用。除了莊子本人講的兩點原因之外，使用「三言」還有一個十分重要的作用，那就是使莊子的文章讀起來生動活潑、跌宕起伏，能夠引人入勝。後人認為《莊子》的文采居先秦諸子之首，具有浪漫主義色彩，這與他喜歡使用「三言」有著極大的關係。

讓王第二十八

【題 解】讓王，禪讓王位。取篇首所言之事為篇名。本篇由十多個故事組成，主要闡述兩個問題。第一，關於生命健康與名利的關係問題。本篇的前半部分主要討論這一問題，認為生命與健康最為重要，如果有礙於養生，即使天子之位也可放棄，也即篇中說的「兩臂重於天下」。第二，關於道義與名利的關係問題。本篇認為當道義與名利發生衝突時，要毫不猶豫地放棄包括天子之位在內的一切富貴榮華，甚至為此犧牲生命也在所不惜。這一原則與孟子說的捨生取義思想基本一致。

堯以天下讓許由❶，許由不受。又讓於子州支父❷，子州支父曰：「以我為天子，猶之可也。雖然，我適有幽憂之病❸，方且治之，未暇治天下也。」夫天下至重也，而不以害其生❹，又況他物乎！唯無以天下為者❺，可以託天下也。

舜讓天下於子州支伯❻，子州支伯曰：「予適有幽憂之病，方且治之，未暇治天下也。」故天下大器❼也，而不以易生❽，此有道者之所以異乎俗者也。

舜以天下讓善卷❾，善卷曰：「余立於宇宙之中，冬日衣皮毛❿，夏日衣葛絺⓫；春耕種，形足以勞動；秋收斂⓬，身足以休食；日出而作⓭，日入而息，逍遙於天地之間而心意自得。吾何以天下為哉⓮！悲夫，子之不知余也！」遂不受。

於是去而入深山，莫知其處⑮。

舜以天下讓其友石戶之農⑯，石戶之農曰：「捲捲乎后之為人⑰，葆力⑱之士也！」以舜之德為未至也，於是夫負妻戴⑲，攜子以入海，終身不反也。

【章　旨】本章通過幾個辭讓帝位的故事，說明個人生命比整個天下更為重要，體現了道家一貫的重生思想。

【注　釋】❶許由　人名。古代著名隱士。❷子州支父　人名。姓子名州，字支父。堯時的隱士。❸幽憂之病　很使我憂愁的疾病。幽，深；很。❹不以害其生　不會因為想佔有天下而損害自己的生命。❺唯無以天下為者　只有那些不願意去治理天下的人。無以，沒有心思；不願意。❻子州支伯　人名。即子州支父。❼大器　最為貴重的器物。❽不以易生　不用天下來換取自己的健康。易，交換。❾善卷　人名。姓善名卷。隱士。❿衣皮毛　穿獸皮衣服。衣，穿。⓫葛絺　葛布衣。葛，植物名。其莖皮上的纖維可以織布。絺，細葛布。⓬收斂　收穫。⓭作　勞作。⓮吾何以天下為哉　我為什麼要去治理天下呢。⓯處　住處。⓰石戶之農　石戶的一位農夫。石戶，地名。⓱捲捲乎后之為人　舜帝這個人真是不辭勞苦啊。捲捲乎，辛苦用力的樣子。后，君主。這裡指舜。⓲葆力　勤勞用力。⓳夫負妻戴　石戶的那位農夫背著農具、妻子頭頂著行囊。夫，丈夫。指石戶之農。負，背著。戴，用頭頂負物品。

【語　譯】堯想把天下讓給許由，許由不接受。又讓給子州支父，子州支父說：「讓我去做天子，那還是可以的。雖說可以，而我剛好患上了令我很發愁的疾病，我正想認真治一治，沒有閒功夫去治理天下。」天下是最為重要的，而子州支父卻不願為了治理天下而損害自己的生命，又更何況其他的事情呢！只有那些不願意去治理天下的人，才可以把天下託付給他們。

舜想把天下讓給子州支伯，子州支伯說：「我正患有令我十分發愁的疾病，正想認真治一治，我沒有閒時間去治理天下。」天下是最為貴重的器物，而子州支伯卻不願用天下來交換自己的健康，這就是得道之人與世俗之人的不同之處。

舜又想把天下讓給善卷，善卷說：「我生活於宇宙之中，冬天披著獸皮襖，夏天穿著葛布衣；春天下地耕種，我的身體完全可以承擔這樣的勞動；秋天收穫糧食，我的身體便可以得到休息和食物；太陽昇起時就下地勞作，太陽下山了就回家歇息，我自由自在地生活於天地之間而心滿意足。我為什麼還要去治理天下呢！可悲呀，您並不了解我啊！」於是也不接受。善卷接著就離開家鄉進入深山，沒有人知道他隱居在什麼地方。

舜又想把天下讓給他的一位朋友，這位朋友是住在石戶的一個農夫，這位農夫說：「舜帝這個人真是不辭辛苦，他是一位勤苦勞累的人啊！」這位農夫認為舜的品德還沒有達到最高境界，於是夫妻二人背的背，扛的扛，帶著子女逃到大海的荒島上，終身沒有回來。

大王亶父居邠❶，狄❷人攻之。事❸之以皮帛而不受，事之以犬馬而不受，事之以珠玉而不受，狄人之所求者土地也。大王亶父曰：「與人之兄居而殺其弟❹，與人之父居而殺其子，吾不忍也。子皆勉居矣❺！為吾臣與為狄人臣，奚以異❻！且吾聞之，不以所用養❼害所養❽。」因杖筴❾而去之。民相連❿而從之，遂成國於岐山⓫之下。夫大王亶父可謂能尊生⓬矣。能尊生者，雖貴富不以養⓭傷身，雖貧賤不以利累形⓮。今世之人，居高官尊爵者，皆重失之⓯，見利輕亡其身，豈不惑哉！

【章旨】本章用大王亶父遷都的故事，讚揚了重生命輕財物的生活態度。

【注　釋】❶大王亶父居邠　大王亶父居住邠地。大王亶父，人名。周文王的祖父。遷居於岐山後，發展農業，奠定了周王朝的基業。邠，地名。在今陝西省境內。❷狄　古代西北的一個部族。❸事　事奉；進獻。❹與人之兄居而殺其弟　與別人的兄長生活在一起卻讓他的弟弟去作戰送命。意思是說大王亶父不願意讓本國的年輕人為爭奪土地而去和狄人作戰。❺子皆勉居矣　你們就好好地在這裡生活吧。勉，努力；好好地。❻奚以異　有什麼不同。奚，什麼。❼所用養　所用來養育人的東西。指土地。❽所養　所養育的。指人。❾杖筴　拄著拐杖。筴，拐杖。❿相連　一個緊跟著一個。⓫岐山　山名。在今陝西省岐山縣東北。⓬尊生　尊重生命。⓭養　指過於豐富的衣食。⓮以利累形　因貪圖財利而牽累自己的健康。形，身體；健康。⓯重失之　太擔心失去高官厚祿。重，太看重；太擔心。

【語　譯】大王亶父居住在邠地時，狄人常來進攻。大王亶父奉送獸皮絲帛而狄人不願接受，奉送犬馬而狄人也不願接受，奉送珠玉而狄人還是不願接受，狄人所希望得到的是邠地這塊土地。大王亶父就對自己的臣民說：「和別人的兄長生活在一起卻讓他的弟弟上戰場被殺害，和別人的父親生活在一起卻讓他的兒子上戰場被殺害，我不忍心這樣做。你們都好好地在這裡生活吧！當我的臣民與當狄人的臣民，又有什麼不一樣呢！而且我還聽說，不要為了爭奪用來養育百姓的土地而去傷害被土地養育的百姓。」於是大王亶父就拄著拐杖離開了邠地。百姓們一個緊跟著一個地追隨著大王亶父，於是就在岐山腳下建立了一個新的國家。大王亶父可以說是能夠尊重生命了。能夠尊重生命的人，即使身處富貴也不會因為衣食過分豐厚而傷害自己的身體，即使身處貧賤也不會因為貪圖財利而損害自己的健康。如今的人們，一旦佔有高官顯位，都非常害怕失去它們，見到一點兒財利就輕易地為之送上自己的生命，這難道不是太糊塗了嗎！

越人三世弒其君❶，王子搜❷患之，逃乎丹穴❸。而越國無君，求王子搜不得，從之❹丹穴。王子搜不肯出，越人薰之以艾❺，乘以王輿❻。王子搜援綏❼登車，仰天而呼曰：「君❽乎！君乎！獨❾不可以舍我乎！」王子搜非惡為君也，惡為君之患也。若王子搜者，可謂不以國傷生矣，此固越人之所欲得為君也。

【章旨】本章用王子搜不願當君主的故事，進一步說明了生命最為珍貴的道理。

【注釋】❶越人三世弒其君　越國人殺了三代君主。越王翳被他的兒子諸咎殺害，越人殺諸咎，立無余為君，後來無余又被殺，立無顓為君。❷王子搜　人名。名搜，為越王之子，故稱「王子搜」。一說即無顓，無顓為越王翳之子。❸丹穴　山洞名。❹從之　追蹤他；尋找他。❺艾　植物名。❻王輿　國王乘坐的車。❼援綏　抓住車上的繩子。援，拉著。綏，登車時供人攀拉的繩子。❽君　君主之位。❾獨　難道。

【語譯】越國人先後殺了三代國君，王子搜對此十分擔憂，便逃到一個名叫丹穴的山洞裡藏了起來。越國沒有了君主，便四處尋找王子搜卻沒能找到，最後總算追蹤到了丹穴。王子搜堅決不肯出洞，越國人便點燃艾草用煙薰洞逼他出來，然後又讓他乘坐國王的車子。王子搜抓著車上的繩子登上車子，仰天大呼：「君主之位啊！君主之位啊！難道就不能放過我嗎！」王子搜並非討厭當君主，他討厭的是當君主帶來的災難。像王子搜這樣的人，可以說是不會為了當君主而去傷害自己的生命了，而這正是越國人想讓他當君主的原因。

韓、魏相與爭侵地。子華子❶見昭僖侯❷，昭僖侯有憂色。子華子曰：「今使天下書銘❸於君之前，書之言曰：『左手攫之❹則右手廢，右手攫之則左手廢，然而攫之者必有天下。』君能攫之乎？」昭僖侯曰：「寡人不攫也。」子華子曰：「甚善！自是觀之，兩臂重於天下也，身亦重於兩臂。韓之輕於天下亦遠矣，今之所爭者，其輕於韓又遠。君固愁身傷生以憂戚不得❺也！」僖侯曰：「善哉！

教寡人者眾矣，未嘗得聞此言也。」子華子可謂知輕重矣。

魯君⑥聞顏闔⑦得道之人也，使人以幣先焉⑧。顏闔守陋閭⑨，苴布⑩之衣，而自飯⑪牛。魯君之使者至，顏闔自對之⑫。使者曰：「此顏闔之家與？」顏闔對曰：「此闔之家也。」使者致幣⑬，顏闔對曰：「恐聽者謬⑭而遺⑮使者罪，不若審之⑯。」使者還，反審之，復來求之，則不得已⑰。故若顏闔者，真惡富貴也。

故曰，道之真⑱以治身，其緒餘⑲以為國家⑳，其土苴㉑以治天下。由此觀之，帝王之功，聖人之餘事㉒也，非所以完身養生也。今世俗之君子，多危身棄生以殉物㉓，豈不悲哉！凡聖人之動作也，必察其所以之㉔與其所以為㉕。今且有人於此，以隨侯之珠㉖彈千仞之雀㉗，世必笑之。是何也？則其所用者重而所要者㉘輕也。夫生者，豈特㉙隨侯㉚之重哉！

【章　旨】本章通過華子與昭僖侯的對話和顏闔拒絕出仕的故事，說明生命重於利祿，如果以生命為代價去追逐名利，就好比用隨侯之珠去彈打高飛的麻雀一樣，得不償失。

【注　釋】❶子華子　「華子」為人名。魏國的賢人。在人名前加「子」，表示格外的尊敬。❷昭僖侯　韓國君主。❸天下書銘　天下人都寫下盟約。銘，銘記；盟約。❹攫之　抓取盟約。攫，抓取。之，指書銘。❺不得　得不到這塊土地。❻魯

君　魯哀公。一說指魯定公。❼顏闔　人名。魯國的隱士。❽以幣先焉　帶著禮品先去看望。幣，禮品。❾守陋閭　住在狹窄的小巷子裡。守，居住。閭，巷口的門。代指小巷子。❿苴布　粗麻布。苴，麻。⓫飯　餵養。⓬自對之　親自接待使者。對，回答；接待。⓭致幣　送上禮品。⓮聽者謬　聽錯了。意思是國君不是讓使者來看望自己，而使者聽錯了才到了自己的家裡。⓯遺　留給；帶來。⓰審之　核實此事。⓱不得已　找不到顏闔了。已，通「矣」。⓲真　真諦；精華。⓳緒餘　剩餘部分。⓴為國家　治理國家。為，治理。國家，諸侯統治的地方叫「國」，大夫統治的地方叫「家」。下文提到的「天下」才相當於我們今天說的整個中國。㉑土苴　泥土和草芥。比喻糟粕部分。㉒餘事　業餘之事。㉓殉物　追逐名利。殉，追逐。物，指權勢名利等。㉔所以之　所追求的目標。之，往；追求。㉕所以為　行動的原因。㉖隨侯之珠　寶珠名。相傳一條大蛇受傷，隨侯（隨國君主）為牠醫治，後來大蛇口啣寶珠作為回報，這顆寶珠即被稱為「隨侯珠」。㉗千仞之雀　飛得很高很高的麻雀。㉘所要者　所想得到的。㉙豈特　豈止；難道僅僅。㉚隨侯　指隨侯之珠。

【語　譯】韓國和魏國相互爭奪一塊土地。華子去拜見韓昭僖侯，看到韓昭僖侯滿面愁容，於是華子說：「如今讓天下人都在您的面前寫下盟約，盟約上說：『用左手去拿這份盟約就砍去他的右手，用右手去拿這份盟約就砍去他的左手，然而拿到這份盟約的人一定能佔有天下。』您願意去拿嗎？」韓昭僖侯說：「我是不會去拿的。」華子說：「說得太好了！由此可以看出，兩隻手臂比整個天下更為重要，而整個身體又比兩隻手臂重要。韓國和整個天下相比是微不足道的，如今您想爭到的那塊土地，和整個韓國相比更是微不足道了。您又何必因為得不到那塊土地而憂愁苦惱、傷害自己的身體呢！」韓昭僖侯說：「您講得真好！勸導我的人很多很多，但從來沒有聽到過如此高明的言論。」華子可以說是懂得了孰輕孰重的問題了。

魯國國君聽說顏闔是一位有道之人，便派使者帶著禮物先去表達敬意。顏闔住在一條狹窄破舊的小巷子裡，穿著粗麻布衣，親自動手餵牛。魯君的使者到了以後，顏闔親自接待了他。使者問：「這裡是顏闔的家嗎？」顏闔回答說：「這裡是顏闔的家。」於是使者便送上禮物，顏闔說：「我擔心您聽錯了誤送禮物給我，這樣您會受責備的，不如再回去核實一下。」於是使者就回去了，等到使者回去核實以後，再來尋找顏闔時，卻再也找不到了。像顏闔這樣的人，是真正地討厭富貴。

所以說，大道的精華部分可以用來養身，大道的剩餘部分可以用來治理諸侯國，而大道的糟粕部分才可以用來治理天下。由此來看，帝王們的功業，只不過是聖人的業餘之事，不可以用來保全身體、養護生命。如今世俗社會中的所謂君子，大多都是冒著生命危險去追逐名利權勢，這難道不是一種悲哀嗎！大凡聖人有所行動，必定要弄清楚自己追求的目標和行動的原因。如今如果有這樣一個人，他用非常珍貴的隨侯之珠做彈丸去打飛得很高很高的小麻雀，世人一定會笑話他。這是為什麼呢？這是因為他所花費的東西實在太貴重，而所希望得到的東西又是那樣微不足道。至於說到生命，難道它只有隨侯之珠那樣貴重嗎！

子列子窮，容貌有飢色❶，客有言之於鄭子陽❷者，曰：「列御寇蓋有道之士也，居君之國而窮，君無乃❸為不好士乎？」鄭子陽即令官遺❹之粟。子列子見使者，再拜而辭❺。使者去，子列子入，其妻望❻之而拊心❼曰：「妾聞為有道者之妻子皆得佚樂❽，今有飢色，君過❾而遺先生食，先生不受，豈不命邪！」子列子笑謂之曰：「君非自知❿我也，以人之言而遺我粟，至其罪我⓫也，又且以人之言，此吾所以不受也。」其卒⓬，民果作難而殺子陽⓭。

【章　旨】本章讚揚了列子以生命為重、以財貨為輕的處世態度。

【注　釋】❶飢色　挨餓的樣子。❷子陽　人名。鄭國的相國。❸無乃　豈不是；大概是。❹遺　贈送。❺辭　拒絕。❻望　埋怨；抱怨。❼拊心　拍打著胸口。表示生氣。❽佚樂　生活安逸幸福。佚，通「逸」。安樂。❾君過　子陽君派人來看望。君，指子陽。過，看望。❿自知　本人了解。⓫罪我　加罪名於我。⓬其卒　其後；後來。⓭民果作難而殺子陽　百姓們果然發難殺死了子陽。據《呂氏春秋・適威》記載，子陽執政嚴酷，人們便趁追殺瘋狗的機會殺死子陽。

【語譯】列子窮困不堪，餓得面黃肌瘦。有人對鄭國的相國子陽說：「列御寇是一位德才兼備的讀書人，現在居住在您的國家裡而窮困潦倒，您豈不是要落下不重視讀書人的名聲嗎？」子陽立即命令官員給列子送去了糧食。列子見到了使者，連拜了兩拜以示感謝，但婉言拒絕接受糧食。使者走了以後，列子回到屋裡，他的妻子生氣地拍打著胸口，抱怨說：「我聽說當德才兼備者的妻子兒女，都能生活得幸福安逸，而現在我們卻都餓得面黃肌瘦。子陽君派人來看望並送給你一些糧食，而你卻不接受，這豈不是命中注定該挨餓嗎！」列子笑著對她說：「子陽君並非本人了解我，他是因為聽信了別人的話才送糧食給我，到了將來他加罪於我的時候，同樣會是因為聽信了別人的話。這就是我不接受糧食的原因啊。」後來，百姓們果然發難殺死了子陽。

楚昭王失國❶，屠羊說❷走而從於昭王。昭王反國❸，將賞從者。及❹屠羊說，屠羊說曰：「大王失國，說失屠羊；大王反國，說亦反屠羊。臣之爵祿❺已復矣，又何賞之有！」王曰：「強之❻！」屠羊說曰：「大王失國，非臣之罪，故不敢伏其誅❼；大王反國，非臣之功，故不敢當❽其賞。」王曰：「見之。」屠羊說曰：「楚國之法，必有重賞大功而後得見，今臣之知不足以存國而勇不足以死寇❾。吳軍入郢❿，說畏難而避寇，非故⓫隨大王也。今大王欲廢法毀約而見說，此非臣之所以聞於天下也。」王謂司馬子綦⓬曰：「屠羊說居處卑賤而陳義甚高⓭，子其為我延之以三旌之位⑭。」屠羊說曰：「夫三旌之位，吾知其貴於屠羊之肆⑮也；萬鍾⑯之祿，吾知其富於屠羊之利也。然豈可以貪爵祿而使吾君有妄施⑰之名乎！說不敢當，願復反吾屠羊之肆。」遂不受也。

【章　旨】本章寫屠羊說有功而不受祿的故事，讚美了重高義、輕爵祿的行為。

【注　釋】❶楚昭王失國　楚昭王喪失了自己的國土。楚昭王的父親楚平王殺伍奢，伍奢之子伍子胥逃到吳國，後與吳兵伐楚，攻破郢都，楚昭王逃往隨國。❷屠羊說　人名。名說，職業為宰羊，故稱「屠羊說」。❸反國　返回楚國。反，同「返」。❹及　至；賞賜到。❺爵祿　實指宰羊的職業和宰羊賺的錢。❻強之　強令他接受賞賜。❼不敢伏其誅　不該伏法受誅。❽當　承當；接受。❾死寇　戰死於疆場。一說是殺死敵寇。❿郢　地名。楚國的都城。在今湖北省境內。⓫故　故意；有意。⓬司馬子綦　人名。名子綦，官居司馬，故稱「司馬子綦」。⓭陳義甚高　陳述的道義很高尚。⓮子其為我延之以三旌之位　你還是替我用三卿之位來延請他。其，表示祈請的語氣副詞。延，請。三旌，又作「三珪」。古代公卿皆執珪，故「三旌」指三卿。三卿指司徒、司馬、司空。⓯肆　市場；商店。⓰鍾　古代計量糧食的單位。六斛四斗為一鍾。⓱妄施　胡亂施恩。

【語　譯】楚昭王喪失了自己的國土，屠羊說便跑去跟隨楚昭王四處流亡。楚昭王返回楚國後，打算賞賜跟隨自己一起逃亡的人。當賞賜到屠羊說時，屠羊說說：「大王丟失了國土，而我也丟失了宰羊的職業；大王返回了楚國，我也恢復了我的宰羊職業。我的『爵祿』都已經恢復了，還要獎賞什麼呢！」楚昭王說：「強令他接受獎賞！」屠羊說說：「大王失去楚國，那不是我的過錯，所以我不願意伏法受誅；如今大王返回楚國，這也不是我的功勞，所以我也不該接受賞賜。」楚昭王說：「我想見見他。」屠羊說說：「按照楚國的法律，一定要是建立大功受到重賞的人才能夠得到國王接見的禮遇，如今我的才智不能夠使國家得以保全，而我的勇氣又不能夠使自己戰死疆場。吳軍攻入郢都時，我是害怕災難而躲避敵寇，並非有意地追隨大王去逃亡，如今大王要違反法律制度來接見我，而這不是我所願意傳聞於天下的事情。」楚昭王對司馬子綦說：「屠羊說身處卑賤而陳述的道義卻很高尚，你還是替我去請他來就任三卿之位吧！」屠羊說說：「三卿之位，我知道比在店裡宰羊賣肉要高貴得多；萬鍾的俸祿，我也知道比宰羊賣肉賺的錢要豐厚得多。然而我怎麼能夠因為貪圖高官厚祿而使國君蒙受胡亂賞賜的壞名聲呢！我不敢接受三卿之位，只希望回到我的店裡去宰羊賣肉。」於是屠羊說沒有接受一切賞賜。

原憲❶居魯，環堵之室❷，茨以生草❸，蓬戶不完❹，桑以為樞❺，而甕牖二室❻，褐以為塞❼，上漏下濕，匡坐而弦❽。子貢❾乘大馬，中紺❿而表素⓫，軒車不容巷⓬。往見原憲，原憲華冠⓭縰履⓮，杖藜⓯而應門⓰。子貢曰：「嘻！先生何病？」原憲應之曰：「憲聞之，無財謂之貧，學而不能行謂之病。今憲，貧也，非病也。」子貢逡巡⓱而有愧色。原憲笑曰：「夫希世⓲而行，比周⓳而友，學以為人⓴，教以為己㉑，仁義之慝㉒，輿馬之飾，憲不忍為也。」

【章旨】本章讚揚了安貧樂道的原憲，批評了迎合世俗、相互勾結等不良行為。

【注釋】❶原憲 人名。姓原名思，字憲。孔子的弟子。❷環堵之室 一丈見方的房子。環堵，周圍各一堵。「堵」是古代建築牆的單位。長高各一丈為一堵。❸茨以生草 上面蓋著剛割下的茅草。茨，用草蓋房。生草，還未曬乾的草。❹蓬戶不完 用蓬草編成的門殘缺不全。蓬，草名。戶，門。❺桑以為樞 即「以桑為樞」。用桑條做門上的轉軸。樞，轉軸。❻甕

牖二室　用破瓦罐做窗戶，小房子被隔成兩個房間。甕，瓦罐。牖，窗子。❼褐以為塞　用粗布破衣堵住破瓦罐做成的窗口。褐，粗布衣。❽匡坐而弦　端坐而彈琴。匡，端正。弦，琴絃。用作動詞。彈琴。❾子貢　人名。姓端木，名賜，字子貢。孔子的弟子。❿中紺　暗紅色的內衣。中，內衣。紺，深青而又帶紅的顏色。⓫表素　白色的外衣。表，外衣。素，白色。⓬軒車不容巷　高大的馬車進不了狹窄的小巷子。軒車，貴族乘坐的高大馬車。⓭華冠　樺樹皮做的帽子。華，同「樺」。一說「華冠」的意思是破帽子。⓮縰履　沒有後跟的鞋。⓯藜　植物名。這裡指藜莖做的拐杖。⓰應門　應聲而開門。⓱逡巡　後退的樣子。⓲希世　迎合世俗。⓳比周　勾結。⓴為人　為了讓別人知道。即在別人面前炫耀自己。㉑為己　為自己謀取私利。㉒仁義之慝　以推行仁義的名義去做壞事。慝，奸惡。

【語　譯】原憲生活在魯國，住的是一丈見方的小房子，房頂上蓋的是剛割下來的茅草，用蓬草編織的門殘缺不全，門軸是用桑樹條做成的，窗戶是用破瓦罐做成的，小房子被隔成兩個房間，破瓦罐做成的窗口裡塞著粗布破衣，屋頂漏雨，地面潮溼，而原憲端端正正地坐在那裡彈琴高歌。

　　子貢駕著高頭大馬，穿著暗紅色的內衣和雪白的外衣，可他乘坐的高大馬車無法進入原憲居住的狹窄巷子。於是子貢徒步去看望原憲，原憲戴著樺樹皮做的帽子，穿著沒有後跟的鞋子，拄著藜木拐杖出門迎接。子貢問：「哎呀！先生出了什麼毛病啦？」原憲回答說：「我聽說，沒有錢財叫做貧窮，學習後不能按照學到的道德原則去做事才叫做出了毛病。如今我原憲，是貧窮啊，而不是出了什麼毛病。」子貢聽了不由自主地後退了幾步，面露羞愧之情。原憲笑著說：「迎合著世俗做事，把相互勾結視為結交朋友，學習知識是為了在別人面前炫耀自己，收徒講學是為了謀取自己的私利，甚至打著仁義的幌子去幹罪惡的勾當，還把自己的車馬裝飾得富麗堂皇，這些都是我所不忍心做的事情。」

　　曾子❶居於衛，縕袍無表❷，顏色腫噲❸，手足胼胝❹，三日不舉火❺，十年不製衣，正冠而纓絕❻，捉衿而肘見❼，納屨而踵決❽，曳縰❾而歌〈商頌〉❿，聲滿天地，若出金石⓫。天子不得臣⓬，諸侯不得友。故養志者忘形，養形者忘利，養道者忘心⓭矣。

【章　旨】本章讚美了物質生活貧困、精神生活豐富的有道之人。

【注　釋】❶曾子　人名。即曾參。孔子的弟子。❷縕袍無表　亂麻絮做成的袍子的衣面已全部爛掉。縕袍，用亂麻做絮裡的袍子。表，衣面。❸顏色腫噲　面色浮腫。顏色，面色。腫噲，浮腫。❹胼胝　手腳上的老繭。❺舉火　生火做飯。❻正冠而纓絕　正一正帽子而帽帶就斷了。纓，帽帶。絕，斷。❼捉衿而肘見　拉一拉衣襟遮住胸肚而胳膊肘又露了出來。見，通「現」。露出來。❽納屨而踵決　穿鞋時稍一用力鞋跟就裂開了。納，穿。屨，鞋。踵，鞋後跟。❾曳縰　拖著破鞋。曳，拖。縰，沒後跟的破鞋。❿商頌　《詩經》中的一部分。為讚頌先哲和神靈的詩歌。⓫若出金石　就像從金石樂器中發出的一樣。金石，指用金屬和石料做成的樂器。⓬天子不得臣　天子不能夠把他當作臣僕。⓭心　指個人成見。

【語　譯】曾子居住在衛國，穿的是亂麻絮做成的袍子，袍子的衣面已全部爛掉，面部浮腫，手腳都長滿了厚厚的老繭。他三天難得生火做一次熱飯，十年也沒能添製一件新衣，正一正帽子而帽帶就斷了，拉一拉衣襟遮住胸口而胳膊肘卻又露了出來，穿鞋時稍一用力而鞋跟就裂開了。然而當他拖著破鞋高歌〈商頌〉時，洪亮的歌聲充滿了天地之間，就像從金石樂器中發出的一樣。天子無法讓他當自己的大臣，諸侯也不能與他結為朋友。所以說修養心性的人能夠忘卻自己的形體，養護身體的人能夠忘卻外界的名利，修習大道的人能夠忘卻自己的一切成見。

孔子謂顏回❶曰：「回，來！家貧居卑❷，胡不仕乎❸？」顏回對曰：「不願仕。回有郭❹外之田五十畝，足以給飦粥❺；郭內之田十畝，足以為絲麻；鼓❻琴足以自娛，所學夫子之道足以自樂也。回不願仕。」孔子愀然❼變容曰：「善哉，回之意！丘聞之：『知足者不以利自累也，審自得者❽失之而不懼，行修於內者無位而不怍❾。』丘誦之久矣，今於回而後見之。是丘之得❿也。」

【章旨】本章讚揚了淡泊名利、修心自得、知足常樂的處世態度。

【注釋】❶顏回　人名。姓顏名回，字子淵。孔子最得意的弟子。❷居卑　所處地位卑微。❸胡不仕乎　為什麼不出來做官呢。胡，為什麼。仕，做官。❹郭　外城。古代重要的城市一般有兩道城牆，內城叫「城」，外城叫「郭」。❺飦粥　泛指食物。飦，稠粥。❻鼓　彈奏。❼愀然　因感動而改變面容的樣子。❽審自得者　確實做到安閒自得的人。審，確實。❾無位而不怍　即使沒有高貴的地位也不會感到羞愧。怍，羞愧。❿得　收穫。

【語譯】孔子對顏回說：「顏回啊，你過來！你家境貧寒地位卑微，為什麼不出來做官呢？」顏回回答說：「我不想做官。城郭之外我有五十畝地，足以供給我食糧；城郭之內我有十畝地，足夠用來種麻養蠶；彈琴唱歌，足以使我歡娛；從先生那裡學到的知識，足以使我感到快樂。我不願意做官。」孔子聽了很受感動，他改變了面容，說：「真是好啊，顏回的想法！我聽人說：『知道滿足的人不會因為名利而使自己受到牽累，真正安閒自得的人即使失去了一些東西也不會感到憂懼，注重內心修養的人即使沒有高貴的地位也不會為此而感到羞愧。』我吟誦這些話已經很久很久了，如今在你的身上才算真正看到了這種品質。這也是我的收穫啊！」

中山公子牟❶謂瞻子❷曰：「身在江海之上，心居乎魏闕之下❸，奈何？」瞻子曰：「重生。重生則利輕。」中山公子牟曰：「雖知之，未能自勝❹也。」瞻子曰：「不能自勝則從❺，神無惡❻乎！不能自勝而強不從者，此之謂重傷❼，重傷之人，無壽類矣。」魏牟，萬乘之公子❽也，其隱巖穴也，難為於布衣之士❾，雖未至乎道，可謂有其意❿矣。

【章　旨】本章認為最明智的做法是重生命輕名利，如果確實抵擋不住名利的誘惑，那就從心所欲，以免自身受到雙重的傷害。

【注　釋】❶中山公子牟　人名。魏國國君的兒子，名牟，因封於中山，故稱「中山公子牟」。❷瞻子　人名。魏國的賢人。❸心居乎魏闕之下　心裡總想著宮廷裡的榮華富貴。居，留在；想著。魏闕，古代宮門外的闕門。這裡代指宮廷。❹自勝　自我克制。❺從　從心所欲。即幹自己想幹的事。❻神無惡　精神不會受到損害。惡，不好。引申為受傷害。❼重傷　雙重的傷害。不能自我克制是一重傷害，強迫自己不去從心所欲是又一重傷害。❽萬乘之公子　大國的公子。萬乘，萬輛戰車。指擁有萬輛戰車的大國。❾難為於布衣之士　比起平民百姓來更加困難。難為，更難做到。布衣，指普通百姓。❿意　指學習大道的心願。

【語　譯】中山公子牟對瞻子說：「我雖然身居江海之上，但心裡總惦記著宮廷裡的榮華富貴，怎麼辦呢？」瞻子說：「那就看重自己的生命吧！把自己的生命看重了，自然就會看輕名利。」中山公子牟說：「我雖然也知道這個道理，可就是克制不住自己。」瞻子說：「如果實在克制不住自己，那就去幹自己想幹的事情，這樣一來精神就不會受到傷害了。克制不住自己還要勉強去克制，這可以說是受到了雙重傷害，受到雙重傷害的人，就不可能成為長壽的人。」魏牟，是大國君主的公子，他能夠隱居在山洞之中，這比起平民百姓來就更為困難，他雖然還沒有達到大道的境界，但可以說他已經有了修道的意願了。

孔子窮於陳蔡之間❶，七日不火食❷，藜羹不糝❸，顏色甚憊，而弦歌於室。顏回擇菜❹。子路、子貢相與言，曰：「夫子再逐於魯❺，削迹於衛❻，伐樹於宋❼，窮於商周❽，圍於陳蔡，殺夫子者無罪，藉❾夫子者無禁。弦歌鼓琴，未嘗絕❿音，君子之無恥也若此乎？」顏回無以應，入告孔子。孔子推琴喟然⓫而歎曰：「由與賜⓬，細人⓭也。召而來，吾語之。」

子路、子貢入。子路曰：「如此者可謂窮矣！」孔子曰：「是何言也！君子通於道⓮之謂通，窮⓯於道之謂窮。今丘抱仁義之道以遭亂世之患，其何窮之為⓰！故內省⓱而不窮於道，臨難而不失其德，天寒既至，霜雪既降，吾是以知松柏之茂也。陳蔡之隘⓲，於丘其幸乎！」孔子削然⓳反琴而弦歌，子路扢然⓴執干㉑而舞。子貢曰：「吾不知天之高㉒也，地之下㉓也。」

古之得道者，窮亦樂，通㉔亦樂。所樂非窮通也，道德於此，則窮通為寒暑風雨之序矣！故許由娛於潁陽㉕而共伯得乎丘首㉖。

【章旨】本章通過孔子被圍的故事，描述了聖人「窮亦樂，通亦樂」的崇高思想境界。

【注釋】❶孔子窮於陳蔡之間　孔子被圍困於陳、蔡之間。孔子應楚王之邀前去楚國，陳、蔡兩國認為孔子到楚國後對自己不利，便出兵把他圍困起來，後經楚國營救才得以脫險。❷火食　生火做飯吃。❸藜羹不糝　野菜湯裡沒有一粒米屑。藜，野菜名。糝，穀類製成的小渣。❹擇菜　收拾野菜。❺再逐於魯　兩次被魯國驅逐。再，二。❻削迹於衛　在衛國無法立足。孔子在衛國時，曾受到衛君的懷疑，只得離開衛國。❼伐樹於宋　在宋國受到伐樹的驚嚇和羞辱。孔子曾在宋國的一棵大樹下與弟子講習禮樂，受過孔子批評的宋國大夫桓魋砍倒大樹，還要加害於孔子。❽窮於商周　在宋國和東周窮困潦倒。窮，困窘。商，指宋國。宋國的國君是商朝天子的後裔，故稱宋為「商」。❾藉　踐踏；凌辱。❿絕　停止。⓫喟然　歎氣的樣子。⓬由與賜　子路和子貢。子路姓仲名由，字子路。子貢姓端木名賜，字子貢。⓭細人　小人。⓮通於道　通曉大道。⓯窮　不通；不懂得。⓰何窮之為　怎麼能說是走投無路。為，通「謂」。說。⓱內省　自我反省。⓲隘　通「阨」。困阨。⓳削然　安祥的樣子。一說是形容取琴的聲音。⓴扢然　勇武的樣子。㉑干　盾牌。㉒天之高　形容孔子的精神如天一樣崇高。㉓地之下　形容自己的品德如地一樣卑下。㉔通　通達；得意。㉕潁陽　潁水的北岸。為許由隱居處。㉖共伯得乎丘首　共伯在丘首山上優遊自得地生活。共伯，人名。即共伯和。周王之子。周厲王被國人驅逐後，共伯執政，退位後隱居於丘首山。丘首，一本作「共首」。山名。

【語　譯】孔子被圍困在陳、蔡兩國之間時，整整七天沒能生火做飯，野菜湯裡沒有一點糧食屑，面色疲憊不堪，然而他還在室內不停地彈琴唱歌。顏回在外面收拾野菜，子路和子貢在一起議論說：「先生兩次被趕出魯國，在衛國無法立足，在宋國受到伐樹的驚嚇和羞辱，在宋國和東周混得窮困潦倒，如今又被圍困在陳、蔡之間，想殺害先生的人沒有被治罪，凌辱先生的人沒有被禁止，然而先生還在那裡彈琴唱歌，從沒有停止過，先生作為一名君子，難道如此沒有羞恥之心嗎？」顏回不知該如何反駁二人，便進入室內告訴孔子。孔子推開琴，長長地歎了一口氣，說：「子路和子貢，真是見識淺薄的小人啊！叫他們進來，我有話對他們說。」

子路和子貢走進屋裡。子路說：「我們現在的處境真可以說是走投無路了！」孔子說：「這是什麼話！君子通曉大道叫做通達順暢，不通曉大道才叫做走投無路。如今我信守仁義之道卻遭遇到亂世帶來的災難，這怎麼能說是走投無路呢！所以說不斷自我反省就不會不通曉於大道，面臨危難就不會失去美德。寒冷的天氣到了，霜雪降臨大地，我這才知道只有松柏依然是那樣的鬱鬱蔥蔥。陳、蔡之間的這次遇險，對於我來說還是一件幸事啊！」孔子說完又安祥地拿過琴來一邊彈奏一邊歌唱，子路興奮而又勇武地拿著盾牌隨著歌聲跳起舞來。子貢感歎說：「我真不知道先生的精神像天那樣崇高，我也不知道自己的品質像地一樣卑下啊！」

古時候的得道之人，處境困窘時也快樂，處境順暢時也快樂。他們感到快樂的原因不在於處境的困窘或順暢，而在於他們心中有美好的道德，那麼處境的困窘和順暢，在他們的眼中就像寒與暑、風與雨相互交替出現那樣實屬正常。因此許由能夠在潁水北岸的隱居生活中尋得快樂，而共伯也能夠在丘首山上過著優遊自得的生活。

舜以天下讓其友北人無擇❶，北人無擇曰：「異哉，后❷之為人也！居於畎畝❸之中而遊堯之門❹，不若是而已❺，又欲以其辱行漫❻我。吾羞見之。」因自投清泠❼之淵。

【章　旨】本章寫北人無擇寧死不肯當君主的清高孤傲性格。

【注　釋】❶北人無擇　人名。姓北人名無擇。一說「北人」是北方人的意思。❷后　君主。指舜帝。❸居於畎畝　本來生活在農村。畎，田間小溝。舜帝接受禪讓前曾在歷山從事耕作。❹遊堯之門　指與堯交往並接受堯禪讓的帝位。❺不若是而已　不僅如此。❻漫　沾汙。❼清泠　深淵名。

【語　譯】舜想把天下讓給他的朋友北人無擇，北人無擇說：「真是奇怪呀，舜帝這個人！本來住在農村種地，卻偏要跑到堯那裡接受禪讓。不僅如此，還想用他的醜行來玷汙我。我真是羞於與他見面。」於是就跳入清泠淵而死。

湯將伐桀，因卞隨❶而謀，卞隨曰：「非吾事也。」湯曰：「孰可？」曰：

「吾不知也。」湯又因務光❷而謀，務光曰：「非吾事也。」湯曰：「孰可？」曰：「吾不知也。」湯曰：「伊尹❸何如？」曰：「強力忍垢❹，吾不知其他也。」湯遂與伊尹謀伐桀。

尅❺之，以讓卞隨❻，卞隨辭❼曰：「后❽之伐桀也謀乎我，必以我為賊❾也；勝桀而讓我，必我為貪也。吾生乎亂世，而無道之人❿再⓫來漫我以其辱行，吾不忍數聞⓬也。」乃自投稠水⓭而死。

湯又讓務光，曰：「知者謀之，武者遂之⓮，仁者居之，古之道也。吾子胡不立乎⓯？」務光辭曰：「廢上⓰，非義也；殺民⓱，非仁也；人犯其難，我享其利，非廉也。吾聞之曰：『非其義者，不受其祿；無道之世，不踐其土。』況尊我⓲乎！吾不忍久見也。」乃負石而自沉於廬水⓳。

【章旨】本章與上一章主旨相同，讚美寧死也不肯當君主的清高孤傲性格。

【注釋】❶卞隨　人名。隱士。❷務光　人名。隱士。❸伊尹　人名。商初的賢人。輔佐商湯建立了商朝。❹強力忍垢　有堅強的毅力，能夠忍受羞辱。❺尅　戰勝。❻以讓卞隨　把天下讓給卞隨。❼辭　拒絕。❽后　君主。指商湯。❾賊　傷害別人。❿無道之人　指商湯。⓫再　兩次。⓬數聞　多次聽到他來饒舌。⓭稠水　水名。⓮遂之　完成這件事。遂，成功；完成。之，指打天下的事。⓯吾子胡不立乎　您為什麼不去當天子呢。吾子，對對方的尊稱。胡，為什麼。立，立為天子。⓰廢上　廢除自己的君主。商湯本是夏桀的臣子，所以說商湯推翻夏桀的行為是「廢上」。⓱殺民　殺害百姓。指討伐夏桀之戰傷害了不少百姓。⑱尊我　尊我為君主。⑲廬水　水名。

【語　譯】商湯打算討伐夏桀，於是便去和卞隨商量，卞隨說：「這不是我的事。」商湯問：「那麼該找誰商量呢？」卞隨說：「我不知道。」於是商湯又去和務光商量，務光說：「這不是我的事。」商湯問：「那麼我該找誰商量呢？」務光說：「我不知道。」商湯又問：「伊尹這個人怎麼樣？」務光說：「他有堅強的毅力，能夠忍受羞辱，至於其他方面的情況我就不知道了。」商湯於是就去與伊尹商議討伐夏桀的事情。

打敗夏桀以後，商湯想把天下讓給卞隨，卞隨拒絕說：「商湯討伐夏桀時找我商量，肯定是認為我善於傷害別人；戰勝夏桀後又要把天下讓給我，肯定是認為我是一個貪婪的人。我生活於天下大亂的年代，而不懂大道的人先後兩次用他的醜行來玷汙我，我實在忍受不了多次聽他來饒舌。」於是就跳入稠水而死。

商湯又想把天下讓給務光，他對務光說：「有智慧的人謀劃如何奪取天下，勇武的人完成奪取天下的任務，而有仁德的人則接管天下當天子，這是自古以來的原則。您怎麼能不去當天子呢？」務光拒絕說：「廢除自己的君主，這不符合道義；發動戰爭殘害百姓，這不符合仁愛；別人冒著危險去打天下，而我卻坐享其成，這不符合廉潔。我聽別人說：『行為不合道義的人，不去接受他的俸祿；政治混亂的社會，不要踏上它的領土。』更何況你還要尊我為天子呢！我實在忍受不了長期地看到這種情況。」於是就背著石塊沉入廬水而死。

昔周之興，有士二人處於孤竹❶，曰伯夷、叔齊❷。二人相謂曰：「吾聞西方有人❸，似有道者，試往觀焉。」至於岐陽❹，武王聞之，使叔旦❺往見之，與盟曰：「加富❻二等，就官一列❼。」血牲而埋之❽。

二人相視而笑曰：「嘻，異哉！此非吾所謂道也。昔者神農之有天下也，時祀盡敬而不祈喜⑨；其於人也，忠信盡治而無求焉。樂與政⑩為政，樂與治為治，不以人之壞⑪自成也，不以人之卑自高也，不以遭時⑫自利也。今周見殷之亂而遽為政⑬，上謀⑭而下行貨⑮，阻兵而保威⑯，割牲⑰而盟以為信，揚行⑱以悅眾，殺伐以要⑲利，是推亂以易暴⑳也。吾聞古之士，遭治世不避其任，遇亂世不為苟存㉑。今天下闇㉒，周德衰，其並乎周㉓以塗㉔吾身也，不如避之以絜㉕吾行。」二子北至於首陽㉖之山，遂餓而死焉。

若伯夷、叔齊者，其於富貴也，苟可得已㉗，則必不賴㉘。高節戾行㉙，獨樂其志，不事於世，此二士之節也。

【章旨】本章寫伯夷、叔齊寧肯餓死於首陽山，也不肯與他們所認為的亂政同流合汙。

【注釋】❶孤竹　國名。相傳在遼東令支縣。即今天的河北省遷安縣。❷伯夷叔齊　人名。孤竹國君的兩位兒子。著名的高潔之士。❸有人　有一個人。指周文王。但當伯夷、叔齊二人到了周國時，已是周武王在位。❹岐陽　岐山的南麓。岐，山名。在今陝西省岐山縣。❺叔旦　人名。姓姬名旦。為周武王之弟，故稱「叔旦」。叔旦輔佐武王伐紂，後又輔佐周成王治理天下，史稱「周公」。❻加富　增加俸祿。❼就官一列　授予一等官職。就，就任。一列，一等；頭等。❽血牲而埋之　用牲血塗於盟書，然後把盟書埋於祭壇下。這是古代盟誓的一種習慣做法，以示信守不渝。❾時祀盡敬而不祈喜　按時祭祀神靈竭盡虔誠而不祈求賜福。時，按時。盡，竭力。祈，求。喜，福。❿與政　參與政治。⓫壞　失敗。⓬遭時　遇到好時機。⓭遽為政　急速奪取政權。遽，急速。為，奪取。一說「為政」是整頓好自己的政治。⓮上謀　崇尚謀略。上，崇尚。⓯下行貨　用財物收買人心。⓰阻兵而保威　依靠武力保持自己的權威。阻，依靠。⓱割牲　宰殺犧牲。牲，用來祭神的牛、羊、豬等。⑱揚行　宣揚自己的德行。⑲要　尋求。⑳易暴　替代暴政。易，替代。㉑苟存　苟且偷生。㉒闇　黑暗。㉓並乎周　投靠周國。並，依傍；投靠。㉔塗　玷汙。㉕絜　同「潔」。高潔。㉖首陽　山名。一說在今河南省境內，一說在今山西省永濟縣南。㉗苟可得已　即使能夠得到。苟，如果；即使。已，通「矣」。㉘賴　取。㉙戾行　與眾不同的品行。戾，乖背；不同。

【語　譯】當年周朝興起的時候，孤竹國有兩位賢人，名叫伯夷和叔齊。兩人在一起商議說：「我們聽說西方有一個人，好像是個有道之人，我們何不前去看看。」當他們走到岐山的南面時，周武王知道了，便派弟弟叔旦前去迎接，並與他們簽下了盟約，盟約上說：「增加俸祿兩級，授予一等官職。」然後用牲血塗抹在盟書上埋入祭壇下。

伯夷、叔齊二人相視而笑，說：「嘻，真是奇怪呀！這種做法不符合我們所說的大道啊。從前神農氏治理天下的時候，盡心盡意地按時祭祀神靈而不祈求神靈賜福；他對於百姓，誠心誠意地盡心治理而從不向他們索取。樂於參與政事的人就讓他們參與政事，樂於從事治理的人就讓他們從事治理，不趁別人的危難而去獲取自己的成功，不因別人地位低下而顯示自己地位的高貴，不因遇上了好時機而謀取自己的私利。如今周人一見商朝政治混亂就馬上去奪取政權，崇尚謀略，收買人心，依賴武力來保持自己的權威，宰殺犧牲簽定盟約以表示誠信，宣揚自己的德行以取悅大眾，征伐殺戮以獲取私利，這些做法實際上是用混亂的政治去替代殘暴的政治。我們聽說古時候的賢人，遇到政治清明的社會不逃避自己的責任，遇到政治混亂的社會也不去苟且偷生。如今天下的政治是如此黑暗，周人的品德是如此衰敗，與其投靠周人而使自身受到玷汙，還不如離開他們以保持我們品行的高潔。」兩人向北走到了首陽山，最終餓死在那裡。

像伯夷、叔齊這樣的人，他們對於富貴，即使能夠得到，他們也決不會去獲取。具有高尚的氣節和不同流俗的品行，自得其樂，不從事俗務，這就是二位賢人的節操啊！

【研　析】本篇的主旨是在闡述「兩臂重於天下」的重生輕利思想。這是莊子全書反覆強調的問題，我們不再討論。我們要注意的是，本篇是如何在重生思想的指導下，從禁欲走向縱欲的。

按照莊子的本意，為了自身的安全和健康，即使不去禁欲，至少也要節欲。因為縱欲的人，對外則必須與他人爭奪名利，對己則因喜怒無常而使體內的陰陽失調，結果會形成內外交攻、進退維谷的局面，這當然不利於自身的安全和健康。但莊子的禁欲不是強制性的，而是要求人們反覆認識生命的重要性，再通過道德修養，從而自覺達到無欲的境界，以此求得心身安寧、健康長壽。但問題是，雖然懂得無欲對保護生命的重要性，可就是無法抵禦名利的誘惑，那又該怎麼辦呢？

本篇中的中山公子牟就遇到了這一難題。他雖然身體離開了奢侈的宮廷生活，跑到了江湖山野裡隱居起來，但心中總惦記著過去的富貴生涯，使自己無法安下心來。當他為此去向瞻子討教時，瞻子要求他「重生」，因為「重生則輕利」，如果實在做不到這一點，就不妨「不能自勝則從」，也就是從心所欲，想幹什麼就去幹什麼。「重生則輕利」和「不能自勝則從」，也即淡泊名利和追逐名利，這是完全不同的兩種行為，然而莊子卻用一個主幹理論把這兩種不同的行為扭結在一起，都予以圓滿的解釋，這個理論就是「重生」。重生的人自然輕利，因為求利不僅使人傷神，而且還使人傷身。但名利的誘惑力實在太大了，使一些深懂「重生則輕利」道理的人仍然擺脫不了它們的誘惑，在這種情況下，就不妨順從欲望。因為如果強制自己去禁欲，將會導致雙重的傷害，將會「無壽」。

從這裡不難看出，「禁欲」和「縱欲」之間只有一道很低很低的門檻，只要你願意，抬抬腳就可以由此一領域跨入彼一領域。

盜跖第二十九

【題解】盜跖，人名。名跖，身分為強盜首領，故稱之為「盜跖」。相傳為春秋末期人，一說為黃帝時人。柳下屯（今山東省西部）人。《孟子》、《荀子》等書都曾提到過他。本篇共講述了三個虛構的故事。第一個故事借孔子與盜跖相互批判的情節，表達了莊子學派既反盜賊又反儒家的觀點。第二個故事把批判矛頭具體指向儒家的仁義忠信，認為提倡這些所謂的美德不僅是虛偽的，而且是害人的。第三個故事則著重批判追求名利權勢的人，認為這樣做不僅影響自己的身心健康，還會招來外界的傷害，提倡過一種知足恬淡的生活。

孔子與柳下季❶為友，柳下季之弟，名曰盜跖❷。盜跖從卒九千人，橫行天下，侵暴諸侯，穴室樞戶❸，驅人牛馬，取人婦女，貪得忘親，不顧父母兄弟，不祭先祖。所過之邑，大國守城，小國入保❹，萬民苦之❺。

孔子謂柳下季曰：「夫為人父者，必能詔❻其子；為人兄者，必能教其弟。若父不能詔其子，兄不能教其弟，則無貴父子兄弟之親矣。今先生，世之才士也，弟為盜跖，為天下害，而弗能教也，丘竊為先生羞之。丘請為先生往說❼之。」柳下季曰：「先生言為人父者必能詔其子，為人兄者必能教其弟，若子不聽父之詔，弟不受兄之教，雖❽今先生之辯，將柰之何哉！且跖之為人也，心如湧泉，意如飄風⑨，強足以距⑩敵，辯足以飾非，順其心則喜，逆其心則怒，易辱人以言。先生必無往。」

孔子不聽，顏回為馭⑪，子貢為右⑫，往見盜跖。

盜跖乃方休卒徒⑬太山之陽⑭，膾⑮人肝而餔⑯之。孔子下車而前，見謁者⑰曰：「魯人孔丘，聞將軍高義，敬再拜謁者⑱。」謁者入通⑲，盜跖聞之大怒，目如明星，髮上指冠，曰：「此夫魯國之巧偽人孔丘非邪？為我告之：『爾作言造語，妄稱文武⑳，冠枝木之冠㉑，帶死牛之脅㉒，多辭謬說㉓，不耕而食，不織而衣，搖脣鼓舌，擅生是非，以迷天下之主，使天下學士不反其本㉔，妄作孝悌㉕而徼倖於封侯富貴者也。子之罪大極重㉖，疾走歸！不然，我將以子肝益晝餔之膳㉗！』」

孔子復通㉘曰：「丘得幸於季㉙，願望履幕下㉚。」謁者復通，盜跖曰：「使來前！」孔子趨㉛而進，避席反走㉜，再拜盜跖。盜跖大怒，兩展其足，案劍瞋目㉝，聲如乳虎㉞，曰：「丘來前！若㉟所言，順吾意則生，逆吾心則死。」

孔子曰：「丘聞之，凡天下有三德：生而長大，美好無雙，少長貴賤見而皆悅之，此上德也；知維天地㊱，能辯㊲諸物，此中德也；勇悍果敢，聚眾率兵，此下德也。凡人有此一德者，足以南面稱孤[38]矣。今將軍兼此三者，身長八尺二寸，面目有光，脣如激丹[39]，齒如齊貝[40]，音中黃鍾[41]，而名曰盜跖，丘竊為將軍恥不取焉[42]。將軍有意聽臣[43]，臣請南使吳越，北使齊魯，東使宋衛，西使晉楚，使為將軍造大城數百里，立數十萬戶之邑[44]，尊將軍為諸侯，與天下更始[45]，罷兵休卒，收養昆弟[46]，共[47]祭先祖。此聖人才士之行，而天下之願也。」

盜跖大怒曰：「丘來前！夫可規[48]以利而可諫以言者，皆愚陋恆民[49]之謂耳！今長大美好，人見而悅之者，此吾父母之遺德也。丘雖不吾譽[50]，吾獨[51]不自知邪？且吾聞之，好面譽[52]人者，亦好背而毀之。今丘告我以大城眾民，是欲規我以利而恆民畜我[53]也，安可久長也！城之大者，莫大乎天下矣。堯舜有天下，子孫無置錐之地[54]；湯武立為天子，而後世絕滅，非以其利大故邪？

且吾聞之，古者禽獸多而人民[55]少，於是民皆巢居[56]以避之，晝拾橡栗[57]，暮栖木上，故命之曰有巢氏[58]之民。古者民不知衣服，夏多積薪，冬則煬之[59]，故命之曰知生[60]之民。神農之世，臥則居居[61]，起則于于[62]，民知其母，不知其父，與麋鹿共處，耕而食，織而衣，無有相害之心，此至德之隆[63]也。然而黃帝不能致德[64]，與蚩尤[65]戰於涿鹿[66]之野，流血百里。堯舜作[67]，立群臣，湯放其主[68]，武王殺紂[69]。自是之後，以強凌弱，以眾暴[70]寡。湯武以來，皆亂人之徒也。

今子修文武之道，掌天下之辯[71]，以教後世。縫衣淺帶[72]，矯言[73]偽行，以迷惑天下之主，而欲求富貴焉，盜莫大於子。天下何故不謂子為盜丘，而乃謂我為盜跖？子以甘辭[74]說子路而使從之，使子路去其危冠[75]，解其長劍，而受教於子，天下皆曰孔丘能止暴禁非。其卒[76]之也，子路欲殺衛君而事不成[77]，身菹[78]於衛東門之上，是子教之不至[79]也。子自謂才士聖人邪？則再逐於魯[80]，削跡於衛，窮於齊，圍於陳蔡，不容身於天下，子教子路菹此患[81]，上無以為身[82]，下無以為人，子之道豈足貴邪！

世之所高[83]，莫若黃帝，黃帝尚不能全德，而戰涿鹿之野，流血百里。堯不慈[84]，舜不孝[85]，禹偏枯[86]，湯放其主，武王伐紂，文王拘羑里[87]，此六[88]子者，世之所高也，孰論之[89]，皆以利惑其真[90]而強反其情性[91]，其行乃甚可羞也！

世之所謂賢士，伯夷、叔齊[92]。伯夷、叔齊辭孤竹之君[93]而餓死於首陽之山，骨肉不葬。鮑焦飾行非世[94]，抱木而死。申徒狄[95]諫而不聽，負石自投於河[96]，為魚鼈所食。介子推[97]至忠也，自割其股[98]以食文公，文公後背之，子推怒而去，抱木而燔[99]死。尾生[100]與女子期於梁下[101]，女子不來，水至不去，抱梁柱而死。此六子者，無異於磔犬[102]流豕[103]操瓢而乞者，皆離名[104]輕死，不念本[105]養壽命者也。

世之所謂忠臣者，莫若王子比干[106]、伍子胥[107]。子胥沉江，比干剖心，此二子者，世謂忠臣也，然卒為天下笑。自上觀之，至于子胥、比干，皆不足貴也。

丘之所以說我者，若告我以鬼事，則我不能知也；若告我以人事者，不過此矣，皆吾所聞知也。今吾告子以人之情，目欲視色，耳欲聽聲，口欲察味，志氣欲盈[108]。人上壽百歲，中壽八十，下壽六十，除病瘦[109]喪死憂患，其中開口而笑者，一月之中不過四五日而已矣。天與地無窮，人死者有時，操有時之具[110]而託[111]於無窮之間，忽然[112]無異騏驥[113]之馳過隙也。不能悅其志意[114]，養其壽命者，皆非通道者也。

丘之所言，皆吾之所棄也，亟[115]去走歸，無復言之！子之道，狂狂伋伋[116]，詐巧虛偽事也，非可以全真[117]也，奚足論哉！」

孔子再拜趨走，出門上車，執轡三失[118]，目芒然[119]無見，色[120]若死灰，據軾[121]低頭，不能出氣。歸到魯東門外，適[122]遇柳下季。柳下季曰：「今者闕然[123]數日不見，車馬有行色[124]，得微[125]往見跖邪？」孔子仰天而歎曰：「然。」柳下季曰：「跖得無逆汝意若前[126]乎？」孔子曰：「然。丘所謂無病而自灸[127]也，疾走料虎頭(128)、編虎須(129)，幾(130)不免虎口哉！」

【章　旨】本章先批判了橫行天下、驅人牛馬、取人婦女、貪得忘親的盜跖，接著又借盜跖之口批評了不耕而食、不織而衣、搖脣鼓舌、擅生是非的儒家。反對殺人越貨的盜賊和反對宣揚仁義禮樂的儒家，都符合莊子學派的一貫主張。

【注　釋】①柳下季　人名。姓展名禽，字季。封於柳下，故名「柳下季」。一說居於柳樹下，故名。死後諡號「惠」，故又稱「柳下惠」。柳下季與孔子不是同時代人，這個故事只能視為虛構。②盜跖　人名。名跖，身分為強盜首領，故稱「盜跖」。一說為春秋時大盜，一說為黃帝時大盜，與孔子、柳下惠均非同時代人。③穴室樞戶　挖牆洞，撬門戶。穴，用作動詞。挖洞。樞，通「摳」。挖；撬。④保　同「堡」。小城堡。⑤苦之　被他搞得痛苦不堪。⑥詔　告誡；訓導。⑦說　勸說。⑧雖　即使。⑨意如飄風　情緒變化猶如突起的暴風。飄風，突起的暴風。⑩距　通「拒」。對抗。⑪馭　駕車。⑫右　即車右，又叫驂乘。古時駕車者居中，尊者居左，又一人居右，目的是為了保持車子的輕重平衡，同時也有護衛尊者的任務。⑬休卒徒　休整部下。⑭太山之陽　泰山的南邊。太山，山名。即泰山。⑮膾　切細的肉。⑯餔　吃。⑰謁者　負責傳達、稟報的人。⑱敬再拜謁者　我由衷地向您致敬。實際上是委婉地請稟報人向盜跖通報。⑲入通　進去通報。⑳妄稱文武　假託是周文王和周武王的主張。㉑冠枝木之冠　戴著樹杈般的帽子。冠，第一個「冠」用如動詞。戴。第二個「冠」用如名詞。帽子。枝木，形容帽子上的華麗裝飾猶如枝葉繁茂的樹枝。㉒帶死牛之脅　腰上圍著寬寬的牛皮帶。帶，束。死牛之脅，指牛皮帶。㉓謬說　錯話；胡言亂語。㉔本　自然本性。㉕孝悌　孝敬父母叫「孝」，敬重兄長叫「悌」。㉖極重　罪重。極，通「殛」。誅殺。引申為罪過。㉗益晝餔之膳　增添午餐的膳食。益，增加。晝餔，午餐。㉘復通　再次請求通報。㉙得幸於季　得到柳下季的寵幸。即榮幸地與柳下季結為朋友。㉚願望履幕下　希望能進帳幕拜望足下。願，希望。望履，是一種非常客氣的說法，表示不敢正視對方，只敢望望對方的腳下，猶後世講的「拜望足下」。㉛趨　小步快走。表示尊敬。㉜避席反走　離開坐席向後跑了幾步。這是表示崇敬對方的禮節。反，同「返」。走，跑。㉝案劍瞋目　按著劍柄怒睜雙目。案，同「按」。瞋目，因憤怒而睜大眼睛。㉞乳虎　處於哺乳期的母老虎。㉟若　你。㊱知維天地　才智包羅了天文地理。知，同「智」。維，包羅。㊲辯　通「辨」。分辨。㊳南面稱孤　南面稱王。古代君主坐北朝南，自稱「孤」。㊴激丹　鮮明的朱砂。激，鮮明。

丹，朱砂。一種紅色礦物。㊵齊貝　編排整齊的貝殼。上古人以貝殼為飾物或做錢幣用，用繩子穿貝成串，稱為「編貝」或「齊貝」。因其整齊潔白，因此常用來形容牙齒之美。㊶音中黃鍾　聲音洪亮猶如黃鍾。中，合於。黃鍾，古樂十二律之一。聲調最洪大響亮。㊷不取焉　不願獲取這個名聲。㊸臣　奴僕。孔子的自謙之稱。㊹邑　封地。㊺更始　重新開始。㊻昆弟　兄弟。㊼共　同「供」。供奉。㊽規　規勸。㊾愚陋恆民　愚昧淺薄的普通人。陋，淺薄。恆，普通。㊿不吾譽　即「不譽吾」。不讚美我。(51)獨　難道。(52)面譽　當面誇獎。(53)恆民畜我　把我像普通人一樣看待。畜，畜養。引申為看待。(54)置錐之地　立錐之地。置，立。(55)人民　人類。(56)巢居　在樹上築巢而居。(57)橡栗　橡樹和栗樹的果實。這裡泛指野果。(58)有巢氏　人名。傳說中的聖君。因發明在樹上築巢居住而得名。(59)煬之　用它烤火。煬，烤火。(60)知生　知道如何生存。(61)居居　安靜的樣子。(62)于于　安閒自得的樣子。(63)至德之隆　道德極盛。隆，盛。(64)致德　具備美德。致，求得；具備。(65)蚩尤　人名。傳說中的一個部落首領。曾與黃帝爭奪中原一帶的統治權。(66)涿鹿　地名。在今河北省涿縣。(67)作　興起。這裡指稱帝。(68)湯放其主　商湯流放他的君主。商湯擊敗夏桀後，把夏桀流放到南巢。(69)武王殺紂　周武王殺掉商紂王。紂王兵敗後自焚而死。(70)暴　侵害。(71)掌天下之辯　控制天下的言論。(72)縫衣淺帶　寬大的衣服和寬大的腰帶。縫，寬大。淺，寬大。(73)矯言　假話。矯，假。(74)甘辭　甜言蜜語。(75)去其危冠　摘下自己的高高帽子。危，高。子路在成為孔子弟子之前，剛勇好鬥，戴雄雞狀的高帽子，以示勇武。(76)卒　最終。(77)子路欲殺衛君而事不成　子路想殺掉衛國君主蒯聵而沒能成功。衛靈公死後，公子輒立為衛君，蒯聵廢衛君輒自立。在這次動亂中，子路因反對蒯聵被殺。(78)菹　剁成肉醬。(79)不至　不成功。(80)再逐於魯　本句及以下三句已多次見於前文，注釋見上篇〈讓王〉。(81)菹此患　遭遇到被剁成肉醬的災難。(82)上無以為身　上沒有辦法用它為自身謀福。(83)所高　所崇拜的。(84)堯不慈　堯不愛護兒子。堯沒有把天下傳給兒子丹朱，甚至有記載說堯殺了兒子丹朱，所以盜跖指責他「不慈」。(85)舜不孝　舜不孝敬父母。舜為父親所憎惡，所以說他「不孝」。(86)禹偏枯　大禹患了半身不遂病。(87)文王拘羑里　周文王被關押在羑里。周文王因不滿商紂王的暴行，被紂王關入羑里監獄長達七年。羑里，監獄名。(88)六　一本作「七」。(89)孰論之　仔細想想這些人。孰，同「熟」。仔細。論，討論；思考。(90)真　真性；本性。(91)反其情性　違背了自己的天性。(92)伯夷叔齊　兩個人名。注釋見上篇。(93)辭孤竹之君　辭讓了孤竹國的君位。伯夷與叔齊為孤竹國君的兒子，其父希望幼子叔齊繼承君位，父死後，叔齊讓君位給兄長伯夷，伯夷不願違背父意，逃走了，叔齊也不肯繼位，與伯夷一起離開孤竹。(94)鮑焦飾行非世　鮑焦修飾自己的言行而批評當時的政治。鮑焦，人名。周代隱士。相傳他品行高潔，不滿時政，以打柴拾野果為生。子貢對他說：「批評當政者就不該腳踏他們管轄的土地。」於是鮑焦便抱著樹不肯下地而死。(95)申徒狄 人名。商代隱士。複姓申徒，名狄。(96)河 水名。即黃河。(97)介子推 人名。春秋時晉國人。介子推曾隨晉文公在外流亡，於絕糧時，割下自己大腿上的肉供文公食用。文公返國後行賞時卻遺漏了介子推，介子推怒而隱入介山，堅決不出，晉文公為逼他出來而放火燒山，介子推抱著大樹而被燒死。(98)股 大腿。(99)燔 燒。(100)尾生 人名。即尾生高。魯國人。(101)期於梁下 相約在一橋下見面。期，約。梁，橋。(102)磔犬 被宰殺肢解的狗。磔，肢解；分割。(103)流豕 沉入流水的豬。豕，豬。(104)離名 重名；貪圖名聲。離，通「利」。一本即作「利」。貪圖。(105)本 指身體。(106)王子比干 人名。名比干，為國王之子，故名「王子比干」。王子比干是商紂王的叔父（一說是庶兄），因強諫紂王而被剖心。(107)伍子胥 人名。因進諫吳王夫差而被賜死，屍體被拋入江中。(108)欲盈 要求得到滿足。(109)病瘦 疾病。(110)有時之具 有時限的生命。具，身體；生命。(111)託 寄託；生活。(112)忽然 很快的樣子。(113)騏驥 駿馬；千里馬。(114)志意 心情。(115)亟 趕快。(116)狂狂伋伋 顛狂失性、四處鑽營的樣子。(117)全真 保全真性。(118)執轡三失 三次拿起韁繩，三次掉了下來。轡，馬韁繩。(119)芒然 即「茫然」。看不清楚的樣子。(120)色 面色。(121)據軾 靠在車前的橫木上。據，靠。軾，車前用作扶手的橫木。(122)適 剛巧。(123)闕然 空缺的樣子。指多日沒見到對方。(124)行色 出過門的樣子。(125)得微 即「得無」。莫不是。(126)若前 像我以前說的那樣。(127)無病而自灸 沒有生病而自己卻去針灸。比喻沒有麻煩而去自找麻煩。灸，用艾葉等燒灼身體某一部位以治療疾病。(128)料虎頭 翻動老虎頭。料，觸動。一說通「撩」。撩撥；撥弄。(129)編虎須 編理虎鬚。須，同「鬚」。(130)幾 差一點。

【語譯】孔子與柳下季是朋友，柳下季有一個弟弟，名叫盜跖。盜跖率領九千士卒，橫行天下，侵擾各國諸侯，挖牆撬門，掠奪別人的牛馬，搶走別人的妻子女兒，貪得無厭，忘掉親情，甚至連父母兄弟也不顧及，也不祭祀祖先。他們所經過的地方，大國避守城池，小國躲入城堡，成千上萬的百姓被他們搞得痛苦不堪。

孔子對柳下季說：「做父親的，一定要能訓導自己的兒女；做兄長的，一定要能教育自己的弟弟。如果做父親的不能訓導自己的兒女，做兄長的不能教育自己的弟弟，那麼人們也就不會看重父子之間和兄弟之間的親情了。如今先生您是社會上的著名賢士，而弟弟卻被人們叫做盜跖，成為天下的禍害，而您卻不能加以管教，我個人真為先生感到羞愧。我願意替先生前去勸勸他。」柳下季說：「先生說做父親的一定要能訓導自己的子女，做兄長的一定要能教育自己的弟弟，如果做子女的不聽從父親的訓導，做弟弟的不接受兄長的教育，即便像先生今天這樣能言善辯，又能拿他怎麼樣呢！而且跖這個人，心思活躍如同噴湧的泉水，情緒變化就像突起的暴風，他強悍勇武足以抗擊自己的對手，巧言善辯足以掩飾自己的過錯，順從他的心意他就高興，違背他的意願他就發怒，還喜歡輕易地用語言侮辱別人。先生千萬別去見他。」

孔子沒聽從柳下季的忠告，讓顏回為自己駕車，子貢當車右，去見盜跖。

盜跖正在泰山的南邊休整自己的隊伍，吃的是切碎的人肝。孔子下車走上前去，見到了負責通報的人，說：「我是魯國人孔丘，久仰你們將軍的大名，敬請你去通報一聲。」負責通報的人進去向盜跖稟告了此事，盜跖聽說孔子求見便勃然大怒，兩眼閃光猶如明星，頭髮豎起直衝帽頂，說：「這個人不就是魯國的那個巧詐虛偽的孔丘嗎？替我告訴他：『你假造了許多言辭，假託說是周文王和周武王的主張，你頭上戴著樹杈般的帽子，腰間圍著寬寬的牛皮帶，滿口的胡言亂語，不種地卻吃得不錯，不織布而穿戴講究，整天搖唇鼓舌，專門製造是非，以此來迷惑天下的君主，使天下的讀書人無法恢復自己的天性，還虛偽地制定了什麼孝順父母、敬重兄長的原則，想借此僥倖地獲取封侯的賞賜而成為富貴之人。你實在是罪大惡極啊，趕快滾回去！不然，我將挖出你的心肝為我的午餐增添點食物！』」

孔子再次請求通報接見，說：「我十分榮幸地與柳下季結為朋友，衷心地希望能進入帳幕拜見足下。」負責通報的人再次向盜跖稟報，盜跖說：「叫他前來！」孔子恭恭敬敬地快步走進帳去，又離開坐席向後快跑了幾步，然後向盜跖拜了兩拜。而盜跖卻十分惱怒，伸開雙腿，握著劍柄，怒睜著雙眼，喊聲如同哺乳的母老虎在咆哮，他吼道：「孔丘你上前來！你說的話，如果合乎我的心意就放你一條生路，如果不合我的心意就要你的性命！」

孔子說：「我聽說，大凡天下人有三種美好的天賦：生得魁梧高大，長得漂亮無雙，無論老少貴賤見了他都十分喜歡，這是上等的天賦；才智能夠通曉天文地理，能力可以分辨各種事物，這是中等的天賦；具有勇猛慓悍、果斷勇敢的品質，能夠聚合眾人統率士兵，這是下等的天賦。大凡人們具備其中一種天賦，就完全可以南面稱王了。而如今將軍同時具備了這三種天賦，您身高八尺二寸，滿面紅光，兩眼有神，嘴唇鮮亮紅潤猶如朱砂，牙齒潔白整齊好像編貝，聲音洪大響亮合於黃鍾，然而名字卻叫盜跖，我個人為將軍深感羞恥並且認為將軍不該有此惡名。將軍如果有意聽從我的勸告，我願意向南出使吳國和越國，向北出使齊國和魯國，向東出使宋國和衛國，向西出使晉國和楚國，讓他們為將軍修築數百里的大城，為將軍建立一塊住有數十萬戶人家的封地，擁立將軍為諸侯，與整個天下的人們一起重新開始新的生活，放下武器遣散士卒，收養兄弟，供祭祖先。這才是聖人賢士的行為，也是天下人的心願。」

盜跖聽了大怒，說：「孔丘再向前走走！那些可以用財利來誘惑、可以用言辭來規勸的人，都只能說是一些愚昧淺薄的普通人而已！如今我身材高大面目英俊，人人見了都喜歡，這是我的父母遺留給我的美好天賦，你孔丘即使不吹捧我，我自己難道就不知道嗎？而且我還聽說，喜歡當面誇獎別人的人，也喜歡在背後詆毀別人。如今你孔丘告訴我要為我修築大城，讓我統治眾多百姓，這是想用財利來誘惑我，是把我當作普通人看待了，再說我又如何能夠長久地享有這一切呢！給我的城池再大，也沒有整個天下大。堯舜佔有整個天下，而他們的子孫卻沒有立錐之地；商湯與周武王貴為天子，而他們的後代卻都滅絕了，這不正是因為他們佔有的財利太大的緣故嗎？

「而且我還聽說，遠古的時候禽獸多而人很少，於是人們都在樹上築巢而居以躲避野獸的侵害，他們白天採摘野果，晚上住在樹上，所以稱他們為有巢氏時代的百姓。遠古時候的人們不知道製作衣服，夏天就多多積存一些柴草，到了冬天就用它們烤火取暖，所以稱他們為懂得如何生存的人。到了神農的時代，人們睡覺時是那樣的安靜無憂，起床後是那樣的悠閒自得，人們只知道誰是自己的母親，而不知道誰是自己的父親，和麋鹿等禽獸生活在一起，他們自己種地自己吃，自己織布自己穿，沒有傷害別人的想法，這是道德最盛美的時代啊！然而到了黃帝時，因為黃帝沒能具備這樣的美德，於是就同蚩尤在涿鹿的原野裡打了一仗，血流百里。堯舜在位的時候，開始設置百官，然而後來的商湯流放了他的君主，周武王殺了他的君主商紂王。從此以後，人們便以強凌弱，以眾欺少。從商湯、周武王以來，所謂的君主都是一群禍國殃民的人啊！

「如今你研修文王和武王的治國方法，控制著天下的輿論，一心想用這些來教育後世子孫。你穿著寬大的衣服，紮著寬大的腰帶，說著胡言亂語，幹著虛偽之事，以此來迷惑天下的君主，想獲取榮華富貴，你可以說是最大的盜賊了。然而天下的人們為什麼不把你叫做『盜丘』，反而把我叫做『盜跖』呢？你用甜言蜜語說服子路讓他死心塌地地跟隨你學習，使子路摘下了自己高高的帽子，解下了自己長長的佩劍，而來接受你的教導，天下人都稱頌你孔丘能夠制止暴力消除罪惡。可最後呢，子路想殺死衛君蒯聵而沒能成功，自己卻在衛國都城的東門上被剁為肉醬，這就是你教育的失敗。你不是自稱為才士和聖人嗎？然而你兩次被魯國驅逐，在衛國無法立足，在齊國窮困潦倒，在陳、蔡兩國之間遭受圍困，你自己都無法存身於天下，你教育出來的子路又遭受到被剁成肉醬的慘禍，你的學問上不能為自己謀福，下不能為別人謀利，你的那些學問難道還值得看重嗎！

「世人所崇敬的人，莫過於黃帝，而黃帝尚且還不具備完美的品德，他在涿鹿的原野裡挑起戰爭，血流百里。唐堯不慈愛兒子，虞舜不孝敬父母，大禹落了個半身不遂，商湯流放了自己的君主，周武王討伐了商紂，文王被囚禁在羑里。以上這六個人，都是世人所崇拜的，然而仔細想一想，這些人都是因為追求財利而迷失了自己的真性，因為追求強大而違背了自己的天性，他們的行為都是極為可恥的。

「世人所最為稱道的賢士，大概要算是伯夷和叔齊了。伯夷和叔齊辭讓了孤竹國的君位，而餓死於首陽山，屍體都未能埋葬。鮑焦故作清高，批評時政，最後抱著樹木而死。申徒狄進諫君主而未被接受，便背著石塊跳進了黃河，屍體被魚鱉吃掉。介子推是最忠誠於君主的人，曾經割下自己大腿上的肉供晉文公食用，而晉文公返國後卻背棄了他，介子推一怒之下便離開文公隱入山林，結果抱住大樹被火燒死。尾生與一位女子相約在一座橋下見面，這位女子沒有如約而來，而洪水卻來了，尾生為了守約不肯離去，竟然抱住橋柱子而被淹死。以上這六個人，和被肢解了的狗、拋入流水中的豬、拿著破瓢四處乞討的乞丐相比沒有什麼兩樣，他們都是一些重名聲、輕生命，不顧惜身體和壽命的人。

「世人所稱道的忠臣，沒有哪一個能超過王子比干和伍子胥。而伍子胥被賜死後拋屍江中，比干被剖心而死，這兩個人，都是世人所稱道的忠臣，然而最終都被天下人所嘲笑。從上述事實可以看出，從黃帝到伍子胥、王子比干這一類的人，都不值得推崇。

「你孔丘用來勸說我的話，如果講的是鬼神之事，那些我確實不知道；如果講的是人世上的事，也不過如此而已，都是我所知道的。現在讓我來告訴你人之常情吧，人的眼睛想看絢麗的色彩，耳朵想聽優美的聲音，嘴巴想吃甜美的食物，心願想得到最大的滿足。人生在世高壽為一百歲，中壽為八十歲，下壽為六十歲，除去生病、死喪、憂患的歲月，其餘能夠讓人開口歡笑的時間，一月之中也不過只有四、五天而已。天和地是無窮無盡永恆存在的，而人的生命卻是有時限的，以有限的生命生活在無限的天地之間，其短暫得猶如駿馬躍過縫隙一樣。凡是不能使自己心情愉快、不能養護自己壽命的人，都算不上是通曉大道的人。

「你孔丘所說的那些東西，都是我要拋棄的，你還是趕快離開滾回去吧！不要再說了！你所說的那些道理，顛狂失理，全是為了鑽營投機，都是一些巧詐虛偽的東西，不可以用來保全人的真性，有什麼值得講的呢！」

孔子連連拜辭，然後快步跑了出來，出門後登車時，三次拿起轡繩都掉了下來，兩眼茫茫然什麼也看不清楚，面色猶如死灰一般，低著頭靠在車前的橫木上，連呼吸都感到困難。回來走到魯國都城東門外時，正巧遇到柳下季。柳下季說：「近來多日沒有見到先生，看看您的車馬好像是外出過的樣子，您莫不是去見跖了吧？」孔子仰天長歎說：「是啊。」柳下季說：「跖莫不是像我先前說的那樣沒有聽從您的勸告吧？」孔子說：「是啊。我這樣做真可以說是沒有生病而自去針灸啊，我急急忙忙地跑去翻弄虎頭、編理虎鬚，差一點兒被老虎吃了啊！」

子張❶問於滿苟得❷曰：「盍不為行❸？無行則不信，不信則不任，不任則不利。故觀之名❹，計之利❺，而義真是也❻。若棄名利，反之於心❼，則夫士之為行，不可一日不為乎！」滿苟得曰：「無恥者富，多信❽者顯。夫名利之大者，幾❾在無恥而信。故觀之名，計之利，而信真是也。若棄名利，反之於心，則夫士之為行，抱其天❿乎！」

子張曰：「昔者桀紂貴為天子，富有天下，今謂臧聚⓫曰：『汝行如桀紂。』則有怍色⓬，有不服之心者，小人所賤⓭也。仲尼、墨翟⓮窮為匹夫⓯，今謂宰相曰：『子行如仲尼、墨翟。』則變容易色⓰稱不足者，士誠貴也。故勢為天子，未必貴也；窮為匹夫，未必賤也；貴賤之分，在行之美惡。」滿苟得曰：「小盜者拘⓱，大盜者為諸侯，諸侯之門，義士存焉⓲。昔者桓公小白⓳殺兄入嫂⓴而管仲㉑為臣，田成子常㉒殺君竊國而孔子受幣㉓。論則賤之㉔，行則下之㉕，則是言行之情悖戰㉖於胷中也，不亦拂㉗乎！故《書》㉘曰：『孰惡孰美？成者為首㉙，不成者為尾㉚。』」

子張曰：「子不為行，即將疏戚無倫㉛，貴賤無義，長幼無序，五紀六位㉜，將何以為別乎？」滿苟得曰：「堯殺長子㉝，舜流母弟㉞，疏戚有倫乎？湯放桀，武王殺紂，貴賤有義乎？王季為適㉟，周公殺兄㊱，長幼有序乎？儒者偽辭，墨者兼愛㊲，五紀六位將有別乎？且子正㊳為名，我正為利，名利之實，不順於理，不監㊴於道。吾日㊵與子訟㊶於無約㊷曰：『小人殉財㊸，君子殉名，其所以㊹變其情、易其性，則異矣，乃至於棄其所為㊺而殉其所不為，則一㊻也。』故曰：無為小人，反殉而天㊼；無為君子，從天之理。若枉若直㊽，相而天極㊾；面觀四方，與時消息㊿。若是若非，執而圓機(51)；獨成而意(52)，與道徘徊(53)。無轉而行(54)，無成而義(55)，將失而所為(56)。無赴(57)而富，無殉而成，將棄而天(58)。比干剖心，子胥抉眼(59)，忠之禍也；直躬證父(60)，尾生溺死，信之患也；鮑子立乾(61)，申子不自理(62)，廉之害也；孔子不見母(63)，匡子不見父(64)，義之失也。此上世之所傳，下世之所語，以為士者正其言(65)，必其行(66)，故服(67)其殃離(68)其患也。」

【章旨】本章要求人們遵循大道和自己的天性去做事，反對儒家提倡的仁義忠信，認為這些道德原則不僅是虛偽的，而且還是害人的。

【注釋】❶子張　人名。姓顓孫，名師，字子張。孔子的弟子。❷滿苟得　虛構的人名。含有苟且貪得以滿其心的寓義。❸盍不為行　何不修養自己的德行。盍，何。❹觀之名　從名譽的角度來觀察。❺計之利　從利益的角度來考慮。❻而義真是也　而修行仁義才是真正正確的。是，正確。❼反之於心　在心裡自我反省。❽多信　十分受到信任。一說「信」通「伸」，「多伸」即處處表現自己。❾幾　幾乎；全部。❿抱其天　持守自己的天性。抱，持守。⓫臧聚　奴僕。男奴隸叫「臧」，為人當馬夫叫「聚」。⓬怍色　羞愧的表情。怍，羞愧。⓭小人所賤　連奴僕都瞧不起他們。小人，指臧聚。賤，看不起。⓮墨翟　人名。戰國初年的著名思想家，墨家學派的創始人。⓯窮為匹夫　是窮困潦倒的普通百姓。匹夫，普通百姓。⓰變容易色　改變了面容。指變得謙恭。易，改變。⓱拘　逮捕。⓲諸侯之門二句　只有在諸侯的門下，才能找到義士。意思是說，貴族控制了輿論，把自己的一切都解釋為正義之行。⑲桓公小白　人名。即齊桓公。「小白」是齊桓公的名字。⑳殺兄入嫂　殺死自己的兄長公子糾，娶嫂子為妻。㉑管仲　人名。著名的政治家。他先追隨公子糾，後輔佐齊桓公成就霸業。㉒田成子常　人名。即田常。田常為齊國大夫，後殺齊簡公，擁立平公，自任齊相，齊國政權盡歸田氏。㉓受幣　接受他的禮物。幣，泛指禮物。㉔論則賤之　談論時鄙視他們。㉕行則下之　行為上卻又尊敬他們。下之，處於他們之下。㉖悖戰　矛盾鬥爭。悖，矛盾。㉗拂　違背。㉘書　書名。即《尚書》。一說泛指古書。㉙首　首腦。比喻帝王貴族。㉚尾　尾巴。比喻卑賤之人。㉛疏戚無倫　親疏之間失去了正常關係。戚，親近。倫，人與人之間的關係。㉜五紀六位　「五紀」即「五倫」。指父子、君臣、夫婦、長幼、朋友之間的關係。一說指歲、日、月、星辰、曆數。「六位」指君、臣、父、子、夫、婦。一說指諸父、兄弟、族人、諸舅、師長、朋友。㉝長子　指丹朱。㉞舜流母弟　舜流放了同母弟弟。相傳舜的同母弟名叫象，因品行不修而被流放。㉟王季為適　立王季為王位繼承人。王季，人名。周太王的庶子，周文王的父親。因其兄太伯、仲雍讓位，故王季被立為太子。適，通「嫡」。指嫡子、太子。㊱周公殺兄　周公殺死兄長。周公的兄長管叔、蔡叔起兵反叛，被周公誅殺。㊲兼愛　不分親疏相互愛護。這是墨翟的重要主張之一。㊳正　正是；只是。㊴監　通「鑑」。鏡子。引申為明白。㊵日　往日。㊶訟　爭論。㊷無約　虛構的人名。含有不受名利約束之義。㊸殉財　為財利而獻身。㊹所以　代指原因。㊺所為　所應該做的。㊻一　同樣。㊼反殉而天　反過來追尋你自己的天性。殉，追求。而，你。㊽若枉若直　或曲或直。若，或。枉，曲。㊾相而天極　順其自然原則。相，視。引申為順應。天極，自然原則。㊿消息　消長變化。息，生長。(51)執而圓機　堅持圓通機變。執，堅持。(52)獨成而意　獨立完成自己的心願。(53)與道徘徊　與大道保持一致。(54)無轉而行　不要固執你的行為。轉，通「專」。專一；固執。(55)無成而義　不要推行你的仁義。(56)失而所為　敗壞你所想做的事情。(57)赴　追求。(58)將棄而天　將會喪失你的天性。(59)子胥抉眼　伍子胥被挖出雙眼。伍子胥被殺害前說：「我死後，把我的眼睛挖出來懸掛在吳國都城的東門上，我將會看到越國部隊從這裡攻入滅吳啊！」(60)直躬證父　直躬出面證明自己父親盜羊。直躬，人名。(61)鮑子立乾　鮑焦抱著大樹站立而死。乾，枯幹。指死亡。(62)申子不自理　申生不去申辯自己的冤枉。申子，人名。即申生。晉獻公的太子。遭後母陷害而不願申辯，自縊而死。(63)不見母　母親臨終時未能見到母親。孔子之母去世時，孔子正在周遊列國推行仁義，故母子未能見面。(64)匡子不見父　匡章終身沒見到父親。匡子，人名。即匡章。齊國人。匡章之父行為不善，匡章勸諫而不聽，反被趕出家門，此後匡章再也沒有見過父親。(65)正其言　以其言為正。即把這些事情當作正確的榜樣。(66)必其行　一定要去這樣做。(67)服　受。(68)離　通「罹」。遭受。

【語　譯】子張問滿苟得說：「你為什麼不修養自己的德行呢？沒有好的德行就不能取得別人的信任，不能取得別人的信任就不會得到任用，不能得到任用就不會獲取利祿。所以無論是從名譽的角度來觀察，還是從利祿的角度來考慮，而修行仁義都是正確的。如果拋開名利不談，自己心裡仔細想想，作為一個讀書人為人處世，也不可以一天不講仁義啊！」滿苟得說：「沒有羞恥的人才會富有，善於取得別人信任的人才能顯貴。那些最大的名聲和財富，幾乎都被沒有羞恥而善於取信於人的人所佔有。所以無論是從名譽的角度來觀察，還是從利祿的角度來考慮，而善於取得別人的信任才是最為重要的。如果拋開名利不談，自己心裡仔細想想，讀書人為人處世，還是要順應自己的天性啊！」

子張說：「從前夏桀和商紂王貴為天子，富有天下，如今即使對地位卑賤的奴僕說：『你的品行如同桀紂。』那麼他們也會感到非常羞愧，而且還會產生不服氣的思想，這是因為桀紂的所作所為就連奴僕也瞧不起。孔子和墨子身為窮困潦倒的普通百姓，如果今天對貴為宰相的人說：『您的品行如同孔子和墨子一樣。』那麼他們馬上就會變得謙恭起來，連說自己配不上，這是因為孔、墨的品行得到了讀書人由衷的敬重。因此具有天子權位的人，未必就一定高貴；當窮困潦倒的百姓，未必就一定低賤；高貴與低賤的區別，就在於品行的好壞。」滿苟得說：「小的盜賊被逮捕，而大的強盜卻當了諸侯，只有在諸侯的門下，才能找到正義之士。從前齊桓公小白殺了兄長、娶了嫂嫂，而管仲卻做了他的臣子；田成子常殺了自己的君主、竊取了齊國的政權，而孔子卻接受了他贈與的禮物。在言論上往往鄙視齊桓公和田成子常一類的人，而在行為上卻又尊敬服從他們，這種言行不一的情況在他們心中相互矛盾相互鬥爭，這種做法豈不是太不合情理了嗎！因此《書》中說：『誰壞誰好？成功者就居於尊貴之位，失敗者就淪為卑賤之人。』」

子張說：「您如果不修養自己的品行，將會使親近者和疏遠者之間失去正常的關係，尊貴者與卑賤者之間失去正常的原則，年長者與年幼者之間失去正常的秩序，這樣一來五紀與六位，又拿什麼來加以區別呢？」滿苟得說：「堯殺了他的長子，舜流放了他的同母弟弟，親疏之間還有正常的關係可言嗎？商湯流放了他的君主夏桀，周武王殺死了他的君主商紂王，貴賤之間還有正常的原則可言嗎？作為弟弟的王季被立為太子，周公殺了他的兄長，長幼之間還有正常的秩序可言嗎？儒家講了許多假話，墨家提倡不分親疏貴賤一律相互愛護，那麼五紀、六位還會有什麼區別嗎？再說您一心為了名聲，我一心為了財利，而追求名利這一行為的實質，既不合於理，又不合於道。我往日曾經與您在無約面前爭論說：『小人為了財利而獻身，君子為了名聲而獻身，雖然導致他們放棄真情、改變天性的原因不同，但在捨棄他們該做的事情而去獻身於他們不該做的事情這一點上，卻是一樣的。』所以說，不要去當小人，要尋回自己的天性；也不要去當君子，一切順從天理。或曲或直，順其自然；觀察四方萬物，隨著四季變化而消長。或對或錯，要堅守圓通機變的原則；獨自去實現自己的心願，與大道保持一致。不要固執你的行為，不要推行你的仁義，否則你的所作所為都將一敗塗地。不要去追求自己的財富，不要去追求自己的成功，否則將會失去你的天性。比干被剖心，子胥被挖眼，這都是忠君招來的災難；直躬證明他父親偷羊，尾生被大水淹死，這都是誠實惹下的禍患；鮑子抱著大樹站立而死，申子不申辯自己的委屈，這都是太高潔造成的危害；孔子未能見到臨死的母親，匡子終生不見父親，這都是推行仁義的過錯。以上這些事情都是前人流傳下來的，成為如今人們的話題，都認為讀書人要以這些人為榜樣，一定要像他們那樣去做，因此大家深受其害，遭遇到了如此的災難。」

無足❶問於知和❷曰：「人卒❸未有不興名就利❹者。彼富則人歸之，歸則下之❺，下則貴之❻。夫見下貴者❼，所以長生安體樂意之道也。今子獨無意焉，知不足邪？意知❽而力不能行邪？故推正不忘邪❾？」知和曰：「今夫此人❿，以為與己同時而生，同鄉而處者，以為夫絕俗過世⓫之士焉，是專無主正⓬，所以覽古今之時，是非之分也，與俗化世⓭。去至重⓮，棄至尊⓯，以為其所為⓰也，此其所以論長生安體樂意之道，不亦遠乎！慘怛之疾⑰，恬愉之安，不監於體⑱；怵惕⑲之心，欣歡之喜，不監於心。知為為而不知所以為⑳，是以貴為天子，富有天下，而不免於患也。」

無足曰：「夫富之於人，無所不利，窮美究勢㉑，至人之所不得逮㉒，賢人之所不能及。俠㉓人之勇力而以為威強，秉㉔人之知謀以為明察，因㉕人之德以為賢良，非享國㉖而嚴若君父。且夫聲色滋味權勢之於人，心不待學而樂之，體不待象㉗而安之。夫欲惡避就㉘，固不待師，此人之性也。天下雖非我㉙，孰能辭之？」

知和曰：「知者之為，故動以百姓㉚，不違其度㉛，是以足㉜而不爭，無以為㉝，故不求。不足故求之，爭四處㉞而不自以為貪；有餘故辭之，棄天下而不自以為廉。廉貪之實，非以迫外㉟也，反監之度㊱。勢為天子而不以貴驕人，富有天下而不以財戲人。計其患，慮其反㊲，以為害於性，故辭而不受也，非以要㊳名譽也。堯舜為帝而雍㊴，非仁天下也，不以美害生也；善卷、許由得帝而不受，非虛㊵辭讓也，不以事害己也。此皆就其利，辭其害，而天下稱賢焉，則可以有之㊶，彼非以興名譽也。」

無足曰：「必持㊷其名，苦體、絕甘㊸、約養以持生㊹，則亦久病長阨而不死者也㊺！」知和曰：「平㊻為福，有餘為害者，物莫不然㊼，而財其甚者也。今富人，耳營鍾鼓管籥之聲㊽，口嗛於芻豢醪醴之味㊾，以感其意㊿，遺忘其業，可謂亂矣！侅溺於馮氣(51)，若負重行而上阪(52)也，可謂苦矣！貪財而取慰(53)，貪權而取竭(54)，靜居則溺(55)，體澤則馮(56)，可謂疾矣！為欲富就利，故滿若堵耳(57)而不知避，且馮而不舍(58)，可謂辱矣！財積而無用，服膺(59)而不舍，滿心戚醮(60)，求益而不止，可謂憂矣！內則疑劫請之賊(61)，外則畏寇盜之害，內周樓疏(62)，外不敢獨行，可謂畏矣！此六者，天下之至害也，皆遺忘而不知察，及其患至，求盡性竭財(63)，單(64)以反一日之無故(65)而不可得也。故觀之名則不見(66)，求之利則不得，繚意體(67)而爭此，不亦惑乎！」

【章 旨】本章認為一味地去追求權勢財富，必定會影響自己的心身健康，甚至會招來外界的侵害，因此主張過一種知足恬淡的生活。

【注 釋】❶無足 虛構的人名。含有貪婪而不知足的寓義。❷知和 虛構的人名。含有懂得中和之道的意思。❸人卒 人們最終。卒，最終；終究。一說「人卒」是人眾的意思。❹就利 追求財利。就，接近；追求。❺下之 處於其下。❻貴之 尊重他。❼見下貴者 受到別人尊敬。見，被；受到。下，指處於其下的人。❽意知 心裡知道。❾故推正不忘邪 還是所有的心思都放在推行正確思想上了呢。故，通「顧」。轉折連詞。還是。❿此人 指富人。⓫絕俗過世 超越了世人。⓬是專無主正 這說明他全無主見。專，完全。主正，正確的主見。⓭與俗化世 與世俗人混同為一了。⓮至重 最重要的。指生命。⑮至尊　最尊貴的。指大道。⑯為其所為　追求他所想追求的東西。⑰慘怛之疾　悲傷帶來的痛苦。慘怛，悲傷。疾，痛苦。⑱不監於體　不影響自己的身體。監，通「鑑」。顯明；影響。⑲怵惕　驚恐不安。⑳知為為而不知所以為　知道去做自己想做的事而不知道為什麼要去做這些事。㉑窮美究勢　享盡美好的事物，擁有最大的權力。窮，享盡。究，最大。㉒不能逮　趕不上。逮，趕上。㉓俠　通「挾」。依仗。㉔秉　把握；依靠。㉕因　憑藉。㉖享國　擁有國家。㉗象　做仿。引申為被指導。㉘欲惡避就　欲望、厭惡、逃避、追求。㉙非我　非議我；批評我。㉚動以百姓　順應百姓心願而行動。以，因；順應。㉛度　法度。㉜足　心裡很滿足。㉝無以為　行動不帶個人目的。無以，沒有目的。指沒有個人目的。㉞爭四處　到處爭奪。㉟非以迫外　並非受到外界的逼迫。意思是說，是廉潔知足，還是貪得無厭，完全出於一念之差，並非外力所致。㊱反監之度　要回頭反省一下自己的思想。監，通「鑑」。照；反省。度，氣度；思想。㊲慮其反　考慮爭奪名利給自己帶來的報應。反，回報；報應。㊳要　尋求；獲取。㊴雍　和睦。一說「雍」為「推」之誤。推，辭讓天下。㊵虛　虛偽。㊶可以有之　可以獲有這樣的好名聲。㊷持　保持。㊸絕甘　不吃美好的食物。絕，斷絕；不要。甘，甜美。㊹約養以持生　衣食簡樸以維持生命。約，節儉。養，指衣食等養生物品。㊺則亦久病長阨而不死者也　那麼也不過像是一個長期生病困窘而只是還未死掉的人而已。㊻平　平均。指不多不少。㊼莫不然　莫不是如此。㊽耳營鍾鼓管籥之聲　耳朵想聽鍾鼓、簫笛等優美的樂聲。營，營求；想聽。管籥，指簫笛一類的吹管樂器。㊾口嗛於芻豢醪醴之味　嘴巴享受肉類、美酒等可口的食物。嗛，同「慊」。滿足。芻豢，指用草豢養的牛羊等。芻，草。醪醴，泛指酒。㊿感其意　動搖他的意志。感，通「撼」。動搖。(51)侅溺於馮氣　沉溺於憤懣之中。侅溺，沉溺。馮氣，憤懣之氣。指因貪婪而引起的抑鬱之情。(52)阪　山坡。(53)慰　怨恨。(54)竭　盡；滅亡。(55)溺　沉溺。指沉溺於嗜欲。(56)體澤則馮　身體強壯時就盛氣淩人。澤，光澤。代指身體好。馮，盛滿。指盛氣淩人。(57)堵耳　齊耳的高牆。堵，牆。(58)馮而不舍　財物很多了卻依然不停地搜刮。馮，滿；多。舍，同「捨」。(59)服膺　念念不忘；追求。(60)戚醮　煩惱。戚，痛苦。醮，通「焦」。焦慮。(61)內則疑劫請之賊　住在家裡擔心竊賊的傷害。內，家裡。劫請，強行索取。賊，傷害。(62)內周樓疏　房舍四周修築了布滿射孔的碉堡。樓，用來防盜的塔樓。即碉堡。疏，窗。這裡指射箭用的孔眼。(63)盡性竭財　用盡心思竭盡錢財。(64)單　只；僅僅。(65)無故　無事。(66)故觀之名則不見　所以說想看看這些人的名聲，又看不到他們有什麼名聲。(67)繚意體　困擾自己的身心。繚，纏繞；困擾。

【語　譯】無足問知和說：「人們終究沒有哪一個不想樹立名聲並獲取財利的。一個人一旦富有了，人們就會依附於他，依附於他就會處於他之下，處於他之下就會尊崇他。受到別人的尊崇，這是一種使壽命延長、身體安逸、心情愉快的好辦法。如今只有您一人對此不太留意，是因為您的才智太低不能夠想到這些呢？還是因為您心裡知道這些而力量不能達到呢？還是因為您把所有的心思都用在推行正確原則上了呢？」知和說：「如今這些富貴之人，因為與你出生於同一個時代，生活於同一個地方，於是你就認為他們是出類拔萃的人，這說明你完全沒有個人的正確主見，這也是你評價古今歷史和是非區別時的看法與世俗人一樣的原因。你忽略了最為重要的生命，放棄了最值得尊崇的大道，而為所欲為，把這種做法看作使壽命延長、身體安逸、心情愉快的好辦法，這不也錯得太遠了嗎！要使悲傷所帶來的痛苦，安逸所帶來的愉悅，不影響自己的身體；要使恐懼所造成的驚慌，歡欣所形成的喜悅，不影響自己的心境。如果只知道去做自己想做的事而不知道自己為什麼要這樣做，那麼即使貴為天子、富有天下的人，也會因此而難以逃避災難。」

無足說：「富貴對於人來說，百利而無一害，享盡美好的事物，擁有最高的權勢，這是道德高尚的人所不能得到的，也是賢良之人所不能趕上的。富貴之人依仗別人的勇力以保持自己的權威，憑藉別人的智慧而使自己做到明察，依靠別人的美德而為自己贏得賢良的名聲，這樣的人即使沒有擁有整個國家也會像君主、父親那樣威嚴。再說美好的聲音、外貌、滋味和權勢對於每一個人來說，不用學習心裡就自然喜歡，不用指導身體就樂於接受。欲望、厭惡、躲避、追求等情感，本來就不需要老師傳授，這是人的天性。即使整個天下的人都來指責我，可又有哪一位能夠擺脫這一切呢？」知和說：「智者的所作所為，都是順從了百姓的意願，從不違反法度，因此他們內心十分充實滿足而不去爭鬥，他們的行為不是出於個人目的，因此從不追求私利。不知足的話便會貪求財利，到處爭奪卻不自以為是貪婪；知道自己已經有餘的話便能處處辭讓，捨棄了整個天下也不自以為是廉潔。廉潔和貪婪的實際起因，並非迫於外界壓力，而應該回頭反省一下自己的思想。具有天子權勢卻不因自身高貴而傲視別人，富有天下卻不因自身富裕而戲弄別人。因為他們已想過富貴給自己帶來的災難，考慮過追求富貴給自己帶來的報應，知道這些會損害自己的天性，所以就加以拒絕而不接受，並不是想以此來獲取名聲。堯、舜在位時天下十分和睦，這並非他們要行仁政於天下，而是不想追求美好的衣食宮殿而傷害了自己的生命；善卷、許由能夠獲得帝位卻不接受，也不是在虛情假意地謝絕天子之位，而是不想為了處理政事而損害了自己的健康。他們這樣做都是為了尋求利益，躲避災害，而天下的百姓都稱讚他們是賢人，他們完全可以獲取賢人這一好名聲，但他們這樣做的目的絕非是為了樹立好名聲。」

無足說：「一定要保持自己的好名聲，為此不惜使自己身體勞苦、不吃美味、衣食簡樸得僅能維持生命，這樣的人不就像是一個長期生病、困苦不堪而只是還沒死去的人嗎！」知和說：「維持均平才是幸福，擁有過多的東西就是禍害，各種事物都是如此，而錢財尤其突出。如今那些富人，耳朵聽著鍾鼓、簫笛演奏的優美音樂，嘴巴享受肉類、酒漿之類的美味，因而動搖了自己的意志，放棄了自己的事業，這可以說是迷亂極了！沉溺於憤懣抑鬱的情緒之中，生活如同揹著沉重的東西爬山一樣，這可以說是痛苦極了！貪取錢財以招來怨恨，貪圖權勢以自取滅亡，在家閒居時就沉溺於嗜欲，身體強壯時就盛氣凌人，這可以說是病重極了！因為太貪圖財富，所以即使錢財堆積得如同齊耳高牆也不知道滿足，而且是越多越不知足，這可以說是恥辱極了！財物囤積而不捨得花費，整天放在心上不忍割捨，為此而滿腹憂愁和煩惱，而且還在無休止地追求財富的增加，這可以說是憂愁極了！在家時擔心竊賊的傷害，出門後害怕強盜的殘殺，房屋四周都修築起布滿射箭孔的碉堡，從來不敢一人外出，可以說是恐懼極了！迷亂、痛苦、病重、恥辱、憂愁、恐懼這六種情況，是人世間的最大禍害，然而人們都忘掉了這些禍害而不知道認真去反省，等到災難降臨，即使想用盡心思竭盡錢財，只求過一天的安寧日子也不可能了。所以要想看看這些人的名聲又看不到他們有什麼名聲，要想看看他們的錢財而他們已經一無所有，勞神費力地去爭奪名利富貴，難道不是一種糊塗嗎！」

【研　析】幾乎所有談論小說起源的論著，都要提到「小說」一詞的出處，而在這一問題上，又為《莊子》增添了較為光彩的一筆，因為這一詞語出自《莊子·外物》：「飾小說以干縣令，其於大達亦遠矣。」然而又是幾乎所有的論著馬上說明：莊子的「小說」概念不同於今天的「小說」概念。我們並不完全同意這種說法，因為雖然二者並不完全相同，但也並非完全不同。莊子的「小說」概念大於今天的「小說」概念，它們是包含與被包含的關係。後人所謂的「小說」，如魏晉時期的志怪、志人，唐宋時期的傳奇、話本等等，都在莊子「小說」概念的包含之內。當然，莊子的「小說」還包括了許多其他各種內容繁雜、題材瑣碎的文字。

莊子的「小說」概念不僅包含了後人所說的小說，而且莊子本人（包括其後學）就是一位傑出的小說家。一般的文學史談到小說時，大多從魏晉談起，而其前的小說只被視為還不夠成熟的「小說起源」階段。一種文體是否成熟，其標準的伸縮性是相當大的，對此我們不擬多費口舌，我們想要做的是比較工作：既然魏晉的《搜神記》、《世說新語》可以算作小說，那麼《莊子》中的不少篇章也當之無愧地應該算作小說。因為《莊子》中的一些故事，無論是在故事的虛構成分多少方面，還是故事情節的曲折生動方面，都有超出上述二書的地方。

而本篇就是一篇名副其實的小說。孔子、柳下惠、盜跖三個人物雖然都是歷史人物，但並非同時代的人，把三人放在一起，這本身就是虛構，孔子去遊說盜跖的故事更是子虛烏有。另外，本篇在細節的描寫上也非常生動。在寫盜跖發怒時，文中用「目如明星，髮上指冠」、「兩展其足，按劍瞋目，聲如乳虎」來形容。從其行文用詞中不難看出後世小說的風采。在描寫孔子受到盜跖喝斥後的表現，作者是這樣描寫的：孔子是一路小跑從盜跖那裡逃出來的，上車後兩手發抖，馬韁繩一連三次從手中掉落下來，他兩眼茫然，面如死灰，低垂著腦袋，連大氣也不敢出。接著孔子又用「無病自灸」、「疾走料虎頭、編虎須」來形容自己這次冒險行為的毫無意義。描寫得如此生動的故事，為什麼不能稱之為小說呢？我們完全可以說，這些描寫的生動性完全超過了《搜神記》一類的作品。除本篇之外，其他許多故事，如〈應帝王〉中的季咸看相、〈山木〉中的莊周遊雕陵、〈漁父〉等，都可以視為此類作品。

因此，我們可以說，莊子是中國小說史上的第一大功臣：他不僅創造了使用兩千多年、並將繼續使用的「小說」一詞，更重要的是，他及其後學還創作了相當數量的小說作品，為中國小說的發展奠定了良好的基礎。

說劍第三十

【題解】說劍，談論劍術。篇名概括了全篇的主題。本篇寫趙文王喜歡劍術，整天與劍客為伍而不理朝政，使趙國日漸貧弱。莊子應趙太子悝之請，前去用天子之劍、諸侯之劍、庶人之劍遊說趙文王，啟發趙文王放棄對鬥雞般的、且與自己身分不相稱的庶人之劍的愛好，運用天子之劍以治理好自己的國家。因為本篇中的莊子被塑造成了一個說客、策士的形象，其內容與莊子學派思想不符，所以大多數學者認為本篇非莊派學者所著。另外，本篇只有一章，有了「題解」，故不再另寫「章旨」。

昔趙文王❶喜劍，劍士夾門而客❷三千餘人，日夜相擊於前，死傷者歲百餘人，好之不厭❸。如是三年，國衰，諸侯謀之❹。太子悝❺患之，募左右曰：「孰能說王之意止劍士者，賜之千金。」左右曰：「莊子當能。」

太子乃使人以千金奉❻莊子，莊子弗受，與使者俱，往見太子曰：「太子何以教周❼，賜周千金？」太子曰：「聞夫子明聖，謹奉千金以幣從者❽。夫子弗受，悝尚何敢言！」莊子曰：「聞太子所欲用周者，欲絕王之喜好也。使❾臣上說大王而逆王意，下不當❿太子，則身刑而死，周尚安所事金⓫乎？使臣上說大王，下當太子，趙國何求而不得也！」太子曰：「然。吾王所見，唯劍士也。」

莊子曰：「諾。周善為劍⑫。」太子曰：「然吾王所見劍士，皆蓬頭突鬢⑬垂冠⑭，曼胡之纓⑮，短後之衣⑯，瞋目⑰而語難⑱，王乃悅之。今夫子必儒服而見王，事必大逆⑲。」莊子曰：「請治劍服。」治劍服三日，乃見太子，太子乃與見王。王脫白刃⑳待之。

莊子入殿門不趨㉑，見王不拜。王曰：「子欲何以教寡人，使太子先㉒。」曰：「臣聞大王喜劍，故以劍見王。」王曰：「子之劍何能禁制㉓？」曰：「臣之劍，十步一人㉔，千里不留行㉕。」王大悅之，曰：「天下無敵矣！」莊子曰：「夫為劍者，示之以虛㉖，開之以利㉗，後之以發㉘，先之以至㉙。願得試之。」王曰：「夫子休就舍㉚待命，令設戲㉛請夫子。」王乃校㉜劍士七日，死傷者六十餘人，得五六人，使奉㉝劍於殿下，乃召莊子。王曰：「今日試使士敦劍㉞。」莊子曰：「望之久矣。」王曰：「夫子所御杖㉟，長短何如？」曰：「臣之所奉㊱皆可。然臣有三劍，唯王所用，請先言而後試㊲。」

王曰：「願聞三劍。」曰：「有天子劍，有諸侯劍，有庶人劍。」王曰：「天子之劍何如？」曰：「天子之劍，以燕谿㊳、石城㊴為鋒，齊岱為鍔㊵，晉魏為脊㊶，周宋為鐔㊷，韓魏為鋏㊸，包以四夷㊹，裹以四時，繞以渤海㊺，帶以常山㊻，制以五行[47]，論以刑德[48]，開以陰陽[49]，持[50]以春夏，行以秋冬。此劍，直之無前[51]，舉之無上[52]，案之無下[53]，運之無旁[54]，上決[55]浮雲，下絕地紀[56]。此劍一用，匡[57]諸侯，天下服矣。此天子之劍也。」

文王芒然自失，曰：「諸侯之劍何如？」曰：「諸侯之劍，以知勇士為鋒，以清廉士為鍔，以賢良士為脊，以忠聖士為鐔，以豪傑士為鋏。此劍，直之亦無前，舉之亦無上，案之亦無下，運之亦無旁，上法圓天以順三光[58]，下法方地以順四時，中和民意以安四鄉[59]。此劍一用，如雷霆之震也，四封[60]之內，無不賓服[61]而聽從君命者矣。此諸侯之劍也。」

王曰：「庶人之劍何如？」曰：「庶人之劍，蓬頭突鬢垂冠，曼胡之纓，短後之衣，瞋目而語難，相擊於前，上斬頸領[62]，下決肝肺。此庶人之劍，無異於鬥雞，一旦命已絕矣，無所用於國事。今大王有天子之位[63]而好庶人之劍，臣竊為大王薄[64]之。」

王乃牽[65]而上殿，宰人[66]上食，王三環之[67]。莊子曰：「大王安坐定氣[68]，劍事已畢奏矣。」於是文王不出宮三月，劍士皆服斃[69]其處[70]也。

【注　釋】❶趙文王　即趙惠文王。著名的趙武靈王之子。❷夾門而客　擁擠在宮門兩邊，寄食於趙文王。客，做門客；寄食於。❸不厭　不足；不止。❹謀之　商量攻打趙國。❺悝　人名。為趙文王太子。❻奉　贈送。❼何以教周　對我有何見教。這是客氣用語，實際是說要我做什麼。❽幣從者　贈送給您的隨從。這是一種尊敬的說法，實際即敬送給您。❾使　假使；如果。❿當　符合。⓫事金　使用這些金錢。⓬善為劍　善於用劍。⓭突鬢　鬢毛凸出。⓮垂冠　下垂的帽子。一說指遮住面部的鐵冠。⓯曼胡之纓　粗大結實的帽帶。⓰短後之衣　後身短小的衣服。⓱瞋目　怒睜雙目。⓲語難　說話令人畏懼。難，畏難。一說指因憤怒而講話不流利。⓳大逆　很不順利。指把事情弄得很糟。⓴脫白刃　抽出明晃晃的利劍。脫，指把利劍從劍匣中抽出。㉑趨　小步快走。這是一種表示恭敬的走法。㉒先　事先推薦。㉓禁制　制伏對手。㉔十步一人　十步殺一人。㉕留行　被人阻止而不得前進。㉖示之以虛　故意把弱點顯露給對手。㉗開之以利　用可乘之機引誘對手。開，引誘。㉘發　發動進攻。㉙至　擊中對手。㉚休就舍　到館舍休息。㉛設戲　安排擊劍比賽。戲，比賽。㉜校　同「較」。比賽。㉝奉　通「捧」。拿著。㉞敦劍　比劍。敦，治。引申為比較。㉟所御杖　所使用的劍。御，用。杖，刀戟的總稱。這裡專指劍。㊱奉　捧；用。㊲試　比試；比劍。㊳燕谿　地名。在燕國。㊴石城　山名。在塞外。㊵齊岱為鍔　以齊國的泰山為劍刃。岱，山名。即泰山。鍔，劍刃。㊶晉魏為脊　以晉國和魏國為劍背。魏，一本作「衛」。脊，劍背。㊷鐔　劍環。㊸鋏　劍柄。㊹包以四夷　以四方夷族地區對它進行包紮。夷，泛指異族地區。㊺渤海　海名。即今之渤海。這裡可理解為泛指大海。㊻帶以常山　以恆山做繫帶。常山，山名。即今之北岳恆山。㊼制以五行　用五行來掌握它。制，掌握。五行，指金、木、水、火、土。㊽論以刑德　以刑罰和恩德為標準來討論如何使用它。㊾開以陰陽　根據陰陽變化來使用它。開，打開；使用。㊿持　保持；持守。(51)直之無前　向前直刺，前無所阻。(52)舉之無上　向上刺，上無所阻。(53)案之無下　向下刺，下無所阻。案，通「按」。向下刺。(54)運之無旁　揮動起來，四周無物可阻。(55)決　割裂。(56)地紀　又叫「地維」。維繫大地的繩子。神話傳說天有九柱支撐，使天不下塌；地有大繩維繫四角，使地固定不動。(57)匡　糾正。(58)上法圓天以順三光　上面效法圓圓的天而順應日月星辰。圓天，古人認為天圓地方。三光，日、月、星。(59)四鄉　四方。(60)四封　四境。封，邊境。(61)賓服　歸服。(62)頸領　脖子。領，脖子。(63)天子之位　趙文王是諸侯，而非天子。莊子稱他有「天子之位」，是一種恭維誇飾的說法。(64)薄　鄙薄；看輕。(65)牽　拉手。指拉著莊子的手。(66)宰人　官名。掌管帝王膳食的官員。(67)三環之　繞了三圈。趙文王因羞愧不安，故走來走去無法坐下。(68)定氣　定心；靜心。(69)服斃　自殺。(70)其處　他們的住處。

【語　譯】從前趙文王喜歡劍術，劍客擁擠於宮門兩邊，寄食於趙文王的有三千多人，他們日夜在趙文王面前比試劍術，每年都要死傷一百多人，而趙文王依然樂此不疲。如此過了三年，趙國日益貧弱，其他諸侯便謀劃要攻取它。太子悝為此事深感擔憂，便召集身邊的人說：「誰如果能夠說服國王停止對劍客的喜好，就賞賜千金。」身邊的人說：「莊子大概能夠做到這一點。」

於是太子就派使者帶著千金厚禮去見莊子，莊子不肯接受，但還是跟隨使者一起去見太子，說：「太子對我有何賜教，要賜給我千金厚禮呢？」太子說：「聽說先生聰明睿智，因此想敬獻千金給您的隨從。既然先生不肯接受，我哪裡還敢開口呢！」莊子說：「聽說太子想要用我的原因，是想讓我說服國王放棄對劍術的愛好。如果我勸說大王時上違背了大王的心願，下不符合太子的意思，那麼我就會遭受刑戮而死，哪裡還用得上這些金錢呢？如果我上能說服大王，下能合於太子心願，那麼我向趙國要求什麼而得不到滿足呢！」太子說：「您說得很對。我們大王所想看到的，只有劍客而已。」莊子說：「好的。我也善於劍術。」太子說：「不過我們大王所見的那些劍客，都是頭髮蓬亂，鬢毛凸出，帽子低垂，帽帶結實，後衣短小，怒睜著雙眼，講話令人恐懼，只有這樣的人大王見了才喜歡。如今先生如果一定要穿著儒服去見大王，事情一定會弄糟。」莊子說：「那就請讓我準備劍服吧！」三天以後劍服製作完畢，莊子便去見太子，於是太子與莊子一起去晉見趙文王，趙文王抽出明晃晃的利劍等待著莊子。

莊子不慌不忙地緩步走進殿門，見到趙文王也不行跪拜之禮。趙文王說：「你想拿什麼來指教我，而且還讓太子事先引薦。」莊子說：「我聽說大王喜歡劍術，特地以劍術來參見大王。」趙文王說：「你是如何用劍術制伏對手的？」莊子說：「我的劍術，十步之內可殺一人，橫行千里而沒人能夠抗衡。」趙文王十分高興，說：「你可以說是天下無敵啊！」莊子說：「懂得劍術的人，要故意把弱點顯露給對手，引誘對手讓他感到有機可乘，後於對手發動進攻，卻要搶先擊中對手。我真希望有機會能夠試試我的劍法。」趙文王說：「先生先回館舍休息等待命令，我馬上安排比劍事宜，然後再去請先生來比試。」於是趙文王花了七天時間讓劍客們比武較量，先後死傷了六十多人，最後挑選出五、六個劍客，讓他們拿著劍在宮殿下面等待，這才去召見莊子。趙文王說：「今天可以讓劍客們與先生比試劍術了。」莊子說：「我已經盼望很久了。」趙文王問：「先生所使用的劍，長短怎麼樣？」莊子說：「我所使用的劍，長短都行。不過我有三種劍，任大王選用，請讓我先介紹一下然後再來比試。」

趙文王說：「我願意聽聽你介紹三種劍。」莊子說：「我有天子之劍，有諸侯之劍，有匹夫之劍。」趙文王問：「天子之劍是什麼樣？」莊子說：「天子之劍，以燕谿、石城為劍尖，以齊國的泰山為劍刃，以晉國和魏國為劍背，以東周和宋國為劍環，以韓國和魏國為劍柄，用四方夷族地區對它進行包紮，用四季對它進行圍裹，用大海對它纏繞，用常山來做繫帶，用五行來掌握它，以刑罰和恩德為標準來討論如何使用它，根據陰陽變化來運用它，遵循春夏的時令來保護它，按照秋冬的特點來揮舞它。這種劍，向前直刺無物可阻，向上舉起無物可擋，向下劈去無物可攔，揮舞起來四周沒有任何事物可以對抗，這種劍上可以割裂浮雲，下可以斬斷地維。這種劍一旦使用，可以匡正諸侯，使天下人全都歸服。這就是天子之劍。」

趙文王聽後茫茫然若有所失，問道：「諸侯之劍又是什麼樣的？」莊子說：「諸侯之劍，以智勇之士為劍尖，以清廉之士為劍刃，以賢良之士為劍背，以忠聖之士為劍環，以豪傑之士為劍柄。這種劍，向前直刺也無物可阻，向上舉起也無物可擋，向下劈去也無物可攔，揮舞起來四周也沒有任何事物可以對抗。上面做法圓形的蒼天以順應日月星辰，下面做法方形的大地以順應四季，在天地之間則順應民意以安定四方。這種劍一旦使用，猶如雷霆震撼大地，在四境之內，沒有不歸服於大王而聽從大王命令的。這就是諸侯之劍。」

趙文王又問：「那麼匹夫之劍又是什麼樣的？」莊子說：「匹夫之劍，就是頭髮蓬亂，鬢毛凸出，帽子低垂，帽帶結實，後衣短小，怒睜著兩隻眼，喊著恐嚇人的話，相互在人前爭鬥拼殺，上面能斬斷脖子，下面能刺破肝肺。這就是匹夫之劍，那模樣就和鬥雞一樣，眨眼之間就丟了性命，這種劍對國家沒有什麼用處。如今大王擁有天子之位，卻喜歡匹夫之劍，我個人認為大王應該鄙視這種劍。」

趙文王於是拉著莊子的手，一起走上宮殿，命令負責膳食的官員擺上酒肉，趙文王羞愧得繞著宴席走了幾圈。莊子說：「大王還是坐下來靜靜心，有關劍術的事我已啟奏完畢。」於是趙文王整整三個月沒有邁出宮門一步，而劍客們都在自己的住處因羞愧而自殺了。

【研　析】《莊子》中有一些篇章，如〈讓王〉、〈盜跖〉，特別是本篇，後世學者認為非莊派學人所作，甚至包括〈內篇〉在內的其他許多篇章中的許多段落，也被認為非莊派所寫，於是或加以說明，或加以刪除，目的是為了保持莊子思想的一致性。否認本篇為莊子所作的主要原因，就是出現在本篇的莊子形象，是一位策士形象，而這與人們心目中的莊子形象相去甚遠。

學者的這些看法忽略了一個最基本的、也是非常常見的事實：任何人都是一個矛盾的統一體。這些矛盾不僅出現在這個人不同的人生階段，甚至就在同一時刻，一個人就可能出現自相矛盾的思想或行為。如果我們把莊子定位為一位隱士的話，那麼他當漆園吏的歷史就應該被抹掉。然而事實上，出任漆園吏的莊子和拒絕當楚國相的莊子是同一個人。既然行為是如此，他的思想為什麼就不可以是如此呢？大談生死一齊、死甚至比生還要幸福的莊子與寫〈養生主〉的莊子是同一個人，大談是非一齊、無是無非的莊子和激烈批評其他各個學派的莊子也是同一個人。類似的情況在《莊子》一書中還很多。

任何一個人的思想行為都是立體的、矛盾的，而不是平面的、單一的，一個人如果沒有矛盾，倒是一件不可思議的事情。一個思想家出現言論、行為矛盾的原因主要有以下幾點：第一，真正的矛盾，即自我否定。《莊子．寓言》就說：「孔子行年六十而六十化，始時所是，卒而非之，未知今之所謂是之非五十九非也。」隨著知識修養和外部環境的變化，一個人的思想觀點也會不斷變化。成熟的過程，也即不斷自我否定的過程，這自然就形成了矛盾。第二，多重需要和不同角度的觀察造成的矛盾。一個人的需要是多方面的，既需要精神上的滿足，也需要物質上的滿足；既需要正義，也需要生命，這即人們常說的魚與熊掌兼得的心理。正是由於人的需要是多方面的，所以他們會在不同的地方偏重於強調某一個方面。另外，一個人在評價人、事時，不同的時候會使用不同的尺度。如伯夷、叔齊與周武王在伐商的問題上針鋒相對，但這並不妨礙他們都成為古人心目中的聖人賢者。第三，虛假的矛盾。這種現象最值得我們注意。如莊子反對儒家的仁義，卻又提倡大仁大義；主張大辯無言，卻又著書立說；既要求人們無思無慮，又要求人們學道得道。其實這些矛盾的言詞背後都有著內在的統一。比如莊子多次談到生死一齊、甚至死了比活著更好，但他又寫了〈養生主〉，〈讓王〉更提出「兩臂重於天下」，在這種看似極為矛盾的表象下，我們看到的是莊子對生命的極度熱愛，他歌頌死亡正是他熱愛生命的曲折表現，竭力美化死亡只不過是他為了減輕死亡對自己造成的心理壓力而已。

如果我們承認任何一個人都是一個矛盾的統一體，那麼我們就不會為《莊子》書中的矛盾大惑不解了，更不必去刪除某些段落。我們雖然不敢斷定〈說劍〉就一定是莊派學人所作，莊子就一定去趙國遊說過趙王，但否定本篇的人同樣拿不出確鑿的證據證明本篇就一定不是莊派所作，也拿不出確鑿的證據來證明莊子在他漫長的一生中就沒有以策士的形象在當時的政治舞臺上出現過。對於這樣一個缺乏確鑿證據的問題，否定者可以「存疑」，而我們也可以「存信」，但結論最好還是晚一點下為好。

漁父第三十一

【題解】漁父，打魚的老人。因為本篇以漁父的談話為主，所以用作篇名。本篇通過漁父與孔子的談話，批評了儒家的思想和行為，認為人們應各司其職，不必不在其位而謀其政；指出了人們常有的八種毛病和做事常犯的四種錯誤，主張清靜無為；還解釋了什麼叫做「真」，並提倡「貴真」思想。文章最後表達了孔子對漁父的崇敬之情。本篇與上一篇一樣，都只有一個故事，但考慮到本篇文字較長，因此按照故事情節的發展分為三章。

孔子遊乎緇帷❶之林，休坐乎杏壇❷之上。弟子讀書，孔子弦歌鼓琴。奏曲未半，有漁父❸者，下船而來，鬚眉交白❹，被髮揄袂❺，行原以上❻，距陸❼而止，左手據❽膝，右手持頤❾以聽。曲終而招子貢、子路二人俱對❿。

客⓫指孔子曰：「彼何為者也？」子路對曰：「魯之君子也。」客問其族⓬，子路對曰：「族孔氏。」客曰：「孔氏者，何治⓭也？」子路未應，子貢對曰：「孔氏者，性服⓮忠信，身行仁義，飾⓯禮樂，選⓰人倫，上以忠於世主，下以化於齊民⓱，將以利天下。此孔氏之所治也。」又問曰：「有土之君與？」子貢曰：「非也。」「侯王之佐與？」子貢曰：「非也。」客乃笑而還，行言⓲曰：「仁則仁矣，恐不免其身⑲，苦心勞形以危其真⑳。嗚呼，遠哉其分㉑於道也。」

【章　旨】本章通過漁父與子貢的對話，批評孔子以庶民的身分去推行仁義教化，認為這一做法不符合大道。

【注　釋】❶緇帷　地名。緇，黑色。帷，帷幕。「緇帷」是形容此處樹林繁茂，遮天蔽日如同帷幕。借此以為地名。❷杏壇　長著許多杏樹的高臺。❸漁父　打魚的老人。舊注認為漁父即歸隱後的越相范蠡，似為臆測。❹交白　全白了。交，全；都。❺被髮揄袂　披著頭髮，捲起袖子。被，通「披」。揄，捲起。袂，袖子。❻行原以上　從岸邊走了上來。原，岸邊。以，而。❼距陸　到了高處。距，至；到。陸，指高地。❽據　放在。❾持頤　托著下巴。頤，下巴。❿對　答話；談話。⓫客　指漁父。⓬族　族姓；姓氏。⓭何治　即「治何」。研習什麼。治，研習。⓮性服　生來就信守。性，生性；生來。服，信守。⓯飾　修習。⓰選　安排；制定。⓱化於齊民　教化百姓。齊民，百姓。⓲行言　邊走邊說。⓳不免其身　其身難免遇上災禍。⓴真　真情；天性。㉑分　離。

【語　譯】孔子到一個名叫緇帷的樹林裡遊覽，坐在長有許多杏樹的土壇上休息。弟子們在一旁讀書，孔子在彈琴唱歌。曲子還沒彈奏到一半，有一位漁父走下漁船而來，他的頭髮眉毛全都白了，披散著頭髮，高捲著袖子，沿著河岸走了上來，來到一塊高地便坐了下來，左手放在膝蓋上，右手托著下巴聽孔子彈琴唱歌。待曲子彈奏完畢，漁父用手招喚子貢、子路二人一起過來交談。

漁父指著孔子問道：「他是幹什麼的?」子路回答說：「他是魯國的一位君子。」漁父又問孔子的姓氏，子路回答說：「他姓孔。」漁父問：「姓孔的這個人，研習些什麼?」子路還未開口，子貢回答說：「姓孔的這個人，生來敬奉忠信，親身實踐仁義，修習禮樂，制定人倫規範，對上忠於君主，對下教化百姓，想用這種辦法造福於天下。這就是孔氏所研習的內容。」漁父又問：「他是擁有國土的君主嗎?」子貢說：「不是。」（漁父問：）「他是王侯的輔佐大臣嗎?」子貢說：「不是。」漁父於是笑著轉過身去，邊走邊說：「孔氏這個人仁愛還是很仁愛的，不過他自身恐怕很難避免災禍，他如此費盡心血勞累身體卻損害了自己的真情天性。唉，他距離大道實在是太遠太遠了。」

子貢還，報孔子。孔子推琴而起曰：「其聖人與！」乃下求之，至於澤畔，方將杖拏❶而引❷其船，顧❸見孔子，還鄉❹而立。孔子反走❺，再拜而進。

客曰：「子將何求？」孔子曰：「曩者❻先生有緒言❼而去，丘不肖❽，未知所謂❾，竊待於下風❿，幸聞咳唾之音以卒相丘也⓫。」客曰：「嘻！甚矣子之好學也！」孔子再拜而起曰：「丘少而修學，以至於今，六十九歲矣，無所得聞至教⓬，敢不虛心！」

客曰：「同類相從，同聲相應，固天之理也。吾請釋吾之所有而經子之所以⓭。子之所以者，人事也。天子、諸侯、大夫、庶人，此四者自正，治之美也，四者離位⓮而亂莫大焉。官治其職，人憂⓯其事，乃無所陵⓰。故田荒室露，衣食不足，徵賦不屬⓱，妻妾不和，長少無序，庶人之憂也；能不勝任，官事⓲不治，行不清白，群下荒怠⓳，功美不有⓴，爵祿不持，大夫之憂也；廷無忠臣，國家㉑昏亂，工技不巧，貢職㉒不美，春秋後倫㉓，不順天子，諸侯之憂也；陰陽不和，寒暑不時，以傷庶物㉔，諸侯暴亂，擅相攘伐㉕，以殘民人，禮樂不節，財用窮匱㉖，人倫不飭[27]，百姓淫亂，天子有司[28]之憂也。今子既上無君侯有司之勢，而下無大臣職事之官，而擅飾[29]禮樂，選人倫，以化齊民，不泰[30]多事乎？且人有八疵[31]，事有四患，不可不察也。非其事而事之，謂之摠[32]；莫之顧而進之[33]，謂之佞[34]；希意導言[35]，謂之諂[36]；不擇是非而言，謂之諛[37]；好言人之惡，謂之讒[38]；析交離親[39]，謂之賊[40]；稱譽詐偽以敗惡人[41]，謂之慝[42]；不擇善否[43]，兩容顏適[44]，偷拔其所欲[45]，謂之險[46]。此八疵者，外以亂人，內以傷身，君子不友，明君不臣。所謂四患者，好經[47]大事，變更易常[48]，以挂[49]功名，謂之叨[50]；專知擅事[51]，侵人自用，謂之貪；見過不更[52]，聞諫愈甚，謂之很[53]；人同於己則可，不同於己，雖善不善，謂之矜[54]。此四患也。能去八疵，無行四患，而始可教已。」

孔子愀然[55]而歎，再拜而起，曰：「丘再逐於魯[56]，削迹於衛，伐樹於宋，圍於陳蔡。丘不知所失，而離此四謗[57]者何也？」客悽然[58]變容曰：「甚矣子之難悟也！人有畏影惡迹[59]而去之走[60]者，舉足愈數[61]而迹愈多，走愈疾[62]而影不離身，自以為尚遲[63]，疾走不休，絕力而死。不知處陰[64]以休影，處靜以息迹，愚亦甚矣！子審[65]仁義之間，察同異之際[66]，觀動靜之變，適受與之度[67]，理好惡之情，和喜怒之節，而幾於不免[68]矣。謹修而[69]身，慎守其真，還以物與人[70]，則無所累矣！今不修之身而求之人，不亦外[71]乎！」

孔子愀然曰：「請問何謂真？」客曰：「真者，精誠之至也。不精不誠，不能動人。故彊哭者雖悲不哀，彊怒者雖嚴不威，彊親者雖笑不和。真悲無聲而哀，真怒未發而威，真親未笑而和。真在內者，神[72]動於外，是所以貴真也。其用於人理[73]也，事親則慈[74]孝，事君則忠貞，飲酒則歡樂，處喪則悲哀。忠貞以功為主，飲酒以樂為主，處喪以哀為主，事親以適[75]為主。功成之美，無一其迹[76]矣。事親以適，不論所以[77]矣；飲酒以樂，不選其具[78]矣；處喪以哀，無問其禮矣。禮者，世俗之所為也；真者，所以受於天也，自然不可易也。故聖人法[79]天貴真，不拘於俗。愚者反此，不能法天而恤[80]於人，不知貴真，祿祿[81]而受變於俗，故不足。惜哉，子之早湛於人偽[82]而晚聞大道也！」

孔子又再拜而起曰：「今者丘得遇也，若天幸然[83]。先生不羞而比之服役[84]，而身教之！敢問舍所在[85]，請因[86]受業而卒學大道。」客曰：「吾聞之，可與往者與之[87]，至於妙道[88]；不可與往者，不知其道，慎勿與之，身乃無咎[89]。子勉之！吾去子矣！吾去子矣！」乃刺船[90]而去，延緣葦間[91]。

【章　旨】本章寫漁父與孔子的直接對話。漁父先指出孔子不該不在其位而謀其政，並列舉了人事中的各種錯誤，最後提出了「貴真」思想。

【注　釋】❶杖拏　手持船篙。杖，拿。拏，船篙。用竹或木做成的撐船工具。❷引　引開；撐開。❸顧　回頭。❹還鄉　轉過身來面對著。鄉，通「嚮」。面向。❺反走　向後跑幾步。這是一種表示尊敬的禮節。❻曩者　剛才。❼緒言　剛開始的話。❽不肖　不好；不聰敏。❾所謂　所說的意思。❿竊待於下風　我在這裡恭候先生。竊，我個人。表謙虛。下風，下方。表示處於卑下的位置。⓫幸聞咳唾之音以卒相丘也　希望能聽到您的談話以便最終有助於我。幸，希望。咳唾，咳嗽吐唾。形容隨便談談。卒，最終。相，幫助。⓬至教　最高真理。⓭吾請釋吾之所有而經子之所以　請讓我說明我的看法以分析您所從事的活動。釋，解釋；說明。所有，所具有的看法。經，經營。引申為分析。所以，所為。⓮離位　偏離自己的職位。即不守本分。⓯憂　操心。⓰陵　侵擾。⓱屬　交付。⓲官事　自己職分以內的事。⓳荒怠　懈怠；玩忽職守。⓴功美不有　沒有建立功勞和美名。㉑國家　諸侯和大夫的封地。古代天子所管轄的地區叫天下，其中分封給諸侯的地方叫國，分封給大夫的地方叫家。㉒貢職　向天子進貢的事宜。㉓春秋後倫　朝覲落在其他諸侯後面。春秋，諸侯春天朝見天子叫「朝」，秋天朝見天子叫「覲」。「春秋」即「朝覲」。倫，類；同類。指其他諸侯。㉔庶物　眾物；萬物。㉕擅相攘伐　擅自相互侵奪征伐。攘，侵犯。㉖窮匱　貧乏；匱乏。㉗飭　整頓。㉘有司　有關部門；有關的主管官吏。㉙擅飾　擅自整理。㉚泰　太。㉛疵　毛病。㉜摠　通「總」。包攬。㉝莫之顧而進之　沒有人理會卻還要說個不停。顧，理會。進之，指說給別人聽。㉞佞　花言巧語。引申為喜歡饒舌。㉟希意導言　迎合別人的意思順著別人的意願去講話。希，迎合。導，順著。㊱諂　諂媚。㊲諛　阿諛奉承。㊳讒　背後說人壞話。㊴析交離親　離間朋友、親人之間的關係。析，分開；離間。㊵賊　傷害。㊶稱譽詐偽以敗惡人　用讚美或欺詐的辦法去傷害別人。敗惡，敗壞；傷害。㊷慝　奸邪。㊸否　壞。㊹兩容顏適　兩面三刀，左右討好。容，容納。顏適，討好的面容。顏，面容。適，適意；討好。㊺偷拔其所欲　暗暗攫取自己所想得到的東西。㊻險　陰險。㊼經　理；做。㊽變更易常　改變常規。變更易，三字皆「改變」義。常，常規。㊾挂　釣取；獲取。㊿叨　貪婪。(51)專知擅事　自恃聰明獨斷專行。專，自恃。知，同「智」。(52)更　改正。(53)很　執拗；固執。(54)矜　驕傲；自以為能。(55)愀然　悽涼悲傷的樣子。(56)丘再逐於魯　本句及以下三句已多次見於前文。注釋可見〈讓王〉。(57)離此四謗　遭遇到這四次災難。離，通「罹」。遭遇。謗，譭謗。引申為災難。(58)悽然　悽愴同情的樣子。(59)迹　足跡。(60)去之走　為逃避身影和足跡而跑開。

走，跑。⑥1數　頻繁；多。⑥2疾　快。⑥3遲　遲緩；慢。⑥4處陰　停留在陰暗處。⑥5審　研究；考察。⑥6際　分界；區別。⑥7適受與之度　把握好取捨的分寸。適，使……恰當。度，度數；分寸。⑥8不免　不免於災難。⑥9而　你。⑦0還以物與人　把名利等一切外物交還給別人。物，指包括名利在內的一切身外之物。⑦1外　遠。指遠離大道。⑦2神　神情；神色。⑦3人理　人倫；人與人之間的關係。⑦4慈　敬愛。⑦5適　適意；愉快。指使父母愉快。⑦6一其迹　同一的軌跡；一樣的做法。⑦7不論所以　無論用什麼辦法都行。所以，所為。⑦8具　餐具酒器。⑦9法　做法。⑧0恤　擔心。指擔心人們的指責。⑧1祿祿　即「碌碌」。平庸的樣子。⑧2湛於人偽　沉溺於虛偽的禮儀。湛，沉溺。人偽，人們制定的虛偽禮儀。「人偽」也可理解為「人為」。人事。⑧3若天幸然　就像上天寵愛我一樣。幸，寵幸；寵愛。然，這樣；一樣。⑧4比之服役　把我看作您的弟子。比，看作；當作。服役，奴僕。代指弟子。⑧5舍所在　住所在哪裡。⑧6因　趁此機會。⑧7可與往者與之　可以與他一起去修習大道的就與他一起修習。往，去。指去修習大道。⑧8妙道　玄妙的大道。⑧9咎　災難。⑨0刺船　撐船。⑨1延緣葦間　沿著蘆葦叢向遠處划去。延，伸延。指船向前行去。緣，沿著。

【語　譯】子貢回到孔子身邊，把與漁父的談話情況告訴孔子。孔子推開琴站起身來，說：「他大概是一位聖人啊！」於是走下杏壇去尋找漁父。孔子來到水邊，漁父正手持船篙打算撐船離岸，回頭看見了孔子，便轉過身來面對孔子站著。孔子向後跑了幾步，連拜了兩拜，然後走向前去。

漁父問：「您來找我有什麼事嗎？」孔子說：「剛才先生講話剛開了個頭就走了，我實在是不聰敏，不知道您說的是什麼意思，於是我就在這裡恭候，希望能夠聽到您的教誨，以便最終對我有所幫助。」漁父說：「咦！您實在是太好學了！」孔子又連拜了兩拜，然後站起身來，說：「我從小就開始努力學習，至今也不敢鬆懈，我已經六十九歲了，還沒有學到最高真理，我怎敢不虛心！」

漁父說：「同類的事物相互聚集在一起，同類的聲音相互呼應，這本來就是自然的道理。那麼就請讓我說明我的看法而分析一下您所從事的活動。您所從事的活動，都是一些社會事務。天子、諸侯、大夫、百姓，這四種人如果都能夠擺正自己的位置，那就是最美好的社會了；如果偏離了各自的位置，那就是最大的混亂。官吏處理好各自的職責，人人都操心各自的事務，這樣就不會出現相互侵擾的混亂局面。所以，田地荒蕪住房破漏，衣服和食物不充足，賦稅不能及時交納，妻妾之間不和睦，長幼之間失去應有的秩序，這是普通百姓應該擔憂的事情；能力不能勝任職守，分內之事沒有做好，品行不夠清白，部下消極怠工，無法建立功業和美名，不能保有自己的爵位和俸祿，這是大夫們應該擔憂的事情；朝廷上沒有忠臣，封地內一片混亂，沒有精巧的工匠技人，進貢事宜沒能辦好，春秋朝拜天子時也落在其他諸侯後面，不能順從天子的意願，這是諸侯應該擔憂的事情；陰陽不和諧，寒暑變化不合時令，以致傷害了萬物，諸侯暴亂，擅自相互侵擾相互征討，以致殘害了百姓，禮樂不合制度，財用短缺匱乏，人倫關係沒有理順，百姓荒淫混亂，這是天子和有關主管大臣應該擔憂的事情。如今您既然在上沒有君侯、公卿的地位，而在下又沒有大臣和負責某項事務的官職，卻擅自去整頓禮樂，制定人倫規範，還想以此來教化百姓，這不也太多事了嗎？而且人們往往有八種毛病，辦事常常出現四種錯誤，對此我們不能沒有一個清醒的認識。不是自己的事情卻硬要去做，這就叫做喜歡包攬；沒人理睬卻還要說個不停，這就叫做多嘴饒舌；迎合著別人的心願去講話，這就叫做巧言諂媚；不分是非曲直去表示贊成，這就叫做阿諛奉承；喜歡說別人的壞話，這就叫做善進讒言；離間朋友和親人之間的關係，這就叫做傷害別人；用稱頌或欺詐的辦法去損害別人，這就叫做奸邪不正；不分善惡，兩面三刀而左右討好，暗中卻趁機攫取自己所想得到的東西，這就叫做奸詐險惡。這八種毛病，對外搞亂了別人，對內則傷害了自己的身心，道德高尚的君子不與這種人交往，聖明的君主不選拔他們做自己的大臣。所謂的四種錯誤，就是喜歡去做大事，卻又隨意改變常規，以此來獲取功名，這就叫做貪得無厭；自恃聰明而獨斷專行，侵害他人而剛愎自用，這就叫做利欲薰心；知道自己的過錯卻不願改正，聽到了別人的勸告卻更加堅持自己的錯誤，這就叫做頑固不化；別人的意見與自己相同就認可，與自己不同的意見即使正確也硬是說它不正確，這就叫做傲慢自負。這就是四種錯誤。如果能夠去掉這八種毛病，改正這四種錯誤，然後才可以去教誨他。」

孔子神情悽涼地長歎了一聲，又連拜了兩拜，然後站起身來，說：「我兩次被魯國驅逐，在衛國難以立足，在宋國受到伐樹的驚嚇和羞辱，又被圍困於陳、蔡之間。我不知道自己究竟有什麼過錯，卻遭受了這四次災難，其原因是什麼呢？」漁父同情得改變了面容，說：「您實在是太難以醒悟了！有一個人害怕自己的身影、厭惡自己的足跡，為了逃避身影和足跡便快步跑開，然而舉步越頻繁而留下的足跡越多，跑得越來越快而影子總不離身，他自以為是因為跑得太慢了，於是便加速奔跑而不敢停下，結果因精疲力盡而死去。他不知道停留在陰暗之處就可以使身影消失，停留在靜止狀態就可以使足跡消失，這也實在是太愚笨了！您研究仁義的內容，考察同異的關係，觀察動靜的變化，掌握取捨的分寸，理順好惡的情感，調和喜怒的程度，然而還是幾乎沒能免於災禍。你要認真地修養你的身心，細心地保護你的真情，把包括名利在內的一切外物都交還給別人，那麼你就沒有什麼牽累了。如今你不注重自身修養卻去要求別人，這不也太遠離大道了嗎！」

孔子神色悽涼地說：「請問什麼叫做真情呢？」漁父說：「所謂的真情，就是精誠到了極點。如果做不到精誠，就不能感動別人。因此那些勉強哭泣的人雖然外表悲痛而並不令人感到哀傷，勉強發怒的人雖然外表嚴厲而並不令人感到畏懼，勉強親熱的人雖然笑容滿面卻並不使人感到可親。真正的悲痛即使沒有哭聲也會使人感到哀傷，真正的憤怒即使沒有表現出來也會令人感到畏懼，真正的親熱即使沒有笑容也會使人感到可親。真情存在於內心，神情自然就流露於外表，這就是真情可貴的原因。把真情運用在人倫方面，侍奉雙親就會尊敬孝順，輔佐君主就會忠貞不二，飲酒時就會高興，居喪時就會哀傷。忠於君主以建功為主旨，飲酒以高興為主旨，居喪以哀傷為主旨，孝敬雙親要以雙親感到舒心為主旨。以做成美好的事情為目的，不必一定要採用同一種方式。孝敬雙親以使雙親感到舒心為目的，不必考慮使用什麼方法；飲酒以高興為目的，不必考慮使用什麼酒器；居喪以哀傷為目的，不必考慮使用什麼禮儀。禮儀，是世俗人所制定的；真情，是來自於人的天性，是出於自然而不可改變的。因此聖人做法自然看重真情，不受世俗禮儀的約束。而愚人的做法剛好與此相反，不能做法自然而總是擔心俗人的指責，不知道重視真情而總是平平庸庸地隨著俗人變化，因此他們有很多不足之處。真是太可惜了，您過早地沉溺於人為的虛偽禮儀而很晚才聽說大道啊！」

孔子又一次連拜了兩拜，然後站起身來，說：「今天我能夠遇上先生，好像是上天特別寵愛我似的。如果先生不因收我為弟子而感到羞恥，那就把我當作弟子，親自教誨我吧！我冒昧地想問問先生住在什麼地方，請讓我趁此機會到您門下受業，以便最終能學到大道。」漁父說：「我聽說，可以與他一起修習大道的人就與他一起修習，直至領悟到玄妙的大道；不可以與他一起修習大道的人，他最終也無法掌握大道，千萬不可和這樣的人交往，只有這樣自身才不會遇上災禍。您自己努力吧！我要和您告辭了！我要和您告辭了！」於是漁父把船撐離岸邊，沿著蘆葦叢中的水路划向了遠方。

顏淵還車❶，子路授綏❷，孔子不顧，待水波定，不聞拏音❸而後敢乘。

子路旁❹車而問曰：「由得為役❺久矣，未嘗見夫子遇人如此其威❻也。萬乘❼之主，千乘❽之君，見夫子未嘗不分庭伉禮❾，夫子猶有倨傲之容❿。今漁父杖拏逆立⓫，而夫子曲要磬折⓬，再拜而應⓭，得無⓮太甚乎？門人⓯皆怪夫子矣，漁父何以得此⓰乎？」孔子伏軾⓱而歎曰：「甚矣由之難化也！湛⓲於禮義有閒⓳矣，而樸鄙⓴之心至今未去。進，吾語汝。夫遇長不敬，失禮也；見賢不尊，不仁也。彼非至人，不能下人㉑，下人不精㉒，不得其真㉓，故長傷身。惜哉，不仁之於人也，禍莫大焉，而由獨擅之㉔。且道者，萬物之所由㉕也，庶物失之者死，得之者生；為事逆之則敗，順之則成。故道之所在㉖，聖人尊之。今漁父之於道，可謂有矣，吾敢不敬乎！」

【章　旨】本章通過孔子對子路的批評，表達了孔子對漁父的崇敬之情。

【注　釋】❶還車　掉轉車頭。❷綏　供人登車時攀拉的繩子。❸拏聲　船篙擊水的聲音。即划船的聲音。❹旁　同「傍」。

靠著。❺為役　當弟子。役，服役；奴僕。代指弟子。❻威　通「畏」。敬畏。❼萬乘　大國。大國擁有萬輛戰車，故以「萬乘」代指大國。❽千乘　指較小的國家。❾分庭伉禮　即「分庭抗禮」。以平等的禮節相見。古代禮節，主人居東邊，客人居西邊，客人與主人相見時，站在庭院的西邊向東與主人相互施禮，故稱「分庭抗禮」。❿倨傲之容　傲慢的神情。倨，傲。⓫逆立　對面站立。逆，迎面。⓬曲要磬折　像磬那樣彎著腰。要，通「腰」。磬，樂器名。用石、玉或金屬做成，形狀彎曲如矩。折，彎曲。⓭應　回答。主語是漁父。⓮得無　莫不是。⓯門人　弟子。⓰得此　能使您如此敬畏。⓱軾　車前的橫木。⓲湛沉溺。這裡指埋頭學習。⓳有閒　很久。⓴樸鄙　粗野。㉑下人　使人對他表示謙下。㉒精　誠。㉓不得其真　失去了自己的真情。㉔擅之　具有這種毛病。擅，擁有。㉕所由　所要遵循的。㉖所在　所在之處。這裡指具有大道的人。

【語　譯】顏淵掉轉車頭，子路遞過登車時攀拉的繩子，而孔子望著漁父遠去的方向頭也沒回，一直等到漁船蕩起的水波平靜下來，划船的聲音也聽不到時，這才登上車子。

子路靠著車子問道：「我當先生的弟子已經很長時間了，從未見過先生對人如此地敬畏。大國的諸侯，小國的君主，見到先生歷來都是以平等的禮節相待，而先生往往還流露出傲慢的神情。今天漁父手持船篙與您對面站立，而先生卻像石磬那樣彎腰鞠躬，連拜兩拜他才開口答話，他的做法是否太過分了？弟子們對先生今天的態度深感奇怪，那位漁父憑什麼能使您如此敬畏呢？」孔子靠在車前的橫木上，歎了一口氣說：「你實在太難以教化了！你埋頭學習禮義也有些時日了，而粗野的性格至今也沒能改掉。上前來，我告訴你。遇到年長之人不尊敬，這就是失禮；看到了賢人不尊重，這就是不仁。那位漁父如果不是一位道德完美的得道之人，就不可能讓別人在他面前表示謙下，對人表示謙下如果不是出於誠心，那就是失去了自己的真情，如此久了就會傷害自己的身體。真是可惜呀！不仁這種品質對於人來說，是最大的禍患，而你子路卻偏偏就有這種毛病。再說大道是萬物所必須遵循的，萬物失去了大道就會死亡，獲得了大道就能生存；做事違背了大道就會失敗，順應了大道就能成功。因此無論誰獲得了大道，連聖人都要尊重他。今天這位漁父對於大道，可以說是已經體悟了，我怎敢不尊敬他呢！」

【研　析】本篇的內容雖然很豐富，提出了許多其他篇章所沒有提出過的具體主張，但最值得重視、對後人影響最大的還是本篇提出的「貴真」思想。

在本篇中，漁父教導孔子說：「真者，精誠之至也。不精不誠，不能動人。……真悲無聲而哀，真怒未發而威，真親未笑而和。真在內者，神動於外，是所以貴真也。」並責備孔子「不知貴真」。

莊子講的「真」，從字面上看，與儒家講的「誠」差不多，而實際上，二者的含義還是有許多不同之處的。儒家講的「誠」，屬於道德修養的範疇，是指真心誠意地進行自我修養，最終完成治國平天下的大任，具有十分明確的功利目的，而不是指抒發自己的真情實感。相反，儒家是不主張隨便就把真實情感流露出來的，而提倡節情以禮，把自己的情感納入禮教範圍。實際上也就是說，儒家強調的「誠」，其主要內容之一就是要求人們誠心誠意地去改變自己那些不符合禮教的情感。而莊子的「真」則是指保持自己的本性、真情，他反對強哭、強怒、強親，提倡真哭、真怒、真親，主張流露自己的真情實感。可以說，儒家的「誠」是改變自己以適應社會，用本篇中的話說就是「祿祿而受變於俗」；而莊子提倡的「真」則是不顧社會的好惡，自己率性而為，也就是本篇講的「法天貴真，不拘於俗」。正因為「誠」和「真」在內涵上不同，所以儒家的「誠」主要是對後世正統道德修養和治國理論產生影響，而莊子的「真」則主要是對後世文人的放浪性格和文學藝術產生影響。

魏晉時期的名士放蕩行為，唐宋詩詞中的真情表白，無不可以從中看到「貴真」思想的影子。許多文學理論著作，如《文心雕龍》等，也提出類似主張。到了明代，李贄在此基礎上提出了「童心說」。他說：

夫童心者，真心也。若以童心為不可，是以真心為不可也。夫童心者，絕假純真，最初一念之本心也。

（〈童心說〉）

可見李贄說的「童心」也就是莊子說的「貴真」。李贄認為，人不能失去真心，要做「真人」，只要保持一顆「真心」，任何人都能寫出好文章來。據史書記載，李贄的「童心說」及其相關理論，曾使當時的不少文人如痴如狂，直到現在，這一主張仍為人們所津津樂道。而李贄的這一主張，完全是莊子思想的翻版。由此可以看出，莊子的「貴真」思想具有強大的生命力。

需要我們注意的是，莊子的「真」是以「善」為基礎的，因為道家是「性善論」者。然而在現實生活中，「真」的東西未必就是「善」的東西，如果認為「真」的就是好的並加以提倡，將會走向另一個極端。

列御寇第三十二

【題解】列御寇，人名。又作「列禦寇」、「列圄寇」或「列圉寇」。即著名道家學者列子。鄭國人。生活年代大約在老子的弟子關尹之後、莊子之前。現留有《列子》一書。本篇取篇首人名為篇名。本篇由許多小故事組合而成，同時間以議論，內容較雜，主要的內容大致有：反對自我炫耀，提倡清靜無為；反對追求名利，重視修心養生；反對虛偽傲慢，主張真誠謙虛；反對以貌取人，強調綜合考察。篇末的一段故事還表現了莊子曠達的生死觀。

列御寇之齊❶，中道而反❷，遇伯昏瞀人❸。伯昏瞀人曰：「奚方❹而反？」曰：「吾驚焉。」曰：「惡乎❺驚？」曰：「吾嘗食於十漿❻，而五漿先饋。」伯昏瞀人曰：「若是則汝何為驚已？」曰：「夫內誠不解❼，形諜成光❽，以外鎮人心❾，使人輕乎貴老❿，而𩐋⓫其所患。夫漿人特⓬為食羹之貨，無多餘之贏⓭；其為利也薄，其為權也輕，而猶若是，而況於萬乘之主⓮乎！身勞於國，而知盡於事。彼將任我以事，而效我以功⓯，吾是以驚。」伯昏瞀人曰：「善哉觀乎！汝處已⓰，人將保⓱汝矣。」

無幾何⓲而往，則戶外之屨滿⓳矣。伯昏瞀人北面而立，敦⓴杖蹙之乎頤㉑，立有間㉒，不言而出。賓者以告列子。列子提屨，跣㉓而走，暨㉔乎門，曰：「先生既來，曾不發藥㉕乎？」曰：「已矣！吾固告汝曰：『人將保汝。』果保汝矣。非汝能使人保汝，而汝不能使人無保汝也，而焉用之感㉖？豫出異㉗也，必且有感，搖而本性，又無謂㉘也。與汝遊者，又莫汝告㉙也。彼所小言㉚，盡人毒㉛也。莫覺莫悟㉜，何相孰㉝也？巧者勞而知者憂㉞，無能者無所求，飽食而遨遊，汎㉟若不繫之舟，虛㊱而遨遊者也。」

【章旨】本章闡述了不求顯達、反對自我表現的重生命、重清靜思想。

【注釋】❶列御寇之齊　列子到齊國去。列御寇，人名。即列子。之，到。❷反　通「返」。❸伯昏瞀人　人名。❹奚方　什麼事。方，事。❺惡乎　為什麼。❻十漿　十家賣酒漿的鋪店。漿，這裡指酒。理解為泛指飲料也可。❼內誠不解　內心雖然真誠，但還沒有達到與大道化為一體的程度。解，融化。❽形諜成光　就會在外表上顯露出才華。諜，通「渫」。泄漏。光，光彩；才華。道家認為，真正得道之人是不會表現自己才華的，而表現出才華的人恰恰是沒有得道的人。❾以外鎮人心　靠外表才華鎮服人心。❿貴老　尊重老人。⓫盩　借為「賷」。導致。⓬特　僅僅。⓭羸　通「贏」。盈利。⓮萬乘之主　擁有萬輛兵車的大國君主。乘，輛。⓯效我以功　檢驗我的功績。效，檢驗。⓰處已　安居在家。處，安居。已，通「矣」。⓱保　依附。⓲無幾何　沒過多久。⓳戶外之屨滿　門外擺滿了鞋子。古人入門前要脫鞋，列子門前擺滿了鞋子，說明前來依附他的人很多。⓴敦　豎起。㉑蹙之乎頤　抵住下巴。蹙，貼近。頤，面頰；下巴。㉒有間　一會兒。㉓跣　赤腳。㉔暨　趕上。㉕發藥　發藥治病。比喻提意見。㉖而焉用之感　哪裡用得上去感召別人呢。焉，何。㉗豫出異　預先就表現得與眾不同。豫，通「預」。㉘無謂　沒有意義。㉙莫汝告　沒有人能告訴你什麼有益的東西。㉚小言　不合大道的瑣碎言論。㉛盡人毒　全是害人的東西。㉜莫覺莫悟　不覺悟。㉝相孰　觀察清楚。相，觀察。孰，通「熟」。詳審。㉞憂　憂患；操心。㉟汎漂浮遊蕩。㊱虛　心境空寂。

【語　譯】列子到齊國去，走到半道又返回來了，遇到伯昏瞀人。伯昏瞀人問：「為了什麼事又回來了？」列子說：「我受到驚嚇啦！」伯昏瞀人問：「為什麼受到驚嚇？」列子說：「我曾在十家賣酒漿的店鋪裡喝酒，就有五家事先聲明不收錢白送酒給我喝。」伯昏瞀人說：「像這樣的事你為什麼會受驚嚇呢？」列子說：「內心雖然真誠學道，但還沒有達到與道融為一體的時候，就會在外表上顯露出自己的才華，靠這種外表才華去鎮服人心，使人們不去尊重老人而來尊重自己，這樣就會招致禍患。那些賣酒漿的人只不過做一些食品買賣，沒有太多的利潤，他們賺得的利益如此菲薄，掌握的權力如此輕微，尚且如此地敬待我，更何況那些擁有萬輛兵車的大國君主呢！他們為國操勞，為政事竭盡智力。他們一定會把國事委託給我，而且還要檢驗我的功績。我是為這件事受到了驚嚇！」伯昏瞀人說：「你觀察得很好！你安居在家吧，但人們還是會來依附你的。」

沒過多久，伯昏瞀人前去看望列子，只見列子門前擺滿了鞋子。伯昏瞀人面朝北站著，豎起拐杖抵著下巴，站了一會兒，沒講一句話就走了出去。迎候賓客的人告訴列子。列子慌忙提著鞋、赤著腳追到大門口，說：「先生既然來了，難道就不能留下幾句教導我的話嗎？」伯昏瞀人說：「算了吧！我本來就告訴你說：『人們將會來依附你。』現在果然來依附你了。但關鍵不在於你能使別人來依附你，而在於你不能使別人不來依附你，你哪裡用得著去感召別人呢？事先就表現得與眾不同，就必定會感召別人，這樣反而損害了你自己的本性，而且還毫無意義。與你交往的那些人，沒有誰能夠告訴你什麼有益的東西。他們所講的那些不合大道的瑣碎言論，全是毒害人心的貨色。如果還不覺悟，怎麼能把事情觀察清楚呢？有技巧的人多受勞而有智慧的人多操心，沒有能力的人也就沒有什麼追求，只要填飽肚子就可以自由自在地到處遊蕩，飄飄悠悠地就好像沒有拴繫的小船一樣，這才是心境虛寂而自由遨遊的人啊。」

鄭人緩❶也呻吟❷裘氏❸之地，祇三年而緩為儒，河潤九里❹，澤及三族❺，使其弟墨❻。儒墨相與辯，其父助翟❼，十年而緩自殺。其父夢之曰：「使而❽子為墨者，予也。闔胡嘗視其良❾？既為秋柏之實也❿。」夫造物者之報人也⓫，不報其人而報其人之天⓬，彼故使彼⓭。夫人⓮以己為有以異⓯於人以賤其親⓰，齊人之井飲者相捽⓱也。故曰今之世皆緩也。自是，有德者以⓲不知也，而況有道者乎！古者謂之遁天之刑⓳。聖人安其所安⓴，不安其所不安㉑；眾人安其所不安，不安其所安。

【章　旨】本章認為人的一切都來自大自然，因此不可自以為是，而應各自安於各自的天性。

【注　釋】❶緩　人名。❷呻吟　吟誦。❸裘氏　地名。❹河潤九里　他的思想就像河水滋潤沿岸的土地一樣影響著周圍的人們。九里，泛指周圍地區。❺三族　父族、母族、妻族。❻墨　墨家。這裡用作動詞。當墨家的學人。❼翟　人名。即墨翟。墨家的創始人。這裡代指墨家。❽而　你。❾闔胡嘗視其良　為什麼不去看看我的墳墓。闔，通「曷」。何不。胡，為什麼。其，代指自己。良，通「垠」。墳墓。❿既為秋柏之實也　我已經變成了秋天柏樹上的果實了。言其怨恨之深。莊子認為，人死以後，其屍體會漸漸變化為其他各種事物。⓫夫造物者之報人也　大自然賦予人的。造物主，大自然。報，賦予。⓬不報其人而報其人之天　賦予的不是人為的東西，而是人的天性。意思是說，緩的弟弟成為墨家，是由其天性決定的，與人為無關，而緩自以為是自己使弟弟成為墨家，這是貪天之功。⓭彼故使彼　他具有那樣的天性，所以才使他成為那樣的人。⓮夫人　那個人。指緩。夫，那。⓯有以異　有所不同。⓰賤其親　輕辱他的父親。指緩在夢中指責父親。⓱捽　扭打。⓲以　以為；認為。⓳遁天之刑　違背自然所受到的懲罰。遁，違背。⓴安其所安　安於接受他們所應該安於接受的自然天性。㉑所不安　所不應該安於接受的。指人為的東西。

【語　譯】鄭國有一個名叫緩的人在裘氏誦讀經書，只用了三年時間就成了儒生，他的思想就像河水滋潤沿岸的土地一樣影響著周圍的人們，他的恩惠還施及父、母、妻三族，並且讓自己的弟弟去學習墨家學說。儒家與墨家發生爭論時，緩的父親總是站在墨家的一邊。過了十年緩憤而自殺。他的父親夢見他說：「使你的兒子成為墨家學者，那還是我的功勞。你們為什麼不到我的墳墓上來看看呢？我已經變成秋天柏樹上的果實了。」大自然賦予人的，並非人為的東西，而是人的天性，他具備了那樣的天性才使他成為他那樣的人。緩總認為自己與眾不同，所以才去輕辱他的父親，這就好像一個齊國人自以為挖井有功而去扭打前來飲水的人一樣。所以說如今社會上的人都是一些與緩一樣的人。自以為正確，有美德的人認為這種看法是不明智的，更何況那些懂得大道的人呢！古時候的人把緩這種做法叫作違背自然原則所受到的懲罰。聖人安於應該安於接受的自然，不安於所不應該安於接受的人為；而普通人安於不應該安於接受的人為，不安於所應該安於接受的自然。

莊子曰：「知道易，勿言難❶。知而不言，所以之天❷也；知而言之，所以之人也。古之人，天而不人。」

朱泙漫❸學屠龍於支離益❹，單❺千金之家，三年技成而無所用其巧。

聖人以必不必❻，故無兵❼；眾人以不必必之❽，故多兵；順於兵❾，故行有求。兵，恃之則亡。

小夫❿之知，不離苞苴、竿牘⓫，敝精神乎蹇淺⓬，而欲兼濟導物⓭，太一形虛⓮，若是者，迷惑于宇宙，形累不知太初⓯。彼至人者，歸精神乎無始⓰，而甘瞑乎無何有之鄉⑰。水流乎無形，發泄乎太清⑱。悲哉乎！汝⑲為知在毫毛，而不知大寧⑳。

【章　旨】本章的主旨依然是崇尚自然，反對人為，認為人為的知識不僅耗費人力物力，而且還像屠龍術那樣無用。

【注　釋】❶勿言難　不去談論大道困難。莊子反對談論大道的原因有二，一是認為奧妙的大道是無法用語言表達的，二是認為向別人談論大道的人總是帶有世俗目的的。❷所以之天　這是走向自然境界之路。之，走向。❸朱泙漫　虛構的人名。❹支離益　虛構的人名。❺單　通「殫」。耗盡。❻以必不必　對於必然的事情也不執拗於己見。意思是說聖人雖然知道某件事必然是如此，但當別人提出反對意見時，聖人也不會固執於己見而與對方爭論。❼兵　爭戰。這裡泛指爭執。❽以不必必之　對於非必然的事情還要固執己見。❾順於兵　從事於爭執。順，順從。引申為從事。❿小夫　小人。指普通人。⓫不離苞苴竿牘　離不開贈與酬答。苞苴，用來包裹魚肉等禮物的草包。後人以「苞苴」代指禮物。竿牘，竹簡。古人以竹簡為書寫工具。這裡代指書信。⓬蹇淺　淺薄。指淺薄之事。⓭導物　引導萬物。⓮太一形虛　虛寂的大道境界。太一，指博大而獨一無二的大道。⓯太初　天地萬物剛開始出現時的情況。⓰無始　萬物還未出現時的渾沌狀態。⓱而甘瞑乎無何有之鄉　而心甘情願地躺臥於一無所有的虛寂境界之中。瞑，通「眠」。休眠；躺臥。無何有，什麼也沒有。⓲發泄乎太清　流淌於清虛空靜的境界之中。太清，清虛空靜。⓳汝　你。指「小夫」。即一般人。⓴大寧　極為安寧。即清靜無為。

【語　譯】莊子說：「要想了解大道還比較容易，而要想做到不談論大道就很困難。了解了大道而不去談論，這是通向自然境界的道路；了解了大道就到處去談論，這是通向世俗社會的道路。古時候的人，嚮往自然而不追求人為。」

朱泙漫向支離益學習宰龍的技術，為此耗盡了千金的家產，三年之後學會了這門技術，卻沒有機會去使用這門技術。

聖人對於必然的事情也不會執拗於己見，所以他們總不會與人爭執；而一般人即使對於非必然的事情也要固執己見，所以他們總是與人爭執；一般人喜歡爭執，是因為他們的一切行為都有所追求。爭執這種行為，如果一味地依仗它就會自取滅亡。

世俗人的智慧，大致離不開彼此間的贈與酬答，在這類淺薄的事情上耗費自己的精神，還想以此來兼濟天下引導眾生，從而達到虛寂的大道境界，像這樣的人，糊糊塗塗地生活於天地之間，把自己弄得疲憊不堪也無法明白天地萬物剛開始的情況。那些思想境界最高的人，讓自己的精神回歸到萬物還沒有出現時的虛寂渾沌狀態，甘心情願地躺臥於一無所有的空靜境界。他們就像沒有固定形狀的流水一樣，自由自在地流淌在清虛空寂的境域之中。真是可悲呀！世俗人把智慧用在細小如毫毛的瑣碎事上，而根本不懂得清靜無為。

宋人有曹商❶者，為宋王使❷秦。其往也，得車數乘。王❸悅之，益❹車百乘。反於宋，見莊子曰：「夫處窮閭阨巷❺，困窘織屨❻，槁項黃馘❼者，商之所短也；一悟❽萬乘之主而從車百乘者，商之所長也。」莊子曰：「秦王有病召醫，破癰潰痤❾者，得車一乘；舐痔❿者得車五乘；所治愈下⓫，得車愈多。子豈治其痔邪！何得車之多也？子行矣！」

【章　旨】這個故事諷刺了那些不擇手段去獵取富貴的人。

【注　釋】❶曹商　人名。❷使　出使。❸王　指秦王。❹益　增加；賞賜。❺窮閭阨巷　狹窄的死胡同。窮，不通。閭，里巷的大門。阨，通「隘」。狹窄。❻屨　麻鞋；草鞋。❼槁項黃馘　脖細臉黃；面黃肌瘦。槁，乾枯。項，脖子。馘，臉。❽一悟　一旦說服。悟，使醒悟；說服。❾破癰潰痤　擠破毒瘡、癤子。癰，毒瘡。痤，小瘡；癤子。❿舐痔　用舌舔痔瘡。

舐，舔。⓫所治愈下　用來治病的手段越卑下。

【語譯】宋國有一個人名叫曹商，他為宋王出使到秦國去。他去的時候，只有幾輛車子。秦王見了他十分賞識，就又賞賜給他一百輛車子。曹商回到宋國以後，便去見莊子，說：「住在狹窄的死胡同裡，窮困得靠織草鞋糊口，餓得脖子乾枯面黃肌瘦，那是我曹商的短處；一旦說服大國的君主，出門時身後就能跟隨著浩浩蕩蕩的百輛車隊，這是我曹商的長處。」莊子說：「我聽說秦王有病請醫生治療，能夠為他擠破毒瘡、癰子的人，可以得到一輛車的賞賜；能夠為他用舌頭舔一舔痔瘡的人，可以得到五輛車的賞賜；用來治療的方法越低賤，得到的車輛就越多。您莫不是為他舔了痔瘡吧！不然您怎麼能夠得到這麼多的車輛呢？您還是走開吧！」

魯哀公問乎顏闔❶曰：「吾以仲尼為貞幹❷，國其有瘳❸乎？」曰：「殆哉圾乎❹！仲尼方且飾羽而畫❺，從事華辭，以支為旨❻，忍❼性以視民❽而不知不信；受乎心❾，宰乎神，夫何足以上民❿！彼宜汝與⓫？予頤與⓬？誤而可⓭矣。今使民離實學偽，非所以視民也，為後世慮，不若休之⓮。難治也。」

【章旨】本章批評儒家學說是棄本逐末、離實學偽，不適合用來治理國家。

【注釋】❶顏闔　人名。❷貞幹　棟梁；輔政大臣。貞，通「楨」。「楨」和「幹」都是建築物的支柱，比喻國家的重臣。❸瘳　病癒。比喻國家被治理好。❹殆哉圾乎　太危險了。殆，危險。圾，通「岌」。危險。❺飾羽而畫　比喻繁文縟節。羽毛本來就是用作外表裝飾的，如果再對它進行修飾和描畫，說明太重視外表了。比喻孔子太重視外表上的禮節。❻以支為旨　把次要的東西當作主要的東西。支，枝節；次要的。旨，主旨。❼忍　抑制；扭曲。❽視民　治理百姓。視，辦理；治理。一說「視」通「示」。顯示；誇示。❾受乎心　讓百姓從心裡接受。❿上民　處於百姓之上。即當百姓的管理者。⓫彼宜汝與　他適合於你嗎。彼，指孔子。宜，適合。⓬予頤與　能養育百姓嗎。予，賜予；施恩惠。頤，養。⓭誤而可　說他錯了是完全可以的。⓮休之　不使用他。

【語　譯】魯哀公向顏闔問道：「我想讓孔子當輔政大臣，可以把國家治理好嗎？」顏闔說：「那實在太危險了！孔子一直在研究繁文縟節，致力於華美的辭藻，把次要的東西當成了主要的東西，他扭曲人的天性並想以此來治理百姓，卻不知道這些做法是不誠實的。他要讓百姓從心裡接受他的這一套，並以此來控制百姓的精神，他怎麼能夠管理好百姓呢！他真的適合於你嗎？他真的能養育百姓嗎？說他的做法錯了是完全可以的。他如今讓百姓放棄誠實而學會虛偽，這不是用來治理百姓的好辦法，為後世子孫著想，不如不要使用他。孔子很難把國家治理好啊！」

施❶於人而不忘，非天布❷也，商賈不齒❸，雖以事齒之❹，神者弗齒。為外刑者，金與木❺也；為內刑者，動與過❻也。宵人❼之離❽外刑者，金木訊❾之；離內刑者，陰陽食❿之。夫免乎外內之刑者，唯真人能之。

【章　旨】本章講了兩層意思：一是主張施恩不圖回報，二是要求人們注意身與心兩方面的安全與健康。

【注　釋】❶施　施恩惠。❷天布　大自然的無私恩賜。布，布施。❸商賈不齒　連商人都瞧不起。賈，商人。不齒，不願與之同伍。表示極度鄙視。❹以事齒之　因為辦事必須與他們交往。❺金與木　用金屬和木頭做成的刑具。金屬的如刀、鋸、斧、鉞等，木製的如棍棒、桎梏等。❻動與過　煩躁不安與自我責備。動，心情不平靜；煩躁不安。過，過錯。用作動詞。責備。❼宵人　小人。❽離　通「罹」。遭受。❾訊　刑訊；拷問。❿食　蠶食；慢慢侵害。

【語　譯】施與別人恩惠而總忘不了讓別人回報，這不符合大自然無私恩賜萬物的原則，連商人都瞧不起這樣的人，即使有什麼事情必須與這樣的人交往，但內心裡還是鄙視他們。對肉體施加懲罰的，不外乎金屬和木製的刑具；對內心施加懲罰的，就是煩躁不安和自我責備。小人所受到的肉體懲罰，就是用金屬和木製的刑具拷問他；所受到的內心懲罰，就是不能和諧的陰陽二氣慢慢地損害他。能夠免於肉體和內心懲罰的，只有真人才可做到。

孔子曰：「凡人心險❶於山川，難於知天。天猶有春秋冬夏旦暮之期，人者厚貌深情❷。故有貌愿而益❸，有長若不肖❹，有順懁而達❺，有堅而縵❻，有緩而釬❼。故其就義若渴者❽，其去義若熱。故君子遠使之❾而觀其忠，近使之而觀其敬，煩❿使之而觀其能，卒然⓫問焉而觀其知，急與之期⓬而觀其信，委之以財而觀其仁，告之以危而觀其節⓭，醉之以酒而觀其則⓮，雜之⓯以處而觀其色⓰。九徵至⓱，不肖人得矣。」

【章　旨】本章認為人心難測，因此提出了九種考察人才的辦法。

【注　釋】❶險　險阻。指難以看清楚。多數注本把「險」解釋為「險惡」，似不確。❷厚貌深情　面容複雜多變，情感隱藏很深。厚，多；複雜。❸貌愿而益　貌似忠厚老實而內心卻驕橫放縱。愿，忠厚。益，通「溢」。驕橫放縱。❹長若不肖　實際上是忠厚長者，而外貌好像邪惡不正。長，長者。不肖，不好。❺順懁而達　外表隨順他人而內心通達事理。懁，通「環」。圓順。❻堅而縵　外表堅強而內心散漫。縵，緩；散漫。❼緩而釬　外表舒緩而內心強悍。釬，通「悍」。❽就義若渴者追求正義就像渴者思水一樣。就，追求。❾遠使之　派他到遠處做事。❿煩　頻繁。⓫卒然　突然。卒，通「猝」。突然。⓬急與之期　交給期限緊迫的事情。⓭節　氣節。⓮則　原則。⓯雜之　指男女雜處。⓰色　表情。⓱九徵至　這九種情況都驗證到了。徵，驗證。

【語　譯】孔子說：「人心比險要的山川還要難以看清，要了解人的內心思想比要了解大自然還難。大自然尚有春夏秋冬和早晚變化的一定週期，而人們的面容複雜多變，情感隱藏很深。有的人貌似忠誠老實而內心驕橫放縱，有的人實為忠厚長者而外貌卻似奸邪不正，有的人外表圓滑順從而內心通達事理，有的人貌似堅強而內心散漫，有的人貌似舒緩而內心強悍。所以有的人追求正義時猶如渴者思水一樣，而拋卻正義時又像逃避火災一般。因此君子總是讓人到遠方辦事以觀察他是否忠誠，讓人到身邊辦事以觀察他是否恭敬，頻繁地讓人做事以觀察他是否有能力，突然提問以觀察他是否有智慧，交給他期限緊迫的事情以觀察他是否守信用，把財物託付給他以觀察他是否廉潔，把危難處境告訴他以觀察他是否能堅守節操，讓他喝醉以觀察他醉後能否堅持原則，用男女雜處的方法以觀察他對女色的表情態度。這九種情況如果都驗證到了，不好的人也就自然被檢驗出來了。」

正考父❶一命而傴❷，再命而僂❸，三命而俯❹，循牆而走❺，孰敢不軌❻！如而夫❼者，一命而呂鉅❽，再命而於車上儛❾，三命而名諸父❿，孰協唐許⓫！

【章　旨】本章通過正考父與一般人的行為對比，提倡謙虛，批評傲慢。

【注　釋】❶正考父　人名。宋國大夫，孔子的遠祖。❷一命而傴　第一次被任命為士便彎下了脊背。命，任命。周代官制，諸侯國的大臣共分三命，一命為士，二命為大夫，三命為卿。傴，背彎曲。表示恭敬謙虛。❸僂　腰彎了下來。❹俯　俯下了身體。❺循牆而走　沿著牆根快步而行。表示謙恭謹慎。❻不軌　不軌之事；壞事。❼而夫　你們這些人。指世俗上的一般人。而，你。❽呂鉅　傲慢的樣子。❾儛　同「舞」。❿名諸父　直呼諸位父輩的名字。名，直呼姓名。⓫孰協唐許　誰能夠像唐堯、許由那樣謙讓呢。協，合於；像……一樣。唐，指堯。堯的國號為「唐」。許，指許由。

【語　譯】正考父第一次被任命為士時就謙恭得彎下了脊背，第二次被任命為大夫時就謙恭得彎下了腰，第三次被任命為卿時就謙恭得彎下了整個身體，平日總是避開大道沿著牆根急步快走，態度如此謙恭怎麼會做不軌之事！如果是凡夫俗子，第一次被任命為士就會傲慢起來，第二次被任命為大夫就會興奮得在車上手舞足蹈，第三次被任命為卿就會傲慢得直呼父輩的姓名了，哪一個能夠像唐堯、許由那樣謙讓呢！

賊莫大乎德有心而心有眼❶，及其有眼也而內視❷，內視而敗矣。凶德有五❸，中德❹為首。何謂中德？中德也者，有以自好❺也而吡❻其所不為者也。窮有八極❼，達有三必❽，形有六府❾。美、髯❿、長、大、壯、麗、勇、敢⓫，八者俱過人也，因以是窮⓬。緣循⓭、偃佒⓮、困畏不若人⓯，三者俱通達⓰。知慧外通⓱，勇敢多怨，仁義多責。達生之情者傀⓲，達於知者肖⓳；達大命⓴者隨㉑，達小命者遭㉒。

【章　旨】本章批評了人的邪念，分析了人生命運的起因，並提醒人們注意禍福相互轉化的現象。

【注　釋】❶賊莫大乎德有心而心有眼　最大的禍害是有意去修養德行而且長有心眼。賊，傷害；禍害。德有心，有意去修德。心有眼，有心眼；有心機。❷內視　用心機去觀察萬物。內，指內在的心機、心眼。❸凶德有五　招惹凶禍的欲念有五種。德，這裡指欲念。五，指心要思，耳要聽，眼要看，舌要說，鼻要嗅。莊子認為這是惹禍的根源。❹中德　心中的欲念。

❺自好　自以為是。❻呲　詆毀；批評。❼窮有八極　一個人窮困潦倒的主要原因有八個。極，屋脊的棟梁。比喻主要原因。「八極」指下文說的美、髯、長、大、壯、麗、勇、敢。❽三必　三個必要條件。指下文說的緣循、偃佒、困畏不若人。❾六府　即「六腑」。指胃、大腸、小腸、三焦、膀胱、膽。❿髯　鬍鬚。古人以長鬚為美。⓫敢　果斷。⓬因以是窮　因為有了這些長處而困窘。人們有了長處，往往自恃傲人，所以困窘。是，代指上述八種長處。⓭緣循　緣情順物；順應自然。⓮偃佒　俯仰。指俯仰隨人。偃，俯。佒，同「仰」。⓯困畏不若人　畏畏縮縮地感到不如別人。⓰三者俱通達　這三個必要條件都具備了，生活就會順利。⓱外通　炫耀於外。⓲傀　偉大；心胸開闊。⓳肖　小；渺小。⓴大命　長命；長壽。一說「大命」指天命、天道。㉑隨　順應。㉒遭　遇。

【語　譯】最大的禍害就是有意去修養德行而且長有心眼，等到長有心眼時就會用心機去看待萬物，用心機去看待萬物就會導致失敗。招惹凶禍的欲念有五種，而心中的世俗欲念是禍害之首。什麼是心中的世俗欲念呢？所謂的心中世俗欲念，就是自以為是而去詆毀自己所不願意做的事情。陷入困境有八個主要原因，生活順利有三個必要條件，這就好像身體必然會具備六種腑臟一樣。美貌、長鬚、高大、魁梧、健壯、艷麗、勇敢、果斷，這八個方面都超過了別人，就會驕縱傲人以至於使自己陷入困境。順應自然、俯仰隨人、畏畏縮縮地總感到不如別人，如果這三個必要條件都具備了，生活就會順利。心中有了世俗智慧就會炫耀於外，勇猛果斷往往會招來很多怨恨，倡導仁義往往會招來很多責難。懂得生命真正意義的人偉大，懂得世俗智慧的人渺小；懂得長壽之道的人順應自然，只知道生命短暫的人就只好隨遇而安了。

人有見宋王❶者，錫❷車十乘，以其十乘驕穉❸莊子。莊子曰：「河上有家貧恃緯蕭而食❹者，其子沒❺於淵，得千金之珠。其父謂其子曰：『取石來鍛❻之！夫千金之珠，必在九重❼之淵而驪龍頷下❽，子能得珠者，必遭其睡也。使驪龍而寤❾，子尚奚微之有哉❿？』今宋國之深⓫，非直⓬九重之淵也；宋王之猛，非直驪龍也。子能得車者，必遭其睡也。使宋王而寤，子為韲粉⓭夫！」

【章　旨】本章指出了官場的凶險，告誡人們不要進入官場獵取名利以自取滅亡。

【注　釋】❶宋王　指宋襄王。❷錫　通「賜」。❸穉　傲慢。❹恃緯蕭而食　靠編織葦蓆為生。恃，靠。緯，編織。蕭，一本作「葦」。植物名。荻蒿；蘆葦。❺沒　潛入。❻鍛　錘打；砸碎。❼九重　九層。極言其深。❽驪龍頷下　黑龍的下巴下面。驪龍，黑龍。頷，下巴。❾寤　醒。❿子尚奚微之有哉　你的身體還能留下一點什麼呢。意思是你將被黑龍吞食掉。奚，什麼。微，微小。指殘留下的一點身體部位。⓫深　水深。比喻政局險惡。⓬非直　不僅。⓭韲粉　粉末。韲，碎。

【語　譯】有一個人去謁見宋王，宋王賜給他十輛馬車，他便帶著這十輛馬車到莊子那裡炫耀。莊子說：「黃河岸邊住著一位家境貧寒、依靠織蓆為生的人，他的兒子潛入深淵之中，撈到了一顆價值千金的寶珠。做父親的十分生氣地對兒子說：『拿石頭砸碎它！價值千金的寶珠，肯定是出自極深極深的潭水中黑龍的下巴底下，你能夠從那裡拿到寶珠，一定是趕上黑龍睡著了。假如當時黑龍正醒著，你還能活著回來嗎？』如今宋國政局的險惡程度，遠遠超過了深淵；宋王的兇殘程度，也遠遠超過了黑龍。你能夠從宋王那裡得到十輛馬車，也一定是遇上宋王睡著了。假如宋王當時正醒著，你也就粉身碎骨了！」

或❶聘於莊子，莊子應其使曰：「子見夫犧牛❷乎？衣以文繡❸，食以芻菽❹，及其牽而入於太廟❺，雖欲為孤犢❻，其可得乎？」

【章　旨】本章表現了莊子重生命、輕富貴的思想。

【注　釋】❶或　有人。❷犧牛　用於祭祀的牛。❸衣以文繡　給牠披上繡花的絲綢。衣，用作動詞。穿。文，同「紋」。花紋。❹芻菽　草料和豆子。芻，草。菽，豆。❺太廟　天子的祖廟。為供祭先祖之處。❻孤犢　沒有父母的小牛。

【語　譯】有人想聘請莊子出來做官，莊子便對來使說：「您見過用來做祭品的牛嗎？平時給牠披著繡花的絲綢，讓牠吃草料和豆子，等到被牽入太廟殺掉做祭品時，牠即使想當一頭沒爹沒媽的可憐小牛，還能做得到嗎？」

莊子將死，弟子欲厚葬之。莊子曰：「吾以天地為棺槨❶，以日月為連璧❷，星辰為珠璣❸，萬物為齎送❹。吾葬具❺豈不備邪？何以加此？」弟子曰：「吾恐烏鳶❻之食夫子也。」莊子曰：「在上為烏鳶食，在下為螻蟻❼食，奪彼與此❽，何其偏也！」

【章　旨】這個故事寫莊子反對厚葬，表現了莊子曠達的生死觀。

【注　釋】❶棺槨　古代的棺材分兩層，裡面的叫「棺」，外面的叫「槨」。❷連璧　相連的玉璧。用作陪葬品。❸珠璣　寶珠。圓的叫「珠」，不圓的叫「璣」。❹齎送　送葬品；陪葬品。齎，送。❺葬具　陪葬的東西。❻烏鳶　兩種鳥名。即烏鴉和老鷹。❼螻蟻　兩種蟲名。即螻蛄和螞蟻。❽奪彼與此　從烏鴉和老鷹口中奪過來再送給螻蛄和螞蟻。彼，指烏鳶。此，指螻蟻。

【語　譯】莊子快要死了，弟子們打算厚葬他。莊子說：「我把天地當作棺槨，把日月當作一雙玉璧，把星辰當作寶珠，萬物都是我的陪葬品。給我陪葬的東西難道還不完備嗎？你們在這些東西之外還能添加點什麼呢？」弟子們說：「我們擔心烏鴉和老鷹會吃掉先生的遺體呀！」莊子說：「把遺體放在地面上會被烏鴉和老鷹吃掉，可埋入地下也會被螻蛄和螞蟻吃掉，把我的遺體從烏鴉和老鷹口中奪走而送給螻蛄和螞蟻，你們為什麼如此偏心呢！」

以不平平❶，其平也不平❷；以不徵徵❸，其徵也不徵❹。明者唯為之使❺，神者徵之❻。夫明之不勝神也久矣，而愚者恃其所見入於人❼，其功外❽也，不亦悲乎！

【章旨】本章反對世俗智慧，認為世俗所謂的智者受外物支配，因此他們的智慧是偏頗的和不真實的。

【注釋】❶以不平平　用不公平的方式去追求公平。❷其平也不平　這樣的公平就不是一種真正的公平。以上兩句是說，世俗人雖然也追求公平，但由於世俗人都有各自的偏見，所以他們追求的公平不是真正的公平。❸以不徵徵　用沒有經過驗證是否正確的原則去驗證萬事萬物。❹其徵也不徵　這種驗證不是一種真正的驗證。以上兩句是說，世俗人用來衡量事物的一些標準本身就沒有經過驗證是否正確，拿沒經驗證過的東西去驗證別的東西，這樣的驗證就不是真正的驗證。❺明者唯為之使　世俗中的聰明人為外物所驅使。之，代指外物。❻神者徵之　只有超越於萬物之上的得道之人才能驗證事物的正確與否。神者，得道之人。得道之人超越於萬物之上，不受萬物左右，因此只有他們才能正確評價萬物。❼入於人　讓別人接受。即教育別人。❽其功外　他們做的事太遠離大道了。功，事。外，疏遠；遠離。

【語譯】用不公平的方式去追求公平，這種公平就不是一種真正的公平；用沒有驗證過的原則去驗證別的事物，這種驗證也不是一種真正的驗證。自以為聰明的世俗人往往受外物左右，只有那些超越於萬物之上的得道之人才能驗證事物的是非。自以為聰明的人很早就比不上超越萬物的得道之人了，而那些愚昧的人還總是拿自己的思想見解去教導別人，他們做的這些事距離大道太遙遠了，這不很可悲嗎！

【研　析】好事與壞事相互轉化是道家經常提到的一個命題。《老子》第五十八章就說：

禍兮福之所倚，福兮禍之所伏。

而本篇提到的使人陷入困境的八個主要原因——相貌美好、身體魁梧、勇敢果斷等等，幾乎都是一個人的優勢所在。一個具有如此優勢的人之所以會陷入困境，那是因為他錯誤地使用了自己的優勢，把自己的優勢當作了一種傲人的資本，因而從優勢滑入了劣勢。

關於禍福相互轉化的具體原因，《韓非子・解老》講得比較詳細，大意是：一個人遇到災難時，整天就會恐懼不安；恐懼不安就會行為端正，而且做事時還會反覆考慮，反覆考慮就能把握住事理；行為端正就不會有災禍，沒有災禍就能享盡天年；把握了事理做事就能成功，做事成功就能得到富貴，這就是福，而福本是來自禍。一個人有了福，有了富貴，就會產生傲慢之心；有了傲慢之心，就會有放縱的行為，不把事理放在心上；生活放縱就會內生疾病，放棄事理就有外禍降臨；這種內外交困的狀況就是禍，而禍本是來自福。韓非完全從人事的角度去解釋禍福轉化的原因，這與莊子的思想是一致的，也是合情合理的。

先秦儒家也有類似的說法，如孔子說：「三折肱成良醫。……人君不困不成王，士不困不成行。」《孔子集語・孔子先》孟子說：「生於憂患，而死於安樂。」《孟子・告子下》

這一思想提出之後，被後人普遍接受，賈誼〈鵩鳥賦〉說：「禍兮福所倚，福兮禍所伏；憂喜聚門兮，吉凶同域。」《淮南子・人間》講述了著名的「塞翁失馬」故事，禪宗有「煩惱即菩提」《五燈會元》卷十六的說法，張載〈西銘〉說：「貧賤憂戚，玉汝於成。」這些說法的細微含義可能不盡相同，但大體意思是一樣的。

牢記先哲的這些遺訓，正視我們自身的優勢和劣勢，把我們的優勢真正變為優勢，而不能讓它成為我們傲人的資本，從而把我們引向困境；我們在承認劣勢對我們不利這一基本事實的前提下，努力尋找擺脫劣勢的出路，在劣勢中奮鬥，在劣勢中磨練，使劣勢成為我們最好的老師。只有如此，我們才能以平和的心態順利地走完自己的一生。

天下第三十三

【題解】天下，取篇首二字為篇名。本篇先總論先秦學術思想的發展概況，再分述墨子、宋鈃、彭蒙、老子、莊子、惠施等人的思想主張，並態度明確地給予了評說。對於本篇，歷來評價很高，一是認為本篇是中國最早的一篇學術史論著；二是本篇保存了一些思想史資料，如宋鈃、惠施的思想，就只能通過本篇而了解其概貌。三是本篇結構嚴謹，文筆簡潔，評論比較精當，為後世學術思想史的寫作提供了一定的經驗。另外，本篇為《莊子》的最後一篇，因而也帶有全書後序或全書總論的性質。

天下之治方術❶者多矣，皆以其有為不可加矣❷。古之所謂道術❸者，果惡乎在❹？曰：「無乎不在。」曰：「神何由降❺？明何由出❻？」「聖有所生❼，王有所成，皆原於一❽。」

不離於宗❾，謂之天人；不離於精❿，謂之神人；不離於真⓫，謂之至人。以天為宗，以德為本，以道為門⓬，兆⓭於變化，謂之聖人；以仁為恩，以義為理，以禮為行，以樂為和⓮，薰然⓯慈仁，謂之君子；以法為分⓰，以名為表⓱，以參為驗⓲，以稽為決⓳，其數一二三四是⓴也，百官以此相齒㉑；以事為常㉒，以衣食為主，蕃息蓄藏㉓，老弱孤寡為意㉔，皆有以養，民之理㉕也。

古之人其備㉖乎！配㉗神明，醇㉘天地，育萬物，和天下，澤及百姓，明於本數㉙，係於末度㉚，六通四闢㉛，小大精粗，其運㉜無乎不在。其明而在數度者㉝，舊法世傳之，史尚多有之。其在於《詩》、《書》、《禮》、《樂》者，鄒魯㉞之士、搢紳先生㉟多能明之。《詩》以道志㊱，《書》以道事，《禮》以道行，《樂》以道和，《易》以道陰陽，《春秋》以道名分。其數㊲散於天下而設於中國㊳者，百家之學時或稱而道之。

天下大亂，賢聖不明㊴，道德不一，天下多得一察㊵焉以自好㊶。譬如耳目鼻口，皆有所明㊷，不能相通㊸。猶百家眾技也，皆有所長，時有所用。雖然，不該㊹不徧，一曲之士㊺也。判㊻天地之美，析萬物之理，察古人之全㊼，寡能備於天地之美，稱神明之容㊽。是故內聖外王㊾之道，闇㊿而不明，鬱而不發(51)，天下之人各為其所欲(52)焉以自為方(53)。悲夫！百家往而不反(54)，必不合矣！後世之學者，不幸不見天地之純，古人之大體(55)，道術將為天下裂(56)。

【章　旨】本章為總論。概述學術的演變過程，指出「道術」與「方術」的不同，認為學者各執一端，自以為是，把對萬物總體認識的「道術」搞得支離破碎。

【注　釋】❶方術　學術。指世俗學術，與下文的「道術」相對。❷皆以其有為不可加矣　都認為自己的學問已經達到了無以復加、登峰造極的境界。以，認為。有，具有的學問。為，是。❸道術　有關大道的學問。即大道。「道術」是對萬事萬物的總體認識，無所不包；而「方術」只是對事物某一方面的認識，內容較狹窄。❹惡乎在　存在於何處。惡乎，哪裡。❺神何由降　神奇的智慧如何才能降臨於人。即人如何才能獲得神奇的智慧。❻明何由出　人的睿智從哪裡產生。明，明智；睿智。❼聖有所生　聖人有他產生的原因。❽一　指獨一無二的大道。❾宗　根本。指大道的根本、主旨。❿精　精華。⓫真　真諦。⓬門　門徑；途徑。⓭兆　預兆。用作動詞。預知。⓮以樂為和　用音樂來調和人們的情感。⓯薰然　溫和的樣子。⓰以法為分　依照法規來確定各自的職分。⓱以名為表　依照名分來確定標準。⓲以參為驗　用考核的辦法去驗證。參，參校；考核。⓳以稽為決　用各種考察手段去進行決策。稽，稽考；考察。⓴是　這樣；一樣。㉑相齒　相互排列在一起。即各守其職。㉒以事為常　把幹活做事作為自己的日常事務。㉓蕃息蓄藏　生兒育女，聚積財物。蕃，繁殖。息，生養。㉔為意　放在心上。㉕民之理　這是百姓的生活內容。理，道理；內容。㉖備　完備。指能全面掌握大道。㉗配　合於。㉘醇準；以……為標準。即倣法。㉙本數　根本規律。即大道。㉚係於末度　明白具體的法度。係，關聯。引申為知道、明白。末度，指具體法度。大道為本，具體法度為末，故稱「末度」。㉛六通四闢　天下和睦，四季順暢。六，指六合。上下四方。泛指天下。四，四季。闢，暢通。㉜運　用；作用。㉝其明而在數度者　他們的思想體現在各種規章制度上。明，顯示；體現。數度，規章制度。㉞鄒魯　兩個諸侯國名。在今山東省境內。這一地區是儒學發源、興盛的地區。㉟搢紳先生　指士大夫。搢紳，插笏於腰帶間。搢，插。指插笏（上朝時用的朝板）。紳，寬大的腰帶。「搢紳」是士大夫的裝束，故稱「搢紳先生」。㊱道志　表達思想情感。道，說；表達。志，思想情感。㊲數　內容。㊳設於中國　施行於中原地區。設，施行。中國，中原各諸侯國。㊴賢聖不明　聖賢們的思想主張不能為人們所熟知。明，彰明；被人知道。㊵一察　一孔之見；一個方面的知識。㊶自好　自以為完美。㊷明　清楚明白。引申為才能。㊸相通　相互通用。㊹該　通「賅」。完備。㊺一曲之士　只懂得一方面知識的人。曲，隅；角。㊻判　評判。一說為分割義。㊼全　全貌；整個美德。㊽稱神明之容　與聖明睿智的內容相稱。稱，匹配；相稱。㊾內聖外王　內心具備清靜無為的聖人品質，對外又具備治理天下的才能。王，稱王；治理天下。㊿闇　昏暗。(51)鬱而不發　受到壓制而得不到發揮施展。鬱，壓抑；抑制。(52)為其所欲　追求他們所偏愛的東西。(53)方　即「方術」。學術。(54)往而不反　沿著自己的路走下去而不知道返歸正道。反，通「返」。(55)大體　整體；全貌。(56)為天下裂　被天下的學者搞得支離破碎。

【語　譯】天下研究學術的人很多很多，都認為自己的學問已經達到了登峰造極、無以復加的境界。古人所說的大道，究竟存在於哪裡呢？回答是：「無處不在。」如果再問：「人們如何才能獲得神奇的智慧？人們所具有的睿智又是從哪裡產生的呢？」回答是：「聖賢之所以能夠產生，王業之所以能夠成功，都來源於大道。」

不脫離大道主旨的人，可以稱為天人；不拋棄大道精華的人，可以稱為神人；不違背大道真諦的人，可以稱為至人；把自然視為萬物的本原，把美德視為個人的根本，把大道視為做事的途徑，能預知事物的變化，這樣的人可以稱為聖人；以仁慈之心布施恩惠，以道義原則分辨事理，以禮儀制度規範行為，以音樂調和人的情感，溫和而又慈祥，這樣的人可以稱為君子；依照法規確定各自的職分，按照名分制定各自的行為標準，用各種考核方式去檢驗人們的行為，用各種考察方法來進行決策，他們辦事就像點數一、二、三、四那樣清楚明白，各級官吏就是用這些辦法來各司其職的；把幹活做事當作自己的日常事務，以織布種糧為主，生兒育女，積累財富，細心照料老弱孤寡，讓他們都能得到贍養，這是當百姓的生活內容。

古代聖哲的德行實在是完美啊！他們稱得上是神聖明哲，能夠傚法天地自然，他們養育了萬物，使天下太平和樂，恩澤施及百姓，他們懂得大道，也熟悉具體的典章制度，天下安定，四季順暢，無論大小精粗的各種事情，都能感覺到他們的作用。他們的思想主張體現在他們制定的規章制度上，這些過去的規章制度還有一些留傳在社會上，史書上也有很多記載。其中有一些保存在《詩》、《書》、《禮》、《樂》中，鄒國和魯國一帶的學者和士大夫們，大多都知道這些。《詩》是用來表達思想情感的，《書》是用來記述政事的，《禮》是用來描述行為規範的，《樂》是用來調和人們情感的，《易》是用來闡述陰陽變化的，《春秋》是用來講述名分的尊卑秩序的。這些書的內容散見於整個天下，有的還在中原各諸侯國裡施行，各派學者還時常在稱頌、談論這些內容。

如今天下大亂，聖賢們的思想主張得不到闡明，大道與美德的標準也得不到統一，天下的學者們大多是把自己的一孔之見視為完美的學問。譬如耳朵、眼睛、鼻子、嘴巴，它們各有各的作用，但不能相互通用。這就好比各家各派的學問，各有各的長處，都有適用的時候。雖然各有長處，卻都不全面，各家學者都只能算是懂得了某一方面知識的學者。他們在評判天地美德、分析萬物之理、考察古人思想全貌時，卻很少能夠全面地具備天地的美德，也很難與神聖明智的含義相稱。因此內聖外王這一原則，也就模糊不清而得不到闡明，這一原則也就受到忽略而得不到施行，於是天下的學者便各自研究各自所偏愛的學問，並把自己的學問視為完美的學問。真是可悲呀！各家學派越走越遠而不知返歸正道，他們的學問肯定不合於大道啊！後世的學者也是不幸的，因為他們無法看到天地的純真之美和古代聖哲們思想主張的全貌，大道將會被天下的學者們解釋得支離破碎。

不侈於後世❶，不靡❷於萬物，不暉於數度❸，以繩墨自矯❹而備世之急。古之道術有在於是❺者，墨翟❻、禽滑釐❼聞其風❽而悅之。為之太過❾，已之大循❿。作為〈非樂〉⓫，命之曰〈節用〉⓬，生不歌，死無服⓭。墨子氾愛兼利⓮而非鬥⓯，其道不怒⓰，又好學而博，不異⓱，不與先王⓲同。

毀古之禮樂。黃帝有〈咸池〉⓳，堯有〈大章〉⓴，舜有〈大韶〉㉑，禹有〈大夏〉㉒，湯有〈大濩〉㉓，文王有〈辟雍〉㉔之樂，武王、周公作〈武〉㉕。古之喪禮，貴賤有儀，上下有等，天子棺槨㉖七重，諸侯五重，大夫三重，士再㉗重。今墨子獨生不歌，死不服，桐棺三寸而無槨，以為法式。以此教人，恐不愛人；以此自行，固不愛己。未敗㉘墨子道，雖然，歌而非歌㉙，哭而非哭，樂而非樂，是果類[30]乎？其生也勤[31]，其死也薄[32]，其道大觳[33]，使人憂，使人悲，其行難為[34]也，恐其不可以為[35]聖人之道，反天下之心，天下不堪[36]。墨子雖獨能任[37]，奈天下何！離於天下[38]，其去王[39]也遠矣！

墨子稱道曰：「昔者禹之湮[40]洪水，決江河而通四夷九州[41]也，名川[42]三百，支川三千，小者無數。禹親自操橐耜[43]而九雜[44]天下之川，腓無胈[45]，脛無毛[46]，沐甚雨[47]，櫛疾風[48]，置萬國[49]。禹大聖也，而形勞天下[50]也如此。」使後世之墨者，多以裘褐[51]為衣，以跂蹻為服[52]，日夜不休，以自苦為極[53]，曰：「不能如此，非禹之道也，不足謂墨。」相里勤[54]之弟子五侯[55]之徒，南方之墨者苦獲[56]、己齒[57]、鄧陵子[58]之屬，俱誦《墨經》[59]，而倍譎[60]不同，相謂別墨[61]，以堅白同異[62]之辯相訾[63]，以觭偶不仵[64]之辭相應，以巨子[65]為聖人，皆願為之尸[66]，冀[67]得為其後世[68]，至今不決[69]。

墨翟、禽滑釐之意則是，其行則非也。將使後世之墨者，必自苦以腓無胈、脛無毛，相進[70]而已矣。亂之上[71]也，治之下[72]也。雖然，墨子真天下之好[73]也，將求之[74]不得也，雖枯槁[75]不舍也，才士也！

【章旨】本章介紹了墨家學派。墨家主張兼愛、非功、節用、非樂等，本章認為提出這些主張的用心是好的，但不合人情，不切實用。對墨子後學的批評則更多。

【注釋】❶不侈於後世　不讓後人奢侈。❷靡　浪費。❸不暉於數度　不提倡等級制度。墨子主張人們不分親疏、等級而相互愛護，並非要取消各級官吏和百姓等差異。暉，明；闡明。引申為提倡。數度，禮法等級制度。❹以繩墨自矯　用各種規矩約束自己。繩墨，木工用來畫直線的工具。比喻各種規矩。矯，矯正；約束。❺是　代指以上數句所講的內容。❻墨翟　人名。墨家學派的創始人。後人尊稱為墨子。其思想主張主要保存於《墨子》一書中。❼禽滑釐　人名。墨子的弟子。❽風　風尚；主張。❾為之太過　推行這一主張時太過分。❿已之大循　對人的情欲限制得太過分。已，節制。之，指人的情欲。循，順；進。「大循」即太激進、太過分。⓫非樂　《墨子》中的篇名。主要內容是反對音樂，認為音樂對人們的生活無實際作用，反而還浪費了大量的人力物力。⓬節用　《墨子》中的篇名。主要內容就是提倡節省財用。⓭死無服　不給死者穿戴好衣帽。墨子提倡薄葬，故有此說。⓮汎愛兼利　兼愛互利。墨子提倡「兼相愛，交相利」，意思是如果人們相互愛護，也就相互受益了。⓯非鬥　反對爭鬥。墨子的主張之一。⓰怒　怨恨。⓱不異　不主張彼此有差別。《墨子》有〈尚同〉篇，主張統一天下的是非標準和行為準則。⓲先王　前代的聖王。⓳咸池　樂曲名。⓴大章　樂曲名。㉑大韶　樂曲名。㉒大夏　樂曲名。㉓大濩　樂曲名。㉔辟雍　樂曲名。㉕武　樂曲名。㉖棺槨　內棺和外棺。㉗再　二。㉘未敗　不是有意詆譭。一說「未敗」是說墨子的思想雖然有過分之處，但也言之成理，很難被批倒。㉙歌而非歌　該唱歌的時候卻不讓唱歌。㉚類　合乎。指合乎人情。㉛勤　辛苦。㉜薄　薄葬。㉝觳　薄；苛刻。㉞其行難為　他提倡的行為很難做到。㉟為　成為；算是。㊱不堪　不能忍受。㊲任　承受；接受。㊳離於天下　脫離了天下的現實。㊴去王　距離治理好天下。去，離。王，治理天下。㊵湮　通「堙」。堵塞。引申為治理。㊶通四夷九州　使四方異族地區及中原九州暢通無阻。四夷，四方異族地區。九州，古代把天下分為冀、兗、青、徐、揚、荊、豫、梁、雍九州。㊷名川　大川。㊸橐耜　兩種農具名。橐，裝泥土的器具。耜，鏟。㊹九雜　匯合。九，通「鳩」。聚合。雜，匯集。㊺腓無胈　小腿瘦得沒有肌肉。腓，脛後肌肉。俗稱「腿肚子」。胈，肉。㊻脛無毛　小腿上沒有汗毛。因長年勞作，小腿上汗毛被磨掉。㊼沐甚雨　冒著大雨。沐，本指洗頭，這裡指淋雨。甚，大。㊽櫛疾風　頂著狂風。櫛，梳子；梳頭。「櫛疾風」直譯為用狂風梳頭，即頂著狂風。㊾置萬國　設置了眾多的諸侯國。㊿形勞天下　親身為天下操勞。形，指禹自身。(51)裘褐　指粗糙的皮衣和布衣。裘，皮衣。褐，粗布衣。(52)以跂蹻為服　穿的是木屐和草鞋。跂，通「屐」。木製的鞋；木屐。蹻，通「屩」。草鞋。53極　最高原則。54相里勤　人名。墨子的後學。墨子死後，墨家分為相里氏、相夫氏、鄧陵氏三派。相里勤即相里氏一派的代表人物。55五侯　人名。56苦獲　人名。57已齒　人名。58鄧陵子　人名。疑為鄧陵氏一派的代表人物。59墨經　書名。即《墨子》。《墨子》中有〈經上〉、〈經下〉兩篇，據信為墨家早期作品，有人認為是墨子本人所作。60倍譎　相互違背；相互矛盾。倍，通「背」。譎，乖違。61別墨　非正統的墨家。62堅白同異　戰國學者所討論的兩個命題。堅白，討論石塊的白色和堅硬度是合而為一的，還是相互分離的。同異，討論事物之間的相同點和不同點。63訾　批評；詆譭。64觭偶不仵　奇偶不同。指意見不合。觭，通「奇」。奇數；單數。偶，雙數。仵，同。一說「觭偶不仵」也是戰國學者的一個論題。65巨子　墨家學派的首領。66為之尸　當墨家學派的首領。尸，主。67冀　希望。68為其後世　當墨子的繼承人。也即當巨子。69不決　沒有決出勝負。70相進　相互超過對方。71亂之上　搞亂社會的上策。墨家的主張違背人情，如用他的主張治國，就會搞亂社會。72治之下　治理好國家的下策。73好　熱愛。74求之　追求自己的理想。75枯槁　指形容憔悴。

【語譯】讓後人不奢侈，使萬物不浪費，不提倡禮法等級制度，用各種規矩嚴格約束自己，以適應社會的急需。古時候的道術也包含了這方面的內容，墨子、禽滑釐知道了這些內容就非常喜歡。但他們在推行這一主張時做得太過分，對人的情欲限制得太嚴格。他們寫了一篇〈非樂〉，還有一篇名叫〈節用〉，主張生前不唱歌，死時不厚葬。墨子提倡相互愛護、彼此互利而反對相互爭鬥，他的學說就是要求人們不可相互怨恨，他本人又勤奮好學，知識淵博，他不主張彼此有等級差異，他的思想與前代聖王也不太相同。

墨家反對古時候的禮樂制度。古代的樂章黃帝時有〈咸池〉，堯時有〈大章〉，舜時有〈大韶〉，禹時有〈大夏〉，商湯時有〈大濩〉，周文王時有〈辟雍〉之樂，周武王和周公創作了〈武〉。古代制定的喪禮，貴賤有不同的儀式，上下有不同的級別，天子的內棺和外槨共有七層，諸侯有五層，大夫有三層，士有兩層。如今墨子獨自倡導生前不唱歌，死時不厚葬，只用三寸厚的桐木棺材，而且不要外槨，並把這些當作制度。拿這些主張去教育別人，恐怕不能算是愛護別人；用這些主張來約束自己，當然也不能算是愛惜自己。我們並非有意要去批評墨子的思想主張，雖然我們不想批評他，但他要求人們該唱歌時卻不許唱歌，該哭泣時卻不許哭泣，該奏樂時卻不許奏樂，這些主張真的就合乎人情嗎？他主張人生前要勤勞，死時要薄葬，墨子的學說太苛刻，使人們感到憂愁，使人們感到哀傷，他提倡的這些行為很難做到，他的學說恐怕算不上是聖人的學說，因為這些學說違背了天下人的情感，天下的人們都難以忍受。即便墨子自己能夠實行，可又如何能讓天下人都去實行呢！墨子的主張脫離了天下的現實，想用他的主張去治理天下，那太不可能了！

墨子稱讚大禹說：「從前大禹治理洪水時，疏通了長江、黃河，使四周異族地區與中原的九州暢通無阻，他疏通的大河有三百條，支流有三千條，小河溪流就多得無法計數。大禹親自拿著土筐和鏟子參加治水，使天下的所有江河都流入大海，他勞累得腿肚子乾瘦無肉，小腿上的汗毛全都磨掉了，他冒著大雨，頂著狂風，安置好眾多的諸侯國。大禹是一位大聖人，還親自為天下如此操勞。」這些主張使後世的墨家人物，大多都身穿粗糙的皮衣和布衣，腳穿木屐和草鞋，日夜不停地勞作，把親自吃苦受勞看作最高的行為準則。他們說：「不能做到這些，就不符合大禹的思想，也沒有資格被稱為墨家。」相里勤的弟子五侯之類的人，還有南方墨家苦獲、已齒、鄧陵子之流，他們都誦讀《墨經》，然而觀點卻相互矛盾，都指責對方不是正統的墨家。他們拿「堅白」、「同異」的命題相互詆譭，用像奇數和偶數那樣根本無法一致的言辭相互爭辯。他們把墨家的首領「巨子」視為聖人，都希望能成為這樣的首領，希望能成為墨子的繼承人，這個問題爭論至今也沒有一個結果。

墨子和禽滑釐的主觀用心是好的，但他們的做法卻不正確。這使後世的墨家一定要親身去吃苦受累，以至於弄得自己腿肚子消瘦，小腿上沒有汗毛，並在這方面相互競賽、相互超越。墨家的學問是搞亂社會的上策，是治理天下的下策。雖然如此，墨子本人的確是一位博愛之人，他追求的理想如果不能實現，即使把自己弄得形容枯槁面目憔悴也決不放棄，他真是一位才學之士啊！

夫不累❶於俗，不飾於物❷，不苟❸於人，不忮❹於眾，願天下之安寧以活民命，人我之養畢足❺而止，以此白心❻。古之道術有在於是者，宋鈃❼、尹文❽聞其風而悅之。作為華山之冠❾以自表❿，接萬物以別宥⓫為始；語心之容⓬，命之曰心之行⓭；以聏合驩⓮，以調海內，請欲置之以為主⓯；見侮不辱⓰，救民之鬥；禁攻寢兵⓱，救世之戰。以此周行天下，上說下教⓲，雖天下不取，強聒⓳而不舍者也，故曰上下見厭⓴而強見㉑也。雖然，其為人太多㉒，其自為太少，曰：「請欲固㉓置五升之飯足矣！」先生㉔恐不得飽，弟子雖飢，不忘天下。日夜不休，曰：「我必得活哉！」圖傲㉕乎救世之士哉！曰：「君子不為苛察㉖，不以身假物㉗。」以為無益於天下者，明之㉘不如已㉙也。以禁攻寢兵為外，以情欲寡淺為內，其小大精粗㉚，其行適至是而止㉛。

【章旨】本章介紹了宋鈃、尹文的思想。宋、尹的主要主張是清心寡欲，忍辱負重，反對暴力，追求平等。他們上說下教，日夜奔波，目的是為了天下的安寧和百姓的生存。

【注釋】❶累　連累。一說「不累於俗」是不受世俗牽累，似不確，因為下文談到宋、尹為世俗社會而到處奔忙。❷不飾於物　不用名利富貴等外物矯飾自己。❸苟　為「苛」之誤。苛求。❹忮　違背。❺畢足　都得到滿足。❻以此白心　表明這樣的心願。此，代指以上主張。白，表白；表明。❼宋鈃　人名。宋國人。戰國時的思想家。❽尹文　人名。齊國人。戰國時的思想家。❾華山之冠　華山形狀的帽子。一般的山上小下大，而華山陡峭，上下一樣，把帽子做成這種形狀，以表示希望天下均平。❿自表　表示自己希望天下均平的心願。⓫別宥　區別善惡，寬容別人。宥，寬容。一說「別宥」是去除隔闔。別，去除。宥，通「囿」。界限。⓬語心之容　討論人的內心活動。語，討論。容，內容；活動。⓭心之行　內心的行為。⓮以聏合驩　用柔和的態度與人們合作，使人們高興。聏，柔和。⓯請欲置之以為主　希望安排具有如此品質的人為君主。一說是希望人們把這樣的品質放在首位。⓰見侮不辱　受到欺負並不認為是一種羞辱。見，被；受到。⓱寢兵　平息戰爭。兵，代指戰爭。⓲上說下教　對上勸諫諸侯，對下教育百姓。⓳聒　聲音嘈雜，使人厭煩。這裡指喋喋不休地說。⓴見厭　被人討厭。㉑強見　勉強表白自己的主張。見，通「現」。顯露；表白。㉒為人太多　為別人考慮的太多。㉓固　確實。這裡為加強語氣。㉔先生　指宋、尹學派中年長的老師。㉕圖傲　偉大的樣子。㉖苛察　斤斤計較，苛求別人。㉗不以身假物　不假借外物或別人成全自己。假，借助。物，指外物和別人。㉘明之　辨明它；把它研究清楚。㉙已　停止；不做。㉚大小精粗　泛指各種事情。㉛適至是而止　只不過達到這種境界而已。適，剛好；只是。至是，至此。而止，而已。

【語　譯】不給社會添麻煩，不用名利等外物進行自我矯飾，不苛求別人，不違背大眾意願，希望天下太平安寧以保全百姓的生命，他人和自己的生存條件都得到保證也就心滿意足，並把這種心願表白給大家。古時候的道術也包含了這方面的內容，宋鈃、尹文聽到這方面的內容就非常喜歡。他們創製了華山狀的帽子以表達自己希望天下均平的心願，接人待物時首先區別善惡並寬容別人；他們討論人的心理活動，把人的心理活動叫作內心行為；他們用柔和的態度與別人合作，使別人高興，並用這種態度去調和社會上的矛盾，還希望讓具有這種品質的人來當君主；他們受到欺負並不認為這是一種羞辱，想以此來平息人們之間的爭鬥；他們主張嚴禁攻伐停止暴力行為，想以此來平息社會上的戰爭。他們帶著這些主張周遊天下，對上勸諫諸侯，對下教育百姓，即使天下人都不採納，他們依然喋喋不休地說個沒完。所以說，雖然上上下下都厭煩他們，而他們還要勉強地宣講自己的主張。雖說如此，他們替別人考慮的太多，為自己考慮的太少，他們說：「請為我們準備五升米的飯就足夠了！」他們之中的先生恐怕都不能吃飽，弟子就只能忍飢挨餓了，然而他們依然不能忘懷天下。他們日夜不停地到處奔波，說：「我們大家一定要生存下去！」他們是一群偉大的救世之士啊！他們說：「君子不去斤斤計較地苛求別人，也不去借助外物或別人來成全自己。」他們認為對社會無益的事情，與其把它研究清楚還不如別去研究它。他們對外主張平息征戰，對內主張清心寡欲。無論對待任何事情，他們的行為也不過是達到如此境界而已。

公而不黨❶，易❷而無私，決然無主❸，趣物而不兩❹，不顧於慮❺，不謀於知，於物無擇，與之俱往❻。古之道術有在於是者。彭蒙❼、田駢❽、慎到❾聞其風而悅之。齊萬物❿以為首，曰：「天能覆之⓫而不能載之，地能載之而不能覆之，大道能包之而不能辯⓬之。」知萬物皆有所可⓭，皆有所不可，故曰：「選則不偏⓮，教則不至⓯，道則無遺者矣。」是故慎到棄知去己⓰而緣不得已⓱，泠汰⓲於物以為道理，曰：「知不知，將薄知⓳而後鄰傷之⓴者也。」謑髁無任㉑而笑天下之尚賢也，縱脫無行㉒而非㉓天下之大聖。椎拍輐斷㉔，與物宛轉㉕，舍是與非，苟可以免㉖。不師智慮㉗，不知前後，魏然㉘而已矣。推而後行，曳而後往，若飄風之還㉙，若羽之旋，若磨石之隧㉚，全而無非㉛，動靜無過，未嘗有罪。是何故？夫無知之物，無建己之患㉜，無用知之累，動靜不離於理，是以終身無譽。故曰：「至於若無知之物而已，無用賢聖，夫塊不失道㉝。」豪桀㉞相與笑之曰：「慎到之道，非生人之行，而至死人之理，適㉟得怪焉。」

田駢亦然，學於彭蒙，得不教焉㊱。彭蒙之師曰：「古之道人，至於莫之是莫之非37而已矣。其風窢然38，惡可而言39？」常反人40，不聚觀41，而不免於魭斷42。其所謂道非道，而所言之韙43不免於非。彭蒙、田駢、慎到不知道。雖然，概乎44皆嘗有聞45者也。

【章旨】本章介紹彭蒙、田駢、慎到的思想。這三位學者主張公而無私，不要有個人成見，用統一的標準去對待事物。本章還批評他們「推而後行」等消極行為，認為他們所提倡的「道」不是真正的大道。一般認為這三位學者為法家的早期人物。

【注釋】❶公而不黨　公正而不結黨。❷易　公平。地勢平坦叫「易」。這裡引申為辦事公平，與「私」相對。❸決然無主　要斷然去除個人成見。莊子主張去除個人成見的目的是為了順應萬物，彭蒙等人主張去除個人成見的目的是為了辦事公正。❹趣物而不兩　不要用兩種標準對待事物。趣，通「趨」。趨向；接近。引申為對待。❺不顧於慮　不考慮個人想法。即辦事時不摻入個人成見。❻與之俱往　與萬物一同變化。❼彭蒙　人名。齊國人。法家的早期人物。❽田駢　人名。齊人。❾慎到　人名。趙國人。著有《慎子》一書。❿齊萬物　用統一、平等的標準去對待萬物。莊子的齊萬物是視萬物為一樣，泯滅大小多少的差異，屬於一種精神境界；彭蒙等人的齊萬物是用統一的標準處理事務，不偏不私，屬於一種辦事原則。⓫之　代指萬物。⓬辯　通「辨」。區別。⓭可　可以；適用。⓮選則不徧　如果對萬物有所選擇，就不可能全面獲得有用的東西。徧，全面。⓯教則不至　如果進行教育，就必定有教育不到的地方。⓰去己　去除個人成見。⓱緣不得已　出於不得已。⓲泠汰　放任。⓳薄知　追求知識。薄，接近；追求。⓴鄰傷之　幾乎要傷害自己了。鄰，接近於；幾乎。㉑謑髁無任　思想不正確，沒有什麼能力。謑髁，不正的樣子。無任，無用。㉒縱脫無行　放縱不羈，沒有好的品行。縱脫，放縱不羈。㉓非　非議；批評。㉔椎拍輐斷　泛指各種行為。椎，擊打。輐，通「刓」。削割。㉕與物宛轉　隨順萬物變化。宛轉，變化的樣子。㉖免　免於禍患。㉗不師智慮　不用智謀。師，傚法；使用。㉘魏然　獨立任性的樣子。㉙若飄風之還　就像大風自由旋轉一樣。飄風，大風。一說為旋風。㉚隧　轉動。㉛全而無非　保全自我而不受非議。㉜建己之患　為了個人建樹而帶來的災難。建己，指為自己建功、立名、取利等等。㉝塊不失道　做到像土塊那樣無知無識就符合大道了。塊，土塊。

㉞豪桀　即「豪傑」。㉟適　適宜；當然。㊱得不教焉　從他那裡學到了不要教化的主張。焉，代指彭蒙。㊲莫之是莫之非　什麼也不肯定，什麼也不否定。㊳其風窢然　他們的思想主張就像迅速颳過的風一樣。窢然，迅速的樣子。㊴惡可而言　怎麼能夠用語言表達得清楚呢。㊵反人　違背人情。㊶不聚觀　不能引起人們的關注。㊷魭斷　即「輐斷」。泛指行為、做事。㊸韙　是；正確。與下文的「非」相對。㊹槩乎　大概；大體。㊺有聞　聽到了一些學問。即有一些學問。

【語　譯】公正而不結黨，公平而無偏私，斷然清除個人的成見，不用兩種標準對待事物，不考慮個人想法，不使用個人智慧，對於萬物不加以區別，與萬物一同變化。古時候的道術也包含了這方面的內容。彭蒙、田駢、慎到聽到了這方面的內容就非常喜歡。他們最重視的就是用同樣的標準去看待萬物，他們說：「蒼天能夠覆蓋萬物卻不能托載萬物，大地能夠托載萬物卻不能覆蓋萬物，大道能包容萬物卻不能區分萬物。」他們懂得萬物都有自己的適用之處，也都有自己的不適用之處，所以他們又說：「如果對萬物加以選擇的話，就不可能全面獲得有用的東西；如果進行教育的話，有些方面的知識就不可能全都講解到；只有掌握了大道，就可以做到什麼也不遺漏。」因此慎到放棄自己的智慧，去除個人的成見，一切行為都是順其自然而出於不得已，把放任萬物自由發展作為原則，他說：「明知有些知識是無法認識的，卻還要去追求這些知識，這樣就會傷害自己的身心健康。」他們的思想不正確而且也沒什麼具體能力，卻嘲笑人們崇尚賢人；他們放縱不羈而且也沒有什麼好的品行，卻去批評人們所公認的大聖人。他們的一舉一動，都是隨應外物而變化；他們捨棄了心中的是非之見，想以此來免除災禍。他們不用智慧，不分前後，獨立自處任性而行罷了。別人推一推，他們才向前走一走；別人曳一曳，他們才向前挪一挪，就像無知無識的大風在飄蕩、羽毛在回旋、磨石在轉圈一樣，他們憑藉這種做法保全自己而不受指責，或動或靜都無過錯，從來更是沒有犯過大罪。這是什麼原因呢？因為沒有知覺的事物，根本不會為了有所建樹而為自己招來災難，也不會因為使用計謀而受到連累，或動或靜都不會違背事理，因此終身也不會得到讚譽。所以他們又說：「能夠達到無知之物的境界就可以了，也不須要什麼賢良聖人，只要能像土塊那樣無知無識就不會喪失大道了。」豪傑們都嘲笑他說：「慎到的學說，講的不是有關活人的行為準則，而是死人的道理，理所當然地被人們視為奇談怪論。」

田駢的觀點也是如此，他求學於彭蒙，從彭蒙那裡學到了不要教育的主張。彭蒙的老師說：「古時候的得道之人，就是達到了什麼也不去肯定、什麼也不去否定的境界而已。他們的思想學說如同迅速颳過的風一樣不留形跡，怎麼能夠用語言表達得清楚呢？」他們的主張總是違背人情，很難受到大家的關注，然而他們還是難以避免地要做一些世俗事情。他們所談論的大道不是真正的大道，他們所認為是正確的東西難免是錯誤的東西。彭蒙、田駢、慎到並不真正懂得大道。雖說如此，從大體上講，他們都還是有些學問的人。

以本為精❶，以物為粗，以有積為不足❷，澹然❸獨與神明❹居。古之道術有在於是者。關尹❺、老聃聞其風而悅之。建之以常無有❻，主之以太一❼，以濡弱❽謙下為表❾，以空虛不毀萬物為實❿。

關尹曰：「在己無居⓫，形物自著⓬。其動若水，其靜若鏡⓭，其應若響⓮。芴乎若亡⓯，寂乎若清⓰。同焉者和⓱，得焉者失⓲。未嘗先人而常隨人。」

老聃曰：「知其雄⓳，守其雌，為天下谿⓴；知其白㉑，守其辱㉒，為天下谷。」人皆取先，己獨取後，曰受天下之垢㉓；人皆取實，己獨取虛；無藏也故有餘㉔，巋然㉕而有餘。其行身也，徐而不費㉖，無為也而笑巧㉗。人皆求福，己獨曲全，曰苟免於咎㉘。以深為根㉙，以約為紀㉚，曰堅則毀矣，銳則挫㉛矣。常寬容於物，不削㉜於人，可謂至極㉝。

關尹、老聃乎！古之博大真人哉！

【章　旨】本章介紹了關尹、老聃的思想。關尹、老聃主張以道為本，柔退謙下，清靜無為，順應萬物，寬厚待人，知足常樂。本章對關尹和老聃給予了極高的評價。

【注　釋】❶以本為精　視大道為精妙。本，指大道。❷以有積為不足　認為去積累錢財反而會產生不知足的心理。❸澹然　心情恬澹的樣子。❹神明　這裡指大道。❺關尹　即尹喜。字公度。因擔任過函谷關令，故稱「關尹」。是老子的弟子。❻建之以常無有　提出了「永恆虛無」和「永恆存在」的概念。常無有，即「常無」、「常有」。見《老子》第一章。對此解釋很多，一說「常無」和「常有」分別指虛無和物質存在。一說二者都指大道，因為大道無形無象，看不見摸不著，故稱其為「常無」；大道雖然無形無象，但它確實存在，故稱其為「常有」。其他解釋不再贅舉。❼太一　指至高無上、獨一無二的大道。❽濡弱　柔弱。❾表　指外在的行為。❿實　內在的本質。⓫在己無居　自身不要存有主觀成見。居，存在；存有。⓬形物自著　有形物體的真相自然顯露出來。以上兩句是說，如果帶著個人成見去觀察萬物，往往難以看清其真相；如果沒有成見，就能把事物觀察清楚了。⓭其靜若鏡　安靜得如同明鏡那樣照物而不留痕。明鏡自身不動，物來則映照，物去則鏡中不留痕跡，故稱明鏡為「靜」。⓮響　回聲。⓯芴乎若亡　恍恍惚惚地好像什麼都不存在。芴乎，恍恍惚惚的樣子。亡，通「無」。⓰清　清靜；安靜。⓱同焉者和　視萬物為一體就必然能與萬物和諧相處。⓲得焉者失　有所得的人就必定有所失。⓳雄　雄性。比喻剛強。⓴為天下谿　處於天下卑賤的地位。谿，河溝。比喻卑下的地位。㉑白　顯明。這裡指榮耀。㉒辱　屈辱。一說通「黷」。晦暗。㉓垢　屈辱。㉔無藏也故有餘　沒有貪財之心就會感到自己富足有餘。㉕巋然　偉大的樣子。㉖徐而不費　從容閒適而不耗費精神。徐，舒緩。㉗笑巧　嘲笑人們使用機巧。㉘咎　災禍。㉙以深為根　以深入學習大道為根本。㉚以約為紀　以簡樸節約為原則。紀，綱紀；原則。㉛銳則挫　太尖銳了就會被折斷。㉜削　侵害。㉝至極　最高思想境界。

【語　譯】把大道看作是精妙的，把萬物看作是粗雜的，認為想積累財富就會產生不知足的心理，應該心境恬澹而只與大道為伍。古時候的道術也包含了這方面的內容。關尹、老子聽說了這方面的內容就非常喜歡。他們提出了「永恆虛無」和「永恆存在」等概念，把大道視為自己思想的核心，把柔弱謙下作為自己外在的行為準則，把清靜無欲和不傷害萬物作為自己的內在品質。

關尹說：「不要有個人成見，自然就能看清萬物的真相。行動時要像流水那樣隨順外部環境，安靜時要像明鏡那樣映照萬物而不留痕跡，回應萬物時要像回聲那樣恰如其分。恍恍惚惚的就好像什麼都不存在，沉寂寧靜得如同毫無聲響的虛空。視萬物為一體的人就能夠與萬物和諧相處，有所得的人必定會有所失。從不搶在人先，而總是甘居人後。」

老子說：「知道什麼是雄強，卻安於柔雌的地位，甘做天下的溝谿；知道什麼是榮耀，卻安於屈辱的地位，甘做天下的川谷。」人人都爭著佔先，而自己卻獨自在後，說是甘願承受天下的羞辱；人人都在追求實惠，而自己卻獨守清貧；沒有貪取財富的思想就會感到自己十分富足，他們是那樣的偉大，精神是那樣的充實和富有。他們立身行事時，從容閒適而不耗費精神；他們清靜無為，嘲笑人們使用機巧。人人都在追求幸福，他們卻只是委曲求全，說是自己只求避免災難。他們把深入學道視為根本，把簡樸節約當作原則，說是太堅硬的東西容易毀壞，太尖銳的東西容易折斷。他們總是寬容萬物，不傷害別人，可以說是達到了最高思想境界。

關尹和老子，真可以說是自古以來最博學偉大的真人啊！

寂漠無形❶，變化無常，死與生與❷，天地並與❸，神明往與❹。芒乎何之❺？忽乎何適❻？萬物畢羅❼，莫足以歸❽。古之道術有在於是者。莊周聞其風而悅之。以謬悠❾之說，荒唐❿之言，無端崖⓫之辭，時恣縱而不儻⓬，不以觭見之⓭也，以天下為沉濁⓮，不可與莊語⓯，以卮言為曼衍⓰，以重言為真⓱，以寓言為廣⓲。

獨與天地精神往來而不敖倪⑲於萬物，不譴⑳是非，以與世俗處。其書雖瓌瑋㉑而連犿㉒無傷也，其辭雖參差㉓而諔詭㉔可觀。彼其充實不可以已㉕。上與造物者遊，而下與外㉖死生、無終始㉗者為友。其於本㉘也，弘大而闢㉙，深閎而肆㉚；其於宗㉛也，可謂調適㉜而上遂㉝矣。雖然，其應於化㉞而解於物㉟也，其理不竭㊱，其來不蛻㊲，芒乎昧乎㊳，未之盡者㊴。

【章　旨】本章介紹了莊子的思想。莊子崇尚大道，堅持清靜無為，順應外物而變化無常，主張生死同一、萬物一齊。本章對莊子文章的雄奇瑰麗特點也作了介紹。

【注　釋】❶寂漠無形　空虛寧靜不露形跡。寂漠，空寂。❷死與生與　無所謂死，也無所謂生。與，通「歟」。語氣詞。莊子主張生死一齊，故有此說。

❸天地並與　與天地共存。❹神明往與　與大道交往。神明，這裡指大道。❺芒乎何之　恍惚地該到什麼地方去。芒乎，恍恍惚惚的樣子。之，到。❻忽乎何適　恍恍惚惚地又該往哪裡走。忽乎，恍恍惚惚的樣子。適，往。以上兩句主要說明莊子一切聽從大道安排，順應萬物，無往而不可。❼畢羅　全部包羅於胸中。❽莫足以歸　沒有任何事物可以作為自己的精神歸宿。本句說明莊子已超然於萬物之上，世俗間的萬事萬物都不能成為他追求的對象。❾謬悠　虛遠。❿荒唐　廣大；誇張。⓫無端崖　不著邊際。⓬恣縱而不儻　任意發揮而不偏執一端。恣縱，任意；放縱。儻，通「黨」。偏執。⓭不以觭見之　不靠奇談怪論來標榜自我。觭，通「奇」。指偏執的觀點。見，通「現」。表現；標榜。⓮沉濁　沉迷而汙濁。⓯莊語　端莊嚴肅的語言。⓰以巵言為曼衍　用無心的言論自由自在地隨便談談。巵言，無心的言論。詳解見〈寓言〉篇。曼衍，順物而變化。這裡指自由變化。⓱以重言為真　引用先代聖哲的言論來加強自己觀點的真實性。重言，指先哲的言論。⓲以寓言為廣　用有寓意的言論來推廣自己的主張。⓳敖倪　傲視。敖，通「傲」。倪，通「睨」。視。⓴譴　譴責。引申為談論、評說。㉑瓌瑋　瑰瑋奇特。㉒連犿　連續婉轉。㉓參差　跌宕變化。㉔諔詭　奇異。㉕彼其充實不可以已　他的文章內容豐富充實，含義無窮無盡。彼其，代指莊子文章。已，窮盡。㉖外　置之度外。㉗無終始　不分終

始。㉘本　指大道。㉙弘大而闢　全面而又通達。弘大，博大。引申為全面。闢，通達。㉚深閎而肆　深刻而又不拘泥。閎，通「泓」。深。肆，縱放；不拘泥。㉛宗　本。指大道。㉜調適　恰當；合適。㉝上遂　達到了很高的境界。上，高。遂，達到。㉞應於化　順應萬物變化。㉟解於物　了解萬物真相。㊱不竭　不盡；無窮。㊲其來不蛻　莊子學說的來源沒有脫離大道。蛻，解；脫離。㊳芒乎昧乎　深邃而看不清楚的樣子。形容莊子思想深不可測。㊴未之盡者　無法完全窮盡其中的奧妙。

【語　譯】空虛寧靜不露形跡，變化萬千不拘常規，無所謂生死，而與天地共存，和大道交往。恍恍惚惚的該向哪裡去？恍恍惚惚的又該往哪裡走？萬物全都囊括於胸中，卻沒有任何事物可以作為自己的精神歸宿。古時候的道術也包含了這方面的內容。莊子聽到這方面的內容就非常喜歡。莊子使用玄遠的話語，誇張的談論，不著邊際的言辭，時時任意發揮自己的思想而不偏執於一端，也不用一些奇談怪論來標榜自己。莊子認為天下人都處於沉迷汙濁的狀態，不可能用端莊嚴肅的語言與他們交談，於是就用一些無心的言論隨意說說，引用一些先哲話語以增強自己思想的可信度，用一些含有寓意的言辭來推廣自己的主張。他獨自與博大的天地和玄妙的精神交往，但也不傲視於萬物；他不談是論非，以這種態度與世人相處。他寫的書雖然瑰瑋奇特，但也連續完整、語氣委婉而與物無傷；他使用的語言雖然跌宕起伏變化很大，但也奇異優美而引人入勝。他的書內容充實，含義無窮。莊子上與天地自然交往，而下與忘卻生死、泯滅終始的人交友。他對大道的闡釋，全面而又通達，深刻而不拘泥；他對於大道的認識，可以說是非常恰當，達到了很高的境界。雖然他的思想玄遠高深，但他也能順應世間萬物的變化，明白世間萬物的真相。莊子學說的含義是無窮無盡的，莊子學說的根源也沒有脫離大道，他的思想是那樣的深邃，人們不可能完全理解其中的奧妙。

惠施多方❶，其書五車❷，其道舛駁❸，其言也不中❹。歷物之意❺曰：「至大無外，謂之大一❻；至小無內❼，謂之小一。無厚，不可積也，其大千里❽。天與地卑⑨，山與澤平⑩。日方中方睨⑪，物方生方死⑫。大同而與小同異⑬，此之謂小同異⑭；萬物畢同畢異⑮，此之謂大同異。南方無窮而有窮⑯，今日適越而昔來⑰。連環可解⑱也。我知天下之中央，燕之北越之南是也⑲。氾愛萬物，天地一體⑳也。」

惠施以此為大㉑，觀㉒於天下而曉㉓辯者，天下之辯者相與㉔樂之。卵有毛㉕；雞三足㉖；郢有天下㉗，犬可以為羊㉘；馬有卵㉙；丁子有尾㉚；火不熱㉛；山出口㉜；輪不蹍地㉝；目不見㉞；指不至，至不絕㉟；龜長於蛇㊱；矩不方㊲，規不可以為圓㊳；鑿不圍枘㊴；飛鳥之景未嘗動也㊵；鏃矢之疾而有不行不止之時㊶；狗非犬㊷；黃馬驪牛三㊸；白狗黑㊹；孤駒未嘗有母㊺；一尺之棰，日取其半，萬世不竭㊻。辯者以此與惠施相應㊼，終身無窮。

桓團㊽、公孫龍㊾辯者之徒，飾㊿人之心，易(51)人之意，能勝人之口，不能服人之心，辯者之囿(52)也。惠施日以其知與人之(53)辯，特(54)與天下之辯者為怪(55)，此其柢(56)也。

然惠施之口談(57)，自以為最賢，曰：「天地其壯乎(58)！」施存雄而無術(59)。南方有倚人(60)焉，曰黃繚(61)，問天地所以(62)不墜不陷，風雨雷霆之故，惠施不辭(63)而應，不慮而對，徧為萬物說，說而不休，多而無已，猶以為寡，益之以怪64。以反人為實65而欲以勝人為名，是以與眾不適66也。弱於德，強於物67，其塗隩矣68。由天地之道觀惠施之能，其猶一蚉一䖟69之勞70者也。其於物也何庸71！夫充一尚可曰愈72，貴道幾矣73。惠施不能以此自寧74，散於萬物75而不厭，卒76以善辯為名。惜乎！惠施之才，駘蕩而不得77，逐萬物而不反78，是窮響以聲79，形與影競走80也，悲夫！

【章旨】本章介紹了惠施、公孫龍等名家思想。名家主要研究名與實的關係，以善辯聞名。本章列舉了名家的許多命題，認為他們的學問雖然淵博，但這些學問既不符合大道，又無實際作用，名家可以說是徒勞而無益。

【注釋】❶多方　多方面的學問。方，學問。❷其書五車　他著的書可裝滿五車。一說指惠施的藏書有五車。❸其道舛駁　他的學問違背常理，雜亂無章。道，指惠施的學問、思想。舛，違背。駁，雜亂。❹不中　不合。指不合於大道。❺歷物之意　分析、研究萬物的道理。歷，分析；研究。❻大一　最大的一個物體。❼無內　沒有內核。❽無厚三句　沒有厚度，不能累積成體積，卻可以有成千上萬里那樣大。這三句描述的是平面的特徵。❾天與地卑　天和地一樣的低。一般人認為天高地卑，但從宇宙的角度看，天和地都是低的。❿山與澤平　高山和大澤一樣的平。得出這一結論的理由與上一句同。⓫日方中方睨　太陽剛處於正中而同時意味著開始偏斜。方，正；剛剛。睨，斜視。這裡指偏斜。⓬物方生方死　各種事物剛剛產生而同時又意味著它開始走向死亡。⓭大同而與小同異　事物之間有大的共同點和小的共同點這種差異。這裡討論的是類屬和種屬的關係。如松與柏，同屬長青樹木，二者之間共同點很多，這就叫作「大同」；而松與草也有相同之處，但這種相同之處相對少一些，所以叫作「小同」。⓮小同異　即小同、小異。⓯萬物畢同畢異　萬物之間可以說是完全相同的，也可以說是完全不同的。這裡講的是觀察事物的角度問題。如果從相同的角度去看，萬物都是相同的，如松與人不屬同類屬，但都由天地所生，都由物質構成，都有生有死，從這一角度出發，萬物就「畢同」了。如果從不同的角度去看，沒有任何兩種事物是完全一樣的，如松與松雖屬同類，但有高低大小等差別，世上不存在任何完全相同的兩片樹葉，從這一角度出發，萬物就「畢異」了。⑯南方無窮而有窮　南方可以說是無窮盡的，也可以說是有窮盡的。現代不少學者認為古人已猜測到大地是圓形的，既然大地是圓形的，如果不加以界定，南方自然是無窮盡的；如果加以界定，南方就有盡頭。⑰今日適越而昔來　今天到越國去也可以說成昨天到越國來。這裡講的是時間的相對性。今天出發去越國，可以說是「今日適越」；但數日後到了越國，就可以說是「昔來」。也即「今日」可以變為「昔日」。⑱連環可解　連環是可以解開的。連環本來是不可解的，但當連環產生時，就開始走向毀滅，連環毀壞之日，也即連環可解之時。⑲我知天下之中央二句　我知道天下的中央部位，它可以說是在燕國的北邊，也可以說是在越國的南邊。既然大地是圓的，那麼任何一個地方都可以被確定為大地的中心。⑳天地一體　天地萬物與我是一體。本句是對上句「氾愛萬物」原因的解釋。㉑大　博大精深。㉒觀　讓別人知道；顯示。㉓曉說明。㉔相與　共同；都。㉕卵有毛　蛋裡有毛。卵，泛指鳥蛋、雞蛋。鳥是從蛋中孵化出來的，既然鳥有毛，可見蛋中也有毛的成分。㉖雞三足　雞有三條腿。雞實際上有兩條腿，再加上「雞腿」這一名稱，故有三條腿。此為詭辯。㉗郢有天下　郢都內就有天下。郢，地名。在今湖北省境內。為楚國都城。郢都小而天下大，但郢都又是天下的一部分，從上文「萬物畢同」的觀點出發，可以說郢都就是天下了。㉘犬可以為羊　狗也可以叫作羊。事物的名稱是人定的，如果人一開始就稱犬為羊，那麼犬也就成了羊了。㉙馬有卵　馬可以產卵。馬為胎生，鳥為卵生，這是人為的區別，如從大道的角度看，胎生與卵生也沒有什麼不同；既然可以把犬叫作羊，自然也可以把胎生叫作卵生。㉚丁子有尾　蝦蟆有尾巴。丁子，為楚地方言。即蝦蟆。蝦蟆沒有尾巴，但牠是從有尾巴的蝌蚪變化而來。㉛火不熱　火自己不感到熱。熱是人的感受，而火自身並無此感覺。㉜山出口　大山長有嘴巴。解釋有二：一說山有隘口、洞穴、泉眼等，故稱「山出口」；一說山中有聲，如回聲等，如果山無口，聲從何出。㉝輪不蹍地　車輪不著地。蹍，挨地。車輪是一個整體，而著地的只是輪子上的很小一部分，整個車輪是不會著地的。㉞目不見　眼睛看不到東西。眼睛要看東西，必須借助光亮和精神作用，如果沒有光亮和精神作用，眼睛將一無所見。㉟指不至二句　手指不可能完全接觸物體，如果是完全接觸就不會再分離。至，接觸到。絕，分離。此解見《世說新語・文學》。意思是說，當手指接觸物體時，這種接觸不是一種絕對的接觸，其中已包含了分離的因素。現代學者一般解釋為：指認事物不能達到事物的本質，即使達到了也不能完全認清所有的事物本質。㊱龜長於蛇　烏龜比蛇長。一般來說，蛇比龜長，然而小蛇卻沒有大龜長。(37)矩不方　矩畫不出方形。矩是用來畫方形的工具，但用它畫出的方形只是相對的方形，而不是絕對的方形，它的某個部位可能會出現細微的彎曲。(38)規不可以為圓　圓規不可能畫出圓形。道理同上句。(39)鑿不圍枘　榫眼不可能與榫頭完全吻合。鑿，榫眼。枘，榫頭。具體的榫眼與榫頭不可能是完全吻合的。(40)飛鳥之景未嘗動也　飛鳥的影子不曾移動。景，通「影」。這一觀點是把影子移動的整個過程分割成無數個小點，從每一個小點上看，飛鳥的影子都是不動的。(41)鏃矢之疾而有不行不止之時　飛逝的箭有停止、也有不停止的時候。鏃，箭頭。矢，箭。疾，快速運行。從飛箭的整個運行過程看，它是「不止」的；如果從飛箭運行過程的某一時間點看，它是「不行」的，其道理與上句同。(42)狗非犬　狗不是犬。如果排除實物不談，僅從名稱上看，「狗」自然不是「犬」。一說小狗為「狗」，大狗叫「犬」，故「狗非犬」。(43)黃馬驪牛三　黃馬加黑牛一共是三個。驪牛，黑牛。黃馬加驪牛一共只有兩個，再加上「黃馬驪牛」這一名稱，共三個。這一命題與「雞三足」的含義相同。(44)白狗黑　白狗是黑色的。之所以稱白狗為「白狗」，是就毛色而言，但白狗的眼珠是黑色的，就眼珠的顏色而言，也可稱之為「黑狗」。一說白狗和黑狗都是狗，取其本質上的大同而略其毛色上的小異，則白狗與黑狗都是一樣的。(45)孤駒未常有母　沒有母親的小馬從來就沒有母親。未常，未嘗；不曾。理由是：既然稱之為「孤駒」，就說明牠不曾有母親。這是用名稱的含義去否定曾經存在過的事實。(46)一尺之棰三句　一尺長的棍棒，每天截去一半，數十萬年也分截不完。棰，棍棒一類的東西。世，三十年為一世。這三句講的是有限的物體可以無限地分割。(47)相應　相互辯論。(48)桓團　人名。趙國人。名家人物。(49)公孫龍　人名。趙國人。名家的代表人物。(50)飾　人為地修飾。引申為迷惑、蒙蔽。(51)易　改變。(52)囿　局限。(53)之　衍字。一本無「之」。(54)特　僅僅；不過。(55)為怪　製造奇談怪論。(56)柢　通「抵」。大概。(57)口談　指善於辯論。(58)天地其壯乎　我像天地那樣偉大啊。壯，大。本句字面意思是在讚美天地，實際是在自我讚美。(59)存雄而無術　心存壓倒別人的雄心，卻又不懂得道術。(60)倚人　奇人；異人。倚，通「奇」。(61)黃繚　人名。(62)所以　……的原因。(63)不辭　不辭讓；不謙讓。(64)益之以怪　又添加了許多怪異的事情。益，增加。(65)以反人為實　把違背人之常情的東西當作他學說的主要內容。實，實質；內容。(66)不適　不諧和。(67)強於物　對於外物有著強烈的追求欲望。(68)其塗隩矣　他所走的道路太曲折狹窄啊。隩，水邊曲折處。這裡指道路曲折。(69)蝱　小蟲名。(70)勞　勞作；徒勞。(71)庸　通「用」。(72)夫充一尚可曰愈　把惠施的思想看作某一方面的學問還是可以的。充，充當；看作。一，某一方面。愈，很好；可以。(73)貴道幾矣　如果能夠進一步尊崇大道，那就差不多了。幾，差不多。(74)自寧　使自己安下心來。(75)散於萬物　把自己的精力分散使用在具體的事物上。(76)卒　最終。(77)駘蕩而不得　放蕩不羈而無所收穫。駘蕩，放蕩。指不能集中精力於大道。(78)反　通

「返」。指返歸正道。⑲是窮響以聲　他的做法是想用聲音遏止回聲。比喻徒勞無益。窮，消除掉。響，回聲。⑳形與影競走　自己的身體與自己的身影賽跑。比喻徒勞無益。走，跑。

【語　譯】惠施具有多方面的學問，他的著作多達五車，但他的學問違背常理，雜亂無章，他的言論也往往不符合大道。他分析研究萬物的道理，說：「大到極點的東西沒有外圍，可以把它稱為最大的一種物體；小到極點的東西沒有內核，可以把它稱為最小的一種物體。平面沒有厚度，不能堆積成體積，卻可以有成千上萬里那麼大。上天和大地是一樣的低，高山和湖澤是一樣的平。太陽剛處於正中而同時又意味著它開始偏斜，事物剛剛產生而同時又意味著它開始走向死亡。事物之間有大的共同點和小的共同點這種差異，這可以叫作『小同』和『小異』；萬物也可以說是完全相同的，也可以說是完全不同的，這可以叫作『大同』和『大異』。南方可以說沒有盡頭，也可以說有盡頭。今天到越國去也可以說成是昨天到越國來。連環可以解開。我知道天下的中心部位，它就在燕國的北邊或越國的南邊。要廣汎愛護萬物，因為天地萬物與我們本是一體的。」

惠施認為自己的這些學問是最為博大精深的，於是便到天下各地去炫耀，並解釋給那些善於辯論的人聽，天下善於辯論的人都很喜歡他的學說。他們大談蛋裡面有毛；雞有三條腿；郢都城內就有整個天下；狗也可以叫作羊；馬可以產卵；蝦蟆長有尾巴；火自身不感到熱；大山長有嘴巴；車輪沒有著地；眼睛不能視物；手指不可能完全接觸物體，如果是完全接觸就不可能再分離；烏龜比蛇長；角尺畫不出方形，圓規畫不出圓形；榫眼與榫頭不相吻合；飛鳥的影子不曾移動；飛逝的箭有停止的時候，也有不停止的時候；狗不是犬；黃馬加黑牛一共是三個；白狗是黑色的；作為孤兒的小馬從未有過母親；一尺長的棍棒，每天截去一半，數十萬年也分截不完。喜歡辯論的人就拿這樣的命題與惠施相互爭論，一輩子爭得沒完沒了。

桓團、公孫龍等善辯之流，想迷惑人們的思想，改變人們的想法，然而他們能使別人口服，卻不能使人心服，這就是善辯之人的局限性。惠施每天都用盡心智與別人爭論，也不過是與天下善辯之人一起創製了許多奇談怪論而已，這就是他們的大致情況。

然而惠施確實善於談論，而且自以為最有才氣，他說：「我大概像天地一樣偉大吧！」惠施心存壓倒別人的雄心，卻並不真正懂得道術。南方有一位奇異的人，名字叫黃繚，黃繚詢問上天為什麼不會墜落，大地為什麼不會塌陷，風雨雷霆為什麼能夠形成，惠施便毫不謙讓地予以回答，不加思索就給出了答案，他全面地闡述萬物的規律，一說起來就喋喋不休，話多得沒完沒了，而他還認為自己講得太少，又添加進去許多奇異的事情。惠施把違背人之常情的東西當作自己學說的主要內容，而且還想憑藉這些東西去壓倒別人以獲取名聲，因此他總是與大眾不和諧。他在品德修養方面十分薄弱，但追逐名利等外物的欲望卻非常強烈，他所選擇的道路太曲折狹窄了。從天地大道的角度去看惠施的才能，他不過就像一隻蚊子一隻虻蟲在那裡徒勞而已。他的學問對於萬物又有什麼用處！把他的學問當作某一方面的知識還是可以的，如果能夠進一步崇尚大道，那就很不錯了。然而惠施不能在這方面安心下點功夫，把自己的精力分散使用在具體的事物上而不知厭倦，最終只落了一個善於辯論的名聲。真是可惜呀！惠施很有才氣，卻因放蕩不羈而無所收穫，追逐於外物而不知返歸正道，他的做法就像用聲音來遏止回聲、拿自身與身影賽跑那樣徒勞無益，真是可悲啊！

【研　析】關於〈天下〉篇的意義及其在學術史上的地位，我們在「題解」中已經談到，這裡主要談談本篇提出的、對後世影響極大的「內聖外王」這一命題。

「內聖外王」的主張首見於本篇，但莊子本人對這一命題的解釋不夠詳細，在具體運用時也有自相矛盾之處。一直到了晉代，郭象在他的《莊子注》中對這一命題才作出了比較詳細而圓滿的說明：

夫聖人雖在廟堂之上，然其心無異於山林之中，世其識之哉！徒見其戴黃屋、佩玉璽，便謂足以纓紱其心矣；見其歷山川、同民事，便謂足以憔悴其神矣，豈知至至者不虧哉！

所謂的「內聖」，是指養神的藝術，不管這個人在現實中正在做什麼，只要能夠做到「內聖」，他就能夠在精神上超越現實中的一切，在精神上達到逍遙自由的出世目的；所謂的「外王」，是指政治領導藝術，雖然這個人主觀上無意於做事，但在客觀現實中，他卻把一切該做的事情都做得井井有條。這就是說，思想境界最高的人，能在入世中求出世之樂，在出世中得入世之利。這種「內聖外王」之道，可以說是人的最高生活境界。《莊子》書中讚美了許多堅決不肯出仕的隱士，如許由、子州支父、北人無擇等，包括莊子本人也是如此。但如果按照「內聖外王」的標準來看，他們都只做到了「內聖」，而沒有做到「外王」。在郭象眼中，堯比較符合「內聖外王」的標準，該當天子時，他就當仁不讓；該當百姓時，他就主動退位，一切都能順其自然。

「內聖外王」的確在理論上非常圓滿地解決了出世與入世的矛盾。我們之所以強調「在理論上」這一點，意思是說，「內聖外王」這種境界在理論上可以談一談，而在現實中要想完全做到這一點是非常困難的。不要說作為一國之主的「王」，即便是一個普普通通的人，面對著人間的生老病死、悲歡離合……，要想保持古井般的平靜心境，幾乎是不可能的。

最後順便要提到的是，後來的儒家也接受了「內聖外王」這一命題，但對這一命題的具體理解有所差異。在儒家那裡，「內聖外王」是指內以聖人的仁義道德為體，外以王者的仁義政治為用，做到內外統一，體用兼備。

古籍今注新譯叢書

【哲學類】

新譯四書讀本	謝冰瑩等編譯
新譯學庸讀本	王澤應注譯
新譯論語新編解義	胡楚生編著
新譯孝經讀本	賴炎元等注譯
新譯易經讀本	郭建勳注譯
新譯周易六十四卦經傳通釋：上經	黃慶萱注譯
新譯周易六十四卦經傳通釋：下經	黃慶萱注譯
新譯乾坤經傳通釋	黃慶萱注譯
新譯易經繫辭傳解義	吳　怡著
新譯禮記讀本	姜義華注譯
新譯儀禮讀本	顧寶田等注譯
新譯孔子家語	羊春秋注譯
新譯老子讀本	余培林注譯
新譯帛書老子	趙　鋒注譯
新譯老子解義	吳　怡著
新譯莊子讀本	黃錦鋐注譯
新譯莊子讀本	張松輝注譯
新譯莊子本義	水渭松注譯
新譯莊子內篇解義	吳　怡著
新譯列子讀本	莊萬壽注譯
新譯管子讀本	湯孝純注譯
新譯墨子讀本	李生龍注譯
新譯公孫龍子	丁成泉注譯
新譯晏子春秋	陶梅生注譯
新譯鄧析子	徐忠良注譯
新譯荀子讀本	王忠林注譯
新譯尹文子	徐忠良注譯
新譯尸子讀本	水渭松注譯
新譯鶡冠子	趙鵬團注譯
新譯鬼谷子	王德華等注譯
新譯韓非子	傅武光等注譯
新譯呂氏春秋	朱永嘉等注譯
新譯韓詩外傳	孫立堯注譯
新譯淮南子	熊禮匯注譯
新譯春秋繁露	朱永嘉等注譯
新譯新書讀本	饒東原注譯
新譯新語讀本	王　毅注譯
新譯潛夫論	彭丙成注譯
新譯論衡讀本	蔡鎮楚注譯
新譯申鑒讀本	林家驪等注譯
新譯人物志	吳家駒注譯
新譯張載文選	張金泉注譯
新譯近思錄	張京華注譯
新譯傳習錄	李生龍注譯
新譯呻吟語摘	鄧子勉注譯
新譯明夷待訪錄	李廣柏注譯

【文學類】

新譯詩經讀本	滕志賢注譯
新譯楚辭讀本	林家驪注譯
新譯楚辭讀本	傅錫壬注譯
新譯文心雕龍	羅立乾注譯
新譯六朝文絜	蔣遠橋注譯
新譯世說新語	劉正浩等注譯
新譯昭明文選	周啟成等注譯
新譯古文觀止	謝冰瑩等注譯
新譯古文辭類纂	黃　鈞等注譯
新譯樂府詩選	溫洪隆注譯
新譯古詩源	馮保善注譯
新譯千家詩	邱燮友等注譯
新譯詩品讀本	成　林等注譯
新譯花間集	朱恒夫注譯
新譯南唐詞	劉慶雲注譯
新譯絕妙好詞	聶安福注譯
新譯唐詩三百首	邱燮友注譯
新譯宋詩三百首	陶文鵬注譯
新譯宋詞三百首	汪　中注譯
新譯宋詞三百首	劉慶雲注譯
新譯元曲三百首	賴橋本等注譯
新譯明詩三百首	趙伯陶注譯
新譯清詩三百首	王英志注譯
新譯清詞三百首	陳水雲等注譯
新譯唐人絕句選	卞孝萱等注譯
新譯唐才子傳	戴揚本注譯
新譯拾遺記	石　磊注譯
新譯搜神記	黃　鈞注譯
新譯唐傳奇選	束　忱等注譯

新譯宋傳奇小說選　束　忱注譯
新譯明傳奇小說選　陳美林等注譯
新譯容齋隨筆選　朱永嘉等注譯
新譯明散文選　周明初注譯
新譯明清小品文選　鄭　婷注譯
新譯人間詞話　馬自毅注譯
新譯白香詞譜　劉慶雲注譯
新譯幽夢影　馮保善注譯
新譯菜根譚　吳家駒注譯
新譯小窗幽記　馬美信注譯
新譯圍爐夜話　馬美信注譯
新譯郁離子　吳家駒注譯
新譯歷代寓言選　黃瑞雲注譯
新譯賈長沙集　林家驪注譯
新譯揚子雲集　葉幼明注譯
新譯曹子建集　曹海東注譯
新譯建安七子詩文集　韓格平注譯
新譯阮籍詩文集　林家驪注譯
新譯嵇中散集　崔富章注譯
新譯陸機詩文集　王德華注譯
新譯陶淵明集　溫洪隆注譯
新譯江淹集　羅立乾等注譯
新譯庾信詩文選　歸　青注譯
新譯初唐四傑詩集　李福標注譯
新譯駱賓王文集　黃清泉注譯
新譯王維詩文集　陳鐵民注譯
新譯孟浩然詩集　楊　軍注譯
新譯李白詩全集　郁賢皓注譯

新譯李白文集　郁賢皓注譯
新譯杜甫詩選　張忠綱等注譯
新譯杜詩菁華　林繼中注譯
新譯高適岑參詩選　孫欽善等注譯
新譯昌黎先生文集　周啟成等注譯
新譯劉禹錫詩文選　閻　琦注譯
新譯柳宗元文選　卞孝萱等注譯
新譯白居易詩文選　陶　敏等注譯
新譯元稹詩文選　郭自虎注譯
新譯李賀詩集　彭國忠注譯
新譯杜牧詩文集　張松輝注譯
新譯李商隱詩選　朱恒夫等注譯
新譯范文正公選集　王興華等注譯
新譯蘇洵文選　羅立剛注譯
新譯蘇軾文選　滕志賢注譯
新譯蘇軾詞選　鄧子勉注譯
新譯蘇轍文選　朱　剛注譯
新譯曾鞏文選　高克勤注譯
新譯王安石文選　沈松勤注譯
新譯唐宋八大家文選　鄧子勉注譯
新譯柳永詞集　侯孝瓊注譯
新譯李清照集　姜漢椿等注譯
新譯陸游詩文選　韓立平注譯
新譯辛棄疾詞選　聶安福注譯
新譯歸有光文選　鄔國平注譯
新譯唐順之詩文選　馬美信注譯
新譯徐渭詩文選　周　群等注譯
新譯薑齋文集　平慧善注譯

新譯顧亭林文集　劉九洲注譯
新譯方苞文選　鄔國平等注譯
新譯鄭板橋集　朱崇才注譯
新譯袁枚詩文選　王英志注譯
新譯李慈銘詩文選　潘靜如注譯
新譯聊齋誌異選　任篤行等注譯
新譯閱微草堂筆記　嚴文儒注譯
新譯浮生六記　馬美信注譯
新譯弘一大師詩詞全編　徐正綸編著

歷史類

新譯史記　韓兆琦注譯
新譯漢書　吳榮曾等注譯
新譯後漢書　魏連科等注譯
新譯三國志　吳樹平等注譯
新譯資治通鑑　韓兆琦等注譯
新譯史記—名篇精選　韓兆琦注譯
新譯尚書讀本　吳　璵注譯
新譯尚書讀本　郭建勳注譯
新譯周禮讀本　賀友齡注譯
新譯逸周書　牛鴻恩注譯
新譯左傳讀本　郁賢皓等注譯
新譯公羊傳　雪　克注譯
新譯穀梁傳　顧寶田注譯
新譯春秋穀梁傳　周　何注譯
新譯戰國策　溫洪隆注譯
新譯國語讀本　易中天注譯
新譯說苑讀本　左松超注譯

- 新譯說苑讀本　羅少卿注譯
- 新譯新序讀本　葉幼明注譯
- 新譯吳越春秋　黃仁生注譯
- 新譯西京雜記　曹海東注譯
- 新譯列女傳　黃清泉注譯
- 新譯越絕書　劉建國注譯
- 新譯燕丹子　曹海東注譯
- 新譯東萊博議　李振興等注譯
- 新譯唐六典　朱永嘉等注譯
- 新譯唐摭言　姜漢椿注譯

【宗教類】

- 新譯金剛經　徐興無注譯
- 新譯高僧傳　朱恒夫等注譯
- 新譯碧巖集　吳平注譯
- 新譯百喻經　顧寶田注譯
- 新譯楞嚴經　賴永海等注譯
- 新譯梵網經　王建光注譯
- 新譯圓覺經　商海鋒注譯
- 新譯法句經　劉學軍注譯
- 新譯六祖壇經　李中華注譯
- 新譯禪林寶訓　李中華注譯
- 新譯維摩詰經　陳引馳等注譯
- 新譯經律異相　顏洽茂注譯
- 新譯阿彌陀經　蘇樹華注譯
- 新譯無量壽經　邱高興注譯
- 新譯無量壽經　蘇樹華注譯
- 新譯妙法蓮華經　張松輝注譯
- 新譯景德傳燈錄　顧宏義注譯
- 新譯大乘起信論　韓廷傑注譯
- 新譯釋禪波羅蜜　蘇樹華注譯
- 新譯八識規矩頌　倪梁康注譯
- 新譯永嘉大師證道歌　蔣九愚注譯
- 新譯華嚴經入法界品　楊維中注譯
- 新譯地藏菩薩本願經　李承貴注譯
- 新譯悟真篇　劉國樑等注譯
- 新譯无能子　張松輝注譯
- 新譯坐忘論　張松輝注譯
- 新譯列仙傳　張金嶺注譯
- 新譯抱朴子　李中華注譯
- 新譯神仙傳　周啟成注譯
- 新譯性命圭旨　傅鳳英注譯
- 新譯老子想爾注　顧寶田等注譯
- 新譯周易參同契　劉國樑注譯
- 新譯道門觀心經　王卡注譯
- 新譯養性延命錄　曾召南注譯
- 新譯樂育堂語錄　戈國龍注譯
- 新譯冲虛至德真經　張松輝注譯
- 新譯長春真人西遊記　顧寶田等注譯
- 新譯黃庭經・陰符經　劉連朋等注譯

【軍事類】

- 新譯司馬法　王雲路注譯
- 新譯尉繚子　張金泉注譯
- 新譯三略讀本　傅傑注譯
- 新譯六韜讀本　鄔錫非注譯
- 新譯吳子讀本　王雲路注譯
- 新譯孫子讀本　吳仁傑注譯
- 新譯李衛公問對　鄔錫非注譯

【教育類】

- 新譯爾雅讀本　陳建初等注譯
- 新譯顏氏家訓　李振興等注譯
- 新譯聰訓齋語　馮保善注譯
- 新譯曾文正公家書　湯孝純注譯
- 新譯三字經　黃沛榮注譯
- 新譯百家姓　馬自毅等注譯
- 新譯幼學瓊林　馬自毅注譯
- 新譯增廣賢文・千字文　馬自毅注譯
- 新譯格言聯璧　馬自毅注譯

【政事類】

- 新譯商君書　貝遠辰注譯
- 新譯鹽鐵論　盧烈紅注譯
- 新譯貞觀政要　許道勳注譯

【地志類】

- 新譯山海經　楊錫彭注譯
- 新譯水經注　陳橋驛等注譯
- 新譯佛國記　楊維中注譯
- 新譯大唐西域記　陳飛等注譯
- 新譯洛陽伽藍記　劉九洲注譯
- 新譯徐霞客遊記　黃珅注譯
- 新譯東京夢華錄　嚴文儒注譯

國家圖書館出版品預行編目資料

新譯莊子讀本／張松輝注譯.－－初版八刷.－－臺北市：三民，2022
面；　公分.－－(古籍今注新譯叢書)

ISBN 978-957-14-4140-5（平裝）
1.莊子－注釋

121.331　　94001801

古籍今注新譯叢書

新譯莊子讀本

注 譯 者　張松輝
發 行 人　劉振強
出 版 者　三民書局股份有限公司
地　　址　臺北市復興北路 386 號 (復北門市)
　　　　　臺北市重慶南路一段 61 號 (重南門市)
電　　話　(02)25006600
網　　址　三民網路書店 https://www.sanmin.com.tw

出版日期　初版一刷 2005 年 4 月
　　　　　初版八刷 2022 年 11 月
書籍編號　S032640
I S B N　978-957-14-4140-5